아산재단 연구총서 제405집

사회복지연구에서 질적방법과 분석

아산재단 연구총서 제405집

사회복지연구에서 질적방법과 분석

김 인 숙

집문당

김인숙(金仁淑) 성심여자대학교(현 가톨릭대학교) 사회사업학과 졸업
서울대학교 대학원 사회복지학과 졸업(문학석사, 문학박사)
현재 가톨릭대학교 사회복지학과 교수

아산재단 연구총서 제405집
사회복지연구에서 질적방법과 분석

2016년 8월 20일 1판 1쇄

저 자 | 김인숙
발행인 | 임동규
발행처 | **집문당**
등 록 | 1971. 3. 23. 제300-2012-69호
영업부 | 10881 경기도 파주시 광인사길 85
(02)743-3192~3 팩스(02)742-4657
전자우편 | sale@jipmoon.co.kr
편집부 | 03134 서울시 종로구 돈화문로 82 집문당빌딩 5층
(02)743-3096~7 팩스(02)743-0227
전자우편 | edit@jipmoon.co.kr
홈페이지 | www.jipmoon.co.kr

편 집 | 전정아
디자인 | 임용우

ISBN 978-89-303-1728-3
978-89-303-1500-5(세트)

가격 21,500원

이 도서의 국립중앙도서관 출판시도서목록(CIP)은 e-CIP홈페이지(http://www.nl.go.kr/ecip)와 국가자료공동목록시스템(http://www.nl.go.kr/kolisnet)에서 이용하실 수 있습니다.
(CIP제어번호: CIP2016015801)

머리말

질적연구방법은 사회복지 연구자인 내게, 사람들의 삶과 그 삶을 엮는 제도들을 설명할 수 있는 도구이다. 특히, 모든 종류의 가난한 사람들과, 그들 사이사이로 뿌리내리고 뻗어가는 수많은 제도들과의 상호작용을 설명할 수 있는 도구이다.

그러나 이 도구는 너무 다양한 접근방법들과 화려한 용어들로 무장되어 있어 사회복지 연구자들이 접근하기가 쉽지 않다. 지금도 여전히 새로운 방법들이 추가되거나 분화되고 있다. 질적연구방법의 과학성과 실용성이라는 양 측면 모두에서, 이것을 '축복'으로만 보기는 어렵다. 아니, 오히려 이러한 현상은 문제이다. 이는 자칫, 질적연구방법이 그 외연을 확장하지는 못한 채, '그들만의 리그'가 되어버리거나, '과학적 방법'으로서의 위치를 상실하게 만들 소지가 있기 때문이다.

이 책은 질적연구방법에 대한 이러한 문제의식을 풀어보고자 한 것이다. 그러자면 우선 어지럽게 펼쳐져 있는 물건들을 정리하고, 단순화하고, 새롭게 분류하는 것이 필요하다. 즉, 기존의 다양한 접근방법들을 검토하되, 그 속에서 어떤 공통성을 찾아내고, 재구조화하는 것이다. 질적연구의 다양한 방법들을 획일적인 하나의 포맷으로 표준화할 수는 없지만, 적어도 동일한 패러다임 내에서는 다양한 방법과 기법들을 혼용하고, 더 나아가 공통의 원리와 방법들을 추출할 수는 있다.

이 책은 이러한 시도의 결과로서, 모두 3부로 구성되어 있다. 패러다임과 특징, 설계, 자료분석이 그것이다. 그러나 크게 보면 두 개 부분으로 보아도 무방하다. 하나는 질적연구방법의 특징과 설계이고 다른 하나는 질적 자료분석이다. 전자는 많은 질적연구방법 교재에서 다루는 내용이지만, 여기서는 가능한 한 초심 연구자의 입장에서 궁금해 하는 의문에 답한다는 심정으로 재구성하고 보완하였다. 특히, 질적연구가 무엇인지를 심도 있게 고찰하였고, 설계에서 흔히 간과되는 질적연구에서 이론의 역할을 살펴보았으며, 다양한 접근방법들을 어떻게 보아야 할지 그리고 기존의 해석적 패러다임에 속하지 않는 제도적 문화기술지를 소개하였다.

이 책의 또 다른 부분인 질적 자료분석은 질적연구방법론 수업에서 학생들이 가장 어려워하고 혼란스러워하던 부분이다. 그런 만큼 이 책에서 질적 자료분석은 가장 중요한 비중을 차지한다. 이 책의 절반을 질적 자료분석에 할애하였다. 그렇다고 이 책이 질적분석에 대한 매뉴얼은 아니다. 오히려 이 책은 질적방법과 분석에 대한 '개념 지도'라고 말할 수 있다. 곳곳에 질적연구의 실행에 관한 절차상의 원칙과 지침들이 포함되어 있는 '개념 지도'이다.

이 책의 가장 큰 특징을 말하라면, 어지럽게 흩어져 있는 질적분석의 방법들을 체계적으로 분류하여 소개했다는 점이다. 질적 자료분석은 주제 분석(귀납적 주제분석, 연역적 주제분석), 이론적 분석, 시퀀스 분석으로 분류하였다. 이 중에서 연역적 주제분석은 제한된 시간에 연구결과를 내야 하는 응용정책 연구자들이 눈여겨볼 만하다. 또한 시퀀스 분석은 시간이 좀 더 소요되기는 하지만, 제도적 세팅에서 일어나는 조직화된 지배관계를 보여줌으로써, 실핏줄처럼 얽혀 있는 제도적 망 안에서 구체적인 해결방안을 찾으려는 연구자에게 유용할 것이다.

아울러 가장 많은 연구자들이 사용하지만, 무질서한 다양한 분석방법들 때문에 혼란스러운 귀납적 주제분석은 공통요소들을 중심으로 새롭게 구성하여 그 과정과 방법을 제시하였다. 우리는 문화기술지나 현상학적 연구와 같은 질적연구의 특정 전통이나 접근방법을 선택하지 않고서도 얼마든지 질적연구를 할 수 있다. 이러한 질적연구는 '일반적 질적연구(generic qualitative research)'로 불리는데, 귀납적 주제분석은 일반적 질적연구를 수행하는 데 유용하게 사용될 수 있다. 이 책은 독자의 필요에 따라 처음부터 읽을 수도 있고 또는 자료분석 부분만 떼어서 읽을 수도 있다.

오래전 기억을 되돌아보면, 양적연구방법은 연구하기에 매우 짜릿하고 효율적인 도구였다. 그러나 그것만으로는 학생들의 다종다기한 문제의식들을 모두 담아내지는 못하였다. 그래서 질적연구방법론은 15년 전, 무모하게 시작한, 잠깐만 공부하고 지나가려 했던 짧은 기획안이었다. 그 짧은 기획안이 어찌하다 보니 이렇게 길어졌다. 폭발적으로 계속 쏟아져 나오는 질적연구방법에 관한 새로운 지식들 때문에 늘 허겁대고, 늘 잘 모르는 상태가 지속되었다. 오류의 가능성과 빈약한 논거에 대한 민망함을 안고, 더 이상 미룰 수 없어 여기서 점을 찍는다.

가장 고마운 것은, 질적연구방법은 선생으로서 학생들과 재미있게 지낼 수 있게 해준 도구였다는 점이다. 15년간, 부실하고 늘 미완성인 질적연구방법론 강의에 기꺼이 참여해준 학생들에게 진심으로 고마움을 표하고 싶다. 나에게 방법론에 대한 사고를 진척시키도록 자극해 주었고, 소통하는 것의 재미를 알게 해 준 가톨릭대학교 사회복지학과 대학원 학생들에게 이 책을 바친다. 그리고 무엇보다, 저술 종료 기간이 지나치게 많이 지났는데도 긴 시간 참고 기다려 주신 아산사회복지재단과, 꼼꼼하고 정성스럽게 편집해 주신 집문당의 전정아 선생님께 깊은 감사를 드린다.

2016년 6월 김인숙

| 차 례 |

• 제1부 •
질적연구방법의 패러다임과 특징

제1장 과학적 지식과 질적연구

제2장 질적연구방법의 패러다임

제3장 질적연구방법이란 무엇인가?

· 제2부 ·

질적연구의 설계

제4장 연구질문의 설계

제5장 질적연구의 접근방법

제8장 자료수집의 방법

• 제3부 •
질적 자료분석

제9장 질적 자료분석의 분류와 공통요소

제10장 주제분석의 다양한 접근들

제11장 주제분석의 방법: 코딩

제12장 귀납적 주제분석의 과정과 방법

제13장 연역적 주제분석

제14장 이론적 분석

제15장 시퀀스 분석

제16장 타당하고 신뢰할 만한 분석을 위한 방법들

| 표 / 그림 차례 |

• 제1부 •
질적연구방법의 패러다임과 특징

제1장 과학적 지식과 질적연구

질적연구방법으로 산출하는 지식은 과학적 지식인가? 질적연구가 과연 과학적 지식을 산출하느냐에 대한 논란이 있다. 이 논란의 핵심에는 과학, 과학적 방법이 무엇인가에 대한 정의의 문제가 있다. 따라서 이 장에서는 질적연구방법에 대한 논의를 시작하기에 앞서 어떻게 질적연구가 과학적 지식을 산출하는지, 질적연구방법을 과학적 방법으로 볼 수 있는지에 대해 살펴본다. 나아가 질적연구의 역사를 간략히 살펴본다.

1. 과학적 연구와 과학적 방법

1) 과학적 연구와 과학적 추론

질적연구방법론 첫 수업시간에 학생들에게 동일한 주제의 양적연구과 질적연구를 읽게 하고, 두 연구에 대한 느낌을 듣는다. 학생들의 반응은 한마디로 다채롭다. 그러나 질적연구에 대한 학생들의 이미지는 한길로 모아진다. 그들은 질적연구가 문제의식과 호기심을 자극하고, 풍요롭고, 총체적이고, 삶과 더 밀접해짐을 느끼게 해준다는 찬사를 보낸다. 그러나 이 찬사는 무언가 "과학적이 아닌 것 같다"는 느낌에서 더 이상 진전을 못하고 막혀버린다. 질적연구의 가장 기본적 토대가 그 장점에도 불구하고 학생들의 머릿속에서 의심받고 있는 것이다. 그러면 이때 "과학적이 아닌 것 같다"는 것의 구체적 실체는 무엇일까?

학생들의 이야기를 종합해 보면, 그것은 연구결과를 도출하는 과정에서 어떤 '엄숙성'같은 것들이 보이지 않는다는 것이다. 이때 엄숙성은 일상의 지식이 과학적 지식으로 전환되는 과정에서 거쳐야 하는 '마법'과 같은 것인데, 질적연구에는 이 '마법'이 보이지 않으며, 그래서 과연 과학적 지식일까를 의심하게 된다는 것이다.

기존 사회과학에서 '마법'은 여러 가지일 수 있다. 규칙적 인과성일 수도 있고, 통계적 일반화를 담보할 만한 표본의 수일 수도 있으며, 개념에 대한 조작화일 수도 있고, 연구결과를 수로 환원하여 설명하는 것일 수도 있으며, 연역적 가설검증 추론 방식일 수도 있다. 연구과정에 이 '마법들'을 적용함으로써 그 연구는 엄숙한 지식으로 탄생할 수 있는 조건을 갖추게 되는데, 질적연구에는 이 '마법'이 보이지 않음으로써 '엄숙성'을 상실하게 되고, 종국에는 과학성을 의심받는 상황으로 이어진다.

그러나 사회과학에서 과학적 연구의 가장 핵심적 마법은 '과학적 추론'(scientific inference)에 있다. 과학적 추론은 과학적 연구의 목적이고, 모든 과학의 궁극적 목표이다. 과학적 연구의 핵심이 과학적 추론에 있다는 것은, 과학의 내용이 주제가 아니라 방법과 규칙이라는 점, 그 연구절차가 공적이어야 한다는 점 그리고 그 연구결과는 불확실하고 유동적이라는 의미이다(King, Keohane and Verba, 1994: 7-9). 과학적 추론이란 "관찰된 사실로부터 관찰되지 않은 현상을 이해하는 것"(King, Keohane and Verba, 1994: 34)이고, "개별적인 것을 일반적인 것과 연결 지을 때 적용되는 절차이다"(다네마르크 외, 2005: 131). 예를 들어, 바우처 실천을 하는 사회복지사들의 행위와 언어를 통해 사회복지실천 현장에 '관리주의'가 확대되고 있음을 추론할 수 있다(김인숙, 2010a). 여기서 추론은 논리적 도출만이 아니라 더 넓은 의미의 추리, 사유, 논증방식을 포함한다.

사회과학 연구의 목적은 기술(description)과 설명(explanation)의 두 가지로 집약된다. 기술은 수집된 사실들을 추론에 의지해 체계적으로 그려냄으로써 구성되고, 설명은 원인과 결과를 추론에 의지해 체계적으로 연결함으로써 이루어진다. 이처럼 과학적 추론은 기술적 추론과 인과적 추론 모두를 포함한다. 따라서 특정 사실에 대해 단지 배우는 수준의 단순한 기술은 과학이 아니다. 단순한 기술은 그 기술을 기반으로 추론이 이루어질 때 단순한 기술을 넘어 세계를 이해하는 과학적 지식이 된다. 과학적으로 엄밀한 연구는 단순한 기술이나 묘사가 아닌 깊이 있는 분석을 포함해야 한다(불루머, 1990: 87-93).

사회과학은 과학적 추론을 통해 사회세계에 대해 기술하고 설명한다. 즉 사회세계에 대한 기술적 질문과 설명적 질문은 과학적 추론을 통해 과학적 지식으로 인정된다. 따라서 과학은, 흔히 오해하듯이, 인과적 질문에만 답하는 것이 아니다. 과학은 기술적 질문과 인과적 질문 모두에 대한 답을 과학적 추론을 통해 발견하는 일련의 절차이다(King, Keohane and Verba, 1994). 실재는 스스로 말하지 않는다. 과학은 단순히 관찰하고 기록하고 보고하는 것에 한정되지 않는다. 추리능력, 즉 분석하고 추상하고 관련짓고 해석하고 결론내리는 능력이 필요하다(다네마르크 외, 2005: 136).

2) 과학적 방법에 대한 재정의

이처럼 과학적 추론은 과학적 지식의 핵심 기반이다. 현대사회에서 '과학'이 내뿜는 아우라는 넓고 깊고 강력하여, '과학'의 이름으로 행해지는 것은 대중에게 강한 설득력으로 다가가고, 종국에는 다른 어떤 것보다 진리에 더 가까운 것 혹은 진리 그 자체로 인정받는다. 이런 점에서 현실세계에서 과학적 지식은 개념을 넘어 권력으로 작동한다. 그런데 이 과학적 지식에는 개인적 경험이나 권위, 지혜, 직관으로부터 획득된 지식과는 다른 독점적이고 특별한 권위와 지위가 주어진다. 오늘날 과학적 지식이 이러한 특별한 지위를 갖게 된 것은 무엇보다도 과학적 방법의 사용 때문이다. 여기서 문제가 되는 것은 과학적 방법이 실험과 조작화, 수의 사용, 객관성, 연역적 추론방식, 검증으로만 제한되어 협소하고 좁은 의미로 이해되고 있다는 것이다.

역사적으로, 이러한 협소한 과학적 방법에 대한 숭배는 '과학주의'를 탄생시켰다. 과학주의자들은 과학이 모든 보편적 지식을 담보할 수 있고, 과학적 지식이 보편적 지식을 정초할 수 있다고 주장한다. 과학주의 주장자들은 특히, 실험과 조작화, 통계의 사용, 연역적 추론방식을 통해 얻어진 과학적 지식이 시공을 초월해 보편적이고 객관적이라고 여긴다. 과학주의자들이 견지하는 이러한 류의 과학숭배는 과학적 방법의 범위를 협소화함으로써 과학적 지식을 국지화시킨다는 비판을 불러일으켰다(월러스틴, 2007: 13-22).

오늘날 이러한 협소한 의미의 과학, 과학적 지식, 과학적 방법은 공격받고 있다. 이제 이런 의미의 과학적 방법을 통해 산출된 지식만이 객관적이고 중립적이며 보편적이라는 관점은 통용되지 않는다. 우리가 포착하고자 하는 현실은 끊임없이 변하고 있기 때문에 연구결과는 기껏해야 잠정적이며 불확실한 것이고, 따라서 시공을 초월한 객관적인 지식은 존재하지 않는다. 오히려, 과학에서의 모든 사실은 주관적으로 '해석된 사실'이지 객관적으로 '순수한 것'으로 존재하는 사실은 아니라는 관점이 널리 확산되고 있다(이기홍, 2006).

그렇다고 이러한 과학주의에 대한 비판이 결코 과학과 과학적 방법이 필요 없다는 것은 아니다. 오히려, 과학적 방법과 과학적 지식은 그 어느 때보다도 필요하다. 과학, 과학적 방법은 인류가 신중심의 세계관에서 인간중심적인 세계관으로 이동하는 과정에서 찾아낸 진리 발견의 도구이고, 학문활동의 핵심이기 때문이다. '과학적' 방법은 인류가 지금까지 발전시켜 온 세계에 대한 인식방법 중 가장 합리적이고 이성적이며 인간중심적인 방법으로 평가된다.

문제는 우리가 통상적으로 사용하는 과학적 방법이 협소하게 정의되어 사용되고 있는 점이다. 앞서 언급했듯이, 과학주의 주장자들은 흔히 실험과 조작화, 통계의 사용, 시공을 초월한 객관성, 가설-연역적 설명방식을 과학적 방법으로 한정한다. 이들은 이와 대비되는 이해와 해석, 언어와 상징의 사용, 주관성과 가치, 귀납적 설명방식은 과학적 방법의 경계 밖에 있다고 생각한다.

따라서 과학과 과학적 방법에 대한 기존의 비판을 극복하고 이를 학문활동의 핵심 기반으로 만들기 위해서는 과학과 과학적 방법에 대한 정의를 보다 폭넓게 바라볼 필요가 있다. 즉, 과학을 보편적 진리나 법칙을 발견하기 위해 '검증(verification)'의 방법을 사용하는 것으로 한정하지 말고, 검증은 물론 발견(discovery)과 이해(understanding), 해석(interpretation) 등을 포함하는 학문적 탐구의 영역으로 정의하는 것이다.

라이헨바흐는 과학적 방법에 대한 이 두 접근을 구분하여 전자를 정당화의 맥락(context of justification)으로, 후자를 발견의 맥락(context of discovery)으로 불렀다(폴킹혼, 2001: 124-125). 과학적 방법은 정당화의 맥락만이 아니라 발견의 맥락을 포함한다. 질적연구는 정당화의 맥락을 배제하지는 않지만, 주로 발견의 맥락에서 과학적 지식을 산출한다.

2. 과학적 연구로서의 질적연구

'과학'과 '과학적'인 것의 핵심이 과학적 추론에 있다는 사실은 과학에 대한 몇 가지 사실을 알려준다. 첫째, 과학은 인과적 규칙이나 법칙을 '검증'하는 것뿐만 아니라 현상에 대한 새로운 '이해'를 '발견'하고 '해석'하는 것까지를 포함한다는 것이다. 과학은 원인 분석가만이 아니라 서사분석가까지를 포괄하며, 왜를 묻는 것만이 아니라 어떻게를 묻는 것까지를 포함한다(베커, 2005).

둘째, 과학을 통해 산출된 지식은 객관적이고 중립적이며 보편적이기보다는 잠정적이고 불확실한 것이라는 점이다. 왜냐하면 우리가 연구를 통해 포착한 현실은 고정되지 않고 시공의 변화에 따라 끊임없이 변하고 있기 때문이다.

과학적 방법은 과학에 접근하기 위해 인간의 이성과 합리성을 최대한 발휘하는 논리와 전략이다. 오늘날 '과학적'이라는 말을 실증주의에 국한하여 좁게 해석하는 연구자는 드물다. 이미 대다수의 과학철학자와 방법론 연구자들이 동의하고 있는 것처럼, 과학과 과학적 방법의 범위는 실증주의와 해석주의 모두를 포괄한다.

만일 '과학적' 연구의 기준을 실증주의에서 강조하는 인과성, 조작화, 통계적 처리, 가설-연역적 설명으로 한정할 경우 질적연구는 '과학적' 기준을 충족하기 어렵다. 왜냐하면 질적연구는 규칙적 인과성보다는 현상에 대한 서술적 이해를, 표본의 수나 대표성보다는 표본의 전형성을, 통계적 처리보다는 언어에 대한 분석을, 가설-연역적 설명보다는 귀납적 설명을 선호하는 등 발견과 해석주의를 주요 근간으로 하고 있기 때문이다.

따라서 '과학적이지 않은 것 같다'는 질적연구에 대한 항간의 이미지는 과학적 지식에 대한 실증주의 지배의 결과이기도 하고, 과학과 과학적 방법에 대한 개념적 지평이 널리 알려지지 못한 때문이기도 하다. 주제설정 방식이나 주제를 풀어가는 접근전략의 차이도 중요하지만, 그보다 더 그 방식과 전략이 얼마나 논리적이고 타당하게 이루어졌는가 하는 것이 중요하다는 점에서 볼 때, 양적연구는 물론 질적연구도 과학적 연구이고 과학적 지식을 산출한다.

3. 질적연구의 과학적 추론

일반적으로 질적연구는 인과적 질문보다는 기술적 질문을 더 많이 던진다. 예를 들어, 성매매를 하는 십대여성들이 무엇 때문에, 어떤 요인에 의해 성매매에 재유입되는지를 묻기보다 이들이 어떻게 하여, 어떤 과정과 단계를 거쳐 성매매에 재유입되는지, 재유입의 구조와 기제가 어떠한지를 묻는다.

사회과학자들은 어떤 것이 다른 어떤 것의 원인이라는 이야기를 하고 싶어 한다. 그들은 어떤 사건이나 현상이든 역사, 이야기, 서사를 갖는다는 사실, 즉 "최초에 이것이 일어났고 다음에 저것이 일어났고 그 다음에 다른 것이 일어났고 그리고 그것은 이와 같이 끝났다"(베커, 2005: 117)는 식의 역사적, 서사적 구조를 낯설어 한다. 그러나 질적연구는 이러한 역사와 서사적 이야기 속에 동일한 방식으로 작동하는 전형적인 이야기를 찾는 것에 관심이 있다. 그렇다고 질적연구가 인과적 질문을 던지지 않는 것은 아니다. 어떤 질적연구는 인과적 질문에 대한 답을 탐구한다.

질적연구에서 던진 기술적 질문은 관찰된 자료에 대한 기술적 추론을 통해 답을 얻는다.[1] 기술적 추론은 관찰된 자료를 기반으로 하여 관찰되지 않은 현상을 이해하는 과정이다. 이 과정은 관찰된 자료를 요약하고, 조직화하고, 단순화하고, 체계화하는 일련의 작업을 통해 이루어진다. 기술적 질문에 대한 답은 특정 상황에서 일어난 현상을 아는 것만으로는 부족하다. 관찰자료의 무작위적이고 불협화음 같은 특성 속에서 연구주제의 체계적 측면들을 뽑아내고, 이를 통해 연구하는 현상을 체계적으로 구성해내야 한다(King, Keohane and Verba, 1994: 46-63).

질적연구 과정에서 과학적 추론의 방법들은 자료생산과 자료의 체계화 및 이론화를 왔다 갔다 하는 일련의 순환적 과정에서 사용된다. 일반적, 보편적 법칙으로부터 개별적인 것을 도출해내는 연역 추론, 개별관찰에서 큰 모집단에 대한 일반적, 보편적인 결론을 도출해 내는 귀납 추론, 개별 현상이나 사건 속에서 재맥락화를 통해 보편적 구조와 기제를 끌어내는 가추(abduction)[2], 그리고 어떤 현상을 바로

1) 질적연구의 접근방법의 하나인 현상학적 연구는 추론과정이 아니라 직관에 의해 현상을 파악할 것을 요구한다. "후설은 어떤 귀납이나 연역도 하고자 하지 않고 오로지 매우 정확한 분석과 기술을 토대로 한 직관을 원한다"(크로티, 2001: 58)고 하였다. 그러나 직관된 것은 그가 살아가는 삶의 상황과 지평 속에서 해석되어야 하기 때문에, 이 해석의 과정에서 추론은 불가피하다는 점에서 현상학적 연구도 과학적 연구이다.

2) 가추적 추론은 새롭고 흥미로운 경험적 사실에 대해 이전의 이론적 지식과 창의적 방식을 결합한다. 이를 통해 이전의 개념과 이론적 편견을 수정할 것을 요구한다. 이때 이전의 개념과 이론적 편견이 가진 전제와 신념은 버려지거나 적어도 수정되어야 한다. 가추는 놀랍거나 이례적인 사건에 근거해 알려지지 않은 개념이나

그것이게 만드는 선험적 전제조건을 찾아내는 역행추론(retroduction)(다네마르크 외, 2005: 136-178)과 같은 다양한 추론방식이 질적연구의 순환적 과정과 국면에서 사용될 수 있다.

예를 들어, 질적연구 분석과정에서 가장 많이 적용되는 '개념'구성에 대해 생각해 보자. 질적연구자는 관찰된 자료를 단순화하고 체계화하는 과정에서 '개념', '개념화'에 직면한다. 시설에 거주하는 십대 성매매 피해여성의 자활 과정을 "주체화"라는 개념으로 구성한 연구(김인숙, 2009)에서 "주체화"는 분석의 맥락에 따라 다양한 추론방식을 취할 수 있다. 연구자는 관찰된 자료가 자크 라깡의 "주체화" 특성을 가지고 있음을 점검하면서 자료를 개념화할 수도 있고(연역), 반대로 관찰자료 속에 나타난 속성 모두를 가지고 "주체화"라는 개념으로 정의(귀납)할 수도 있다. 물론 이때 후자의 "주체화"는 전자의 "주체화"와 같을 수도, 유사할 수도 있지만 다를 수도 있다. 또한 연구자는 시설 실무자들과의 대화에서 새로운 맥락을 발견하고, 기존의 "주체화" 개념과는 다른 "예속적 주체화"라는 개념을 도출할 수도 있다(가추).

4. 질적연구방법의 역사적 배경

질적연구는 사회과학의 역사와 더불어 시작되었다. 19세기 후반에 들어서야 제도화되기 시작한 사회과학은 인문학과 자연과학이라는 "두 문화"의 틈바구니에서 자신의 정체성을 내면화해야 했다. 두 문화의 틈바구니에 '낀' 상태에서 내면화 과정은 순조롭지 못했는데, 질

규칙을 찾아내는 데 도움을 준다(Seale, 1999: 23-24).

적연구방법과 양적연구방법 사이의 '방법론 논쟁'은 이를 보여주는 핵심 지점이다.

사회과학자 중 인문학에 경도된 사람들은 특정 사례에 대한 이해에 관심을 갖는 개별기술적(ideographic) 인식론을, 자연과학에 경도된 경우는 일반법칙의 발견에 관심을 갖는 법칙정립적(monolethic) 인식론을 주장했다. 이분법적으로 구분될 수 있는 것은 아니지만, 일반적으로 개별기술적 인식론은 질적연구자들에 의해, 법칙정립적 인식론은 양적연구자들에 의해 선호되었다. 월러스틴(2007)은 사회과학의 이러한 처지를 자연과학과 인문학이라는 두 거인이 벌이는 싸움에서 찢겨진 상태로 묘사하였다.

방법론 논쟁에서 사회과학의 주요 분과영역인 경제학과 사회학, 정치학 모두는 법칙정립적 인식론을 선택했다. 이는 계시에서 이성으로, 초자연에서 자연으로, 진보와 자유로 특징 지워지는 14-15세기 이후 계몽시대의 귀결이기도 했다. 이 시기에 자본주의가 맹아하고 천재의 시대, 과학의 시대가 열리면서 뉴튼 역학의 방법과 인식론이 지배적 세계관으로 자리 잡았기 때문이다.

이러한 와중에서 사회과학 방법론 논쟁은 법칙정립적 인식론의 우세 속에 초기의 첨예한 각 세우기는 잦아들었다. 그러나 20세기 들어와 두 번의 세계대전과 68혁명의 경험은 19세기적 합리성과 이성에 대한 회의를 불러일으켰다. 그 결과 합리성과 이성에 기반한 학문적 경향, 즉 과학적 접근방법에 대한 재인식과 비판이 일면서 새로운 학문적 동향을 형성하기 시작하였다. 철학에서는 현상학과 해석학이, 사회학에서는 비판이론과 지식사회학, 민속방법론, 상징적 상호작용론이, 언어학에서는 언어의 새로운 혁신 등이 관심의 핵심에 서게 되었다.

언어에 대한 새로운 자각은 사회과학 연구의 지배적 언어였던 '수'

에 대한 반성으로 이어졌다. 우리의 경험과 사회세계에 대한 설명을 위해서는 개인의 내면보다는 언어공간을 들여다보아야 한다는 점, 언어가 구조화되는 방식은 경험과 의식이 구조화되는 방식을 결정한다는 언어에 대한 새로운 자각이 '수'에 대한 관심을 '언어와 상징'으로 이동시켰다. 언어와 상징이 사회과학의 관심사가 되면서 질적연구방법에 대한 관심 또한 부각되었다.

이러한 새로운 학문적 관심사는 질적연구의 잠재적 기반을 표면화시켰고, 이는 방법론 논쟁으로 점화되었다. 서구에서 방법론 논쟁은 "패러다임 전쟁(paradigm war)"이라 불릴 만큼 격렬하게 진행되었다. 특히, 1960년대 슐츠에 의한 현상학의 재해석이 사회과학에 받아들여지면서 법칙정립적 인식론에 대한 비판의 토대를 제공하였다. 여기에 과학철학자인 토마스 쿤(2013)이 『과학혁명의 구조』에서 과학혁명을 연구 패러다임의 전환, 경쟁으로 설명한 것 또한 기존의 방법론에 대한 반성과 자성을 촉구하였다.

이러한 흐름 속에서 질적연구방법론에 대한 관심을 촉발한 것은 1967년 Glaser와 Strauss가 『근거이론의 발견』(*The Discovery of Grounded Theory*)을 출간하면서부터였다. 인류학이 질적연구의 핵심 기지였지만, 1980년대까지도 이렇다 할 질적연구방법론을 내놓거나 가르치지 않았다. 인류학은 질적연구방법을 필드에서 시간을 보내고 그곳에서 시행착오를 거쳐 배우야 할 것으로 생각했다. 당시 참여관찰이나 문서분석, 심층 인터뷰와 같은 질적방법들은 서베이 연구의 질문지를 향상시키는 수단의 부수적 역할로 인식되었고, 방법론은 양적 방법과 동의어로 사용되었다.

미국 시카고대학의 여러 연구자들이 질적방법을 사용했지만, 그들도 질적방법은 가르칠 수 있는 것이 아니라 도제로 배울 수 있는 것으로 생각했다. 글레이저와 스트라우스가 질적연구 교재를 쓰도록 재촉받은 것은 정치적인 이유에서였다. 학생과 연구자들이 연구 프로젝트를 기관에 제출할 때, 질적연구를 반대하는 경우 이를 인용할 수 있도록 하기 위해서였다. 또한 실증주의의 정통성이 확산되어 있는 상황에서 질적연구의 교과과정이 사라질지도 모른다는 두려움에서였다(Gobo, 2005).

1990년 이후 서구를 중심으로 질적연구방법에 관한 교재들이 폭발적으로 증가하고 있다. 녹음기와 비디오, 컴퓨터 프로그램과 같은 과학기술의 발전은 질적자료를 보다 체계적으로 가시화하고 관리할 수 있게 함으로써, 질적연구방법의 발전에 동력을 제공하였다. 질적연구방법 내의 분화가 너무 지나치다는 평가가 있기는 하지만, 이제 질적연구방법은 양적연구방법의 보조적 위치에서 떠나 양적연구방법이 설명할 수 없는 영역 혹은 설명할 수 없는 방식으로 새로운 지식을 산출하는 독자적인 연구방법으로 진화하고 있다.

제2장 질적연구방법의 패러다임

질적연구와 양적연구는 기법의 문제인가, 아니면 패러다임의 문제인가? 기법의 문제로 보는 경우, 두 방법론의 차이는 기법의 차이에 불과하므로 상호 호환이 가능하다. 패러다임으로 보는 경우, 두 방법론은 서로 다른 존재론과 인식론을 견지하므로 호환의 가능성은 좁아진다. 최근에는 기법이냐 패러다임이냐와 같은 이분법적 접근을 지양하고, 동일 패러다임 안에서는 다양한 기법들의 혼용이 가능하며 공통성을 찾아야 한다는 입장이 설득력을 얻고 있다. 따라서 이 장에서 연구 패러다임들을 소개하는 이유는, 질적연구에 대한 이해를 돕기 위해서이지 패러다임으로 질적연구와 양적연구를 이분법적으로 봐야 한다든가, 패러다임주의를 주장하기 위해서가 아니다. 패러다임 관점은 연구행위를 이해하는 데 도움이 되기도 하지만 한계도 있다. 질적연구자는 다양한 연구 패러다임들을 이해함으로써 질적연구를 보다 더 잘 이해할 수 있다. 이런 취지에서, 이 장에서는 연구 패러다임들에 대해 살펴보고, 이들 각 패러다임이 사회복지 연구에 어떤 의미가 있는지 살펴본다.

1. 연구방법에 대한 두 입장

1) '패러다임' 입장

원래 사회과학 연구에서 '패러다임'은 토마스 쿤(2013)이 『과학혁명의 구조』에서 과학의 역사를 "패러다임 전환(paradigm shift)"으로 설명한 데서 비롯되었다. 쿤은 과학의 발전은 지식의 직선적 축적이라는 이론적, 합리적 과정을 통해 이루어지는 것이 아니라, 일정한 하나의 패러다임에서 다른 패러다임으로 넘어가는 연구자집단의 결단을 통해 이루어진다고 하였다.

즉, 당시의 지배적 패러다임으로 설명되지 않는 현상들이 나타나면 이들을 설명하기 위해 새로운 패러다임이 출현하게 되고, 지배적 패러다임과 출현하는 패러다임 간에 갈등과 긴장이 존재하게 된다. 혹자는 이러한 갈등과 긴장을 과학의 세계가 '시장경제'의 원리에 따라 움직이는 것으로 묘사하였다. 시장경제의 원리에 따라 경쟁력 있는 탐구방식은 살아남을 것이며, 그렇지 않은 것은 사라진다는 것이다(박성희, 1996: 205).

일반적으로 '패러다임'은 연구와 실천을 안내하는 포괄적인 신념체계, 세계관, 프레임을 말한다(Willis, 2007: 9). 연구 패러다임(research paradigm)은 이런 연구행위에 내포된 서로 다른 의미들을 개념적으로 구분하고 표현하기 위한 도구이다. 따라서 연구 패러다임이라는 말 자체에는 이미 지식에 대한 절대적 접근은 존재하지 않는다는 의미가 내포되어 있다. 연구 패러다임은 연구에 대한 접근방식이 존재론적, 인식론적, 방법론적 전제에 따라 그리고 역사적 변화와 맥락에 따라 다를 수 있음을 시사해 준다.

이 입장에서는 어떤 연구패러다임을 선택하느냐 하는 것이 연구의 결과와 결론을 결정짓는다. 다른 패러다임은 다른 질문을 던지게 하고, 이들 질문을 연구하기 위해 다른 방법을 사용하게 하며, 다른 방법으로 자료를 분석하게 하고, 자료로부터 다른 형태의 결론을 이끌어 낸다고 본다(Willis, 2007: xx).

사회과학에서 질적연구의 출현은 양적연구와 뚜렷이 구별되는 다른 접근으로 이해되었다. 그것은 토마스 쿤이 말한 '패러다임 전환'이나 '과학 혁명'에 비유되기도 하였다. 패러다임 개념이 사회과학 연구에 적용되자 새로운 사실이 부각되었다. 그동안 특권적 지위를 부여받았던 실증주의에 입각한 양적연구 형태의 과학은, 사회 현상을 연구하는 여러 패러다임 중의 하나라는 점이 부각되었다.

또한 사회적 현실은 어떤 연구 패러다임을 선택하느냐에 따라 다르게 이해되고 틀 지워진다는 점이 새롭게 조망되었다(Kim and Cho, 2005). 이처럼 패러다임이라는 용어는 연구에 대한 이론적이고 방법론적인 가정들뿐만이 아니라, 정치적이고 윤리적인 가정들이 포함되어 있음을 보여주었고, 이는 결과적으로 연구 행위에 내포된 의미를 확장해 주었다(Hammersley, 2008: 20-21).

사회과학 연구에서 '패러다임' 개념은 양적연구와 질적연구의 논쟁을 자극하고 고조시켰다. 이 논쟁의 참여자들은 양적연구방법과 질적연구방법을 패러다임으로 보았고, 이 양자는 연구에 대한 서로 다른 접근방식으로 간주되었다. 논쟁의 양상은 주로 연구논리 측면에서 이루어졌다.

연구논리 면에서 볼 때, 양적연구는 실재는 인간의 인식 밖에 객관적으로 존재하므로 가설의 수립과 검증을 통해 진리를 밝혀낼 수 있다는 입장을 취한다. 반면, 질적연구는 실재는 인간의 인식과 상호작용하면서 재구성되기 때문에 서로 다른 경험세계를 '발견'하고 '이해'하는 것이 중요하다고 보았다. 이러한 양적방법과 질적방법을 둘러싼 인식론 논쟁은, 지식이란 무엇이며 어떻게 획득될 수 있는가에 대한 연구 패러다임 논쟁의 대표적 사례이다.

2) '기법' 입장

그러나 연구를 패러다임의 관점에서가 아니라 기법의 관점에서 접근하기도 한다. 여기서 기법의 관점이란 질적연구건 양적연구건 이 둘의 차이는 패러다임상의 차이가 아니라 연구에서의 기법의 차이에 불과하다는 입장이다. 이러한 입장에서 보면, 연구 패러다임은 서로 다른 연구 행위들을 통합하는 데 방해요소이고, 차이는 그리 중요한 것이 아니다. 이들은 연구방법을 패러다임으로 엄격히 범주화하는 것은 지나친 단순화와 부정확성의 원인이 된다고 지적한다(Clark, 1998).

이 입장에서는 양적연구와 질적연구를 패러다임의 입장에만 바라보는 것은, 연구 패러다임을 지나치게 단순화하고 소모적인 논쟁적 구도로 끌고 간다. 따라서 연구 패러다임을 양적연구와 질적연구로 구분하면서 이를 양화냐 비양화냐로 구분하는 것은 바람직하지 않다. 왜냐하면 양적연구와 질적연구에는 양이냐 질이냐는 의미 이상의 더 포괄적인 의미가 담겨 있기 때문이다.

질적연구와 양적연구의 차이를 패러다임의 문제로 볼 것이냐, 아니면 기술의 문제로 볼 것이냐에 대한 논란은 여전히 존재한다. 질적연구자는 이 두 입장 중 어느 하나를 선택하기보다 다양한 연구 패러다임들을 이해하고, 서로 다른 패러다임에 속한 기술들의 상호 호환 가능성을 이해할 필요가 있다. 왜냐하면 오늘날 사회과학에는 여러 개의 서로 경쟁적인 패러다임이 존재하는 것도 사실이고, 이들을 통합하여 사회세계를 보다 설득력 있게 이해하려는 움직임이 있는 것 또한 사실이기 때문이다.

서로 다른 연구 패러다임은 존재론과 인식론 그리고 방법에서의 차이를 전제한다. 이 차이를 좀 더 밀고 나가면 어떤 연구 패러다임을 선택하느냐에 따라 연구질문, 방법, 분석, 결과, 타당성 확보 방법이 결정되고 달라진다고까지 말할 수 있다. 확실히 질적연구는 양적연구와는 다른 패러다임에 위치하고 있다. 일반적으로 양적연구는 실증주의 패러다임에, 질적연구는 해석주의 패러다임에 위치한다. 그러나 이러한 이분법적 분리가 실제 연구에서 명확히 구분되는 것은 아니다. 질적연구자는 다양한 연구 패러다임을 이해해함으로써 질적연구의 특징을 더 잘 이해할 수 있다. 가장 일반적으로 분류되는 연구 패러다임은 실증주의 패러다임, 해석주의 패러다임, 비판주의 패러다임이다.

2. 연구 패러다임의 분류

1) 실증주의 패러다임

실증주의(positivism)는 15-16세기의 르네상스와 17-18세기의 계몽시대에 걸쳐 출현한 관점이다. 이는 종교적 교의나 형이상학으로 세상의 진리를 설명하던 것에서 벗어나 "실험과 관찰", "과학적 방법"을 지식의 중요한 근원으로 여긴 새로운 패러다임이다. 실증주의는 마술적 방식이나 형이상학적 방식으로 세상의 진리를 설명하던 당시로서는 새롭게 출현한 개혁적 패러다임이었다. 당시로서 실증주의는 새로운 복음이었다(폴킹혼, 2001: 39).

실증주의가 전제하는 가장 핵심적인 것은, 세상에 대한 진리를 발견하는 일차적이고 유일한 방법은 과학적 방법을 사용하는 데 있다는 것이다. 물론 이 때의 과학적 방법은 그 근원을 자연과학 특히 물리학에 두는 과학적 방법이다. 실증주의가 지배적 패러다임이 되면서, 오직 과학만이 확실한 지식을 담보할 수 있다는 과학주의가 자연과학은 물론 인간과 사회를 이해하는 학문 영역에도 확산되었다.

이러한 실증주의적 사고는 20세기 초, 경험으로 확증할 수 없는 개념이나 명제는 연구할 의미가 없고, 사회과학의 명제도 물리학의 그것으로 분석될 수 있다고 생각한 '논리실증주의'에까지 이르렀다. 그러나 칼 포퍼를 비롯한 다수의 사회과학자들이 논리실증주의를 강하게 비판하면서 후실증주의(post-positivism)로 불리는 수정된 실증주의를 형성하게 되었다. 후실증주의에 의하면, 실재는 객관적으로 존재하지만 인식주체에 의해 불완전하게 이해될 수 있기 때문에 비판적으로 검토되어야 하고, 검증(verification)이 아니라 반증(falcification)에 의해 실재가 규명되어야 한다. 또한 반복하여 발견된 결과라도 반드시 진실이 되는 것이 아니라, 진실일 수도 아닐 수도 있다. 오늘날 실증주의와 후실증주의는 대부분의 자연과학 연구의 기초이다. 이들은 19세기와 20세기에 사회과학의 기초가 되었다.

19세기 이후 사회과학은 실증주의 관점을 수용하였고, 그 결과 실증주의는 사회과학에서 주류적, 지배적 패러다임으로 자리 잡으면서 소위 "인정된 관점"의 지위를 얻게 된다. 실증주의는 사회연구의 모델로 물리학을 설정하고, 보편 법칙의 탐구를 목표로 하며, 중립적 관찰언어를 사용할 것을 제안하였다(Hammersley & Atkinson, 1995: 3). 연구의 목표는 관찰을 통해 달성되어야 한다고 봄으로써 감각지각의 대상은 어느 것이나 지식의 대상이 될 수 있다고 하였다. 따라서 이론이나 형이상학, 도덕, 미학 및 정치의 인지적 주장은 지식으로부터 기각된다(바스카, 2007: 103). 또한 실재는 인간의 인식 밖에 객관적으로 존재하기 때문에 시간과 맥락을 초월해 모든 사람이 실재를 동일하게 인식할 수 있다고 전제한다. 그리고 거기에는 인과법칙이 존재하고, 이는 여러 번 반복하여 발견되면 진리가 된다.

실증주의는 현재 사회과학에서 양적방법론의 연구 논리와 전략에 가장 많이 반영되어 있다. 예를 들어, 실재는 인간의 인식 밖에 객관적으로 존재한다는 실증주의 인식은, 동일한 도구로 동일한 결과를 도출할 수 있다는 신뢰성에 대한 전제를 가능케 하였다. 또한 실재는 가설과 검증, 실험적 조작을 통해 파악될 수 있다는 인식은 가설연역적 검증방식을 선호하게 하였다. 아울러 보편법칙이나 일반법칙의 확립을 목표로 함으로써 통계적 상관관계나 통계적 규칙성을 중시하였고, 관찰 불가능한 개념이나 용어는 과학적 지식의 대상이 될 수 없다는 인식은 조작적 정의로 이어졌다.

특히, 실증주의가 전제하는 인과성 모델은 과학적 외피에도 불구하고, 현상이 왜 그러한 방식으로 발생하고 존재하는지에 답하지 못한 채, 방법론이 통계기법과 동일시되는 결과를 가져왔다. 실증주의에서 '실증성'에 대한 강조는 통계적 기법을 활용하거나 1차 자료를 수집하고 해석하는 것으로 이해되었다. 그 결과 실증주의는 이론적이기보다는 실천적인 방식으로 작용함으로써 더욱 강력한 힘을 발휘했다(박찬종, 2012: 202-203).

이렇게 실증주의가 오랜 기간에 걸쳐 자기 진화를 거듭하던 동안 사회과학에서는 첨예한 논쟁이 이루어졌는데, 그것은 자연과학의 방법이 사회과학에도 적용될 수 있는가 하는 것이었다. 사회과학이든 자연과학이든 모든 과학은 동일한 방법을 사용해야 한다는 "자연주의(naturalism)" 입장과, 사회세계의 구조와 자연세계의 구조에는 근본적 차이가 있기 때문에 다르게 접근해야 한다는 반실증주의적 입장이 팽팽히 맞섰다.

그러나 실증주의적 입장이 이 논쟁에서 승리했고, 인간과 사회현상에 대한 연구는 자연과학에서 채택된 기준과 절차하에 이루어졌다. 실증주의 입장의 승리는 행동주의 사회과학 연구의 중심이 20세기 초 미국으로 옮겨갔을 때 일어났다. 미국의 사회세력이 실증주의에 기초한 심리학과 사회학을 후원했기 때문이다. 반면 유럽 대륙에서는 실증주의의 승리가 그렇게 철저하지는 않았다. 오히려 유럽에서는 반실증주의 대응이 꾸준히 주창되었고, 그 영향은 오늘날까지 이어지고 있다(폴킹혼, 2001: 80-81).

2) 해석주의 패러다임

사회과학에서 해석주의(interpretivism)는 과학주의와 실증주의의 과잉에 대한 비판으로부터 출현했다. 해석주의자들은 사회과학을 자연과학적으로 접근하는 것에 반대하였다. 그들은 실증주의 패러다임이 사회과학 연구에서 갖는 한계를 지적하면서 실증주의를 비판하였다. 해석주의자들이 실증주의를 비판한 주요 골자는 다음과 같다.

첫째, 실증주의에서 말하는 관찰의 객관성은 존재하지 않는다는 점이다. 관찰자는 모종의 이론적, 문화적, 개인적 가치체계에 영향받으면서 연구하기 때문에 사실과 가치는 상호연관되어 있으며, 사실은 특정한 개념적 틀 내에서만 사실이라는 것이다(박성희, 1996: 203-204). 따라서 실증주의에서 주장하는 연구자의 관점이나 주관적 견해와 완전히 분리된 객관적 연구를 수행하는 것은 불가능하다고 하였다.

둘째, 실증주의는 사회과학에서 '의미'와 '이해'의 중요성을 간과하고 있다는 점이다. 이들은 자연과학의 목적이 과학적 설명이라면 해석주의의 목적은 사회적 현상의 '의미'를 파악하고 '이해'하는 것이라고 주장하였다. 특히, 딜타이는 과학의 목적은 일반화와 법칙의 발견이 아니라 "이해"에 있다고 하였다(Willis, 2007: 50-53). 실증주의가 보편적 인과법칙을 찾는 것을 연구의 궁극적 목적으로 삼는다면, 해석주의는 경험이나 행동의 법칙보다는 그 경험이나 행동에 의미가 부여되는 과정에 렌즈를 겨냥한다. 해석주의에서 말하는 '해석'은 바로 이 의미의 구성이라 할 수 있는 '이해'에 대한 설명이다.

셋째, 사회과학에서 실재는 시공을 초월해 객관적으로 존재하는 것이 아니라 우리의 경험과 문화에 의해 조건화되어 있다는 점이다. 즉, 실재는 시간의 변화에 따라 그리고 역사적, 사회적 맥락에 따라 다르게 정의될 수 있다는 것이다. 실증주의자들은 해석하는 사람이나 해석되는 상황이 다르면, 같은 현상도 다르게 이해할 수 있다는 점에서 해석주의의 이해의 방식을 반대했다(폴킹혼, 2001: 43).

해석주의의 주된 이론적 토대는 해석학과 현상학, 이해(Verstehen)의 사회학, 상징적 상호작용론이다. 딜타이는 해석주의의 기반을 마련하였다. 그는 "이해는 사회과학 연구의 목적이고, 사회과학 연구의 적절한 토픽은 인간의 살아있는 경험이다"라고 주장하였다. 딜타이에 의하면, 실증주의적 방법들은 인간을 복잡한 기계 정도로 다루고 있기 때문에 사회과학이 이를 좇아가서는 안 된다. 그에게 자연이라는 실재는 사회라는 실재와 동일하지 않았고, 따라서 사회적 실재를 연구하기 위해서는 다른 연구방법이 필요하였다(Willis, 2007: 50-52).

해석주의에 따르면, 사회적 세계는 단순한 인과관계로 이해될 수 없다. 그 이유는 인간의 행위란 의도나 동기, 신념, 가치 등과 같은 사회적 의미들에 터하여 이루어지고, 국가나 노조와 같은 사회도 의미의 그물망으로 구성되고 움직이기 때문이다. 즉, 사람들의 행동을 이해하려면 그 행동을 안내하는 '의미'에 다가가야 하고 그들이 세계를 어떻게 해석하는지를 '이해'해야 한다는 것이다.

예를 들어, 어떤 연구자가 대형마트 판매원 노동자에 관심이 있다고 하자. 그는 대형 마트 노동자들을 이해하기 위해 그들의 노동선택 혹은 노동행위에 어떤 요인들이 영향을 미쳤는지 알기 위해 그들을 둘러싼 인과법칙을 찾아내려 한다. 그러나 어떤 연구자는 대형 마트 노동자들을 이해하기 위해 그들의 노동이 어떤 이동과정을 거치고 있는지, 각 이동 과정에서 그들이 경험하는 삶의 실체와 의미가 무엇인지를 알고자 한다. 전자가 인과법칙을 통해 세계를 설명하는 방식이라면, 후자는 "이해"와 "의미"를 통해 세계를 이해하려는 방식이다. 만일 우리의 관심이 대형 마트 판매원 노동자들의 삶을 개선하기 위해 모종의 노력을 기울이는 것에 있다면, 이 양측 모두에서의 연구가 필요하다.

사회과학에서 해석주의는 질적연구방법론의 연구 논리와 전략에 가장 많이 반영되어 있다. 관심을 갖는 연구 토픽이 행위의 인과법칙보다는 행위로 인한 경험과 그 의미, 이해, 과정에 있는 점, 연구의 목적이 검증(verification)보다는 '발견(discovery)'에 있는 점, 내부자(emic)의 경험세계를 중시하는 점, 인식주체의 시각을 중요시하여 연구자의 가치와 입장을 명확히 하는 것 등이 그 예이다.

해석주의 패러다임은 20세기 중반에 들어오면서 부흥기를 구가하고 있지만, 실증주의 패러다임에 비하면 사회과학에서 여전히 주변적 위치에 있다. 해석주의 패러다임이 주변적 위치에 있는 데는 내적, 외적 이유가 있다. 외적으로는, 선명한 인과논리와 보편법칙을 내세우는 실증주의가 현실세계에서 우위를 점하고 있는 점을 들 수 있다. 20세기 이후 사회과학학을 기능적이고 실용적인 활동으로 바라보는 강력한 흐름이 존재하는데, 해석주의 패러다임은 이러한 실용적 우위에서 뒤처지고 있는 것이다. 즉, 현실의 정책결정자와 실천가들이 의사결정의 증거로서 명쾌하고 간결한 실증적 자료를 요구하고 있는데 대해, 해석주의 패러다임은 이 면에서 적극적 대응을 못하고 있다.

내적으로는, 해석주의 패러다임 내의 다원화와 무질서를 들 수 있다. 이는 질적연구 내의 방법론적 다원주의와 방법론적 무질서와 연관된다. 근거이론, 문화기술지, 현상학적 연구, 사례연구, 생애사 연구, 담론연구, 대화분석, 내러티브 연구 등 지나치게 많은 질적접근 방법들이 계속 분화를 거듭하고 있다. 일각에서는 이로 인해 너무 다양한 질적방법들이 쏟아짐으로써 해석주의 패러다임이 위기에 처하게 되었다는 염려를 낳고 있다(Hammersely, 2008: 2).

해석주의와 함께 자주 논의되지만 구별되어야 할 것으로 구성주의 패러다임(constructivism paradigm)이 있다. 구성주의는 실증주의나 해석주의, 비판주의와는 다르게 실재에 대해 상대주의적 입장을 견지한다. 실재는 객관적으로 존재하지도 않으며, 본질 같은 것은 없다고 본다. 따라서 구성주의에서 실재는 관점의 결과이다. 즉, 실재는 객관적으로 존재하지 않고 언어나 인지, 사회적으로 구성되어 가기 때문에 다원적이고 가변적이다. 구성주의 패러다임에서 모든 지식은 어떤 관점으로 세계를 보느냐 그리고 어떤 이해관계 속에 있느냐에 달려 있기 때문에 객관적 사실은 있을 수 없다.

구성주의 패러다임은 해석주의 패러다임과 상당부분 공통점이 있다. 구성주의나 해석주의 모두 연구대상자의 의미를 이해하는 데 관심이 있으며, 이 의미의 세계를 이해하려면 해석이 필요하다는 점에서 공통적이다. 그러나 해석주의와 구성주의는 그 출발선에서 차이가 있다. 해석주의가 과학주의와 실증주의에 대한 비판에서 출발했다면, 구성주의는 객관주의와 본질주의에 대한 비판에서 출발한다. 그 결과 구성주의에서 실재에 대한 지식은 연구자와 피연구자의 상호작용 과정을 통해 산출되고, 따라서 지식은 '발견'되는 것이 아니라 연구자와 피연구자 사이에서 '만들어지는 것'이 된다. 반면, 해석주의는 사회적 현상의 의미를 파악하고 이해하는 과정에서 주관성은 피해야 할 것으로 간주한다. 이들에게 해석은 사회세계의 '실재'를 '발견'하기 위한 새로운 방법론이자 도전이다(Denzin & Lincoln, 1994: 118-119).

3) 비판주의 패러다임

비판주의 패러다임(critical paradigm)은 실증주의나 해석주의와는 다른 실재를 주장한다. 실증주의에서 실재는 인식주체와 독립적으로 시간과 맥락을 초월해 존재하고 그것은 인과법칙의 형태로 나타난다. 해석주의에서 실재는 경험과 문화의 "의미구조(체계)"에 의해 조건화되어 있으므로 이 의미의 구성에 대한 해석과 이해를 통해 드러난다. 이에 비해 비판주의는 관찰되는 현상과 사건들의 기저에 사회, 정치, 문화, 젠더 등의 구조가 작동하며, 이는 시간의 흐름에 따라 변화한다고 전제한다. 따라서 비판주의에서 실재는 이들 수많은 '구조'에 의해 형성되고, '구조'의 산물로 드러난다. 바스카(Bhaskar)는 「비판적 실재론과 해방의 사회과학」에서 이 점을 잘 표현하고 있다.

> "사람들이 들어가게 되는 사회관계들은 그 관계에 들어가는 개인보다 앞서 존재한다. 그리고 사람들의 활동은 그 관계를 재생산하거나 변형한다. 그러므로 관계들은 그 자체가 구조들이다"(바스카, 2007: 17).

이처럼 비판주의 패러다임은 '구조' 속에 존재하는 실재를 그려내고자 하는데, 여기서 구조는 역사적 사회적 관력관계, 이념이나 가치, 언어, 제도, 자본주의적 생산과 소비 등을 일컫는다. 이에 따라, 비판주의 연구는 일상생활에서의 개인의 경험과 사회적 현상의 의미를 '구조'를 통해 혹은 '구조'와의 상호작용이라는 렌즈를 통해 해석해냄으로써 사회에 대한 비판과 새로운 가능성을 탐구한다.

예를 들어, 미국의 남북전쟁을 계급관계라는 사회적 권력관계의 구조 속에 존재하는 것으로 바라볼 경우, 남북전쟁이 노예제를 지지하는 남부와 노예제를 반대하는 북부 간의 전쟁으로 묘사되지 않는다. 비판주의 연구자에게 그렇게 보는 것은 신화일 뿐이다. 그는 남북전쟁을 흑인노예를 놓고 남부와 북부라는 두 지배계급 간에 벌어진 경제적 갈등으로 해석한다(Willis, 2007: 46).

앞의 예에서 알 수 있듯이, 비판주의는 개인과 사회를 탐구할 때 '구조'의 이름으로 특정 관점을 전제한다. 모든 개인적, 사회적 사건은 근본적으로 사회적, 역사적으로 구성되는 권력관계에 의해 매개되며, 사실이란 이념이나 가치와 떨어져 생각할 수 없고, 사회 내 어떤 집단은 다른 집단보다 더 많은 특권을 갖는다고 전제한다. 이런 전제 하에서 실재는 가치가 반영된 결과이기 때문에 비판주의 탐구의 본질은 가치에 의해 결정된다고 말할 수 있다(Denzin & Lincoln, 1994: 139). Guba(1990)는 비판주의 패러다임의 이런 특징 때문에 비판주의 연구를 이념의 렌즈를 통해 자료를 분석하는 "이념지향의 탐구"라고 불렀다.

비판주의 연구의 뿌리는 독일 프랑크푸르트 학파의 비판이론(critical theory)에서 출발하였지만, 오늘날은 푸코, 하버마스, 데리다, 여성주의 및 사회언어학의 다양한 논의들을 포괄하고 있다. 더 나아가 다양한 학문분야에서 연구에서의 가치중립성과 객관성이 의문시되면서 공개적으로 이념성을 지향하는 연구들이 주창되고 있다(Hammersley & Atkinson, 1995: 14). 예를 들어, 최근 문화기술지 연구 영역에서도 문화기술지 연구가 단순히 세계를 이해하는 것이 아니라, 연구결과가 그 세계에 변화를 가져오는 데 영향을 주어 정책결정이나 전문적 실천상의 변화를 가져와야 한다는 의미에서 비판적 문화기술지(critical ethnography), 제도적 문화기술지(institutional ethnography)에 관심이 모아지고 있다.

이처럼 비판주의 패러다임은 연구방법과 관련해 두 가지 점을 상기시킨다. 하나는 연구 행위를 바라보는 관점이고, 다른 하나는 연구자가 가진 가치를 연구과정에서 어떻게 처리할 것인가의 문제이다. 첫째, 부정의에 맞선다는 의미의 "비판"이라는 말에서 알 수 있듯이, 비판주의 연구는 연구자의 정치적, 해방적 의식과 맞닿아 있다. 전통적 연구자가 '중립성'에 매달려 있다면 비판적 연구자는 보다 나은 세계를 위하여 파트너십을 천명한다. 전통적 연구자가 자신들의 과업을 실재의 한 조각을 묘사하고 해석하는 것으로 보는 반면, 비판주의 연구자는 그들의 연구작업을 부정의를 해소할 수 있는 정치적 행동의 한 형태로 본다(Denzin & Lincoln, 1994: 139-140).

둘째, 연구자는 보이지 않는 익명의 목소리가 아니라 욕망과 이해관계를 가진 역사적 존재이기 때문에, 이 점을 수용하면 연구의 객관성은 오히려 증가한다는 관점을 취한다. 여성주의 연구자들은 이러한 관점을 "주관적 객관성(The subjective objective)"으로 불렀다(Willis, 2007: 54-60).

한 가지 주목할 것은 많은 비판주의 질적연구가 해석을 통해 실재를 포착하려 하지만, 그렇다고 모든 비판적 연구가 해석주의를 취하는 것은 아니다. 즉 비판주의 입장을 견지하는 많은 질적연구들이 기존의 다른 질적연구들처럼 '해석'을 방법적 도구로 사용하지만, '해석'이라는 방법을 거부하는 질적연구방법도 있다. '제도적 문화기술지'가 대표적이다. 제도적 문화기술지는 사회는 '실제(actualities)'를 토대로, 일상의 실제들이 '조정(coordination)'되는 곳에 존재한다고 전제한다. 이 '조정'은 일상과 제도 사이를 조직화하며, 지배관계로 나아간다. 제도적 문화기술지는 일상적 실제와 제도 사이의 조직화를 그려냄으로써 우리 일상의 지배관계를 드러낸다. 이 과정에서 해석은 거부되고 단지 '묘사(description)'가 이루어진다. 왜냐하면 개념과 이론으로 해석하면 연구자에 의해 해석된 실재만이 존재하게 되고, '행위자'와 '실제'는 사라지기 때문이다(스미스, 2014).

3. 연구 패러다임과 사회복지 연구

1) 실증주의 패러다임과 사회복지 연구

대개의 국가에서 사회복지 연구는 실증주의의 전통을 적극 받아들였다.[1] 그 결과 실증주의 연구 패러다임은 사회복지 연구의 지배적 패러다임으로 자리 잡았다. 사회복지에서 실증주의는 주로 이론적 지식과 사회문제에 대한 설명, 문제해결을 위한 정책이나 실천의 개입 효과성을 확인하는 데 적용되었다.

즉, 실증주의 패러다임은 사회복지 전문지식을 형성하기 위한 인과적 법칙을 분명히 정의하고, 정책과 실천의 효과성을 판단하기 위한

---

1) 스웨덴과 미국의 사회복지 석박사 학위논문의 동향에 대한 한 연구에 의하면, 스웨덴에서는 양적연구보다는 질적연구 방법의 사용이 압도적이어서 전체의 80%를 차지하는 것으로 나타났다. 이렇게 질적연구방법이 스웨덴 사회복지 연구에서 우위를 차지하는 이유로 저자는 사회복지실천 현장의 슈퍼바이저들이 수에 대한 공포와 불안을 갖고 있는 점, 실천현장에서의 양화에 대한 회의, 사회복지실천과 질적연구의 유사성, 스웨덴 사회과학 내 실증주의에 대한 비판적 분위기를 들고 있다. 그리고 이러한 선호의 차이를 보다 큰 맥락에서 설명하였는데, 그 기저의 맥락으로 1) 미국과 스웨덴의 복지레짐의 차이, 2) 일반 사회과학과 사회복지학과의 관계: 스웨덴에서는 사회복지 연구 자체가 정치적 복지 프로젝트로 여겨지고 있고, 사회복지 연구에서 중요한 역할을 하는 사회학이 질적 사회학에 의해 주도되고 있는 점, 3) 연구와 실천에 대한 인식의 차이: 미국에서는 연구가 사회복지전문직의 사회적 기능과 자격, 지위를 견고히 하는 수단으로 인식되지만, 스웨덴에서는 연구란 실천가들이 직면하는 문제 해결을 돕기 위한 것이라는 인식이 지배적인 점을 들고 있다(Dellgran & Hojer, 2001: 4).

설득력 있는 결과를 확인해 주었다. 그 결과 실증주의 패러다임은 사회복지학의 발전에 상당한 기여를 한 것으로 평가되고 있다. 실증주의 패러다임은 사회복지 정책과 실천의 효과성을 입증함으로써 사회복지학이 과학적 학문이 되는 데 기여하였고, 이는 결과적으로 사회복지 전문직의 위상을 제고하였다(Gibbs, 2001).

그러나 사회복지 연구는 '사회복지 현상'을 대상으로 한다. 그런데 '사회복지 현상'은 다른 사회 현상과 마찬가지로 단선적이지 않다. 사회복지실천가와 정책결정자들이 관심을 갖는 실천이나 정책과정은 복잡하고 혼란스런 상황인 경우가 대부분이다. 특히, 사회복지 영역이 확대되어 가면서 사회복지 현상의 기제가 더 복잡해지고 있고, 사회복지실천 현장의 확장과 함께 실천의 내부역동도 다원화되고 복잡해지고 있다.

이런 점에서 사회복지 현상은 단일의 연구 패러다임만으로 포착하기 어렵다. 물론 사회복지 현상은 경험적 관찰을 통해 현상 내 요소들 간의 인과적 법칙을 규명함으로써 이해될 수 있다. 그러나 사회복지 현상의 작동과정과 기제가 어떠한지 그리고 그 현상이 현상의 당사자들에게 어떤 의미가 부여되는지 등을 포착함으로써 더 잘 이해되기도 한다.

일례로, 사회복지정책과 실천을 직접 수행하는 사회복지 전문직의 경우를 생각해 보면, 그 관여 영역이 매우 넓고 다양함을 알 수 있다. 사회복지 전문직은 개인과 가족, 집단, 조직, 지역사회와 관계를 맺고, 프로그램을 수행하며, 더 나아가 사회정의와 같은 전문적 가치에도 관심을 갖는다. 게다가 서비스를 제공받는 클라이언트들의 삶과 경험 그리고 그것의 의미를 해석한다.

이 과정에서 사회복지 전문가는 모든 상황과 맥락에 적용되는 하나의 법칙적 체계나 이론은 없다는 것을 곧 알게 된다. 그는 모든 지식은 임시적이거나 맥락적이라는 것, 그래서 한 맥락에서 다른 맥락으로 이론을 전이하는 것은 불가능하거나 비현실적이거나 더 나아가 신비적인 것임을 알게 된다(Kim & Cho, 2005). 클라이언트가 처한 상황이 개인적인 것임과 동시에 제도적이고 정치적인 것이라는 점도 알게 된다.

일반적으로 사회복지 연구자들은 실증주의의 극단적 견해를 방어하거나 지지하지는 않는다. 물론 어떤 연구자는 실증주의의 기여에 대해 더 동정적이기는 하지만, 모든 사회복지 연구가 실증주의 패러다임을 사용해야 한다고 주장하는 사람은 거의 없다. 대부분의 사회복지 연구자들은 실증주의와 해석주의 연구의 가치를 인정하며, 방법론적 다원주의를 선호한다. 따라서 사회복지 정책과 실천에 도움이 되는 사회복지 지식의 축적을 위해서는 실증주의 패러다임은 물론 해석주의나 비판주의와 같은 다른 다양한 패러다임의 연구가 동시에 이루어질 필요가 있다.

2) 해석주의 패러다임과 사회복지 연구

사회복지 현상은 그 자체가 복합적이고 복잡하며 다원적이다. 그리고 이들 현상을 포괄하는 단일의 법칙과 이론이 존재하기 어렵다. 따라서 사회복지 현상으로부터 도출되는 사회복지 지식이 하나의 연구 패러다임을 통해 산출될 수 있다는 것은 비현실적이고 불가능하다.

어떤 사람은 사회복지 관련 요소들 간의 보편적 인과법칙이 무엇인지를 궁금해 하지만, 또 어떤 사람은 그 요소들이 시간의 흐름에 따라 어떻게 달라지며 그 과정에서 어떤 의미들이 부여되는지를 궁금해 할 것이다. 그리고 또 어떤 사람은 사회세계에 대한 특정 이념적 관점을 전제로 현상을 재정의하고자 할 것이다. 결국 사회복지 현상에 대해 우리가 마음속에서 궁금해 하고 의문을 갖는 질문이 얼마나 다양한 양태로 나타나는가를 생각해보면, 하나의 연구 패러다임으로 그 모든 질문 양태에 대해 답을 찾고자 하는 것이 얼마나 무지막지한 태도인가를 알 수 있다. 그것은 마치 하나의 이론적 틀로 모든 현상을 설명해내고자 하는 태도와 같다.

많은 연구자들에 의해, 실증주의 패러다임이 과연 사회복지 연구와 그렇게 적합성을 갖는지에 대해 여러 차원에서 의구심이 제기되고 있다. 이들은 실증주의는 조작화할 수 없고 관찰할 수 없고 측정할 수 없는 종류의 경험을 사회복지실천에서 배제하고, 평등이나 정의, 임파워먼트 등과 같은 전문직적 가치에 대한 관심을 약화시킨다고 본다 (Reamer, 1990). 특히, 사회복지 실천과 정책 현장에서 벌어지는 사안들은 인과법칙의 규명만으로 설명되지 못하는 경우가 많다는 점을 들어 문제를 제기한다.

예를 들어, 성매매 피해여성들의 자활에 영향을 미치는 요인이나 자활의 인과적 구조에 대한 파악만 가지고는 자활정책과 실천을 충분히 구성하기 어렵다. 성매매 피해여성들을 위한 정책과 실천을 위해서는 인과적 구조 못지않게 자활의 과정과 그 과정에서 자활이 그 여성들에게 어떤 의미이며, 이 의미를 구성하는 맥락이 무엇인지를 이해하는 해석주의 패러다임의 연구가 매우 중요하다.

이처럼 해석주의 패러다임은, 실증주의 패러다임이 설명하지 못하는 사회복지 현상을 이해하게 해준다. 특히, 사회복지 연구의 주된 목적이 사회복지사들에게 사회복지실천의 방법과 방향에 관한 '서사'를 제공하는 데 있는 경우, 인과에 집착하는 실증주의보다는 해석주의 패러다임이 유용하다.

해석주의는 실증주의와는 다른 사고방식, 다른 행위 방식으로서, 사회복지 연구자들에게 좀 더 광범위한 아젠다를 발전시키도록 한다.

나아가 사회복지 현상의 다면적 측면을 풍부히 묘사하고 그것에 부여된 의미를 탐색함은 물론 서비스 수급자들의 목소리를 보여주는 역할을 한다. 사회복지 연구는 실증주의에 근거한 연구들로부터 많은 도움을 얻었지만, 사회복지가 다루는 사회문제 및 정책과 실천의 복잡성을 포착하기 위해서는 해석주의와 같은 다른 접근이 필요하다(Gibbs, 2001).

3) 비판주의 패러다임과 사회복지 연구

비판주의 패러다임은 사회복지와 같은 가치지향의 전문직을 지향하는 학문분야에서 특히 의미를 갖는다. 비판주의에 입각한 지식은 현상을 이해하는 것을 넘어 관련 당사자들의 이익을 옹호하는 파워로서 작동한다. 그 이유는 비판주의에 입각한 지식이 이들의 현 상태를 해방시키는 가능성을 가지고 있기 때문이다. 지식에 대한 이러한 해방적 접근은 사회복지와 같은 전문적 교육의 인식론과 상당한 관련성이 있다(Lyon, 2000).

일반적으로 사회복지에서 어떤 종류의 연구, 지식, 경험, 증거가 미래의 사회복지정책 및 실천과 관련성을 가질 것인가라는 질문에 대해, 많은 사회복지 연구자들은 사회정의나 평등, 임파워먼트, 자기결정, 협동, 반배제, 변화를 지목한다. 이들에 의하면, 미래의 사회복지 연구는 미시적 인간관계에 구조적이고 거시적인 힘의 불균형적 관계가 영향을 미친다는 점을 이해해야 하고, 연구자와 참여자의 문화적 배경이 연구에 영향을 미친다는 것을 인식해야 한다. 이들에게 사회복지 연구는 클라이언트에게 불이익을 가져다주는 만연된 이데올로기, 파워관계, 사회적 불평등에 도전하는 것이다(Gibbs, 2001: 703-704).

비판주의 패러다임에서 사회복지 연구는 참여적이고, 협동적이고,

행동 지향적이다. 이것은 증거 중심의 경험적 연구를 통해 행동을 교정하려는 결과 중심의 연구와 대조를 이룬다(Gibbs, 2001: 693-695). 사회복지 연구자들이 비판주의 패러다임을 사용하는 것은 사회행동의 증진, 주변적이고 억압받는 사람들에 대한 목소리내기, 우리 사회의 일반적 변화 가져오기 등에 대한 관심 때문이다.

이처럼 비판주의 패러다임이 사회복지 연구와 갖는 관련성은 사회복지가 가치지향의 전문직을 지향하는 학문분야라는 점에 있다. 이때의 가치지향은 억압, 지배나 소외를 경험하는 사회복지 대상자들을 해방하는 지식으로서의 사회복지 연구이다. 예를 들어, 국민기초생활보장법의 개혁이 빈곤한 클라이언트들의 삶과 어떻게 연관되는지를 검토하는 연구를 생각해 보자. 모든 인간은 제도의 영향으로부터 벗어날 수 없다는 전제에서 출발하여, 제도의 변화가 어떻게 클라이언트의 삶을 변형, 억압하는지를 그려낼 수 있다면, 이 연구 결과는 빈곤한 클라이언트를 위한 구체적인 제도 개혁의 실마리를 제공할 수 있다.

세상은 눈에 보이는 그대로만은 아니다. 공식화된 행위 이면에는 숨겨진 구조나 층이 존재하기 마련이다. 예를 들어, 교육은 지식을 전달하는 수단이지만 동시에 계급장벽을 유지하는 기제이기도 하고, 병원은 질병치료의 도구이지만 동시에 의사들의 특권을 유지하고 강화하는 기능을 하기도 한다. 이처럼 인간현상은 스스로 말하지 않는다. 따라서 그들은 해석되어야만 한다(버거 · 켈너르 · 켈너르, 1991). 비판주의 패러다임에 입각한 지식은 이러한 해석의 도구 중의 하나로 사용될 수 있다.

과학에는 '검증'의 맥락과 '발견'의 맥락이 있다. 과학이란 실증주의에서 말하는 '검증'만을 의미하는 것이 아니라, 해석주의에서 말하는 세계의 의미를 해석하는 '발견'을 포함한다. 여기에 더하여, 과학은 비판주의에서 말하는 세계를 '해방'하는 의미까지를 포함하는 것으로 이해할 필요가 있다.

바스카는 과학은 세계를 해석할 뿐만 아니라 변동시키는 데 도움이 되어야 한다고 하였다(바스카, 2007: 8). 과학을 이렇게 넓은 의미로 이해할 때 과학은 우리 모두에게 하나의 모험이자 기회이며, 우리에게는 거기에 참여하고 만들어가며 그 한계를 알아야 할 소명이 있다(월러스틴, 2007: 8). 이처럼 연구에 대한 다양한 접근은 실증주의 패러다임의 독점보다 더 유용하며 새로운 아이디어를 생산할 수 있게 한다.

제3장 질적연구방법이란 무엇인가?

질적연구방법이란 무엇인가? 이 질문에 한마디로 답하기는 매우 어렵다. 질적연구방법은 양적연구방법과 달리 지적 배경이나 연구접근 전략, 분석전략이 다양하여 표준화되지 못했기 때문이다. 그래서 질적연구방법은 자연주의적 탐구를 비롯한 일군의 연구방법을 통칭하는 것(패짓, 2001), 연구대상자의 해석을 탐구하는 것(브리만, 1992)과 같이 포괄적으로 정의되거나, 그 고유한 특성들을 언급함으로써 정의된다. 질적연구방법이 무엇인지에 대해서는 다양한 논의가 있지만, 여기서는 다음의 4가지를 중심으로 질적연구방법을 이해해 보기로 한다. 즉, 경험 이면의 의미 탐구, 맥락의존적 지식 산출, 방법으로서의 해석, 귀납적 지식 축적이 그것이다.

1. 경험 이면의 '의미' 탐구

질적연구방법의 가장 큰 특징은 사람들이 일상에서 겪는 경험들의 '이면'의 '의미'가 무엇인지를 탐구하는 것이다. 질적연구방법은 사람들의 일상의 경험을 과학적 지식을 산출할 수 있는 자료로 본다. 사람들의 일상의 경험은 그 표면이 아니라 '이면'의 '의미'를 찾음으로써 진실을 알 수 있다. 여기서는 질적연구방법의 자료인 경험이 무엇인지, '이면'을 탐구한다는 것이 무엇인지, 그리고 질적연구에서 탐구하려는 이면의 '의미'란 무엇을 말하는 것인지에 대해 좀 더 구체적으로 이해해 보기로 한다.

1) 경험은 사회과학 지식의 자료이다

질적연구와 양적연구의 가장 큰 차이는 어디에 있을까? 우리는 흔히 질적연구방법을 사용한 연구를 질적연구로, 양적연구방법을 사용한 연구를 양적연구로 부른다. 그리고 질적연구는 질적자료를 사용하고, 양적연구는 양적자료를 사용한다고 여긴다. 이처럼 우리는 흔히 연구에서 사용하는 자료의 특성을 가지고 질적연구와 양적연구를 구분한다. 그러나 질적자료도 양화될 수 있고, 제한적이지만 양적자료도 질로 전환될 수 있다.

만일 어떤 연구자가 사회복지사의 권위에 관한 인터뷰 자료를 가지고 권위 행사방식을 분류해 보고, 이들을 그 빈도에 따라 양적으로 내용분석 했다면 이것은 질적연구인가 양적연구인가? 사용하는 자료의 성격이라는 기준만으로 질적연구와 양적연구를 이해하는 것은 한계가 있고 모호한 측면이 있다. 이러한 구분은 질적연구와 양적연구를 지나치게 피상적이고 표피적인 차원에서 이해하는 것이다. 그렇다면 질적연구와 양적연구의 차이를 어떻게 이해해야 할까?

질적연구와 양적연구의 가장 큰 차이는 연구의 목적에서 찾을 수 있다. 질적연구의 궁극적 목적은 사람들의 경험 이면에 존재하는 '의미'를 찾는 데 있다. 양적연구가 현상의 인과관계 규명을 목적으로 한다면, 질적연구는 궁극적으로 연구자가 연구참여자의 이야기나 다른 표징 속에 숨겨져 있는 '의미'를 밝혀내는 것을 목적으로 한다. 즉, 질적연구는 현상 이면에 숨겨진 '의미'를 밝혀내는 과학적 작업이다. 이것이 질적연구 방법을 '의미 탐구' 방법이라고 부르는 이유이다.

따라서 양적연구가 현상의 인과관계를 규명하기 위해 독특한 설계와 통계기법을 사용하듯이, 질적연구는 현상에 내재된 의미체계나 의미구조를 밝혀내기 위해 나름의 독특한 설계와 분석 및 해석방법을 사용한다. 그러나 물론 질적연구라 해서 모두 인과관계 규명을 배제하는 것은 아니다. 질적연구에서도 인과관계를 확증하기도 한다.

그런데 여기서 종종 오해되는 사실이 있다. 그것은 '의미'에 대한 오해이다. 우리는 흔히 '의미'를 주관적이고, 내적이고, 심리적이고, 개인적인 그 무엇으로 이해한다. '의미'라는 말에 덧씌워진 이러한 이미지는 질적연구에 대한 이해에도 연장된다. 그래서 질적연구란 미시적 차원에서 사람들이 하는 경험들의 심리적, 개인 내적 현상들을 밝혀내는 것으로 이해한다. 이것은 정말 잘못된 이해이다. 특히, 질적연구를 이런 좁은 의미의 '의미 탐구'로 이해할 때는 많은 오류가 발생하게 된다. 결국, 질적연구자를 사람들의 미시적 경험들을 연구하는, 그들만의 세계에 갇힌, 보편적 적용을 상실한 연구방법의 지류 정도로 생각하게 된다.

이러한 오류를 수정하기 위해서는 질적연구의 목적인 '경험 이면의 의미'에 대해 좀 더 구체적인 이해가 필요하다. '경험'은 무엇이고, 사람들의 '경험'이 어떻게 연구의 자료가 되며, 그 이면에 있는 '의미'란 무엇을 뜻하는지 이해할 필요가 있다. 더 나아가 우리는 왜 의미를 탐구해야 하는지 이해할 필요가 있다. 이들 질문에 대한 답은 심도 있는 철학적, 사회학적 근거가 필요하지만, 여기서는 간략하게 답해 보기로 한다.

오늘날 사회복지를 포함한 대부분의 사회과학 연구들은 경험적 연구의 형태를 띤다. 그것이 질적연구의 형태이건 양적연구의 형태이건 경험적 연구는 '연구' 자체로 동일시될 만큼 보편화된 강력한 연구의 형태이다. 경험적 연구는 사람들의 경험을 자료로 삼는다. 사람들의 경험은 양으로 환원되기도 하고 질로 전환되기도 한다. 경험을 양으로 전환한 양적연구는 통계학에 기대어, 경험을 질로 전환한 질적연구는 해석에 기대어 지식으로서의 정당성을 획득한다.

이처럼 질적연구의 자료는 사람들의 '경험'이다. 좀 더 구체적으로 말하면, 사람들의 '일상 경험'이다. 여기서 던질 수 있는 질문은 사람들의 일상경험이 과연 과학적 지식의 자료가 될 수 있는가 하는 것이다. 일반적으로 경험은 말이나 글로 표현될 때 드러난다. 경험은 감각적으로 알게 되는 몸의 세계에서 시작하지만, 항상 그리고 오로지 말하거나 쓰는 순간에 언어의 형태로 나타난다(스미스, 2014: 197-200).

질적 연구자가 인터뷰를 통해 자료를 수집한다고 할 때 연구참여자의 경험을 수집하는 것이고, 이때 경험은 연구자와 연구참여자의 대화를 통해 구성되며, 연구참여자가 처한 상황이나 지배적 담론에 영향받는다. 그렇다고 경험이 구조나 담론에 종속되기만 하는 것은 아니다. 경험은 대화를 통해 구성되는 과정에서 구조 및 담론과의 상호교환으로 만들어진다(스미스, 2014: 205-206). 따라서 경험은 개인의 주관성만이 아니라 그 주관성의 토대인 구조에 접근할 수 있는 최적의 자원이다.

부르디외는 경험은 구조와 행위가 응결된 지점이기 때문에 구조에 대한 이해를 가능케 한다고 하였다. 또한 기든스도 일상의 행동은 거시현상 속에 함축되어 있고, 거시적, 구조적, 제도적 현상은 일상의 미시적 상호작용 세계 속에 함축되어 있다고 하였다(Layder, 1993). 이는 일상 경험들을 잘 들여다보면 거기에 개인의 행위와 주관성은 물론 거시, 구조, 제도가 들어 있다는 의미이다.

여기서 경험들 속에 들어 있는 구조적 측면은 측정 가능한 변수들로는 알기 어렵다. 예를 들어, 권력관계는 변수로 환원하기 어렵다. 그것은 일상의 장면 뒤에 숨겨져 있다(Layder, 1993: 29). 이처럼 무질서하고 무정형으로 보이는 일상 경험들 속에는 행위와 구조가 응결되어 있다. 질적연구자는 연구참여자들의 일상 경험을 자료로 하여 행위와 구조 사이의 거리를 메꾸고 연결하여 멋진 스토리를 재구성해내는 사람이다. 그는 그 무질서 속에 들어 있는 '의미'를 찾아낸다. 해석적 질적연구에서 '의미'는 과학적 추론과 추상화를 통해 도출된다. 그러면 이런 일상 경험들 이면에 숨어 있는 '의미'란 무엇이고 어떻게 찾아낼 수 있을까? 먼저, 왜 '의미'를 탐구해야 하는지 살펴보자.

2) 왜 '의미'를 탐구해야 하나

질적연구는 '의미' 연구의 필요성을 이해하는 것에서부터 시작한다. 나아가, '의미'가 사회과학 탐구의 핵심 대상임을 인식하는 것에서 출발한다. 그러자면 '의미'라는 용어에 덧씌워진 심리학적 침전물의 이미지를 벗겨내야 한다. 즉, 의미는 심리적인 것이 아니다. 의미는 질적연구가 찾고자 하는 궁극적 지점이다. 질적연구는 경험 그 자체가 아니라 경험이 가리키는 이면을 찾는데 이 이면에 바로 '의미'가 있다.

사회과학에서 '의미'(meaning)가 주목받게 된 것은 사회과학이 과연 자연과학을 따라야 할 것인지에 관한 방법론 논쟁에서 비롯되었다. 이 방법론 논쟁의 핵심은 인과중심의 실증주의 사고에 대한 유럽사회의 반발이었다. 자연과학의 방법이 모든 학문의 방법이 되어야 한다는 자연주의자들은 사회과학도 자연과학과 마찬가지로 인과관계를 탐구해야 한다고 하였고, 반자연주의자들은 사회과학은 자연과학과 그 대상이 다르므로 관심 주제와 방법이 달라야 한다고 보았다. 반자연주의자들이 대안으로 제시한 것은 인간 삶에 있어서 "의미"였다. 그들은 사회과학은 '의미' 문제를 다루어야 하고, 이를 포착할 수 있는 별도의 방법이 필요하다고 하였다. 이들의 문제제기는 자연과학과 사회과학의 질서 이해방법이 달라야 한다는 것이었다(브리만, 1992).

세계를 이해하기 위해서 '의미'를 탐구해야 한다는 주장에는 철학적, 이론적 토대가 있다. 첫째, 가장 대표적으로, 철학에서 후설은 현상학을 통해 사물과 세상이 '의미연관', 즉 의미의 세계임을 보여줌으로써, 의미 연구의 기반을 제공하였다. 그에 의하면, 인간의 경험은 항상 그 자체 '이면'에 있는 어떤 것을 가리키고 있다. 즉, '이면'의 어떤 것을 지향한다. 이 지향(성)은 다양한 지평들을 향하는데, 지평들의 상호연관 여하에 따라 '의미'가 형성된다.

질적연구방법론 수업시간에 인터뷰로 수집한 자료들을 학생들에게 여러 번 읽게 하고 분석하게 하다 보면, 학생들은 직관적으로 사물들이 서로 연결되어 있고 그것이 의미망을 이룬다는 점을 알게 된다. 그들은 사람들의 말이 어딘가에 기대어서 나온 것 같다고 말한다. 사람들의 말이 스스로 나온 것이 아니라 무언가를 보았고, 무언가와 연결되어 있기 때문에 그러한 말이 나온 것 같다고 토로한다. 이들의 토로를 현상학의 지향성과 지평에 대입해 보면, 그럴듯하게 사람들의 경험이 어딘가에 기대어서, 어딘가를 향해서, 어딘가와 연관되어서 이루어진다는 것을 알 수 있다.

예를 들어, 국민기초 수급자들이 수급을 받으면서 무시받는 경험을 한다고 하자. 이들의 무시받는다는 경험 그 자체는 심리적이고 미시적 경험에 불과하지만, 이 경험을 가능하게 한 배경을 생각해 보면 우리는 어떤 특정 경험이 경험 그 자체만으로 단절되어 있지 않다는 사실을 쉽게 알 수 있다. 이들의 무시받는다는 경험은 복지공무원들의 태도, 수급자를 대하는 일반인들의 태도, 수급자에게 급여를 전달하는 방식 등 무수히 많은 것들과 연결되어 있다. 즉, 수급자들의 무시받는다는 경험은 이런 무수히 많은 것들을 향해 있는 것이다. 그리고 이것들이 수급자의 경험속에서 어떤 연관관계를 맺고 있느냐에 따라 그 경험의 의미는 달라지게 된다. 즉, 상호연관 여하에 따라 무시받는다는 경험의 의미가 '사회적 배제'로 나타날 수도 있고, '사회적 규범에의 동화'로 나타날 수도 있다. 결국, 수급자가 수급과정에서 무시받는 경험을 하는 것은 우리 사회에 사회적 배제가 작동한다는 의미일 수도 있고, 거꾸로 복지수급 자체가 수급자들을 사회적 규범에로 동화하게 만드는 의미일 수 있는 것이다.

둘째, 사회학에서는 조지 허버트 미드의 "상징적 상호작용론"과 막스 베버의 "이해의 사회학"이 사회과학 탐구의 대상으로 '의미'가 중요함을 강조하였다. 상징적 상호작용론에서 볼 때, 인간은 사물들이 인간에 대해 지니고 있는 '의미'를 바탕으로 하여 그 사물에 대해 행동한다. 여기서 사물이란 물질적 대상, 다른 사람들, 제도들, 지배적 이념들, 타인의 행동들, 일상생활에서 부딪치는 상황들로서 인간이 자기 세계에서 감지할 수 있는 모든 것을 의미한다(블루머, 1990).

막스 베버는 "의미구조"라는 개념을 사용하였는데, 사람의 모든 행위는 의미를 지향하기 때문에 그 의미를 이해해야 비로소 행위를 파악할 수 있다고 하였다. 그는 사회과학은 현실적이고 구체적인 행위과정에 있는 사람들이나 집단이 주관적으로 생각하고 있는 '의미'에 관심을 갖고, 그 행위가 지향하는 의미를 '이해'(Verstehen)해야 한다고 하였다. 여기서 '이해'는 해석적 이해를 말한다. 이는 19세기 말에서 20세기 초에 걸쳐 독어 사용권의 역사학자와 사회학자들에 의해 행해진 방법론 논쟁의 핵심으로서, 인과설명 방법에 대항하여 성립되었다(아우드웨이트, 1984: 11). '이해'는 의미들의 구성, 즉 '의미구조'를 찾아냄으로써 이루어진다.

이상의 대표적 논의에서 알 수 있듯이, 사람들의 경험을 통해 드러나는 '의미'는 사회과학의 탐구대상으로서, 학문적 이론적 기반을 갖고 있다. 인과관계만이 아니라 의미구조를 서술하고 설명하는 것 또한 과학적 연구이며, 사회과학이 탐구해야 할 대상이다. 우리는 사람들의 경험 속에 숨겨져 있는 의미를 그려냄으로써 사회를 알 수 있다. 물론 이 의미를 찾아내는 방법은 연구방법들의 이론적 전제에 따라 차이가 있다.

예를 들어, 문화기술지 연구는 문화적 요소들의 상호연관으로 드러나는 문화화된 방식 속에서 의미를 찾는다. 그러나 현상학적 연구는 문화가 우리를 자유롭게 한다는 점에 동의하지만 그것이 또한 즉각적인 경험을 배제하거나 억제하는 한계가 있다고 보기 때문에, 일상적 의미를 잠시 제쳐두고 즉각적인 현상에 자신을 완전히 개방함으로써 의미를 찾아낸다(크로티, 2001: 11-12). 이제 질적연구의 탐구 대상인 '의미'에 관한 논의를 좀 더 자세히 들여다보자.

3) '의미'는 사회적 산물이다

'의미'는 개인적이거나 내재적이기보다는 관계적이고 사회적이다. 이것은 '의미'가 사물에 내재되어 있다고 보는 것도 아니고, 인간 내부의 심리적인 요인들의 결합을 통하여 나타나는 것도 아니라는 뜻이다. '의미'의 구성이 관계적이고 사회적이라는 것은 의미는 사람들 사이의 교섭의 과정을 통해 나타난다는 것이다. 즉 어떤 한 사람에 대한 사물의 의미는 다른 사람들이 그 사물과 관련지어 어떤 식으로 그 사람에게 행동하는가로부터 나온다. 따라서 '의미'는 사회적 산물이다(블루머, 1990).[1)]

그렇다면 우리가 누군가의 실망, 분노 혹은 어떤 행위의 동기의 '의미'를 이해한다는 것은 무슨 뜻일까? 그것은 그런 감정이나 동기의 원천에 대한 느낌이 어떤 것인가를 아는 것이 아니다. 누군가의 행동의 의미를 이해한다는 것은 이런 감정이나 의도가 타당해지는 "상황"을 이해하는 것이다(아우드웨이트, 1984).

예를 들어, 학교부적응 청소년들의 경험의 의미(김인숙, 2010b)를 이해한다는 것은, 학교부적응으로 인한 청소년들의 좌절감과 열패감, 소외감과 같은 심리내적 모습을 이해하는 것만이 아니다. 만일 그렇다면, 청소년들의 경험의 '의미'는 학교부적응이라는 종속변수의 독립변수로 전락될 뿐이다. '의미'나 '의미구조'가 더 이상 독립변수의 하나로 전락되지 않기 위해서는 학교부적응 청소년들이 부적응 상태에 이르게 되는 과정과 기제, 역동의 복합적 상황을 그려내야 한다. 즉, 청소년들의 학교부적응의 의미를 이해한다는 것은, 부적응으로 내몰림으로써 겪는 심리내적 상태가 아니라 그들이 어떤 상황 속에서 어떤 과정을 거쳐 부적응으로 내몰렸는지 그 경험을 가능하게 만든 상황을 이해하는 것이다.

이 연구에 의하면, 청소년들이 부적응으로 변화하는 핵심에는 '공부'가 있었다. 성적이 하락하면서 성적회복을 위해 애쓰지만 잘 안되고 공부는 복잡하고 어려운 것이 된다. 공부에 대한 이런 경험은 노력해도 안 되는 좌절감과 열패감, 소외감을 갖게 한다. 이런 좌절감과 열패감에 부모는 공부에 대한 압박을 통해, 학교는 '규율'의 엄격한 적용을 통해 부적응을 더욱 촉진한다. 특히 학교의 규율은 청소년들을 두 세계로 구별하고 낙인화, 차별화, 희생화 기제를 통해 정상체계로부터 이들을 분리, 배제한다.

---

1) 블루머의 상징적 상호작용론은 막스 베버의 이해사회학 혹은 해석적 이해와 이어져 있고, 현상학과도 맞닿아 있다.

이런 상황에서 청소년들은 현재 생활이 "재미없어지고" "심심해"진다. 심심하고 재미없으니까 "재미있는 것"을 찾아 나서고 그것은 "놀고 싶다"는 말로 표현된다. 이들의 현재 생활에서 가장 중요한 것은 "재미있는 것"이었다(김인숙, 2010b). 이처럼 청소년들의 '경험'속에는 그 경험을 가능하게 한 관계적, 사회적 요소, 이들 요소의 결합과 과정 및 기제가 숨어 있는데, 이것을 이해하는 것이 곧 부적응 경험의 의미를 이해하는 것이다. 다시 말해, 청소년들의 부적응 경험의 의미는 사회적 산물 자체이다. 질적연구는 이러한 의미 혹은 의미구조를 얼마나 간결하면서도 명확하고 타당성 있게 그려내느냐 하는 데 있다.

4) 의미를 이해하려면 경험들의 '이면'으로 들어가야 한다

문제는 '의미'가 발화나 행위 혹은 문자 자체를 요약하고 분류하는 수준에서 포착되지 않는다는 점이다. 그 이면으로 들어가야 의미를 알 수 있다. 질적연구의 대표적 접근중의 하나인 문화기술지에서 연구자는 연구참여자의 행동을 관찰하지만 그 행동의 의미를 파악하기 위해 그 행동의 이면을 본다. 또한 현상학적 연구에서 연구자는 사건의 표면이 아니라 사건 이면에 있는 선입견 없는 있는 그대로의 현상인 본질(혹은 의미)을 포착한다.

앞에서 언급했듯이, 일상의 경험은 과학적 지식을 위한 자료이다. 우리가 수집하는 일상의 경험들은 매우 구체적인 것으로서, 그 자체는 질서 잡혀 있지도 조직화되어 있지도 않다. 만일, 학교 부적응 청소년들의 삶의 의미를 이해하기 위해 그들이 살아온 생애적 사건과 이야기를 인터뷰했을 때, 우리가 수집한 자료에는 그들이 가정과 학교에서 살아오면서 경험한 이러저러하고 소소한 에피소드들로 가득 차 있을 것이다. 의미는 이들의 수많은 이야기들을 단순히 요약하고 분류하는 수준에서는 보이지 않는다. 부적응 청소년들이 말한 이야기들 속에 숨겨져 있는, 말하자면 그들의 발화 이면, 행위 이면, 그리고 문자들 이면으로 들어가야 의미를 볼 수 있다.

예를 들어, 앞의 연구에서 청소년들의 현재 생활을 지배하는 '재미있는 것'의 실체는 여러 가지였는데,[2] 그중에서도 친구들과의 담배피우기는 단연 으뜸이었다. 분석결과, 담배 피우기라는 경험 이면에 존재하는 '의미'는 심심함을 재미로 전환시켜 주는 것, 친구들 간의 어색한 관계를 원활히 해주는 매개체, 자신을 외톨이로 만들지 않는 친구들과 끈을 이어주는 것으로서 결국 친구와 자신을 연결해 주는 것이었다.

그러면 어떻게 해야 경험 이면으로 들어갈까? 질적연구자는 경험 '이면'으로 들어가 그 경험들의 의미를 이해하기 위해 여러 가지의 체계적이고 과학적인 방법들을 동원한다. 질적연구방법에서 사용되는 여러 방법과 기술은 바로 경험 이면으로 들어가는 통로 역할을 한다. 이 통로를 지나 깊숙이 이면에 도달하면 그때 비로소 '의미'가 나타난다.

예를 들어, 경험적 자료 속에 들어 있는 사건들이 어떻게 서로 연관되어 있는지를 파악한다든가, 사건들이 일어나게 되는 맥락을 고려한다든가, 일상의 구체적인 사건들을 추상화한다든가, 다양한 개념과 이론을 끌어들여 자료 속 이야기들을 해석해 본다든가 하는 방법들이 우리를 경험 이면으로 안내한다. 즉, 질적 자료분석에서 하는 것처럼 자료를 쪼개어 해체해 보고, 추상화하여 개념화해보고, 유사한 것들끼리 묶어보고, 연관짓고, 해석해 보는 일련의 작업들이 '이면'으로

---

2) 담배피우기, 수업시간에 장난치기, 선생님에게 장난치기, 친구들과 어울려 놀기(노래방, PC방), 아이들 때리기, 아이들 돈뺏기, 운동하기, 술먹기, 친구들과 여행가기, 컴퓨터 게임하기 등이었다.

들어가게 하고, 종국에는 이면 속에 숨어 있는 '의미'를 파악하게 만든다. 즉, 사람들의 경험의 이면을 보기 위해 우리는 질적연구의 다양한 방법들을 학습하고 이를 자료에 적용하는 일련의 과정을 거쳐야 하는 것이다.

이처럼 질적연구는 연구대상자의 경험 속에 숨겨져 있는 '이면'의 의미를 끌어내어 그 경험을 재구성하는 일련의 과정이다. 물론 '의미'는 시간의 흐름에 따라 변화할 수 있고, 이 변화는 사람들이 대상에 대해 어떻게 행동하는지에 반영된다. 이처럼 사회세계를 이해하는 방법 중의 하나는 개인의 경험 속에서 '의미'가 어떻게 정의되며, 그 정의 과정이 어떤지를 보는 것이다.

일반적 질적연구(generic qualitative research)(5장 참조)를 포함하여 모든 질적연구 접근들은 궁극적으로 경험 이면의 의미를 찾아내고자 하는 방법이다. 다양한 질적연구 접근들은 경험 이면의 의미를 찾아내는 방법에서 차이가 있을 뿐, 궁극적 목적은 '의미 탐구'에 있다. 물론 어떤 질적연구 방법은 의미 탐구를 목적으로 하지 않기도 한다. 예를 들어, 제도적 문화기술지(5장 참조)의 목적은 사람들의 경험의 의미를 탐구하는 데 있지 않고, 사람들의 실제적 삶의 질서가 어떻게 조직화되는지에 관심이 있다.

5) 행위자의 주관적 의미로부터 사회구조를 도출할 수 있다

'의미'에 대해 항용 제기되는 의문중의 하나는 사회적 행위자의 주관적 의미로부터 사회구조를 어떻게 도출해 내느냐 하는 것이다. 사회세계는 언어에 의해서만 구성되는 것이 아니라, 물질적 생산양식과 생산력 그리고 지배체계에 의해 구성되기 때문이다(아우드웨이트, 1984).

그러나 주관적 경험과 의식의 세계를 다룬다고 해서 구조의 문제를 포착하지 못하는 것은 아니다. 예를 들어, 불루머는 사회구조(사회조직)란 교섭하는 자아들이 공유하는 의미, 정의 그리고 상황에 대한 상징적 질서라고 보았다(불루머, 1990). 이는 연구참여자들이 자신의 일상의 삶 속에서 구조를 인식하고 있느냐와 상관없이, 일상의 현실은 구조의 반영이고 구조에 대한 해석의 과정임을 말해준다. 이런 관점에서 보면 주관적 의미에서 사회구조를 도출해 내는 것은 얼마든지 가능하며, 질적 연구자는 연구 참여자의 경험세계로부터 이러한 구조적인 연관성을 도출해내야 한다.

예를 들어, 순종적이지 않은 복지수급자에 대한 제재가 어떤 효과를 가져오는지 연구한 Rainford(2002)는 복지수급 여성 30명을 인터뷰하였다. 그는 이들 여성의 복지수급에 대한 '경험' 속에서 현재의 복지수급에 대한 제도적 틀이 "온정주의적 규제"로 설명될 수 있다는 것, 이 틀 안에서 복지수급자에 대한 제재는 아무런 효과를 가져오지 못한다는 점을 밝혀냈다. 그 결과 새로운 복지의 틀이 "사회적 투자 모델"에 입각해 이루어져야 함을 주장하였다.

이 연구에서 알 수 있듯이, 여성 복지수급자들의 복지수급에 대한 일상의 '경험'은 그녀들의 내적, 심리적 현상만으로 치부되지 않았다. 이들의 '경험' 속에는 복지의 제도적 틀과 같은 사회적 요소와 맥락이 녹아들어 있고, 이 요소들은 여성 복지수급자의 해석과정을 통해 그녀들의 고유한 '경험'을 만들어낸다. 질적 연구자는 이들 여성의 무정형의 '경험'에서 사회적이고 체계적인 '의미'를 끌어낸다. 이때 '의미'는 개인의 내적 기제의 역동만이 아니라 사회조직이나 집단의 역동을 보여주게 된다. 그러나 이때 보여지는 '의미'는 고정적이거나 보편적이지 않고, 유동적이고 맥락적이다. 맥락의 변화가 있으면 의미는 달라진다.

2. 맥락의존적 지식의 산출

1) 질적연구에서 맥락에 대한 접근은 양적연구의 접근과 다르다

질적연구는 맥락의존적 지식을 산출한다. 국어사전에 의하면, '맥락'은 "사물이 서로 이어져 있는 관계나 연관"으로 정의된다. 여기서 '사물'을 좀 더 구체화하여 인간과 환경으로 표현하면, 맥락이란 인간과 환경이 서로 이어져 있는 관계나 연관이다. 이는 곧 미시와 거시, 행위와 구조, 사건과 이념이 서로 연관되어 작용한다는 의미이다. 따라서 사회과학에서 '맥락'은 개인과 환경의 상호역동적 과정을 강조한다. 이렇듯, 인간 삶의 다양한 현상들은 삶과 유리된 관념이나 논리로만 파악될 수 없다. 하나의 현상을 파악할 때 다른 현상과의 상호관련성이나 '맥락들'을 고려하지 않고는 그 현상의 실재를 분명히 이해할 수 없다.

'맥락'에 대한 이러한 인식은 20세기를 전후로 "맥락주의(contextualism)"라는 철학적 사조를 탄생시켰다. 맥락주의는 '맥락'을 사건이나 행위의 기본적 특징으로 여긴다. 맥락주의에서 사건이나 행위는 홀로 존재하는 것이 아니라 항상 기존의 맥락 속에서 다른 사건이나 행위들과 어우러져 있고, 이들은 상호침투성과 연속성을 지니며 상호간에 뒤섞임이 일어나면서 기존의 맥락을 전개시켜 나간다(유병화, 1998: 75-76). 흥미로운 것은, 맥락주의의 기원이 비선형적 역동성 혹은 복잡성 이론[3]과 같은 자연과학에서 발전되었다는 점이다.

---

3) 복잡성 이론(complex theory)은 흔히 카오스 이론으로 알려져 있으며, 기상학, 생물학, 수학, 물리학 등 자연과학의 여러 분야에 걸쳐 개별적으로 발전되어 왔다. 1980년대 중반에 이르러서는 사회과학까지 아우르는 학제적 연구로 본격화되었다. 여기서 복잡성은 일명 나비효과로 축약되는 예측불가능성을 말한다. 또한 복잡성이란 그 복잡성을 생성하는 원리가 복잡한 것이 아니라, 단순한 원리가 체계

맥락은 사회현상을 설명하려는 사회과학에서도 매우 중요하다. 양적연구가 맥락을 변수로 설명하는 반면, 질적연구는 맥락 그 자체를 지식산출의 핵심으로 한다. 질적연구는 '맥락의존적 지식' 산출을 표방한다. '맥락의존적 지식'은 '의미 탐구'와 함께 질적연구를 특징짓는 대표적인 것이다. 대부분의 질적연구자들은 질적연구가 산출하는 지식이 상황의존적이고 맥락적이라는 입장을 견지한다(메이슨, 1999).

그러나 맥락을 따지는 것은 쉽지 않다. 맥락 뒤에 또 다른 맥락이 있기 때문이다. 그럼에도 복잡한 세상을 이해하려면 맥락을 고려해야 한다. 이것은 양적연구나 질적연구에서 모두에서 동일하다. 맥락을 중시한다는 것은 우리가 연구하는 인간행위와 사회세계의 모습이 몇 가지 변수들로 환원될 수 있을 만큼 간단하지 않고 복잡하다는 데 있다.

따라서 중요한 것은 맥락을 어떻게 다루느냐 하는 것이다. 양적연구에서 맥락을 다루는 방식과 질적연구에서 맥락을 다루는 방식은 다르다. 양적연구가 맥락을 변수화하고 조작화하여 설명한다면, 질적연구는 맥락의 복잡성을 자연스런 상황에서 포착한다. 일반적으로 질적연구는 검증보다는 발견에 목적이 있다. 검증이 통제되고 조작된 조건하에서 변수와 변수 간의 인과관계의 형태를 띠는 반면, 발견은 통제되지 않은 자연스런 조건하에서 '맥락'을 고려한 의미의 형태로 드러난다.

예를 들어, 빈곤대물림에 관한 연구에서 노동환경을 맥락의 한 요소로 보고 접근할 때, 양적연구는 노동환경을 임금수준이나 비정규직 여부와 같은 변수로 환원하지만, 질적연구는 노동시장에서 이루어지는 갖가지 관행들과 기제들이 빈곤대물림과 어떻게 연관되는지를 탐구한다. 질적연구는 양적연구보다 더 '맥락'의 복잡성을 연구에서 드

수준의 성질로 창발하는 과정이 복잡하다는 것이다(강정한, 2013: 226-227).

러내고자 하며, 이를 위한 방법과 절차를 강조한다.

맥락을 변수화하고 조작화하는 방식으로 다루는 양적연구는 맥락의 복잡성을 보여주는 데 한계가 있다. 예를 들어, '발달-맥락주의' 관점에서 청소년 내재화 문제의 발달궤적을 파악한 양적연구(좌현숙, 2010)에서 연구자는 맥락을 사회경제적 지위, 불안정한 주거환경, 지역사회 위험요소들로 설정하였다. 이 연구에서 맥락들은 변수화되고, 인과적 틀에 갇혀 있다. 즉, 현상의 "복잡성"을 인과적 틀에 근거해 변수화함으로써 복잡한 환경적 맥락들이 단순화되어 버렸다. 이 단순화 안에서는 개개인이 가진 권력의 불평등과 같은 요소는 전혀 드러나지 않는다. 여기에는 응답자 개개인은 모두 동일한 권력을 가지고 있어, 각자는 다른 사람이 어떻게 생각하든 상관없이 자기 견해를 표현할 수 있다는 전제가 깔려 있다.

질적연구에서의 '맥락'은 이와 다르게 다루어진다. 질적연구에서 맥락은 인과적 틀에 종속되지 않고, 사회세계의 복잡성, 그 안의 사회적 요소들에 내포되어 있는 불평등한 권력의 작동을 드러내 보여주는 중요한 장치로 이용된다. 예를 들어, 질적연구는 학교부적응 청소년들의 행동을 맥락의 복잡성을 고려해 이해하기 위해 맥락을 소득이나 부모관계로 환원하거나 변수화하지 않는다. 즉, 가족의 소득이나 부모관계에 문제가 있어 청소년들이 부적응 행동을 보인다고 설명하지 않는다. 그 대신 그들은 학교에 가보면 수업은 못 알아듣겠고, 재미가 없고, 심심해서 애들과 장난치게 되고, 선생님은 유독 혼낼 때 모욕감을 주기 때문에, 자꾸 삐대게 되고, 이런 일들이 반복되면서 학교를 안 가는 것이 익숙한 일이 되고, 결국 자신은 괜찮은데 주위에서 부적응 학생으로 불리게 된다고 설명한다.

2) '맥락'이 변화하면 그에 따라 '의미'도 달라진다

이렇듯, 질적연구의 필요성은 우리가 이해하려는 사회세계가 복잡하고, 비선형적으로 역동하고 있다는 점에서 찾을 수 있다. 그렇다고 질적연구가 외관으로 드러나는 현상의 복잡성만을 기록하거나 묘사하는 것에 그치는 것은 아니다. 물론 질적연구자들 중에는 살아 있는 경험(lived experience)을 두텁게 묘사하는 것(thick description)[4]만으로 질적연구의 목적이 달성되었다고 보기도 한다.

그러나 앞서 언급했듯이, 새로운 지식은 현상의 복잡성 속에서 연구참여자의 경험의 '이면'을 캐어 들어가 이를 의미 있게 재구성함으로써 산출된다. 질적연구는 복잡한 현상의 과정과 역동을 단순히 묘사하는 것에서 그치는 것이 아니라, 그 묘사 속에 숨겨진 이면의 다양한 '의미들'을 포착해 내고, 이를 재구성하는 과정을 통해 새로운 지식을 창출한다.

맥락의존적 지식 산출을 목적으로 하는 질적연구는 사회적 사건을 조작화된 변수들 간의 조합으로 설명하지 않는다. 사회적 상호작용과 그것의 구조적 맥락을 좀 더 풍부하게 보여주려 한다. 다시 말해, 질적연구는 사건을 둘러싸고 있는 구조와 결합태 혹은 집단적 신념 등이 시간의 경과에 따라 사회적 사건과 어떻게 상호작용하는지를 드러내 보여주고자 한다. 왜냐하면 개인의 응답은 그가 속한 집단의 신념이나 태도, 제도와 같은 맥락들 속에 파묻혀 있기 때문이다.

---

4) 두터운 묘사(thick description)는 Geertz가 주장한 개념으로 질적연구의 목적과 관련해 논쟁이 되고 있다. 즉 질적연구(특히 문화기술지)가 "두터운 묘사"를 목적으로 해야 한다는 주장과, "두터운 묘사"는 목적의 극히 일부에 지나지 않는다는 것이 그것이다. "두터운 묘사" 개념이 이렇게 논쟁이 되자, Geertz는 후기에 이 개념을 묘사(description)와 설명(explanation)의 결합이라고 주장하였다. 일반적으로 "두터운 묘사"란 해당 현상의 맥락과 내러티브에 대한 묘사, 다중의 해석 틀을 포함한다(Hammersely, 2008).

예를 들어, 엘리아스와 스콧슨(2005)은 그들의 저작인 「기득권자와 아웃사이더」에서 "윈스턴 파르바"라는 영국 교외의 작은 소읍의 토착민 집단과 나중에 이주해온 집단 사이의 철저한 분리가, 그들의 사회문화적 맥락에 따라 어떻게 변해가는지를 보여준다. 이 연구를 통해 연구자들은 어떤 집단이 다른 집단보다 더 큰 권력을 갖는 것은 집단의 응집력 때문이며, 이를 기반으로 상대 집단을 낙인찍는 과정을 통해 인간적 우월감을 갖는다는 사실을 확인했다. 그리고 이러한 확인을 통해 개인은 항상 결합태 속에 존재함을 보여주었다.

흔히 '맥락'을 고려한다고 할 때는 두 가지 의미가 포함되어 있다. 하나는, 사람들은 사회문화적 맥락이 다르면 다르게 반응한다는 점이다(Hammersley, 2008). 즉, 사람들은 그들 자신이나 타인의 행위에 부여하는 의미들을 해당 실체의 가치나 관행, 또는 저변에 깔려 있는 구조나 역사 그리고 그 실체를 둘러싼 다양한 관념들에서 찾으며(브리만, 1992: 92), 이들 조건이 달라지면 행위에 부여하는 의미도 달라진다는 것이다.

다른 하나는, 사람들의 반응은 시간의 흐름에 따라 변한다는 점이다. 이는 인간행동을 이해하는데 있어 과정을 중시하는 입장으로, 인간의 행동 패턴보다는 시간의 흐름에 따른 일련의 행동을 중시한다. 여기서 인간의 행동은 맥락에 따라 변화하기 때문에 불확정적이다(Hammersley, 2008).

이처럼 '맥락'을 고려한다는 것은 질적연구의 궁극적 관심인 의미탐구와 깊은 연관이 있다. 맥락이 변화하면 인간의 반응이 달라지고 그에 따라 의미도 달라지기 때문이다. 따라서 맥락은 의미를 형성하고 변화하게 하는 기본 토대이고, 의미는 사건과 행위들이 맥락의 구조와 흐름 속에서 어떻게 작동하고 변화하는지에 따라 다르게 드러난다. 이처럼 맥락과 의미는 따로 떼어 생각할 수 없고, 바늘과 실처럼 늘 함께 간다. 질적연구는 행위나 사건이 이루어지는 맥락을 고려하고 그것을 연구과정에 반영하려고 함으로써, 사회세계의 "복잡성"을 맥락적 차원에서 이해하려 한다. 질적연구에 대한 접근이 다양하지만, 모든 질적연구 접근들은 발화된 진술을 그 맥락 속에서 이해하고 분석한다는 점에서 일치한다(플릭, 2009: 347).

3) 맥락은 질적연구의 전 과정에서 고려된다

그러면 질적연구 과정에서 '맥락'은 어떻게 고려될까? 질적연구에서 '맥락'은 연구의 전 과정을 이끌어가는 견인차 역할을 한다. 질적연구에서 '맥락'은 연구의 전 과정에 개입할 만큼 중요하다. 우리는 연구과정에 맥락이 어떻게 개입하는지를 이해함으로써 질적연구방법을 좀 더 잘 이해할 수 있다. 연구주제와 연구문제의 선정, 자료수집, 자료분석, 자료해석이라는 질적연구의 과정에서 맥락이 어떻게 고려되는지 간략히 살펴보자.

첫째, '맥락'은 연구주제와 연구질문을 선정하는 과정에서 중요하게 고려된다. 질적연구에서 연구주제와 연구질문이 선정되는 과정을 보면, 연구참여자들의 특정 행위에만 관심을 가지지는 않는다. 그 행위를 가능하게 만든 여러 맥락적 요소들에 관심을 둔다. 예를 들어, 빈곤대물림 청소년들의 대응전략을 연구할 경우에 연구자는 청소년들의 대응전략 그 자체에만 관심을 두지 않는다. 그러한 대응전략들을 가능하게 만든 맥락적 요소들, 교육기제나 노동시장구조와 같은 맥락들이 어떻게 상호작용하여 특정 대응전략을 낳게 되었는지에 관심을 갖는다(강지나, 2016).

또 다른 예로, Bransford(2004)는 정신보건조직에서 일하는 사회복지사들이 권위를 행사하는 방식, 즉 권위화 과정과 탈권위화 과정을 연구하였다. 이 연구에서 그의 주된 관심사는 사회복지사들이 실천과정에서 권위를 어떻게 행사하는가였다. 이를 알기 위해 연구자가 던진 연구질문은 조직적, 대인적, 개인내적 차원에서의 역사적 문화적 맥락과 조건이 어떻게 이들의 권위 실천을 가져왔는가 하는 것이었다. 이처럼 질적연구에서 맥락은 연구주제와 연구질문을 선택하는 데 중요한 요소로 고려된다. 이는 사회 안에서 벌어지는 수많은 현상들이 개인적 행위 차원에서만 일어나는 것이 아니라, 사회적인 것들과의 연관 속에서 일어난다는 사실을 염두에 두면 아주 자연스런 귀결이다.

둘째, '맥락'은 질적연구의 자료수집의 과정에서도 고려된다. 예를 들어, 맥락은 인터뷰에 대한 몇 가지 중요한 지침에 반영된다. 연구참여자의 경험을 시간적 맥락에 따라 이해하는 생애사적 인터뷰에서는 시간이라는 맥락이 고려된다. 또한 인터뷰 할 때 추상화된 일반적 질문을 던지지 말고 세부적이고 구체적인 질문을 던지라는 지침은 특정 행위나 사건이 발생하는 맥락을 발견하기 위함이다(May, 2002). 아울러 구체적인 맥락에서 상황이나 사건의 경과를 포착하기 위한 에피소드 인터뷰도(episode interview)(플릭, 2009), 자료수집에서 '맥락'을 발견하기 위함이다.

셋째, '맥락'은 질적연구의 자료분석에서도 적극 고려된다. 예를 들어, 자료로부터 의미단위(meaning unit)를 끌어내고 명명할 때 현상의 다양한 맥락 뒤에 숨겨진 의미를 고려해서 해야 한다든가, 근거이론의 축코딩을 통해 현상의 구조를 파악할 때 다양한 맥락적 조건(인과적 조건, 중재적 조건 등)을 고려해야 한다든가, 사례들을 관통하는 주제와 패턴을 도출하기 위해 사례간 분석(Between Case Analysis)을 할 때 맥락을 고려해야 하는 경우(Denzin & Lincoln, 1994)가 그 예이다.

넷째, '맥락'은 자료를 해석하는 과정에서 고려된다. 질적연구에서

'해석'은 현상의 의미를 맥락을 고려해 이해하는 작업이다. 해석은 일반적으로 통찰이나 직관, 사회과학적 개념 혹은 개인적 관점에 근거해 이루지는데(브리만, 1992), 이때 연구자는 맥락을 고려하면서 행위나 사건의 의미를 끌어내야 한다. 이렇게 맥락을 고려해 해석된 현상의 의미는 해당 연구대상에 머무르지 않고 다른 대상들에게도 확장되어 일반화된다.

3. 방법으로서의 '해석'

1) '해석'은 질적연구에서 '의미'를 포착하는 방법이다

앞서 언급했듯이, 질적연구가 궁극적으로 밝혀내고자 하는 것은 사람들이 한 경험의 의미이다. 해석이란 이 경험의 '의미'를 '맥락'을 고려해 이해하는 작업이다. 즉, 질적연구에서 해석은 경험 이면의 의미를 알아내기 위해 사용하는 방법이다. 연구참여자의 의미의 세계를 이해하려면 '해석'을 해야 한다. 양적연구가 확률과 통계를 그 방법으로 삼는다면, 대개의 질적연구자들은 해석을 방법으로 하여 연구하는 현상의 의미나 본질, 실재의 모습을 밝혀낸다. 이렇듯, 해석은 질적연구를 해석주의 안에 놓게 하는 핵심이다. 해석은 단순한 방법을 넘어 사회세계를 탐구하기 위한 하나의 도전이다(Denzin & Lincoln, 1994).

그런데 해석은 진공상태에서 객관적으로 이루어지지 않는다. 해석이 이루어지는 데는 두 가지 요소가 작동한다. 하나는 연구자의 이전의 경험과 준거 틀, 이론적 정향으로서, 이들은 연구자의 해석에 영향을 미친다. 다른 하나는 연구자의 해석은 부분과 전체 사이의 상호작용에 지속적으로 연루되면서 이루어진다는 것이다. 하나의 사실은 항상 더 큰 맥락 속에 놓일 수밖에 없으며, 그럼으로써 그것의 의미가 명확해진다. 예를 들어, 어떤 사람의 단편적 행위는 그 사람의 생애와 연관시켜 이해할 때 가장 잘 이해된다(다네마르크 외, 2005: 263-264).

질적연구는 연구참여자의 해석된 경험이 연구자의 해석을 통해 재구성되는 과정이다. 이처럼 질적연구에는 연구참여자의 해석과 연구자의 해석이라는 이중의 해석이 작동한다. 여기서 재구성은 일반적으로 연구자가 연구참여자의 진술을 정리하고 범주화하여 기술하는 수준에 머물지 않고, 숨겨진 이면의 의미를 파악하는 연구자의 해석 작업을 필요로 한다.

예를 들어, 사회복지사는 '사회정의'라는 말을 자주 사용하는데, 보이는 그대로라면 사회복지사는 사회정의를 위해 애쓰는 사람이다. 그러나 연구를 통해 이를 세밀히 들여다보면 사실은 다른 해석이 가능한데, 사회복지사가 사회정의라는 말을 많이 사용하기는 하지만 사실은 전문직 조직을 유지하기 위한 수사로 사용되며, 오히려 부정의의 도구가 된다는 새로운 해석을 제기할 수 있다(Olson, 2001).

다른 예로, 정신분열을 가진 사람은 보통 '병자'로 인식되고 있고, 이는 자명한 사실로 간주된다. 그러나 정신분열을 가진 사람을 연구한 결과 사실은 그들이 자아 탐구에 함몰되어버린 사람, 즉 끊임없이 자신의 자아를 새롭게 만들어가려고 애쓰는 사람이라는 새로운 해석을 내놓을 수 있다(장혜경, 2006).

이처럼 해석은 새로운 앎, 지식을 탄생시키는 촉매이자 방법이다. 해석을 통해 우리는 상식적이고 진부해 보였던 세계가 마법처럼 전혀 새로운 세계로 탈바꿈하는 것을 경험한다. 질적연구 방법에서 해석은 이렇게 마법을 통해 새로운 세계가 눈앞에 드러나듯, 질적연구를 가능하게 해주는 방법이다. 의미에 대한 해석에 초점을 맞추는 것이 질적 접근의 기본적 특징이다(다네마르크 외, 2005: 262).

2) 질적연구 과정에서 해석은 어떻게 이루어지는가?

그렇다면, 질적연구 과정에서 해석은 어떻게 이루어질까? 질적연구의 과정에서 해석은 어느 한 국면에서만 이루어지지 않고, 연구의 전 과정을 통해 다양한 방식으로 작동한다. 질적연구의 해석은 양적연구의 해석과 다르다. 양적연구는 인과론적 인간관에 입각해 해석의 과정에 문을 활짝 열어 놓지 않는다. 또한 양적연구는 양화를 통해 현상의 실재를 설명하기 때문에 해석의 가능성을 제한하고 복잡한 상황을 지나치게 환원한다(Dellgran & Hojer, 2001).

이와는 달리 질적연구는 해석과정을 연구과정의 핵심에 놓는다. 질적 연구자가 연구참여자의 행동을 이해하기 위해서는 그의 정의과정(defining process)으로 들어가야 하며(블루머, 1968), 이를 해석해 내야 한다. 패짓(2001: 4)은 이 둘 간의 차이를 다음과 같이 표현하였다: "양적자료가 비트(bit)로 수집되어 바이트(bytes)로 저장되며 통계분석을 통해 해석되는 반면, 질적 지식은 탈맥락적인 비트라는 정보에 근거하지 않고, 맥락과 개념화를 상호적으로 주고받으면서 형성된다".

질적연구에서 해석은 이층구조이다. 연구참여자가 해석한 의미를 다시 연구자가 해석하는 과정을 거쳐야 하기 때문이다. 이처럼 질적연구의 목표는 연구참여자의 해석을 탐구하는 것이다. 그런데 연구참여자의 해석을 탐구하는 것은 단순히 이들이 해석한 바를 그대로 흡수하는 것만을 말하지 않는다(브리만, 1992). 질적연구는 연구참여자들의 경험을 단지 전시하는 것이 아니다. 그것은 자료를 수집·해석하고, 관찰된 것을 범주로 조직화하여 무질서한 것을 질서 있는 것으로 표현한다(Hammersley, 2008: 44-46). 따라서 질적연구는 연구참여자가 해석한 의미만을 기술하거나 묘사하지 않고, 연구자의 해석을 반드시 필요로 한다. 따라서 질적연구에서 연구자의 분석이나 해석 없이 단순히 연구참여자의 관점을 투사하는 것은 자가당착이다(브리만, 1992).

예를 들어, 이혼여성의 사회적 배제에 관한 연구(김정현, 2012)에서, 연구자는 이혼여성들의 경험을 액면 그대로 받아들이지 않았다. 그녀들의 이야기 속에는 사회적 배제는 별로 일어나지 않는다. 그러나 연구자는 이혼여성 개인의 주관적 경험 자체보다 그 경험이 형성되는 복지, 노동, 이념 등의 구조를 맥락으로 하여 분석하였다. 연구자의 분석과 해석은 그녀들의 배제를 좀 더 상세하게 부각시켰다. 그녀들 경험의 맥락에 주목하고, 이면으로 들어가 봄으로써 그녀들의 삶에서 사회적 배제가 엄연히 존재함을 보여주었다. 즉, 이혼여성의 배제에는 복지와 노동시장이 상호적으로 작동되지만, 그것은 배제를 은폐하는 방식으로 작동하고 있었고, 배제와 포섭이 이분법적으로가 아니라 순환적으로 일어나고 있었다. 또한 포섭되면서 동시에 다른 영역에서 배제가 일어나고 있었고, 포섭을 차단하는 구조가 작동되고 있었다.

이처럼 사회세계에 대한 해석은 연구 참여자의 경험(에믹, emic)에 대한 연구자의 해석(에틱, etic)을 통해 재구성된다. 이런 점에서 질적연구는 에믹과 에틱의 결합이다. 에믹에 대한 충분한 기술과, 이 기술에 대한 에틱이 결합될 때 좋은 질적연구가 탄생할 수 있다. 여기서 해석은 단순한 묘사와 구분되어야 한다. 해석은 발견된 것에 중요성을 부여하고, 설명을 제공하고, 결론을 끌어내고, 추론하고, 연결짓고, 의미를 부여하고, 질서를 부여하고, 상충적 설명을 처리하는 것 등을 의미한다(Patton, 1990). 이처럼 질적연구에서 연구자의 '해석'은 질적연구를 가능하게 하는 핵심 '방법'이다.

질적연구의 '해석'은 연구의 마지막 부분에서만 이루어지는 과정이 아니다. 해석은 자료를 수집하고 분석하는 전 과정에서 작동한다. 연구자가 연구참여자에 질문을 할 때 질문의 방향에 영향을 미치는 임시적 해석이 시작되며, 흥미 있는 구절에 이름을 부여하고 이들을 분류하는 분석적 작업 안에도 해석의 씨앗은 배태되어 있다(시드먼, 2009).

3) 질적연구에서 해석의 타당성은 어떻게 확보되는가?

질적연구의 해석에서 가장 중요하고 논란이 되는 것은 연구참여자의 경험에 대한 연구자의 해석의 타당성이다. 해석의 타당성은 크게 두 가지 측면에서 제기된다. 연구자의 해석이 과연 현상의 전형성을 보여주었는가와, 어떻게 타당한 해석을 확보할 것인가가 그것이다. 전자가 해석의 주관성에 관한 문제라면, 후자는 타당한 해석을 위한 방법의 문제이다.

해석의 주관성은 같은 자료를 놓고서도 과연 다른 해석이 가능한가를 두고 일어난다. 이는 같은 자료에 대하여 반드시 하나의 해석만이 나와야 한다는 입장과, 단 하나의 올바른 해석은 존재하지 않는다는 입장으로 갈린다. 예를 들어, 일반적으로 청소년기는 질풍노도의 시기로 알려져 있다. 그러나 사모아 섬의 청소년을 연구한 마가렛 미드는 사모아 섬 청소년들에게 질풍노도는 없다고 하였고, 프리만은 이 섬의 청소년들에게 질풍노도가 더 심하다는 연구결과를 내놓았다. 과연 누구의 연구결과가 실재를 반영하는 것인가?

이 문제에 한 마디로 답하기는 어렵다. 이에 대한 철학적 논의는 여러 갈래로 갈라져 있기 때문이다. 그러나 철학적 논의를 끌어들이지 않고 학문 활동의 역사적 과정만을 본다면, 어떤 특정 현상을 놓고 연구자들의 해석이 다양했음을 인정하지 않을 수 없다.

예를 들어, 히스테리 환자가 왜 신체적 고통을 느끼는가의 문제를 놓고 프로이드 이전과 이후의 설명은 갈린다. 프로이트가 무의식의 작용으로 히스테리 현상을 설명했다면, 이전에는 그렇지 않았다. 그러면 프로이드의 해석이 옳았고, 이전의 해석은 틀린 것인가? 21세기에 히스테리 환자의 신체적 고통에 대해 프로이트 이전의 해석을 수용하는 사람은 거의 없겠지만, 그렇다고 22세기, 23세기에도 프로이트의 해석이 설득력 있는 해석으로 남을지는 아무도 모르는 일이다. 프로이트를 능가하는 또 다른 천재가 프로이드와는 다른 해석을 가지고 혜성같이 나타날지도 모른다.

연구자의 해석은 또한 그가 놓여 있는 문화적, 역사적, 사회적 상황은 물론 그가 선호하는 이론적 체계, 개인적 가치체계에서 자유롭지 않다. 연구자의 관찰이 이런 모든 조건들과 동떨어져 객관적으로, 진공상태에서 이루어진다고 생각하는 연구자는 거의 없다. 문제는 연구자의 조건을 처리하는 방식이다. 이는 연구자가 가진 조건으로 인한 선입견을 작동시키면서 해석해야 한다는 입장과, 가능한 통제하면서 해석해야 한다는 입장으로 구분된다.

예를 들어, 가다머(Gadamer)는 해석이란 인식주체가 가지고 있는 선입견을 작동시키면서 아직 드러나지 않은 대상의 의미를 현재의 지평에서 드러내는 작업으로 정의하였다(이남인, 2014). 연구자가 가진 선입견들을 가능한 통제하면서 해석이 이루어져야 한다고 생각하는 경우, 글레이저처럼 '출현'을 견지해야 한다든가 혹은 '괄호치기(braketing)'와 같은 다양한 방법을 제안한다.

이상과 같이 질적연구에서 해석의 타당성에 대한 논의는 단일한 합의점에 이르지 못하고 있다. 그렇다고 해서 해석이 연구자의 주관에 의해 작위적으로 이루어져도 된다는 말은 결코 아니다. 해석은 과학적 분석에 기반해 연구자와 연구참여자 간에 존재할 수 있는 왜곡 즉 연구자가 연구참여자의 진술을 마음대로 해석할 수 있는 가능성을 통제할 수 있어야 한다.

모든 연구자는 이러저러한 상황과 조건 속에 존재할 수밖에 없고, 그것은 연구의 전 과정에 영향을 미친다. 그러나 이 사실이 모든 해석이 다 옳다거나 주관에 의한 작위적 해석을 정당화하는 근거로 사용되어서는 안 된다. 모든 행위는 다른 행위와의 관련 속에서 그것의 의미를 얻으며, 이런 식으로 의미망은 단일의 미세한 것으로부터 포괄적인 사회적 망으로 확대된다. 전체와 부분 사이에는 항상 상호작용이 존재한다. 모든 해석은 시간과 공간 속에서 맥락적인 것이다(다네마르크, 2005: 264). 질적연구의 해석은 '맥락'과 '개념화' 사이를 오고가면서 이루어지기 때문에 타당한 해석은 늘 '맥락'과 '개념화' 간의 적합성에 대한 판단에 달려 있다(패짓, 2001). 질적연구자는 자신의 해석이 과연 실재를 드러내 보였는지 그 타당성에 대해 늘 의구심을 갖고 점검해야 한다.

4. 귀납적 지식의 축적

지식이 획득되는 방식 혹은 논리는 단일하지 않다. 대표적으로, 세계에 대한 관찰로부터 패턴과 연관관계를 찾는 귀납의 방식이 있고, 논리적 과정을 통해 이론적으로 명제나 가설을 만들어내어 시험하는 연역이 있다. 질적연구는 일반적으로 귀납적 지식 축적을 표방한다. 그러나 질적연구 영역 안에는 귀납과 연역의 상대적 장점을 두고 논쟁이 있다. 질적연구는 비록 귀납적 패러다임이 지배적이기는 하지만, 질적연구 과정의 다른 단계에서 귀납과 연역이 모두 포함된다(Snape & Spencer, 2012: 11-15). 질적연구의 자료분석 과정에서 연역적 논리를 사용하는 방법들도 있고, 연구설계에서 귀납과 연역적 논리를 혼용하여 사용하기도 한다.

1) 질적연구는 주로 발견과 귀납을 통해 지식을 축적한다

질적연구가 양적연구와 구별되는 또 다른 기준은 지식축적의 논리이다. 질적연구는 연역적 논리에 입각한 양적연구와는 달리 지식축적의 논리가 귀납적이다(패짓, 2001; 브리만, 1992). 앞에서 언급했듯이, 과학에는 발견의 맥락과 정당화의 맥락이 있다. 발견의 맥락이 가설에 이르기 위한 방식이라면, 정당화의 맥락은 가설이 참일 가능성을 보여주는 방식이다. 발견이 관찰에서 일반적 개념을 도출하는 귀납적 논리를 따른다면, 정당화는 가설을 검증하고 확증하기 위해 연역적 논리를 따른다. 일반적으로 양적연구는 정당화의 맥락에서 가설-연역적 논리를, 질적연구는 발견의 맥락에서 귀납적 논리를 따른다.

그러나 질적연구의 이러한 특징이 마치 질적연구만의 연구주제 형태가 있는 것처럼 강조되면서 지식축적 논리의 중요성이 간과되고 있다. 물론 일반적으로 볼 때, 양적연구는 인과관계의 문제에 관심이 있고 질적연구는 '의미'의 문제에 관심을 가진다. 그러나 양적연구는 반드시 인과관계를 다루고, 질적연구는 잘 알려지지 않은 주제나 민감하고 정서적으로 깊이 있는 주제를 다룬다는 언급(패짓, 2001; 브리만, 1992)을 지나치게 일반화하여 받아들이는 경우 오해의 소지가 있다. 연구 주제의 형태나 성격보다는 오히려 지식축적의 논리라는 측면을 고려하는 것이 질적연구에 대한 이해에 더 다가갈 수 있다.

아래는 사회복지사가 방문한 저소득층 가정의 한 장면이다. 이 짧막한 관찰 보고서를 통해 우리는 다양한 연구주제를 떠올릴 수 있고, 각 연구주제를 지식축적의 논리에 따라 생각해 볼 수 있다.

재가복지사업을 할 때 저소득층 가정을 많이 방문했었다. 강남의 수서지역, 중랑의 신내지역, 노원의 상계지역 등이었는데 낮에 방문해보면 학교에 가지 않고 집에서 자고 있는 아이들이 많았다. 밤늦게 아르바이트를 하고 잠자는 경우도 있었고 학교를 거의 포기한 경우들도 있었다. 딸 3명을 키우는 한 가정을 방문한 적이 있는데 낮에 아이들이 학교에 가지 않은 채 집안에서 놀고 있었다. 아버지는 일을 나가셨고 어머니는 동네에 일보러 나가셨다고 했다. 그리고 내 시야에 들어온 그 집 안의 풍경은 내 마음까지 갑갑하게 했다. 며칠 동안 식사한 그릇이 그대로 싱크대에 담겨 있었고 아무렇게나 던져져 있는 빵 부스러기와 햄 조각에는 바퀴벌레들이 잔치를 벌이고 있었다. 더러워지고 헤진 이불은 늘 방 한 켠에 그렇게 뒹구는 것 같았고 화장실에서 나는 악취는 문을 닫아도 방안에 가득했다. 아이들과 이야기를 하기 위해 방안에 들어선 나는 벌레들 때문에 제대로 앉을 수도 없었지만 아이들은 너무나 자연스러웠다. 큰 딸이 중2 작은딸이 초6이었는데 그 아이들은 그것을 더럽게 여기거나 치워야 한다는 생각을 전혀 하지 않았다. 학교는 아파서 가지 않았다고 했지만 그렇게 아파보이지는 않았다.

만일 연구자가 이 관찰을 자녀방임과 연관짓는다면, 빈곤가정 자녀방임에 영향을 미치는 요인, 빈곤가정 자녀들이 방임되는 과정, 빈곤가정 자녀들의 행위의 문화적 의미와 같은 다양한 형태의 연구주제를 생각해 볼 수 있다. 만일 연구자가 이 관찰에서 사회복지사의 청결에 대한 태도에 주목했다면, 사회복지사들이 가진 청결의식이 그들의 실천에 미치는 영향, 사회복지사들의 청결의식에 함축된 계급성, 사회복지사들의 청결의식이 작동되는 사회정치적 기제와 같은 연구주제를 생각할 수도 있다.

연구주제의 형태로만 놓고 보면, 아마도 빈곤가정 자녀방임에 영향을 미치는 요인이나 사회복지사들의 청결의식이 실천에 미치는 영향과 같은 주제는 양적연구 주제로, 나머지는 질적연구 주제로 적합하다고 여겨질 수 있다. 양적연구는 독립변수와 종속변수의 관계, 더 나아가서는 현상의 인과관계를 보는 것으로 이해되고, 질적연구는 과정과 의미를 연구하는 것으로 인식되기 때문이다.

일반적으로 양적연구는 인과관계를, 질적연구는 현상의 과정과 의미를 탐구한다. 이 말은 일반적으로 옳다. 그러나 이 연구주제들을 어떤 논리로 설계할 것인가 하는 문제에 직면하면 무엇이 질적연구의 주제로 적합한지는 그리 단순하지 않다. 연구주제의 형태만을 기준으로 질적연구와 양적연구를 구분지으려 하는 것은, 자칫 질적연구에 대한 잘못된 이해를 가져올 수 있다.

예를 들어, 양적연구의 형태로 보이는 "빈곤가정 자녀방임에 영향을 미치는 요인"은 양적연구로도 질적연구로도 연구될 수 있다. 이 주제를 양적방법으로 접근하는 경우, 연구자는 기존의 문헌검토를 통해 빈곤가정의 자녀방임에 영향을 줄 가능성이 있는 요인들을 먼저 탐색하여 개념적 틀을 설정하고 이를 현실에서 확인하려 할 것이다. 다시 말해, 연구자는 가설-연역적 설계를 활용할 것이다. 반면, 이 주제를 질적연구로 접근하는 경우, 선행연구들을 통해 개념적 틀을 설정하기보다는, 빈곤가정의 자녀와 부모를 대상으로 방임에 관한 자료를 수집하여 그로부터 자녀방임에 영향을 미치는 구체적 요인들을 탐색해 낼 수 있다. 이때 연구자는 귀납적 설계를 활용할 것이다.

이는 "빈곤가정 자녀들이 방임되는 과정"에 관한 연구에도 적용될 수 있다. 흔히 과정 연구는 질적연구가 독점하는 주제인 것처럼 보이지만, 그것은 양적연구에 비해 상대적으로 많은 질적연구들이 '과정'을 주제로 연구되었기 때문이다. 빈곤가정 자녀들이 방임되는 과정은 양적연구로도 질적연구로도 접근 가능하다. 물론 같은 과정을 연구한다 해도, 양적연구에서 보여주는 과정은 변수화된 경로로서의 과정이고, 질적연구에서의 과정은 작은 인과들이 연속적으로 이어지는 하나의 서사로 드러나는 과정이다.

아동방임의 과정을 양적연구로 접근하는 경우, 아동방임에 관한 독립변수-매개변수-종속변수의 인과적 틀에 기반하여 기존 문헌에서 해당 변수들을 가설적으로 설정하고 통계분석을 통해 그 경로와 궤적을 입증할 수 있다. 반면, 빈곤가정 자녀들의 방임 과정을 질적연구로 접근하는 경우, 문헌고찰을 통해 방임의 경로에 관한 인과적 틀을 먼저 설정하기보다는, 그들의 삶에 밀착하여 자료를 수집, 분석하여 자료로부터 아동방임의 과정을 도출해 낼 수 있다. 전자가 가설-연역적 설계라면, 후자는 귀납적 설계를 사용한 것이다.

이처럼 연구주제의 형태나 연구질문의 형태만으로는 그 연구가 질적연구인지 양적연구인지를 구분하기 어렵다. 물론 질적연구에 더 친연적인 연구주제의 형태가 있다. 예를 들어, 빈곤가정 자녀들의 행위의 문화적 의미와 같은 주제는 질적연구 접근을 활용할 것이 분명하다. 양적연구로는 이러한 연구주제에 접근하기 어렵기 때문이다. 이처럼 질적연구자는 연구주제나 연구질문의 형태보다는 해당 주제를 어떤 논리로 설계하고 어떤 논리로 분석할 것인가의 문제를 분명히 점검해 보는 것이 좋다.

2) 질적연구는 귀납과 연역을 혼합하여 연구할 수 있다

그러나 최근에는 질적연구도 귀납적 논리에 연역적 논리를 허용하는 방향으로 진화하고 있다. 질적연구는 발견과 귀납의 논리에만 고착되지 않고, 확증과 연역의 논리를 혼용하기도 한다. 질적연구방법의 이러한 변화는 이제 질적연구방법이 순전한 귀납적 지식축적의 도구로서만이 아니라, 귀납과 연역의 논리를 혼용하는 방향으로 확장되고 있음을 말해준다. 즉, 질적연구방법은 귀납적 논리 혹은 귀납과 연역의 논리를 혼용하여 연구질문에 대한 답을 얻는다. 이러한 혼합 설계는 응용정책 분야에서 많이 활용되고 있다.

예를 들어, 만일 어떤 연구자가 아동 바우처 서비스를 제공하는 비영리조직과 영리조직에서 사회복지전문직의 가치가 어떻게 구현되는지 그 차이를 알고 싶다고 하자. 단순히 연구자의 이러한 관심사만으로는 이 연구를 진행하기 어렵다. 연구의 논리를 어떻게 구성할지에 대한 고민이 필요하다. 연구자는 발견과 귀납의 논리를 적용할 수도 있고, 문헌으로부터 도출한 이론적 명제를 근거로 확증과 연역의 논리를 혼합할 수도 있다.

전자의 경우, 연구자는 비영리조직과 영리조직의 사례를 선택해 그곳에서 벌어지는 현상을 귀납적으로 분석할 수 있다. 반면 후자의 경우, 기존 문헌에서 비영리와 영리조직 간에 사회복지전문직의 가치 구현에 차이가 있다는 입장과 차이가 없다는 입장이 맞선다면, 연구자는 차이가 있다는 명제와 차이가 없다는 명제를 설정하고 이 두 이론적 명제 중 어느 것이 더 현실적 설명력을 갖는지 확증하고자 할 수 있다. 이때 연구자는 연역적 설계에 기반하여 귀납적 분석으로 질적연구를 진행할 수 있다.

귀납과 연역의 혼합을 보여주는 또 다른 연구로 틀 분석(framework analysis: 12장 참조)을 사용한 Kim(2009)의 연구를 들 수 있다. 이 연구는 다소 느슨한 이론적 명제들을 설정하고, 이 명제들 중 실재를 가장 잘 설명하는 명제를 확증한다. 이 연구는 국가와 시민사회 사이의 파트너십의 정치적 투쟁을 자활영역을 대상으로 연구하면서, 3개의 이론적 명제를 문헌을 통해 설정하였다. 연구자는 이 3가지의 이론적 명제들의 상대적 설명력을 확증해 가는 과정에서 선행 연구들로부터 도출한 개념적 틀을 원용하지만, 그 틀에 대한 확증은 출현하는 자료에 근거해 귀납적으로 분석하였다. 여기서 틀 분석은 연구설계에서 연역을 허용하지만, 코딩에서 출현하는 개념을 수용한다는 측면에서 귀납적이다. 즉, 연역적 설계의 현실적합성을 귀납적으로 찾아가는 방법이라 볼 수 있다.

이처럼 모든 질적연구가 발견과 귀납을 목적으로 하지는 않는다. 발견과 귀납을 목적으로 하더라도 그 논리가 연구의 전 과정에 적용되지 않고 특정 연구 과정에서 연역의 논리가 개입될 수 있다. 예를 들어, 엘리아스와 스콧슨(2005)의 『기득권자와 아웃사이더』에서 연구문제 찾기는 발견의 논리로 이루어졌지만, 그 발견을 확대시켜 나가는 과정에서 느슨한 이론적 명제를 가지고 들어가 그것을 확증하였다. 이 연구는 파르바 마을 사례를 통해 왜 한 집단이 다른 집단에 우월성을 주장하고, 왜 그것이 먹혀드는가에 대해 개인은 결합태 속에 존재하기 때문에 갈등과 긴장은 위계질서의 구조적 속성이라는 명제를 확증하였다.

그러나 중요한 것은 질적연구의 중심 논리가 여전히 귀납에 있다는 점이다. 귀납만을 사용하든, 귀납과 연역을 혼용하든 모든 질적연구는 자료부터의 귀납 과정을 반드시 거치기 때문이다. 질적연구에서 연역은 귀납의 하인에 불과하다는 말(Glaser & Strauss, 1967)은 질적연구의 다양한 진화에도 불구하고 질적연구의 대표적 특징이 귀납적 지식축적에 있음이 유효함을 말해준다.

· 제2부 ·

질적연구의 설계

제4장 연구질문의 설계

질적연구 설계는 양적연구 설계와 달리 융통성과 개방성을 필요로 한다. 그래서 양적연구의 설계보다 그 중요성이 과소평가되고 있다. 그러나 모든 연구는 명시적으로건 암묵적으로건 연구 설계가 필요하다. 이 장에서는 질적연구 설계의 이론적 전략들에 대해 살펴본다. 특히 연구문제를 구성하는 데 있어 문헌, 개념, 이론들을 어떻게 다루고 사고해야 하는지, 이들이 연구설계와 어떻게 연결되는지에 대해 살펴보기로 한다. 질적연구 설계를 위한 이론적 전략들은 연구의 목적과 질문, 방법들을 명료화하고, 자료수집과 분석전략을 선택하는 데 도움을 준다.

1. 질적연구 설계의 필요성과 특징

1) 질적연구 설계의 필요성

대부분의 연구자는 개인적 경험이나 관심사, 현장에서의 경험 혹은 문헌을 검토함으로써 자신에게 흥미로운 연구주제를 생각해 낸다. 예를 들어, 어떤 연구자는 사회복지 현장에 바우처가 도입됨으로 인해 사회복지사들의 정체성이 어떻게 변화했는지에 관한 연구를 생각할 수 있다. 이런 연구주제를 생각해 내는 것은 그리 어렵지 않다. 정부가 사회복지 서비스에 바우처를 도입하는 정책을 실행하였고, 바우처 실천을 하는 사회복지사들을 만나 잠깐만 이야기해보면 복지사로서의 역할에 혼란을 경험함을 알 수 있기 때문이다. 흥미로운 연구주제는 누구에게나 떠오를 수 있다.

중요한 것은 이렇게 떠오른 연구주제를 연구 가능한 연구문제나 연구질문으로 전환하는 것이다. 이것은 누구나 할 수 있는 쉬운 작업은 아니다. 연구과정에 필요한 요소들을 숙지하고, 요소들 사이를 논리적으로 연결하고, 그것이 얼마나 타당한지를 보여주어야 하기 때문이다. 연구설계는 이렇게 연구자에게 떠오른 흥미로운 연구주제를 연구 가능한 연구문제와 연구질문으로 전환해 준다. 동일한 연구주제라 해도 설계를 어떻게 하느냐에 따라 다른 연구가 된다.

예를 들어, 어떤 연구자는 바우처 실천이 가져온 정체성의 변화를 탐색적, 귀납적으로 설계하여 정체성 변화의 전반적 양상을 자료로부터 도출할 수 있다. 그러나 또 다른 연구자는 기존 문헌과 이론을 검토한 후 바우처 도입이 사회복지사들의 자율성 축소를 가져오는지 아니면 자율성 확대를 가져오는지에 주목해 경쟁적인 이 두 명제 중 어느 것이 더 설명력 있는지를 확인하려고 할 것이다.

이처럼 연구설계는 연구자가 연구할 연구주제의 초점을 명확하게 해줌으로써 연구질문을 구성할 수 있게 하고, 연구질문에 답하기 위해 자료를 어떻게 수집하고 분석하는지에 대한 청사진을 그려준다. 연구설계를 하지 않거나 연구설계가 분명하지 않으면 연구의 초점을 명확히 할 수도 없고, 어떤 자료를 수집하고 어떻게 분석해야 할지 모호해질 수 있기 때문이다.

그런데 질적연구의 연구과정은 양적연구의 연구과정과 다르다. 질적연구는 양적연구처럼 문제를 형성하고, 자료를 수집하고, 자료를 분석하고, 결과를 제시하는 직선적 과정을 거치지 않는다. 질적연구는 자료를 수집하고 자료를 분석하다가도 다시 연구문제로 돌아가 연구문제를 재구성할 수 있고, 자료를 해석하고 글을 쓰다가도 새로운 문헌을 검토하거나 다시 현장으로 돌아갈 수 있다. 질적연구는 또한 양적연구처럼 척도와 같은 자료수집 도구 없이 연구자를 도구로 사용하며, 분석절차도 통계분석처럼 정해져 있지 않고 연구문제와 문헌고찰, 자료수집, 자료분석 등의 절차가 동시적으로 일어나기도 한다.

이처럼 질적연구는 귀납적이고 융통성 있고 자기반영적인 과정을 거친다. 질적연구의 설계는 질적연구의 이러한 특징을 바탕으로 구성된다. 이 특징 때문에 혹자는 질적연구에서 '설계'(design)라는 말을 쓰기를 꺼려하기도 한다. 설계라는 용어가 지나치게 순서를 강조하는 느낌을 주기 때문이다(패짓, 2001: 65). 그러나 질적연구의 설계가 직선적이지 않고 유연성을 필요로 한다 하여 질적연구에서 설계의 중요성이 간과되어야 하는 것은 아니다. 설계라는 용어와 그에 대한 의도적 인식은 연구질문의 구성은 물론 자료수집과 분석을 보다 탄탄하게 만들어 준다.

2) 질적연구 설계의 특징

연구설계란 연구목적을 달성하기 위해 정해진 단계와 순서를 밟아감으로써 결과에 도달할 수 있게 하는 청사진이자 논리이다. 양적연구와 질적연구 모두에서 연구설계는 문제형성, 표본추출, 자료수집, 자료분석, 결과제시의 단계로 이루어진다. 그러나 융통성의 정도와 진행되는 순서에서 두 방법 간에 차이가 있다(패짓, 2001). 질적연구 설계는 양적연구 설계에 비해 융통성이 크고, 직선적으로 이루어지지 않는다. 이런 이유로 질적연구의 설계에 대한 논의는 그리 많지 않고, 설계의 중요성에 대해서도 연구자들 간에 이견이 있다. 질적연구에서 연구설계는 거의 피상적인 것, 현장에 들어가서 해봐야 아는 것(Hammersely, 1995), 매우 불명확하고 예측하기 어려운 것(패짓, 2001)으로 여겨지기도 하지만, 그럼에도 질적연구에서 설계는 필요하고 연구과정에서 반드시 거쳐야 하는 과정이다(맥스웰, 2004; Yin, 2003).

질적연구 설계는 귀납적이고 융통성을 특징으로 한다. 많은 질적연구들이 연구 전에 개념이나 이론에서 변수를 선택하는 연역적 방식과는 달리, 중요한 변수를 연구 전에 미리 알아낼 수 없어 귀납적이다. 질적연구를 설계할 때 연구자는 두 가지를 고려해야 한다.

첫째, 연구설계를 어느 정도 구조화해야 하느냐이다. 질적연구 설계에서 귀납성과 융통성을 지나치게 강조하면 설계에 대한 사전 구조화를 거부하게 된다. 사전 구조화가 질적연구의 장점인 유통성을 방해해 연구자의 통찰을 방해한다고 여기기 때문이다. 그러나 지나치게 귀납적이고 느슨하게 설계된 연구는, 연구되지 않은 현상이나 복합적인 사회현상을 연구하는 데는 도움이 되지만, 어느 정도 연구가 되어 있는 현상을 연구하는 데는 시간낭비가 된다(Miles & Huberman, 1994: 17, 멕스웰, 2004: 86에서 재인용).

그렇다고 질적연구 설계의 표준적 형태를 제시하는 것은 창조적 사고의 잠재가능성을 저해할 가능성이 있기 때문에 바람직하지 않다(메이슨, 1999: 61). 결국 질적연구의 설계는 귀납성과 융통성을 견지하되, 연구설계의 구조화 정도를 문제삼을 것이 아니라, 사전 구조화를 어떻게 할 것이며 왜 해야 하는가가 중요하다(맥스웰, 2004: 87).

둘째, 어느 시점에서 설계를 해야 하느냐이다. 양적연구 설계가 연구 초반에 정해지는 반면, 질적연구 설계는 통상적으로 연구 초반에 정해지는 부분이 많지 않다. 귀납적, 유동적, 동시적인 질적연구의 특징 때문이다. 그렇다고 질적연구에서 연구 초기에 연구설계가 필요 없다는 뜻은 결코 아니다(린 & 모스, 2007: 89). 질적연구 설계를 연구 초기에 완성하는 것은 바람직하지 않지만, 질적연구의 착수 단계에서 연구설계가 이루어지는 것은 명백하다(메이슨, 2004: 61).

아울러 질적연구 설계는 연구 초기단계뿐만 아니라 연구의 전 과정을 통해 지속적으로 이루어진다. 예를 들어, 자료수집 동안에 새로운 사실이 발견된 경우 연구자는 연구설계를 변경할 수 없다고 생각해서는 안 되고, 처음에 설계했던 계획을 부분적으로 혹은 완전히 변경하는 것이 좋다(인, 2005: 69, 97).

그러면 질적연구의 설계는 어떤 것들로 구성되는가? 질적연구를 설계할 때 고려해야 하는 구성요소들에 대해서는 연구자들 간에 다소간 차이가 있지만 대체적으로 공통의 요소들이 있다. 질적연구 설계는 연구질문의 형성, 자료수집 방법, 자료분석 방법, 결과제시 방식들로 구성된다. 이들 요소들이 연구 초기에 모두 정해질 수는 없더라도, 각각의 요소들에 대한 고려가 분명히 이루어져야 한다.

이 장에서는 질적연구의 설계 중 연구질문을 형성할 때 고려해야 할 문헌고찰, 이론의 역할, 연구질문의 형태에 대해 살펴보기로 한다.[1] 왜냐하면 연구설계를 좀 더 명확하게 하려면 먼저 연구주제와 관련한 이론적 틀을 분명하게 하는 것이 중요하기 때문이다(인, 2005: 47).

1) 물론 문헌고찰과 이론에 대한 고려가 연구질문을 형성할 때만 작용하는 것은 아니다. 질적연구에서는 문헌고찰과 이론에 대한 고려는 자료수집, 자료분석, 결과제시의 모든 과정에 동시적으로 작용할 수 있다.

2. 문헌고찰과 질적연구 설계

1) 질적연구에서 문헌고찰의 중요성

어떤 연구든 백지상태에서 시작하지는 않는다. 모든 연구는 연구자의 개인적 경험이든 현장에 대한 관찰을 통해서든, 항상 특정 문제나 이슈를 가지고 시작한다. 문제는 그러한 문제나 이슈를 정교화하여 연구 가능한 질문으로 구체화하는 데 있다. 어떤 연구도 기존 문헌들에 대한 고찰 없이 이 작업을 해내기는 어렵다. 양적연구든 질적연구든 연구자는 기존의 문헌들을 고찰해야 한다. 그런데 질적연구자들 중에는 다른 사람이 무엇을 발견하였는지 아는 것이, 관찰한 것을 해석하는 데 편견으로 작용할 것이라는 이유로 충분한 문헌고찰을 반대한다(해치, 2008: 77). 그러나 질적연구에서 문헌고찰은 연구질문을 구체화할 수 있게 할 뿐만 아니라, 수집된 자료를 분석하고 해석할 때 그리고 결과를 글로 제시할 때도 필수적이다.

예를 들어, 문헌고찰은 질적연구에서 코드를 개발하는 데 많은 통찰을 준다. 선행연구들을 코드 개발의 기반으로 사용한다는 것은 연구자가 가진 전제나 편견, 투사를 수용한다는 의미이다(Boyatzis, 1998: 37). 해당 영역의 문헌을 읽고 코딩하는 것과, 읽지 않고 코딩하는 것 간에는 차이가 있다. 해당 문헌을 읽고 코딩하는 경우, 그 문헌에 있는 개념들의 영향을 받아 무정형으로 보이던 자료가 특정 형태를 갖고 분석가 앞에 나타나기도 한다. 이렇듯 문헌고찰은 질적연구에서 지식을 개발할 수 있는 효과적인 방법이기도 하다(Boyatzis, 1998: 37).

2) 질적연구에서 문헌고찰의 시기

질적연구에서 문헌고찰의 문제는 문헌고찰의 시기를 두고 제기된다. 양적연구가 연구를 실행하기 이전에 기존의 문헌들을 철저히 고찰해야 하는 반면, 질적연구는 연구자의 선입견을 배제하기 위해 문헌고찰을 유보할 것을 요구한다. 그러나 질적연구에서 문헌고찰, 특히 문헌고찰의 시기는 매우 논쟁적 사안이다. 누군가는 질적연구를 시작할 때 기존 문헌을 읽지 말라 하고, 또 다른 누군가는 질적연구를 시작할 때부터 문헌을 읽어야 한다고 말한다. 문헌고찰의 시기를 놓고 왜 이런 서로 다른 견해가 있게 되었을까?

문헌고찰의 시기가 질적연구에서 논쟁적 사안으로 제기된 것은 질적연구 탄생의 배경과 무관치 않다. 질적연구는 가설-연역적인 양적연구에 대한 반발로 시작되었는데, 그런 만큼 발견-귀납적인 성격을 주된 특징으로 내세우게 된다. 어떤 연구가 발견적이고 귀납적인 성격을 갖기 위해서는 가능한 연구자의 선이해가 분석과정에 작동하는 것을 막아야 한다. 연구자가 가진 선이해의 원천은 다양하지만, 기존 문헌에 대한 이해는 연구자의 선이해에 가장 크게 영향을 미친다. 어떤 연구도 연구자의 선이해로부터 자유로울 수 없기 때문에, 연구자의 선이해를 원천적으로 봉쇄하는 것은 불가능하다. 그러나 문헌고찰과 같은 선지식의 습득 시기를 조절함으로써 연구자가 원하는 지식을 산출할 수 있다.

C. Wright Mills(1959: 214)의 말에 따르면, 연구자는 문헌에 빠져 익사할 수도 있으니, 중요한 것은 읽어야 할 때와 읽어서는 안 되는 때를 아는 것이다(맥스웰, 2004: 59에서 재인용). 질적연구에서 문헌을 언제 읽을 것인지에 대한 논란을 해결할 수 있는 방법은 연구자의 선택이다. 연구자가 어떤 지식을 산출하기 원하느냐에 달려 있다. 선택

의 경우는 세 가지로 나누어 볼 수 있다.

(1) 연구자가 보다 귀납적 지식을 산출하고자 하는 경우

만일 연구자가 보다 귀납적 지식을 산출하고자 한다면 문헌고찰의 시기를 특정 시점까지 늦추면 된다. 대표적으로 글레이저의 근거이론 방법이 이에 해당된다. 글레이저는 연구를 시작할 때 해당 연구영역과 관련된 문헌은 읽지 말고, 해당 영역과 관련이 없는 문헌을 읽으라고 한다. 해당 연구영역과 관련된 문헌을 읽어야 하는 시점은 분석에서 범주와 속성이 충분히 드러난 이후이다.

그는 심지어 연구되어야 할 문제가 무엇인지를 찾기 위해 선입견 없이 연구영역에 들어갈 것을 요구한다. 그렇게 되면 연구문제도 연구질문도 출현한다(글레이저, 2014). 즉, 연구문제나 연구질문를 연구자가 도출하는 것이 아니라, 연구참여자들의 이야기로부터 도출되는 귀납적 과정을 거친다. 연구자의 흥미나 관심으로부터가 아니라 연구참여자가 가진 주된 관심사로부터 연구가 시작되는 것이다. 연구자와 연구참여와의 권력관계라는 측면에서 보았을 때, 연구자가 가장 낮은 위치에 임하는 겸손한 접근방법이라 볼 수 있다.

예를 들어, 성매매 청소년에 관한 무엇인가를 연구하고자 할 경우, 무엇을 연구할지 정하지 않고 성매매 청소년을 인터뷰하여 분석을 시작하는 것이다. 이렇게 아주 초기의 인터뷰를 개방코딩하면 무엇을 연구할지가 출현한다. 연구참여자의 관심사에 의해 연구 문제가 출현하는 것이다. 그것은 자활일 수도 있고, 가족관계일 수도 있고, 노동문제일 수도 있다. 인터뷰를 계속해서 개방코딩을 계속해 가면 연구문제는 정교화된다. 예를 들어, 연구참여자들의 주된 관심사가 자활에 있다고 여겨진 경우, 출현하는 연구문제는 자활의 과정일 수도,

자활의 기제일 수도, 자활의 구조일 수도 있다.

더 나아가 연구질문도 출현한다. 예를 들어, 성매매 청소년들이 자활을 이루어가는 일반적 과정은 어떠한가? 이 과정에서 자활에 영향을 미치는 복지적, 사회적, 실천적 요소들은 무엇인가? 자활의 과정을 방해하는 요소는 무엇인가 등이 출현한다. 연구자의 선지식으로 연구질문이 결정되는 것이 아니라, 연구참여자들의 관심사로부터 연구질문이 출현하는 것이다. 연구문제도 연구질문도 귀납적 과정을 통해 출현되는 것이다. 이처럼 연구자가 보다 귀납적 지식산출을 원한다면, 그는 선이해를 제공해 줄 수 있는 해당 연구영역에 대한 문헌고찰을 뒤로 미뤄야 한다. 문헌고찰에 대한 이러한 태도는 해당 영역에 대한 연구가 이루어지지 않았거나, 선행연구가 거의 없는 경우에 적용된다.

(2) 연구자가 연구영역에 대한 선이해가 있거나 스스로 연구문제를 찾고자 하는 경우

그러나 만일 연구자가 선행연구들이나 경험을 통해 이미 해당 연구영역에 대한 선이해가 있거나 연구참여자보다 연구자 스스로 연구문제와 연구질문을 찾고자 한다면, 문헌고찰은 연구 시작과 함께 이루어져야 한다. 이 경우 연구자는 자료 분석 과정에서 고찰한 문헌들의 영향을 받게 된다. 물론 문헌들에 들어 있는 개념들을 자료에 덮어씌우지 않기 위해 개념들을 감지적 도구로 사용함으로써 지식의 귀납성을 확보해야 한다.

예를 들어, 연구자는 문헌고찰을 통해 성매매 청소년의 주된 관심사가 사회적 배제의 한 형태인 자기배제에 있음을 통찰하여 성매매 청소년의 자기배제 과정을 주된 연구문제로 설정할 수 있다. 이러한 연구는 앞에서 언급한 보다 더 귀납적인 연구에 비해 문헌고찰의 시작점을 앞당김으로써 연구자의 선이해를 연구과정에 더 많이 끌어들이는데, 이는 연구과정에 연역적 요소를 좀 더 허용하는 것이다. 가장 많은 질적연구자들이 이 방식을 선호한다.

(3) 연구자가 기존의 논의를 확증하고 싶을 경우

그런데 연구자가 기존의 논의를 확증하고 싶거나 또는 기댈 수 있는 개념적 틀을 필요로 하는 경우가 있을 수 있다. 이 경우는 앞의 두 경우보다 더 연역적으로 지식을 산출하게 된다. 이때는 문헌고찰의 시기를 연구 시작점으로부터 하고, 그로부터 도출된 개념적 틀을 준거로 분석을 해나간다. 문헌고찰에서 도출된 개념들을 분석의 틀로 설정하고, 그 틀을 기준으로 자료를 분석하는 것이다.

예를 들어, 연구자가 만일 성매매 청소년들의 문제가 계급의 문제라는 이론적 논의를 질적 자료를 통해 확인해 보고 싶은 경우, 그는 연구를 시작할 때 문헌고찰을 철저히 하고 그로부터 계급의 문제임을 제시해 줄 수 있는 개념들, 예를 들어 사회적 낙인, 사회적 배제와 같은 개념적 틀을 끌어낸다. 연구자는 이들 개념에 기대어 수집한 질적 자료를 분석해 간다. 이때 문헌고찰에서 나온 개념들은 연구의 전 과정을 관통하는 핵심으로서 연구 시작과 함께 제기되며 분석 틀을 끌어내는 토대가 된다. 이처럼 문헌고찰의 시기는 질적 자료분석에서 그 분석이 얼마나 귀납적인지 연역적인지를 보여주는 리트머스 시험지이다.

3. 질적연구에서 이론의 역할

1) 질적연구에서 이론의 역할에 대한 오해

연구문제 및 연구질문을 형성하는 과정에서 문헌고찰을 하다보면, 연구자는 이론을 만나게 된다. 그러나 질적연구에서 이론을 언제 어떻게 적절히 활용해야 하는지에 대한 지침은 거의 없다. 질적연구에서 이론의 역할은 분명치 않다(Hammersely, 1995; Bradbury-Jone, Taylor and Herber, 2014). 이런 상황 때문에 질적연구와 이론의 관계에 대해서는 질적연구의 이미지에 기반한 오해들이 널리 퍼져 있다.

질적연구는 연구자가 무지의 상태에서 접근해야 하므로 이론적으로 미리 결정되어서는 안 된다든가, 질적연구자는 어떠한 이론적 짐도 지지 않은 채 현장에 들어가야 한다든가, 관찰한 것을 편견 없이 해석하기 위해서는 이론을 거부해야 한다는 생각들이 그것이다. 사실은 이론에 근거하지 않고서는 현장에 들어가지 않음에도, 사회적 현실이 선지식을 매개로 접근되는 것에 동의하면서도, 질적연구의 전형적 특징을 탐색적이고 귀납적이고 자료에 근거한 것에 국한하는 질적연구에 대한 협소한 이해가 널리 퍼져 있다(Anderson & Kragh, 2010: 49).

그래서 질적연구자들 중에는 연구 과정에서 이론의 개입을 꺼려하거나 심지어 바람직하지 않은 것으로 생각한다. 그들은 질적연구에서 기존 이론을 사용하는 것은 탐색적 연구와 맞지 않고, 이론을 끌어들이는 것은 명제를 검증하는 실증주의 연구와 연관된다고 생각한다(Anderson & Kragh, 2010: 49). 이론을 적극 수용하는 것은 양적연구이지, 질적연구는 이론을 끌어들여서는 안 되는 것으로 생각한다. 즉, 이들은 이론을 연구에 필요한 자원이 아니라 연구의 방해물로 본다(Layder, 1993). 이런 현상의 탓은 근거이론(grounded theory)에 있으며,[2)]

이론에 대한 이러한 태도는 잘못된 것이다(Suddab, 2006, Anderson & Kragh, 2010: 50에서 재인용).

2) 질적연구에서 이론의 역할

(1) 질적연구에서 이론 사용의 형태

질적연구에서 이론의 역할은 분명하지 않고, 아직 명확히 합의된 바가 없다. 질적연구자들 사이에는 이론에 대한 양가감정이 있다(Hammersely, 1995: 63). 그러나 질적연구에서 이론의 역할에 대해 대체적으로 공유될 수 있는 부분은 있다. 그것은 질적연구에서 이론에 대한 고려는 반드시 필요하다는 것이다. 이론은 해석적 연구에서 경험세계를 보여줄 수 있는 중요한 수단으로서, 연구의 전 과정에서 다양한 방식으로 작용한다(Kelly, 2010).

대표적으로, 이론은 연구문제와 연구질문을 명확히하고 정교화함으로써 질적연구의 설계를 보다 탄탄하게 한다. 또한 이론은 자료분석과 해석 과정에서 자료해석과 개념적 밀도를 강화해 주고, 오히려 자료를 미리 결정된 범주에 강제로 집어넣는 것을 방지함으로써 자료분석 과정에서 해석적 틀을 제공한다(MacFarlane & O'Reilly-de Brun, 2012).

기존의 질적연구들에서 이론이 사용되는 양상은 연구에 따라 다양하다. 이론을 전혀 언급하지도 사용하지도 않는 연구에서부터 이론을 연구배경이나 도입부분에서만 사용하는 연구들, 연구를 특정 이론 안에 위치시키지만 연구목적, 인터뷰 질문, 자료분석에만 이론을 활용

2) 근거이론은 이론의 지배에 대한 반발에서 출발하여 자료로부터 도출되는 지식을 축적하기 위한 방법들을 제시하였다. 그 지식은 탐색적 연구에 적합하고 기존 이론의 짐 없이 귀납적으로 접근해야 하는 것이었다. 근거이론은 질적연구의 발전에 큰 기여를 했고 그 영향력 또한 엄청나지만, 바로 이 점 때문에 질적연구의 범위가 축소되고 국지화되는 결과를 가져왔다.

하고 해석에는 활용하지 않은 연구들, 이론이 연구의 목적, 즉 연구결과 이해의 수단인 연구들, 그리고 연구의 전 과정에 이론이 적용된 연구들 등 다양하다(Bradbury-Jones, Taylor and Herber, 2014).

이렇게 질적연구에서 이론이 다양하게 사용되는 것은 질적연구의 초점과 목적이 단일하지 않고 다양하기 때문이다. 현상에 대한 서술(description)을 목적으로 한 연구가 있는가 하면, 해당 현상이 왜 그렇게 되었는지를 설명(explanation)하려는 연구도 있고, 서술된 측면의 바람직성 여부에 대한 가치판단을 하는 평가(evaluation)를 위한 연구가 있으며, 현상이 이루어지는 일반원칙을 찾아내려는 이론(theory)을 목적으로 한 연구가 있다(Hammersely, 1995).

여기서 서술을 목적으로 한 연구 중에는 이론을 전혀 언급하지도 사용하지도 않는 연구들이 있다. 예를 들면, 오스카 루이스(1961)의 『산체스네 아이들』은 연구과정에서 이론적 고려를 하지 않은 묘사를 목적으로 한 연구이다. 이런 종류의 연구는 연구과정에서 개념이나 이론을 필요로 하지 않는다. 그러나 『산체스네 아이들』 연구가 보여주었듯이, 연구결과는 빈곤문화론에 대한 격렬한 이론적 논쟁을 불러일으켰다. 즉, 묘사를 목적으로 한 연구라도 다른 의미에서 적극적인 이론적 관여를 하게 된다.

이렇듯 어떤 질적연구든, 비록 질적연구의 과정에서 이론적 관여가 전혀 이루어지지 않았더라도, 결국은 이론이라는 트랙을 벗어날 수는 없다. 이런 맥락에서 "이론은 질적연구에서 항상 존재한다"(Bradbury-Jones, Taylor and Herber, 2014: 136)고 볼 수 있다.

(2) 연구질문의 설계 형태

연구질문을 분명히 밝히는 것은 연구설계에서 가장 중요하고 필수적인 단계다. 맥스웰(2004)은 연구질문은 연구설계의 심장이며, 설계의 다른 어떤 부분보다 더 큰 영향력을 가지고 있다고 말했다. 이는 연구질문이 연구설계의 다른 요소와 직접적으로 연결되어 있는 유일한 연구 구성요소이기 때문이다(해치, 2008: 79-82).

질적연구의 연구질문은 일반적으로 연구초기에 구성되지만, 연구수행 과정에서 바뀌기도 한다. 연구질문을 구성하는 것은 쉬운 일이 아니다. 여기에는 이론적, 방법론적, 실제적 요소들을 습득하고 명료화하는 것이 요구되기 때문이다. 이 장에서는 연구설계에서 고려해야 할 이론적, 방법적, 실제적 측면 중 이론적인 측면에 대해 고찰하고, 다음 5-8장에서 방법적 측면을 살펴보기로 한다.

그런데 여기서 먼저 생각할 것은 이론에 대한 정의이다. 사회과학에서 이론에 대한 정의는 많지만 모호하다. 일반적으로 이론은 경험적 현상에 대한 설명을 제공하는 일반원칙이다(Hammersely, 1995: 55). 그렇다고 이론이 사회과학에서 인정되는 유명한 이론만을 의미하지는 않는다. 이론은 사회과학의 일반적 이론들만이 아니라, 연구 대상이 되는 행위나 구조, 사건들이 어떻게 일어났는지에 대한 잠정적 줄거리를 포함한다. 따라서 연구 설계를 위해 어떤 자료를 수집하고 어떻게 분석할지를 결정하기 전에 연구문제의 형성 단계에서 이론을 고려하는 것은 매우 중요하다(인, 2005: 62).

연구질문에 대한 설계는 연구자의 관심사와 기존 이론의 축적 여하에 따라 다양한 형태를 띤다. 이론적 명제를 설정할 수 있을 만큼 기존 선행연구들과 이론이 풍부하여 '검증'을 위한 설계가 가능한 경우가 있고, 서술에 적합할 만한 이론이 있어 '서술'을 위한 설계가 가능한 경우도 있으며, 해당 연구주제에 대한 기존의 연구나 이론이 없어 '탐색'을 목적으로 설계를 해야 하는 경우가 있다(인, 2005: 62).

여기서 주목할 것은, 질적연구라고 해서 검증을 목적으로 한 연구를 할 수 없는 것은 아니라는 점이다. 특히 최근에는 응용학문 분야에서 검증적 설계를 사용한 연구들이 증가하고 있다. 그런데 질적연구에서 검증은 양적연구에서의 검증과 다르다. 양적연구에서의 검증이 변수와 인과관계 중심의 가설-연역적 설정이라면, 질적연구에서의 검증은 스토리 형태의 명제를 자료를 통해 확증하는 의미이다. 맥스웰(2004: 71-72)은 질적연구 설계에서 가설(혹은 명제)을 설정할 수 있다고 보았다. 그에 의하면, 질적연구의 가설은 선행의 아이디어를 검증하려는 양적연구의 가설과 달리, 연구가 시작된 후 자료에 근거하여 자료와 상호작용하면서 개발되고 검증된다.

이렇게 연구하려는 주제와 관련된 이론들은 연구자의 관심사와 함께 연구설계를 탐색이냐, 서술이냐, 검증이냐로 구분지어 생각할 수 있는 하나의 기반을 제공한다. 연구질문의 형태는 탐색을 목적으로 한 연구인지, 아니면 서술이나 검증을 목적으로 한 연구인지에 따라 달라진다.

이론에 대한 고찰은 연구문제의 형태를 명확히 함으로써 연구질문을 보다 정교화해주고 연구전반을 끌고 갈 논리를 제공해 준다. 즉, 연구설계의 논리를 귀납으로 할 것인지, 아니면 연역으로 할 것인지 연구논리의 방향을 제시해 준다. 일반적으로 탐색적 연구와 서술적 연구는 귀납적 논리를, 검증은 연역적 논리를 선택한다.

(3) 연구질문 설계 형태에 따른 이론사용

① 탐색적 연구에서 연구질문 설계와 이론 사용

예를 들어 보자. 바우처 도입으로 인한 사회복지전문직의 정체성 변화에 관한 연구(김인숙, 2010a)에서 연구자가 설정한 연구질문은 바우처 도입에 따른 사회복지 실천가의 역할변화는 무엇이고, 그것은 전문직적 정체성에 어떤 변화를 가져오며, 이러한 역할변화를 가능하게 만드는 기제는 무엇인가 하는 것이었다. 당시 사회복지 현장에 바우처 도입은 기존의 서비스 제공 방식과는 전혀 다른 새로운 방식이었다. 바우처의 도입을 놓고 사회복지사와 사회복지 연구자들 사이에서 찬반 논쟁이 벌어지고 있었다. 연구자는 복지제도 개혁과 복지전문직 정체성의 관계, 그리고 사회복지실천 현장에서의 바우처 실천이라는 주제와 관련된 국내외의 문헌 및 이론을 검토하였다.

검토 결과 이러한 현상들을 설명하는 뚜렷한 이론은 없었고, 사회복지사들의 전문직적 자율성이 감소한다는 흐릿한 개념적 모델만 있을 뿐이었다. 연구자는 실천현장에 바우처 도입이 처음이고, 한국에서 제도가 도입되기 시작했다는 지역적 특수성에 관심이 있었기 때문에, 이 현상 전반에 대한 탐색을 목적으로 연구를 설계하였다. 그렇기 때문에 연구질문은 상기와 같이 바우처 도입으로 인한 사회복지사 정체성의 변화라는 현상의 전반적 모습을 탐색하는 것으로 나타났다. 이때 연구자는 연구질문을 위해 특정 이론을 필요로 하지는 않는다.

② 서술적 연구에서 연구질문 설계와 이론 사용

그러나 어떤 연구자는 바우처 도입으로 인한 전반적 변화보다는, 문헌검토 과정에서 만난 '자율권 축소'라는 개념에 주목하여 사회복지사들의 자율권이 어떻게 변화하는지에 초점을 두어 연구를 설계할 수 있다. 즉, 바우처와 같이 시장기제와 소비자주의에 기반한 서비스 제공이 전문직적 자율권을 행사하던 사회복지사들의 전통적 역할을 어떻게 다르게 모양새짓는지 자율권을 중심으로 서술해 보고자 하는 것이다. 이 경우 연구자는 바우처 도입으로 인한 사회복지사들의 자율권 변화 양상을 서술할 목적으로 연구를 설계해야 할 것이다. 어쩌면 연구자는 사회복지사들의 자율권에 관한 연구가 아주 극소수여서 참고할 만한 이론이 없다고 생각할 수 있다.

그러나 이론은 연구대상을 직접적으로 설명해주는 이론도 있지만, 간접적으로 연구대상에 적용할 수 있는 이론도 있다.[3] 이 연구의 경우 예를 들어, 전문직에 대한 전문가주의이론 혹은 자율권을 강조하는 신공공관리이론을 연구질문을 구성하는 데 적용해 볼 수 있다. 이론은 어떤 현상을 바라볼 수 있는 다양한 시각을 제공해 주기 때문에, 동일한 현상을 다각도에서 조망하게 해준다. 이렇게 현상에 대한 연구자의 문제의식, 선행연구 검토, 그리고 연구의 핵심 개념인 자율권의 작동양상을 조망해 줄 수 있는 이론(들)을 함께 고려함으로써, 연구자는 좀 더 명확하고 초점 있고 정교한 연구질문을 구성할 수 있다. 예를 들면, 연구자는 '바우처 도입은 사회복지사의 자율권을 어떻게 변형시키며, 그것은 그들의 전문가주의를 어떻게 약화시키는가'라는 연구질문을 구성할 수 있다.

앞의 탐색적 연구가 현상의 전반에 대한 탐색을 위한 연구라면, 서술적 연구는 서술해야 하는 보다 초점화된 현상에 집중하여 그 현상을 이해한다. 물론 여기서 연구자는 이론을 끌어오지 않고서도 얼마든지 연구질문을 구성할 수 있다. 그것은 연구자의 관심사와 선택에 달려 있다. 예를 들어, "바우처 도입은 사회복지사의 자율권을 어떻게 변화시키며, 그 변화를 가져오게 하는 맥락은 무엇인가"라는 연구

---

3) 맥스웰은 이론을 연구에 적용하기 위해 개념적 맥락을 개발하고 명료화하는 도구로 '개념 지도(conceptual map)'를 제안하였다. 개념지도는 한번으로 끝나지 않고 문헌과 이론을 검토해가는 과정을 통해 계속해서 수정 변경된다. 개념지도를 그리는 방법은 연구자에 따라 다양하다. 개념지도를 그리면 연결되어 보이지 않았던 것이 연결되어 보인다. 그런데 개념지도에는 변이지도(variance map)와 과정지도(process map)가 있는데, 이 둘은 서로 다르며 하나의 지도에 혼합하여 그리는 것은 불가능하고 혼란만 주기 때문에 별개로 사용해야 한다. 변이지도는 추상적이고 일반적인 개념을 다루며, 특정 요인이나 변수가 어떻게 다른 것에 영향을 주는지 보여주지만, 과정지도는 연대기적 이야기를 서술한다. 여기에는 시작과 끝이 있고 범주는 변수라기보다 구체적인 사건으로 제시된다(맥스웰, 2004: 56-57).

질문을 구성할 수 있다. 그러나 이러한 연구질문은 다분히 사회복지사들의 자율권에 대한 전반적인 탐색에 그칠 수 있다. 자율권과 전문가주의라는 두 현상 간의 관계와 역동에 대해서는 질문을 제기하지 못한다.

질적연구는 탐색을 위한 연구에서 강점을 발휘하는 것이 사실이지만, 그렇다고 질적연구가 탐색을 위한 연구영역으로 국한되는 것은 잘못이다. 질적연구에서 이론을 고려하여 연구질문을 구성하면 연구질문이 보다 정교화됨으로써 연구결과를 일반화할 수 있는 가능성을 높인다. 물론 여기서 일반화는 양적연구에서 말하는 통계적 일반화(statistical generalization)가 아니라 분석적 일반화(analytic generalization)[4]를 말한다(16장 참조). 질적연구는 이론을 적극 고려함으로써 탐색만 거듭하는 연구가 아니라 이론의 발전에 기여할 수 있는 연구로 자리매김할 수 있다. 그렇다고 이론을 적용하여 구성한 연구질문이 그렇지 않은 탐색적 수준의 연구질문보다 우월한 것은 결코 아니다. 어떤 형태의 연구질문을 던지는가는 전적으로 연구자의 관심사와 방향에 달려 있다.

③ 검증적 연구에서 연구질문 설계와 이론 사용

또 다른 연구자는, 바우처 도입으로 인한 사회복지전문직 정체성의 변화를 검증적 설계를 사용하여 연구질문을 구성할 수 있다. 그런데 흔히 검증적 연구는 질적연구와는 상관없는, 양적연구의 영역으로 간

4) 질적연구의 일반화에 대한 비판에 대해, 질적연구자들은 통계적 일반화만이 모든 연구의 궁극적 목적이 아니며, 질적연구도 다른 종류의 일반화를 추구한다고 주장하였다. 즉, 양적연구가 표본에서 얻은 결과를 모집단 내 다른 집단이나 장소에 대해 일반화한다면, 질적연구는 표본에서 얻은 결과에 대한 확신을 또 다른 출처에서 찾으려 한다는 것이다(패짓, 2001: 104). 질적연구의 이러한 일반화를 Guba(1984)는 "전이가능성(transferability)", Yin(1984)은 "분석적 일반화(analytic generalization)"로 불렀다(Gubo, 2004: 436).

주된다. 그것은 설계의 논리가 귀납적이기보다 연역적이기 때문이다. 일반적으로 질적연구에서는 검증적 연구가 드물다. 질적연구의 출발이 가설-연역적 연구에 대한 반발에서 시작되었고, 따라서 귀납적 연구과정, 귀납적 설계, 귀납적 분석이 질적연구의 주된 특징으로 얘기되었기 때문이다. 이 이야기는 맞다. 그렇다고 질적연구를 귀납에 가두어 둘 필요는 없다. 왜냐하면 우리가 일상생활에서 던지는 질문들은 귀납적 형태만이 아닌 연역적 형태도 필요하기 때문이다.

예를 들어, 우리는 2015년 복지예산 총량이 줄어든 현상에 대해 '복지예산 총량은 어떻게 감소하게 되었는가'라는 질문을 던질 수도 있지만, '복지예산 총량의 감소는 국가주의 때문인가? 성장주의 때문인가?'라는 질문을 던질 수도 있다. 흔히 전자는 질적연구의 질문형태로 후자는 양적연구의 질문형태로 간주된다. 그러나 후자의 질문형태도 얼마든지 질적연구로 접근해 답을 얻을 수 있다. 만일 복지총량의 증감에 관한 이론이 국가주의로 설명되는 경우와 성장주의로 설명되는 경우가 팽팽히 맞선다면, 연구자는 이 두 가지 명제 중 어느 것이 한국사회의 복지총량 감소를 설명할 수 있을지를 질적 자료로부터 귀납하여 명제를 확증할 수 있다. 이러한 경향은 특히 정책학과 같은 다양한 응용 학문 분야에서 증가하고 있다.

여기서 한 가지 분명히 할 것은, 검증적 설계를 사용한다 해도 양적연구와 질적연구에서 연구질문 설계가 다르다는 점이다. 양적연구에서 검증적 설계는 변수들 간의 관계에 대한 가설-연역적 설계이다. 그러나 질적연구에서 검증적 설계는 명제(혹은 가설) 자체가 변수들 간의 관계로 구성되기보다 서사적 진술문 형태로 구성된다는 점이다. '국가주의가 강화될수록 복지총량이 증가한다'가 아니라, '국가주의는 지방자치단체의 복지역량을 감소시킴으로써 국가의 복지총량을 감소시킨다'이다. 질적연구는 이러한 단일 명제를 검증하기 위해 설계될 수도 있고, 서로 경쟁적인 두세 명제들을 경합하는 설계를 할 수도 있다.

바우처 연구로 다시 돌아가서, 이 연구를 검증적 설계로 연구질문을 구성한다면 어떻게 표현할 수 있을까? 이 연구에 대한 검증적 설계가 가능하려면, 바우처의 도입이 사회복지전문직의 자율권을 축소한다거나 아니면 확대한다는 등의 개념과 이론들이 충분히 축적되어 있거나, 아니면 외부에 이 현상에 적용할 수 있는 이론들이 있어야 한다. 이러한 상태에서 연구자는 '바우처의 도입은 사회복지전문직의 자율권을 축소하는가 확대하는가'라는 연구질문을 구성할 수 있고, 이는 검증적 설계를 통해 답을 얻을 수 있다. 즉, '바우처의 도입은 국가의 힘을 강화함으로써 사회복지사들의 자율권을 축소한다'라는 명제와, '바우처의 도입은 국가의 힘을 약화시킴으로써 사회복지사들의 자율권을 확대한다'라는 명제를 경합시키는 설계가 가능하다. 연구자는 수집된 자료로부터 귀납하여 설명력 있는 명제를 확증할 수 있다.

이상과 같이 연구질문에 대한 설계는 이론의 사용과 연계되어 있다. 이론을 어떻게 다루고 어느 정도 수용하느냐는 연구자의 문제의식과 선택에 달려 있지만, 이론은 연구질문을 귀납적으로도 연역적으로도 설계할 수 있게 한다. 질적연구가 귀납적 지식축적의 방법이라는 말은 맞지만, 그것은 질적연구과정의 모든 단계에 해당되지는 않는다. 질적연구의 연구과정 전반은 귀납적으로 이루어지지만, 연구질문과 자료분석에서는 연구자의 선택 여하에 따라 귀납적으로도 연역적으로도 접근이 가능하기 때문이다. 질적연구가 모든 연구단계에서 귀납만을 고집하지 않고, 연구질문 구성과 자료분석에서 연역적 접근으로의 유연성을 갖는 것은 질적연구방법의 발전을 위해서도 바람직하다.

(4) 연구질문 설계에서 이론사용의 유의점

이처럼 질적연구에서 이론을 적절히 활용하는 것은 연구질문에 대한 설계를 정교화하고, 연구결과를 보다 타당성 있고 일반화할 수 있게 하며, 나아가 질적연구의 영역과 범위를 넓혀준다. 질적연구에서 이론의 중요성을 강조하는 사람 중에는 이론 없이는 질적연구의 질은 사라진다고 말하기도 하지만(Bradbury-Jones, Taylor and Herber, 2014: 136), 어쨌건 어떤 질적연구든 개념과 이론에 대한 고찰은 필수적이다. 만일 연구자가 이론의 이러한 이점을 충분히 활용하지 않으면 이론이 제공할 수 있는 새로운 통찰을 놓쳐버림으로써 연구를 위한 개념적 틀을 구성하지 못하게 된다.

그러나 질적연구에서 이론을 사용하는 것에는 위험이 따르기도 한다. 만일 연구자가 이론에 지나치게 의존하는 경우, 그는 기존 이론의 타당성만 생각하게 되어 현상을 이론적 틀에 끼워 맞추게 된다. 그러면 기존 개념과 이론들이 가진 헤게모니에 종속될 수 있다. 문헌과 이론들은 이데올로기적 헤게모니를 가지기 때문에 그 밖의 현상을 포착하기 어렵게 하기 때문이다(맥스웰, 2004: 45-49).

예를 들어, 성매매 청소년의 자립에 대한 연구에서 기존의 문헌과 이론들이 주로 왜 이들이 자립에 실패하는지 가족관계나 사회적 낙인과 같은 가족적, 사회적 특성들을 중심으로 연구되었다면, 이들의 자립을 계급의 문제라는 새로운 각도로 바라보는 것은 쉽지 않은 일이다. 따라서, 질적연구에서 이론을 사용하는 연구자에게 필요한 태도는 자신이 선택한 이론적 접근이 가진 이데올로기적 가정을 버려보거나, 문헌이나 이론 이외에도 연구하려는 현상을 설명할 수 있는 다른 방식이 있다는 것을 인식하고, 구축된 관점에 전적으로 의존하지 말고 참작하는 것이다. Berker(1986)의 말대로 문헌과 이론을 이용하되 이들에 이용당하지 않는 태도가 필요하다(맥스웰, 2004: 48-49). 이것이 바로 사회과학의 방법을 진지하게 고민하는 사람이라면 이론과 경험적 관찰 사이의 관계를 중요한 쟁점으로 보고 달려들어야 하는 이유이다(Sayer, 1992: 45, 이기홍, 2005: 192에서 재인용).

이론이 가진 함정에 빠지지 않는 실제적이면서도 중요한 또 다른 방법은 예비연구(pilot study)를 해보는 것이다. 연구자는 연구현장에 나가 현장장면들을 관찰해보고, 연구와 관련된 표집 대상자들 중 일부를 사전에 인터뷰해 봄으로써 예비연구를 실행할 수 있다. 이를 통해 연구설계에서 제기되는 문제들을 사전에 방지하고 연구의 초점과 방향을 분명히 한다. 예비연구는 탄탄한 연구설계를 위해서라면 시간과 노력을 투자할 만한 가치가 충분히 있다. 예비연구는 연구자로 하여금 자신의 관심사와 이론에 좀 더 정확하게 초점을 맞출 수 있게 도와준다. 어떤 면에서든지 연구설계를 명료화할 필요가 있다면, 예비연구를 수행해야 한다(Willett, 1990: 213, 맥스웰, 2004: 59에서 재인용).

제5장 질적연구의 접근방법

질적연구방법은 하나의 표준화된 방법을 지칭하는 것이 아니라 일군의 접근방법들을 포괄한다. 문화기술지, 근거이론, 현상학적 연구, 사례연구, 담론연구, 내러티브 연구, 해석학적 연구 등 다양한 접근방법들이 여기에 포함된다. 그리고 이들 각 전통들 내에 또 다시 분화가 일어나고 있다. 이 장에서는 질적연구의 다양한 접근방법들을 소개하기로 한다. 특히, 다양한 접근들 중에서 사회복지 영역에서 활용도가 높다고 생각되는 일반적 질적연구, 문화기술지, 근거이론, 현상학적 연구, 사례연구, 제도적 문화기술지 접근을 소개한다. 우리는 이들 사이의 차이만이 아니라 공통성에 주의를 기울일 필요가 있다. 대부분의 질적연구가 해석주의 전통 안에 있고, 이들은 상당한 공통분모를 가지고 있기 때문이다. 이들 다양한 접근방법들을 개괄적으로 이해해야 하는 이유는 이러한 공통분모를 이해하기 위해서만이 아니라, 질적연구 설계의 구성요소들을 보다 적합성 있고 탄탄하게 만들 수 있기 때문이다. 질적연구자가 질적연구의 다양한 접근방법들을 잘 이해하고 있다면, 연구질문에 적합한 접근방법을 선택할 수 있고, 타당하고 신뢰할 만한 연구설계를 구성해낼 수 있다.

1. 일반적 질적연구

1) 연구질문과 접근방법[1]의 선택

질적연구의 모든 접근방법들이 그런 것은 아니지만, 많은 접근방법들이 인간과 사회에 대한 존재론적 인식론적 전제를 가지고 있다. 질적연구자가 자신이 연구할 연구질문을 구성했다는 것은 어느 정도 자신의 존재론적 인식론적 입장을 선택한 것이다. 예를 들어, 어떤 연구자가 사회복지사들의 임파워먼트 실천에 관심을 갖고 "사회복지사들이 경험하는 임파워먼트 실천의 본질은 무엇이며, 그 본질을 구성하는 구조와 조건은 무엇인가?"라는 연구질문을 던졌다면, 그는 이미 현상학적 인식론을 선택한 것이다. 현상학적 연구는 문화화되기 이전의 인간경험의 원형인 본질과 그 구조에 관심이 있기 때문이다.

그러나 또 다른 연구자는 "사회복지사들의 임파워먼트 실천을 실패에 이르게 하는 제도적 조직화는 어떻게 일어나는가?"라는 연구질문을 던질 수 있다. 연구자가 구성한 이 연구질문에는 제도적 문화기술지의 존재론과 인식론이 반영되어 있다. 제도적 문화기술지는 제도적 세팅에서의 사람들의 경험은 다양한 제도적 장치들의 조직화의 결과라는 존재론을 전제로 하기 때문이다.

이처럼 연구질문 안에는 이미 어느 정도 접근방법의 선택이 내재되어 있다. 따라서 연구자는 연구질문의 구성 단계에서 이미 질적연구의 접근방법을 선택한 것이기 때문에 연구설계와 전략에 대해 이미 첫발을 내디딘 것이다(메이슨, 2010: 51). 그러나 연구질문과 접근방법

---

1) 근거이론, 현상학적 연구, 문화기술지 등과 같은 질적연구 내의 방법론들은 다양하게 불린다. 혹자는 접근방법(approach)으로, 다른 사람은 전통(tradition)으로, 또 다른 사람은 전략(strategy)으로 부른다. 여기서는 접근방법으로 부르기로 한다.

의 매칭이 자동적으로 혹은 기계적으로 일어나는 것은 아니다.

접근방법의 선택이 연구질문에 앞서 이루어질 수는 없지만, 그렇다고 연구문제가 설정되면 자동적으로 접근방법이 선택되는 것은 아니다. 게다가 하나의 연구질문에 하나의 접근방법만 매칭될 수 있는 게 아니다. 연구질문에 대한 설계 여하에 따라 접근방법은 다양하게 적용될 수 있다. 앞의 제도적 문화기술지 예에서 연구자는 제도적 문화기술지가 아니라 사례연구방법을 선택할 수도 있다. 임파워먼트 실천을 시도했다가 실패한 전형적인 조직이나 실천가를 사례로 선택해 연구할 수 있다.

일반적으로 질적연구 설계에서 연구질문과 접근방법은 상호적으로 영향을 미치는 변증법적 과정을 거친다. 즉, 연구질문을 구성하는 과정에서 연구질문을 좀 더 명확히 하기 위해 접근방법들에 대한 선이해가 작동하고, 그 선이해의 작동으로 연구질문은 더 초점화되고 방향을 잡아간다. 따라서 연구자는 연구설계 단계에서 연구문제를 풀어가기 위해 가용한 모든 방법론적 접근방법들을 고려하고 전략적인 사고를 통해 합리적인 선택을 해야 한다(메이슨, 2010: 57).

그런데 문제는 제한된 몇 개의 질적 접근방법이 인간과 사회를 이해하고 정책과 실천을 개선하기 위해 던지는 수많은 질문들에 대한 답을 얻을 수 있는가이다. 연구질문을 상수로 놓으면, 당연히 무수히 다양한 형태로 제시되는 연구질문에 답할 수는 없다. 반대로, 접근방법을 상수로 놓아도 접근방법들에 관련되는 연구질문들만 던지게 되어, 접근방법들과 관련이 없는 나머지 수많은 질문들은 연구영역에서 버려지게 된다. 그렇다고 이 문제를 해결하기 위해 무수히 많은 연구질문들 모두를 몇 개의 접근방법과 매칭할 수는 없다. 그것은 바람직하지도 않고 가능하지도 않다.

사실, 상당히 많은 연구질문들이 특정의 접근방법들과 관련이 없거나, 접근방법에 내재한 존재론적 인식론적 전제들을 필요로 하지 않는다. 예를 들어, 사회복지사들의 임파워먼트 실천에 관심 있는 어떤 연구자는 "사회복지사들은 현장에서 실천되고 있는 임파워먼트 실천을 어떻게 인식하고 있으며, 그들의 인식에 어떤 공통성이 있는가?"라는 질문을 던질 수 있다. 이 경우 연구질문에 대한 답을 얻기 위해 굳이 특정의 접근방법을 선택하지 않아도 된다. 만일 특정 접근방법을 선택하면 해당 접근방법이 지향하고 전제하는 틀에 맞게 연구질문들이 재구조화될 것이다. 그러나 아무런 접근방법을 선택하지 않아도 질문에 대한 훌륭한 답을 얻을 수 있다.

2) '일반적 질적연구'의 정의

'일반적 질적연구(generic qualitative research)'는 이처럼 질적연구의 접근방법과 무관한, 연구자의 신념(존재론적, 인식론적 입장)을 명확히 언급하지 않은 연구를 말한다(Snape & Spencer, 2003: 19). '일반적 질적연구'의 필요성은 응용 사회정책 영역에서 있었던 방법론 논쟁에서 처음 제기되었다. 사회정책 영역연구의 상당부분은 정책을 계획하고 그 실행 결과를 정책에 반영하고자 공공기관으로부터 연구기금을 지원받아 이루어진다.

그런데 양적연구 중심이던 사회정책 연구에서 질적 증거자료 요구가 커지게 되었다. 문제는 사회정책 분야에서의 이런 요구는 어느 하나의 질적 접근방법을 선택해 이루어지던 기존의 연구관행으로는 해결하기 어려운 것이었다. 그 결과 특정의 접근방법과 무관하게 다양한 질적 접근방법으로부터 다양한 방법들을 빌려와 선택적으로 사용하게 되었다. 말하자면, 질적연구 접근에서 절충주의적 시도가 이루어진 것이다(Snape & Spencer, 2003: 18-19).

그러나 절충주의가 갖는 큰 강점에도 불구하고, 기존의 질적연구 문헌들에서는 이를 꺼려했고, 그 결과 특정의 접근방법들만 선호되고 알려지게 되었다. 일반적 질적연구는 비공식적으로만 언급되었고 널리 알려지지 못하였다. 그 이유는 존재론적이고 인식론적인 전제가 다르면 연구방법들도 달라지기 때문에, 연구의 질을 확보하려면 이 둘 간의 일관성이 유지되어야 한다는 사고가 지배적이었기 때문이다. 그러나 이러한 일관성보다 중요한 것은, 해당 연구질문에 가장 적절하게 답해 줄 수 있는 연구도구인 방법들(methods)을 찾는 데 있다. 즉, 인식론적 입장과 접근방법들 간의 철학적 일관성보다는 연구질문과 사용된 방법들 간의 적합성이 중요하다. 이 경우, 연구의 질과 엄격성은 연구질문에 적합한 연구도구를 얼마나 올바르고 적절하게 선택했느냐에 달려 있다(Snape & Spencer, 2003: 19-21).

일반적 질적연구를 질적연구의 접근방법으로 활용할 수 있는 또 다른 근거는 이론적인 데서 찾을 수 있다. 이때 이론적이라는 것은 일반적 질적연구가 특정 이론에 기반하고 있다는 의미가 아니라, 다양한 질적 접근방법들에 존재하는 공통적 기반을 공유하고 있다는 것을 말한다. 물론 질적연구의 각 접근방법들은 고유한 인식론적 기반과 방법을 갖고 있다. 그렇다고 이들의 인식론적 기반과 방법이 서로 배타적인 것은 아니다. 각 접근방법에서 사용하는 용어나 언어가 서로 다를 뿐, 공통의 기반을 가지고 있다.

일반적 질적연구는 해석주의라는 동일한 패러다임 안에 있고, 그 지적 기반을 공유하며, 각 접근방법들의 방법들을 절충한다. 이처럼 일반적 질적연구를 하는 연구자는 질적연구의 특정 접근방법을 선택하지 않고, 다양한 접근방법들을 관통하는 기초적이고 공통적인 것에 근거해 연구를 수행한다. 따라서 일반적 질적연구를 선택해 연구하려면, 각 접근방법에 흐르는 기초적이고 공통적인 것이 무엇인지 이해해야 한다.

3) '일반적 질적연구'의 특징과 활용

사실상, 가장 많은 질적 연구들이 이 일반적 질적연구의 범주에 속한다. 대부분의 일반적 질적연구는 분석을 통해 주제를 이끌어내는 주제분석을 사용한다(Kelly, 2010: 286). 주제분석은 대부분의 질적 접근방법들에서 자료분석의 초기에 공통적으로 이루어진다. 즉 모든 질적 접근방법들은 분석 초기에 자료에서 패턴을 확인하고 보다 체계적인 분석을 통해 핵심 주제를 찾아낸다(이에 해당되는 귀납적 주제분석, 연역적 주제분석에 대해서는 12, 13장 참조).

일반적 질적연구는 바로 해석적 접근방법들의 공통분모라 할 수 있는 주제분석을 통해 다양한 연구질문에 답한다. 특정 접근방법을 선택하지 않고 이루어지는 주제분석은, 귀납적으로 설계된 연구질문만이 아니라 연역적으로 설계된 연구질문에도 답할 수 있다. 앞서 언급했듯이, 대부분의 질적연구가 귀납적으로 설계되지만, 서사적 진술형태의 명제를 확증하는 것과 같이 연역적으로 설계될 수도 있다. 이렇게 본다면 질적연구에서 일반적 질적연구가 포괄하는 지식영역은 상당히 넓다고 할 수 있다. 귀납이든 연역이든 특정 접근방법을 선택하지 않고 주제분석 수준에서 이루어지는 많은 질적연구 설계들을 '일반적 질적연구'로 분류할 수 있다.

일반적 질적연구는 특히, 응용연구에서 많이 활용된다. 응용연구는 흔히 일반적 질적연구 단계에서 멈추는 경우가 많다(Kelly, 2010: 287). 예를 들어, 정책이나 프로그램의 진행과정이나 효과 등을 알고자 할 때 일반적 질적연구는 유용하게 사용될 수 있다. 그렇다고 일반적 질적연구가 응용연구에만 사용된다는 것은 아니다. 일반적 질적연구는 어떤 종류의 연구건 연구자의 관심사와 선택에 따라 연구영역을 넘나들며 폭넓게 사용된다. 이렇게 볼 때, 일반적 질적연구는 어떠한 인식론적 존재론적 전제에 구속되지 않고 자유롭게 연구에 진입할 수 있게 해주는 매우 효율적이고 비용효과가 높은 연구접근이다.

이런 점에서, 일반적 질적연구는 응용학문인 사회복지학에서 그 활용도가 매우 높다 하겠다. 사회복지 지식은 인간과 사회, 그리고 이 둘의 관계를 설명하는 기초학문적 지식이 그 바탕을 이루고 있다. 이런 지식에 기반하여 많은 사회복지 연구들이 사회복지 대상자들의 행위와 삶을 규명한다. 그러나 사회복지학이 독자적 지식영역을 확보하고 사회에 기여할 수 있으려면, 사람들의 삶을 규명하는 것과 더불어 사회복지정책과 제도, 실천들이 어떻게 형성되고 실행되며, 그것들이 인간의 삶에 어떻게 작동하는지에 관한 지식을 확장해 가야 한다.

이러한 맥락에서 일반적 질적연구는 질적연구 안에서 복잡하게 분화하고 있는 다양한 인식론적인 틀에 구애받지 않으면서 사회복지정책과 제도, 실천에 관한 지식을 구축할 수 있는 효율적인 접근방법이다. 이 책에서는 질적연구의 다양한 접근방법에 전제된 공통적 방법들을 찾아 재구성하여 '귀납적 주제분석'의 이름으로 제시하였다. 이 책에서 제시하는 귀납적 주제분석(12장 참조)은 연역적 주제분석(13장 참조)과 함께 '일반적 질적연구'를 위한 분석도구로 사용할 수 있다.

2. 문화기술지

1) 문화기술지의 특징

전통적으로 문화기술지(ethnography)는 내부자의 관점에서 어떤 집단이나 문화를 기술하는 과학으로 정의된다. 어원상으로도 ethno(group/folk)와 graphy(description)의 결합, 즉 사회문화적 특징을 공유하는 집단에 대한 '기술'(description)이다.

문화기술지란 우리에게 낯선 집단에 속한 사람들에게 무엇이 일어나고, 그 일어난 것을 구성원이 어떻게 해석하고 이해하는지를 파악함으로써, 그 집단에 속한 사람들의 '문화'를 연구하는 것이다. 따라서 문화기술지가 관심을 갖는 궁극적 질문은 "해당 집단에 속한 사람들의 문화는 어떠한가"이다(Patton, 1990). 문화기술지는 문화를 기술하면 인간에 대한 이해가 가능하다고 본다. 즉 문화기술지는 모든 인간은 일정 기간 동안 문화에 흡입되어 있으며, 문화는 집단구성원들 사이에서 학습되고 공유되므로 서술되고 이해될 수 있다고 전제한다(Boyle, 1994).

예를 들어, 같은 학교 내에서도 집단에 따라 사물을 다르게 본다. 폴 윌리스(2004)는 영국에서 같은 학교 안에서 노동자 계급의 자녀가 어떻게 노동자로 재생산되는지 연구하였다. 노동자 계급 자녀들은 중간계급 자녀들과 전혀 다른 문화를 발전시키는데, 그들은 교사와의 신경전에 노련하고, 범생이에 대한 우월감을 갖는 등 권위에 반항하고 순응적인 아이들을 거부한다. 같은 학교 안에서 보이는 이들의 문화적 차이는 놀랄 만하다. 그러나 이러한 문화적 차이는 늘 무시되기 일쑤이다(스프래들리, 1988). 문화기술지는 이렇게 무시되는 문화적 다양성과 차이를 기술하고 설명함으로써 인간에 대한 이해를 증진한다.

그런데 집단구성원의 문화를 이해한다는 것은 단지 사람들이 말하고 행하고, 인식한 것만을 이해하는 것에 그치지 않는다. 해당 집단의 '문화'를 이해한다는 것은 구성원들의 행위와 인식 넘어 '문화'라고 부르는 공유된 의미체계를 이해하는 것을 말한다. 이런 맥락에서 스프래들리(1988)는 문화기술지의 핵심은, 우리가 이해하려는 사람들의 행동과 사건의 문화적 의미체계에 관심을 갖는 것이라고 하였고, Patton(1990)도 문화기술지적 접근의 가장 뚜렷한 특징은 문화라는 관점에서 결과를 해석하는 것이라고 하였다. 문화기술지 연구는 해당 사회집단에 대한 전체적인 문화적 자화상(holistic cultural portrait)을 그리는 것과 같다(크래스웰, 2005).

그러나 문화기술지의 경계는 그렇게 명료하지 않다. 그래서 문화기술지와 다른 질적방법 간의 명확한 구분이 어렵다(Hammersely and Atkinson, 1995). 문화기술지에서 연구하고자 하는 '문화', '문화적 의미체계'라는 것의 폭이 너무 크기도 하고, 문화기술지 연구들 간에 변이와 다양성이 크기 때문이다. 즉, 문화기술지 연구는 내부자의 입장에서 문화를 묘사하고 기술하는 것에서부터, 외부자의 입장을 강조하여 문화적 기술에 대한 이론적 설명을 시도하는 연구에 이르기까지 그 스펙트럼이 넓다. 그래서 혹자는 문화기술지는 연구방법이 아니라 연구의 결과로 보아야 한다고 주장하기도 한다.

그럼에도 불구하고 문화기술지의 특징을 명확히 해보려는 시도가 이루어지고 있다. 그렇다고 이러한 특징들이 문화기술지와 다른 질적연구 접근을 엄밀하고 명확하게 구분해 주는 것은 아니다. 이들 특징은 다른 질적연구 접근의 특징과 공유되기도 한다. 일반적으로 맥락과 총체성, 참여관찰, 에믹과 에틱, 이론적 연관성이 문화기술지의 특징으로 지목된다(Boyle, 1994; 스튜어트, 2009 참조).

(1) 맥락과 총체성

문화기술지의 핵심 교의 중 하나는 사람들의 행동은 '맥락' 안에서만 이해될 수 있다는 것이다. 문화기술지 연구자는 단지 사람들의 행동이나 의식을 기술하는 것을 넘어 그 행동이나 의식이 왜 어떤 상황에서 일어났는지를 이해해야 한다(Boyle, 1994). 나아가 문화기술지 연구자는 상황적 맥락에 적합한 개념과 연관지으면서 자신이 관찰한 것을 설명해야 한다(스튜어트, 2009). 맥락에 대한 파악을 위해 문화기술지에서는 자연스런 장에서의 현장조사(fieldwork)를 중시한다.

총체성은 해당 집단의 문화적 초상을 전체적으로 보여주는 것으로서, 이는 맥락에 대한 강조를 통해 이루어진다. 문화기술지가 해당 집단의 문화적 총체성을 보여주기 위해서는 집단 내 하위체계와, 이외의 다양한 하위체계들 간의 상호관계를 명확히 보여주어야 한다(Boyle, 1994). 문화는 통합된 전체이고, 개인은 전체의 맥락 내에서 이해될 수 있기 때문에 문화기술지는 개별적 관찰들을 넘어 문화에 대한 총체적 개념을 구성해내야 한다.

(2) 참여관찰

문화기술지 핸드북(2007)에는 문화기술지 간에 많은 차이와 긴장이 있음에도 문화기술지를 관통하는 공통의 특성을 기술하는데, 그것은 참여관찰(paticipant obserbation)에 기반해 특정 사회문화적 세팅을 탐구하는 것이다. 이는 관찰과 참여가 문화기술지 접근의 주된 특징임을 말해준다(Atkinson, Coffey, Delamount, Lofland and Lofland, 2007: 4-5). 참여관찰은 흔히 현장조사로 얘기되는데, 여기에는 현장에 자연스럽고 긴밀하게 참여하면서 일상생활의 환경 안에서 탐구한다는 의미가 내포되어 있다(스튜어트, 2009).

참여관찰이 문화기술지의 가장 뚜렷한 특징으로 언급되는 것은 문화기술지의 핵심 특성이 어디에 있는지를 말해준다. 즉, 문화기술지는 연구자가 직, 간접으로 일정기간 동안 사람들의 일상의 삶에 참여하여, 거기서 어떤 일이 일어나는지 보고, 어떤 얘기들을 하는지 듣고, 질문하는 것이 중요하다는 것이다. 문화기술지의 이런 특징은 일상생활에서 사람들의 세계를 이해하는 일상적 방식과 아주 닮아 있다(Hammersely and Atkinson, 1995).

(3) 에믹과 에틱

문화기술지의 목표는 해당 집단구성원의 행동과 인식 너머에 작용하고 공유되는 문화, 혹은 문화적 의미체계를 파악하는 것이다. 이 문화적 의미체계 파악에서 제기되는 문제는 연구참여자(내부자)의 이야기를 강조할 것인가, 아니면 연구참여자의 이야기에 대한 연구자(외부자)의 해석과 설명을 강조할 것인가 하는 것이다. 전자는 에믹(emic) 관점, 후자는 에틱(etic) 관점으로 불린다. 문제는 에믹 관점(연구참여자가 본 실재)과 에틱 관점(실재에 대한 연구자의 해석과 설명)이 항상 일치하지 않는다는 데서 나온다.

예를 들어, 가난한 이혼 여성의 사회적 배제를 연구(김정현, 2012)하는 과정에서 이혼여성은 노동시장에서의 일자리보다 복지 프로그램 안에서의 일자리가 더 좋고, 종교가 지지적 역할을 해주고, 주변 사람들의 위로가 있어서 자신들이 사회적으로 배제되지 않았다고 말한다. 그러나 연구자가 이혼여성의 이러한 인식을 그녀들이 처한 다양한 맥락(가부장적 이데올로기, 노동시장의 구조, 복지 메커니즘 등)과 연관하여 설명하려고 하자, 연구자는 이혼여성들의 말과는 달리 그녀들이 실제에서 사회적으로 배제되고 있다는 것을 알게 된다. 이 경우 연구자는 어디에 초점을 두어야 할까? 가난한 이혼여성들이 한 이야기에 초점을 두어야 하는지, 아니면 자신이 맥락을 고려해 해석한 이야기에 초점을 두어야 하는지 딜레마에 봉착한다.

오랫동안 문화기술지 영역에서는 에믹과 에틱 사이에 긴장이 있어왔다. 한편에는 에믹 견해를 일차적으로 중시해야 한다는 주장이 있다. 예를 들어, 말리노프스키는 문화기술지 연구자가 결코 놓치지 말아야 할 가장 중요한 목표는 내부자의 관점을 이해하는 것이라고 하였고, 스프래들리(1988)도 문화기술지에서 가장 먼저 고려할 것은 사람들이 세상을 어떤 식으로 정의하는가를 파악하는 것이라고 말할 만큼, 문화기술지 연구에서 에믹 관점의 중요성을 강조하였다. 이들은 문화기술지 연구자가 사회주변부 사람들의 목소리(내부자 이야기)를 확장해야 하므로, 수사학적 방법으로 이들의 이야기를 표현하고 옹호하는 역할을 해야 한다고 보았다(Hammersely and Atkinson, 1995). 분석과정에서 연구자가 낯선 문화에 대해 '배우고', '잠기는' 태도를 가져야 한다는 것도 에믹의 중요성을 강조하기 때문이다(Boyle, 1994).

다른 한편으로, 최근에는 에믹을 전제로 하여 에틱을 중시해야 한다는 주장이 힘을 얻고 있다. 이러한 경향은 문화기술지에서 반영성(reflexivity)의 문제가 제기되면서부터였다. 반영성은 연구자는 사회세계의 일부이고 그 영향을 받을 수밖에 없고, 따라서 이해의 과정은 연구자의 편견, 선이해를 반영한다는 것이다. 이런 입장에서는 연구참여자의 이야기가 어떻게 생산되는지 그 생산의 근거를 알아야 하므로 문화기술지 연구자는 연구참여자인 내부자의 이야기를 해체하여 재구성해 보임으로써 이데올로기 비판의 역할을 해야 한다(Hammersely and Atkinson, 1995).

일례로, Werner & Schoefle(1987)는 문화기술지는 연구참여자의 문화적 지식을 기술하는 것 이상이라고 하였다. 문화기술지 연구자는 연구참여자들의 문화적 지식을 '이해'하고 '설명'해야 한다. 즉 문화기술지 연구자는 연구참여자들이 세상을 어떻게 보는지 '설명'할 필요가 있다는 것이다. 여기서 연구참여자의 지식에 대한 기술, 이해, 설명은 연구자의 지식에 근거해 이루어진다(Boyle, 1994). 따라서 반영성을 중심으로 보았을 때 훌륭한 문화기술지 연구자는 자료를 곧이곧대로 받아들이지 않고, 가설적 패턴이 나올 수 있는, 그리고 그들의 타당성이 검토될 수 있는 추론의 장으로 여긴다. 따라서, 문화기술지 연구 결과는 항상 연구참여자들의 지식을 묘사하는 것 이상이어야 한다(Boyle, 1994).

문화기술지에서 가장 중요한 것은 연구참여자들의 이야기의 타당성을 부인하지 않으면서 연구자의 해석과 설명을 버리지 않는 것이다. 그렇게 하기 위해서는 사람들이 말한 것을 그들의 관점과, 그들이 속한 문화와 하위문화에 대한 증거로 사용해야 한다. 연구참여자들의 이야기는 그들이 묘사하는 세계의 일부이고, 이야기가 발생하는 맥락에 의해 형성된다는 점을 유념해야 한다(Hammersely and Atkinson, 1995). 문화기술지 연구자는 그들의 이야기와 맥락을 연결짓는 과정에서 해석을 개입시키면서 총체적인 문화적 자화상을 그려내게 되는데, 바로 이런 점에서 모든 문화기술지 연구는 에믹과 에틱의 연속선상의 어느 지점인가에 위치해 있다.

(4) 이론적 연관성

일반적으로 문화기술지는 인과관계나 보편법칙의 탐구보다는 문화에 대한 서술을 목표로 하기 때문에 '이론'과는 거리가 있어 보인다. 그러나 문화기술지가 이론적 연관성을 가진다는 것은 근거이론에서처럼 이론을 개발한다는 의미는 아니다. 문화기술지가 이론적 연관성을 가진다는 의미는, 문화기술지 연구가 사회학이나 인류학 등의 이론을 이용하고, 문화기술지 연구의 산물이 문화에 대한 이론적 함의을 가진다는 뜻이다. 새로운 개념이 연구결과에서 나온다든가, 흥미 있는 개념이나 이론을 다시 생각하게 하고 재구성하게 돕는 것이 그 예이다(Boyle, 1994; 스튜어트, 2009).

예를 들어, 노동자 계급 청소년들이 자본주의하에서 노동이 어떻게 문화적 경험으로 구성되는지를 규명한 폴 윌리스(2004)는 권위에 대항하는 노동계급 청소년들의 "저항문화"를 제시하였다. 여기서 그는 기존의 저항문화의 개념과, 자신의 연구에서 나온 다양한 지표를 연결하여 노동계급 청소년들이 거부하는 권위라는 것이 무엇인지를 제시함으로써, 권위와 저항문화에 대한 대안적 해석을 내놓았다(Hammersely, 2008). 이처럼 폴 윌리스의 노동계급 청소년에 대한 문화기술지 연구는 다양한 이론적 함의를 내포하고 있다. 문화기술지의 연구결과는 서술의 형태로 표현되지만, 그 연구결과가 기존의 이론을 보완하거나 수정하거나 혹은 대체하는 등의 이론적 연관성을 가질 수 있다. 따라서 문화기술과 같은 서술적 연구를 통해서도 이론적 논의에 접근할 수 있다.

2) 문화기술지의 분화와 확장

문화기술지는 시간이 지나면서 분화, 확장되고 있다. 어떤 한 문화에 대한 전반적 탐구에서 특정 집단이 공유한 경험에 대한 해석으로 옮겨가고 있다. 가장 전통적인 문화기술지는 고전적 문화기술지(classical ethnography)이다. 이는 해당 지역에 장기체류하면서, 참여하고 관찰하고 기록하고 인터뷰하여, 그 사회의 문화요소 전반에 대한 총체적 기술을 목적으로 한다. 그러나 고전적 문화기술지에 대한 비판에서 시작된 문화기술지의 분화는 다양한 형태의 문화기술지들을 탄생시키고 있다.

예를 들어, 해석적 문화기술지(interpretive ethnography)[2], 비판적 문화기술지(critical ethnography)[3], 제도적 문화기술지(institutional ethnography)[4], 여성주의 문화기술지(feminist ethnography)[5], 조직적 문화기술지(organizational ethnography)[6], 그리고 최근에는 자기 문화기술지(auto ethnography)[7]에 이르기까지 문화기술지 용어 앞에 붙는 수식어들이

---

2) 해석적 문화기술지는 해석주의와 구성주의 인식론을 기반으로 사회현실을 개인 행위와 사회구조 사이의 지속적 상호작용 속에서 구성된다고 보고, 여러 개의 목소리와 여러 개의 해석의 가능성에 주의를 기울인다.

3) 비판적 문화기술지는 문화의 구조와 내용이 어떤 사람들에게는 고역스럽고, 잔인하고, 부족하다는 전제에서 진행된다. 즉, 우리의 문화는 상식 속에 우리를 빠뜨리고 있고, 여럿으로 조각난 현실세계는 규범이나 조직의 규칙, 제도적 패턴, 이념적 개념에 조화되도록 그리고 일치하도록 하는 다양한 기제들이 포함되어 있다고 본다. 따라서, 비판적 문화기술지는 문화탐구의 전통적 논리에 대해 전복적인 세계관을 적용하는 하나의 방식이다. 그렇다고 비판문화기술지가 전통적 문화기술지를 반대하는 입장에 있지는 않다. 그보다는 지식, 사회, 정치적 행동 간 관계에 대해 좀 더 직접적인 사고방식을 견지한다(Thomas, 1993: 1-3).

4) 제도적 문화기술지는 사람들의 일상이 일상 너머의 제도적 관계들과 얽혀 있고 그것은 지배관계를 이룬다는 전제하에 이 양자의 상호조정 양상을 문화기술지 방식으로 그려낸다. 제도적 문화기술지가 기존의 일반 문화기술지들과 다른 점은 사람들의 경험을 해석하지 않고 대신에 사람들의 '실제'(actuality)를 찾아 그 실제가 일상 너머의 제도적 관계들과 연관되는 사회적 조직화 과정을 그려준다(mapping)는 점이다(스미스, 2015).

5) 여성주의 문화기술지는 여성주의 인식론을 문화기술지와 결합함으로써 여성주의 입장에서 사람들의 경험을 문화기술지적으로 기술하고 해석한다.

6) 조직적 문화기술지는 조직과 조직의 과정에 대한 문화기술지적 연구이다. 조직적 문화기술지는 일상생활에서의 주관적 경험과 개인적 행위에 대한 정향을, 이들을 배태한 보다 넓은 사회적 세팅과 역사적, 제도적 역학과 결합한다. 사회과학의 구조(structure) 대 행위(agency) 논쟁처럼, 맥락분석과 행위중심 접근을 결합함으로써 그동안 조직연구의 문제로 지적된 '비정치적, 비역사적, 비맥락적, 비과정적인 것을 해결하고자 한다(Ybema, Yanow, Wels, & Kamsteeg, 2009).

7) 자기문화기술지는 개인의 깊은 경험에 초점을 두고 개인적인 것과 문화적인 것을 연관시킨다. 비록 연구자가 개인적 경험의 사회적, 문화적 측면인 외부와 자아를

계속 늘어나면서 문화기술지의 영역은 확장되고 있다. 이들 중에는 제도적 문화기술지처럼 독자적인 존재론적 기반과 방법들을 갖고 있는 경우도 있지만, 대개의 경우 일반적 문화기술지의 원리를 특정 탐구영역에 적용하는 정도이다.

문화기술지가 이렇게 다양하고 복잡하게 분화하는 핵심에는 두 가지 요소가 작동하고 있다. 하나는, '문화'를 무엇으로 볼 것인가 하는 것이다. '문화'의 개념이 포괄적이고 광대하며 분명한 경계를 갖고 있지 않다는 점을 고려하면, 이런 분화는 어쩌면 필연적이다. '문화'를 포착할 수 있는 경계와 초점을 어디에 둘 것인지, 어떠한 이유에서 그렇게 해야 하는 것인지, 그 지적 기반 여하에 따라 문화기술지는 다양한 형태로 분화하고 있다.

둘째는, '문화'를 어떤 관점으로 볼 것인가 하는 것이다. 문화기술지는 '문화'를 바라보고 이해하는 관점에 따라 구분될 수 있다. 내부자의 관점에서 무엇이 일어나고, 그것을 구성원이 어떻게 이해, 해석하는지를 알고자 하는 해석주의 전통 안에서 이루어지는 문화기술지와, 이런 해석주의 문화기술지의 비정치적, 비역사적 측면을 비판하는 비판주의 전통 안에서 이루어지는 문화기술지로 구분될 수 있다. 비판주의 전통에서 문화기술지는 "한 알의 모래알에서 세계를 보고"(Ybema, Yanow, Wels, & Kamsteeg, 2009: 7), 이해와 해석에 머무르지 않고 기존의 이념적, 제도적 장치를 폭로하고 변혁하는 도구이다. 이들은 문화기술지적 묘사가 문화를 비판하는 강력한 수단이 될 때

드러내는 내부 사이를 왔다 갔다 하기는 하지만 내부를 들여다보는 특성을 가진다. 자기문화기술지는 강력하게 개인경험에 초점을 두며, 관찰적이기보다는 자서전적이다. 이 '자기문화기술지'와 유사한 것으로 at-home ethnohraphy가 있다. 이는 연구자 개인의 깊은 경험보다 연구자를 둘러싸고 있는 자신의 문화적 맥락에 관심의 초점을 둔다. 연구자가 본 사회적 사건들에 대한 해석과 신중한 기록을 강조하며, 분석은 반드시 사건이나 경험의 개인적 의미나 주관적 측면보다는 개인이 깊이 관여하지 않은 현상을 강조한다(Alvesson, 2009: 7-9).

과학적이 될 수 있다고 본다(Thomas, 1993).

문화기술지의 이러한 분화와 확장 현상이 과연 바람직한 것인지에 대해서는 논란이 있다. 문화기술지 연구가 처음 시작된 인류학에서조차 아직 연구방법에 관한 규범들이 충분히 마련되어 있지 않기 때문이다(스튜어트, 2009: 2). 지나친 분화와 확장이 연구자들을 혼란에 빠뜨리고 실용성을 떨어뜨린다는 지적이 있는 반면, 문화기술지 방법의 비정형적 특성 때문에 이러한 확장이 연구의 지평을 확대시킬 수 있다고 보기도 한다.

예를 들어, Wolcott(1994: 24)는 문화기술지 연구에서 중요한 것은 자료에 대한 분석이 아니라 '상상력을 이용한 통찰력의 순간적 폭발'임을 강조하였다. 그는 문화기술지 방법의 규범들과 무관하게, 세계에 대한 인식과 전제 여하에 따라 다양한 문화기술지 연구가 가능하며, 결과적으로 세계에 대한 인식의 다양성을 확보해 줄 수 있다고 보았다.

3) 문화기술지와 사회복지 지식

문화기술지로 연구될 수 있는 사회복지 주제들은 다양하다. 문화기술지는 사회복지 서비스 대상의 속성을 연구하거나, 현장의 사회복지사들의 실천행위를 연구하거나 또는 사회복지실천의 거시적, 문화적 맥락을 연구하는 등 행위자의 경험을 그를 둘러싸고 있는 맥락과의 연관하에 '이해'하려 할 때 사용될 수 있다.

예를 들어, 거리 노숙인들 간의 유대가 어떻게 형성되어 가며 그 의미가 무엇인지(김진미, 서정화, 2006), 빈민과 노숙자를 위한 직업센터의 사회서비스 세계에서 사회복지사들이 어떻게 그들의 일을 형성하고 있는지(Hill, 2004)에 관한 연구는 노숙인과 이들을 위한 직업현장의 문화를 기술하고 설명해 냄으로써, 노숙인과 그 직업현장을 이해한 문화기술지 연구이다. 또한 중국 내 자살문제를 둘러싸고 벌어진 NGO 기관과 국가기관 간의 헤게모니 경합으로 인한 중국정부와 의약기업의 지형변화가, 정신질환자를 비정상적 의학치료의 대상으로 규정함으로써, 중국의 정신보건 문제가 자본주의 기업에 맡겨지는 결과를 가져왔다는 연구(이현정, 2011)도 행위자와 구조, 미시와 거시의 연결을 문화기술지로 이해하고 설명하였다.

이처럼 사회복지 연구에서 문화기술지 접근이 갖는 가장 큰 장점은 사람들의 경험, 행위, 사건이 어떻게 그렇게 되었는지를 보다 큰 맥락인 문화를 끌어들여 설명한다는 점이다. 예를 들어, 항우울제 처방을 받는 클라이언트들이 어떤 특정 전략을 사용하는 것으로 드러났다면, 어떻게 그러한 전략이 그들에게 수용되었는지, 왜 그러한 특정 패턴을 좇는지를 그들이 처한 문화적 맥락을 기반으로 설명하는 것이다(Hammersely, 2008). 그렇게 함으로써 사회복지의 인간 행위에 대한 핵심 관점인 "환경속의 인간"을 직접적으로 드러내 보여준다.

물론 양적연구도 미시 요인을 종속변수로, 거시 요인을 독립변수로 하여 미시적 차원의 개인의 경험을 거시적 변수로 설명할 수 있다. 그러나 이 경우 각 요인들은 조작화되고 변수화됨으로써 현실의 실재를 인위적으로 조각내고 잘라낸다. 그 결과, 복잡한 상태로 존재하는 현실의 디테일을 지나치게 단순화하고, 서사적 과정과 역동을 제거한다. 즉, 연구 속 행위자는 대상화되고, 맥락과 환경 속에서 살아 움직이는 행위자의 모습이 사라진다. 문화기술지 연구는 이러한 양적연구를 보완 혹은 대체한다. 사회복지 현상에 작동하는 이면의 문화적 맥락을 보다 구체적으로 보여줌으로써 사회복지 지식의 지평을 확장할 수 있다.

문화기술지 연구가 사회복지 지식과 관련해 의미를 갖는 또 다른 지점은 비판적 관점과 문화기술지의 결합에 있다. '비판적 문화기술지', '제도적 문화기술지'에서 보듯 문화기술지 연구는 사회현상을 단순히 해석하거나 기술하는 데 머무르지 않는다. 이들은 연구행위가 정치행위이고, 따라서 연구를 통해 억압과 불평등을 드러내고 사회세계를 변화시키려 한다. 기존의 익숙한 문화를 재해석하거나 알려지지 않은 낯선 문화를 탐색함으로써, 주류질서가 가진 문화의 편린들을 보여줌으로써 우리의 인식을 반성케 한다. 이 낯선 문화들 속에서는 공통의 근원적인 의미들이 내재되어 있다. 문화기술지의 이러한 특성들은 억압과 불평등을 드러내고 개선하려는 사회복지의 지향과 부합된다. 이처럼 문화기술지 연구는 사회복지 지식에 비판적 지식을 제공해 줌으로써 사회복지의 실천적 지향을 현실화하는 다양한 증거들을 제공해 준다.

3. 근거이론[8)]

1) 질적연구에서 근거이론의 위치

근거이론(grounded theory)은 1967년 글레이저(Glaser)와 스트라우스(Strauss)가 "질적분석의 전략"이라는 부제를 달고 출간한 『근거이론의 발견』(*The Discovery of Grounded Theory*)에서 유래한다. 근거이론은 이 두

---

8) 필자의 "근거이론의 분기: Glaser와 Strauss를 중심으로"(김인숙, 2011), "근거이론 담론과 사회복지 지식형성: 그 지형과 의미"(김인숙, 2012), "글레이저의 근거이론 방법"(『근거이론 분석의 기초: 글레이저의 방법』(김인숙·장혜경 옮김, 2014) 내 역자 해제)을 참조하여 재구성하였다. 좀 더 상세한 내용은 상기 논문을 참조하기 바란다.

사람이 자료분석과 이론개발을 묘사하기 위해 만들어낸 말이었다. 그들에 의하면, 이론개발은 가설연역적이 아니라 귀납적으로 이루어지고, 변수들 간의 관계를 검증함으로써가 아니라 범주와 범주들 간의 관계를 개발함으로써 이루어진다(West, 2001). 근거이론의 관심은 "이론 검증"이 아니라 "이론 생성"에 있었고, 사회적 환경과 맥락이 어떻게 사람들의 행동과 상호작용을 설명할 수 있는가에 있었다.

1967년 발간된 '근거이론의 발견'은 독창성이 풍부한 저작으로서 근거이론을 '세계적' 현상으로 만들었다. 이는 다양한 학문분야로 확장되었고, 미국과 캐나다를 비롯한 영국, 프랑스, 오스트리아, 아일랜드, 스웨덴, 핀란드에 퍼져갔다. 오늘날 질적연구에서 근거이론이 차지하는 위치와 영향은 심대하다. 이는 근거이론에 대한 평가와 묘사에서 단적으로 드러난다. 근거이론은 질적연구 시장의 리더이며, 압도적 인기와 엄청난 명성을 누리고 있고, 질적연구의 역사에서 혁명적인 것이라는 찬사가 그 예이다. 또한 사회과학에서 질적방법이 정당화되고 수용되는 데 가장 기여한 것으로 인정되고 있다. 아울러 질적연구 자체의 패러다임이 되어가고 있고, 오늘날 사회과학에서 가장 널리 사용되는 해석적 틀의 질적방법으로 불린다.

근거이론이 다른 질적연구방법과 구별되는 가장 뚜렷한 지점은 '이론개발'이라는 목적과 '연구방법'으로서의 완결성 때문이다(Walker and Myrick, 2006). 여기서 근거이론이 과연 이론을 개발하고 있느냐에 대해서는 이견이 분분하다. 대부분의 근거이론 연구들이 이론을 개발하기보다는 개념적 서술에 그치고 있다는 비판이 비등하기 때문이다. 이론을 검증하는 것이 아니라 이론을 개발 혹은 생성한다는 기치는 근거이론을 지식축적의 세계에서 독보적인 존재로 만들었지만, 연구결과들이 이를 보장하는지에 대해 의심의 시선을 보내고 있다.

이에 반해, 질적 분석을 위한 '방법'으로서의 근거이론은 보다 확고

한 위치를 점하고 있다. 연구방법은 연구자가 자료를 수집하고 분석하는 구체적인 기법과 절차이다. 이런 점에서 근거이론은 확실히 연구방법이다. 왜냐하면 근거이론의 방법은 자료를 수집하고 분석하기 위한 일련의 전략, 절차, 분석적 단계를 제시하고 있기 때문이다.

그래서 대부분의 근거이론 연구자들은 자료에서 이론을 만들어내는 것이 근거이론이고, 이를 위해 특정의 분석적 과정을 거쳐야 하는 것에 동의한다(Greckhamer and Koro-Ljungberg, 2005). 이 분석적 과정의 구체성과 완결성이야말로 다른 질적연구방법이 갖지 못한 근거이론의 강점이다. 근거이론에서 사용되는 분석의 방법적 전략들은 근거이론에 머물지 않고, 질적연구의 일반적 방법으로 확장되고 있다. 이처럼 근거이론은 구체적인 연구방법을 제안함으로써 질적연구 방법에서 독보적 위치를 차지하였다.

Layder(1993)는 근거이론의 이러한 독보적 위치를 '챔피언'에 비유하였다. 그러나 이 '챔피언'은 완결되지도 안정되어 있지도 확고하지도 않다. 근거이론 내의 개념적 불명료성과 변화하는 용어들 때문에 사용자들로부터 끊임없는 의문을 제기받고 있고, 보다 나은 근거이론 방법이 무엇인가를 놓고 긴장이 계속되고 있기 때문이다. 즉 근거이론이 정말 무엇이며, 어떻게 산출할 수 있는지 글레이저와 스트라우스 두 창안자 사이에서도 의견이 갈리었다.

어쨌든, 근거이론은 질적연구에서 압도적 인기와 명성을 누리면서 전 세계 질적연구 시장을 리드하고 있다. 근거이론 방법은 근거이론을 개발하고자 한 원래의 목적에 머물지 않는다. 이론 개발에 목적을 두지 않은 많은 질적 연구에서 분석방법으로도 사용되고 있다. 조금 과장하면, 근거이론 방법은 이제 질적분석의 일반적인 방법으로 여겨지고 있을 정도이다. 여기서는 근거이론의 특징과 진화를 통해 근거이론이 무엇이며, 어떻게 발전·변형되어 왔는지에 대해 살펴보고,

구체적인 분석방법에 대해서는 14장에서 다루기로 한다. 따라서 필요에 따라서는, 5장의 내용과 14장을 연결하여 읽는 것이 근거이론 방법을 이해하는 데 도움이 될 수 있다.

2) 근거이론의 특징

근거이론의 특징은 크게 세 가지로 구분할 수 있다. 근거이론은 첫째, 이론개발을 목적으로 하고, 둘째, 기본적 사회적 과정(Basic Social Process: BSP)을 그려내며, 셋째, 이를 위한 구체적인 방법적 절차를 제시한다.

(1) 이론 개발

글레이저와 스트라우스가 근거이론을 창안할 당시, 사회학은 사회학의 위대한 선구자들이 만들어 놓은 이론들을 '검증'을 통해 수정하고 재형성하는 데 몰두하고 있었다. 근거이론은 바로 사회학의 이러한 학문적 경향을 강하게 비판하면서 탄생하였다. 이들은 1967년 저서에서 사회학의 선구자들에 대해 "그들은 다중의 '프로레타리아적 검증자들(proletariat testers)'에게 '이론적 자본가(theoretical capitalist)'의 역할을 했다"(Glaser and Strauss, 1967: 10)고 비판하였다. 이처럼 근거이론의 탄생은 이론을 '검증'하려는 것이 아니라, 실체적 영역에 대한 이론을 '개발'하는 데 있었다.

이론을 개발하기 위한 근거이론은 검증이 아닌 발견을 목적으로 한다. 근거이론에서 발견의 핵심은 '출현(emergence)'이다. '출현'은 연구자가 인내심을 갖고 자료를 강제하지 않으면서 나타나기를 기다리는 것으로서, 귀납의 논리를 반영한다. 귀납은 자료 내 패턴으로부터 개념과 가설이 출현하는 것을 이해하는 것이다(Glaser, 1992). 즉, 근거이론의 목적은 자료부터 귀납하여 실체영역에 관한 이론을 발견하는 데 있다.

근거이론에서 늘 문제가 되는 것은 '이론'이다. 어떤 조건에서 어느 정도의 이론을 근거이론으로 보아야 하는지에 대한 기준이 모호하기 때문이다. 글레이저와 스트라우스는 '근거이론의 발견'(1967)에서 근거이론이 갖추어야 할 조건들을 유추하는데, 그것은 다음과 같다.

첫째, 이론의 형태이다. 근거이론이 제시하는 이론의 형태에 대해서는 명확히 합의된 것이 없다. 그러나 근거이론은 실체영역에 대한 '이론적 형식화'나 '개념적 가설'의 형태 혹은 '모델'의 형태로 제시되어야 한다(Glaser, 1992: 16; 스턴, 2011).

둘째, 추상성의 정도이다. 근거이론은 이론의 한 형태인 만큼 추상성을 담보하는 것이 중요하다. 이 문제는 근거이론의 결과가 개념적 서술(conceptional description)인가 이론인가의 차이에 관한 논란을 불러일으킨다. 개념적 서술은 실체영역에서 일어나는 행동의 전 범위를 서술하지만, 근거이론은 실체영역에서 일어나는 행동의 변이를 설명하고 해석한다(Glaser, 1992).

이와 관련해 한 가지 주목할 것은, 산출된 대부분의 근거이론 연구들이 국내외를 막론하고, 개념적 서술에 머무르고 있어 이론으로서의 추상성을 결여하고 있다는 비판이다. 그러면 왜 이론적 추상성을 높이는 데 실패하는가? 그것은 근거이론의 적용과정에서 이론적 표집을 하지 않거나 이론적 민감성을 중심으로 추상적 사고를 하지 않았기 때문이다. 글레이저와 스트라우스(1967)에 의하면 근거이론 연구자의 역할과 문화기술지 연구자의 역할은 전혀 다르다. 문화기술지 연구자가 해당 집단에 대한 충분한 자료를 수집한다면, 근거이론을 개발하려는 연구자는 '이론적으로 관련된 자료를 적극적으로 표집하는 사람'

이다(Layder, 1993).

셋째, 맥락과의 연관성이다. 근거이론의 전제는 지식은 정태적이지 않고, 사람은 늘 변화하며, 맥락은 인간의 목적과 사회심리적 과정을 촉진하거나 혹은 방해하면서 영향을 미친다는 것이다. 근거이론은 '과정으로서의 이론(theory as process)'을 강조하는데, 이는 사회적 상호작용과 그것의 구조적 맥락의 현실을 잘 보여주어야 한다. 이처럼 근거이론의 핵심은 연구되는 현상의 '맥락'과 관련해 이론을 개발하고 창출하는 것이다.

넷째, 이론체계에의 축적과 연관이다. 근거이론이 실체이론으로서의 위상을 갖기 위해서는 기존 이론체계의 축적에 기여해야 한다. 근거이론의 이론은 보편법칙으로서의 이론이 아니라, 축적적이고 변화 가능한 것이다. 즉 근거이론 방법을 통해 도출된 이론은 기존의 이론적 논의를 확장하고, 보완하고, 수정하는 역할을 할 수 있어야 한다. 또한 산출된 근거이론도 잠정적인 것이고, 앞으로 수정되고 확장될 수 있다고 보아야 한다. 따라서 산출된 근거이론은 다른 근거이론들에 확장되고 연계되어 이론체계를 축적해야 한다. 만일 산출된 근거이론들이 축적과 확장에 기여하지 못하고 다른 이론과 고립되어 있을 경우, 그것은 "소문만 무성한 작은 섬"으로 전락될 수 있다(Layder, 1993).

(2) 기본적 사회적 과정

일반적으로 근거이론에서 과정은 '기본적 사회적 과정(Basic Social Process: BSP)'으로 불린다. 기본적 사회적 과정은 연구참여자들이 경험하는 중심문제에 대한 대응 과정이다. 예를 들어, 근거이론은 노인들이 배우자 상실에 어떻게 대응하는지, 빈곤대물림 가족의 청소년들이 빈곤에 어떻게 대응하는지 그 기본적 사회적 과정을 이론적 형태로 그려낸다. 근거이론의 목표는 이 '기본적 사회적 과정'과, 그 과정의 변이를 만들어내는 상호작용의 다중성을 이해하는 데 있다. 즉, 근거이론 연구자의 주된 관심은 상황의 맥락적 특징들이 어떻게 기본적 사회적 과정의 방향과 형태에 관여하는가에 있다.

근거이론에서 '기본적 사회적 과정'은 두 가지 유형으로 구분된다. 하나는 기본적 사회심리적 과정(Basic Social Psychological Process: BSPP)이다. 이는 특정 상황에 처한 사람들의 행동을 이해하는 데 초점을 둔다. 며느리에 의한 노인학대 과정(김미혜 외, 2007)이나 복지수급 여성이 독립을 성취하는 과정(King, 1992)이 그 예이다. 다른 하나는, 기본적 사회구조적 과정(Basic Social Structural Process: BSSP)이다. 예를 들어, 건강식품점이 성장, 확대되는 과정(Glaser, 1978)이나 사회복지조직의 관료화 과정에 관한 연구가 그 예이다. 어떤 연구이든 '기본적 사회심리적 과정'을 강조할 수도 있고 또는 '기본적 사회구조적 과정'을 강조할 수도 있으며, 또 어떤 연구에서는 이 둘의 혼합을 강조할 수도 있다.

많은 근거이론 연구자들에 의하면, 근거이론방법은 사람들이 경험하는 현상이나 문제에 대한 대응의 '과정'을 그려낸다. 여기서 사회세계를 과정으로 보는 것에는 사회세계가 정적으로 구조화되어 있기보다, 시간의 변화에 따라 동적으로 변화한다는 전제가 깔려 있다. '과정'은 질적연구의 주된 관심 영역중의 하나이다.

그런데 이 '과정'에 대해서 두 가지 점을 고려할 필요가 있다. 하나는, 과정은 인과관계를 함축하고 있다는 점이다(모스, 2003). 이때 인과관계는 '인과적 일반화'는 아니다. 그것은 과정 안에서 일어나는 연속적인 어떤 움직임 즉 '인과적 기제'를 말한다. 다른 하나는, 과정의 단계를 어떻게 볼 것인가 하는 것이다. 스트라우스와 코빈은 점진적,

비점진적 움직임 모두를 과정으로 보았으나, 글레이저는 과정에 대해 좀 더 명확한 입장을 표명했다. 그에 의하면 과정은 두 단계 이상으로 이루어져야 한다. 단계가 없으면 그것은 '기본적 사회적 과정'이 아니며, 각 단계와 다른 단계간의 관계가 설명되어야 한다(Glaser, 1978: 97-99).

'기본적 사회적 과정'은 몇 가지 속성을 갖는다. 첫째, 모든 사람이 동일한 방식으로 과정을 경험하지 않고 사람마다 경험이 다양함을 인정한다. 그러나 이런 다양성과 상관없이 사람들은 공통적이고 핵심적 과정을 경험하며, 이를 이론적으로 설명해 낼 수 있다고 전제한다. 둘째, '기본적 사회적 과정'은 그것이 일어나는 장 혹은 단위가 다양하지만, 이들 장이나 단위가 가진 특성을 초월해 구성되도록 해야 한다. 셋째, '기본적 사회적 과정'은 시간의 변화를 설명할 수 있어야 한다(Glaser, 1978).

그러나 근거이론이 목표로 하는 사회현상의 모습에 대한 이견도 있다. 이 입장에서는 기본적 사회적 과정이 중요하기는 하지만, 그렇다고 이론이 기본적 사회적 과정의 형태로만 제시되는 것은 아니라는 점을 강조한다. 근거이론이 그려내는 이론의 모습은 기본적 사회적 과정을 넘어 모든 현상에 질문을 던져야 한다는 것이다. 즉 근거이론은 '과정'을 넘어서 '과정' 이외의 다른 것으로도 드러날 수 있고, 이론이 과정의 형태만이 아닌 좀 더 다양한 형태로 제시될 수 있다는 것이다(Glaser, 1978).

(3) 방법적 절차의 구체성

근거이론은 이론 개발이라는 목적 외에도, 방법적 절차와 기법의 구체성 때문에 독보적 위치에 있다. 다른 어떤 질적 접근방법보다 자료를 분석하기 위한 독창적이며 체계적이고 구체적인 방법과 전략을 제시하였다. 이미 개방코딩이나 축코딩, 선택코딩과 같은 용어는 근거이론의 영역을 넘어 질적연구 전반에서 분석방법으로 사용되고 있다. 근거이론에는 이러한 코딩 방법 외에도 이론을 개발하는 데 필요한 다양하고 독특한 방법과 개념들이 포함되어 있다. 지속적 비교방법(constant comparison method)이라든가, 이론적 표집(theoretical sampling), 이론적 민감성(theoretical sensitivity)이 그것이다.

이러한 구체적 전략과 방법들은 다른 질적접근과 근거이론을 차별화시키면서, 질적연구에 대한 연구자들의 접근성을 높였다. 방대한 자료들을 분석해야 하는 연구자의 입장에서 볼 때, 절차상의 구체적 방법들은 연구자를 안내해주는 지침이다. 많은 연구자들은 질적 분석을 위해 근거이론의 방법들에 의지했고, 근거이론은 이론개발이라는 원래의 목적을 넘어 질적분석의 일반적 방법으로 확대되어 사용되고 있다. 글레이저와 스트라우스의 애초의 의도와는 달리, 근거이론이 가진 방법적 절차상의 구체성은 오늘날 근거이론을 질적분석의 대표적인 방법으로 만드는 데 결정적으로 기여하였다.

3) 근거이론 방법의 분열과 진화

(1) 근거이론 방법의 분열

근거이론의 창안자인 글레이저와 스트라우스는 『근거이론의 발견』을 출간한 지 20년이 되면서 분열이 가시화되기 시작하였다. 1972년 이후로 이들의 공동저작을 찾아보기 어렵다. 각자가 각자의 근거이론을 진전시켜 나갔다고밖에 볼 수 없다. 『근거이론의 발견』 이후 글레이저는 『이론적 민감성』(1978)을 통해 근거이론 생성을 돕기 위한 절차와 방법을 구체화하였다. 이 책은 1967년 『근거이론의 발견』을 기반으로 원작의 내용을 충실히 진전시켰다는 평가를 받았다.

문제가 된 것은 1987년부터이다. 1987년에 스트라우스는 원본에 중대한 변화를 꾀한 『사회과학자의 질적분석』을 출간했다. 이어 스트라우스와 코빈(Corbin)은 1990년에 『질적연구의 기초』(*Basics of Qualitative Research*)를 출간하였는데(1998년에 2판, 스트라우스의 사망 이후인 2008년에 3판이 출간됨), 이것이 원작의 한 당사자인 글레이저를 자극하였다. 글레이저와 스트라우스의 분열이 가시화된 것은 글레이저가 1992년 『근거이론 분석의 기초』(김인숙 · 장혜경 옮김, 2014) 출간을 통해 스트라우스의 저작(1990)에 대한 강한 반론을 제기하면서부터였다.

글레이저는 이 책의 서문에서 스트라우스의 "질적연구의 기초"를 격하게 비판한다. 그는 스트라우스의 저작이 근거이론이라는 이름을 빌려 지난 60년간 질적연구자들이 해왔던 강제적이고 온전히 개념적인 서술(forced full conceptual description)에 그치는 연구방법을 마치 새로운 방법인 양 소개하고 있다고 비난한다. 글레이저에게 스트라우스의 저작은 새로운 용어로 포장된 구식 방법에 불과하였다. 그는 스트라우스와 코빈의 저작이 근거이론을 왜곡하고 있고 잘못 이해하고 있으며, 근거이론의 중요 개념을 부인하고 있다고 보았다. 따라서 스트라우스의 저작은 근거이론이 아니라 다른 방법론에 대해 이야기하는 것이고 그래서 그것을 근거이론이라고 부를 이유가 없다고 하였다 (Glaser, 1992: 3-5).

글레이저와 스트라우스 분열의 핵심은 근거이론의 존재론적, 인식론적 측면보다 방법적인 것에 있었다. 글레이저는 스트라우스 방법 속에는 1967년 원작에서 강조한 '발견'과 '출현'의 논리가 아니라 '검증'과 '강제'의 논리가 지배한다고 비판하였다. 그는 스트라우스가 원래의 공동저작을 무시하고, 근거이론과 아무 상관없는 검증모델을 제안했으며, 이는 단연코 출현과 지속적 비교방법을 사용하는 이론생성 모델이 아니라고 반박하였다.

근거이론의 방법을 두고 벌어진 글레이저와 스트라우스 분열의 지점들은 그 스펙트럼이 넓고 수위도 다양하다. 이들은 동일한 용어와 언어를 사용했지만 그 내포나 함축 그리고 구체적 방법에서는 전혀 달랐다(김인숙, 2011). 그러나 가장 핵심적인 것은 '기본적 사회적 과정' 도출을 위한 방법들에 집중되어 있었다. 근거이론을 산출하기 위해 사용되는 주요 방법들은 지속적 비교, 이론적 표집, 코딩방법(개방, 축, 선택, 이론적 코딩), 메모이다. 글레이저가 코딩방법보다 지속적 비교방법과 이론적 표집의 중요성을 더 강조했다면, 스트라우스는 코딩방법을 지속적 비교방법보다 우위에 두었다(Walker and Myrick, 2006). 또한 핵심범주와 기본적 사회적 과정을 도출하기 위한 코딩의 절차와 방법에서도 큰 차이를 보였다.

이 논란의 가장 핵심은 무엇이 진정한 근거이론이며, 근거이론을 산출하기 위해서는 어떤 원리와 방법, 절차를 따라야 하는지 하는 것이었다. 글레이저와 스트라우스의 분열에 대한 후학들의 반응은 다양했다. 글레이저와 스트라우스가 근거이론을 개발한 당시의 의도에서 벗어나지 말아야 한다는 원칙론적 입장에서부터, 1967년의 원작에 충실한 글레이저의 기여를 좀 더 인정하는 입장과, 스트라우스의 기여를 좀 더 인정하는 입장, 그리고 양쪽의 한계와 기여를 동시에 인정하는 입장으로 갈리었다.

글레이저와 스트라우스의 분열을 놓고 벌어지는 이러한 입장의 분열은 근거이론 연구자들을 글레이저주의자와 스트라우스주의자로 갈라지게 만들었다. 그러나 근거이론연구자들은 아직도 이 두 사람의 분열이 내포하는 방법론상의 함의에 대해 확신보다는 혼란 상태에 있다. 예를 들어, 레니(Rennie, 1998)는 글레이저와 스트라우스의 방법에 대한 혼란의 심정을 토로하였다. 그는 스트라우스가 명백히 가설검증을 근거이론에 결합하였고, 그의 가설 창출과 검증은 아주 지루하며, 그의 절차는 너무 이른 해석으로 이끌 수 있어 근거이론 원작에서 소중하게 다룬 '발견'을 달성할 수 있을지 의문이지만, 그렇다고 원작의 근거이론 방법으로 회귀하는 것이 과연 타당한지도 확신하기 쉽지 않다고 토로하였다.

그러나 근거이론의 분열은 글레이저보다는 스트라우스에게 더 많은 명성과 인기를 안겨주었다. 글레이저의 접근은 여러 지지자들에도 불구하고 스트라우스와 코빈의 것보다 덜 각광받고 있다. 물론 영국과 같이 어떤 지역에서는 글레이저의 저서 『이론적 민감성』이 근거이론을 진전시키는 데 기여했음이 잘 알려져 있는 곳도 있다. 그러나 글레이저의 저작들을 아는 사람은 소수이고, 스트라우스와 코빈의 인용은 증가하고 있다. 즉 근거이론은 글레이저와 스트라우스의 저작이지만, 스트라우스와 코빈의 텍스트와 동의어로 사용되고 있다. 심지어 더 나아가 스트라우스의 근거이론 방법은 근거이론을 떠나 일반적인 질적분석의 패러다임으로 진전되고 있다.

근거이론을 두고 벌어진 이 둘 간의 논쟁과 분열은 질적연구방법에서 가장 많이 논란이 되고 논쟁적인 것으로 여겨진다. 스트라우스의 죽음으로 논쟁을 둘러싼 격한 분위기는 누그러졌지만, 논쟁의 유산은 근거이론 방법으로 질적연구를 하려는 현재와 미래의 연구자들에게 그대로 남겨져 있다. 예를 들어, 국외의 경우, 어떤 이는 1967년 글레이저와 스트라우스의 저작에 의존하고, 또 어떤 이는 글레이저의 저작(1978; 1992)에 기대며, 또 다른 어떤 이는 스트라우스와 코빈의 저작(1990; 1998; 2008)에 의존해 근거이론 작업을 해 나간다. 그러나 여전히 누구의 저작에 기대어 연구를 진행할지에 대해서는 연구자들 사이에 혼란이 있다.

(2) 근거이론 방법의 진화: 수정과 확장

글레이저와 스트라우스 사이의 분열이 근거이론 논쟁의 제1국면이라고 한다면, 근거이론의 수정과 확장 논의는 근거이론 논쟁의 제2국면이라고 할 수 있다. 제1국면이 근거이론의 방법적 측면을 중심으로 일어났다면, 제2국면은 근거이론에 대한 인식론적 관심에서 시작되었다. 여기서 인식론적 관심이란 근거이론의 인식론을 재해석하는 것과 다른 인식론과의 통합 가능성을 포함한다. 즉 근거이론 방법은 인식론적 재해석과 다른 인식론과의 통합 가능성을 모색하는 방향으로 진화되고 있다.

〈1〉 근거이론에 대한 인식론적 '재해석'

근거이론에 대한 '인식론적 재해석'은 논자에 따라 다양하다. 그러나 논의의 핵심은 근거이론이 과연 해석적 방법인가 하는 데 있다. 논의 구도를 아주 단순화해 보자면 근거이론은 해석주의로 볼 수 없다는 입장과, 해석주의로 볼 수 있다는 입장, 그리고 제3의 입장으로 갈린다. 해석적 방법으로 볼 수 없다는 입장에는 샤마즈(Charmaz, 2000)가, 해석적 방법으로 볼 수 있다는 입장에는 래니(Rennie, 1998)가 대표적이다.

① 근거이론은 해석주의로 볼 수 없다

근거이론에 대한 인식론적 비판의 포문을 연 사람은 Reason and Rowan(1981)이었다. 이들은 근거이론을 협력적, 반성적 탐구 철학에 뿌리를 두지 않은 "구식 패러다임"으로 규정하였다. 근거이론은 객관적 현실을 전제하며, 분석은 규칙을 쫓고 있고, 연구과정을 비반성적 객관주의에 묶어둔다는 것이다(West, 2001, 127쪽에서 재인용). 그러나 스턴(2011)은 글레이저와 스트라우스의 근거이론이 실증주의에 기반한다는 비판들에 대해 동정적인 견해를 피력하였다. 1967년 근거이론 원작을 출판하게 된 동기가 사실은 실증주의 사회학자들에게 자료 접근의 또 다른 방법이 있다는 것을 이해시키려 한 데 있었기 때문이다.

근거이론을 실증주의적 패러다임으로 비판한 논자들 중에서 새로운 인식론에 기반한 대안적 근거이론을 정식화한 것은 샤머즈(Charmaz, 2000; 2006)였다. 그녀는 근거이론이 해석적이라는 스트라우스의 노선에 동의하지만, 그의 방법론이 너무 실증주의적이라고 비판하면서 '구성주의 근거이론(constructivist grounded theory)'이라는 자신만의 방법을 진척시켰다.

구성주의 근거이론의 핵심은 연구자를 참여자의 경험을 객관적으로 분석하는 사람이 아니라, 연구자와 참여자를 파트너로 위치시켜야 한다는 데 있었다. 전통적 근거이론에서는 자료가 의미구성을 통제하고 지식도 자료에 근거해 출현하지만, 구성주의 근거이론에서는 연구자가 의미구성을 통제한다(Greckhamer and Koro-Ljungberg, 2005). 따라서 지식은 연구자와 연구참여자 간의 상호적 창조로 이루어지며, 이는 글쓰기 과정에서 연구참여자의 이야기를 어떻게 표현할지에 대한 관심으로 이어진다(Mills, Bonner and Francis, 2006).

그러나 '구성주의 근거이론'에 대한 비판도 만만치 않다. 우선, 근거이론의 창안자인 글레이저(2002)는 샤마즈의 '구성주의'는 부적절한 명칭이고, 서술적 포착을 위해 근거이론을 리모델하고 있어서 그녀의 근거이론 개조는 틀렸다고 비판하였다. 특히 샤마즈는 근거이론의 초점이 잠재적 패턴을 개념화하는 데 있다는 점을 잊고 있다고 하면서, 강제를 정당화하고, 연구자로 하여금 자료구성의 일부가 되라고 하는데, 이는 추상화의 요소를 무시하고 근거이론을 개조하는 것이라고 비판하였다.

글레이저(2002)가 보기에 구성주의 근거이론의 논지는 이미 원작의 근거이론에 드러나 있는 작은 부분에 불과하였다. 글레이저 외에도, '구성주의 근거이론'은 객관주의처럼 보이고(Greckhamer and Koro-Ljungberg, 2005), 정작 근거이론의 개발과정을 보여주지 못했다(Stebbins, 2006)는 비판을 받고 있다.

② 근거이론은 해석주의 접근이다

반면 리카드슨(Ricardson, 1999)과 래니(Rennie, 2000)는 근거이론이 해석적 전통의 연구접근임을 분명히 했다. 이들은 근거이론은 상징적 상호작용주의에서 나온 해석적 전통의 연구접근 중의 하나로 보았다. 심지어, 리카드슨은 근거이론을 현상학 안에 위치시키기도 하였다. 래니는 근거이론이 실증주의와는 전혀 다른 해석적 접근으로서 "방법적 해석학"(methodical hermemutics)으로 볼 수 있다고 하였고, 더 나아가 근거이론이 실증주의 패러다임으로 불리는 것에 대해 저항해야 한다고까지 말하였다.[9)]

③ 근거이론은 구조적 맥락을 결여하고 있다

근거이론에 대한 제3의 입장은 또 다른 차원의 인식론적 재해석으로 볼 수 있다. 즉 앞의 두 입장이 지식을 어떻게 획득할 수 있는가의 고전적 인식론적 차원의 논의라면, 제3의 입장은 사회에 대한 인식론, 즉 사회인식론적 차원이라고 볼 수 있다. 이 입장으로 분류될 수 있는 Schatzman(1991)과 Layder(1993)가 가진 공통된 문제의식은 (비록 제한적이기는 해도) 근거이론이 사회의 '구조적', '거시적' 측면을

---

9) 근거이론에 대한 인식론적 재해석에서 근거이론방법이 실증과 해석의 두 측면을 모두 갖고 있다고 보는 연구자들도 있다. 근거이론에는 객관주의의 인식론이 우세하지만 주관주의도 갖고 있다거나(Lomborg and Kirkevold, 2003), 모더니스트와 포스트모더니스트의 전통이 결합되어 있다거나(맥도날드, 2003), 또는 후실증주의 전통에 속한 해석적 스타일의 연구접근이라는 주장(Denzin and Lincoln, 1994)이 그것이다.

반영하지 못한다는 것이다.

특히, Layder(1993)는 질적연구의 핵심은 사회구조와 행동이 서로 얽혀 짜여져 있음을 이해하는 데 있다고 보았다. 그는 근거이론이 '구조'를 언급하기는 하지만 행동의 거시적 맥락보다는 좁은 범위의 직접적 환경에 국한하고 있으며, 구조보다는 관찰 가능한 것만 주목하고, 일상에 존재하는 파워의 개념을 도외시하였다고 비판한다. 그에 의하면, 근거이론은 상호작용의 미시세계에 대한 관심만큼 거시현상을 포괄할 수 있도록 확장되고 수정되어야 한다.

〈2〉 근거이론의 인식론적 '통합'

근거이론 담론의 제2국면의 또 다른 현상은 다른 인식론들과 근거이론의 통합가능성을 모색해 보려는 시도이다. 현재까지 이러한 모색을 시도한 대표적인 예는 여성주의, 해석학, 비판이론이다.

Wuest(1995)는 근거이론과 여성주의 인식론의 공통점을 들어 여성주의 탐구와 근거이론 접근이 양자를 침해하지 않으면서 통합될 수 있다고 했다. 여성주의에는 여성주의 탐구라는 인식론적 함의를 가진 방법적 특징들이 있을 뿐 '여성주의 방법론'은 없다.

이런 상황에서 근거이론이 인식론적으로 여성주의와 공통적 기반을 가지고 있다면 근거이론은 여성주의 연구를 위한 방법으로 활용할 수 있다는 것이다. 물론 Wuest(1995)는 여성주의를 근거이론에 적용함으로써 긴장이 발생하는 부분도 있음을 시인한다. 그러나 두 전통이 서로 존중될 수 있는 방법으로서 "반영성(reflexivity)"을 고려한다면 여성주의와 근거이론의 통합이 가능하다고 보았다. 이처럼 만일 연구자가 여성주의 관점에 근거해 연구해 나간다면 근거이론은 여성주의 방법과 여성주의 방법론으로 간주될 수 있다.

근거이론은 해석학과의 통합 가능성도 가지고 있다. 이를 분석적으로 보여준 사람은 '방법적 해석학'으로 알려진 Rennie(2000; 2006)이다. 래니는 근거이론이 정말로 해석학적이라는 점을 피력하였다. 근거이론에서 해석적 측면, 해석학의 요소를 발견한 것은 래니만은 아니다. 스트라우스와 코빈(1990)도 근거이론방법을 해석적인 것으로 보았고, Goulding(1998)도 근거이론은 해석주의와 통한다고 하였다.

또한 근거이론은 비판이론(critical theory)의 하나라고 주장되기도 한다(Stevens, 1989). 비판이론은 사회현상은 그 현상이 위치하고 있는 역사, 구조적 맥락과의 연관 없이 이해될 수 없다고 믿는다. 그래서 사회의 억압과 지배의 모습을 드러내 보여주고 변화를 위해 체계를 비판한다. 특히 사회의 은밀하게 은폐된 규칙과 전제를 설명해 억압적 이념의 베일을 벗기고 폭로하며, 강제된 지식과 행동을 가능하게 하는 조건들을 반성적으로 생각한다.

이러한 시도들은 근거이론의 이론적 배경과 인식론이 상징적 상호작용론에 있다는 널리 알려진 입장과는 차이가 있다. 이들은 근거이론을 상징적 상용작용주의라는 단일한 틀 속에 가두지 않으면서 다른 인식론과의 접합, 통합을 시도함으로써 근거이론의 활동 공간을 확장하였다. 또한 근거이론의 건강한 이론적 '무정부 상태' 즉 이론적 틀들 간의 소통을 촉진하고, 그 결과 혁신적 이론과 연구전략이 산출될 수 있는 가능성을 열어 놓고 있다. 더 나아가 근거이론이 "출현"과 "이론발전"만을 강조하고 기본적 사회적 과정에서 구조적 조건을 소홀히 다룸으로써 보수적 편견을 갖게 하는 데 기여했다는 비판으로부터도 한 걸음 비껴갈 수 있다.

그러나 여기서 한 가지 질문을 던질 수 있다. 근거이론의 인식론적 입장을 다른 인식론적 입장으로 바꾼다고 분석적 단계나 방법들이 얼마나 변화하며, 방법이나 분석절차가 다소 다르다고 인식론적으로 얼마나 다른 지식을 생산하는가 하는 것이다. 많은 연구자들 사이에서

이 문제는 상당히 회의적이다. 특히 인식론적 입장의 이동을 강조하면서 '구성주의 근거이론'을 정식화한 차머즈에 대해 그렇다. 인식론적 입장을 바꾸어 근거이론을 재형성했다고 해도, 그 방법적 절차와 단계는 큰 변화가 없을 뿐만 아니라, 그렇게 재형성된 방법으로 산출된 지식이 과연 인식론적으로 다른 지식이라고 보기 어렵다는 것이다.

앞으로 근거이론이 어디까지 확장되고 수정될지는 모르겠지만, 어떤 지식을 어떤 방법으로 산출해야 하는가라는 질문을 가진 연구자들에게 근거이론 방법은 앞으로도 계속 중요한 실마리이며, 고민의 화두로 작용할 것이다. 글레이저(1992)는 명확한 방식으로든 모호한 방식으로든 근거이론을 개조하지 말고 그대로 놔두라고 주장한다. 그리고 이것이야말로 자신의 유일한 주장이라고 말한다.

그러나 어떤 의미와 해석이 되었든, 글레이저의 바람과는 달리 근거이론은 앞으로도 계속 새롭게 해석되고, 수정되고, 확장될 것으로 보인다. 근거이론과 다른 연구방법과의 결합을 시도하는 것처럼, 이제 근거이론은 귀납적 이론개발에만 머물지 않고 좀 더 다양한 방식으로 변화를 꾀하고 있다. 이들은 질적연구의 시장기제 안에서 자율적으로 조정될 것이다. 그래서 어떤 수정안은 살아남을 것이고, 어떤 수정안은 사라지게 될 것이다.

4. 현상학적 연구

1) 현상학과 현상학적 연구

질적연구에서 현상학은 주로 질적연구의 한 접근방법인 현상학적 연구의 토대로 이해된다. 그러나 질적연구에서 현상학은 현상학적 연구의 토대이기도 하지만, 질적연구를 정당화해주는 강력한 철학적 근거이다. 현상학은 세계가 인간 경험과 무관하게 독립적으로 존재한다고 보지 않는다. 주관적인 경험도 경험된 대상들이나 사건들, 활동들과 독립적으로 존재하지 않는다. 현상학에서 주체와 대상은 별개이지만 항상 서로 엉켜 있고 결합되어 있다. 현상학은 이 엉켜 있음과 결합의 실재하는 모습을 보기 위해 인간의 의식에 주목한다. 현상학에서 인간의 모든 의식은 어떤 것에 대한 의식이므로, 현상학은 인간의 의식 속에서 실재를 찾는다. 인간의 의식 속에서 이루어지는 경험을 통해 세계가 무엇인지를 묻는다(크로티, 2001: 45-47).

이런 관점에서 세계는 수학적, 자연과학적 이성으로만 설명될 수 없다. 세계는 인간의 의식 속에서 형성되는 의미연관, 즉 의미의 세계를 탐구함으로써 설명될 수 있다. 의미에 대한 탐구를 통해 세계를 탐구하려는 이러한 사고는 자연적 인과관계가 아닌 의미 탐구, 즉 질적연구의 필요성을 정당화해 준다.

현상학에서 현상이란 인간의 의식으로 경험된 것, 예를 들면 배움, 고독, 상실감, 수치심, 수급자 됨, 엄마 됨 등과 같은 것으로, 현상학은 이들 현상의 구조를 밝히려 한다. 현상학은 인간 경험에는 공통된 본질이 있다고 전제하고, 가능한 개념적 전제를 벗어던지고 현상의 본질을 탐구한다. 현상의 본질을 연구한다는 것은 인간의 주관적 경험이 아니라, 인간경험의 대상인 현상 자체를 연구하는 것이다. 예를 들어, 수급자가 되면서 주관적으로 무엇을 경험하는가가 아니라, 수급자가 된다는 것이 무엇인가를 탐구한다.

많은 연구자들이 현상학적 연구에 접근하기를 어려워하는데, 그 이유는 현상학적 연구가 현상학이라는 철학적 개념들에 근거하기 때문이다. 현상학적 개념들을 이해하기가 쉬운 일이 아닐뿐더러, 현상학자들(예를 들면, 후설, 하이데거, 메를로퐁티) 간에도 차이가 있어 연구의 어려움은 더 가중된다.

그렇다고 현상학을 온전히 이해하는 능력이 있어야만 현상학적 연구를 할 수 있는 것은 아니다. 현상학이라는 철학영역에서 이루어지는 복잡한 논란을 비껴서서, 지금까지 질적연구자들 사이에서 공통적으로 모아진 개념들과 방법들에 기반해 현상학적 연구를 할 수 있다. 현상학의 여러 개념들이 질적연구 자체를 정당화해 주는 만큼, 질적연구의 공통적 특징들과 공통분모를 갖고 있기 때문이다. 물론 현상학에 대해 더 많이 안다면 현상학적 인식론에 기반한 충실한 연구를 할 가능성이 높아질 것이다.

그런데 현상학은 많은 학문분야에 엄청난 영향을 미쳤지만, 아직도 현상학 내 여러 개념들을 놓고 논란이 진행 중이다. 사회과학의 한 연구접근으로서 현상학적 연구도 이러한 철학적 논쟁의 틈바구니에 끼여 있다. 일례로, 현실에서 생산되는 많은 현상학적 연구들을 놓고 과연 그 연구들이 현상학에서 다루고 있는 '사태'와 '방법'에 근거한 것인지 혹은 무관한 것인지 논란이 벌어지고 있다.

2) 현상학적 연구의 가정과 질문

(1) 현상학적 연구의 가정: 공유된 경험 이면에는 객관적인 본질이 있다

현상학적 연구가 다른 질적 접근방법과 구별되는 것은 공유된 경험 이면에 본질이 있다고 가정하는 것이다. 여기서 본질이란 어떤 현상을 같이 경험한 결과 상호이해되는 공통의 의미를 말한다. 문화기술지가 사람들이 사는 세계에는 문화가 존재하고 중요하다는 전제를 가진 것과 마찬가지로, 현상학적 연구는 "본질"이라는 것을 가정한다

(Patton, 1990). 현상학적 연구는 인간이 의식으로 경험한 현상의 본질을 탐구한다.[10)]

현상학에서 본질은 다원적이고 지향성을 지닌다. 본질이 다원적이라는 것은 어떤 현상에 대한 인간의 경험의 본질이 단일하지 않다는 것을 의미한다. 예를 들어, 정신장애라는 현상을 경험하는 사람들의 경험 이면에 하나의 본질만이 존재하는 것이 아니라, 여러 본질이 존재할 수 있다는 것이다. 정신장애 현상을 경험하는 사람들은 "희망"(고문희, 2003)이라는 본질을 향하고 있기도 하지만, "자아를 모양새 짓는"(장혜경, 2006) 본질을 향하고 있기도 하다.

본질은 또한 지향성을 갖는다. 지향성은 현상학적 방법의 전제로서 존재론적 개념이다. 여기서 지향적이란 '의도적인' 것을 의미하지 않는다. 의식적인 행동이나 의도적인 활동을 말하는 것이 아니다(크로티, 2001: 47-48). 현상학에서 지향성은 주체가 "~을 향해 있음" 즉, 주체가 대상과 맺고 있는 의식적 관계이다. 인간의 모든 의식은 어떤 것에 대한 의식이다. 의식의 지향성은 의식이 어떤 지평들을 향하게 하고, 이들 지평들은 서로 연관되어 있어 그 연관 여하에 따라 '의미'가 형성된다. 예를 들어, '수급자가 됨'이라는 현상의 본질, 의미는 복지정책의 내용, 복지공무원의 태도, 비수급자들의 태도라는 지평들의 상호관계가 어떻게 배치되느냐에 따라 다르게 나타난다.

이처럼 지향성이 의미하는 것은 인간의 경험이 항상 그 자체 이면에 있는 어떤 것을 가리키고 있다는 뜻이다. 따라서 인간의 경험은 외부세계와 별도의 독립적인 영역이 아니다. 인간의 주관적인 경험은

---

10) 이와는 달리 이남인(2014)은 본질에 대한 탐구가 현상학적 연구이기는 하나, 그것은 현상학적 연구의 한 유형에 불과하다고 본다. 그는 현상학적 태도와 현상학적 환원을 사용하면 모두 현상학적 연구로 보았다. 그러나 질적연구 분야에서 이루어지는 거의 대부분의 현상학적 연구들은 현상의 본질에 관한 탐구를 현상학적 연구로 보고 있다.

경험된 대상들이나 사건, 활동들과 독립적으로 존재하지 않는다. 지향성은 본질적으로 나와 세계를 연결시킨다. 나는 세계와 별개로 정의될 수 없는 세계 내 존재이다. 그리고 주체와 세계는 별개이긴 하지만 서로 엉켜 있고, 근원적으로 상호의존되어 있다(크로티, 2001: 53, 183).

그러나 현상학적 관점은 인간의 주관적 의미에 대한 탐구에 있지 않다. 현상학적 사고의 본질은 어떤 대상의 주관적인 의미는 대상을 인식하는 주체들만큼이나 많지만, 그 이면에 그 대상 속에 객관적인 의미가 있다는 관점이다(이남인, 2014: 52). 즉, 현상학은 사람들의 생각이나 감정 등과 같은 주관적인 것이 아니라, 경험을 토대로 하여 주관적인 것 속에서 드러나는 객관적인 것, 실재적인 것에 관심이 있다. 예를 들어, 복지수급을 받는 사람들의 느낌이나 감정이 아니라 '복지수급을 받음'이라는 현상에 관심을 갖고, 이 현상의 객관적 의미, 즉 본질을 찾는다. 그래서 Spiegelberg의 표현을 빌자면, 현상학은 주관성에 대한 객관성의 승리이고, 주관성의 심장부에 객관성을 세운다(크로티, 2001: 35-40).

(2) 현상학적 연구에서 관심을 갖는 질문

그렇다면, 현상학적 연구에서 관심을 갖는 질문은 어떤 것인가? 현상학적 연구는 현상의 본질을 밝히려 한다. 따라서 현상학적 연구가 관심을 갖는 질문은 이 현상에 대한 사람들의 경험의 본질과 그 구조는 무엇인가 하는 것이다(Patton, 1990). 예를 들어, '수급자 됨'이라는 현상의 본질구조를 탐구한다는 것은, 복지급여나 서비스를 받는 사람들에게 수급자가 된다는 것이 무엇을 의미하며, 그것의 구성요소는 무엇이고, '수급자 됨'이 어떻게 나타나는지를 밝히는 것이다. 이처럼 현상학적 연구는 어떤 현상의 본질이 무엇이며, 현상을 지금의 상태로 만드는 것이 무엇이며, 그것이 어떻게 나타나는지를 밝히려 한다.

현상학적 연구는 특히 일상의 선입견이 배제된 "그 어떤 주관적인 의미로 채색되기 이전의 객관적인"(이남인, 2014: 66) 본질 탐구를 목적으로 한다. 이 본질은 일상적 의미로 그대로 드러나는 경험이 아니라, '선입견이 배제된 즉각적인 경험'의 의미를 말한다.[11] 일상의 선이해된 세속적 경험 그대로가 아니라, 현상에 대해 선이해되기 이전의 경험에 대한 보편적이고 객관적인 의미를 찾고자 한다.

따라서 현상학적 연구에서 중요한 관건은 바로 이 선이해되기 이전의, 주관적인 의미로 채색되기 이전의 경험들의 본질과, 그 본질이 나타나는 방식, 본질이 형태를 갖게 되는 방식을 어떻게 찾아내느냐 하는 데 있다. 즉, 무엇이 나타나는가가 아닌, 사물들이 나타나는 방식, 우리의 의식 속에서 형태를 갖게 되는 방식을 관찰한다(크로티, 2001: 36).

3) 본질을 발견하는 방법: 현상학적 환원과 현상학적 태도

(1) 살아 있는, 즉각적 경험으로 돌아가기

주관적 경험 이면의 객관적 의미(본질)를 발견하기 위해서 어떤 방법을 사용해야 하는가? 우리는 경험만을 알 수 있다. 그런데 우리의 일상적 경험들은 상식적 전제와 이념화된 지식들에 영향받는다. 따라서 일상적 경험들은 주관적 의미를 부여하면서 이루어진다. 현상학에서 탐구하려는 본질은 이렇게 자연적인 일상의 경험이 아니라 "살아

---

11) 그러나 이남인(2014:142)은 크로티가 '직접적이고 원초적인 경험'을 현상학적 연구가 해명해야 할 사태로 본 것에 대하여 그것은 현상학적 연구가 해명해야 할 무수히 다양한 사태 가운데 하나에 불과할 뿐 결코 유일한 사태가 아니라고 반박한다.

있는 경험(lived experiences)"이다. 여기서 살아 있는 경험이란 일상적 경험이 아닌, 주관적 의미가 부여되기 이전에 즉각적으로 주어진 직접적인 경험으로서, 추상적으로 도식화된 지식 이전의 세계를 말한다. 현상학에서 이 세계는 경험을 토대로 하여 객관적으로 실재하는 세계이다.

본질을 발견한다는 것은 사람들의 '살아 있는 경험들'의 공통적 의미를 찾는 것이다. 따라서 현상의 본질을 찾기 위해서는 살아 있는 즉각적인 경험으로 돌아가야 하며, 그러자면 이들을 가리고 있는, 일상적 경험을 덮고 있는 상식적이고 이념적인 스크린을 제거해야 한다. 즉, 숨겨져 있는 본질을 발견하기 위해서는 거기에 덧씌워진 베일을 벗기고 벌거숭이로 만들어야 한다(크로티, 2001: 58-61). 이 스크린을 제거하고 살아 있는, 즉각적인 경험으로 돌아가기 위해서는 현상학적 환원과 태도가 필요하다.

(2) 현상학적 환원: 판단중지를 통해 현상학적 태도로

현상학적 연구에서 현상학적이란 본질을 찾아내는 방법을 의미한다. 현상학적 연구에서 본질을 발견하는 방법은 "현상학적 환원"이다. 현상학적 환원 방법이야말로 어떤 연구를 현상학적 연구로 만들어준다. 동시에 현상학적 분석과 여타의 다른 질적분석을 구별해 주는 가장 중요한 기준도 '현상학적 환원'이다. 현상학적 환원의 방법으로 가장 잘 알려진 것은 후설의 판단중지와 본질직관이다. 어떤 연구가 현상학적 연구가 되려면 판단중지, 본질직관과 같은 '현상학적 환원'을 작동시켜야만 한다(이남인, 2014: 145).

현상학적 환원은 쉽게 말하면 태도변경이다. 태도에는 다양한 유형이 있다. 일상적인 생활태도인 자연적 태도에서부터 자연과학적 태도, 정치적 태도, 윤리적 태도 등 다양하다. 우리는 하나의 태도에 머물다가 다른 태도로 이행해 갈 수 있는데, 이것이 바로 태도변경, 현상학적 환원이다. 즉, 태도변경으로서의 현상학적 환원은 '~로부터 ~로의 환원'을 의미하며 방향성을 갖는다. 이 태도 여하에 따라 주체에게는 다른 세계가 출현한다. 현상학적 환원이 가지고 있는 공통점은 그것들이 모두 우리에게 나름의 방식으로 특정한 사태 영역을 개시해 주고, 그처럼 개시된 영역을 직시할 수 있게 해주는 방법적 절차라는 점이다(이남인, 2014: 145-159).

현상학적 환원의 한 방법인 '판단중지'는 현상학적 환원을 가능하게 하는 방법적 전단계이다. 판단중지는 이전 태도에 대해 무관심한 태도를 취하게 함으로써 새로운 태도를 통해 열리는 세계에 몰두할 수 있게 해준다. 판단중지의 과정에서 이전 태도는 배제되며 괄호치기 된다(이남인, 2014: 159-160).

앞서 언급했듯이, 현상학적 연구는 현상의 본질을 밝히기 위해 문화화되고 이념화된 일상적 경험 이전에 주어진 즉각적이고 직접적인 경험으로 돌아가야 한다. 이 직접적 경험으로 돌아가기 위해서는 일정의 태도변경, 즉 현상학적 환원이 요구된다. 이때 요구되는 태도변경은 '자연적 태도'에서 '현상학적 태도'로의 변경이다. 자연적 태도는 일상의 상식적 전제들과 선입견들에 의해 덧씌워진 자연스런 태도인데, 이 자연적 태도를 포기해야만 현상학적 태도로 나아갈 수 있다. 현상학적 태도는 자연적 태도의 일상적 가정들에 대한 괄호치기를 요한다.

자연적 태도에서 현상학적 태도로의 변경을 위해 상식세계의 일상의 개념들과 판단을 괄호치기 하는 것은 너무나 어려운 일처럼 들린다. 특히, 후설에게 있어 괄호치기는 본질적으로 일인칭의 자기반성 과정이다. 괄호치기가 일인칭의 자기반성 과정이라는 것은 다른 누군가를 괄호치기 한다거나 또는 다른 누군가의 자료를 괄호치기 한다는 것이 불가능함을 시사한다. 그러나 연구자들이 연구참여자들과의 상호주관적인 대면을 통해 연구참여자들이 괄호치기를 하도록 함으로써, 그들 자신의 즉각적인 경험과 접촉하도록 도와주는 것은 가능하다. 따라서 현상학적 연구자들은 자료수집 과정에서 연구참여자들이 괄호치기를 통해 즉각적이고 직접적인 살아 있는 경험에 접촉하도록 도와야 한다. 아울러 연구참여자들로부터 얻은 자료와 관련하여 연구자 스스로 자신이 가진 일상적 전제들과 선입견들을 괄호치기 해야 한다(크로티, 2001: 66-67).

(3) 현상학적 환원: 본질직관을 통해 현상학적 태도로

현상학적 환원의 또 다른 방법인 '본질직관'은 사실을 파악하기 위한 태도로부터 본질을 파악하기 위한 태도로의 전환을 의미한다. 후설에 의하면, 본질은 우리의 인식작용을 벗어나 초월적으로 존재하는 그 무엇, 즉 우리가 접근할 수 없는 그 무엇이 아니다. 후설에게 본질은 경험적 사물들과 마찬가지로 객관적으로 실재하기 때문에 우리에게 고유한 방식으로 경험될 수 있다. 이 객관적으로 실재하는 본질의 정체를 직관을 통해 파악하려는 것이 본질직관이다(이남인, 2014: 169-172).

본질직관을 위해서는 어떤 방법적 절차가 필요하다. 후설은 이를 "자유변경(free variation)"이라 불렀다. 자유변경은 어떤 본질의 정체를 파악하기 위해 그 본질을 구현하고 있는 어떤 개별적 대상으로부터 시작해, 이 개별적 대상과 유사한 무수히 많은 개별적 대상들을 상상 속에서 자유롭게 산출해가는 과정이다. 후설은 자유변경을 위해 세 단계를 제시했다. 첫째, 다양한 변경체를 만들어가면서 그것들을 모두 살펴나가는 과정, 둘째, 모든 변경체에 공통적인 요소를 통일적으로 연결하는 과정, 셋째, 차이점들을 배제하면서 공통적인 요소를 적극적으로 확인하며 직관하는 과정이다(이남인, 2014: 174-175).

예를 들어, 현상학적 연구자인 반 메넌은 자유변경을 토대로 하여 본질직관의 방법을 언급하였다. 그는 자유변경이란 연구자가 어떤 특정의 주제가 과연 본질적 주제인가를 확정하기 위해, 상상속에서 그 주제를 변경시켜보거나 그 일부를 빠뜨려 본 후, 과연 이러한 경우에도 그 체험이 동일하다고 불릴 수 있는지 확인해 가는 과정이라 하였다. 반 메넌은 심층면담이나 참여관찰 자료 외에도 문학작품이나 일기, 전기, 예술작품 등을 검토할 필요성이 있다고 하였는데, 이는 다양한 자료가 자유변경을 수월하게 해 줄 수 있기 때문이다(이남인, 2014: 179-180)(현상학적 분석방법의 특징에 대해서는 제10장 참조).

4) 현상학적 연구와 사회세계

현상학적 연구와 다른 질적 접근방법을 구분 짓는 가장 중요한 요소는 현상학적 환원이다. 현상학적 환원은 어떤 연구를 현상학적 연구로 만들어 준다. 현상학적 연구는 이 현상학적 환원을 통해 사람들의 일상적 경험 뒤에 숨겨져 있는 본질, 즉 공통의 의미를 찾아낸다. 현상학적 연구가 아닌 다른 접근방법들도 의미를 탐구한다. 그러나 현상학적 연구에서의 의미와 다른 접근방법에서의 의미는 다르다.

현상학적 연구에서 '의미'는 현상학적 환원을 통해 탐구되지만, 다른 접근방법에서 의미는 문화화된 방식을 통해 탐구된다. 다른 접근방법들은 사람들의 경험을 이해하기 위해 문화적 맥락 속에 숨겨져 있는 의미를 찾는다. 이때 의미는 현상학적 연구에서 찾는 의미, 즉 본질이 아니다. 둘 다 지평과 맥락 속에 숨어 있는 의미를 파악하지만, 현상학적 연구는 선이해되기 이전의 즉각적 경험으로 돌아가며, 다른 접근방법은 문화화된 방식을 통해 이해된 경험들에 주목한다.

인간이 문화 속에서 살고 문화와 더불어 형성된다는 점을 고려하면, 문화화된 방식을 통해 인간행위의 의미를 파악하는 것은 그것 자체로 매우 가치 있다. 문화는 우리에게 인간적인 방식을 경험하도록 하고, 전에는 보이지 않던 사물들을 우리에게 보이도록 해주는 렌즈 기능을 할 수 있기 때문이다. 그러나 현상학은 이러한 문화화된 일상적 의미를 잠시 제쳐두고 우리를 위해 나타나는 반성 이전의, 이해되기 이전의 즉각적인 현상에 스스로를 완전히 개방할 것을 요구한다. 즉, 현상학적 연구는 일상에서 문화적으로 유추된 의미들이 행사할 수 있는 영향력을 최소화한다. 이처럼 현상학적 연구에서 일상의 의미를 제쳐두고 그 이면의 의미를 찾는 것과, 다른 접근방법에서 일상의 의미를 탐구하는 것은 전혀 다른 것이다(크로티, 2001: 11-12).

우리는 이 차이 속에서 현상학적 연구가 갖는 함의를 찾을 수 있다. 즉, 현상학적 연구는 현재의 문화적 맥락 속에서 형성되어 우리에게 주어진 의미들을 비판하게 해준다. 우리가 일상의 삶 속에서 자명하다고 여기는 의미체계 전체가 보다 더 원초적인 사태영역에서 파생된 것이라는 사실을 보여준다. 따라서 현상학적 연구는 우리가 타인과 공유하면서 자명한 것으로 받아들이는 의미들의 원천인 즉각적이고 직접적인 경험으로 돌아가게 함으로써, 현재의 문화화된 의미들을 비판하게 해준다(크로티, 2001: 67-68).

예를 들어, 어떤 연구자가 문화기술지 접근방법을 선택해 수급자가 되는 경험에 대해 연구한다고 하자. 그는 수급자로서의 경험이 무엇이며, 그 경험을 그 경험으로 만든 맥락과 구조를 통해 수급자 경험의 의미를 파악할 수 있다. 연구 결과, 수급자가 된다는 것은 "자기배제"를 경험하는 의미이고, 다양한 문화적 사회적 맥락과 구조들이 이러한 자기 배제를 가져왔음을 알 수 있다. 그러나 수급자 됨의 현상에 대해 현상학적 연구로 접근할 경우, 연구자는 수급자가 된다는 현상의 본질이 "희망을 통해 자아를 비워냄"이라는 결과를 얻을 수 있다. 이때 "자기 배제"는 "희망을 통해 자아를 비워냄"으로부터 파생된 것으로 볼 수 있다.

후자가 수급자 됨의 원초적이고 즉각적인 경험이라면, 전자는 많은 문화적 의미망들의 관계 속에서 형성된 수급자들의 경험이다. 수급자가 된다는 것은 "희망을 통해 자아를 비워내는" 것이지만, 다양한 문화적 사회적 맥락과 구조들의 영향으로 그것은 "자기 배제"라는 의미를 만들어낸 것이다. 이렇듯, 현상학적 연구로부터 도출되는 의미, 즉 본질은 기존의 다른 접근들로부터 도출한 의미를 비판하는 역할을 한다. 이렇게 하여 현상학적 연구는 기존의 사회세계를 비판할 수 있는 근원적 근거를 제공한다.

또한 현상학적 연구가 본질을 탐구한다는 것에는 주체와 세계의 상호의존적 관계가 전제되어 있다. 그것은 본질이 가진 지향성 때문이다. 현상학에서 본질은 주체와 세계가 서로 얽혀 있고 상호의존되어 있는 세계 내 존재임을 알려준다. 그러나 많은 현상학적 연구들은 사람들의 일상적 경험에 대해 연구하면서 외부세계와 분리된 주체라는 좁은 영역만을 다룬다(이남인, 2014: 65). 즉, 외부세계에 대한 개인의 심상만을 다루면서 체험 속에 가지고 있는 '세계'는 박탈한다(Paley, 1998: 823, 이남인, 2014, 72에서 재인용). 현상학적 관점으로 접근한다는 것은 사람들이 관여하고 사는 세계의 환경 속으로 들어가는 것이고, 어떤 방식으로든 그 세계에 주목하는 것이다(Tagliareni, 2001).

5. 사례연구

사례연구는 선택된 사례 혹은 사례들에 대해 심층 분석을 시도하는 연구이다. 연구자는 선택된 사례를 통해 관심사에 대한 답을 찾는다. 모든 사례연구가 질적연구는 아니다. 사례연구는 양적접근과 질적접근 모두 가능하다(인, 2005). 질적 사례연구는 문화기술지, 근거이론, 현상학적 연구처럼 질적연구를 위한 또 다른 연구접근 혹은 전략이다. 여기서는 질적 사례연구에 대해 살펴본다. 질적 사례연구의 특징, 설계, 분석에 대해 살펴보자.

1) 사례연구의 특징

(1) 인식론적 가정을 전제하지 않는다

사례연구는 질적연구의 다양한 접근들이 가진 인식론적 가정을 전제하지 않는다. 예를 들어, 문화기술지는 인류학의 전통에서 문화를 통해 인간을 가장 잘 이해할 수 있다는 가정을, 근거이론은 상징적 상호작용론 전통에서 인간의 행동이 상징적 교섭과 해석에 기반하고 있다는 가정을, 그리고 현상학적 연구는 현상학의 전통에서 인간의 경험 이면에 본질이 존재한다는 가정을 토대로 한다. 사례연구는 이러한 이론적, 철학적 전통을 전제하지 않는다. 그렇다고 아무런 이론적 전제도 없다는 것은 아니다. 질적 사례연구는 질적연구가 가진 공통의 인식론적 토대인 해석주의에 기반한다.

사례연구가 특정의 인식론적 가정을 전제하지 않는다는 것은 연구질문과 형태, 연구설계에서 자유롭게 운신할 수 있다는 것을 시사한다. 또한 해석주의라는 동일한 패러다임에 속한 다양한 접근방법들이 가진 여러 기법들을 실용적으로 활용할 수 있다는 의미이기도 하다. 이처럼 사례연구는 연구질문, 설계, 분석방법 등에서 유연성과 개방성을 가진다. "모호하면 사례연구 이다"라는 항간의 말은 사례연구가 가진 이러한 개방성과 유연성을 다른 각도에서 표현한 것으로 볼 수 있다. 그러나 특정한 인식론적 전제가 없을 뿐, 사례연구는 질적연구의 뚜렷한 하나의 접근방법, 연구전략이다(미리암, 1998; 인, 2009). 이것은 사례연구의 여러 특징들을 살펴보면 좀 더 분명해진다.

(2) 발견과 검증 모두에 사용된다

일반적으로 질적연구는 검증보다는 발견을 목적으로 한다. 이는 질적연구가 연역보다 귀납을 지식축적의 주요 논리로 사용한다는 의미이다. 귀납적 논리에 따라 질적연구의 연구질문은 특정 방향을 설정하지 않고 보다 개방적 형태를 띤다. 예를 들면, 공공의 가치는 비영리조직에서 어떻게 구현되는가, 비영리 조직에서 조직 간 협력은 어떻게 일어나는가와 같은 질문을 던진다.

사례연구는 이러한 발견적이고 귀납적인 방식으로 지식을 축적하지만, 여기에 얽매이지 않고 영역을 확장한다. 발견적이고 귀납적인 방식만이 아니라 검증적이고 연역적인 방식까지도 포괄한다. 물론 여기서의 검증은 가설-연역적인 것이 아니다. 사례연구의 성격을 무엇으로 해야 하는지에 대해서는 논란이 있다. 질적 사례연구는 발견과 해석에 국한해야 한다는 입장(스테이크, 2000)이 있는 반면, 명제나 이론의 확증에도 사용될 수 있다는 입장(인, 2005)이 있다. 후자의 경우 사례연구는 연구문제에서 이론적 설명과 방향을 설정하기도 한다. 예를 들어, 공공의 가치는 영리조직보다 비영리조직에서 더 잘 구현된다든가, 조직간 협력은 상호 이익 때문에 일어난다든가 하는 명제를 설정한다.

이는 사례연구가 탐색과 서술을 목적으로 한 연구에만 적합한 것이 아니라, 인과를 설명하거나 검증하는 데도 적용될 수 있음을 의미한다. 이런 의미에서 사례연구는 탐색적 사례연구, 서술적 사례연구, 설명적 사례연구로 구분하기도 한다. 즉, 사례연구는 탐색과 서술만이 아니라 설명을 목적으로 한 연구에서도 사용될 수 있다(인, 2005). 우리는 얼마든지 질적 자료들로부터 현상에 대한 설명을 도출할 수 있다. 사례연구를 발견과 탐색의 영역에 가두어 둘 필요는 없다.

어떤 경우에는 한 연구에서 발견과 검증이 혼합되어 사용되기도 한다. 예를 들어, 영국의 파르바라는 마을을 사례로 한 연구(엘리아스·스콧슨, 2005)는 기득권자와 아웃사이더 간의 갈등이 경제적 지위로 인해 발생하는 것이 아니라, 집단 간 권력과 힘 때문이라는 사실을 보여준다. 이 연구의 초기에 연구문제나 질문은 탐색과 발견의 논리로 이루어진다. 그러나 연구가 진행되면서 "왜 한 집단이 다른 집단에 우월성을 주장하고, 왜 그것이 먹혀드는가"에 대해 집단 내 응집력과 낙인, 내면화와 같은 힘과 권력 때문이라는 이론적 명제로 나아가면서 연구의 방향이 설정된다.

이런 맥락에서 볼 때, 사례연구는 질적연구에서 조심스럽게 다루는 이론을 자유자재로 사용한다. 방향성을 지닌 명제를 설정하고, 이 명제가 과연 현실에서 그러한 방향으로 이루어지는지를 검증하기 위해서 연구 초기부터 이론들을 적극적으로 고려하고 활용한다. 이처럼 이론은 사례연구와 여타의 접근방법을 가르는 한 지점이다. 사례연구가 자료수집 이전에 이론을 고려하는 반면 문화기술지나 근거이론은 일반적으로 연구초기에 이론적 명제를 구체화하는 것을 피한다(인, 2005).

예를 들어, 특정 사회정책이 특정 이론이나 이론적 모델로 설명될 수 있는지를 검토하기 위해 연구과정에 이론들을 적극 끌어들이는 것을 들 수 있다. 무상급식 논쟁의 이슈 확산 과정을 고찰하고, 확산의 메커니즘을 분석한 연구(왕재선, 김선회, 2013)에서 저자들은 '이슈관심주기 모형'이라는 이론적 모형을 무상급식 사례분석에 적용하였다.

(3) 경계가 뚜렷한 사례를 선택한다

① 사례의 유형

사례연구의 가장 핵심적인 특징은 사례를 선택한다는 데 있다. 사례는 사건, 개인, 과정, 제도, 사회적 집단, 지역사회, 조직 등과 같은 구체적 현상이다. 사례연구에서 사례는 주변의 다른 체계들과 구별되는 뚜렷한 경계를 가져야 한다(미리암, 1994). 여기서 뚜렷한 경계를 가진 사례를 선택한다는 것은, 특정한 시간과 장소라는 물리적 경계를 가지면서 그 사례를 통해 우리가 배울 수 있는 것을 최대화 해주는 사례를 선택하는 것이다(스테이크, 2000). 질적 사례연구자는 무엇보다도 먼저 연구되어야 할 사례를 밝혀야 한다. 그러나 사례선택이 그렇게 명확하고 자명한 것은 아니다.

사례연구에서 사례 선택이 어려운 이유는 사례연구를 수행하는 목적에 따라 사례 선택이 다르고, 사례를 선택하는 합당한 이유가 있어야 하기 때문이다(인, 2005). 사례에 대한 이러한 혼란을 피하기 위해 스테이크(2000)는 사례연구에서 사례의 유형을 본질적 사례와 도구적 사례로 구분하였다.

'본질적 사례'는 사례 자체가 독특하여 그 자체로 연구될 필요가 있는 사례이다. 예를 들어, 경찰이나 사회복지사조차 접근하기 어려울 정도로 슬럼화되어 방치된 마을이 있다고 할 때, 이 마을은 그 자체로 빈곤에 관한 많은 사실을 알려주는 사례이다. 연구자는 이 마을을 사례로 연구하여 한국의 빈곤현상에 관한 새로운 사실을 발견할 수 있다.

'도구적 사례'는 연구자가 특정 이슈나 질문, 관심사를 이해하고 이에 대한 답을 얻기 위해 도구적으로 선택한 사례이다. 예를 들어, 선택과 경쟁이 바우처 집행과정에서 정부가 기대하는 바대로 과연 서비스의 질을 높이는지 알기 위한 연구(양난주, 2009)에서 선택된 사례는 노인바우처였다. 또한 국가와 시민사회 간 파트너십의 정치적 투쟁에 관해 어떤 이론적 명제가 가장 설명력 있는지를 알고자 한 연구(Kim, 2009)에서 연구자는 자활영역을 사례로 선택하였다. 이처럼 사례연구에서 사례선택은 사례 그 자체에 초점을 둘 수도 있지만, 이슈에 초점을 두고 사례를 선택할 수도 있다.

② 사례연구에서 분석단위

사례연구에서 사례 선택을 돕고 연구질문을 명확히 하기 위한 방법은 연구의 분석단위(unit of analysis)를 고려하는 것이다. 분석단위란 사례연구에서 연구할 사례가 어떤 것인가 하는 문제로서(인, 2005), 연구결과 최종적으로 연구자가 무엇을 얘기하고 싶은가라는 질문과 맞닿아 있다(미리암, 1994). 분석단위는 연구자의 궁극적 관심사에 따라 개인이 될 수도 있고 조직이나 지역사회 프로그램 등이 될 수도 있다. 그리고 이것은 그 연구가 무엇에 관한 지식인가를 가늠하는 기준이 된다(인, 2005).

예를 들어, 어떤 연구자가 영리조직과 비영리 조직에서 제공되는 바우처 서비스들이 과연 공공성의 가치를 구현하는지에 관심이 있다고 하자(양성욱, 2015). 이때 공공성 가치가 구현되는 조직이 영리조직인지 비영리조직인지에 연구자의 궁극적 관심이 있다면, 분석의 단위는 조직이 될 것이다. 이를 위해 연구자는 바우처 서비스의 여러 측면을 보여줄 수 있는 단일 혹은 복수의 영리 및 비영리조직을 사례로 선택할 것이다. 이렇게 하여 분석단위가 결정되면 그 조직 내에서 어떤 사람들, 어떤 사건들, 어떤 문서들을 연구에 포함시켜야 할지가 결정된다. 이렇게 사례연구에서 분석단위의 초점을 분명히 하는 것은 연구질문을 명확히 하고 사례 선택과 표집의 합리성을 높인다.

③ **사례에 대한 설계**

사례연구에서 사례선택은 단일 사례를 선택할 수도, 다수의 복수 사례를 선택할 수도 있다. 전자를 단일사례 설계, 후자를 다사례 설계로 부른다. 단일사례 설계는 연구에서 설정한 명제가 옳은지 아니면 대안적 설명이 가능한지를 알고자 할 때 사용한다. 또한 극단적이거나 독특한 사례, 대표적이거나 전형적인 사례에 관심을 가질 때도 사용될 수 있다. 반면에 다사례 설계는 단일사례 설계에 비해 시간과 자원이 많이 들지만, 표집논리가 아닌 반복논리에 의해 이루어지므로 연구결과의 일반성을 높일 수 있다. 여기서 한 가지 주목할 것은 사례와 분석단위의 관계이다. 사례가 단일하다고 분석단위도 단일한 것은 아니다. 사례가 단일하더라도 연구의 목적상 사례 내 분석단위가 여러 개일 수 있다. 물론 복수 사례 연구에서도 분석단위는 하나일 수도 여러 개일 수도 있다(인, 2005).

(4) 사례의 복잡성을 총체적으로 보여준다

질적 사례연구는 연구질문에 대해 가장 많이 배울 수 있는 사례를 통해 답을 얻는다. 이 사례는 경계가 뚜렷하지만 그 안에는 다양한 변수들이 복잡하게 상호 작동한다. 사례연구는 이 변수들의 복잡한 상호작동을 맥락과 분리시키지 않으면서 연구질문에 대한 답을 조명한다. 사실 현상의 복잡성을 지나치게 환원하지 않으면서 근접된 모습을 보여주고자 하는 것은 다른 질적 접근방법도 마찬가지이다. 그러나 사례연구는 뚜렷한 경계를 가진 사례 내에서 전개되는 복잡성에 주목한다.

또한 사례연구는 사례 안에서 일어나는 다양한 요소들의 복잡한 작용을 총체적으로 보여준다. 사례연구에서는 흔히 두터운 묘사(thick description)가 요구되는데, 이는 사례 안에서 일어나는 복잡한 현상들을 총체적으로 다루기 위해서이다(미리암, 1994). 예를 들어, 사회복지사들의 반성적 실천을 사례연구로 접근한 연구(유영준, 2006)에서 연구자는 반성적 실천이 이루어지는 사회복지기관을 사례로 선택하여 반성적 실천의 모습을 총체적으로 보여주었다. 즉, 반성적 실천을 구성하는 다양한 요소들이 현장에서 어떻게 상호 작동되는지 그려줌으로써 반성적 실천이라는 복잡한 현상을 총체적으로 보여주었다.

이처럼 사례연구는 연구에서 던진 질문을 렌즈로 하여 뚜렷한 경계를 가진 사례들을 대상으로 사례의 복잡성을 총체적으로 보여준다. 사례의 복잡성과 총체성을 포착하기 위해서 사례연구는 다양한 시간, 장소, 사건별로 표집하고, 다양한 종류의 자료수집 방법을 활용한다. 심층면접, 참여관찰, 문서, 기록물, 나아가 양적 자료까지도 사례의 총체성을 보여주는 방법으로 활용한다.

(5) 평가연구에서 가장 많이 활용된다

사례연구는 평가를 위한 연구에서 가장 많이 활용된다. 사례연구가 가장 돋보이는 곳은 평가연구에서이다(Patton, 1990; 인, 2005). 평가연구는 주로 정책이나 프로그램의 실행과정, 성과, 효과를 검토함으로써 해당 정책과 프로그램에 대한 제고의 근거를 제공한다. 따라서 사례연구는 사회복지 정책, 실천현장의 프로그램 등을 평가하기 위한 매우 유용한 접근방법이다. 평가를 목적으로 한 사례연구는 단일한 형태로만 설계되지 않고 다양한 형태로 설계되어 사용된다.

어떤 사례연구는 정책과 프로그램이 실제에서 어떻게 이루어지는지 단지 기술하는 데 머물지만(describe), 어떤 사례연구는 정책이나 프로그램의 실행과 그 효과를 연결함으로써 인과관계를 설명하고자(explain) 한다. 전자는 기술적 사례연구로, 후자는 설명적 사례연구로 불린다(인, 2005: 39). 예를 들어, 아동바우처 서비스를 사례로 하여 사회서비스 정책의 서비스 전달과정을 평가하기 위한 연구에서, 연구자는 단순히 아동바우처 서비스의 실행과정과 그것이 이루어지는 맥락 및 요소들을 기술함으로써 목적을 달성할 수 있다. 그러나 어떤 연구자는 아동바우처 서비스 전달과정에서 아동들이 경험하는 낙인감이 아동바우처 정책 실행과정의 요소들과 어떤 관계에 있는지를 파악함으로써 목적을 달성할 수 있다. 전자가 아동바우처를 사례로 하여 사회서비스 정책을 평가하기 위한 기술적 사례연구라면 후자는 설명적 사례연구이다.

이 외에도 평가연구는 정책이나 프로그램이 어떤 결과나 효과를 가져오는지 아직 알려지지 않았을 때 이를 탐색하려는(explore) 목적으로도 사용될 수 있고, 평가를 목적으로 하여 이루어진 사례연구들을 대상으로 다시 평가연구를 하는 메타평가(meta-evaluation) 차원에서도 사용될 수 있다. 전자는 평가를 위한 탐색적 사례연구이고 후자는 말 그대로 메타평가 연구이다(인, 2005: 39). 예를 들어, 아동바우처를 사례로 하여 바우처 정책이 바우처 이용자들에게 어떤 효과를 가져오는지가 전혀 알려지지 않았을 경우, 이를 탐색하려는 목적으로 사례연구를 활용할 수 있다. 그리고 만일 바우처에 관한 많은 사례연구들이 이루어진 경우 이들 연구들을 대상으로 바우처 정책 평가에 관한 사례연구를 수행할 수 있다.

2) 사례연구에서 설계와 분석

질적 사례연구에서 분석전략과 방법은 사례연구를 어떻게 정의하느냐에 따라 다르다. 질적 사례연구를 발견에 한정하는 경우도 있지만(스테이크, 2000; 미리암, 1994), 발견을 넘어 검증까지 포괄하는 것으로 정의하기도 한다(인, 2005). 전자의 경우 사례연구에서 분석방법은, 사용하는 용어가 연구자에 따라 다소 차이가 있을 뿐, 범주화하고 패턴을 찾는 공통적 방법을 사용한다. 이들 방법은 큰 틀에서 일반적으로 주제분석을 할 때 사용하는 방법과 동일하다.

예를 들어, 전자에 해당하는 스테이크(2000)의 경우, 사례연구의 분석방법은 자료를 범주화하여 몇 개의 군으로 묶고(범주적 집합), 단 하나의 예증을 통해 의미를 추출해내고(직접적 해석), 두 개 이상의 범주들 사이에 일치되거나 공통되는 것을 찾는다(패턴 찾기). 또한 Bryman & Burgess(1994)는 '사례 내 분석(within case analysis)'과 '사례 간 분석(between case analysis)'에 대해 언급하였다. 사례 내 분석은 사례 간 분석을 하기 전에 특정 사례들에 대해 각 사례에서 무엇이 일어나고 있고 어떻게 진행되고 있는지 스토리텔링 형식으로 분석한다. 사례 간 분석은 여러 사례들을 관통하는 주제, 패턴을 맥락을 고려해 발견하는 것이다. 여기서 사례 내 분석과 사례 간 분석은 사례연구에도 사용될 수 있지만, 사례연구가 아닌 다른 질적접근 특히 다사례를 대상으로 하는 모든 분석에서 사용할 수 있다.

그러나 사례연구를 발견을 넘어 검증까지를 포함하는 것으로 확장하면 분석전략과 방법은 달라진다. 전자의 방법과 이렇게 확장된 사례연구의 가장 뚜렷한 차이는 이론적 명제를 설정하느냐의 여부에 있다. 따라서 이론적 명제를 설정한 사례연구의 경우 다른 분석전략과 방법이 필요하다. 이 분야의 가장 대표적인 연구자는 인(2005)이다. 그는 분석의 초기단계에서 자료분석에 대한 전략을 갖고 출발해야 한다고 하면서 이러한 전략을 토대로 분석기법들을 제시하였다. 그가 제시한 분석전략은 세 가지이다(Yin, 2003: 185-190).

첫째, 이론적 명제를 기반으로 하라는 것이다. 연구의 이론적 명제는 연구자가 어떤 자료에 집중하고 어떤 자료는 무시해도 되는지 알 수 있도록 이끌어 주기 때문에 사례연구자는 이를 염두에 두어야 한다.

둘째, 경쟁설명(rival explanation)을 사용하라는 것이다. 경쟁설명이란 이론적 명제와 다른 가설, 설명이다. 예를 들어, '사회서비스 바우처는 복지서비스의 시장화를 촉진한다'라는 이론적 명제를 설정했다면, 이것의 경쟁설명은 '사회서비스 바우처는 복지서비스의 시장화를 약화시킨다'가 된다. 이러한 경쟁설명을 도입해서 이 경쟁설명에 대한 충분한 증거가 발견되지 않으면 이론적 명제는 더 지지되는 것이다. 그렇다고 경쟁설명 전략이 꼭 이론적 명제를 설정한 사례연구에만 사용되는 것은 아니다. 이론적 명제를 설정하지 않는 사례연구에도 사용할 수 있다.

셋째, 사례 기술 방법을 개발하라는 것이다. 이 전략은 사례를 기술하기 위한 구성체계를 미리 개발함으로써 분석을 촉진하는 것이다. 이는 주로 기술적 사례연구에서 유용하지만, 인과관계 규명을 목적으로 한 설명적 사례연구에서도 사용할 수 있다.

이러한 분석 전략들을 가지고 사례 연구자는 분석기법을 사용해 자료를 분석한다. 사례연구에서 사용될 수 있는 분석기법은 다양하기 때문에, 연구자마다 자신만의 분석기법과 노하우를 갖추게 된다(인, 2005: 190-223). 이 중에서도 패턴 매칭(pattern-matching)은 가장 많이 사용되는 분석전략이다. 패턴 매칭이란 경험적으로 관찰한 관찰패턴과 예측했던 예측패턴을 서로 비교하는 것이다. 만일 비교를 통해 관찰패턴과 예측패턴이 일치하면 그 사례연구는 내적 타당성을 확보한다. 그러나 관찰패턴과 예측패턴이 일치하지 않는다면 연구에서 설정한 명제에 의문을 제기해 보아야 한다. 패턴 매칭은 설명적 사례연구와 기술적 사례연구 모두에 적용할 수 있다.

이때 비교되는 패턴은 연구의 수준에 따라 다양하다. 가장 단순하게는 하나의 독립변수 혹은 종속변수에 대해 예측패턴과 관찰패턴을 비교한다. 그러나 명제가 여러 개의 종속변수를 가진 경우는, 관찰패턴이 예측패턴과 일치하면서 반대의 예측패턴이 발견되지 않아 이로부터 인과적 추론을 할 수도 있다. 또한 명제의 독립변수에 대해 관찰패턴과 예측패턴의 일치성을 보는 패턴 매칭을 할 수도 있다. 이때 앞에서 얘기한 '경쟁설명'이 독립변수의 패턴을 매칭시키는 데 효과적으로 사용될 수 있다(인, 2005).

6. 제도적 문화기술지[12)]

제도적 문화기술지(institutional ethnography)는 질적 접근방법의 하나인 문화기술지 앞에 '제도적'이라는 수식어가 붙어 마치 문화기술지의 여러 지류 중의 하나로 보인다. 그러나 제도적 문화기술지는 전통적 의미의 문화기술지와는 전혀 다른 연구방법론이다. 무엇보다 기존의 많은 접근방법들이 해석적 패러다임에 속한다면, 제도적 문화기

---

12) 필자의 역서인 『제도적 문화기술지: 사람을 위한 사회학』(2014)(Smith, D, 2005) 안의 옮긴이 해제와, 김인숙(2013), "제도적 문화기술지: 왜 또 다른 연구방법인가?"를 참조하여 재구성하였다. 좀 더 상세한 사항은 상기의 글을 참조하기 바란다.

술지는 이를 거부한다. 질적연구의 각 접근방법들이 전제하는 존재론적 인식론적 전제가 다른 어떤 접근방법보다 명료하고 그에 따라 방법론적 장치들도 구체적이다.

제도적 문화기술지는 제도적 세팅을 가진 응용학문 분야, 특히 휴먼서비스 영역에서 많이 사용된다. 사회복지학은 물론 교육학, 간호학, 의학 등 다양한 제도적 영역에서 사용된다. 여기서는 제도적 문화기술지의 특징, 방법론적 장치들, 해석적 질적연구와의 차이, 그리고 사회복지연구에 갖는 유용성에 대해 살펴보기로 한다. 제도적 문화기술지 연구의 실행과정에 대해서는 제15장 시퀀스 분석에서 설명하였다. 따라서 아래의 제도적 문화기술지에 대한 소개를 읽고 15장을 연이어 읽으면, 제도적 문화기술지 연구수행을 이해하는 데 더 도움이 될 것이다.

1) 제도적 문화기술지의 특징

(1) 제도적 문화기술지의 출발

제도적 문화기술지는 캐나다의 사회학자인 도로시 스미스(Dorothy Smith)에 의해 발전된 연구방법이다. 그녀의 출발은 페미니즘 사상이었지만, 마르크스와 가핑켈, 푸코, 미드, 바흐친 등에 영향을 받아 "사람을 위한 사회학(a sociology for people)"을 구축하던 과정에서 '제도적 문화기술지' 방법론을 발전시켜 나갔다. 처음부터 제도적 문화기술지라는 방법론을 염두에 둔 것이 아니라, 새로운 사회학을 발전시켜 나가는 과정에서 새로운 방법론이 발전하게 되는 경로를 밟았다고 볼 수 있다.

여성학이 "개인적인 것은 정치적인 것이다"를 핵심 원리로 하고 있다면, 제도적 문화기술지는 '개인적인 것은 제도적인 것이다'로 표현할 수 있다. 사람들의 개인적 삶에는 늘 제도적인 것이 얽혀 있기 때문에 개인의 경험, 행위 속에는 '제도적인' 흔적들이 배태되어 있다. 즉, 사람들의 일상생활은 그들이 가진 동기나 의도를 넘어 제도적 질서에 의해 조정되고 협정된다. 제도적 문화기술지는 사람들의 일상의 경험들이 제도적인 것과 연결(조직화, 조정)되어 있다고 본다. 그러나 제도적 문화기술지는 사람들의 '경험'이나 '제도' 그 자체를 설명하려는 데 있지 않고, 경험과 경험 너머의 것을 '연결'하는 데 있다. 제도적 문화기술지에 대한 이해는 이 '연결고리'의 모습을 어떻게 그려낼 수 있는가라는 질문과 맞닿아 있다.

일상세계가 제도적 과정에 의해 어떻게 짜여지는가, 이 질문이 바로 제도적 문화기술지 탐구의 출발이다. 이 질문에 대한 답을 얻기 위해서는 우선, 사회의 모습이 해석을 토대로 드러나는 것이 아니라, 사람들의 실제적 활동들이 다른 사람들의 실제적 활동과 어떻게 조정되는지 관찰함으로써 드러난다고 보아야 한다. 여기서 사람들의 활동을 조정하는 것은 언어이다. 제도적 문화기술지에서 언어는 단순히 일상의 경험에서 주고받는 말만이 아니라, 우리의 일상적 활동들을 조정하고 규제하는 다양한 텍스트들을 포함한다. 결국, 제도적 문화기술지가 목표로 하는 것은 일상세계 경험의 기저에 작동하는 복잡한 조정 양상을 드러내 보여줌으로써, 사람들의 일상적 삶이 어떻게 일상 너머의 것, 특히 제도적인 것들에 얽혀 있는지를 보여주는 것이다.

(2) 해석적 접근의 거부

제도적 문화기술지의 관심 대상은 "사회(the social)"이다. 제도적 문화기술지의 "사회"는 통상적인 의미의 '사회(society)'와는 달리, 다른 사람들의 활동과 조정을 통해 이루어지는 사람들의 지속적인 활동들을 의미하며, 이는 엄밀히 말해 '사회적인 것'이다. 그런데 제도적 문화기술지에서 이 사회는 "실제(the actual)"를 토대로 존재한다. 이는 사회가 사람들 사이의 상호작용으로부터 발생하고, 이 상호작용의 과정에서 의미를 만들어내고 해석하는 과정을 통해 유지된다는 입장에 근거한 기존 질적연구 접근들과는 다르다.

예를 들어, 전통적 문화기술지는 우리에게 낯선 집단에 속한 사람들에게 무엇이 일어나고, 그 일어난 것을 구성원이 어떻게 해석하고 이해하는지를 파악함으로써, 그 집단에 속한 사람들의 문화를 연구한다. 그러나 제도적 문화기술지는 사람들의 삶은 육체를 가지고 일상의 실제적 시간과 공간 속에 존재한다고 본다. 사람들의 활동이 조정되는 "사회"는 이론적으로 설명되는 것이 아니라 실제적으로 연결되어 있다고 본다.

이처럼 제도적 문화기술지에서는 실제의 세계를 탐구하는 것, 실제로 돌아가는 방법을 찾는 것이 중요하다. 그래서 제도적 문화기술지는 실제가 개념과 담론에 갇히거나, 이론이 실제를 지배하는 것을 거부하고 경계한다. 이것은 곧 연구과정에서 개념이나 이론으로 실제를 해석하지 말 것을 요구하는 것이다. 개념이나 이론으로 실제를 덮어씌우면, 일상세계 속 사람들의 행동은 사라지고 개념적 실재가 행위주체가 됨으로써 실제세계를 보지 못하게 되기 때문이다. 그래서 혹자는 제도적 문화기술지를 경험적이고 유물론적이라고 말하기도 한다.

제도적 문화기술지의 이러한 특징은 기존의 다양한 해석적 질적 접근들과 뚜렷이 차별화되는 지점이다. 기존의 해석적 질적 접근들이 해석을 통해 행위자들의 상호작용과 맥락을 연결짓는다면, 제도적 문화기술지는 해석이라는 도구 없이 사람들의 일상행위가 어떻게 그 너머의 제도들과 조정되면서 조직화되는지를 그려낸다.

(3) 일상과 일상 너머의 조직화

이처럼 제도적 문화기술지는 해석을 통해 사람들의 경험의 공통성을 찾으려는 기존의 질적연구방법들과는 달리, 현실에서 이루어지는 "실제"의 모습을 그려내려 한다. 그런데 여기서 말하는 실제는 조정되고 조직화되어 있다. 우리의 일상세계는 어딘가에 있는 알지 못하는 사람들에 의해 "조직화"되고 "조정"되기 때문이다. 따라서, 제도적 문화기술지는 일상세계의 실제에서 일어나는 조정, 조직화(organization)의 양상을 그려내기 위한 방법론이다.

제도적 문화기술지는 근거이론이나 문화기술지처럼 이론적 개념과 해석을 통해 사람들의 개인적 경험을 맥락과 연결하여 설명하려는 질적방법들과 다르다. 제도적 문화기술지는 일상세계에서 사람들이 하는 말과 행위를 이론적 개념으로 해석하지 않고, 그 말과 행위 속에 스며들어 있는 조직화된 관계들을 추적하여 이어 맞춘다. 일상세계 사람들의 경험이라는 경계를 넘어 확장되어 있는 사회적 조직화, 사회관계를 추적하고 그려낸다. 문제는 이 조직화된 실제가 일상생활의 장면 안에서는 잘 보이지 않는다는 점이다.

이 조정되고 조직화되는 실제가 일상생활에서는 왜 보이지 않는 것일까? 일상세계에서 개별 주체들은 그들이 서있는 위치가 서로 다른데, 이 서로 다른 위치에서의 경험들이 "단절"되어 보이기 때문이다.

예를 들어, 어떤 공무원이 시민운동가에 대해 공격적이라고 말했다고 하자. 그리고 시민운동가는 공무원이 불친절하다고 말했다고 하자. 공무원과 시민운동가의 이러한 서로 다른 경험은 그들의 상호작용에 대한 각자의 해석일 수도 있다. 그러나 제도적 문화기술지는 이들의 서로 다른 경험이 단지 해석의 결과가 아니라, 어떤 제도적 혹은 지배관계의 조직화로 인해 나타났다고 전제한다. 조직화 구도에서 공무원의 위치, 시민운동가의 위치가 다르기 때문에 서로 다른 경험을 했고, 그것은 비록 단절되어 보이지만 사실은 연결되어 있다는 것이다. 즉, 공무원과 시민운동가의 서로에 대한 경험은 공공기관의 민간지원에 대한 지침서에 유독 시민운동단체에 대한 지원이 까다롭게 규정되어 있고, 주무부처의 민간지원에 대한 감사에서 시민운동단체에 대한 감사기준이 까다롭게 규정되어 있음으로써 발생한다고 본다.

제도적 문화기술지는 이 주체들의 위치를 숨기면 그 차이가 드러나지 않기 때문에 주체들의 위치를 살려낼 것을 요구한다. 그렇게 되면, "단절"은 외양으로 드러나는 현상일 뿐, 실제로는 단절되어 있지 않고, 단절로 보이는 현상들 사이에 복잡한 맥락들과 담론, 조직화가 작동하고 있음을 알게 된다고 본다.

제도적 문화기술지에서 "제도적"이라는 말은 바로 이 조정과 조직화의 양상이 고정되지 않고 움직임의 형태로 발견된다는 의미이다. 그리고 제도란 이러한 조정 및 조직화가 교차하는 지점에 있는 관료제나 전문직, 국가, 제도적 담론 등을 일컫는다. 따라서, 제도적 문화기술지는 일상의 행위를 맥락을 끌어들여 해석하는 것이 아니라, 일상과 일상 너머의 제도적 조직화 양상을 그려내는 것을 목표로 한다.

2) 제도적 문화기술지의 방법적 장치들

사람들의 일상의 삶이 제도적 망 안에서 조정되고 조직화되는 것을 어떻게 그려낼 수 있을까? 제도적 문화기술지는 나름의 독특한 개념적 장치들을 제시한다. 이 장치들은 제도적 문화기술지를 가능하게 하는 방법적 장치로서, 제도적 문화기술지 연구에 꼭 필요한 것들이다. 이 장치들은 입장, 문제틀, 일 지식, 텍스트, 제도적 담론, 문화기술지이다. 즉, 제도적 문화기술지는 (1) 입장을 세우고 문제틀을 작동시켜야 하며 (2) 사람들의 경험(일 지식)의 차이를 파악해야 하고 (3) 텍스트가 사람들의 일을 발생시키면서 어떤 역할을 하는지 주시해야 하며 (4) 제도적 담론이 조직화 과정에서 어떤 역할을 하는지 주목해야 하고(이에 대해서는 '일 지식'과 '텍스트', '문화기술지' 부분에서 함께 설명함) (5) 문화기술지와 같은 묘사의 방식으로 표현해야 한다. 이들 각각에 대해 살펴보자.

(1) 입장과 문제틀

앞서 언급했듯이, 제도적 문화기술지에서 '주체'는 일상세계에 대해 알고 있는 사람이면 누구나 될 수 있다. "입장(standpoint)"은 바로 연구자가 이 주체의 위치에 서는 것이다. 제도적 문화기술지는 일상세계를 살아가는 사람들의 입장에서 출발한다. 입장은 주관적 관점이나 구체적 세계관을 의미하지 않는다. 입장은 주체가 일상세계에 대해 갖고 있는 지식이 어떻게 조직화되는지 그 결정적 지점을 발견하는 것을 말한다. Grahame은 이를 '주체'가 '입장' 개념에 품어져 있다고 표현하였다. 제도적 문화기술지는 비록 일상생활의 실제 경험에서 시작하지만, '입장'을 취함으로써 주체들의 경험 내부로부터 파악할 수 없는 것, 즉 그 경험을 조직화하는 것에 함축된 사회관계를 발견할 수 있다.

'입장'은 마치 현상학적 연구에서 "현상학적 태도"에 비유될 수 있다. 어떤 연구가 현상학적 연구가 되기 위해서는 "현상학적 태도"라는 방법론적 장치를 작동하지 않고서는 불가능하다. 이와 마찬가지로 '입장'은 어떤 연구가 제도적 문화기술지 연구로 되기 위해 필수적으로 요구되는 것이다. 제도적 문화기술지는 제도적 질서 내에서 '입장'을 찾음으로써 시작한다. '입장'을 선택하는 것은 제도적 문화기술지의 핵심 단계이자, 연구 과정의 안내자이다.

그런데 '입장'은 반드시 '문제틀(problematic)'을 필요로 한다. '입장'과 '문제틀'은 자웅동체처럼 한 몸을 이룬다. '문제틀'은 연구자가 정답을 찾으려고 던지는 질문도, 사회구성원들이 말하는 문제도 아니다. '문제틀'은 원래 어떤 문제들이 설정되는 이데올로기적 구조나 틀을 의미하지만, 제도적 문화기술지에서 문제틀은 일상이 일상 그 자체를 넘어 확장된 고리들에 연결되어 있고, 미지의 시간과 장소, 그리고 생경한 힘의 형태들이 서로 통해 있음을 알게 해주는 방법적 장치이다.

제도적 문화기술지 연구자는 문제틀을 발전시키고 확장시킴으로써 제도적 관계를 발견할 수 있다. 제도적 문화기술지 연구자가 연구를 시작하면서 가장 먼저 해야 할 일은 일상의 경험을 '문제틀'로 바라보는 것이다. 그런데 문제틀은 추론이나 이론의 적용을 통해 발전되지 않고, 제도적 과정에 참여한 연구자 혹은 정보제공자의 일상 경험으로부터 발전된다. 따라서 제도적 문화기술지 연구자가 문제틀을 발전시키려면 '실제들'에 익숙해지고, 경험의 공통성이 아니라 경험의 '차이들'을 조사하고, 일 지식(work knowledge)이나 텍스트(text)와 같은 제도적 문화기술지의 개념적 도구들을 적용해야 한다.

'문제틀'은 연구의 출발 지점에서만 요구되는 것이 아니다. '문제틀'은 "발견"되어야 하고 "확장"될 수 있는 영역이다. '문제틀'은 연구의 시작은 물론 문헌고찰, 자료수집, 자료분석의 일련의 연구과정을 통해 발견되고, 그 범위가 확장될 수 있다. 다시 말하면, '문제틀'은 연구 초반에 적용하는 단순한 도구가 아니라, 연구의 전 과정에 관여하면서 제도적 문화기술지 연구를 정교화하고 추동해가게 만드는 방법론적 장치이다. 혹자는 '문제틀'을 질적연구의 지속적 비교방법에 비유하기도 하였다.

(2) 일 지식

제도적 문화기술지에서 "제도적" 혹은 "제도"를 발견하고 접근할 수 있는 또 다른 장치는 일상생활을 하는 사람의 "경험"이다. 흔히 경험은 질적연구의 자료로서 개인의 주관적 경험을 가리킨다. 기존의 질적연구에서 경험은 해석을 통해 개인의 주관적 세계를 설명한다. 이 해석과정에서 개인의 주관적 경험은 맥락과 연결된다. 제도적 문화기술지에서 경험은 텍스트와 함께 제도적 실제를 발견하기 위해 반드시 분석되어야 하는 영역이다.

그러나 제도적 문화기술지의 관심은 '실제'이다. 개인의 주관적 경험이 과연 '실제'를 보여줄 수 있는가? 그것도 일상과 제도 사이의 사회적 조직화의 실제를 보여줄 수 있는가? 제도적 문화기술지는 경험이 실제를 순수하게 재현하지는 않지만, 경험들 속에 이미 사회적 조직화가 스며들어 있기 때문에 이들을 모아 시퀀스를 그려보면 제도적 실제를 알 수 있다고 본다.

아주 흥미로운 것은, 경험을 "일(work)", "일 지식(work knowledge)"으로 변환하였다는 점이다. 말하자면, 제도적 문화기술지는 사람들의 경험을 검토하기 위해 '일', '일 지식'이라는 비유적 틀이자 개념을 끌어들였다. '일 지식' 개념은 제도적 문화기술지 연구가 '실제'를 향하고, 실제의 조직화 양상을 그려내도록 돕는 개념적 도구이자 전략적 틀이라고 볼 수 있다. '일'과 '일 지식'에 대한 통찰이야말로 제도적 문화기술지의 독창성이자, 제도적 문화기술지를 탄탄한 연구방법론의 위치에 자리매김하게 한 핵심 키워드 중 하나이다.

제도적 문화기술지에서 '일'은 우리가 항용 사용하는 의미보다 훨씬 확장된다. '일'은 유급노동만이 아니라 무급의 활동 전체, 더 나아가 개인의 주관성까지도 포함한다. '일'은 구체적인 시간과 공간 안에서 이루어지고, 특정의 조건과 자원을 수반하므로 사람들이 행하는 것만이 아닌, 행위에 필요한 조건, 상황, 맥락, 역사, 제도와도 접촉한다. 나아가 '일'은 시간과 노력을 들여 행하는 것, 행하고자 의도하는 것, 특정 조건하에서 행한 것은 물론 사람들이 생각하는 것까지도 포함한다. '일 지식'은 행위자가 자신이 행한 '일'과, 그 '일'이 어떻게 다른 사람들의 '일'과 조정되는지에 대해 알고 있는 것을 말한다.

따라서 사람들의 경험을 '일'과 '일 지식'으로 바라보면, 해석을 피하면서 행위자의 '실제', 조정과 조직화의 실제 양상을 더 잘 볼 수 있다. 즉, '일'에 주목하면, '일'이 접촉하는 조건, 상황, 맥락, 제도, 역사를 만나게 되어 지배관계로 나아갈 수 있고, 사람들의 '실제'를 더 잘 볼 수 있게 된다. 또한 제도적 문화기술지는 사람들이 경험하고, 보고, 느끼는 것이 서로 다르다는 점을 당연시한다. 일상에서 이루어지는 조정은 사람들의 관점이나 이해관계의 차이를 만들어내기 때문이다. 그러므로 '일'의 과정을 따라가면 일이 '조정'되는 것을 반드시 볼 수 있고, 사람들이 가진 '일 지식'의 '차이'를 이어 맞추면, 제도적 과정과 조정을 디테일하게 볼 수 있다.

그런데 사람들의 '일 지식' 산출에 가장 큰 걸림돌이 있는데, 그것은 제도적 담론이다. 제도적 문화기술지 연구자는 '일'에 쉽게 접근하기 어려운데, 그 가장 큰 방해요소가 제도적 담론이다. 사람들의 '일', '일 지식'에 제도적 담론이 개입되면서 '실제'가 제도적 담론에 포섭되거나 제거되기 때문이다. 즉 제도적 담론은 일하는 사람들의 관점, 현장, 구체성, 주관적 경험을 삼켜버리고, 그 결과 제도적 담론으로 설명할 수 있는 부분만 골라내게 한다. 예를 들어, 사회서비스에서 바우처 제도가 생산하는 제도적 담론에 익숙한 정보제공자는 바우처 서비스가 구체적으로 어떻게 수행되는지를 말하기보다 바우처 서비스 제공 행위들을 효율성과 관리주의 담론의 언어들로 해석하거나 치환하여 이야기할 가능성이 있기 때문에 '실제'를 가릴 수 있다.

따라서 제도적 문화기술지 연구자가 '일'에 접근하기 위해서는 누군가가 하고 있거나 했던 것에 주목해야 한다. 제도적 언어 뒤에 실제로 무엇이 일어났는지 파악해야 한다. 추상적이고 관념화된 개념에 주목하기보다 행위의 구체적인 것, 활동의 환경, 수단, 시간, 자원, 사람들의 생각, 감정 등 '실제'를 찾고, '실제'로 돌아가고, '실제'와 맞닥뜨려야 한다. 그러자면 연구자는 사람들이 사용하는 언어 장벽의 밑바닥까지 꿰뚫어서 그들이 실제로 행하는 것이 무엇인지 배우도록 해야 한다. 제도적 담론에 포획된 정보제공자의 말은 그의 '일', '일 지식'을 사라지게 하므로 분석에 쓸모가 없다(스미스, 2014).

(3) 텍스트

제도적 문화기술지에서 '텍스트'는 '일', '일 지식'과 함께 사람들의 일상 경험과 경험 너머의 제도적인 것을 발견하고 접근하게 해주는 또 다른 핵심 고리이다. '텍스트'란 글이나 그림, 기타 산출물을 복제 가능하게 하는 물질적 형태(예: 문서, 인쇄물, 필름, 전자적인 것)를 말한다. 예를 들어, 사회복지 현장에서 사용되는 각종 양식들과 지침, 문서들, 법령, 사회복지통합전산망 등이 텍스트에 해당된다. 제도적 문화기술지가 '텍스트'를 끌어들이는 이유는 텍스트가 지배관계의 토대가 되기 때문이다. 그런데 텍스트는 어떻게 지배관계의 토대가 되는가?

제도적 문화기술지에서 텍스트는 움직이지 않는 고정된 물체가 아니라 움직이면서 활동하고 무엇인가를 발생시키면서, 텍스트를 읽는 독자(행위자)와 끊임없이 대화하는 존재이다. 우선, 텍스트는 실제 현실에서 단독으로 움직이지 않고, 사람들과 함께 혹은 사람들의 '일'과 함께 움직인다. 텍스트는 사람들의 일을 발생시키고, 일에 개입하고,

일을 동원하고 통제한다.

예를 들어, 아동복지시설에 성범죄자 신상에 대한 문서가 접수된 경우, 그 문서(텍스트)는 어떻게 활성화될까? 인근에 성범죄자가 거주한다는 사실을 통보받은 시설장은 시설에 거주하는 아이들의 안전을 위해 호루라기를 사서 아이들에게 걸어주기로 결정한다. 시설장은 호루라기를 사기 위한 예산 확보를 위해 구청에 문의하고, 구청 직원과의 논의과정에서 시설에 지급된 운영보조금 예산조정을 요청받으며, 이와 관련된 양식에 필요성과 경과 등을 기록해야 한다. 여기서 텍스트는 시설장으로 하여금 호루라기를 사기 위한 일련의 행위들(일)을 발생시키고 동원하며, 시설장의 행동(일)을 통제한다. 동시에 시설장과 구청직원의 일은 텍스트에 기반하여 예산조정 양식이라는 새로운 텍스트를 만들어내기도 한다.

텍스트들은 또한 상호교차되거나 텍스트 자체가 변환되면서 사람들의 행동을 조정하기도 한다. 이 과정에서 텍스트는 자신이 승인한 행위주체에게 일을 조정하고 동원하는 파워를 준다. 텍스트의 '조정'에 파워가 작동한다는 것은 텍스트들 간에 위계가 있고, 규제적 역할을 하는 텍스트가 존재함을 의미한다. 규제적 역할을 하는 텍스트들(예: 법, 행정규칙, 지침 등)은 그 안에 어떤 개념적 '틀' 혹은 제도적 담론을 반영하고 있다. 텍스트에 반영된 이 개념적 틀은 사람들의 경험, 이해관계, 관심사를 이 틀에 맞추어 해석하게 한다. 특히, 이 '틀'은 일선에서 일하는 사람(예: 사회복지사)이나 텍스트 장치에서는 보이지 않는다. 따라서 제도적 문화기술지 연구자는 텍스트에 범주나 개념, 틀이 설정되어 있다는 사실을 인식하고 이를 명확히 밝혀내야 한다.

여기서 텍스트의 일 조정을 보다 큰 지배관계 혹은 제도로 나아가게 하는 것은 텍스트가 가진 복제가능성과 영구성 때문이다. 텍스트는 영구적이고 복제가 가능하기 때문에 광범위한 영역과 지역에서 사람들의 행위를 일반화하고 표준화한다. 제도적 문화기술지 연구자가 지배관계에 대한 탐구로 나아가려면 동일한 텍스트가 적용되는 여러 다른 상황을 인터뷰 대상으로 정하여, 각 영역 혹은 지역에서 그 텍스트가 어떻게 해석되고 적용되며, 일을 조정하는지 살펴야 한다.

또한 각 지역에서 해당 텍스트가 어떤 역할을 하는지 검토하면서, 그 텍스트가 어떤 일을 어떻게 표준화시키고 있는지 주목해야 한다. 텍스트가 제도나 지배관계의 토대가 되는 것은 이러한 여러 영역과 지역에서 사람들의 일을 조정하는 방식을 통해서 이루어진다. 이런 점에서 텍스트는 관찰의 대상으로 한정하기보다 '문제틀'로 설정는 것이 더 적합하다. 그래야 텍스트의 조정행위를 통해 지배관계로 나아가는 것이 더 잘 보일 수 있기 때문이다.

이처럼 텍스트는 일과 결합하면서 사람들의 일을 조정한다. 텍스트는 '일-텍스트-일', '텍스트-일-텍스트'의 형태를 취하면서 움직인다. 텍스트는 일과 분리될 수 없으며, 텍스트의 조정행위는 사람들의 일상을 제도 안으로 끌어들인다. 텍스트가 단독으로가 아니라, 일상의 행위자들과 함께 움직인다는 점, 그리고 이 과정에서 텍스트가 사람들의 활동, 일을 다양한 방식으로 조정하고 있음을 인식하는 것이야말로 제도적 문화기술지에서 필수적이다.

기존의 연구방법들이 텍스트와 일을 독립적인 것으로 보고 접근하였다면, 제도적 문화기술지에서의 텍스트는 이러한 한계를 넘어 현실의 복잡성을 통찰하게 해주는 도구로 활용된다. 따라서 제도적 문화기술지 연구자는 연구 상황에서 일 지식과 텍스트가 어떤 관계로 맞물려가면서 제도에 이르게 하는지를 찾아야 한다. 행위자가 텍스트에 어떻게 반응하는지, 즉 '일 지식'이 텍스트를 완충하는지, 아니면 텍스트가 '일 지식'을 강압하는지 등을 주의 깊게 살펴야 한다.

(4) 문화기술지적 접근

제도적 문화기술지는 '제도적'과 '문화기술지'라는 두 용어로 구성되어 있다. 이 두 키워드만 놓고 보면 얼핏 제도적 문화기술지는 문화기술지의 한 지류처럼 보이지만, 그렇지 않다. 두 키워드로 제도적 문화기술지를 간략하게 표현해 보면, '문화기술지적 방법으로 제도 혹은 제도적인 것을 발견하기'라고 할 수 있겠다. 그렇다고 제도적 문화기술지가 통상적인 의미의 '제도'를 발견하는 것이라고 오해해서는 안 된다. 이미 앞에서 언급했듯이, 제도적 문화기술지에서 '제도'는 사회조직체가 아니라, 텍스트와 일에 의해 조정되어 나타나는 지배관계의 복합체이다. 좀 더 엄밀히 말하면, 제도적 문화기술지는 제도가 아니라, 제도들의 교차부분이나 연결지점, 지배관계를 연구한다. 따라서 제도적 문화기술지는 문화기술지적 방법으로 우리의 일상이 어떻게 제도에 지배되고 있는가를 드러내 보여줌으로써 제도변화의 지점과 전략을 구상한다.

그런데 왜 문화기술지 방법인가? 제도적 문화기술지는 "사람을 위한 사회학"으로도 불리지만 "지배관계의 사회학"으로도 불린다. 이는 제도적 문화기술지를 통해 드러내고자 하는 것이, 사람들의 일상적 삶 속에 얽혀 있는 지배관계임을 말해준다. 앞에서 살펴본 바와 같이, 제도적 문화기술지에서 지배관계는 '실제'의 '일'이 텍스트를 매개로 조정되고, 이 일 안에서만 드러난다. 사람들의 일이 조정되고 조직화되는 '실제'를 드러내 보여주기 위해서는, 기존의 개념적 추상화나 이론적 해석을 피해야 한다. 일과 텍스트의 조정을 통해 보여지는 '실제'의 지배관계는 시간과 공간 안에 존재하는 것이지, 추상화를 통해 탄생되지 않기 때문이다.

따라서 제도적 문화기술지는 필연적으로 해석을 피하기 위해 묘사

(description)를 택할 수밖에 없다. 여기서 말하는 '묘사'는 순수한 묘사도, 연구자가 일방적으로 하는 독백적 묘사도 아니다. 기존의 질적연구방법들은 연구자의 직관을 개념으로 바꾸고, 독백적 해석을 통해 차이들을 제거함으로써 조직화된 '실제'를 보이지 않게 만든다. 제도적 문화기술지는 가능한 '실제'를 드러내 보여주기 위해 '실제'와 개념 간에 대화적 묘사를 지향한다. 물론 대화적 묘사가 개념으로 오염된 연구자의 선입견을 온전히 드러내 주거나 없애주는 것은 아니다. 문화기술지 방법이 '실제'를 그려내려는 제도적 문화기술지의 방어벽이 되기는 하지만, 완전한 방어벽이 되지는 못한다고 볼 수 있다.

문화기술지로 접근하는 데 있어 중요한 것은, 개념이 '실제'를 얼마나 적절히 표현했는지 검증하는 것이다. 제도적 문화기술지에서 문화기술지라는 말에는 여러 의미가 함축되어 있다. 연구가 사람들의 일상생활을 토대로 출발한다는 점, 개념이나 이론을 가지고 해석하지 않고 묘사하는 것, 이 묘사가 독백적으로 이루어지지 않고 대화적으로 이루어진다는 것을 포함하고 있다.

제도적 문화기술지는 문화기술지라는 외양을 빌리고 있지만 그 내용은 전통적 문화기술지 방법과 모순되는 측면이 많다. 전통적 문화기술지는 내부자의 관점에서 어떤 집단이나 문화를 '묘사'하는 과학으로 정의된다. 그러나 오늘날 문화기술지는 내부자와 외부자의 관점을 융합하는 입장을 취한다. 오늘날 문화기술지를 '순수한 묘사', 즉 완전한 에믹(emic)으로 보는 사람은 없다. 문화기술지는 사람들의 의식이나 행동을 '묘사'하는 것을 넘어, 그 행동이나 의식이 왜 어떤 상황에서 일어났는지를 이해하는 과정에서 연구자의 '해석'이 불가피하게 따라온다.

그러나 제도적 문화기술지는 이런 일반적 의미의 문화기술지와는 다르게, '조직화된 실제'를 발견하기 위해서 해석을 거부하고, 문화기술지 방법을 적극 수용한다. 해석적 틀을 적용하면 정보제공자들의 관점과 경험의 차이가 제거되면서, 실제의 사회적 조직화는 보이지 않게 된다. 이런 맥락에서 제도적 문화기술지는 기존의 질적연구방법들이 기반하고 있는 '해석적 패러다임' 밖에 있다.

이처럼 제도적 문화기술지에서는 문화기술지로 접근하는 것이 필수적이다. 그 결과 제도적 문화기술지에서는 "지도 그리기(mapping)"나 "모으기(assembling)"와 같은 비유적 표현을 사용한다. 이들 비유는 정보제공자 각각이 사회적 조직화의 '조각'에 기여한다고 보는 것이다. '일 지식'을 모아 '지도 그리 듯'하면 제도적 과정에서의 행위의 시퀀스를 찾을 수 있고, 제도적 과정 안의 서로 다른 위치에 있는 행위자들의 경험의 '차이들'을 '모음'으로써 제도적 과정과 조직화가 그려진다.

또한 서로 다른 위치에 있는 '일 지식'을 해석하지 않고, 서로 '이어 맞춤'으로써 조직화를 그려낼 수 있다. 제도적 문화기술지는 결코 이론적 목적지를 갖지 않는다. 제도적 문화기술지에서 거시체계들은 이론적으로가 아니라 문화기술지적으로 탐구된다.

이상에서 알 수 있듯이, 제도적 문화기술지는 '제도'에 접근하고 '제도'를 발견할 수 있는 독특한 개념과 방법들을 제시한다. 그러나 '제도'를 발견하는 것은 쉽지 않다. 왜냐하면 제도적 문화기술지는 기존의 질적연구방법들이 사용하는 '해석'의 방법을 거부하고, 일상에서는 잘 보이지 않는 '사회적 조직화'를 끌어내야 하기 때문이다.

제도적 문화기술지 분석에서 '제도'를 발견하기 위해서는 우선 인터뷰 자료 등을 개인의 삶과 제도 간의 '접점'을 보여주는 것으로 이해해야 한다. 그리고 무엇보다 정보제공자에 초점을 두어서는 안 된다. 예를 들어, 정보제공자의 관점이나 의미에 사로잡히거나, 경험의 '차이'에 내포된 갈등에 사로잡혀 제도를 간과하거나, 제도적 포섭에 사로잡혀 정보제공자의 이야기를 제도적 담론으로 전환해서는 안 된다. 또한 연구자가 제도적 담론에 빠져서도 안 된다. 이렇게 되면 연구자는 제도적 관계와, 경험의 사회적 조직화라는 관점에서 빠져나가게 된다.

3) 해석적 질적연구와의 차이

일반적으로 대개의 질적연구방법들은 해석주의 패러다임으로 분류된다. 이들은 현상을 기술하고 설명하는 방법적 도구로서 '해석'을 사용한다. 그러나 제도적 문화기술지는 해석적 패러다임 밖에 위치한다. '해석'을 거부하기 때문이다. 기존의 일반 문화기술지들과 제도적 문화기술지의 차이는 이 양자 간의 차이를 대표한다. 전자가 '경험', '의미', '해석', '공통의 경험'을 강조한다면, 후자는 '제도', '사회적 조직화', '실제', '경험의 차이'를 강조한다. 이들 간의 차이를 좀 더 구체적으로 살펴보자.

(1) 연구의 초점을 경험에서 제도로 이동한다

제도적 문화기술지는 연구의 초점을 '경험'에서 '제도'로 이동한다. 일반 질적연구에서 연구의 목적은 경험 자체에 대한 기술이나 설명이 되지만, 제도적 문화기술지는 경험이 어떻게 제도적으로 조정되고 조직화되는가를 설명하고자 한다. 즉, 제도적 문화기술지는 경험을 설명하려는 것도 아니지만, 그렇다고 제도의 총체성을 그려내려는 것도 아니다. 제도적 문화기술지에서 경험에 대한 기술은 연구의 출발점에 불과하다. 예를 들어, 제도적 문화기술지 연구자는 정신질환을 가진 개인의 일상경험이나 복지 개혁 이후 저소득 엄마들의 돌봄 자체에 머무르지 않는다. 그들의 일상 경험이 어떻게 제도적으로 조정되고 조직화되는지를 연구함으로써 '경험'을 '제도'로 나아가게 한다.

(2) 경험을 해석하지 않고 경험의 조직화를 그려낸다

제도적 문화기술지는 경험을 '해석'하려 하지 않고, 경험의 조직화를 '그려내려(mapping)' 한다. 일반 질적연구방법은 경험의 공통 패턴을 찾아내고, 맥락을 끌어들여 경험을 이해한다. 이때 연구자는 경험과 맥락을 연결 짓는 과정에서 '해석'이라는 방법적 도구를 사용하고, 이 과정에서 이론적 개념과 범주를 적용한다.

그러나 제도적 문화기술지는 경험의 공통성이나 패턴을 찾아내려 하지 않는다. 그보다는 경험의 조직화, 즉 일상과 제도적 관계의 조정 양상을 통한 지배관계를 그려내려 한다. 따라서 제도적 문화기술지가 그려내려는 실재는 '해석된' 실재가 아니라 '조직화된' '실제'이다. 제도적 문화기술지는 '해석'을 거부한다.[13] 그리고 이 조직화된 실제를 그려내기 위해 해석이 아닌 '묘사'를 사용하고, 기존의 다른 질적연구방법에는 없는 '일 지식'과 '텍스트'를 끌어들인다. 이런 맥락에서 "제도적 문화기술지는 분석적 연구방법이기는 하지만, 해석적 코딩방법을 사용하지는 않으며, 분석은 무엇의 예증이 아니라, 항상 과정과 조정으로 이루어진다"(DeVault and McCoy, 2006).

---

13) 제도적 문화기술지 연구과정에서 '해석'이 완벽히 배제되는 것은 아니다. Liza McCoy(2006)는 자신의 제도적 문화기술지 연구의 분석 경험을 이야기하면서, 제도적 문화기술지 과정에서도 해석이 작용하는 부분이 있다고 말한다. 그녀는 사람들의 이야기에서 제도적 흔적을 뽑아내고, 사람들의 일이 제도적 접점에서 어떻게 형체화되는지를 파악할 때 해석적 과정이 이루어졌다고 한다. 여기서 해석적 과정은 제도적 흔적을 뽑아내기 위해서는 해당 제도 영역에 대한 지식이 필요하고, 그 지식의 적용을 통해 접점을 찾아낸다는 의미로 볼 수 있다. (McCoy, 2006: 109-125).

(3) 발견하려는 것은 경험의 의미가 아니라 경험의 사회적 조직화이다

제도적 문화기술지에서 발견하려는 것은 경험의 '의미'가 아니라, 경험의 '사회적 조직화'이다. 일반 질적연구는 개별 행위자와 집단을 대상으로 일상생활 안의 사건과 관계들의 '의미'에 초점을 둔다. 이 때 연구자는 '통역'하는 사람이다(Graham, 1998). 그러나 제도적 문화기술지는 이와 다르다. 도로시 스미스는 제도적 문화기술지가 사람들의 경험을 활용해 조직화를 구체적으로 탐구하는 것이며, 문화기술지라는 말에는 바로 이러한 의미가 내포되어 있다고 하였다. 제도적 문화기술지는 경험들의 '차이'에서 '사회적 조직화'를 발견하려 한다.

(4) 경험의 공통성이 아니라 경험의 차이를 배우고 발견한다

일반 해석적 질적연구가 사람들의 경험의 공통성을 발견하려 한다면, 제도적 문화기술지는 경험의 '차이'를 배우고 발견하려 한다. 일반 질적연구가 경험의 공통적 패턴을 찾는 것은 그 공통성 이면의 '의미'를 이해하기 위해서이다. 그러나 제도적 문화기술지는 서로 다른 관점과 경험을 가진 정보제공자들 사이의 일치점을 찾지 않고, 관점과 경험의 차이가 어떻게 조정되어 가는지에 주목한다. 정보제공자들의 관점과 경험의 차이는 조정이라는 제도적 형태에 사람들이 어떻게 참여하고 있는가를 발견하는 데에 핵심적이기 때문이다.

이처럼 제도적 문화기술지는 사람들이 '조정'과 '사회적 조직화'에 어떻게 관여하는지를 발견해야 하기 때문에 경험의 공통성이 아니라 경험의 '차이'에 주목한다. 실제로, 경험의 차이는 조정이라는 제도적 형태에 사람들이 어떻게 참여하고 있는가를 발견하는 데에 핵심적이다. 경험의 '차이'는 상호보완되어 행위의 시퀀스를 보여주기 때문이다. 이렇게 사람들의 경험의 차이를 자료로 하면 경험의 사회적 조직화, 지배관계를 그려낼 수 있다(Smith, 2005: 223).

(5) 맥락을 바라보고 다루는 방식에서 차이가 있다

제도적 문화기술지와 일반 해석적 질적연구는 '맥락'을 바라보고 다루는 방식에서 차이가 있다. 일반 질적연구의 가장 중요한 특징 중의 하나는 맥락을 끌어들여 경험을 이해하는 것이다. 이때 맥락은 타인이나 가치, 구조, 제도 등을 포함하는 개인의 주관적 경험을 둘러싼 거시체계이다. 일반 질적연구는 개인의 주관적 경험을 문화기술지로 기술하면서 거시적 틀로 해석한다. 여기서 거시적 틀은 사람들의 외부에서 인과적으로 관여하는 이론적 실체로 간주되고, 문화기술지적 기술은 행위자의 경험만을 중심으로 기술된다(Smith, 2005: 37).

그러나 제도적 문화기술지는 제도를 끌어들여 경험을 설명하려는 것이 아니다. 행위자의 경험을 제도를 끌어들여 이론적 개념을 적용해 해석하지 않는다. 제도적 문화기술지는 일상의 경험을 제도와 연관시키는 데 있어 '조직화'와 '지배적 실천'의 작동에 주목한다. 경험이 아니라 사회적 조직화의 연결양상 자체를 그리고자 한다. 따라서 제도적 문화기술지는 제도적 질서가 어떻게 구성되는지 묘사하고 분석하며, 이런 점에서 행위자의 경험과 맥락을 연결함으로써 거시와 미시의 경계를 허문다(Smith, 2005: 36). 즉, 제도적 문화기술지에서 행위자는 이미 맥락의 일부이다.

(6) 이론 개입을 거부하고, 그 자리에 문화기술지가 들어선다

제도적 문화기술지는 연구과정에서 이론의 개입을 거부하고, 이론의 자리에 문화기술지가 들어선다. 기존의 질적연구 방법이 이론을 개입시키는 반면 제도적 문화기술지는 이론과 관계 맺지 않는다. 일반 질적연구는 자료를 해석하는 과정에서 이론과 개념을 개입시킨다. 일반 질적연구가 이론을 개입시키는 지점은 다양하다. 문제를 형성하고, 자료를 분석하고 해석하는 과정에서 특정의 이론, 개념, 범주들이 적용된다. 근거이론은 이론에서 연구를 시작하지 않으나 이론형성이라는 이론적 목적지를 갖는다.

이처럼 일반 질적연구는 연구과정의 지점 여하에 따라 이론의 개입이 다양하게 이루어진다. 그러나 제도적 문화기술지는 이론을 형성하려는 이론적 목적지를 갖지도 않고, 분석과 해석과정에서 이론이나 개념을 적용하려 하지도 않는다. 이론의 자리에 문화기술지가 들어서면서 연구가 '발견'과 '탐구'를 향해 나아간다. 제도적 문화기술지는 어떤 질적 연구방법보다 탐구와 발견을 위한 방법론이다.

4) 제도적 문화기술지와 사회복지 지식

사회복지 학문분야에서 질적연구들은 사회복지 현장에 관한 지식을 생산하기보다는 사회복지 대상자들의 속성에 관한 연구가 압도적 주류를 이루고 있다. 그러나 사회복지학이 사회과학 내 다른 학문과의 차별성과 독자성을 구축하려면 정책과 실천을 포함한 사회복지 현장에서 일어나는 어려움들을 직접적인 연구대상으로 삼을 필요가 있다. 제도적 문화기술지는 사회복지 정책과 제도, 실천들이 그 속에서 살아가는 사람들의 삶을 어떻게 조정하고 조직화하는지를 보여줄 수 있는 유용한 방법론적 도구이다. 제도적 문화기술지가 사회복지학의 지식형성에 어떻게 유용하며 기여할 수 있는지 살펴보자.

(1) 사회복지 현장에서 이루어지는 제도적 작동을 이해하고 그 변화를 도모하는 데 유용하다

한국 사회복지 지식생산의 특성 중의 하나는 속성과 실천(정책 포함)의 지나친 불균형이다(김인숙, 2012). 학계가 사회복지학의 존립 기반인 실천(정책) 현장에 관한 지식생산에 상대적으로 무관심한 것은, 연구와 실천(정책) 간에 그만큼 거리가 있다는 의미이다. 이러한 거리와 괴리 현상을 무엇으로 설명할 수 있을까? 그것은 복지레짐의 차이라는 거시적 설명에서부터, 연구와 실천에 대한 인식의 차이, 그리고 실증주의와 같은 지배적 인식론의 우세, 연구자들의 문제의식의 결여에 이르는 미시적 설명에 이르기까지 다양하다(Dellgran and Hojer, 2001).

그러나 사회복지 지식은 실천가(정책가)와 실천(정책) 현장이 직면하는 문제를 돕기 위한 것이어야 한다. 사회복지 연구를 통해 산출되는 지식들이, 특히 속성에 관한 연구들이, 과학적 엄밀성에 치중하면서 실천(정책) 현장의 문제들을 외면하게 되면 사회복지 지식은 사회과학으로서의 위상을 제고할 수는 있지만, 현장의 문제를 방치하는 결과를 낳게 된다. 정책연구에서도 정책소설(policy fiction)에만 치중할 뿐 정책사실(policy fact)은 도외시하게 된다.[14] 이는 한국 사회복지 지식생산이 학문 전반의 공적 담론과 지식을 아우르지 못하는 결과를 가져온다.

사회복지의 모든 실천 행위들은 제도적 맥락 안에서 이루어진다. 이 제도는 법과 정책이라는 물적 토대를 기반으로 하며, 제도의 공급자와 수요자는 이러한 토대를 기반으로 상호역동적 과정을 통해 사회복지 현장을 구성해 간다. 사회복지 지식은 바로 이 현장에 주목하고

14) 특정 정책의 실제 효과를 파악하기 위해서는 문서상의 정책소설(policy fiction)이 아닌 정책이 발현되는 정책사실(policy fact)에서 출발해야 한다(김수영, 2012, 206에서 재인용).

관찰하여 여기서 제기되는 '실제' 현상과 어려움들을 규명하고 해결책을 도모할 필요가 있다. 특히 사회복지 제도가 작동되면서 정책과 실천, 서비스 공급자와 수요자 사이의 접점에서 일어나는 현상의 실제 모습을 그려낼 수 있다. 이는 제도적 문화기술지가 교육, 복지, 의료 등의 인간서비스 전문직을 길러내는 학문분야에서 유용성이 높다는 지적과 맥을 같이 한다.

오늘날 제도적 문화기술지는 클라이언트와의 관계에 관심을 갖는 전문가들과 그들의 일을 형성하는 힘들 혹은 변화를 위해 제도를 이해하려는 활동가들 사이에서 발전되고 있다(DeVault, and McCoy, 2006). 이에 따라 제도적 문화기술지는 제도적 체제에서 살아가는 사람들에게 좋지 않는 상황을 변화시키고자 하는 연구자들에게 유용한 선택이 되고 있다. 또한 인간서비스 실천가가 일상생활에 존재하는 문제들을 어떻게 이해할 것인지를 배우는 전략이며, 학생에게 일상생활 세계를 볼 수 있는 능력을 제공하고, 그것이 어떻게 그런 방식으로 일어나는지를 이해하고 그림을 그릴 수 있게 해주는 유용한 도구이기도 하다(Campbell and Gregor, 2004: 16).

(2) 사회복지 영역에서 이루어지는 제도적 맥락과 행위자들 사이의 조직화 양상을 보여준다

기존의 해석적 질적연구는 조직이나 제도, 체계, 이념과 같은 거시적 요소를 간과하고 주로 행위자들의 주관적 경험에 집중한다. 설혹 이들 거시 맥락을 연구에 끌어들인다 해도 그것은 행위를 설명하기 위한 자료로 사용된다. 그 결과, 사회복지의 제도적 장치들과 그 장치 안에서 살아가는 사람들이 어떻게 제도와 얽혀 가는지에 대해서는 잘 알려지지 않고 있다. 제도적 문화기술지는 사회복지의 제도나 담론, 체계, 실천과 같은 제도적 장치들을 행위나 경험을 설명하기 위한 도구로 여기지 않는다. 제도적 문화기술지에서 행위자는 제도적 맥락 안의 일부이지, 제도적 맥락 밖에 있지 않다. 따라서, 제도적 문화기술지는 기존의 질적연구 접근들에서 보여왔던 미시와 거시의 분리를 넘어 미시와 거시의 경계를 허문다.

바로 이 지점에서 제도적 문화기술지는 사회복지에 새로운 지식형성을 가능하게 해준다. 사회복지라는 제도적 맥락 안의 일부로서 행위자의 경험이 어떻게 제도적으로 조직화되어 있는지를 보여줄 수 있다. 이는 미시와 거시의 단순한 '연결'을 넘어서 이 양자가 어떻게 '조직화'되어 있는지를 보여줌으로써 사회복지서비스의 이용자들이 다양한 사회복지 제도들과 어떤 연관(혹은 지배관계) 속에서 살아가는지를 보여줄 수 있다.

예를 들어, 사회복지를 포함한 인간서비스 전문직에서는 주로 텍스트와 양식, 보고서를 가지고 일한다. 현장에서는 이런 텍스트를 작동시키는 과정에서 정책과 정책의 전제들이 실행되고 조직적인 파워가 행사된다. 제도적 문화기술지 연구자는 이러한 역동적 관계를 그려냄으로써 사태가 어떻게 조직화되고, 사람들의 삶이 어떻게 지배되는지 확인하게 된다(Campbell and Gregor, 2004: 33-36). 정신보건센터에서 사용하는 양식들이 어떻게 정신이상을 조직화하는지에 관한 제도적 문화기술지 연구가 한 예이다.

조직화를 발견할 수 있는 방법 중의 하나는, 제도적 문화기술지의 '일' 개념을 사용하여 제도적 세팅 내 사람들의 '일'을 모으는 것이다. 그 일이 조직적 지위에 따라 봉급을 받는 일이건, 레짐에 도전하는 운동가의 일이건 혹은 아동돌봄이나 병환 관리와 같은 일상생활의 일이건 간에 관심의 핵심은 정보제공자의 행동이다. 여기서 제도적 문화기술지 연구자는 그 행동이 어떤 범주로 분류될 수 있는가에 관심을 두지 않고, 그 행동이 조정되는 과정에서 드러나는 제도적 과정에 관심을 가진다.

흔히, 제도적 세팅의 전문가들(복지사, 교사, 간호 등등)은 클라이언트와 지배담론을 연결하는 매개체인데, 제도적 문화기술지 연구자는 이들의 제도적 언어 넘어서 그 세팅에서 "무엇이 실제로 일어났는지", 일 과정이 어떤지를 찾아낸다(DeVault, and McCoy, 2006: 25-30). 그러면 로칼 세팅을 조직화하는 거시 제도적 정책을 추적할 수 있고, 제도적 세팅 내의 행위자와 구조의 조직화를 볼 수 있다.

이처럼 제도적 문화기술지는 사회복지라는 제도적 세팅에서 자명하게 관찰될 수 있는 전문적 실천가들의 '일 지식', 현장을 움직이는 '텍스트'의 역할, 텍스트를 매개로 움직이는 제도적 담론의 작동 양상을 중심으로 '실제'에 기반한 조직화 양상을 보여줄 수 있다. 연구자가 알고자 하는 조직화의 범위는 연구자의 '입장'과 '문제틀'의 범위 여하에 따라 달라지기 때문에 얼마든지 확대 가능하다. 제도적 문화기술지의 이러한 강점은 그동안 비어 있는 사회복지의 지식 공간을 메워줄 수 있다.

(3) 연구자가 선택한 사람의 입장에서 지식을 생산한다

제도적 문화기술지가 사회복지 지식지형에 주는 또 다른 유용성과 함의는 연구자가 선택한 사람(예: 다양한 클라이언트들, 사회복지사)의 입장에서 지식을 생산한다는 것이다. 즉, 제도적 문화기술지는 특정 위치에 있는 정보제공자, 지배받는 사람의 위치에서 연구하며, 이것은 제도적 문화기술지의 주된 기여이다(Campbell, 2003). 제도적 문화기술지 연구에서 연구자가 선택한 사람은 지배받는 사람이다. 제도적 문화기술지는 일반적으로 지배받는 사람의 경험에서 시작한다. 그리고 이로부터 지배 혹은 조직화가 어떻게 이루어지는지를 밝힌다.

모든 연구는 연구자가 선택한 사람 혹은 집단에 대해 알고자 한다. 선택한 사람 혹은 집단에 대해 아는 것과 그들의 입장에서 접근하는 것과는 다르다. 도로시 스미스는 제도적 문화기술지에서 '주체위치'의 문제를 거론하면서, 헤겔이 말한 주인-노예관계에 대한 우화를 끌어들인다. 노예는 주변화되고 억압받는 자신의 위치 때문에 주인보다 더 많이, 더 멀리, 더 잘 볼 수 있다. 그녀는 사회에 대한 지식은 항상 자신이 서 있는 그 자리에서 도출되기 때문에 지배받는 사람은 이 점에서 인식론적 특권을 갖는다고 말한다(Smith, 2005: 1장). 주인의 입장에서 보이는 것과 노예의 입장에서 보이는 것은 다르다는 것이다.

제도적 문화기술지가 연구자가 선택한 사람의 입장에서 지식을 생산할 수 있는 이유는 '주체위치'에 대한 문제의식, 이로부터 '해석된 실제'가 아닌 이론이나 개념으로 '해석되지 않은 실제'를 보여주고자 한 데서 비롯한다. 이렇게 되면 연구자는 보편적 위치와 해석하는 '독백자'의 위치에서, 정보제공자의 위치로 내려와 '대화자'의 위치에 있게 된다. 예를 들어, 노숙 청소년에 대한 사회서비스들이 이들의 입장에서 조직화되어 있지 못하는 문제의식에서 출발한 Nichols (2008)는, 캐빈이라는 청소년 쉼터 사회복지사와의 대화로부터 연구를 시작한다. 연구자는 캐빈의 제안으로 쉼터에서 참여관찰, 관련자들을 인터뷰하다가 오린이라는 18세 청소년을 연구대상자로 선택한다. 그가 제도적 문화기술지를 연구방법으로 택한 이유는 오린이라는 청소년의 일상이 어떻게 그 일상 너머의 제도들과 맞물리는지를 발견하기 위해서였다. 여기서 Nichols(2008)는 오린의 이야기를 추상적 개념으로 규정하고 그 안에 가두려하지 않았다.

대부분의 질적연구가 수사상으로는 정보제공자의 목소리를 보여주고 대변한다고 하지만, 사실상 여기에는 한계가 있다. 대부분의 질적

연구들은 정보제공자의 목소리를 연구자의 해석을 통한 통역으로 이루어지기 때문이다(Graham, 1998). 제도적 문화기술지는 이론과 연구자의 해석을 개입시키지 않으면서 클라이언트의 입장에서 제도적 과정을 밝힐 수 있다. 따라서 다른 어떤 연구방법보다도 정책이나 제도의 서비스를 받는 클라이언트의 입장에서 정책개선을 위한 제안이 가능하다.

제6장 질적연구의 접근방법들, 어떻게 볼 것인가?

질적연구에 접근하는 방법 혹은 전략은 5장에서 기술한 바와 같이 단일하지 않고 다양하다. 게다가 시간이 지나면서 이들 각 접근방법 내에서도 다시 분화가 일어나고 있다. 이렇게 다양하고 많은 접근방법들은 질적연구자들을 혼란에 빠뜨린다. 연구설계를 위해서는 질적연구의 접근방법을 선택해야 하는데, 어떤 접근방법을 선택하는 것이 좋은지 이를 분별하고 선택하는 것이 쉬운 일이 아니기 때문이다. 질적연구의 다양한 접근들은 그 자체로 선은 아니다. 오히려, 질적연구에 접근하려는 연구자들에게 장애로 작용하면서, 양적연구 방법에 비해 대중화를 더디게 하는 요인이 되기도 한다. 이런 상황에서 우리에게 던져지는 질문은 다양한 질적연구의 접근들을 어떻게 바라보아야 하는가이다. 이 장에서는 이 질문에 대한 답을 찾는 데 도움이 되는 몇 가지 논점을 제시하고자 한다.

1. 질적연구의 다양한 접근에 대한 평가

최근 영국과 미국을 중심으로 사회과학이 정책이나 실천과 더 많은 관련성을 가져야 된다는 목소리가 커지고 있다. 이는 사회과학 연구가 정책결정과 전문적 실천에 더 많이 기여해야 한다는 의미이다(Hammersley, 2008: 3). 또한 현실문제의 해결은 모름지기 '증거'에 기반한 연구들을 통해 이루어져야 한다는 의미이기도 하다. 질적연구방법은 양적연구 방법과 함께 이러한 증거 산출의 한 방법이다.

그러나 문제는 질적연구 방법이 양적연구 방법처럼 단일하게 표준화되어 있지 않다는 데 있다. 양적연구방법이 단일한 접근과 표준화된 구조를 갖고 있다면, 질적연구방법은 다양한 접근 혹은 전략으로 이루어져 있다. 근거이론, 문화기술지, 현상학적 연구, 사례연구, 생애사, 담론연구, 내러티브 연구, 제도적 문화기술지 등 다양한 접근들이 질적연구방법으로 불린다. 그래서 질적연구방법은 "상대적으로 함께 사용하는 데 무리가 없다고 보이는 일군의 연구방법"으로 정의된다(Denzin & Lincoln, 1994; 패짓, 2001).

질적연구방법이 사회과학의 과학적 연구방법으로 점차 자리를 잡아가고 있지만 질적연구가 다양한 접근을 갖고 있는 것에 대해서 평가는 엇갈린다. 한편에는 다양한 접근이 오히려 혼란을 불러일으켜 질적연구에의 접근을 어렵게 하고, 질적연구의 입지를 좁힌다고 보는 입장이 있다(패짓, 2001; Hammersely, 2008). 이들은 질적연구의 여러 전략들에서 나온 다양한 방법들을 절충적으로 사용하면 오히려 질 좋은 연구가 산출될 수 있다고 본다(Seal, 1999). 또한 각 방법론을 대표하는 용어들에 대한 표준화도 이루어지지 않은 상태에서 다양한 접근의 사용만을 강조하는 것은, 질적연구를 어려운 것으로 인식하게 할 뿐이라고 본다. 따라서 이들은 질적연구의 다양성 속에서 공통성을 끌어내어 이들을 어느 정도 표준화시키는 것이 필요하다고 본다.

반면 다른 한편에서는, 질적연구의 특정 접근을 선택해 연구하는 것이 연구의 전제와 초점을 명확히 할 수 있고 연구의 일관성을 확보할 수 있기 때문에 질 좋은 연구를 생산할 수 있는 방법이라고 본다(크래스웰, 2005). 그리고 이렇게 해서 생산된 질 좋은 질적연구들은 학문세계에서 과학적, 정치적 기반을 확대시켜 줄 것이라고 평가한다. 이들에게 질적연구의 다양성은 선이고 축복이다. 그렇다면, 이렇게 엇갈리는 질적연구의 다양한 접근들에 대한 평가를 우리는 어떻게 이해하고 받아들여야 할까? 이에 대해 좀 더 자세히 살펴보자.

2. 질적연구 접근방법의 선택에 대한 두 입장

1) 특정 접근방법을 선택하여 연구하면 연구의 질이 높아진다

일반적으로 연구방법론(methodology)은 세계에 대한 존재론적, 인식론적 전제를 토대로 하여 연구의 방법(methods)과 절차, 기법을 구성한다. 사례연구처럼 일부 예외가 있기는 하지만, 우리에게 잘 알려진 질적연구의 다양한 접근들은 느슨하든 엄밀하든 세계에 대한 존재론적, 인식론적 기반을 전제로 한다. 다양한 질적연구들을 구분할 때 '전통(tradition)'이라는 용어를 사용하는 것은 각 접근방법들의 인식론적, 존재론적 차이를 강조하려는 의도이다.

질적연구에서 특정 접근방법을 선택하여 연구하면 연구의 질이 높아진다는 입장은, 이런 존재론적 인식론적 전제들이 보다 연구의 초점과 방향을 명확히 함으로써 연구의 질을 높인다고 본다. 만일 연구자가 특정 접근방법에 입각해 연구를 진행하면 해당 접근이 전제하는 인식론과 존재론이 연구방법에 반영되기 때문에, 연구의 전제를 보다 분명히 할 수 있고, 연구를 더욱 초점화할 가능성이 있다는 것이다. 그리고 이렇게 차별화된 전제는 질적연구의 과학적 설득력과 정치적 설득력을 높여줄 수 있다고 본다.

일례로, 문화기술지는 '사람들의 일상의 삶은 문화와의 연관을 통해 가장 잘 이해될 수 있다'는 느슨한 인식론적 전제를 바탕으로 한다. 따라서 특정 집단에 속한 사람들의 행위를 이해하기 위해서는 그를 둘러싼 문화적 맥락의 관점에서 접근하고, 이런 지식산출에 요구되는 방법을 강조한다. 제도적 문화기술지는 '사람들의 일상의 삶은 일상 너머의 제도적 힘, 제도적 장치들과 얽혀가면서 실제적으로 조직화된다'는 전제를 갖고 있다. 따라서 사람들의 삶을 이해하기 위해서는, 제도적 힘과 장치들의 얽힘을 보여줄 수 있는 고유한 방법적 장치들을 제시한다.

예를 들어, 사회복지사들이 경험하는 임파워먼트 실천을 연구하려는 경우 연구주제는 다양한 각도에서 접근할 수 있다. 연구자의 문제의식 여하에 따라 질적연구의 접근방법을 다르게 선택할 수 있다. 어떤 연구자는 사회복지사들의 임파워먼트 실천의 과정을 이론화해보고 싶을 수 있고(근거이론), 또 다른 연구자는 임파워먼트 실천행위의 문화적 의미를 알고자 할 수도 있다(문화기술지). 또는 사회복지사들이 행하는 임파워먼트 실천의 본질이 무엇인지 궁금해 할 수도 있다(현상학적 연구).

또 다른 예로, 바우처 도입으로 인해 사회복지사들의 정체성이 어떻게 변했고, 그 의미가 무엇인지를 탐색한 연구(김인숙, 2010a)는 질적연구의 특정 접근을 선택하지 않았다. 그 이유는 이 연구가 바우처 도입으로 인한 사회복지사들의 변화를 서술해 주고, 사회복지실천의 정치사회적 지형 안에서 그 변화의 의미가 무엇인지를 전반적으로 도출하는 것이 목적이었기 때문이다. 이러한 연구는 5장에서 소개한 '일반적 질적연구(generic qualitative research)'로 부를 수 있다.

그러나 만일 연구자의 문제의식이 바우처 제도 도입으로 인해 사회복지사들의 일상과 정체성이 어떻게 바우처라는 제도적 틀 속에 말려들어가게 되는지, 제도적 힘과 장치들이 어떻게 바우처를 실천하는 사회복지사들의 행위와 사고를 특정 방향으로 몰아가고 있는지, 그 얽혀가는 과정을 보여주고자 한다면 제도적 문화기술지를 선택할 수 있다. 왜냐하면 제도적 문화기술지는 우리가 사는 일상의 세계가 늘 제도적인 것과 얽혀 있고, 따라서 개인의 경험과 행위는 이 제도적 조직화와 연결되어 있다고 전제하고, 그에 따른 독특한 방법들을 제시하기 때문이다.

이렇게 질적연구의 특정 접근방법을 선택해 연구하면, 특정 존재론적 인식론적 전제가 작동하기 때문에 연구질문을 보다 명확히 할 수 있을 뿐만 아니라, 그에 적합한 자료수집과 분석방법을 견지할 수 있는 장점이 있다. 즉, 질적연구의 다양한 접근들은 연구질문의 방향과 범위는 물론이고 자료수집과 분석방법에 이르기까지 영향을 미친다. 질적연구의 접근방법과 연구질문은 서로 변증법적으로 작용하면서 연구를 특정 방향으로 이끌어 간다. 특정 접근방법의 선택을 강조하는 입장은 이 과정에서 연구의 질이 높아질 수 있다고 본다.

그러나 문제는 모든 질적 접근들이 서로 차별되는 고유한 방법들을 가지고 있는 것은 아니라는 점이다. 분명하고 차별화된 존재론적, 인식론적 기반을 갖고 있는 접근들이 있는가 하면, 아예 이런 기반이 없거나 아주 느슨한 기반을 갖고 있기도 하다. 이런 모호성은 분석방법으로 가면 더 심화된다. 사실은 비슷한 원리에 기반한 분석방법임에도 연구자마다 다른 용어를 사용하고 있어 혼란을 가중시키기도 한다. 질적 접근의 다양성에 대한 비판은 이런 혼란이 질적연구방법의 존립을 위태롭게 한다는 문제의식으로부터 제기되었다.

2) 질적연구 접근방법들의 다양성보다는 공통성을 확보하자

질적연구의 접근방법을 선택하는 것이 질적 연구의 질을 높인다는 견해는 다음의 몇 가지 점에서 비판받는다.

첫째, 특정 질적 접근만을 선택했다고 하여 자동적으로 질적연구의 질이 담보되는 것은 아니다. 질적연구의 질은 특정 접근방법의 선택이 아니라, 연구자의 자질과 노력에 의해 결정된다. 오히려 질적연구의 접근방법이라는 화려한 수사 뒤에 가려 질적연구의 질이 부각되지 못할 수도 있다.

둘째, 접근의 다양성은 질적연구를 시도해 보려는 연구자들이 쉽게 질적연구에 접근할 수 있는 가능성을 방해한다. 단일한 표준 없이 다양한 접근에 따라 연구접근과 방법을 달리해야 한다는 것은 연구자의 입장에서 복잡함과 혼란을 불러일으킬 수 있고, 연구방법을 이해하기 위해 더 많은 노력을 들여야 하기 때문이다. 질적연구가 현실세계에서 연구방법으로 힘을 잃어간다는 비판이 제기되는 것도 바로 이러한 맥락에서이다.

셋째, 질적연구의 다양한 접근이, 연구자는 물론 실천가와 정책결정자 모두에게 접근성을 떨어뜨린다는 것이다. 이러한 비판은 질적연구에 대한 실용주의적 입장에서 나오는데, 이들은 질적연구의 궁극적 목적이 사회현실의 문제를 밝히고 해결하는 것에 있음을 강조한다. 질적연구의 다양한 접근들이 질적연구에의 접근을 방해함으로써, 이러한 현실문제의 해결을 위한 접근기회를 제한한다는 것이다.

이렇게 질적연구 접근의 다양화를 비판하는 사람들은 일군의 질적 접근방법들이 갖고 있는 공통분모를 강조한다(패짓, 2001). 이들은 존재론적이고 인식론적인 토대가 다르다고 연구의 실천행위 자체가 다른 것은 아니라고 본다(Snape & Spencer, 2003). 이들은 질적연구의 다양한 접근들 자체가 갖는 장점을 부인하지는 않지만, 다양한 접근에 대한 지나친 강조를 경계한다. 즉, 특정 질적 접근방법을 선택하지 않고서도 깊이 있고 풍부한 연구를 산출해 낼 수 있다는 것이다. 5장에서 기술한 '일반적 질적연구'는 이러한 논지의 필요성을 보여주는 대표적 예이다. 특정 질적 접근을 선택함으로써 연구질문이 더 분명해지고 초점화되는 경우가 있기는 하지만, 모든 질적 연구가 특정 접근방법을 선택해야만 하는 것은 아니다.

이러한 입장은 우리가 사회세계에 대해 갖는 문제의식과 관심사가 너무나 다양하다는 사실을 생각해 보면 쉽게 이해된다. 우리가 사회세계에 대해 갖는 수많은 문제의식과 연구질문들은 다양한 형태로 나타난다. 그 수많은 문제의식과 질문을 몇 가지의 인식론적 토대에 근거한 질적연구 접근들로 연구해야 한다는 것은, 마치 몸에 맞지 않는 옷을 억지로 입히는 것과 마찬가지이다.

예를 들어, 앞에서 언급했던 사회복지사의 임파워먼트 연구의 경우, 어떤 연구자는 사회복지사들이 임파워먼트 실천을 어떻게 이해하고 있는지, 그것이 사회복지사들에게 무엇으로 수용되고 있는지, 임파워먼트 현상을 탐색적 차원에서 이해하고 싶어 할 수 있다. 이 경우 특정 접근방법을 선택하지 않고서도 질적연구 수행이 가능하다. 연구자는 사회복지사의 임파워먼트를 사회복지실천의 맥락 안에서 이해하고 해석하면 된다. 왜냐하면, 질적연구는 연구참여자의 행위나 사건이 어떻게 타당해지는지 그 맥락과 과정을 통해 행위나 사건의 의미를 해석해내는 공통적 특성을 가지고 있기 때문이다.

이처럼 질적연구의 다양한 접근방법들을 선택하는 기준에 대한 합의된 견해는 없다. 한편에는, 특정의 접근방법을 선택해야 한다는 선택론이 있는가 하면, 다른 한편에는 다양한 접근방법에 지나치게 매달리기보다 공통성을 기반으로 질적연구에의 접근성과 실용성을 높이자는 견해가 있다.

패짓(2001)은 질적연구의 접근을 지칭하는 다양한 용어들(근거이론, 현상학적 연구, 문화기술지, 담론연구, 내러티브 연구 등등)이 오히려 혼란을 불러일으키고 있고, 실제에서도 이들 용어가 표준화되어 사용되고 있지 못하다고 하였다. 그의 이러한 주장은 옳다. 그러나 동시에 질적연구의 각 접근들이 연구문제와 자료수집 및 자료분석의 초점을 명확히 할 가능성이 있다는 주장 또한 옳다.

이렇게 서로 다른 두 입장을 수용하면, 우리에게 하나의 지침이 제시된다. 그것은 연구자의 문제의식과 연구질문의 초점 여하에 따라 어떤 연구는 질적연구의 접근을 선택하는 것이 더 좋지만, 어떤 연구는 특정 접근에 대한 선택 없이도 충분히 질 좋은 연구를 생산할 수 있다는 것이다.[1] 반드시 여러 질적 접근 중의 하나를 선택해야 하는 것은 아니다.

특정 질적 접근에 대한 선택 없이도 질적연구를 할 수 있다. 특정 질적 접근의 선택 여부가 중요한 것이 아니라, 연구자의 문제의식과 연구질문에 가장 잘 답해 줄 수 있는 접근방법을 찾는 것이 중요하

1) 최근에는 '하나의 연구에 하나의 접근 선택'이라는 구도도 깨어지고 있다. 하나의 연구에 여러 질적 접근을 사용하기도 한다. 예를 들어, Lawrence(2003)은 콜린스빌이라는 지역에 이주한 라틴계 이민자와 장기 거주한 아프리카계 미국인의 사회적 자본이 어떻게 구성되는지를 사례연구와 문화기술지 접근을 사용해 탐구하였다. 이처럼 질적방법과 양적방법의 혼합이 아니라, 질적연구 내 다양한 접근들 간에도 혼합이 이루어지고 있다. 이러한 현상은 질적 접근들 간의 접목을 통해 연구를 보다 풍부하게 하려는 의도가 작용한 것이기도 하지만, 동시에 특정 접근을 고수하기보다는 공통적 기반을 확대하려는 실용주의적 시도의 하나이기도 하다.

다. 그것은 어떤 특정 질적 접근을 선택하는 것일 수도 있고, 특정 질적 접근에 대한 선택 없이도 이루어질 수 있다. 그러자면, 우선 다양한 질적 접근방법들의 저변에 흐르는 공통적 토대와 방법들을 이해하는 것이 필요하다.

3. 다양한 접근방법의 공통성

앞에서도 언급했듯이, 질적연구를 수행할 때 특정 접근방법을 선택하여 연구를 진행하면 연구질문의 초점을 보다 명확히 할 수 있고, 해당 인식론에서 강조하는 측면의 지식을 산출할 수 있다. 여기서 연구질문과 접근방법의 관계는 단선적이거나 일방적이지 않고 변증법적으로 이루어진다. 연구질문이 결정되면 접근방법이 선택되거나, 혹은 접근방법이 선택되면 연구질문이 구성되는 것이 아니라, 연구질문과 접근방법이 상호작용하면서 연구의 초점을 명확히 하고 연구를 특정 방향으로 이끌어간다.

또한 질적연구에서 어떤 접근을 선택하느냐 하는 것은 연구질문 차원에서만이 아니라 분석방법이나 연구결과의 기술형식에서의 차이를 가져오기도 한다. 질적연구의 다양한 접근방법들은 그 접근이 견지하는 존재론적, 인식론적 전제에 기반하여 자료수집과 분석방법에서 차이가 있다. 예를 들어, 문화기술지는 문화화된 의미를 포착하기 위해 참여관찰과 문화적 영역과 의미를 강조하고, 현상학적 연구는 현상학적 환원이라는 방법을 반드시 필요로 한다. 그리고 근거이론방법은 이론생성을 위해 이론적 표집과 지속적 비교방법을 요구한다. 연구결과를 기술하는 방식에서도 접근방법에 따라 서술, 모델, 이론의 형식을 띤다(Dey, 1993). 근거이론 연구가 개념적 가설의 형태를 띤다면, 문화기술지나 현상학적 연구는 주로 서술의 형식을 띤다.

그러나 이 모든 차이가 선명히 구분되는 것은 아니다. 오히려 다양한 질적 접근들을 가로지르는 공통분모가 있다. 우선, 연구질문의 초점이라는 측면에서 볼 때, 질적연구의 접근방법들이 연구질문의 경계와 초점을 차별화하는 기능만 하는 것은 아니다. 다양한 질적접근들에서 던지는 연구질문에는 공통성이 있다. 그것은 어떤 경험이나 사건, 현상, 행위가 타당해지는 '상황'을 이해하는 것, 즉 어떤 경험과 사건, 현상, 행위를 상황의 맥락과 연결시키는 것이다. 여기서 상황은 구조, 이데올로기, 가치, 조직, 제도, 집단 등 다양할 수 있다. 경험과 상황, 행위와 상황, 사건과 상황, 현상과 상황을 연결하여 서술하고 설명하되, 이 양자 간 관계가 어떻게 타당해지는지를 서술하거나 설명한다. 즉 질적연구의 접근들은 질적연구의 연구질문을 차별화시켜주지만, 동시에 이 차별화 속에는 특정 경험과 사건이 타당해지는 상황의 이해라는 구조적 틀이 공통적으로 존재한다.

예를 들어 보자. Rainford(2002)는 일하지 않는 복지수급자에 대해 현금지원과 서비스 지원을 삭감하는 처벌적 제재가 과연 수급자들을 일하게 만드는지 그 효과를 궁금해 하였다. 즉, 그는 일 안 하는 복지수급자들에 대한 제재조치의 효과를 알고자 하였다. 그는 이에 대한 답을 찾기 위해 질적연구의 특정 접근방법을 선택하지 않고 연구를 진행하였다. 연구 결과, 복지수급자를 일하지 못하게 하는 다양한 상황적 방해요소가 있었고, 제재의 영향은 수급자들에게 매우 해로웠지만, 제재가 수급자들의 순응이라는 효과를 가져오지는 못했다. 이런 연구결과를 바탕으로 Rainford(2002)는 복지정책의 모델을 가부장주의적 규제 모델에서 탈피하여 다른 모델로 전환할 것을 제안하였다.

그러나 만일 어떤 연구자가 복지제재의 효과라는 동일한 주제에 대해 문화기술지로 접근했다면 연구결과는 어떠했을까? 연구자는 아마도 일단 복지수급자의 제재조치에 대한 경험과 인식을 조명하면서 바로 그 경험을 할 수밖에 없었던 상황, 그 경험을 바로 그 경험이 되게 한 문화적 맥락에 주목할 것이다. 다시 말해, 복지수급자의 경험이 타당해지는 상황을 문화적 코드들(예를 들면, 해당 복지수급 제도의 관성과 틀, 제재에 배태되어 있는 이데올로기의 작용, 복지서비스 전달자의 관점 등등)의 상호연관을 통해 읽어냈을 것이다. 이렇게 읽어내어 해석된 이야기는 복지제재를 경험하는 복지수급자들의 총체적인 경험을 설득력 있게 설명해 주었을 것이고, 이를 통해 제재가 복지수급자들에 끼친 효과를 가늠했을 것이다.

만약 이 복지제재의 효과라는 연구주제를 현상학적 방법으로 접근했다면 연구결과는 어떠했을까? 현상학적 접근은 인간에게 주어지는 제도적 제재가 인간에게 무엇을 경험하게 하는지, 그 경험의 본질에 초점을 둔다. 연구자는 연구참여자의 경험에 대한 현상학적 환원을 돕고 자신의 선이해를 괄호치기 함으로써, 연구참여자 경험의 본질에 다가갔을 것이다. 그 결과 연구자는 문화기술지에서와 같은 문화화된 인간행위의 의미가 아니라, 본질화된 인간행위의 의미를 찾아냈을 것이다. 즉, 연구자는 제재로 인한 복지수급자들의 경험의 본질과 본질의 구조를 파악했을 것이고, 이 본질적 경험이 어떻게 구성되며, 이것을 가능하게 한 조건들이 무엇인지 탐색했을 것이다.

이상에서 알 수 있듯이, 우리는 인식론적 전제가 다른 질적연구의 접근방법을 동일한 주제에 적용할 때 연구결과에서 어떤 공통의 기반을 발견할 수 있다. 그것은 사람들이 경험하는 특정 경험의 핵심적 의미를 찾아내고, 그 의미를 구성하는 요소들, 그리고 그 의미를 바로 그 의미로 만드는 다양한 맥락들, 상황들을 발견하는 것이다. 접근방법의 선택 여하에 따라 연구질문의 초점이 다를 수 있고(혹은 거꾸로 연구질문의 초점에 따라 접근방법의 선택이 달라질 수 있고), 적용하는 방법과 기법에 차이가 있을 수 있으며, 연구결과의 내용이나 표현상에 차이가 있을 수 있지만, 경험 이면의 의미를 포착해내고 그 의미의 맥락들을 탐색해 간다는 공통성이 있음을 알 수 있다.

이러한 공통의 기반은 연구결과만이 아니라 분석방법에서도 찾아진다. 앞의 5장에서도 언급했듯이, 각 접근방법들에서 제시되는 분석방법들은 어지러울 정도로 연구자마다 사용하는 용어가 다르지만, 여기에는 공통의 원리들과 방법들이 존재한다. 즉, 다양한 접근방법의 분석방법들 안에는 이들을 관통하는 공통되는 원리와 방법들이 작동한다. 특히, 동일한 패러다임 내의 분석방법들에는 공통된 원리와 방법들이 있다. 예를 들어, 해석주의 패러다임에 속한 다양한 접근방법들은 자료를 쪼개고, 분류하고, 추상화하고, 연결짓고, 해석하는 공통된 분석방법들을 사용한다.

이러한 공통성으로 인해 질적연구자들은 서로 다른 접근방법들에서 사용되는 분석방법과 기법들을 서로 넘나들며 상호적으로 사용한다. 우리는 논리실증주의를 몰라도 통계를 할 수 있고, 해석학을 몰라도 해석을 할 수 있듯이(Patton, 2002), 어떤 방법과 기법을 사용할 때 반드시 해당 인식론적 토대를 반드시 알아야 하는 것은 아니다. 인식론적, 존재론적 신념이 다르면 다른 연구실천을 가져오지만, 동일 패러다임(예를 들면, 해석주의 패러다임) 안에서는 그 안의 여러 방법들을 혼용하는 것이 좋다(Snape & Spencer, 2003: 15-17). 인식론적 차이가 반드시 다른 지식을 가져오는지에 대해서는 여전히 논란이 있다.

4. 사회정책 영역에서 공통성 논쟁

응용 사회정책 영역에서는 질적연구방법에서의 공통기반에 관한 논쟁을 잘 보여준다. 응용 사회정책 영역에서 방법론 논쟁은 뚜렷한 정책적 맥락이 있었다. 연구자금을 대는 공공기관이 질적 증거물 산출을 요구하기 시작했다는 점이다. 그런데 이 요구는 다양한 질적 전통을 가진 방법론으로는 적합하지도, 충족될 수도 없었다. 사회정책 영역에서는 질적방법들을 절충하는 절충주의적 접근을 시도하였고, 이것은 굉장한 강점을 갖고 있었다(Snape & Spencer, 2003: 18-19).

그러나 기존의 질적연구 문헌들에서는 이를 꺼려하였다. 그 결과 특정 연구전통들만 선호되어 알려졌다. 이 과정에서 비공식적 논의가 있었다. 그것은 5장에서 소개한 '일반적 질적연구'에 관한 것이었다. '일반적 질적연구'를 제기한 것은 이를 반대하는 Morse(1998)에 의해서였다. 그는 일반적 질적연구는 다른 전통을 갖지 않고 수행되는 연구로서, 연구자의 신념과 연구실천의 관계가 논의된 적이 없으며, 다른 질적전통과 무관하게 이루어지는 연구라고 주장하였다. 그는 연구자의 신념과 연구 수행 간의 일관성 정도를 평가할 기회를 갖지 않는 것은 연구 질을 평가 불가능하게 만든다고 보았다. 즉, 일반적 질적연구는 연구 질을 평가할 수 있는 기준이 없다는 것이다(Snape & Spencer, 2003: 19).

사회정책 맥락에서는, Snape & Spencer(2003: 21)가 주장했듯이, 특정 연구질문을 다루는 데 가장 적절한 연구방방법을 선택하는 실용주의가 바람직하다. 인식론적 입장과 연구방법 간의 철학적 일관성보다는, 연구질문과 사용된 연구방법 간의 적합성이 더 중요하다. 따라서 연구의 질과 엄격성은 연구방법이 철학적 일관성을 가져야 한다는 입장보다는, 연구도구를 얼마나 올바르고 적절하게 선택했느냐에 있다.

5. 다양한 접근방법들 내의 분화

우리에게 잘 알려진 양적연구방법과 질적연구방법 간의 방법론 논쟁은 매우 격렬했다. 이 논쟁의 과정에서 질적연구 진영은 양적연구 진영의 공격을 방어하기도 공격하기도 하면서 논쟁의 구도를 형성해 갔다(Hammersely, 2008). 그러나 이제 양적방법과 질적방법 간의 첨예한 논쟁은 논쟁 자체가 사라진 것은 아니지만 수면 밑으로 잦아들었다. 오히려 지금은 질적연구 내의 연구방법의 분화가 관심의 초점으로 떠오르고 있다.

앞에서 언급했듯이, 질적연구는 다양한 전통 혹은 접근들로 이루어져 있다. 그런데 이 다양한 접근들 내에서 또 다시 분화가 이루어지고 있다. 예를 들어, 문화기술지의 경우 기존의 문화기술지를 전통적 문화기술지로 부르면서 비판문화기술지(critical ethnography), 정치적 문화기술지(political ethnography), 제도적 문화기술지(institutional Ethnography), 발달적 문화기술지(developmental ethnography), 해석적 문화기술지(interpretive ethnography), 자기 문화기술지(auto ethnography) 등으로 분화하고 있다.

근거이론은 글레이저와 스트라우스의 분기로 인한 이 둘의 근거이론 버전 외에도 구성주의적 근거이론, 해석적 근거이론, 확장 근거이론(stretching grounded theory)으로 분화하고 있다. 현상학적 연구도 후설이나 하이데거, 메를로퐁티, 가다머와 같은 현상학과 해석학의 전통 안에 있는 철학자들을 끌어들여 분화가 이루어지고 있다.

이처럼 현재 질적연구방법의 분화는 사실 좀 어지러울 정도이다. 혹자는 이러한 분화의 진앙지로 미국을 겨냥하기도 한다. 물론 질적 연구방법의 이러한 분화 현상을 적극적으로 지지하는 사람은 아직 나서지 않고 있다. 그보다는 오히려 일부 질적연구자들 사이에서 질적 연구의 지나친 분화에 반대 목소리를 내고 있다(Hammersely, 2008; 패짓, 2001).

확실히, 이와 같은 질적연구의 지나친 분화는 문제다. 여기에는 어느 정도의 공통분모 찾기가 필요하다. 방법론적 다원주의를 줄이기 위한 노력이 필요하며, 그것이 어떤 것이든 동일한 일반적 이슈를 다룰 필요가 있다. 대안적 접근에 대한 관용이 어느 지점까지는 미덕이지만, 그것은 차이와 다양성이라는 축복에도 불구하고, 악으로 전환될 수 있다. 사회연구가 직면하고 있는 문제들이 '철학'이나 '방법론'만으로 해결될 수 있는 것은 아니다(Hammersely, 2008).

질적연구 내의 분화가 어디까지 이루어질지는 미지수이다. 그리고 분화되는 각 접근들이 그 접근만의 고유하고 배타적인 방법론적 일관성과 체계를 갖고 있는지도 의문이다. 분화되는 각 접근들이 연구질문을 차별화해주는 면은 있지만, 자료를 수집하고 분석하는 데 있어 구별되는 독특한 체계를 갖고 있는 것은 아니다. 질적연구의 다양한 접근이 던지는 연구질문 속에는 공통적인 구조적 틀이 존재하는 것처럼, 각 접근에서 말하는 질적 자료분석의 방법들은 다른 언어로 표현되지만 기본 개념과 틀에서 상당한 공통분모를 가진다. 아마도 우리의 과제는 질적연구의 다양한 접근들의 효과를 부인하지 않으면서도, 질적연구의 다양한 접근방법들을 관통하는 공통부분을 찾아내어 널리 활용될 수 있게 하는 것일 것이다(Patton, 2002).

제7장 질적연구에서 표본의 선택과 설계

질적연구에서 표본 선택의 논리는 양적연구의 논리와 다르다. 양적연구의 표본 선택이 확률의 논리에 기반한다면, 질적연구의 표본 선택은 준거(criterian)의 논리에 기반한다. 질적연구에서 표본 선택은 이러한 준거의 논리를 기반으로 다양성을 고려하고, 추가적 표본 선택을 허용함으로써 연구의 타당성을 확보하려 한다. 이 장에서는 질적연구에서 표본선택의 논리, 표본을 선택하는 방법들, 그리고 표본의 크기와 관련해 제기되는 일반화의 문제에 대해 살펴본다.

1. 질적연구에서 표본 선택의 논리

1) 준거적 표본선택

질적연구방법론 수업시간에 학생들에게 기존 질적연구들에서 표집(sampling)에 대한 인상이 어떤지 물으면, "구구히 설명하는 것이 안쓰럽다"거나, "표집의 논리를 너무 무시하는 것 같다"는 투의 소감을 피력한다. 이것은 아마 질적표집이 사례 수나 대표성, 일반화와 같은 양적표집의 논리 및 전략과 비교되기 때문일 것이다. 질적연구에 대해 흔히 갖는 편견 중 하나는 질적연구자들은 자신이 갖고 있는 생각에 부합하는 연구대상만 뽑는다는 것이다. 질적표집이 사례 수나 대표성, 일반화를 기준으로 하는 양적 표집과 비교되면서 비판받는 것이다.

사회연구에서 표본설계와 표집은 양적연구건 질적연구건 반드시 고민해야 하는 것이다. 대부분의 연구가 모집단 전체를 대상으로 연구하기에는 현실적으로 어렵기 때문이다. 그러나 표집은 질적연구에서 더 어려운 주제이다. 표집을 강조하는 질적연구자들은 자칫 실증주의자로 몰렸고, 비확률 표집을 사용한다는 이유로 서베이 연구자들에 의해 평가절하되었다. 질적연구자들은 고프만(Erving Goffman)이나 가핑켈(Harold Gafinkel)에 의한 훌륭한 질적연구들이 소규모의 비확률 표본에 근거하여 이루어졌다고 주장하면서, 질적연구에서 표집 이슈를 중요하게 거론하지 않았다(Gobo, 2004: 435). 결국, 표집은 질적연구의 다른 주제보다 적게 다루어지고 있다.

질적연구의 표집은 양적연구의 표집과는 다른 논리를 필요로 한다. 양적연구가 확률의 논리를 기반으로 표집한다면, 질적연구는 비확률의 논리를 표집에 적용한다. 확률의 논리에 의한 표집은 모든 표본이 선택될 확률이 동일하다는 전제하에 모집단에서 무작위로 표본을 선택한다. 확률표집에 의한 표본들은 통계적으로 모집단을 대표한다. 따라서 양적연구의 표본추출은 모집단을 규모만 축소시켜서 그대로 다시 만들어내는 것이라고 볼 수 있다(패짓, 2001).

그러나 이러한 확률표집은 질적연구에는 부적절하다. 그 이유는 질적연구의 목적이 모집단 안에서 일어나는 현상의 발생빈도를 추정하는 데 있지 않고, 현상의 본질과 형태를 이해하기 위해 의미를 풀어내고, 설명을 발전시키고, 개념이나 이론을 생성하는 데 있기 때문이다. 따라서 질적연구의 표본은 이러한 이해를 조망하고 알려줄 수 있는 사건, 과정, 관련 요소들을 포함하도록 선택되어야 한다(Ritchie, Lewis and Elam, 2003: 81-82).

질적연구의 목적은 통계적 일반화나 대표성을 확보하는 데 있지 않다. 따라서 질적 표집에는 대규모의 대표성 논리가 아닌 소규모의 비확률 논리가 적용된다. 즉, 질적연구의 표본 선택은 수리적 확률이나 통계적 대표성이 아니라, 관심 현상의 핵심적 특성을 보여줄 수 있는 깊이 있고 풍부한 자료를 제공하는지가 기준이 되어야 한다. 이는 질적연구에서 표본은 연구목적과 연구질문을 드러내 보여줄 수 있는 특정 준거(criterian)를 미리 정해 선택한다는 것을 의미한다.

질적연구의 이러한 표본 선택을 양적연구의 '확률적 선택'과 대비해 '준거적 선택'이라고 한다. 준거적 선택이란 질적 연구자들이 미리 연구의 각 단위들이 가져야 할 특성의 목록 또는 충족시켜야 할 일련의 준거를 선정한 후, 그 특성에 부합되는 사례를 찾는 방법이다. 이때 연구자가 정의하거나 개발해야 하는 준거는 이론적, 경험적 요인을 고려해 결정한다.

이처럼 준거적 선택에는 모집단과 표본의 관계 설정 방식이 확률의 원리가 아닌 준거의 원리가 적용된다. 연구자가 모집단을 염두에 두면서 준거 기준을 정하고, 그에 부합하는 사례를 의도적으로 표본으로 뽑는 다는 의미에서, 질적연구에서는 이러한 표집방법들을 총괄하여 의도적 표집(purposeful sampling)으로 부른다. 표본 선택을 위한 준거를 결정하는 것이야말로 질적 표본을 설계할 때 가장 먼저 고려해야 하는 것이다.

2) 다양성 표본선택

준거 이외에, 질적연구의 표본을 선택할 때 고려해야 할 또 다른 요소는 다양성이다. 질적 표본은 정의된 모집단의 경계 내에서 가능한 다양해야 한다(Ritchie, Lewis and Elam, 2003: 83). 여기서 다양성이란 표본과 모집단의 관계가 자의적이고 우발적으로 형성되지 않도록, 모집단에 관련되는 적절한 범위의 사회적 맥락과 현상들을 포괄하게끔 표본이 선택되어야 한다는 의미이다.

질적연구의 표본선택에서 다양성이 중요한 것은 어떤 현상과 관련된 요소들을 최대화할 수 있게 해주고, 이들 간의 상호의존성을 파악할 수 있게 해주기 때문이다(Ritchie, Lewis and Elam, 2003: 83). 그럼으로써 질적연구가 목표로 하는 어떤 현상의 복잡성과 맥락을 깊이 있고 풍부하게 보여줄 수 있기 때문이다.

질적연구의 표본선택에서 다양성을 확보하기 위해서는 모집단에 따른 다양성과 표집단위에 따른 다양성의 두 측면을 고려할 필요가 있다. 첫째, 모집단에 따른 다양성이란 연구자가 모집단을 어떻게 규정하는가에 따라 표본의 다양성이 달라짐을 의미한다. 모집단이란 연구자가 설정한 연구문제와 연관된 광범위한 전대상을 말한다. 질적연구에서 모집단은 사람, 집단, 국가, 조직, 정책, 담론, 사회적 관행, 활동 등이 포함될 수 있다(메이슨, 2010: 177-179). 질적연구의 표본이 정규분포에서 일탈한 비전형적 사례들(ouliers)까지 포함하는 것은 이러한 다양성 확보의 한 예이다. 이는 양적연구의 표본들이 정규분포의 중앙이나 평균에 해당되는 사례를 중시하는 것과 대비된다.

둘째, 표집단위에 따른 다양성이란 질적연구에서 표본선택의 요소가 단일하지 않고 다양하기 때문에 이를 고려한 표본선택이 요구된다는 의미이다. 질적연구의 연구대상은 개인이나 집단을 포함한 사람일 수도, 조직이나 제도일 수도, 어떤 사건일 수도 혹은 문서일 수도 있다. 예를 들어, 바우처 서비스를 제공하는 사회복지사들이 연구대상일 수도 있지만, 바우처 서비스를 제공하는 조직이 연구대상일 수도 있다.

이들 연구를 위해 연구자는 사람, 현장, 행동이나 경험과 같은 다양한 요소를 고려해 표집해야 한다(Burgess, 1982, 1984, Ritchie · Lewis · Elam: 77에서 재인용). 즉, 질적연구에서 표본을 선택해야 할 때 고려해야 할 요소들은 정보제공자인 사람 외에도 연구현장(장소), 행동이나 경험을 고려해야 한다. 예를 들어, 바우처 서비스를 제공한 경험이 일정 기간 있는 사회복지사(사람), 바우처 서비스를 제공한 장애인복지관이나 자활기관과 같은 다양한 종류의 복지기관들(현장), 직접적인 서비스 제공과 회계업무를 병행한 경험(행동)이 표본 선택시 고려되어야 한다. 이러한 다양한 요소에 대한 고려는 모집단이 적은 규모건 단일 사례건 상관없이 적용된다.

3) 추가적 표본 선택

질적연구에서 표본선택이 이루어지는 또 다른 논리는 추가적이고 보충적인 표본을 사용할 수 있다는 것이다. 질적연구에서는 연구를 진행하면서 표본을 추가하거나 보충할 수 있다. 흔히 질적연구는 자료수집과 분석이 상호작용적으로 이루어진다. 추가적 표본선택은 바로 이 상호작용적 과정 때문에 가능하다. 추가적 표본선택을 할 수 있다는 것은 질적연구의 표집이 자료수집 이전에 완결되는 것이 아니라, 자료분석 과정에서 나타나는 의문점에 근거해 필요한 표본을 찾는 상호작용적 과정이라는 것을 말해준다(패짓, 2001: 104).

표본 추가는 탄탄한 질적 증거를 끌어낼 만큼 중요한 구성요소들이 충분하지 않거나, 하위집단이 다양해서 추가 사례가 필요할 때 발생한다. 표본의 선택확률이 알려지지 않으면 표본에서 새롭게 나온 정보를 원래의 자료에 추가할 수 없는 통계적 연구와 달리, 질적자료는 동일한 형태의 자료수집이 이루어진 경우 언제든 통합될 수 있다. 질적연구에서 추가 표본이 필요한 이유는 현상에 대한 지도 완성에서 빠진 현상에 관심이 있기 때문이다(Ritchie, Lewis, and Elam, 2003: 85).

양적연구에서 표집에 관한 결정은 자료수집과 분석 이전에 이루어진다. 그러나 질적연구에서는 연구자가 초기에 표집에 관한 결정을 하려 해도 일정한 단계에 이를 때까지 미루게 되는 경향이 있다. 질적연구의 귀납적 특성 때문에 예비조사(pilot study)를 통해 표집에 관한 예비적 결정을 하고, 이어 보다 상황을 잘 인지한 후에 후속적 결정을 내린다. 대부분의 경우, 초기단계에서 우선 표본을 선택하고, 이어 이를 체계적으로 점검하는 과정을 거친다(메이슨, 2010: 200). 이 과정에서 추가적으로 표본이 선택되기도 한다.

그러나 질적연구의 표집 중에서 연구가 진행되면서 반드시 표본을 반복해서 추가하는 가장 대표적인 경우는 이론적 표집(theoretical sampling)이다. 이론적 표집은 근거이론을 개발하기 위해 사용되는 표집방법으로서, 질적연구의 다른 표집방법과 달리 자료분석의 결과에 따라 표본이 선택되는, 자료수집과 분석의 상호작용을 가장 전형적으로 보여준다. 심지어 이론적 표집은 자료분석에 근거하지 않는 한, 그 다음에 어떤 표본을 선택할지 알 수 없다. 예를 들어, 바우처 서비스를 제공하는 사회복지사들에 대한 분석결과 바우처만을 직접 제공하는 복지사와 회계업무를 병행하는 복지사들 간에 정체성에 큰 차이가 있음을 알았다면, 연구자는 회계업무를 병행하는 사람들을 추가적으로 표본에 포함시켜야 한다.

2. 질적연구에서 모집단의 확인과 표본

양적연구건 질적연구건 연구를 위한 표본을 선택하는 데 있어 가장 중요한 질문은, 누구를 혹은 무엇을 표집해야 하는가이다. 그리고 이러한 질문은 표본을 설계할 때 가장 먼저 던져야 하는 질문이기도 하다. 사회연구들에서 선택되는 표본들의 단위는 매우 다양하다. 보통은 사람을 표집하는 경우가 많지만, 연구의 목적과 주제에 따라 문서나 일지, 사건, 현장, 과정, 주거지 등이 표본이 되기도 한다. 그러나 연구주제나 표집단위가 무엇이든 간에 표본설계에서 가장 중요한 것은 모집단을 정의하는 것이다. 모집단으로부터 표본이 나오기 때문이다.

질적연구방법이 발전되던 초기에 모집단은 질적연구에서 중요하게 고려되지 않았다. 질적연구의 목적이 모집단을 추정하는 데 있지 않고, 해당 표본들 속에 숨겨져 있는 현상의 깊이와 풍부함을 보여주는 것에 있다고 여겼기 때문이다. 그러나 질적연구의 규모가 커져가고, 깊이와 풍부함을 통해 현상의 전형성 및 전이가능성(transability)에 대한 관심이 증가하면서 표본과 모집단의 관계가 중요하게 되었다.

이론적 표집을 제외하고, 질적연구의 대부분의 표본 선택에서 가장 먼저 할 일은 모집단을 확인하고 정의하는 것이다. 이론적 표집은 연구가 진행되면서 표집이 이루어지기 때문에 사전에 모집단을 확인하고 정의하기 어렵다. 질적연구에서 모집단을 정의할 때는 몇 가지 질문을 던지는 게 도움이 된다(Ritchie, Lewis, and Elam, 2003: 87-88).

첫째, 연구주제와 관련해 핵심 관심사가 되는 집단은 어떤 집단인가? 이 질문을 던짐으로써 연구자는 연구문제에 대해 가장 풍부하고 관련성 있는 정보를 제공할 수 있는 모집단을 결정하게 된다. 흔히 연구 모집단을 정의하기 위해서는 먼저 '집합적' 단위의 특징을 구체화하고, 이어 거기에 속한 개인들을 구체화하는 두 단계를 거친다. 예를 들어, 사회복지사들의 임파워먼트에 관한 연구에서 먼저 사회복지기관의 유형을 고려하고 이어 그 기관들 내의 어떤 사회복지사들을 모집단으로 할지 고려해야 하는 것이다. 만일 연구 단위가 조직인 경우에는 연구 초기에 어떤 사람들을 모집단으로 정의해야 하는지 알기 어렵기 때문에, 연구질문을 고려하면서 연구질문에 가장 근접하는 사람들이 누구인지 신중히 생각해야 한다.

둘째, 핵심 모집단 중에서 배제되어야 할 하위집단이 있는지 질문을 던진다. 예를 들어, 사회복지사들의 임파워먼트에 관한 연구에서 임파워먼트의 조건과 구조에서 차이가 있다고 여겨지는 관료조직내 복지공무원을 모집단에서 배제하는 것을 들 수 있다.

셋째, 특정 경험이나 관점을 갖고 있어 연구를 보완해 주거나 통찰을 줄 수 있는 추가 집단이 있는지 질문을 던져본다. 예를 들어, 사회복지사들의 임파워먼트와 관련하여 정부의 지원을 전혀 받지 않는 풀뿌리의 복지운동단체를 추가집단으로 선정하는 것이다.

이렇게 모집단을 결정하고 나면, 그 다음으로 표본 선택에 사용될 기준을 결정한다. 표본 선택의 기준은 연구의 목표와 방향, 현실적 상황 여하에 따라 결정된다. 기준의 예로는 인구학적 특성, 상황, 경험, 태도 등이 될 수 있다. 이때 다수의 기준이 사용될 수 있지만 그렇다고 너무 많은 복잡한 기준을 사용하면 표본선택을 어렵게 하기 때문에 유의해야 한다. 따라서 적절한 기준을 결정하기 위해서는 기준들 내 우선순위를 정해 일부만을 표집의 기준으로 사용하는 것이 좋다. 우선순위를 정할 때 서로 상관이 높은 기준들은 하나만 선택한다(Ritchie, Lewis, and Elam, 2003: 97-99).

표집 기준이 결정되면 적합한 표본을 어디서 뽑아야 할지를 결정한다. 예를 들어, 빈곤가족의 빈곤 대물림의 기제를 연구한다고 하자. 연구자는 우선 이 연구의 모집단을 결정해야 하는데, 연구자가 공적 부조에 해당되는 복지서비스를 받는 가족을 모집단으로 설정할 수 있다. 이어 연구자는 표본을 선택하기 위해 표집 기준을 설정해야 한다. 표집의 기준으로는 2세대에 걸쳐 국기법 수급을 5년 이상 받은 경험이 있는 사람, 2세대에 걸쳐 국기법하의 자활사업단에 2년 이상 참여한 경험이 있는 사람으로 정할 수 있다. 연구자의 그 다음 과제는 이 두 가지 중 하나 혹은 두 가지 모두의 표집 기준을 충족시켜주는 표본을 어디서 뽑을 것인가 하는 문제일 것이다.

표본을 어디서 뽑을 것인가와 관련하여 연구자가 쉽게 생각할 수 있는 방법은 국기법 수급자들을 관리하는 복지전담 공무원들이나 자활후견기관에 근무하는 복지사의 도움을 얻어 이 조건에 부합하는 사례를 추천받는 방법일 것이다. 아니면, 복지전담 공무원과 자활기관 복지사의 도움을 얻어 해당 조건을 충족하는 사람들의 명단을 받고, 여기서 연구자가 직접 표본을 선택할 수도 있다. 전자가 관련 전문가의 추천을 통한 표집이라면, 후자는 연구자의 직접적 판단에 의한 표집이라 할 수 있다. 후자의 방법은 전자의 방법에 비해 시간과 비용이 더 많이 든다.

표본을 선택하는 과정에서 표본이 선택되는 자원들을 좀 더 포괄적이고 체계적으로 볼 수 있도록 도와주는 개념이 "표집 틀(sampling frame)"이다. 표집 틀은 만일 표집단위에 관한 정보를 포함하고 있으면 질적 연구의 표집에도 도움이 된다. 예를 들어, 앞의 빈곤대물림 연구에서 표집 틀은 복지공무원이나 자활기관의 복지사들이 갖고 있는 수급자 명단이나 자활사업단 참여자 명단이 될 수 있다. 이 경우 표집 틀은 이미 만들어져 있는 공적 목록을 사용할 수 있다. 이러한 공적 목록 외에도 행정기록이나 서베이 표본들을 표집 틀로 사용할 수 있다.

그러나 연구 모집단이 공식적 목록이나 통계로 확인될 수 없는 경우에는 연구자가 표집 틀을 직접 만들어야 한다. 질적연구에서 다루는 주제들은 흔히 기존의 표집 틀이 없는 경우가 많다. 이 경우에는 연구자가 직접 조직이나 지역사회, 가구 등의 세팅과 접촉하거나 혹은 관련된 사람들의 추천을 받아 표집 틀을 만든다(Ritchie, Lewis, and Elam, 2003: 90-95). 일반적으로 표본을 선택하는 일은 연구자가 선택하는 표집 틀에 따라 이루어진다(메이슨, 2010: 203).

연구자의 표본 선택을 돕기 위해 고려할 수 있는 또 다른 요소는, 연구장소를 결정하는 것이다. 일반적으로 질적연구는 사람만 표집하는 것이 아니라 장소와 시간도 표집단위로 고려된다. 질적연구는 대개 소수의 장소에 국한하여 연구를 진행한다. 예를 들어, 앞의 빈곤대물림 연구에서 전국의 많은 동주민센터 중에서 영구임대아파트 단지 안에 있는 동주민센터로 국한하고, 그중에서도 부천시의 2개 단지 내 동주민센터의 수급자 목록을 표집 틀로 하여 표본을 선택하는 것이다.

3. 질적연구에서 표본선택의 방법들

질적연구에서 사용되는 모든 표집방법들은 비확률 표집의 가장 일반적 형태인 의도적 표집(purposive sampling)이다. 여기서 '의도적'이란 연구자가 연구문제에 대해 풍부한 정보를 제공하는 사례를 선택한다는 의미이다(Patton, 1990: 169). 의도적 표집은 연구자가 연구목적에 부합하는 기준을 정하고 그에 따라 의도적으로 표본을 선택한다. 따라서 의도적 표집은 어떤 특정의 표집방법이라기보다는, 연구자의 판단에 따라 표집의 기준을 정하여 표본을 선택하는 일군의 표집방법들을 포괄하는 명칭이다. 의도적 표집은 연구자의 판단에 근거하고 기준을 정한다는 의미에서 판단 표집(judgement sampling) 혹은 준거적 표집(criterian sampling)으로 불리기도 한다.

이처럼 의도적 표집은 표본 선택을 위해 기준을 결정해야 하는데, 이는 연구의 초기 설계 단계에서 이루어진다. 이 기준에 대한 결정은 연구의 목표, 연구분야에 대한 기존 지식이나 이론들, 연구자가 탐구하려는 내용 혹은 연구 모집단에 관한 지식 등에 따라 이루어진다. 경우에 따라서는 추가 표본이 필요할 수도 있다(Ritchie, Lewis, and Elam, 2003: 80). 질적연구자는 여러 다양한 표집방법들을 한 연구에서 혼용하여 사용할 수 있다. 질적연구에서 표집을 설계할 때는 해당 표집방법을 선택한 이유와 그러한 표집방법이 어떻게 연구결과를 왜곡할 수 있는지에 대해 분명히 기술해 주어야 한다. 물론 완벽한 설계는 없다. 따라서 표집에 관한 설계도 연구의 목적과 가용자원, 연구문제의 성격, 기타 현실적 조건에 맞게 선택되어야 한다(Patton, 1990).

질적연구에서 사용될 수 있는 다양한 의도적 표집방법들은 크게 두 가지로 구분된다. 하나는, 자료수집 이전에 연구참여자를 선별하는 선택적 표집(selective sampling)이고, 다른 하나는 초기 자료분석에 근거해 반드시 반복해서 추가적으로 자료를 누적적으로 확보해 나가는 이론적 표집(theoretical sampling)이다(플릭, 2009).[1)] 질적연구에서 일반적으로 사용되는 표집방법들은 다음과 같다(Patton, 1990: 169-186; Ritchie, Lewis, and Elam, 2003: 79-82; Gobo, 2004 참조).

---

1) 이론적 표집의 원리와 동일한 원리를 따르지만, 해석주의에 속하지 않는 연구방법인 제도적 문화기술지의 '제도적 표집(institutional sampling)'이 있다. 이에 대해서는 15장의 시퀀스 분석을 참조.

1) 선택적 표집

(1) 전형적 사례 표집

전형적 사례 표집(typical case sampling)은 연구 모집단의 전형적인 특성이 무엇인가를 결정하여 그 기준에 합당한 사례를 선택하는 방법이다. 이 표집 방법의 핵심은 어떻게 전형적인 사례를 선택하느냐 하는 것이다. 전형적 사례를 선택하기 위해서는 평균 사례들이 가지고 있는 특정 프로필을 개발하고 해당 사례를 찾아야 한다. 전형적인 것의 기준은 핵심 정보제공자에게 물어볼 수도 있고, 서베이 자료나 평균치에 대한 인구사회학적 자료, 혹은 어떤 특성의 정규분포에서 평균치에 해당되는 것으로부터 선택할 수 있다. 만일 전형적 사례가 다수가 나오면 이들 중 무작위로 소수의 사례를 선택할 수 있다. 유념할 것은 전형적 사례를 선택하기 위해 무엇이 전형적인 것인가에 관한 광범위한 합의를 끌어내도록 해야 한다는 점이다. 이 표집 방법은 프로그램이나 지역사회 전체를 분석단위로 하는 경우 적절히 사용할 수 있다.

(2) 이질적 표집

이질적 표집(heterogenous sampling)은 최적변량 표집(maximum variation sampling)이라고도 한다. 이 방법은 현상을 구성하는 특징이 다양해 다양한 사례나 사람을 포괄적으로 선택하며, 다수의 연구참여자나 다수의 프로그램들에 존재하는 핵심 주제와 공통 패턴을 찾는 것이 목표인 연구에서 사용된다. 따라서 연구참여자의 이질성, 변이를 어떻게 하면 최대한 반영할 수 있게 표집하느냐가 관건이다. 이를 위해 표본 구성을 위한 다양한 특징이나 기준을 먼저 정하고 이들 기준에 맞는 이질적이고 다양한 표본들을 표집한다. 이렇게 하면 다양한 사례들의 고유성과 공통성을 동시에 알 수 있다.

(3) 동질적 표집

동질적 표집(homogenous sampling)은 특정 맥락에서 벌어지는 사회적 과정을 상세히 탐구하고자 할 때 사용될 수 있다. 이 방법은 동일한 하위집단이나 동일한 특성에 속한 동질적 특성의 사례들을 선택한다. 흔히 포커스 그룹을 사용할 때 적용한다.

(4) 극단적 사례 표집

극단적 사례 표집(extreme case sampling)은 모집단이 양분되어 있거나, 분포가 스펙트럼을 이루고 있을 때, 양 극단의 사례를 선택함으로써 핵심적인 것은 물론 나아가 중간집단의 특성까지 파악하고자 할 때 사용된다. 일탈 표집(deviant sampling)으로도 불린다. 이 방법에서 가장 중요한 것은 극단적 사례를 선택하는 것이다. 극단적 사례는 먼저 대표적이고 평균적인 사례의 기준을 확인한 다음에 선택되어야 한다. 예를 들어, 어떤 프로그램은 성공하고 어떤 프로그램은 실패하는지 그 조건을 알고자 할 때, 극단적 사례 표집을 사용하여 성공한 프로그램과 실패한 프로그램을 선택해서 연구하는 것이다. 이 방법은 극단적 사례를 연구함으로써 보통의 중간집단의 특성을 파악하는 데 사용되기 때문에 민속방법론(ethnomethodology)에서 많이 사용한다. 예를 들어, 음식점에서 돼지처럼 먹는 어떤 사람에 대한 반응을 관찰하고 그들이 어떻게 느끼는지 인터뷰하는 것은, 일탈된 사람을 연구함으로써 보통사람의 규범을 파악할 수 있다.

(5) 결정적 사례 표집

결정적 사례 표집(critical case sampling)은 표집되는 사례들이 연구를 통해 이해하고자 하는 것에 '결정적'이라는 것이다. 즉, 이 방법은 어떤 기준에서 보았을 때 특별하고 결정적인 일이 일어난 것으로 여겨지는 사건을 선택한다. 결정적 사례를 선택하는 방법은 관련자로부터 진술을 듣거나 혹은 핵심 정보제공자에게 결정적 사례를 제시해 달라고 한다.

(6) 할당 표집

할당 표집(quta sampling)은 모집단의 속성이나 하위집단을 파악할 수 있을 때, 이를 확인한 다음 각각 몇 사례씩 할당하여 선택하는 방법이다. 이 방법은 양적연구에서 많이 사용되지만 질적연구에서도 사용할 수 있다. 예를 들어, 빈곤여성의 우울이 어떤 과정을 거쳐 발현되는지에 관한 연구에서 연구자는 국기법 수급 여부와 남편 유무를 기준으로 표로 만들어 각 칸에 일정 비율을 할당하여 표집한다. 여기서 칸의 속성은 연구질문과 연구의 초점에 따라 달라진다.

(7) 눈덩이 표집

눈덩이 표집(snowball sampling)은 필요한 특징을 가진 대상자를 선정하고, 그들에게 그들이 갖고 있는 특성과 동일한 특성을 가지고 있으면서, 해당 주제에 대해 많은 이야기를 해 줄 수 있는 사람을 추천받는다. 눈덩이란 여러 사람이 추천하는 사람이 시간이 가면서 눈덩이처럼 불어난다는 의미이다. 연구자는 눈덩이처럼 늘어난 추천된 사람들 중에서 여러 사람에 의해 여러 번 반복 추천되었거나, 가장 적합도가 높은 사람을 표본으로 선택한다. 눈덩이 표집은 쇠사슬 표집(chain sampling)으로 부르기도 한다. 관련된 사람들의 추천을 받는다는 점에서 눈덩이 표집과 유사한 표집방법으로 네트워크 표집(network sampling)과 세평적 표집(reputational sampling)이 있다. 네트워크 표집은 한 사람이나 한 집단으로 하여금 다음 사람, 다음 집단을 선택하게 하는 방법이다. 세평적 표집은 해당 분야에 경험이 많은 전문가의 조언, 추천이나 대중적 평가에 따라 사례를 선택하는 방법이다.

(8) 편의 표집

편의 표집(convenience sampling)은 어떠한 표집 기준이나 전략도 없이 연구자의 편의에 따라 임의로, 쉽게 표본을 선택하는 방법이다. 이 방법은 연구질문에 관한 예비적 정보를 빠르고 비용들이지 않고 얻을 수 있는 훌륭한 수단이기는 하다. 그러나 이 방법은 심각한 위험을 갖고 있다. 가장 바람직하지 않은 표집방법이지만 질적연구에서 가장 많이 사용되고 있다. 질적연구자들 중에는 질적연구가 소규모 표본을 사용하고 일반화를 목적으로 하지 않기 때문에 연구자의 편의에 따라 표본을 선택하는 것이 문제되지 않는다고 보기도 한다. 그러나 편의는 표집에서 가장 나중에 고려해야 할 요소이지 우선적으로 고려해야 할 것은 아니다. 편의 표집은 앞에서 언급한 표집방법들과는 달리, 연구자의 판단과 의도가 개입되지 않는다는 점에서 의도적 표집으로 분류하지 않기도 한다.

2) 이론적 표집

이론적 표집은 의도적 표집의 특수 형태로 볼 수 있다. 의도적 표집이 연구자가 연구목적에 부합하는 기준을 정하고 그에 따라 의도적으로 표본을 선택하는 것이라면, 이론적 표집은 연구자가 표집의 기준을 정하는 방식이 의도적 표집 방법들과 다르다. 이론적 표집은 근거이론을 생성할 목적으로 글레이저와 스트라우스(1967)에 의해 제안되었다. 이들은 이론적 표집을 다음과 같이 정의하였다. "이론적 표집은 이론을 산출하기 위해 자료를 수집하는 과정이다. 분석가는 출현하는 이론을 개발하기 위해 자료를 수집하고, 코딩하고, 분석해서 그 다음에 어떤 자료를 수집할지 자료를 어디서 찾을지를 결정한다. 이 자료수집의 과정은 출현하는 이론에 의해 통제된다"(Glaser & Strauss, 1967: 45).

이처럼 이론적 표집은 사전에 계획되고 정해진 일련의 연구 참여자를 선택하는 선택적 표집과 달리, 출현하는 범주나 이론에 따라 통제되는 사전에 계획되지 않고 필요에 따라 자료를 표집한다(김인숙, 2014). 출현하는 개념이나 이론 여하에 따라 사람 혹은 집단, 사건 등을 표집한다. 이론적 표집이 의도적 표집방법들과 가장 구별되는 지점은 자료수집 과정이 출현하는 개념이나 이론에 근거해 이루어진다는 점이다. 즉 이론적 표집은 출현하는 이론의 범주와 속성을 정교화하고 포화시키기 위해 지속적으로 비교분석해 가는 과정에서 다음에 어떤 자료를 수집해야 할지를 결정한다. 이처럼 이론적 표집의 기준은 인구집단이 아니라 출현하는 개념이라는 점에서 특이성을 갖는다. 이론적 표집은 출현하는 개념에 의해 통제되며, 자료와 개념을 왔다 갔다 하면서 이루어진다(김인숙, 2014).

이론적 표집의 과정은 반복적이다. 이론적 표집은 표본 선택, 자료수집, 자료분석이 순차적으로 이루어지는 선택적 표집과 달리 표본 선택, 자료수집, 자료분석이 반복적으로 이루어진다. 즉 연구자는 첫 번째 표본을 뽑고 그 자료를 분석하고 나서 그 다음 표본을 뽑는다. 이때 표본은 출현하는 범주나 이론을 정교화할 수 있는 것이어야 한다. 이론적 표집의 과정은 '자료 포화' 상태가 될 때까지 계속된다. 자료 포화란 더 이상의 표본으로부터 새로운 통찰이 나타나지 않는 지점까지를 말한다. 따라서 이론적 표집은 표본에 포함되어야 할 특성이나 집단을 미리 알기가 어렵다(Ritchie, Lewis, and Elam, 2003: 80). 모집단의 특성이나 범주도 미리 알 수 없다.

이론적 표집의 초기결정은 선입적인 개념적 틀이 아니라, 출현하는 이론에 의해 이루어진다. 출현한 범주나 개념들을 근거로 하여 다음에 비교집단을 찾아 나선다. 근거이론은 기본적으로 비교분석에 기반해 진행되기 때문에, 이론적 표집에서도 비교집단의 선택이 매우 중요하다. 이론적 표집은 지속적 비교분석이 없으면 불가능하며, 지속적 비교분석 없이 이론적 표집 또한 불가능하다.

근거이론의 초기 단계에서 표집은 좀 더 개방된 방식으로 진행되지만, 이후 범주들이 뚜렷이 나타나고 통합되면 비교분석을 극대화할 수 있도록 이론적 표집을 적극 사용한다. 처음에는 차이를 최소화하는 비교집단을 선택해 기본적 범주와 속성을 확실히 하고, 그 다음에는 차이를 최대화하는 비교집단을 선택하여 범주들의 속성을 명확히 한다. 근거이론의 범위는 이 차이를 얼마나 최대화하여 집단을 선택하느냐에 달려 있다(김인숙, 2014).

이론적 표집의 이러한 특징들 때문에 이론적 표집은 선택적 표집 방법들보다 시간이 더 많이 걸린다. 보통 이론적 표집에 필요한 시간과 자원은 어느 정도인지 예측하기 어렵다. 이런 이유 때문에 이론적 표집은 시간과 자원의 효율을 필요로 하는 응용정책 연구 등에서 잘 사용되지 않는다(Ritchie, Lewis, and Elam, 2003: 86). 질적연구에서 이론적 표집을 사용했다고 진술하고 있지만 사실은 이론적 표집이 아닌 선택적 표집을 사용하고 있는 경우가 많다.

4. 질적연구에서 표본의 크기와 일반화

일반적으로 질적연구에서 표본의 크기는 양적연구의 표본 크기보다 작다. 가장 적게는 하나의 표본만으로도 연구가 가능하다. 질적연구의 표본의 크기가 작은 것은 일반화의 문제를 제기한다. 질적연구가 양적연구자들로부터 비난받는 가장 큰 사항중의 하나가 바로 이 일반화의 문제이다. 작은 수의 표본을 대상으로 했기 때문에 표본을 통해 도출한 결과를 모집단에 일반화하기 어렵다는 것이다. 그러나 질적연구에서 표본의 크기가 작은 것에는 나름의 합당한 논리가 있다.

질적연구의 목적은 양적연구처럼 표본을 통해 나온 변수들 간의 관계를 통계적 추론을 통해 모집단에 추정하는 데 있지 않다. 질적연구는 양적연구처럼 통계적 일반화를 목적으로 하지 않는다. 통계적 일반화만이 연구의 궁극적 목적은 아니다. 질적연구의 목적은 사람들의 경험 이면에 작동하는 의미를 맥락을 고려하여 이해하는 데 있다. 이러한 목적을 달성하기 위해서는 맥락이 들어 있는 구체적이고 풍부한 자료가 필요하다. 질적연구의 자료는 양적연구의 자료처럼 탈맥락화되어 수치화된 자료가 아니라 맥락을 포함한 구체적이고 풍부한 자료이다. 질적연구에서는 이러한 자료들을 지나치게 환원하면 맥락이 사라진 구체성이 없는 자료만 남게 된다.

따라서 이러한 자료들을 사상시키지 않고 그대로 보유하기 위해서는 표본의 크기가 지나치게 커서는 안 된다. 너무 큰 규모의 표본은 특정 지점에서 더 이상 새로운 증거나 통찰이 나타나지 않는 '포화 상태'를 넘어, 중복되고 불필요한 자료를 생산해 낼 수 있다. 또한 너무 많은 수의 표본을 표집하면 그것들을 분석하는 데 현실적으로 감당하기 어려울 만큼의 노력이 들어가 연구진행이 어려워질 수 있다(Ritchie, Lewis, and Elam, 2003: 83-84). 질적연구의 주된 관심은 양이 아니라 질이므로, 표본의 크기를 극대화하기보다는 연구 주제에 대한 정보를 극대화할 수 있는 데에 초점을 맞추어야 한다(패짓, 2001: 108).

질적연구에서 표본의 크기를 결정하는 규칙은 없다(Patton, 1990). 어떤 사람은 50명 이하(인터뷰의 경우)를 주장하고, 또 다른 사람은 연구접근별로 근거이론은 20-30명, 현상학적 연구는 10명 내외 등 기준을 제시하기도 하지만, 일괄적으로 기준을 제시하는 것은 어렵다. 좀 더 구체적으로 모집단이 이질적이거나 표집 기준의 수가 많으면 표본의 크기가 커진다는 주장(Ritchie, Lewis, and Elam, 2003: 84)도 있지만, 이 또한 일괄적으로 적용하기는 어렵다.

결국, 질적연구의 표본의 크기는 연구문제에 관한 충분한 자료를 제공하느냐가 크기 결정에 가장 중요하다. 표본의 크기에 대하여 고정된 답이란 있을 수 없다. 질적연구의 표본의 크기는 연구문제와 연구에서 구축하고자 하는 사회적 설명의 종류에 따라 좌우된다(메이슨, 2010: 194-196). 그러나 표본의 크기가 너무 작아도 문제라서 너무 적지 않은 표본을 확보하는 것이 중요하다. 표본의 크기가 너무 작으면 모집단 내 핵심 특성들이 쉽게 빠져나가고, 서로 다른 요인들의 영향과 다양한 관계양상을 탐구하지 못하게 된다(Ritchie, Lewis, and Elam, 2003: 85).

제8장 자료수집의 방법

질적연구에서 '자료'는 양적연구에서 '자료'와 다르다. 양적연구의 자료가 질을 수로 환원한 것인 데 반해, 질적연구에서 자료는 언어와 이미지 형태를 띤다. 질적연구에서 자료는 기술적 자료(descriptive data)와 반성적 자료(reflective data)로 구성된다. 기술적 자료는 인터뷰나 관찰 내용, 일기, 사진, 양식, 문서기록, 산문의 글, 상담일지, 영상물 등 실재를 기술해 준다. 반면, 반성적 자료는 현장일지나 연구일지처럼 기술적 자료를 수집하고 분석하는 과정에서 연구자가 보고, 경험하고, 생각한 것들에 대해 기술한 자료를 말한다. 질적연구는 연구자가 연구의 도구가 되기 때문에 연구과정에 대해 반성적 자료를 만들어내는 것은 연구의 질을 담보할 수 있는 중요한 방법이다. 여기서는 질적연구의 자료들을 수집하는 대표적인 방법인 인터뷰, 관찰, 문서에 관해 간략히 살펴보고자 한다.

1. 인터뷰

1) 질적 인터뷰의 의미와 준비

(1) 질적 인터뷰의 의미

인터뷰는 질적연구에서 자료를 수집하는 가장 대표적인 방법이다. 인터뷰(interview, 面接)는 말 그대로 서로 얼굴을 마주하고 본다는 의미이다. 서로 얼굴을 본다는 의미에는 인터뷰가 일방적인 것이 아니라 상호적인 교환이라는 뜻이 담겨 있다. 질적연구 인터뷰는 이러한 어원적 의미로부터 출발한다. 질적 인터뷰는 질적연구에 접근하는 방법이 다양한 만큼 그 방법에서도 다소 차이가 있지만, 공통적 특성을 갖고 있다.

일반적으로 질적 인터뷰는 심층적이고 반구조화된 면접 형태를 말한다. 이 심층적, 반구조화된 인터뷰에는 다양한 의미가 내포되어 있다. 첫째, 인터뷰는 대면이나 전화, 인터넷을 통해 개별 혹은 집단 수준에서 상호적으로 이루어지는 대화의 교환이다. 둘째, 질적 인터뷰는 상호적인 대화의 교환이지만 아무런 목적 없이 이루어지는 일상적 대화가 아니라, "목적을 가진 대화"라는 점이다. 따라서, 질적 인터뷰는 일상적 대화의 특수한 형태로서, 일상적 대화를 넘는 그 이상이다. 셋째, 질적 인터뷰는 구조화되어 있지 않고 인터뷰 상황에 따라 유동적이고 유연성 있는 구조를 갖고 진행된다는 점이다(메이슨, 2010).

그러면 인터뷰는 질적연구에서 필요로 하는 자료를 생성하는가? 질적연구의 목적은 변수화된 현상들 간의 인과관계보다는 복잡하게 얽혀 있는 현상을 깊이 있게 이해하는 데 있다. 그리고 무엇보다 이러한 이해를 위해 상황적이고 맥락적인 요소들을 중요하게 고려함으로써 현상의 진정한 의미를 끌어낸다. 질적연구의 이러한 목적을 고려할 때, 질적 인터뷰는 질문자와 응답자가 상호적으로 목적 있는 대화를 나눔으로써 질적연구의 자료를 창출하는 의미 있고 효과적인 방법이다. 질적 인터뷰를 통해 생성되는 지식은 보다 맥락의존적으로 구성됨으로써 현상의 복잡성을 이해하게 해준다. 상호적 대화를 통해 복잡한 현상의 구체적이고 실재적인 모습을 이해하는 과정은 매우 흥미롭고 진지한 경험이다.

이렇게 질적 인터뷰는 목적을 가진 상호적 대화이다. 이 상호적 대화에서 중요한 것은 질문하기, 경청하기, 해석하기이다. 인터뷰를 하는 사람이 가져야 할 기술들은 바로 이 세 가지에 집중되어 있다. 어떻게 질문하고 경청하고 해석할 것인가가 인터뷰 기술의 요체로 인식되고 있다. 그러나 인터뷰는 질문하고 경청하고 해석하는 기술 이상의 것이다(May, 2002). 질문하고 경청하고 해석하는 기술들이 중요하지만, 이들이 인터뷰의 전부는 아니다. 인터뷰는 질문자가 응답자의 세계 속에 들어가 그의 경험과 교류하면서 경험의 재구성을 돕는 상호이해의 과정이기도 하다. 이 상호이해는 한 번의 인터뷰로 끝나기도 하지만, 필요에 따라서는 동일인에 대한 두 번째, 세 번째 인터뷰를 필요로 하기도 한다.

질적 인터뷰를 하는 사람은 두 가지 믿음과 태도를 갖는 것이 좋다. 하나는, 모든 사람은 자신의 이야기를 하고 싶어 하고, 인터뷰를 할 만한 가치가 있다는 것이다. 만일 이야기를 하지 않는다면, 그것은 질문을 해 준 사람이 없거나, 적절한 질문을 던지지 않았거나, 그 사람의 이야기에 귀 기울이지 않았기 때문이다. 다른 하나는, 누구나 사람은 삶의 경험을 통해 그 자신 안에 분석되거나 해석되지 않은 '그 무엇'을 가지고 있다는 것이다. 이 '무엇'을 끌어내고 분석하고 새롭게 해석하는 것은 연구자의 몫이다. 초등학생과 같은 어린 아이의 경험 속에서도 우리는 아주 풍성하고 의미 있는 그리고 새롭게 해석될 수 있는 '그 무엇'을 발견할 수 있다.

(2) 질적 인터뷰의 준비

보통 인터뷰 준비라고 하면 인터뷰의 구조와 흐름, 질문기술을 준비하는 것으로 여긴다. 그 결과 인터뷰 준비에서 이러한 것들이 지나치게 중요시되기도 한다. 물론 이러한 것들은 인터뷰 준비과정에서 반드시 점검되어야 한다. 그러나 인터뷰는 이러한 기술적인 준비를 철저히 했다 하여 꼭 만족스런 인터뷰 결과가 성취되는 것은 아니다. 인터뷰에 대한 준비는 필요하지만, 준비 정도가 인터뷰의 성패를 결정하지는 않는다.

그렇다고 질적 인터뷰에 대한 상세한 준비가 필요 없다는 것은 결코 아니다. 오히려 질적 인터뷰가 "목적을 가진 대화"라 해도 인터뷰 준비는 반드시 필요하다. 질적 인터뷰가 기술 이상이라는 말은 기술적인 것들에 대한 준비가 필요하지만, 인터뷰의 본질은 이 기술적인 것만으로 성취되지 않는, 그 이상을 필요로 한다는 의미이다. 질적 인터뷰는 연구문제를 중심으로 즉석에서 빠르고 효과적으로 "생각할 수 있는 능력"이 요구된다. 인터뷰란 단순히 질문을 던지는 것이 아니라, 질문에 대해 다시 제의를 던지는 것이기 때문이다. 오히려, "올바른" 순서로 "올바른" 질문을 해야 한다는 것에 집중하면 인터뷰 결과가 만족스럽지 못할 수 있다(메이슨, 2010).

여기서는 질적 인터뷰 준비를 위해 점검해야 할 몇 가지 사항들을 제시해 본다.

① 연구에서 알고자 하는 것, 즉 연구문제에 따른 연구주제들을 명확히 한다

질적 인터뷰의 목적은 연구참여자들이 경험하고 살아가는 중심 주제를 설명하고 이해하는 데 있다. 연구문제는 바로 이러한 주제들을 이해하기 위해 질문을 던지는 것이다. 따라서 대개의 질적 인터뷰는 연구참여자의 일상생활의 어떤 주제에 초점을 맞춘다(크바일, 1998). 이때 질적 인터뷰 준비는 연구문제에 따른 주제들을 인터뷰 질문으로 전환함으로써 이루어진다. 이를 위해 연구질문들을 목록화하고, 이를 다시 하위 연구질문들로 나누어 각 연구질문별로 던져야 하는 질문들을 구성하기도 한다(메이슨, 2010).

② 인터뷰 전에 면접지침을 만들어 적용해본다

질적연구자는 인터뷰를 하기 전에 인터뷰 가이드(interview guide, 면접지침)를 만들어 몇몇 연구참여자를 대상으로 예비적으로 인터뷰를 해보는 게 좋다. 이렇게 함으로써 면접지침을 좀 더 연구문제에 맞게 초점화할 수 있고 보완할 수 있다. 면접지침에는 연구문제와 관련된 질문들이 상세히 포함되는 것이 좋으나, 그렇다고 지나치게 엄격하게 질문을 구성하는 것은 바람직하지 않다. 미리 만들어진 질문의 틀에 연구참여자를 가두면 인터뷰의 개방성과 자연스러움이 사라지기 때문이다. 따라서 면접지침을 만능으로 생각하는 것은 좋지 않으며 신중히 사용해야 한다. 연구목적이나 연구자의 스타일에 따라서는 면접지침을 갖지 않고 인터뷰에 들어가기도 한다(시드먼, 2009; 패짓, 2001).

또한 면접지침에는 연구의 관심영역에 초점을 둔 시작질문과 마무리 질문을 포함시킨다. 시작질문은 일상적이고 쉬운 질문으로 하여 편안함을 주어야 한다. 인터뷰를 시작하기 전에 인터뷰의 전후 맥락을 이해시키고, 녹음기 사용을 공지하며, 질문사항이 있는지 묻는 것도 인터뷰 시작에서 빠뜨리지 말아야 할 것들이다. 감사 표시와 질문이나 더 하고 싶은 이야기를 묻는 것은 인터뷰를 마무리할 때 염두에 두어야 할 것들이다.

③ 질문의 순서에 관해 정해진 규칙은 없다

질적 인터뷰는 일반적으로 구조화된 인터뷰보다는 반구조화된 인터뷰를 사용한다. 표준화되고 구조화된 인터뷰는 순서가 정해져 있는 반면, 반구조화된 인터뷰나 개방적 인터뷰는 특별히 정해진 순서가 없다. 다시 말해, 인터뷰 할 때 던지는 질문의 순서에 관한 정해진 규칙은 없다. 그러나 인터뷰의 흐름을 원만히 하고, 풍부한 내용을 끌어내기 위해서는 몇 가지 기준을 활용하기도 한다. 예를 들면, 개괄적인 질문에서 구체적으로 질문으로, 논쟁적이지 않는 질문에서 논쟁적인 질문으로, 현재를 묻는 질문에서 과거와 미래를 묻는 질문으로 나아가는 것이 좋다(Patton, 1990).

그러나 이러한 지침이 인터뷰 현장에서 언제나 효과를 발휘하는 것은 아니다. 질문의 순서를 적절히 구조화하여 인터뷰에 임하더라도 응답자의 응답 여하에 따라 질문의 순서가 뒤죽박죽되기도 한다. 인터뷰 초기에 하나의 질문을 던졌을 뿐인데, 인터뷰 중간 혹은 말미에 하려던 질문에 대한 응답이 모두 나와서 인터뷰 중 급하게 질문의 순서를 재구성해야 하는 경우도 많다.

④ 인터뷰의 흐름을 돕고 시간소요를 줄여 줄 수 있는 방법을 결정한다

질적 인터뷰에서 중요한 것 중 하나는 인터뷰의 흐름을 원활히 하고, 질문에 대해 불필요한 시간이 소요되지 않도록 하는 것이다. 많은 경우, 이를 위해 인터뷰 전에 연구참여자에게 연구주제와 그에 따른 질문 혹은 인터뷰 지침을 미리 보내준다. 이 방법은 응답자로 하여금 질문의 초점에 주의를 기울이게 하고, 자신들의 생각을 정리해 보게 하고, 인터뷰의 흐름을 돕고 시간소요를 줄여 주는 효과가 있다.

그러나 이 방법이 모든 연구참여자들에게 효과가 있는 것은 아니다. 어떤 경우에는 질문 내용을 보고 정서적 반응을 일으키기도 하는데, 이때는 미리 보여주거나 알려주지 않는 것이 좋다. 이럴 때는 다른 방법으로 인터뷰에 대해 진술하고 소개한다. 예를 들어, 인터뷰 중에 한 주제가 끝나고 다른 주제로 넘어갈 때 응답자에게 말해주거나, 다음에 할 질문의 중요성이나 어려움 등에 대해 말하면서 연구참여자가 주의를 기울여야 할 것들을 이야기해 줄 수 있다(Patton, 1990).

⑤ 연구 과정에서 발생할 수 있는 윤리적 문제들에 대해 고려한다

인터뷰를 준비할 때는 연구과정에서 발생할 수 있는 윤리적 문제들에 대해 생각해 보아야 한다. 최근에는 대학내 연구윤리위원회를 통해 연구윤리에 관해 생각해 볼 수 있는 공식적 장치가 만들어져, 일정 부분 연구윤리와 관련된 사항들이 점검될 수 있게 되었다. 예를 들어, 자료수집 과정에서 사전동의를 얻어야 하는 문제라든가 연구참여자의 비밀을 보장하는 문제 등이 그것이다. 질적연구는 연구참여자의 심층적 경험을 토대로 하는 만큼 연구자의 윤리적 측면에 대한 고려가 더욱 필요하다.

특히, 연구결과가 연구참여자에게 해가 되지는 않는지 깊이 고려해야 한다. 연구참여자들이 연구결과를 발표한 후 후회할 가능성도 있고, 최악의 경우 연구결과 때문에 소송에 휘말릴 수 있는지에 대한 신중한 검토가 필요하다. 또한 인터뷰 중에 응답자의 가슴 아픈 부분을 건드리지 않도록 함은 물론 치료적 개입이 필요한 연구참여자를 계속 인터뷰해야 하는지에 대해서도 준비해야 한다.

2) 인터뷰의 유형

질적 인터뷰에는 여러 유형이 있다. 이 유형을 구분하는 기준은 단일하지 않고 다양하다. 인터뷰의 구조화 정도에 따라, 질적연구의 전통에 따라, 연구의 목적에 따라 다양하게 구분된다. 인터뷰는 인터뷰 질문들이 얼마나 구조화되느냐에 따라 비구조화된 인터뷰, 반구조화된 인터뷰, 표준화된 개방 인터뷰로 구분한다. 비구조화된 인터뷰는 현실적으로 불가능하기 때문에 흔히 질적연구에서 사용되는 인터뷰는 반구조화된 인터뷰의 형태를 띤다.

인터뷰는 또한 질적연구의 전통에 따라 생애사적 인터뷰, 현상학적 인터뷰, 문화기술지적 인터뷰, 근거이론 인터뷰로 구분되기도 한다. 이들 인터뷰는 각 질적연구의 전통들이 갖는 특징을 반영한다. 예를 들어, 현상학적 인터뷰는 현상학적 연구의 가장 중요한 특징인 현상학적 환원의 방법을 적용하기 위해 자신의 경험을 괄호치기 하면서 인터뷰의 구조를 구성하고 이끌어 나간다. 그리고 문화기술지적 인터뷰는 현재 시점에서, 현장에서의 살아 있는 경험을 중심으로 인터뷰해 나간다. 그러나 이들 각 인터뷰들이 전적으로 배타적인 특징을 갖는 것은 아니다. 인터뷰의 공통된 특징들을 공유하면서 각 질적 전통의 특징과 독특성을 반영하면서 인터뷰가 이루어진다.

인터뷰는 연구의 목적에 따라 다르게 구분되기도 한다. 세베이 연구를 목적으로 한 서베이 인터뷰(survey interview), 현장에서 현재 시점의 살아 있는 경험을 포착하고자 하는 문화기술지적 인터뷰(ethnographic interview), 심층적인 정보와 이해를 찾으려는 심층 인터뷰(in-depth interview), 생에 대한 스토리를 찾아내려는 생애사적 인터뷰(life story interview), 그리고 개별 인터뷰가 아닌 다수의 집단구성원을 대상으로 한 포커스 그룹 인터뷰(focus group interview)가 그것이다. 이 외에도 최근에는 연구의 목적 여하에 따라 전화나 인터넷을 사용한 인터뷰도 이루어지고 있다(Gubrium & Holstein, 2001). 연구자는 연구목적을 가장 잘 달성할 수 있는 인터뷰 방법을 선택해야 한다. 한 연구에서 여러 인터뷰 방법을 동시에 사용할 수도 있다. 여기서는 질적연구에서 가장 많이 사용되는 심층 인터뷰, 생애사적 인터뷰, 포커스 그룹 인터뷰에 대해 좀 더 살펴보기로 한다.

(1) 심층 인터뷰

심층 인터뷰(in-depth interview)는 현상에 대한 깊이 있는 정보와 깊이 있는 이해를 찾으려는 인터뷰이다. 연구 주제에 대한 풍부하고 깊이 있는 이해와 설명을 목적으로 하는 많은 질적연구가 심층 인터뷰를 사용한다. 심층 인터뷰에서 중요한 것은 '심층'의 의미이다. 심층 인터뷰에서 '심층'은 몇 가지 차원을 포함한다. 첫째, 연구참여자의 일상 활동, 사건, 장소에 대한 깊은 정보와 이해를 찾는 것이다. 연구참여자의 일상 활동과 사건들, 그리고 공간에 대해 심층적인 정보를 찾기 위해서는 연구자가 연구참여자에게 배우려는 태도가 필요하다. 연구자는 연구참여자의 구체적인 일상적 삶에 대해 알지 못하므로 좀 더 깊은 이해를 위해 점진적으로 깊이 구체적 경험으로 들어가야 한다.

둘째, 심층 인터뷰에서 '심층'은 연구참여자의 경험만이 아니라 그 경험의 맥락을 탐색함을 의미한다. 심층 인터뷰는 연구참여자의 행위나 활동의 경험에 대한 상식적 이해로 시작하지만, 그 경험의 맥락적 부분을 탐색해야 한다. 이렇게 맥락을 고려함으로써 상식적 견해 뒤에 숨겨진 의미, 그 경험의 본질을 간파하고 이해해 들어갈 수 있기 때문이다.

셋째, 이러한 '심층'적 이해를 통해 연구참여자가 갖는 상식적 전제나 상식적 대화방식이 어떻게 이해관계를 구성하는지 등 더 광범위하고 구조적인 맥락을 드러내 보여줄 수 있다. 이처럼 심층 인터뷰는 연구참여자의 구체적인 행위와 맥락 속으로 깊이 들어가 그 이면에 숨겨진 의미, 구조를 포착하기 위한 목적으로 이루어진다(Gubrium & Holstein, 2001).

(2) 생애사적 인터뷰

생애사적 인터뷰(life story interview)는 구술사와 생애사로부터 발전된 인터뷰 방법이다. 생애사란 지나온 자기의 삶을 다른 사람에게 이야기한 기록을 의미한다(유철인, 1998). 생애사 연구는 자료를 수집할 때 '스토리(stories)'를 중심으로 모으며, 이 스토리의 의미를 밝힌다(크래스웰, 2005). 앞의 심층적 인터뷰가 어떤 주제에 대한 경험들을 강조한다면, 생애사적 인터뷰는 생에 대한 '스토리'를 강조한다. 생애사적 인터뷰는 개인의 삶과, 사회 속에서의 개인의 삶이 가장 잘 이해되는 방식은 '스토리'를 통해서라고 전제한다. 스토리를 통해 맥락을 얻고 의미를 이해하게 된다고 본다. 생애 스토리를 말한다는 것은 모호했던 것을 선명하게 하고, 숨겨졌던 것을 보이게 하며, 몰랐던 것을 알게 하고, 혼란스러웠던 것을 명확하게 해준다(Gubrium & Holstein, 2001).

생애사적 인터뷰에서 생애 스토리는 태어나서 현재까지 겪은 중요한 사건, 경험, 느낌을 생애 시기별로 묻는다. 그러므로 생애 스토리는 전체 삶에서 가장 중요한 측면을 조망하면서 개인의 전반적 경험에 대한 서사라고 말할 수 있다. 생애 스토리는 기억을 매개로 이야기된 내용이 현재를 출발점으로 하여 재구성되기 때문에 이야기된 내용 중에는 응답자의 과거 경험을 보여주는 내용과 그것에 대한 사후적인 의미부여 및 해석이 혼재되어 있다(이희영, 2005). 그리고 이 생애 스토리는 스토리 밖의 사회적 실재에 관한 정보를 제공해 줄 뿐만이 아니라, 주어진 상황의 도덕적, 윤리적, 사회적 맥락을 통해 경험을 설명한다(Gubrium & Holstein, 2001). 따라서 인터뷰를 생애 스토리 중심으로 수집함으로써, 우리는 그 개인의 주관적 경험은 물론 그 경험을 가능하게 만든 제반 맥락적 요소들과 경험의 의미를 알 수 있다.

생애사적 인터뷰는 심층 인터뷰에 비해 생애 시기별로 자연스럽게 인터뷰를 하기 때문에 보통 사전에 고안된 질문목록을 가지고 들어가지 않는다. 그 이유는 질문자는 응답자가 자신의 삶의 스토리를 구조화하도록 질문을 던지기 때문이다(May, 2002). 또한 응답자의 입장에서도 편하게 이야기할 수 있기 때문에는 나이가 어리거나 학력이 아주 낮거나 혹은 정신장애를 가진 사람처럼 집중적으로 심층까지 들어가는 것이 어려운 경우에 사용하면, 좀 더 수월하게 인터뷰를 진행할 수 있다. 그러나 모든 연구참여자가 자신들의 삶의 경험을 스토리로 표현하는 것이 능숙하지는 않기 때문에, 이 방법이 언제나 사회과학의 자료수집 방법으로 적합한 것은 아니다(플릭, 2009).

(3) 포커스 그룹 인터뷰

포커스 그룹 인터뷰(focus group interview)는 집단 토론에 근거한 질적연구의 자료수집 도구이다. 지지집단이나 위원회와 같이 자료수집이 목적이 아니거나, 포름처럼 집단 간 상호작용을 보지 않는 포커스 그룹은 포커스 그룹 인터뷰가 아니다. 포커스 그룹 인터뷰의 핵심은 개별 인터뷰처럼 연구자와 연구참여자 개인 간의 상호작용에 있지 않고, 연구참여자들 사이에 상호작용이 있게 하는 것이다. 이러한 상호작용이 활발하게 이루어지도록 연구자는 집단 토론을 독점하거나 방해하거나 참여하지 않는 집단구성원이 있을 때 적절한 개입을 해야 한다. 이처럼 포커스 그룹 인터뷰는 자료수집을 목적으로 집단 구성원 간에 주제에 대한 토론이 있고, 연구자의 다소의 통제가 있으면서 진행되는 인터뷰를 말한다(David Morgan, 2001년 워크숍 자료에서; Krueger, 1994).

포커스 그룹 인터뷰는 연구참여자들 사이의 경험이나 감정, 신념에 대한 반응과 상호작용, 공통점과 차이점을 파악할 때 유용하다. 따라서, 포커스 그룹 인터뷰는 연구참여자들이 그들의 경험과 느낌, 의견을 나누고 비교하는 것을 들음으로써 심층적 지식을 얻고자 할 때 적합하다. 또한 설문지 개발이나 다른 자료수집 방법의 보완으로 사용된다(Gubrium & Holstein, 2001). 그러나 민감한 주제를 다루는 데는 적합하지 않다(패짓, 2001).

포커스 그룹 인터뷰에 참여하는 사람은 연구자의 주제에 흥미를 가지면서 주제에 대해 편안하게 말할 수 있어야 한다. 이를 위해서 포커스 그룹 집단은 동질적 집단으로 구성하는 것이 좋다. 집단의 규모는 최소 4명에서 최대 12명까지 가능하며, 연구의 목적에 따라서는 여러 집단으로 나누어서 집단 인터뷰를 시행할 수 있다. 이때 예비 포커스 그룹을 구성해 질문내용이나 시간, 질문 수 등을 적용해 보고 이를 본격적인 포커스 그룹 인터뷰 지침에 활용하는 게 좋다(Gubrium & Holstein, 2001). 포커스 그룹 진행자는 인터뷰 지침을 가지고 들어가서 하는 것이 좋지만, 질문보다는 집단에서 좋은 토론이 이루어지도록 연구참여자를 격려하여 더 많은 것이 이야기되도록 하는 것이 중요하다.

포커스 그룹 인터뷰에서 질문하기는 인터뷰의 유형에 따라 다를 수 있다. 대표적으로 깔때기 구조의 인터뷰와 역깔때기 구조의 인터뷰로 구분할 수 있다. 물론 연구문제에 대한 직접적인 답을 듣고 싶을 때는 고도로 구조화된 인터뷰를 사용하기도 한다. 깔때기 구조의 인터뷰는 가장 흔히 사용되는 인터뷰 형태로서, 처음에는 광범위하고 덜 구조화된 질문을 하고 이어 점 차 좀 더 구조화되고 구체적인 질문으로 인터뷰를 끌어간다. 반면, 역깔때기 구조의 인터뷰는 깔때기 구조와는 정반대로 구체적인 질문에서 시작해서 점차 일반적인 질문으로 나아가는 방식으로 이루어진다. 이 방법은 주제에 대해 많은 생각을 해보지 않은 사람을 대상으로 연구할 때 적절하다(David Morgan, 2001년 워크숍 자료에서). 예를 들어, 임파워먼트 실천을 한 사회복지사에 대해 이야기해 보라고 하고, 점차 무엇 때문에 임파워먼트 실천이 가능했는지를 물어가는 방식이다.

3) 인터뷰 질문의 기술

인터뷰를 해야 할 때, 흔히 최대의 관심사는 어떻게 질문해야 할 것인가에 모아진다. 어떻게 질문할 것인가는 인터뷰 기술의 문제이다. 인터뷰의 기술은 중요하다. 인터뷰의 기술을 숙지하고 훈련하면 인터뷰에서 발생할 수 있는 오류를 상당히 줄일 수 있기 때문이다. 그러나 앞에서도 언급했듯이, 인터뷰는 기술 이상이다. 인터뷰가 기술 이상이라는 의미는 인터뷰 기술이 무용하다는 것이 아니라, 기술과 함께 기술로는 환원되지 않는 다른 그 어떤 것이 필요하다는 것이다.

질적 인터뷰는 일상생활의 흔하고 평범한 말들 속에 숨겨져 있는 의미를 이해하기 위한 것이다. 이 '의미'를 '이해'하는 것은 인터뷰의 기술만으로 되지 않는다. 타인에게 깊은 관심을 기울이는 태도와 헌신적으로 마음을 여는 태도가 동반되지 않으면 진정한 이해에 이를 수 없다. 이런 점에서 인터뷰는 자기 망각을 통하여 일상생활 속에서 타인들에게 시선을 돌리는 시선의 방향 전환이다(부르디외, 2000: 1473-1474).

이 모든 것을 포괄하는 효과적인 인터뷰 질문의 비결은 없다. 오히려 진정으로 효과적인 질문이란 연구자가 연구참여자의 이야기에 관심을 갖고 집중해서 경청하는 것이다(시드먼, 2009). 질문자가 아무리 질문을 잘해도 응답자가 다르게 이해하고 인식하면 예기치 않은 전혀 다른 응답이 나오기도 한다. 연구참여자의 스타일, 성격, 인식구조에 따라 같은 질문을 해도 다른 응답이 나온다.

그럼에도 인터뷰에서 질문자의 질문은 중요하다. 응답자로부터 무엇을 끄집어낼 것인지를 결정하기 때문이다. 응답자는 질문자의 질문을 통해 자기 인식과 현실을 구성하거나 재구성한다. 그것은 때로 응답자에게 자신의 생각을 정리하는 기회를 주기도 하고, 때로 치유의 경험을 제공하기도 한다. 인터뷰는 인터뷰 경험이 많을수록 그 기술과 방법이 세련되어 간다. 인터뷰를 많이 하다보면 인터뷰의 정수를 스스로 깨우쳐 간다. 처음에는 개방형 질문을 한다고 했는데도 예, 아니오 답변만 얻게 되어 당황하게 된다. 그러나 인터뷰를 많이 하다 보면, 전혀 의도하지 않았음에도 중간 중간 핵심적 의미를 찾을 수 있는 답변을 듣게 되기도 하고, 그러한 답변에 어떻게 질문을 던져야 더 풍성한 이야기가 끌어 나오게 되는지를 알게 된다. 따라서 여기서는 질적 인터뷰에 필요한 몇 가지 인터뷰 기술들을 소개하기로 한다.

(1) 응답자가 하는 말을 경청하면서 그 흐름을 좇아간다

인터뷰는 질문자가 응답자에게 자신이 묻고 싶은 질문만 던지는 것이 아니다. 인터뷰는 응답자가 하는 말을 잘 '경청'하면서 그가 말하는 논지의 '흐름을 좇아가는 것'이 중요하다. 응답자의 논지를 좇아가기보다 자신의 호기심이 중심이 되어 인터뷰를 진행하면 응답자의 말을 경청할 수 없으며, 그에 따라 응답자가 하는 말의 핵심을 포착하기도 어렵다.

질적 인터뷰는 응답자가 하는 말의 내용의 구조와 핵심을 순간에 포착하고 그 핵심에 대해 질문하는 방식으로 이끌어가야 한다. 경청하고 흐름을 쫓아가야 응답자가 말한 답변의 즉각적인 의미와 한계를 파악할 수 있고, 이를 바탕으로 어떤 질문을 계속해 나갈 것인지를 판단할 수 있다. 질적 인터뷰는 질문의 기술보다 연구참여자가 말하는 내용을 얼마나 잘 귀 기울여 듣는가가 중요하다(크바일, 1998).

(2) 응답자가 하는 말의 흐름을 좇아가되 끌려 다녀서는 안 된다

응답자가 하는 말의 흐름을 좇아가다 보면 자칫 응답자에 끌려 다닐 수 있고, 그러다 보면 연구의 초점을 잃게 되고, 결국 필요한 자료를 얻지 못하게 된다. 질문자는 응답자가 하는 말의 흐름을 좇아가되 주제를 벗어나 초점을 빗나가는 말을 하면 이를 '통제'해야 한다. 인터뷰를 통제한다는 것은 응답자가 주제와 상관없는 다른 이야기를 한다고 판단될 때, 질문자가 적절히 인터뷰에 개입하여 인터뷰를 리드해 가는 것이다.

인터뷰에 대한 통제를 위해서는 적극적이고 주의 깊게 경청하는 것과, 이야기 중에 개입해 들어가는 것이 중요하다. 이야기 중에 개입해 들어가는 것은, 응답자의 기분을 상하게 할 수도 있으므로 정중하게 해야 한다. 따라서 인터뷰에서 질문자는 알고자 하는 주제를 분명히 하고, 주제의 본질에서 벗어나는 이야기를 하는 경우 맥락을 고려해 응답자가 하고자 하는 이야기를 경청하려 하고, 중요한 것과 그렇지 않은 것을 분별할 수 있는 능력이 필요하다(Patton, 1990). 인터뷰를 "철 없는 강아지를 산책시키는 것"에 비유한 것은(시드먼, 2009) 인터뷰를 통제하는 것의 어려움을 잘 비유한 말이다.

(3) 응답자가 하는 말의 흐름을 좇아가되 자주 끼어들어 방해해서는 안 된다

질적 인터뷰에서 질문자가 쉽게 범하는 오류 중의 하나는 응답자가 하는 말의 흐름을 좇아가지 못하고 중간에 너무 자주 끼어드는 것이다. 질문자가 응답자의 말에 너무 자주 끼어드는 것은 응답자의 말을 경청하지 않으면서 자신의 호기심만을 채우려 하거나, 자신을 뽐내고 싶거나, 응답자와 토론하고 논쟁하려 할 때 일어난다. 응답자의 이야기를 따라가지 않고 너무 자주 끼어들고 중간에 질문을 많이 던지면, 인터뷰가 끊어져서 단답식처럼 되기 쉬워 풍부한 인터뷰 자료를 확보하기 어렵다.

따라서 질문자는 응답자의 이야기에 반박하거나 설명한다는 자세를 버리고, 자신의 견해를 억제하고 배운다는 자세로 흐름을 따라가면서 경청해야 한다. 물론 응답자가 부연설명을 요구한다든가, 응답자의 말을 확인한다든가, 공감을 해주어야 할 경우는 예외이다. 만일 질문자가 끼어들고 싶을 때는 관련 단어를 노트에 적어 둔 뒤 다음에 적절한 시기를 잡아 질문한다(시드먼, 2009). 질문자가 응답자의 이야기에 끼어들기를 적게 하여 이야기의 흐름을 방해하지 않으면 분석에 필요한 자료를 더 많이 끌어낼 수 있다.

(4) 유도질문과 추상적 질문을 피한다

질적 인터뷰를 위한 질문에는 피해야 할 몇 가지 질문유형이 있다. 유도질문, 복수질문, 이분법적 질문, 그리고 추상적 질문이 대표적이다. 유도질문은 예를 들어, “임파워먼트 실천은 진보적 사고를 가진 사회복지사들 사이에서 인기가 있는데, 그렇지 않을까요?”처럼 응답자가 질문자의 관점이나 생각을 받아들이도록 제한하는 질문이다. 이런 질문에 대한 응답은 대부분 짧고 간단하다.

복수질문은 하나의 질문에 여러 개의 질문이 들어 있는 경우이며, 이분법적 질문은 예나 아니오 답변이 나오도록 하는 질문이다(크바일, 1998; Patton, 1990). 추상적 질문은 예를 들어, "정체성이 무어라고 생각하세요?"처럼 질문자가 추상적 용어로 질문을 던지는 것인데, 많은 초보 연구자들이 빠지기 쉬운 함정이다. 그 이유는 우리의 삶은 일상의 구체적인 것들로 구성되지만, 우리의 사고는 이를 추상적으로 생각하는 데 길들여져 있기 때문이다.

추상적 질문을 했을 때 가장 큰 문제는 응답자가 구체적이고 일상적 용어를 사용해 이야기하기보다 추상적이고 개념적인 용어로 이야기한다는 점이다. 일반적으로 추상적 질문을 받은 응답자는 그 뜻이 모호하다고 인식하기 때문에 즉각 답할 수 없어 재차 질문을 하고 답하지만, 대부분 진부한 답변으로 흐르기 쉽다. 질적 인터뷰에서 추상적 질문을 피해야 하는 이유는 추상화된 답변으로는 우리가 분석하고자 하는 일상행위의 구체적 자료들을 수집하기 어렵고, 무엇보다 지식을 구성하는 핵심적 요소인 맥락들을 풍부하게 포착하기 어렵기 때문이다(May, 2002). 질적연구는 사람들의 일상생활의 구체성을 자료로 하여, 그 구체적인 것들 이면에 숨겨져 있는 의미를 탐구하는 것이기 때문에 구체성 있는 자료의 확보가 무엇보다 중요하다.

(5) 일반적인 의견을 묻기보다 일상의 구체적인 상황과 행동을 묻는다

질적연구의 자료는 일상을 살아가는 사람들의 구체적인 경험이다. 질적연구는 이 경험을 토대로 사람들의 행위와 사회적 구조, 그리고 이들의 연결고리를 찾아낸다. 따라서 질적 인터뷰에서 무엇보다 중요한 것은 구체성, 즉 '일상'의 구체적 경험들을 드러내고 묘사하는 것이다. 일상은 상부구조의 토대로서, 일상적 활동이 없으면 어떤 사건도, 역사도 일어나지 않는다. 일상은 매일 매일 되풀이되는 삶으로서, 개인 수준만이 아니라 사회의 여러 수준에서도 일어난다. 일상이야말로 구체적 삶의 현장이다. 우리가 질적 분석을 통해 알고자 하는 이론적 설명은 일상의 삶의 현장으로부터 도출된다. 물론 일상적 삶의 현장과 이론적 분석 간에는 늘 불가피한 거리가 존재한다(박재환, 1994). 질적연구의 자료인 경험은 바로 이 일상적 삶의 구체성으로부터 나온다.

의견이나 견해는 이 경험을 기반으로 하여 구성된다. 구체적인 것들이 없으면 의견이나 견해는 근거 없는 것으로 치부된다(시드먼, 2009). 그런데 질적 인터뷰에서 일상적 경험의 구체성을 건너뛰고 의견이나 견해를 중심으로 질문을 던지는 경우가 많다. 어떤 사건이나 행동에 대해 의견이나 견해를 수려하게 표현하는 응답자는 똑똑해 보이고 질적 분석에 필요한 많은 자료를 주는 것같이 보이지만, 사실은 그렇지 않다. 그는 일상의 세부적이고 구체적인 경험들은 건너뛰고 견해만을 피력하기 때문에 분석가는 분석과 해석의 대상인 구체적인 경험들, 즉 자료를 얻기 어렵게 된다. 질적 연구자는 풍부한 자료를 얻기 위해서라도 먼저 일상의 구체적인 상황과 행동, 경험들에 초점을 두고 질문을 던져야 한다.

(6) 건너뛰지 말고 심층으로 들어가는 질문을 던진다

질적 인터뷰에서 흔히 볼 수 있는 현상 중 하나는 응답자가 하는 말의 흐름을 좇아가지 못하고 질문이 자연스럽게 이어지지 않는 것이다. 이런 경우 질문자의 질문은 흐름을 따라가지 못하고 갑자기 끊고 다른 것을 묻게 된다. 예를 들어, 요양원에 거주하는 노인에 대한 인터뷰에서 "그때 나는 참 좋은 경험을 했지.."라는 응답자의 말에 대해 "어떤 좋은 경험을 하셨어요?"라고 질문하지 못하고, 갑자기 준비한 다음 질문인 "검사는 어떻게 해요?"라는 질문으로 넘어가는 경우를 들 수 있다. "좋은 경험"이라는 것이 구체적으로 무엇인지 그래서 그 노인의 삶에서 어떤 역할을 했는지 노인의 삶의 심층으로 들어가지 못하는 것이다.

이는 질문자가 아직 초보 수준이어서 인터뷰 지침의 질문들을 던져야 한다는 강박관념이 있거나, 연구주제를 명확히 알고 있지 못하거나, 응답자의 이야기를 귀 기울여 듣지 않기 때문이다. 이렇게 응답자 삶의 심층으로 들어가지 못하면 우리가 획득하는 자료는 빈약하고 피상적이고 보잘 것 없는 것들로 채워지기 쉽다. 심층적으로 좀 더 풍부한 자료를 얻기 위해서는 응답자로 하여금 주제에 대해 좀 더 이야기해 주도록 요청하거나, 모호한 것을 명확히하기 위해 질문을 던지거나, 대조하여 묻는 방법들을 활용할 수 있다(Patton, 1990).

(7) 응답자가 침묵하는 경우 기다려 준다

질적 인터뷰에서 질문자를 곤혹스럽게 하는 경우 중 하나는 응답자가 침묵할 때이다. 응답자가 침묵할 때 질문자는 침묵의 시간을 어색하게 느끼게 되어 무슨 말이든지 하려는 압박을 받는다. 그래서 흔히 그 다음 질문으로 넘어간다. 그러나 응답자의 스타일에 따라서는 이야기 중에 자신의 말을 정리하기 위해 침묵을 필요로 하는 사람도 있고, 또 질문의 요지를 좀 더 깊이 생각하기 위해 침묵을 필요로 하는 경우도 있다. 이런 경우 질문자는 침묵을 기다려주는 것이 좋다. 질적 인터뷰를 해본 다수의 사람들은 응답자의 침묵이 있을 때 기다렸더니, 기다림이 주는 선물이 있음을 경험하였다. 예를 들어, 침묵을 기다렸더니 응답자의 가족사를 아주 상세하게 이야기해 주는 것이다. 그러나 침묵이 지나치게 길어지거나 고의적으로 침묵한다고 판단되면 적절히 그 다음 질문으로 넘어가는 것이 좋다.

(8) 연구자로서의 인터뷰와 상담가로서의 인터뷰의 경계를 명확히 한다

처음 인터뷰를 해 본 학생들이 많이 하는 말은 연구를 위한 인터뷰와 상담을 위한 인터뷰를 구분 짓기 어려웠다는 점이다. 상담에서 요구되는 공감, 명료화, 해석 등을 연구를 위한 인터뷰에서도 그대로 적용해야 할지 혼란스러워 했다. 특히 사회복지 현장에서 사회복지사로 일한 경험이 많은 학생일수록 이에 대한 토로가 많았다. 상담과 같은 치료적 인터뷰와 질적 인터뷰와 같은 연구 인터뷰의 공통점은 상호이해를 증진한다는 점에서 공통적이다. 그러나 치료적 인터뷰는 인격적 변화나 고통을 극복하도록 도와주는 것을 강조하는 반면, 연구 인터뷰는 연구주제에 대해 계속 초점을 맞추고 그것에 대한 지적 이해를 강조한다. 연구 인터뷰에서 질문은 알고자 하는 주제에 초점을 두고, 그것의 흐름을 자연스럽게 이끌어나가야 한다. 이 과정에서 공감을 표현하거나 명료화가 필요할 수 있다(크바일, 1998).

(9) 인터뷰 중에 발생하는 감정에 지나치게 민감하지 않도록 한다

인터뷰는 응답자에게 모종의 영향을 미치는데, 일반적으로 카타르시스와 같은 좋은 느낌을 경험하게 한다. 그러나 질문자는 탈진이나 멍한 느낌과 같은 복잡한 감정을 경험할 수 있다(패짓, 2001). 또한 질문자는 인터뷰 중에 응답자가 말하는 내용에 감정적으로 깊이 관여되어 통제가 어려운 경우가 발생하기도 한다. 응답자의 과거의 고통스런 경험에 공감하거나, 응답자의 답변 내용에 대한 질문자의 가치판단이 개입되어 감정적 중립을 지키지 못하기도 한다. 그러나 질적 인터뷰는 치료적 인터뷰도, 교육적 인터뷰도 아니다. 질문자는 감정적 중립을 지키면서 인터뷰의 목적이 지식을 끌어내는 데 있음을 분명히 할 필요가 있다.

(10) 질문자와 응답자 사이의 왜곡을 최대한 줄이도록 한다

질적 인터뷰의 질문자와 응답자 사이에는 늘 모종의 왜곡이 스며들어 있다. 인터뷰는 이 왜곡들을 얼마나 통제하느냐가 관건이다. 이 왜곡은 질문자와 응답자의 사회적 지위와 같은 사회적, 문화적 차이에서 비롯되기도 하고, 인터뷰라는 게임에서 질문자가 게임의 규칙을 만드는 위치에 있기 때문에 발생하기도 한다. 즉, 인터뷰에서 질문자와 응답자 간의 왜곡은 이 둘 사이의 불균형으로부터 나온다.

이러한 불균형으로 인한 왜곡을 줄이기 위해서는 인터뷰를 미리 짜인 질문에 답하는 것으로 상정하지 말아야 하며, 그렇다고 아무런 지시도 없이 행해지는 방임적인 것으로도 상정하지 말아야 한다. 질문자와 응답자 간의 왜곡을 최대한 줄이기 위해서는 응답자를 완전히 믿어주고, 그의 개인사의 독특성을 인정해야 한다. 질문자가 응답자의 독특성을 인정할 수 있다면 응답자의 언어를 따라 갈 수 있고, 마침내 그의 관점과 감정, 사고 속으로 들어갈 수 있게 된다(부르디외, 2000: 1465-1466).

(11) 토큰 답변을 최대한 활용한다

인터뷰는 주로 언어적 교환이지만 여기에는 비언어적 신호들이 포함되어 있다. “네”라든지, “아 그래요?”, “물론이죠”, “오, 그렇군요”' 등의 간략한 언어적 피드백은 물론이고, 동의한다는 뜻으로 고개를 끄덕거리는 제스처, 시선, 미소 등, 상대방의 말에 주목, 동의, 격려, 긍정 등을 표하는 모든 비언어적 신호들은 인터뷰 관계를 긍정적으로 유지시키는 조건이 된다. E. A. Schegloff는 이를 ‘토큰 답변(response token)’이라 이름 붙였다. 이러한 비언어적 신호들은 인터뷰에서 응답자가 한 어떤 말을 어떻게 해석해야 하는지를 가르쳐 준다. 질문자가 한순간 주의를 다른 데 팔거나, 시선을 다른 데 두는 것만으로도 응답자는 거북함을 느끼고 말의 끈을 놓치게 되는 수가 있다. 이처럼 비언어적 신호들을 적절한 순간에 사용할 경우, 질문자는 자신이 정신적, 감정적으로 응답자와의 대화에 적극 참여하고 있다는 사실을 응답자에게 전달할 수 있다(부르디외, 2000: 1468).

2. 관찰

1) 관찰 자료의 가치

관찰은 인터뷰와 함께 질적 자료를 수집하기 위한 주된 방법이다. 인터뷰가 의도적이고 목적을 가진 대화라면, 관찰은 어떠한 의도나 개입 없이 자연스런 상황과 구체적 맥락 안에서 일어나는 상호작용과 행위에 주목한다. 우리가 알고자 하는 지식은 바로 이러한 자연적 상황과 맥락, 상호작용을 관찰함으로써 얻을 수 있다고 전제한다. 인터뷰에서 자연적 상황과 맥락은 응답자의 말을 통해서만 파악할 수 있지만, 관찰에서는 관찰자가 직접 눈으로 보고 말과 몸으로 상호작용하면서 파악한다. 관찰은 많은 것이 한 순간에 일어나기 때문에 인터뷰보다 더 도전적이며, 응답자의 '언어'에 주목하는 인터뷰와 달리 문화의 담지자로서의 '몸'을 관찰한다(메이슨, 2010).

질적연구에서 관찰이 독자적 방법으로 사용되는 경우는 일반적으로 문화기술지 연구에서이다. 관찰 방법만을 독립적으로 사용한 문화기술지 연구들 중에는, 인터뷰와 같은 방법으로는 알 수 없는 현상을 이해하게 해주거나 기존의 이론을 반박하는 연구들을 볼 수 있다. 예를 들어, 공항에서 사람들이 대기할 때 어떤 행태를 하는지, 지하철이라는 공간 안에서 어떤 문화적 규칙이 작동하는지는 관찰 방법을 통해 더 잘 파악될 수 있다. 실제로 저소득층 아동이 문화적으로 박탈되었다는 기존의 문화박탈 이론은 관찰 방법을 사용한 연구에 의해 반박되었다(스프래들리, 1988).

그러나 관찰이 문화기술지의 전유물은 아니다. 관찰은 문화기술지가 아닌 다른 연구에서 얼마든지 사용할 수 있다. 질적연구에서 관찰은 인터뷰와 달리 독자적 방법으로 사용되는 경우가 드물다. 대부분은 인터뷰 등 다른 방법과 함께 사용되든가, 아니면 보조적 방법으로 사용된다.

관찰의 가장 큰 장점은 자연스런 맥락하에서 행위나 사건을 조망할 수 있다는 점이다. 따라서 관찰은 새로운 관점이 필요하거나 자연 그대로의 맥락을 파악해야 할 때 특히 유용하다(Patton, 1990). 질적연구에서 연구주제를 탐색하거나, 주제 탐색을 도와주는 예비조사나, 또는 사람들의 인식 너머에 있는 상황이나 맥락을 파악할 필요가 있을 때 사용할 수 있다. 흔히 연구자들은 관찰을 한 후 새로운 사실이나 아이디어를 접하게 된다.

질적연구 수업을 들었던 학생들은 겨우 2-3시간에 불과한 관찰을 해 본 후에도 관찰 현상에 대한 새로운 관점과 아이디어를 얻었음을 토로하였다. 예를 들어, 비 오는 날 놀이터를 관찰한 후 아동에 대한 부당처우가 문화적 요소에 의해 달라질 수 있다거나, 알코올 중독을 겪고 있는 주민들을 잘 회복시키는 사회복지사를 관찰한 후 유능한 사회복지사는 사무실에서 일을 잘하기보다는 주민들과 잘 노는 사람이라든가, 어린이집의 아동을 관찰한 후 아동의 놀이문화에서는 끊임없이 영역 다툼이 일어나고 있다거나, 또는 푸드 마켓을 관찰한 후 푸드 마켓에는 자원봉사자의 원칙 없는 힘의 군림과 이용자들의 억압이 공존한다는 새로운 사실을 알게 되었다.

관찰의 이러한 장점에도 불구하고, 관찰은 관찰자의 주관성 때문에 과학적 자료로서 엄격성과 타당성 문제가 제기된다. 관찰자의 주관성은 관찰된 것이 관찰자의 시각을 통해 여과되고 해석된 것이라는 사실에서 비롯된다. 그래서 관찰 자료는 있는 그대로의 현상을 담아내기 어렵고, 자료로서의 객관성을 확보하기 어려운 방법으로 여겨진다. 이러한 문제를 해결하기 위해 피관찰자의 말을 그대로 직접 인용하여 기록한다든가, 조건이 다른 관찰자로 하여금 동시에 관찰하게 한다든가, 동일 현상이 일어나는 다른 시간이나 다른 장소에 다른 사람이 관찰하게 하는 등의 방법이 제안되고 있다(메이슨, 2010).

2) 관찰의 전략

일반적으로 관찰은 연구자가 현장에 어느 정도 참여할 것이냐, 관찰을 어느 정도 공개할 것이냐에 따라 전략을 달리할 수 있다. 연구자가 현장 관찰에 어느 정도 참여할 것인가는 참여관찰과 비참여관찰로 양분된다. 그러나 현실에서 관찰의 참여 정도는 이렇게 이분법적으로 양분되지 않는다. 따라서 관찰에서 참여의 정도는 연속선의 개념으로 보아야 한다. 누구도 완전히 참여하거나 완전히 비참여할 수 없다. 모든 관찰은 참여와 비참여 사이의 연속선상 어딘가에 있다. 또한 참여의 정도는 시간에 따라 변화될 수 있기 때문에 한 연구에서도 다양한 참여 전략을 사용할 수 있다. 예를 들어, 연구를 시작할 때는 구경꾼의 입장에서 참여하다가 시간이 가면서 점차 참여자가 되어 갈 수도 있고, 그 반대일 수도 있다(Patton, 1990).

질적연구에서 사용되는 참여관찰은 총괄적인 현장 전략이라고 볼 수 있다. 참여관찰 중에는 직접적인 관찰이 이루어지지만, 동시에 인터뷰나 문서검토 등이 함께 병행될 수도 있기 때문이다. 참여관찰에서 어려운 점은 내부자와 외부자라는 두 입장을 왔다 갔다 해야 하는데 있다. 관찰자는 내부자이면서 동시에 외부자인 것이다. 특히, 내부자의 시각에서 현장을 관찰하는 것은 언제든 허용될 수 있는 것이 아니기 때문에 더욱 어렵다.

예를 들어, 어떤 사회복지 연구자가 특정 지역의 정신보건 사회복지사들의 모임에 내부자로서 참여하여 관찰을 수행할 수는 있다. 그러나 정신장애인 당사자 모임에 내부자로 참여하는 것은 거부될 수도 있다. 이 외에도 내부자로 참여하는 관찰이 거부되는 경우는 무수히 많다. 사회계급, 젠더, 민족의 차이 때문에 참여가 불가능한 경우도 있다. 따라서 어느 정도 참여할 것이냐에 대한 선택은 연구문제의 성격과 다양한 정치적 맥락 여하에 달려 있다(Patton, 1990).

관찰에 대한 또 다른 전략은 관찰을 어느 정도 공개할 것인가를 결정하는 것이다. 일반적으로 관찰의 공개 정도에 따라 공개관찰(overt observation)과 비밀관찰(covert observation)로 구분된다. 그러나 현장에서 실제로 이루어지는 관찰의 공개는 정도의 문제이기 때문에 참여정도와 마찬가지로 연속선의 개념으로 보아야 한다. 관찰을 공개하느냐 공개하지 않느냐의 문제는 '관찰자 효과(observer effect)'의 문제와 직결된다. 관찰자 효과는 관찰된 것에 대한 관찰자의 영향을 가리키는 것으로서, 자신이 관찰된다는 사실을 아는 경우와 모르는 경우에 피관찰자의 행동에 차이가 있다는 것이다. 그리고 이 차이는 관찰자료의 타당성과 객관성을 훼손할지 모른다는 우려를 낳는다.

이 관찰자 효과와 관련된 논의는 크게 두 가지 차원에서 이루어진다. 하나는, 관찰자의 역할을 어느 정도 공개하느냐에 대한 것이다. 이에 대해서는 양극단으로 의견이 갈린다. 관찰한다는 사실을 반드시 공개해야 한다는 입장과, 공개하지 않아도 된다는 입장이 그것이다. 이러한 입장 차이 뒤에는 인간과 사회에 대한 존재론적, 인식론적 차이가 작용한다.

다른 하나는, 연구의 목적을 어느 정도 설명해야 하는가이다. 이에 대한 논의 또한 합의되지 못한 채, 의견이 분분하다. 관찰에 임해 피관찰자들에게 연구목적을 완전히 설명해야 된다는 입장에서부터 부분적으로 설명해야 한다는 입장, 설명이 필요 없다는 입장, 심지어 거짓 설명이 필요하다는 입장에 이르기까지 다양하다(Patton, 1990). 관찰에서 공개 정도에 대한 선택은 관찰의 참여 정도에서와 마찬가지로, 연구문제의 성격과 관찰해야 할 현장의 다양한 정치적 맥락을 고려하여 신중하게 결정해야 한다.

3) 관찰의 실행

관찰을 실행한다는 것은 관찰에 들어가고 나오는 일련의 과정을 말한다. 관찰에 들어가면 관찰하고, 참여하고, 질문하고, 경청하고, 의사소통하는 등의 행위가 이루어진다. 이런 일련의 행위들을 현장조사(fieldwork)라고 한다. 따라서 현장조사를 한다는 것은 모든 지점을 한순간에 관찰하는 것이다(메이슨, 2010). 그런데 관찰을 실행하기 위해서는 관찰을 준비하고, 무엇을 관찰할지 결정하고, 관찰 현장에서의 위치를 명확히 하고, 관계 맺기와 상호작용을 수행하고, 관찰로부터 나오는 일련의 행위들을 포함한다. 관찰의 실행에 필요한 몇 가지 유념해야 할 사항을 간략히 살펴보자.

(1) 관찰해야 할 세팅 선택하기

관찰을 수행하기 위해 가장 먼저 해야 할 것은 관찰세팅을 선택하는 것이다. 관찰세팅을 찾는 데 있어 중요한 것은 연구하고자 하는 현상이 무엇이고 연구문제가 무엇인지를 명확히 하는 것이다. 이때 고려해야 할 것은 시간, 공간, 장소이다(메이슨, 2010). 예를 들어, 청소년의 빈곤대물림을 연구하기 위해서 지역아동센터라는 공간을 관찰세팅으로 선택할 수 있다. 지역아동센터는 가난한 아동 및 청소년들이 처한 상황, 행위, 의사소통을 볼 수 있는 주요 사회적 상황이기 때문이다. 이때 연구자는 어디에 있는 지역아동센터를 어느 시간에 관찰할지도 함께 고려해야 한다. 같은 지역아동센터라 해도 지역적 위치와 시간에 따라 관찰되는 것이 다를 수 있다. 관찰세팅을 선택할 때는 복잡하지 않고 단순하고, 접근이 용이하고, 허가가 가능하고, 반복적 행동이 일어나는 곳을 일차적으로 고려한다(스프래들리, 1988).

(2) 관찰세팅에서 위치 정하기

연구자는 정해진 관찰세팅에 들어가기 전에 자신이 관찰세팅에서 어떤 위치와 역할을 취해야 하는지 생각해야 한다. 연구자로서의 위치를 명확히 하여 외부자적 입장을 취할 것인지, 아니면 해당 관찰세팅의 일원이 되어 내부자적 입장에서 관찰을 수행해야 할지 정해야 한다. 이에 대해서는 두 가지 입장이 있다.

하나는 외부자만이 타당성 있는 연구를 할 수 있고 객관성과 정서적 거리를 둘 수 있다는 주장이고, 다른 하나는 내부자만이 타당한 연구를 할 수 있다는 입장이다. 전자는 외부자 신화(outsider myth), 후자는 내부자 신화(insider myth)로 불린다. 일반적으로 창조적인 통찰에 이르려면, 어느 한쪽을 취하기보다는 다소 주변적 입장을 유지하면서 외부자와 내부자의 입장을 동시적으로 갖는 것이 좋다. 그러나 이러한 위치 정하기는 반드시 미리 준비될 수 있는 것은 아니다. 연구목적과 관찰세팅의 특징, 연구자의 성별이나 종교, 사회적 지위와 같은 개인적 특성, 해당 지위나 역할에 대한 훈련 정도, 친화력 정도 등에 따라 달라질 수 있다. 심지어는 현장조사 중에 역할과 위치의 변화가 일어날 수도 있다(Hammersely & Atkinson, 1995: 메이슨, 2010).

(3) 무엇을 관찰할지 초점잡기

질적연구를 위해 처음 관찰을 할 때 사람들은 모든 행동, 모든 사건, 모든 순간을 하나도 놓치지 않고 파악하려 한다. 관찰자는 천천히 좀 움직이라는 내면의 소리를 듣기도 하고, 숨이 막힐 듯한 경험을 하기도 한다. 이것은 무엇을 관찰할지 초점을 잡지 못하고 관찰에 임했기 때문이다. 모든 것을 관찰하는 것은 불가능하다. 따라서 관찰할 때는 초점을 가지고 있어야 한다. 초점 없이 우물쭈물 하는 것은 시간만 낭비할 뿐이다.

무엇을 관찰할지 초점을 잡는 데 활용할 수 있는 지침 중의 하나는 "감지적 개념(sensitizing concepts)"(구체적인 것은 11장 참조)이다. 관찰의 초점은 연구문제가 무엇인가에 영향 받는다. 그리고 연구자는 완전한 공백상태로 관찰세팅에 들어가지 않는다. 즉, 연구자는 연구문제와 관련된 일련의 개념들을 가지고 관찰현장에 들어간다. 연구자는 이러한 개념들과 관찰현장의 세계 사이를 끊임없이 왔다 갔다 하는데, 이 과정에서 "감지적 개념"을 구성한다. 무엇을 관찰할 것인지는, 이렇게 개념에 민감한 상태에서 사회적 경험의 세계로 옮겨가서, 그 세계를 새로운 개념적 틀로 조형하고 수정하면서 구체화되어 간다. 이처럼 "감지적 개념"은 관찰에서 어떤 사건이 중요한지, 어떤 활동과 행동이 중요한지를 밝혀주는 틀을 제공한다. 나아가 관찰된 것을 조직화하고 무엇을 기록할 것인가를 결정하는 데도 도움을 준다 (Patton, 1990).

(4) 관찰의 질문기술 익히기

일반적으로 관찰은 마음속에 있는 질문에 영향을 받는다. 따라서 관찰기술은 올바른 질문기술을 터득하면 자연히 터득된다. Spredely (1988)는 관찰을 할 때 깔때기 모양에 따른 질문을 던질 것을 제안하였다. 그가 제안한 것은 서술관찰(descriptive observation), 집중관찰 (focused observation), 선별관찰(selected observation)의 순서를 밟아가면서 질문을 던지는 것이었다.

서술관찰은 "여기서 무슨 일이 벌어지는가?"와 같은 포괄적 질문에 대해 관찰세팅의 구성요소들, 즉 장소, 행위자, 활동들 모두를 고려하면서 일어난 일에 대한 전체적 조망을 하는 것이다. 집중관찰은 서술관찰에 대한 분석 결과 나온 각 영역 내에서 구조적 질문을 마음속에 넣고 관찰하는 것이다. 집중관찰은 여러 상황의 서술관찰에 대한 분석 결과 심층적으로 관찰할 수도 있고, 아니면 처음부터 심층적인 집중관찰을 할 수도 있다. 선별관찰은 영역 내의 용어에 존재하는 차이를 파악하기 위해 이루어지는 관찰이다. 이를 위해서는 대조적 질문을 사용한다. 즉, 각 영역에서 나온 모든 가능한 경우들을 비교하면서 이것과 저것의 차이가 무엇인지 마음속에서 질문을 던지는 것이다.

(5) 관찰세팅에서 관계 맺기

관찰세팅에서 관계 맺기는 관찰에서 가장 중요하고 가장 어려운 부분이다. 관계 맺기가 성공적으로 이루어진다면 연구에서 얻을 수 있는 것은 최대화될 수 있다. 관찰세팅에서 관계는 시간의 흐름에 따라 변하고 발전된다. 관계 맺기는 관찰세팅에 접근하기 위해 게이트 키퍼(gate keeper)[1)]를 찾아 도움을 받는 것으로부터 시작되지만, 본격적으로는 관찰세팅에 들어가면서부터 시작된다. 초기 만남은 민감한 시기로서 이후 드러날 것을 이해하고 제공하는 데 매우 중요하다. 게이트 키퍼의 허락을 얻었을지라도 관찰세팅 내 해당 사람들과의 관계는 이후 연구과정에 매우 중요하다. 만일 사람들의 태도가 무관심하거나 다소 적대적이어서 관찰에 방해가 되는 관계가 있다면 연구자는 이를 촉진적 관계로 변화시켜야 한다(Hammersley & Atkinson, 1995). 이럴 경우 연구자는 관찰세팅에서 자신이 어떻게 받아들여졌는지, 자신에게 어떤 한계가 있는지 스스로에게 질문을 던져야 한다(메이슨, 2010).

---

1) 관찰에서 게이트 키퍼는 연구자가 최초로 접하는 지점으로서, 관찰세팅에 접근하기 위해 허락을 받아야 하는 문지기이다. 그러나 허락을 얻건 얻지 못하건 간에, 게이트 키퍼는 연구자가 그리고자 하는 조직이나 지역사회를 전반적으로 이해하고 관심을 갖고 있어야 하고, 아울러 실제적인 측면에도 관심을 가지고 있어야 한다. 따라서 게이트 키퍼는 연구를 차단시키든 아니면 현장 사람들을 특정 방향으로 이끌든 어느 정도 감독과 통제를 행사할 수 있어야 한다(Hammersely & Atkinson, 1995).

일반적으로 관찰 초기에 사람들은 연구자를 의심의 눈으로 바라본다. 대부분 이러한 의구심은 접촉이 늘어나면서 사라지지만, 반드시 그런 것은 아니다. 연구를 충분히 이해한 사람도 관찰이 진행되면서 연구자에 대한 기대와 연구자의 의도 사이에 갈등이 발생하면서, 연구자를 전문가나 비판자로 여기기도 한다(Hammersley & Atkinson, 1995). 또는 연구의 정당성에 대해 도전하기도 하고, 연구자를 신뢰하지 않는 등 적의를 표현하기도 한다. 그렇다고 연구자가 지나치게 우호적이거나 들이밀거나 아니면 의심을 갖거나 위협적이어서는 안 된다(메이슨, 2010).

어떤 경우든 관찰세팅 내 사람들은 일반적으로 연구 그 자체보다는 연구자가 어떤 사람이냐에 더 큰 관심을 갖는다. 따라서 연구자는 자신의 태도와 인상 관리에 신경 써야 한다. 관찰세팅 내 사람들이 처한 사회적 맥락에 친숙하고 친밀감을 주는 옷차림, 인상, 신뢰구축을 위한 사교성 등을 관리해야 한다. 물론 관찰을 수행하는 연구자도 긴장과 불안, 양가감정, 의심과 적의, 비참함 등 다양한 스트레스에 처한다. 특히, 연구자는 관찰 현장에 접하면서 일명 "문화적 충격"을 의미하는 '소외'를 경험하는데, 이것은 연구자와는 다른 문화 속에 있는 사람들을 직면하면서 느끼는 것이다(Hammersley & Atkinson, 1995).

(6) 관찰세팅을 떠나기

관찰세팅을 떠나는 것은 간단한 문제가 아니다. 현장에서 관계 맺을 때와 같이 협상이 요구된다. 어떤 연구참여자는 연구자가 떠나는 것을 싫어하기도 한다. 그렇다고 관찰세팅을 떠나는 것이 반드시 어려운 것만은 아니다. 그것은 미래에 약속을 하면서 작별인사를 하는 것과 같다. 관찰세팅을 떠나는 것이 반드시 그간 맺었던 관계를 모두

절연하는 것을 의미하지는 않는다. 연구자들 중에는 관찰세팅에서 만난 사람과 오랫동안 좋은 관계를 유지하기도 한다. 연구자는 흔히 복잡한 느낌을 갖고 관찰세팅을 떠난다(Hammersley & Atkinson, 1995).

4) 관찰의 기록

(1) 필드노트: 관찰을 자료로 전환하기

질적연구에서 관찰은 관찰 그 자체만으로는 가치가 없다. 질적연구에서 관찰이 의미를 가지려면 관찰된 것이 자료로 전환되어야 한다. 관찰한 것을 분석을 위한 자료로 전환하는 가장 전통적이며 가장 유용한 방법은 관찰된 것을 기록하는 것이다. 연구자는 관찰한 것을 기록하기 위해 여러 가지 방법을 사용할 수 있지만 대개는 필드노트(field note)를 사용한다. 녹화나 녹음보다 필드노트 방식이 가장 널리 선호된다.

필드노트는 재현의 한 형태로서, 방금 관찰된 사건, 사람, 장소를 문자적 이야기로 환원하는 방식이다. 필드노트를 만들어내는 하나의 방법은 없다(메이슨, 2010). 그것은 개인의 스타일과 습관의 문제이기 때문에 어떻게 하는 것이 좋다는 것이 없다(Patton, 1990). 그렇다고 필드노트를 쓰는 것이 신비에 덮여 있다는 것은 더욱 아니다. 필드노트는 간단히 써지는 것은 아니지만, 지침이 전혀 없는 것은 아니다. 필드노트에 대한 가장 간단한 표준적 지침은 보고 들은 것을 기록하라는 것이다.

이처럼 필드노트는 관찰이 분석을 위한 자료로 전환되는 가장 핵심적인 방법이다. 필드노트 없이 질적 분석은 불가능하다. 기록된 필드노트는 분석에 사용된다. 필드노트는 자료 분석을 위한 원자료이기도 하고, 반성적 자료이기도 하다. 그러나 문제는 필드노트가 개인적이고 사적인 기록으로 간주되기 때문에, 아무에게도 보여주지 않는 비밀스러운 것으로 다루어지고, 공개되지 않기 때문에 명확한 지침을 알기 어렵다는 점이다. 그럼에도 필드노트에 관해 흔히 던지는 몇 가지 질문이 있다. 그것은 무엇을 기록하고 어떻게 기록하고 언제 기록하느냐 하는 것이다(Hammersley & Atkinson, 1995).

(2) 필드노트, 무엇을 기록하나?

앞서 언급한 대로 무엇을 관찰할지는 연구문제에 영향을 받아 초점화된다. 필드노트는 이렇게 초점을 잡아 관찰한 내용 중 자료가 될 수 있는 것들을 결정하여 기록한다. 따라서 필드노트에는 연구문제와 관련된 다양한 측면들이 담겨야 한다. 즉, 필드노트는 무엇을 선택해서 볼 것인지에 대한 원칙을 갖고 관찰된 것을 묘사해야 한다. 이처럼 필드노트에는 모든 것이 기록될 수 없고 선택해야 한다. 초기에는 기록의 범위가 넓지만 연구문제와 관련된 주제들이 드러나면서 기록의 범위는 점점 좁혀져 가고, 필요에 따라서는 범위가 변화해 간다. 이렇게 시간이 지나면서 필드노트에 기록되는 내용은 구체적이고 상세하게 변해간다(Hammersley & Atkinson, 1995).

일반적으로 필드노트에는 관찰된 것에 대한 묘사, 연구참여자들이 한 말들, 관찰자의 느낌이나 반응, 관찰자의 통찰이나 해석이 포함된다(Patton, 1990). 전자의 두 가지가 기술적 자료라면 후자의 두 가지는 반성적 자료이다. 필드노트에 무엇이 포함되어야 하는가에 대해서는 의견의 차이가 있다. 어떤 사람은 필드노트를 원자료로 간주하지만, 또 어떤 사람은 관찰세팅에 대한 통찰이나 이해, 분석적 아이디어, 연구자의 인식이나 해석 등을 발전시켜 나가는 것으로 보기도 한다. 이는 필드노트가 무엇을 표현하는 것이어야 하느냐에 대한 생각에 따라 달라진다. 연구자의 생각 여하에 따라 둘을 분리해서 사용할 수도 있고, 혹은 둘을 필드노트에 함께 포함할 수도 있다(메이슨, 2010). 필드노트는 연습과 훈련을 통해 자기만의 방식을 만들어 나가야 한다.

(3) 필드노트, 어떻게 기록하나?

필드노트는 관찰한 것을 글로 기록한다. 기록은 일반적으로 보고 들은 순서대로 시간대별로 있는 그대로 기록한다. 연습용 공책을 활용하거나 아니면 녹음기를 사용할 수도 있다. 어떤 방식이 되었건 기록을 위해서는, 관찰의 초점을 어디에 두어야 하는지 선택해야 하고, 연구문제 여하에 따라 관찰의 초점을 이동하는 것이 필요하다.

필드노트를 기록하는 데 있어 가장 중요한 것은, 가능한 구체적이고 묘사적으로 해야 한다는 것이다. 즉, 날짜, 장소, 있었던 사람, 사람들의 상호작용, 활동들에 대한 것을 묘사적으로 기술해야 한다. 관찰자가 가치 있다고 생각하는 모든 것을 기술한다. 관찰의 시점에서 가능한 한 빨리 기술하되, 모호하고 일반화하거나 추상화하여 기술하지 말고 구체적이고 세부적으로 기술하는 것이 중요하다(패턴, 1990: 240-241). 추상적이거나 해석적인 명사 혹은 형용사의 사용을 피한다. 대부분의 사람들은 압축하고 요약하고 생략하고 일반화하는 훈련을 장기간 해왔기 때문에, 구체적인 말로 쓰는 것을 어려워한다. 비록 연구 과정 중에 일반화하고 싶더라도 보고, 듣고, 맛보고, 느끼는 구체적 사실로부터 시작하는 것이 필요하다(스프래들리, 1988).

또한 사람들이 말한 그대로의 언어로 기록하고, 이 사람 저 사람들의 말을 혼합하지 말고 분별하여 기록하며, 관찰자가 인식하거나 해석한 것은 구별하여 따로 표기하도록 한다(스프래들리, 1988). 특히, 말 그대로 기록하지 않고 요약만 하게 되면 관심을 두어야 할 세부적인 것과 나름의 색깔을 잃게 되고 중요한 정보를 잃을 수 있다. 사람들이 한 말을 그대로 기록하는 것은 분석 단계에서도 매우 중요하다. 따라서 연구대상자의 말을 그대로 쓰는 "직접 인용"과 연구자의 말로 쓰는 "요약"이 분명히 구분되어야 한다(Hammersley & Atkinson, 1995).

(4) 필드노트, 언제 기록하나?

필드노트는 매우 힘들고 어려운 작업이다. 이는 개인적 훈련과 시간이 소요되는 일이며, 관찰한 시간보다 관찰한 것을 쓰는 데 더 많은 시간이 걸린다. 필드노트를 기록할 때 무엇보다 중요한 것은 신속하게 써야 한다는 것이다(Patton, 1990). 신속하게 써야 한다는 것은 행동이 관찰된 후 즉시에 하라는 것이다. 시간이 흘러 회상을 하려 하면 그 현장노트의 질은 떨어지고 상세한 것도 놓치고 전반적 에피소드도 잊어버린다. 그러나 이것이 항상 가능한 것은 아니다. 특히 연구가 비밀리에 이루어지는 경우 즉시 노트한다는 것이 불가능하다(Hammersley & Atkinson, 1995).

관찰을 기록하는 연구자는 관찰이 이루어지는 중에 잽싸게 메모하기도 하지만, 관찰 직후 근처의 편리한 장소에서 기록하기도 한다. 혹은 일단 편리한 장소에서 압축적으로 간략히 기록하고 이후 다른 장소에서 회상에 의지해 좀 더 구체적으로 기록하기도 한다. 연구자들이 많이 사용하는 방법 중 하나는 "화장실로 여행을 가는 것"이다. 이는 화장실로 가서 비밀리에 빨리 노트를 하는 것이다. 이 방법은 아무리 간단한 노트라도 구체적이고 세부적인 사람들의 이야기를 기록할 때 도움이 된다.

또한 즉각 이해하기 어려운 말이라도 기록하는 것이 중요한데 그 것이 나중에 중요한 것이 될 수도 있기 때문이다. 일반적으로 연구자들은 모든 것을 관찰하고자 하는 유혹이 항상 있고, 좋은 노트를 산출하고자 하는 것에 압도된다. 지나치게 꼼꼼하게 노트해야 한다거나 온전한 기억에 의존해야 한다는 생각을 가질 필요는 없다. 그보다 중요한 것은 비록 의심이 들더라도 기록하는 것이다(Hammersley & Atkinson, 1995).

3. 문서

1) 질적연구에서 문서의 위상

문서(documents)는 질적연구에서 인터뷰나 관찰에 비해 덜 사용되고 과소평가되어 왔다. 기껏해야 인터뷰나 관찰 방법을 통해 얻은 자료를 보완하는 정도로 사용되고 있다. 이는 문서가 어떻게 생산되고 소비되며, 사람들의 일상의 삶에서 어떻게 작동하는지 잘 모르기 때문이다. 실제로, 문서가 사회과학 연구의 독자적 방법으로 사용되는 경우는 그리 많지 않다. 그리고 문서의 사회적 기능과 작동에 대해 축적된 지식 또한 적다.

문서에는 자서전, 편지, 소설, 각종 미디어 산물, 조직에서 사용되는 각종 서류와 양식, 규정집, 일지, 그림, 기차표, 필름, 사진, 비디오, 기록물, 웹 페이지 등 인터뷰와 관찰을 제외한 많은 자료가 포함된다(Prior, 2003: 2). 문서는 흔히 공식적 문서와 비공식적 문서로 분류된다. 공식적 문서는 조직이나 제도와 같이 공적 세팅에서 생산되는 문서이고, 비공식적 문서는 일기나 편지, 자서전 등과 같이 사적 세팅에서 생산되는 문서이다. 대부분의 문서는 연구를 위해 직접 산출한 자료가 아니라 이미 존재하는 기존 자료를 사용한다는 점에서 한계가 있다. 그러나 어떤 경우에는 연구자가 직접 문서자료를 만들어내기도 한다(Hammersley & Atkinson, 1995).

예를 들어, 사회복지실천의 반성적 실천을 연구하기 위해 연구자가 사회복지기관의 복지사들에게 한 달에 걸쳐 일지를 쓰게 할 수 있다. 이때 연구자는 반성적 실천에 관한 일지라는 문서 자료를 만들어낸 것이다. 일지와 같은 문서는 일반적으로 인터뷰나 다른 자료수집에서 얻을 수 없는 자료를 얻어내는 방법으로서, 보조 자료로 사용되곤 한다.

이는 문서자료가 꼭 필요한 연구에서도 마찬가지다. 예를 들어, 사회복지에 도입된 바우처 방식의 전달체계의 효과를 연구하는 경우, 바우처 이용 매뉴얼, 바우처 신청서, 바우처 서비스 제공에 관한 법률 규정 등의 문서에 대한 검토가 반드시 필요하다. 그러나 이 경우에도 문서는 인터뷰의 보조적 방법으로 사용되기 쉽다. 그리고 문서에 대한 접근도 문서의 내용을 파악하는 정도에 그치는 것이 일반적이다.

2) 사회적 산물로서의 문서

흔히 문서는 고정되고 변화되지 않는 것으로 여겨지면서, 문서가 담고 있는 내용이 주된 관심사가 된다. 이것은 문서를 사물로 보는 것이다. 그러나 문서를 사회과학 연구의 자료로 사용하기 위해서는 문서를 고정되고 변하지 않는 인공물로 보아서는 안 된다. 또한 문서를 사물이 아닌 사회 내 특정 위치에서 생산되어 나온 생산물로 보아야 한다. 이렇게 보면 문서에는 문서를 생산한 '생산자'(저자, 출판사 등)가 있고 '사용자'(독자 혹은 수신자)가 있으며, 문서가 작동하는 '사회적 세팅'이 있다. 따라서 문서는 단순한 인공물이 아니라, 항상 집합적이고 사회적인 산물로 간주되어야 한다. 더 나아가 문서는 사람들의 행동을 불러일으키는 영역이자 틀이고 네트워크로 보아야 한다(Prior, 2003: 2, 26).

문서에 대한 비판 중의 하나는 문서가 객관적이고 정확하지 못하고 편견에 차 있다는 것이다. 그러나 문서를 사회적 생산물로 보게 되면, 사회적 주체들의 관심과 관점, 선입견 등을 볼 수 있고, 그것이 사회 내에서 어떤 위치에서 어떤 작용을 하는지 보게 된다. 언론 매체들이나 사회적 지도자들의 연설문, 입법과정에서 생산되는 각종 문서들에는 다층적인 사회적 이념과 이것의 설계들이 들어 있다. 연구자는 이들 문서들을 대상으로 미디어 분석이나 담론분석을 통해 이러한 사회적 현상을 밝혀낸다. 이런 점에서 사회복지정책 과정에서 생산되는 엄청난 양의 문서들, 사회복지실천 현장에서 사용되고 생산되는 많은 문서와 기록들은 문서자료에 대한 분석을 통해 그동안 드러나지 않은 새로운 사실이 밝혀지기를 기다리고 있다고 볼 수 있다.

3) 사람들의 행동을 조정하는 것으로서의 문서

이처럼 문서는 가장 소극적으로는 인터뷰와 관찰 자료의 단순한 보조적 자료로 활용되고, 좀 더 적극적으로는 사회적 생산물로서 문서가 담지하고 있는 다양한 사회적 층위들을 드러내 준다. 그러나 문서는 가장 적극적으로 사회적 산물임을 전제로 하되, 사람들의 행동을 불러일으켜 사회를 조직화하고 움직이는 그 어떤 것으로 보는 것이다. 이 경우 문서는 사회과학의 독자적인 방법으로 사용될 수 있다.

문서가 사회과학의 독자적인 방법이 되기 위해서는 사회적 맥락 안에서 문서들이 어떻게 작동하고 움직이는지를 고찰해야 한다. 문서를 사람들의 행동을 불러일으키고, 이를 통해 사람들의 행동이 어떻게 조정되면서 사회가 조직화되어 가는지를 보여주는 질적연구의 접근방법이 있다. 그것은 '제도적 문화기술지(institutional ethnography)'이다(5장, 15장 참조).

제도적 문화기술지에서는 문서라는 용어보다는 텍스트(text)라는 용어를 사용한다. 텍스트란 글이나 그림, 기타 산출물을 복제 가능하게 하는 물질적 형태로서, 예를 들면 인쇄물이나 필름, 전자적인 것들을 말한다. 사회복지 현장에서 사용되는 각종 양식들과 지침, 문서들, 법령, 사회복지통합전산망 등이 텍스트에 해당된다(김인숙, 2014: 357).

제도적 문화기술지에서는 제도적 세팅에서 사람들의 행동을 움직이고 그에 따라 사회가 조직화되는 핵심에 텍스트가 있다고 본다. 텍스트 안에는 어떤 개념적, 이념적 틀 혹은 제도적 담론이 반영되어 있다. 이 틀은 현실에서 사용될 수 있게 실용화, 양식화된다. 이러한 담론을 담지하고 있는 텍스트는 현실에서 사람들의 행동을 불러일으키고, 행동을 조정하고, 이들은 일정한 조직화를 만들어낸다. 텍스트가 가진 복제가능성은 이러한 행동과 조정, 조직화를 더 넓은 지역으로 확대하게 된다.

이처럼 제도적 문화기술지에서 문서는 단순히 보조적이고 주변적 위치에 머무르지 않고, 연구의 중심에 선다. 문서들이 인간과 사회의 상호조정과 조직화를 어떻게 만들어내는지를 보여주는 것이다. 이런 점에서 제도적 문화기술지는 문서가 독립적인 방법으로 사용될 수 있음을 보여주는 가장 전형적 사례이다. 문서가 담고 있는 내용에 대한 분석에서 그치는 것이 아니라, 보다 적극적으로 문서가 인간과 사회를 어떻게 움직여나가며, 우리 눈에는 보이지 않지만, 그 결과 어떤 모습의 삶이 우리 앞에 펼쳐져 있는지를 새롭게 알게 해 준다.

· 제3부 ·

질적 자료분석

제9장 질적 자료분석의 분류와 공통요소

오늘날 질적연구에 대한 필요성과 사용은 계속 증가하고 있다. 그러나 질적 자료분석에 대한 일관성 있는 안내나 지침은 없다. 그래서 질적연구를 새로 시작하려는 연구자들을 동기화시키지 못하고 있고, 질적연구자들을 혼란으로 이끌고 있다. 질적 자료분석은 질적 설계와 자료수집 이후의 순차적 단계가 아니다. 질적연구에서 자료분석은 연구 초기부터 시작된다. 질적 자료분석에 대해 아는 것은 질적연구에 대한 설계를 탄탄하게 만들어주고 실수를 줄여준다. 이것은 양적연구에서 통계분석방법에 대해 알고 있으면, 양적연구에 대한 설계를 보다 잘할 수 있는 이치와 마찬가지다. 앞으로 9-16장까지는 질적 자료분석에 대해 고찰한다. 질적 자료분석의 분류와 공통요소(9장), 주제분석의 다양한 접근들(10장), 주제분석의 방법: 코딩(11장), 귀납적 주제분석의 과정과 방법(12장), 연역적 주제분석(13장), 이론적 분석(14장), 시퀀스 분석(15장), 타당하고 신뢰할 만한 분석을 위한 방법들(16장)에 대해 살펴볼 것이다. 가장 먼저, 질적 자료분석의 분류와 공통요소에 대해 살펴보자.

1. 질적 자료분석이란 무엇인가?

질적 자료분석은 무질서한 자료를 조직화하여 자료 속에서 질서를 찾아내는 것이다. 질적 자료분석은 이 질서짓는 방법을 의미한다. 그런데 이 질서짓는 방법들은 양적연구의 자료분석처럼 단일하게 표준화되어 있지 않다. 질적 분석에는 양적 분석의 SPSS와 같은 특효약은 없다(Leacey & Luff, 2009). 이로 인해 질적 연구자들은 자료분석에 직면하여 막막하고 막연한 느낌에 압도된다. 나아가 질적연구에 대한 의욕을 상실하고 혼란에 빠진다. 특히 초심자들은 질적 분석을 위해 따라할 수 있는 상세한 매뉴얼을 원한다. 그러나 불행하게도 매뉴얼의 기반이 되는 하나의 올바른 질적 분석방법은 존재하지 않는다 (Patton, 1990; Snape & Spencer, 2003).

연구자들의 혼란을 부추기는 것은 질적연구의 접근별로 또는 연구자별로 다양한 분석방법을 제시하기 때문이다. 예를 들어, 질적연구자들 사이에서 가장 인기가 있는 근거이론 분석방법만 해도 Glaser의 방법, Strauss의 방법, Chamaz의 방법상에 차이가 있다. 이러한 현상은 문화기술지를 비롯하여 현상학적 연구, 사례연구 등 다른 질적연구 접근에서도 마찬가지이다. 이렇게 질적 분석방법은 합의된 하나의 올바른 방법은 없다.

질적 분석을 위한 하나의 올바른 방법이 없는 것은, 질적 자료분석 과정의 특징 때문이다. 질적 자료 분석의 과정은 연구자의 사고, 경험, 민감성, 연구주제에 대한 천착 등이 연구자의 의식세계 속에서 유기적이고 유동적으로 작용하면서 이루어진다. 이 과정에서 연구자의 추론능력, 통찰, 직관이 작동한다. 그렇기 때문에 질적 분석은 하나의 획일화된 형식으로 치환되기 어렵다. 질적 자료분석은 단순히 매뉴얼을 보고 따라하는 기계적인 것이 아니다. 오히려 상세한 지침은 그 자체가 지침이 될 수도 있지만, 동시에 숙련된 연구자에게는 족쇄가 될 수도 있다.

그러나 질적 자료분석이 합의되고 표준적인 방법이 없다 하여 자료분석에 접근하는 이론적 전략조차 없는 것은 아니다. 주제서술을 목적으로 귀납적, 연역적으로 접근하기, 이론을 개발하거나 검증하기, 현상의 시퀀스를 그려내기 등 자료 분석에 접근하는 몇 가지 이론적 전략들이 있다. 그리고 각 접근별로 일정의 공통적 과정을 도출해 낼 수 있다.

질적 자료분석 전략은 연구자가 자료에서 무엇을 알고자 하는지에 따라 선택된다. 예를 들어, 바우처 도입으로 사회복지사들의 정체성이 어떻게 변화되었는가라는 연구질문을 놓고 생각해 보자(김인숙, 2010a). 연구자가 자료 속에서 공통으로 드러나는 주제를 알고 싶으면 '귀납적 주제분석'(12장 참조)을 할 수 있다. 상기 연구에서 연구자는 "사회복지사들의 정체성은 민간의 힘이 국가로 이동하고 자율권이 축소되면서 변화한다"라는 주제를 산출할 수 있었다. 만일 어떤 연구자가 정체성 변화에 관한 이론을 개발하고 싶다면, 귀납적 방식의 '이론적 분석'(13장 참조)으로 접근할 수 있다. 그런데 만일 연구자가 바우처 도입 속에서 전문직과 사회정치적 변화 간의 관계를 알고 싶고, 이를 위해 전문직에 관한 사회통제 이론을 끌어들여 이를 시험해 보고자 한다면 연역적 주제분석(12장 참조)을 할 수 있다.

질적 분석가는 자신이 던진 연구질문에 부합하는 분석을 하면 된다. 그 이상의 분석을 할 필요는 없다. 자신이 알고자 하는 수준에 적합한 질적 자료분석의 전략을 선택하면 된다. 그러면 질적 자료분석의 접근 전략들에는 어떤 것이 있고, 질적 자료분석에 공통으로 들어 있는 요소들은 무엇인지 살펴보자.

2. 질적 자료분석의 분류

1) 질적 자료분석 분류의 기준

일반적으로 질적 자료분석 방법들을 분류하는 기준은 다양하다. 질적 자료분석과 관련해 가장 널리 알려진 분류는 질적 접근방법에 따라 자료분석 방법을 연결짓는 것이다. 예를 들어, 문화기술지 연구방법을 택하는 경우 Spradely의 분석방법을 선택할 수 있고, 현상학적 연구방법을 선택하는 경우 Giorgi나 Colaizzi 또는 Van Manen의 분석방법을 사용할 수 있다. 이렇게 접근방법별로 제시되는 분석방법을 선택하면 그 접근방법이 전제하는 인식론적, 존재론적 측면을 충분히 반영할 수 있어 자료분석이 연구질문의 초점과 부합하는 이점이 있다.

그러나 이렇게 분류하는 경우, 너무 많은 서로 다른 분석방법들 때문에 질적 연구자들이 혼란에 빠질 가능성이 높다. 예를 들어, 주제를 찾아내는 주제분석의 경우, 분석방법의 원리와 전략이 유사함에도 불구하고, 연구자마다 용어와 절차를 달리하여 제시하기 때문에 연구자들의 혼란을 가중시킨다. 게다가 특정 질적 접근방법의 선택 없이도 연구될 수 있는 수많은 주제들을 고려할 때, 이렇게 질적 접근과 분석방법을 매칭하는 것은 이들 수많은 주제들을 배제함으로써 질적 연구의 범위를 축소시킬 수 있다.

질적 접근방법과 자료분석을 연결하지 않고 질적 분석의 유형을 구분하기도 한다. 예를 들어, Hammersely & Atkinson(1995)은 개념 창출, 유형화, 개념-지표의 구성, 이론개발 및 이론검증으로 문화기술지 분석을 분류하였다. 또한 플릭(2009)은 범주분석과 시퀀스 분석으로 구분하였다. 이처럼 질적분석은 다양한 질적 접근에 얽매이지 않고 질적분석의 공통 원리와 전략을 중심으로 분류되고 있다.

이러한 기존의 분류를 바탕으로 질적 자료분석을 좀 더 체계적으로 분류해 보면 다음과 같다. 질적 자료분석의 복잡하고 혼란스런 구도를 좀 더 단순화하기 위해서는 자료분석을 연구수준과 논리에 따라 분류하는 것이 유용하다. 연구수준은 해당 연구가 주제를 찾기 위한 것인지(주제분석), 이론을 만들어내기 위한 것인지(이론적 분석), 시퀀스를 묘사하기 위한 것인지를(시퀀스 분석) 말한다. 여기서 해석적 패러다임에 속한 주제분석과 이론적 분석은 사실상 서로 배타적인 것이기보다는 하나의 연속선상에 있는 것으로 보아야 한다. 즉, 이론적 분석은 주제분석을 기반으로 이루어지며, 주제분석은 이론적 분석으로 심화된다. 연구수준은 연구의 목적, 연구문제가 무엇인지에 따라 결정된다.

질적분석은 연구수준을 결정하는 것만으로 이루어지지 않는다. 어느 수준의 연구를 목적으로 할지 결정했다 해도, 자료를 귀납적으로 접근할지 아니면 연역적으로 접근할지를 결정해야 한다. 질적 분석은 일반적으로 귀납적 분석을 통해 지식을 축적하지만, 그렇다고 연역적 분석을 배제하지 않는다. 예를 들어, 자료에서 주제를 찾아내기 위한 연구라 하더라도 귀납적으로 접근하는 방법과 연역적으로 접근하는 방법이 있다. 또한 자료에서 이론을 찾아내기 위한 경우에도, 귀납적으로 접근하여 이론을 생성하는 방식과 연역적으로 접근하여 이론을 검증하는 방식이 있다(〈표 9-1〉 참조).

따라서 연구자는 연구 초기에 자신의 연구목적과 연구문제를 바탕으로 연구의 수준과 논리를 명확히 해야 한다. 주제를 다룰 것인지, 이론을 다룰 것인지, 아니면 시퀀스를 다룰 것인지를 명확히 하고, 이들을 귀납적으로 접근할 것인지 아니면 연역적으로 접근할 것인지를 명확히 할 필요가 있다. 연구 초기에 결정된 연구 수준과 논리는 이후 연구과정 전체를 관통한다. 특히, 질적연구는 연구시작과 함께 자료분석이 시작되기 때문에, 연구 초기에 결정되는 연구 수준과 논리를 결정하는 것은 매우 중요하다.

2) 질적 자료분석의 분류

연구수준과 논리를 기준으로 하여 질적 자료분석을 분류하면 〈표 9-1〉과 같다.

〈표 9-1〉 질적 자료분석의 분류

<table>
<tr><th>연구 패러다임</th><th>연구 수준</th><th>연구 논리</th><th>분석전략 예시</th><th>질적접근 예시</th></tr>
<tr><td rowspan="4">해석적
연구</td><td rowspan="2">주제 분석</td><td>귀납적
주제분석</td><td>범주화
지속적 비교</td><td>문화기술지
현상학적 연구
사례연구
일반적 질적연구</td></tr>
<tr><td>연역적
주제분석</td><td>범주화
지속적 비교</td><td>틀분석
사례연구
일반적 질적연구</td></tr>
<tr><td rowspan="2">이론 분석</td><td>귀납적
이론 분석</td><td>범주화
지속적 비교
이론적 표집</td><td>근거이론
문화기술지
사례연구</td></tr>
<tr><td>연역적
이론 분석</td><td>범주화
지속적비교
부정적 사례검토</td><td>분석적 귀납</td></tr>
<tr><td>비해석적
연구</td><td>시퀀스분석</td><td>귀납적
시퀀스 분석</td><td>시퀀스 그리기</td><td>제도적 문화기술지
대화분석</td></tr>
</table>

3. 질적 자료분석의 공통요소: 주제 찾기

질적연구는 해석적 연구와 비해석적 연구로 구분된다. 대부분의 질적연구가 해석적 연구에 속한다. 해석적 연구와 비해석적 연구는 자료에 접근하는 방법은 물론 자료분석의 방법이 다르다. 해석적 질적연구의 자료분석은 연구자의 해석을 방법으로 하여 자료 속에 존재하는 주제를 찾아낸다. 반면, 비해석적 질적연구는 연구자의 해석 없이 현상 속에 존재하는 질서, 시퀀스를 묘사한다.

여기서는 해석적 질적연구의 자료분석에 공통적으로 내재한 요소들에 대해 살펴본다. 해석적 질적 자료분석에서 가장 중요한 공통 요소는 주제를 찾는 것이다. 이론을 개발하려는 연구자도 주제를 찾아 이론을 개발한다. 그리고 주제를 찾기 위해서는 우선 패턴을 찾아야 하고, 이러한 분석과정에서 연구자는 추상화와 해석이라는 도구를 사용한다.

따라서 다음에는 이들 해석적 질적분석에 공통으로 작용하는 주제 찾기에 대해 살펴본다. 그리고 이 주제찾기를 구성하는 패턴찾기, 추상화, 해석에 대해 간략히 살펴본다. 이러한 공통요소들은 우리에게 질적자료를 분석할 때 무엇을 목표로, 어떤 원리를 작동시켜야 할지 알게 해 준다(비해석적 연구의 자료분석에 대해서는 15장을 참조).

1) 질적 분석에서 주제란?

Dey(1993)에 의하면, 질적 자료분석은 자료를 조직화하고 환원하여 주제나 본질을 얻으며, 이때 주제나 본질은 서술, 모델, 이론의 형식을 띤다. 이처럼 모든 해석적 질적연구에서 얻고자 하는 가장 기본적이고 공통적인 것은 주제(theme)이다. 주제는 서술이나 모델의 형태로 표현되기도 하고, 이론의 형태로 발전되기도 한다.

예를 들어, 주제서술은 주제를 찾아 서술하는 것이며, 이론개발은 찾은 주제 중에서 핵심 개념을 선택해 이를 중심으로 이론을 생성해 가는 것이다. 주제서술과 이론개발은 주제 찾기라는 공통적 요소를 가지며, 주제를 중심으로 하나의 연속선상에 있는 것으로 볼 수 있다. 이렇게 주제를 서술하는 연구이든, 이론을 개발하는 연구이든 자료에서 주제를 찾는 작업은 공통적이다. 그렇다면 질적 자료분석에서 공히 도출해야 하는 '주제'란 무엇일까?

'주제'란 좁게는 자료들을 기술하고 조직화하거나, 넓게는 현상의 측면을 해석하는 정보 속에서 드러나는 패턴이다(Boyatzis, 1998: vii). 좀 더 쉽게 표현하자면, '주제'는 해당 자료를 관통하는 중요한 아이디어를 의미한다. '중요한 아이디어'는 명료하고 선언적이기보다 암묵적이고 함축적이다. 질적연구에서 주제는 흔히 주제분석의 맥락에서 사용되지만, 그 의미가 명확히 정의되지 못한 상태이다. 많은 질적연구들이 주제가 확인되었고 주제가 출현했다는 진술을 하고 있지만, 그것이 무엇인지 어떻게 확인되었는지에 대해서는 언급이 없다.[1] 그러나 주제라는 용어는 모든 질적 분석에 적용되며, 자료수집과 분석의 엄격성을 증가시켜 준다.

질적 분석에서 '주제'를 이해하는 방법 중의 하나는 주제가 가져야 하는 속성들을 중심으로 접근하는 것이다. 질적 분석에서 주제는 첫째, 자료에서 출현해야 한다. 즉, 주제는 연구자가 자료에 덧씌우는 것이 아니라, 자료로부터 나오는 것이다.

---

1) 예를 들어, 질적연구에서 주제를 표현하는 말들에는 "암묵적으로 이해된", "추상적인", "전체적 의미를 전달하는", "규칙적인", "패턴", "한 단어 이상의 크고 포괄적인 것", "본질을 포착하기", "범주들에서 나온 것" 등이 있다(DeSantis and Ugarriz, 2000: 358).

둘째, 주제는 추상성을 가져야 한다. 주제는 연구참여자에 의해 표현되기도 하지만, 대개의 경우 자료에 함축되어 있고, 체현되어 있으며, 연구자가 자료에서 추출하거나 추론하는 것이다.

셋째, 주제는 반복성, 즉 패턴을 가져야 한다. 주제는 패턴으로 표명되는 다양한 경험들이 반복해 일어나는 것이다. 이 반복성은 주제들을 확인할 수 있게 만들어주며, 참여자들의 내부자적 의미를 연구자의 외부자적 의미로 전환하게 만들어준다.

넷째, 주제는 다양한 수준에서 통합되고 결합되어야 한다. 예를 들어, 주제는 범주, 영역, 분류된 개념들에서 나올 수 있다. 그러나 주제는 자료에서 나오고 전체성, 패턴, 반복의 의미를 담고 있기 때문에, 주제가 확인될 수 있는 자료 분석의 가장 낮은 수준은 두 개 이상의 범주나 패턴들을 망라한다. 주제는 좀 더 일반적이고 추상적이기 때문에 하나의 범주를 하나의 주제로 사용하지 않으며, 범주들 그 자체에도 종속되지도 않는다(DeSantis and Ugarriz, 2000: 357-364).

이처럼 질적 자료분석의 공통적 요소는 주제 찾기이다. 주제 찾기에는 패턴을 찾고, 추상화하고, 해석하는 요소들이 포함되어 있다. 다음에는 주제 찾기에 내포된 패턴 찾기, 추상화, 해석하기에 대해 살펴보자.

2) 패턴 찾기

모든 해석적 질적연구는 주제를 찾는 과정을 거친다. 어떤 연구가 주제를 찾으려면 그 연구는 질적 자료에서 패턴(patterns)을 찾아내야 한다. 패턴은 어떤 것이 반복적, 규칙적으로 일어나는 것이다. 패턴들로부터 범주가 뽑아지며, 범주들을 연계하면 주제가 나타난다. 패턴과 주제를 구분하자면, 패턴은 주제에 기여하는 반복해 일어나는 좀 더 작은 단위의 것이고, 주제는 인간행동의 다양한 측면을 설명할 수 있는 패턴들에서 나온 보다 큰 분석 단위이다(Leininger, 1985: 61, DeSantis and Ugarriz, 2000: 357에서 재인용). 그러므로 주제란 질적 자료들을 조직화하거나, 이들을 해석하는 정보 속에서 드러나는 패턴인 셈이다(Boyatzis, 1998: vii).

주제서술을 목적으로 한 연구들은 이 패턴과 주제를 찾아내 복잡한 현상의 전 범위를 하나의 스토리로 전환한다. 그러나 서술을 넘어 이론개발을 목적으로 한 연구들은 패턴과 주제 찾기에 머물지 않고, 어떤 행위의 장면 안에서 일어나는 많은 행위의 변이(variation)를 설명한다. 전자가 후자보다 열등하거나, 후자가 전자보다 우월한 것은 아니다. 오히려, 가장 많은 질적 연구들이 이론보다는 '주제서술', 즉 패턴과 주제 찾기 수준에서 이루어진다.

패턴에 비해 주제는 일반적으로 추상적이어서 확인하기가 어렵다. 주제는 즉각 "튀어나오지" 않고 연구자가 한걸음 물러나 생각하고 사고하면 드러난다. 주제는 인터뷰 표면 밑에 있지만, 한번 확인되면 더 분명히 드러난다. 흔히 주제들은 참여자가 묘사한 구체적 실체이기보다는 자료가 가리키는 개념들이다. 일단 확인된 주제들은 인터뷰의 실질적 부분들을 연결하는 중요한 개념들로 드러난다(Morse & Field, 1995: 139-140, DeSantis and Ugarriz, 2000: 354에서 재인용).

예를 들어, 사회복지 실천현장에 도입된 바우처 실천이 사회복지사들의 정체성을 어떻게 변화시키는지에 관한 연구(김인숙, 2010a)에서 사례에 걸쳐 반복적으로 나타나는 패턴들 중에는 "민간에서 공공으로 힘의 이전", "프로그램 기획과 개발에서의 배제", "프로그램에서 통제권 상실", "클라이언트 개입의 제한", "서비스 선정대상의 제한", "서비스 내용의 규격화" 등이 있었다. 이들은 "힘의 이동"과 "자율권 축소"라는 범주로 묶였다. 이 연구에서 주제는 "힘의 이동", "자율권 축소" 범주를 포함한 여타의 다른 범주들을 연결짓는 과정에서 나타났다. 그것은 바우처 도입으로 인한 정체성 변화는 민간의 힘이 공공으로 이동하면서 사회복지사들의 자율권이 축소되면서 일어난다는 것이었다.

3) 추상화

모든 해석적 질적연구가 공유하는 또 다른 것은 추상적으로 사고하는 것이다. 추상적으로 사고한다는 것은 개별적이고 구체적인 예증의 자료들을 범주로 만들어내고 전환하는 것이다. 추상화는 경험을 요약하는 것이 아니라, 개념을 개발하는 것이다. 추상화는 우리가 연구하는 현상의 본질적 측면들을 분류하고 비교하는 강력한 수단이다(Dey, 1993: 94).

자료를 끌어올려 추상화하는 첫 번째 단계는 범주화하고 개념화하는 것이다. 모든 해석적 질적 연구자들이 목표로 하는 것은 좀 더 일반적인 범주들을 만들어내고, 자료안의 복잡한 메시지를 좀 더 추상적인 주제로 그려내며, 자료에 대한 분류를 좀 더 이론적 개념으로 이동시키는 것이다(Richard & Morse, 2013: 169-170).

질적 연구에서 찾아내려는 패턴과 주제도 추상화를 통해 얻어진다. 패턴과 주제는 '범주분석', 즉 분석 자료를 범주들로 떼어내어 재배치함으로써 도출되는데, 이 과정에서 추상화가 작동된다. 우리는 범주화를 통해 겉으로 보기에 공통점이 없어 보이는 경험적 실체들을 넘어서 자료들 속에 공통적으로 들어 있는 본질을 찾게 된다. 결국, 범주는 필연적으로 추상화를 수반한다(플릭, 2009). 그리고 추상화는 우리가 찾는 패턴과 주제를 포착하게 해줌으로써 무질서한 자료 속에서 질서를 찾게 해준다.

추상화 과정을 거쳐 명명된 범주는 '개념'의 형태로 나아간다. 물론 어떤 범주들은 개념으로 발전되지 않을 수도 있다. 범주가 자료가 가진 다양성을 어느 정도 모양새를 갖춘 자료로 끌어올린 것이라면, 개념은 좀 더 일반적이고 높은 수준의 추상적 구성으로 끌어올린 것이다. 연구자들은 보통 범주에서 개념으로, 이어 개념적 틀의 구축으로 나아가는데(Richard & Morse, 2013: 173-174), 이 모든 과정에서 추상화가 이루어진다.

이처럼 추상화는 모든 질적 분석에서 공통적이다. 그러나 연구의 목적과 접근방법여하에 따라 범주가 개념으로 추상화되어 발전하는 정도에는 차이가 있다. 추상화 수준을 낮추어 '개념화'보다는 '서술'에 방점을 두어 기술하는 연구가 있는가 하면, 추상화의 수준을 가장 최대화하여 이론적 개념으로 발전시키기도 한다. 예를 들어, 생애사나 현상학적 연구는 그 목적상 추상도가 비교적 낮지만, 개념을 생성하거나 기존의 개념을 재개념화하거나, 기존의 이론적 개념을 적용하는 서술 연구는 비교적 추상도가 높다(김인숙, 2014).

질적연구를 읽는 독자 중에는 질적연구 결과에 실망하는 경우가 많다. 특히, 연구 결과가 새로운 것을 말해주기보다 이미 알고 있는 뻔한 것을 반복한다고 느끼는 경우에 그러하다. 독자들이 연구결과를 이렇게 느끼는 가장 큰 이유 중 하나는, 자료에 대한 추상화가 제대로 이루어지지 않았기 때문이다. 추상화는 현상의 공통된 본질을 포착하게 해주는데, 이것을 못하면 분석결과가 이면의 공통적 본질이 아니라 표면의 구체적 현상만을 기술하게 된다. 그러면 독자는 자신들이 뻔히 알고 있는 사실들을 제시한다고 여기기 때문에 연구결과에 대한 흥미를 잃게 된다. 따라서 추상화는 질적연구를 설득력 있게 만들어 주는 중요한 요소이다.

그러면 연구결과를 보고할 때, 높은 수준의 추상화를 보여주는 글이 그렇지 않은 글에 비해 우월한가? 분석과정에서 자료를 추상화하는 것과, 분석결과를 글로 표현하는 것은 다른 문제이다. 추상적으로 개념화된 개념들을 전면에 직접 드러낼 수도 있지만, 그 개념들을 보다 서술적으로 혹은 묘사적으로 표현할 수도 있다. 어떤 연구가 '서술'에 기울어졌느냐, '개념화'에 더 기울어져 있느냐는 그 자체가 옳고 그름이나, 우월 열등의 문제가 아니다. 이것은 연구의 목적과 연구자의 스타일 및 독자층을 고려한 연구자의 선택에 따라 결정된다.

예를 들어, 멕시코 빈곤지역에 사는 산체스 가족에 대한 훌륭한 인류학적 질적 연구인 오스카 루이스(2013)의 『산체스네 아이들』은, 추상화를 통한 개념들에 기대지 않고, 마치 하나의 문학 작품처럼 그들의 삶에서 벌어지는 사건들과 그 사건의 조건들을 세밀하게 보여준다. 이 연구를 두고 문학이냐 과학이냐는 논쟁이 있을 정도로, 개념화보다는 묘사를 선택하여 표현하였다. 저자는 마치 개념화는 독자들의 몫이라는 듯, 산체스네 가족들의 삶을 서술하였다. 연구결과가 어떤 형태를 띠든, 모든 자료는 일정 정도의 환원을 거칠 수밖에 없으며, 이 과정에서 그에 따른 추상화는 필수적으로 동반될 수밖에 없다.

4) 해석하기

해석적 패러다임에 속한 모든 질적 자료 분석은 무정형의 자료를 질서 짓는 과정에서 패턴과 주제를 찾고, 추상화하고, 해석한다. 분석이 자료를 환원하고 조직화하여 현상의 구조를 파악하는 것이라면, 해석은 현상의 의미를 맥락을 고려해 이해하는 것이다. 질적연구에서 해석은 다양한 수준에서 이루어진다. 해석은 자료를 기술하는 데서 나오기도 하고, 개념화하는 과정에서 나오기도 하며, 주제에 대한 이해나 설명에 도달하기 위해 자료에 제한받지 않으면서 무슨 일이 벌어지는지를 이해하는 것에서 나오기도 한다(Wolcott, 1994).

질적 연구에서 해석을 위해 연구자는 질적 자료를 의역하고, 요약하고, 범주화하고, 개념화하여 자료를 환원한다(플릭, 2009). 해석은 바로 이 환원된 자료를 맥락을 고려해 이해하는 연속적 행위로 이루어진다. 따라서 질적 분석과정에서 이루어지는 해석은 '맥락'과 '개념화' 사이를 오고가면서 이루어진다(패짓, 2001). 요컨대, 해석의 요체는 사건들 속에서 그것을 가능케 한 모든 조건들을 고려하여 실재를 드러내는 것이다.

질적연구에서 해석은 일반적으로 연구자의 감(感), 통찰, 직관에 의해서뿐만 아니라 사회과학의 개념이나 사고 혹은 개인적 관점 등에 근거해 이루어진다. 해석을 할 때 연구자는 한 걸음 뒤로 물러서서 자료 속에 들어 있는 더 큰 의미를 구성해 본다. 해석은 주제를 찾아 서술하고 이론화하기 위해 현상을 추상화하여 개념화하는 과정에서 필연적으로 개입한다. 이처럼 해석은 질적 자료 분석에 수반되는 필수적 방법이다. 결국, 질적 자료분석은 분석과 해석의 결합이며, 분석 후 해석이라는 순차적 방식으로 이루어지는 양적연구와는 달리 분석과 해석이 순환적으로 이루어진다.

질적연구에서 늘 문제가 되는 것은 이 해석의 타당성이다. 연구자들에게 회의를 불러일으키는 것도 과연 자신이 한 해석이 맞는 것인지에 대한 의구심이다. 그러나 사회과학에서 하나의 옳은 답은 없다. 실재와 분석결과 간에는 늘 '거리'가 있다. 연구자에게 필요한 것은 이 '거리'를 최대한 좁혀보고자 하는 노력이다. 해석을 작위적으로 하거나 자신의 해석에 자만을 가져서는 안 되지만, 그렇다고 해석이 '옳은' 하나만 있어야 한다면 세상에 대한 설명은 획일화될 것이다. 실재와 분석결과 사이의 '거리' 때문에 다양한 해석이 가능하고, 그것은 실재에 새로운 빛을 비추어 줄 수 있다.

第10장 주제분석의 다양한 접근들

이 장에서는 12장에서 기술할 귀납적 주제분석의 공통과정의 근거들을 검토한다. 질적연구에서 가장 많이 사용되는 귀납적 주제분석의 방법들은 정식화되어 제시되지 못하고, 근거이론 방법들의 일부를 차용하고 있는 실정이다. 그 결과 근거이론 방법이 모든 질적분석의 공통적 방법인 것처럼 사용되고 있다. 물론 근거이론의 방법들이 주제분석에도 사용될 수 있고, 이론을 산출할 수도 있는 유용한 분석 도구임은 분명하다. 그러나 근거이론방법은 원래 이론개발을 목적으로 구성된 방법이기 때문에, 주제분석만 필요로 하는 대다수의 연구자들에게 혼란을 주고 있다. 따라서 여기서는 다양한 질적 접근방법들 속에 들어 있는 '귀납적으로' '주제를 찾는' 방법들을 검토해 보고, 이를 토대로 귀납적 주제분석의 공통과정과 방법(12장 참조)을 제시하고자 한다.

1. 주제분석의 개요

앞에서도 언급했듯이, 주제분석은 무정형의 질적 자료를 질서짓는 과정에서 현상이나 경험 속에 들어있는 주제를 찾아내는 것이다. 주제분석은 흔히 서술을 목적으로 한 연구에서 사용된다. 서술을 목적으로 한 연구는 이론을 개발하거나 입증하려는 연구와 구별된다. 또한 해석의 개입 없이 행위 장면들의 시퀀스를 묘사하려는 연구와도 구별된다. 서술을 목적으로 한 질적 연구는 경험적 자료를 근거로 하여 그로부터 현상의 구조, 과정, 유형, 기제 등을 밝히기 위해 새로운 개념을 발견하거나, 기존의 개념을 재개념화한다(Hammersely, 2008).

가장 많은 질적 연구들이 '주제서술' 수준에서 이루어진다. 질적연구에서 주제서술을 목적으로 한 연구는 이론을 개발하거나 시퀀스를 묘사하는 연구들에 비해 훨씬 많은 부분을 차지하고 있다. 이는 발생하는 현상에 대해 이론을 찾거나 시퀀스를 알고자 하는 질문보다는, 현상의 모습을 서술하는 질문이 연구자들의 보다 일반적인 관심사이기 때문이다. 그만큼 주제서술을 위한 자료분석은 질적 자료분석에서 중요한 위치에 있다.

주제서술을 위한 연구는 초기 과정에서 주제가 특정 방향을 향하는 경우도 있고 그렇지 않은 경우도 있다. 전자가 연구자의 이론적 관심사가 표현된 것이라면, 후자는 연구자의 이론적 관심사가 전제되지 않은 채 온전히 열려 있다. 예를 들어, 사회복지사가 경험하는 반성적 실천의 경험을 그 과정과 차원을 중심으로 분석하거나(유영준, 2006), 바우처 도입에 따라 사회복지전문직의 정체성이 어떻게 변화하고 있는지를 탐구하는 연구(김인숙, 2010a)는 실천의 과정과 차원, 사회복지사의 정체성 변화에 대해 어떠한 방향을 전제하지 않았다.

그러나 가난한 이혼여성의 사회배제 경험과 그 경험이 어떤 기제하에 형성되는지를 탐구한 연구(김정현, 2012)는 이혼여성들이 사회적으로 배제되고 있다는 특정의 이론적 방향을 향하고 있다.

그러나 주제서술의 방향이 연구초기에만 설정되는 것은 아니다. 서술된 주제는 그것을 해석하는 과정에서 특정의 이론적 방향을 향하기도하고, 기존의 이론을 반박하기도 한다. 이는 곧 주제를 찾아 서술하는 연구라 해도 그 결과가 반드시 서술적 수준에 머무르는 것이 아님을 말해준다. 서술을 목적으로 한 연구라 해도 연구 결과에 충분한 이론적 내포와 함의를 가질 수 있다.

예를 들어, 영국에서 노동자 계급의 자녀들이 어떻게 노동자로 재생산되는지를 훌륭히 보여주는 폴 윌리스(2004)의 『학교와 계급 재생산』은 그 생생한 삶의 모습을 서술하는 것에 머물지 않는다. 폴 윌리스는 노동자 계급 청소년들의 경험과 그들 삶의 다양한 구조적 맥락을 이론적 지평하에서 새롭게 개념화하고 해석하였다. 그의 새로운 해석은 단지 주제를 찾아 서술하는 데 머무르지 않고, 노동자 계급 청소년이 어떻게 노동자 계급으로 재생산되는지에 관한 기존의 재생산 이론의 모순과 오류를 폭로함으로써, 재생산 이론을 보완하고 확장하는 데 기여하였다.

서술을 위한 주제 분석은 일반적으로 귀납적 논리, 즉 자료로부터 도출되는 과정을 따른다. 즉, 자료에서 주제를 발견하는 '발견'의 논리를 따른다. 5장에서 다룬 질적접근들의 일부 혹은 전반에서 주제분석의 요소들을 찾아볼 수 있다. 이 외에도 Boyatzis의 주제분석이나 스프래들리(2003)의 영역-분류-성분분석을 비롯한 다양한 분석방법들이 주제를 찾는 주제분석의 방법에 포함된다.

그러나 주제분석 연구라 하여 모두 귀납적 논리에 따라 이루어지는 것은 아니다. 주제는 원자료에서 귀납적으로 나오기도 하지만, 이론이나 기존 연구로부터 연역적으로 나오기도 한다(Boyatzis, 1998). 질적 연구자는 연구목적이나 연구질문 혹은 기존 문헌의 축적 여하에 따라 연역적 주제분석(13장 참조)을 선택하기도 한다. 이 경우는 연구질문이 발견의 논리가 아닌 '확증'의 논리에 따라 구성된다. 대표적인 예로 최근 사회정책 분야에서 사용되는 틀 분석(framework analysis)과 Boyatzis의 연역적 주제분석 그리고 지시적 내용분석(directive content analysis)을 들 수 있다(13장 참조).

질적연구를 수행하는 하나의 올바른 방식은 없듯이(Snape & Spencer, 2003), 질적 자료분석을 위한 하나의 방법도 없다. 질적 분석은 늘 연구의 전반적 목표를 고려해 선택된다(Leacey & Luff, 2009: 9). 질적연구 방법의 왕좌에 올라 있는 근거이론이 질적 시장을 평정하듯 사용되고 있기 때문에, 주제 찾기라는 질적분석의 가장 핵심적이고 공통적인 목적이 부각되지 못하고 있다. 그러나 사실상 질적연구들 중 가장 많은 부분이 주제분석, 특히 귀납적 주제분석을 통해 이루어진다.

주제를 찾아내기 위한 방법들은 여러 연구자들에 의해 다양하게 제시되고 있지만, 여기에는 공통적 요소들이 있다. 이 장에서는 기존의 논의 중에서 귀납적으로 주제를 찾는 주제분석의 다양한 접근방법들 몇 가지를 소개한다. 이를 토대로 12장에서는 귀납적 주제분석의 공통의 과정과 방법을 제시한다.

2. 주제분석과 귀납적 접근

우리는 흔히 근거이론, 현상학적 연구, 문화기술지 등과 같은 여러 질적 접근의 화려한 수사에 압도되어 이들 연구의 궁극적 목적이 자료에서 드러나는 패턴과 주제를 찾아내는 데 있다는 사실을 잊고 있다. 만일 어떤 연구가 주제를 서술하는 데 목적이 있다면, 그 연구는 질적 자료에서 패턴과 주제를 찾아내야 한다. 또한 어떤 연구가 이론 생성을 목적으로 하는 경우에도, 질적 자료에서 패턴과 주제를 찾는 것은 필수적이다. 이론 생성은 패턴과 주제를 찾아 핵심범주를 선택하고, 이 핵심범주를 중심으로 개념적 가설이나 모델을 도출하기 때문이다. 따라서 주제분석은 현상을 개념적으로 서술하고자 하는 목적을 가진 연구에서 패턴과 주제를 찾아내기 위한 방법이라고 볼 수 있다.

앞장에서 언급했듯이, 주제 찾기는 다양한 해석적 질적 접근에서 공통적 요소이다. 여러 질적 접근들이 서로 다른 인식론적 토대와 방법들을 갖고 있지만, 이들을 가로질러 포착하고자 하는 궁극적인 것은 주제에 있다. 그러나 문제는 주제분석의 방법에 대해 합의되거나 표준적인 방법이 없다는 점이다. 사실 주제분석은 문화기술지, 현상학적 연구, 사례연구, 근거이론 등과 같은 다양한 질적접근에 공통적으로 사용된다. 이들 각 접근에서 사용되는 분석방법들과 용어는 서로 다르다. 그러나 서로 다른 방법과 용어들을 관통하는 것은 각 접근에서 공히 패턴과 주제를 찾고자 한다는 점이다. 이런 의미에서 주제분석은 다양한 질적 접근들 사이를 소통하게 해주는 가교 역할을 한다고 볼 수 있다.

그런데 주제분석은 대부분 귀납적으로 접근된다. 이렇게 귀납적으로 자료를 분석하는 연구들은 패턴과 주제의 '발견'을 목적으로 한다. 이를 '귀납적 주제분석'으로 불러보자. 귀납적 주제분석은 자료에 귀납적으로 접근하여 주제를 도출한다는 의미이다. 그것은 자료분석의 과정이 기존의 개념이나 이론으로부터가 아니라, 자료 그 자체로부터 도출되는 과정을 따른다. 물론 귀납적 자료분석이라 하더라도 자료분석이 더 진행되면서 귀납에 연역적 요소가 일정부분 가미된다. 그러나 이때의 연역은 귀납의 하인으로서의 연역이지(Glaser & Strauss, 1967), 가설-연역적 연구에서와 같은 그런 연역이 아니다.

자료에 귀납적으로 접근하여 패턴과 주제를 찾아내기 위해서는 일련의 분석과정과 방법을 필요로 한다. 글레이저와 스트라우스의 근거이론 방법이 이 분야에서 독보적인 위치에 있지만, 이들 이외에도 여러 논자들이 나름의 방법들을 제시하였다. 이들 방법들은 분석의 절차가 다소 상이하고 서로 다른 용어를 사용하지만, 자료 분석의 원리는 귀납적 원리를 따른다. 여기서는 기존의 질적 접근에서 발견을 목적으로 한 귀납적 주제분석에 해당하는 방법들을 예시해 보고, 이들을 토대로 귀납적 주제분석의 공통적 과정을 제시한다.

연구자가 자료에 좀 더 귀납적으로 접근하기 위해서는 여러 가지 다양한 방법들을 사용할 수 있다. 예를 들면, 연구참여자의 말(in-vivo code)에 주의를 기울이던가, 자료를 반복해서 읽던가, 팀으로 연구를 한다던가, 일정 단계까지 선행연구 읽기를 자제하던가, 지속적으로 비교를 한다거나, 개념들을 감지적으로 사용한다든가 등 다양한 방법들을 사용할 수 있다. 연구자는 자신의 연구목적에 가장 부합하는 분석방법들을 선택해 질적 자료를 분석할 수 있다.

다음에는 용어 사용과 절차는 다소 다르지만, 귀납적으로 주제를 찾는 몇 가지 방법을 소개한다. 대표적으로, Boyatzis의 방법, 근거이론의 Glaser와 Strauss의 방법, 그리고 문화기술지와 현상학적 연구에서 어떻게 자료에 귀납적으로 접근하는지 살펴본다.

3. 주제분석의 다양한 방법들

1) Boyatzis의 주제분석: '자료 중심 접근'

Boyatzis(1998)는 주제분석을 주제 코드를 개발하는 과정으로 보고, 이를 세 가지 유형으로 구분하였다. 첫째, "이론 중심 접근(theory- driven approach)", 둘째, "선행연구 중심 접근(prior-research driven approach)", 셋째, "자료 중심 접근(data-driven approach)"이 그것이다. 이 중 자료 중심 접근은 귀납적 코드개발로서, 원자료 중심의 코드개발로도 불린다. '자료 중심 접근'은 원자료의 맥락에 민감하면서 원자료에서 귀납적으로 의미를 찾아 해석한다. 첫째와 둘째가 연역적 논리를 주제분석에 적용하는 것이라면, 세 번째는 귀납적 논리를 적용한다. Boyatzis의 세 번째 접근을 '귀납적 주제분석'으로 부를 수 있겠다.

상기 세 가지 유형의 주제분석 방법들은 모두 다음과 같은 공통적 요소를 가진다. 첫째, 열려 있는 태도로 주제를 감지하고, 둘째, 자신의 가치, 감정, 사상을 자료에 투사하지 않으면서 일관성 있게 코딩하고, 셋째, 자료에 잠기면서 코드를 개발하고, 넷째, 이론이나 개념

〈표 10-1〉 자료중심 코드개발의 단계

단계	자료중심 코드개발
(1)	① 표집과 설계의 결정 ② 표본의 선택
(2)	① 원자료 축약 ② 하위표본 내 주제 확인 ③ 하위표본 간 주제 비교 ④ 코드 생성 ⑤ 신뢰성 결정
(3)	① 원자료에서 발견된 코드를 적용 ② 타당성 결정 ③ 결과 해석

자료: Boyatzis(1998: 44).

적 틀을 끌어와 주제들을 해석하는 것이다.

이러한 공통의 요소들을 기반으로 Boyatzis는 귀납적 주제분석의 과정을 크게는 3단계, 작게는 10단계로 구분하였다(Boyatzis, 1998: 41-51). Boyatzis가 제시한 자료중심의 귀납적 주제분석 과정을 표로 정리하면 〈표 10-1〉과 같다.

(1) 1단계: 하위표본 선택을 포함한 표집과 설계 이슈를 결정한다

① 표집과 설계 이슈를 결정한다

주제분석을 사용하여 귀납적으로 코드를 개발하기 위한 첫 단계는 표집과 설계 이슈를 결정하는 것이다. 이론 중심이나 선행연구 중심의 주제분석과 달리 자료중심의 주제분석을 사용할 때, 연구자들이 흔히 봉착하는 어려움은 종속변수를 명확히 하기 어렵다는 점이다. 종속변수 자체가 자료중심의 주제분석을 통해 이해하고자 하는 현상이기 때문이다. 따라서 자료중심의 주제분석에서 가장 우선적으로 고려해야 할 것은, 종속변수를 이해하기 위해 표집과 그에 따른 설계를 어떻게 할 것인지 결정하는 것이다.

② 하위표본을 선택한다

Boyatzis에 의하면, 종속변수의 준거가 되는 표본 혹은 하위표본들을 표집하는 것은 중요하다. 어떤 표본을 표집하느냐가 코드의 질과 연구결과의 질을 결정하기 때문이다. 특히, Boyatzis는 하위표본들 간의 차이를 반영하여 표집하는 것을 강조하였다. 이는 하위표본 선택을 통해 주제의 차이를 발견하기 위해서이다. Boyatzis는 하위표본을 선택하기 위해서는 비교와 대조의 과정을 이용할 것을 주문하였다.

예를 들어, 부부갈등에 관한 연구를 한다고 할 때, 연구자는 부부

갈등을 크게 느끼는 부부들(하위표본 집단1)과 부부갈등을 거의 느끼지 않는 부부들(하위표본 집단2)을 표집하는 것이다. 또 다른 예로, 바우처 실천의 도입으로 인한 복지사들의 정체성 변화를 연구할 때, 연구자는 복지업무 경험이 10년 이상인 바우처 담당 복지사들(하위표본 집단1)과 복지업무 경험이 1년 이하인 바우처 담당 복지사들(하위표본 집단2)을 표집할 수 있다.

(2) 2단계: 하위표본들 간의 주제와 코드를 개발한다

① 원자료를 축약한다

가장 먼저 원자료의 각 사례들을 의역하거나 요약한다. 이를 위해 각 녹취를 읽거나 듣거나 시청한다. 이어 각 사례별로 의역이나 요약의 개요(outline)를 적어본다. 여기서 인터뷰 사례별로 개요를 만들며, 이때 각 원자료에 밑줄을 긋거나 노트하거나 밝게 표시하는 등의 방법을 사용한다. 글이나 그림으로 된 각 개요들을 큰 탁자에 펴놓고 보면 사례들을 포괄하는 전체 그림을 그리는 데 도움이 된다. 그러나 개요의 형식은 연구자에 따라 다양하게 사용할 수 있다. 이 단계에서는 인내와 결단이 요구된다. 성급한 주제 확인은 금물이다.

② 하위표본들 내에서 주제를 확인한다

하위표본들 각각의 주제를 확인하기 위해서 다음의 과정을 거친다. 첫째, 하위표본들에 해당하는 각 사례들 간의 공통성과 패턴을 찾기 위해 각 사례의 모든 개요를 비교한다. 여기서는 주제에 대한 정교한 기술보다는 패턴이나 주제에 대한 어렴풋한 모습을 글로 쓴다. 둘째, 첫 번째 과정을 다른 하위표본들에게 반복한다.

③ 하위표본들에서 나타난 주제들을 서로 비교한다

이 단계는 각 하위표본 집단에서 나온 주제들의 공통성을 비교하는 단계이다. 여기서 각 하위표본 집단 사이의 차이를 보여주는 일련의 진술이 나오는데, 이것이 "예비주제(preliminary themes)"이다. 이 단계의 목표는 원자료를 좀 더 작은 묶음으로 줄이는 것이다. 그리고 앞의 단계에서 기술했던 주제를 좀 더 정교하게 쓰고 재기술한다. 이때 원자료로 돌아가서 각 사례가 해당 주제를 포함하는지 검토하고 이를 메모한다. 앞의 두 단계에서는 물론이고 이 단계에서도 연구자는 개념적 추론을 하거나 해석하려는 경향을 억제해야 한다. 이 단계에서 연구자는 패턴을 찾지만, 너무 성급히 개념적 틀이나 이론적 틀을 부과하려는 시도를 자제해야 한다. 왜냐하면 이렇게 되면 코드가 자료 중심보다는 이론이나 선행연구 중심으로 개발되기 때문이다.

④ 코드를 생성한다

코드를 생성해내기 위해서는 앞에서 확인된 주제목록을 검토한다. 앞 단계에서 생성한 '예비주제'가 하나의 코드가 되는데, 이를 준거로 하여 다시 원자료로 돌아가 예비주제가 있는지 없는지 결정하면서 원자료를 읽고, 듣는다. 예비주제의 각 진술을 고쳐 다시 쓰고 재구성하여 '수정된 주제'를 산출한다. 여기서는 각 주제별로 주제와 연관된 명명(labels), 정의, 지표, 예시, 예외 혹은 특별한 조건들에 대해 적는다. 이때 주제를 틀지우고 이를 코드로 전환하는 데 있어 핵심은, 객관성과 현상의 초점을 유지하는 것이다. 그리고 수정된 주제는 첫째, 하위표본들 간의 차이를 극대화하고, 둘째, 원자료에 대한 코딩을 촉진하고, 셋째, 예외를 최소화하는 방식으로 기술한다.

⑤ 생성된 코드의 신뢰성 혹은 일관성을 결정한다

다른 코드와 연결되지 않는 독립적인 코드는 신뢰성과 일관성을 갖기 어렵다. 이 점을 고려하면서 주제를 더 심사숙고하고, 재진술하거나 재구성하는 작업을 한다. 신뢰성 있는 코드를 얻기 위해서는 발견된 코드를 다른 하위표본에 적용하고, 다른 사람이 코딩을 하도록 해보고, 여러 평가자에게 신뢰성을 평가받아 본다.

(3) 3단계: 주제 코드의 타당성을 검토하기

이 단계에서는 앞에서 생성된 주제 코드들이 얼마나 타당한 것인지를 검토하고 결과를 해석한다. 자료중심의 귀납적 분석의 강점은 원자료에서 나타나는 주제들을 코드개발의 시작점으로 사용한다는 점이다. 생성된 주제코드들의 타당성을 검토하기 위해서는 신뢰할 수 있는 코드들을 전체 표본에 다시 적용해 보는 작업이 필요하다. 즉, 생성된 주제코드들을 전체 표본에 확대하여 교차적으로 검토해 보면 타당도를 확보할 수 있다. 마지막으로, 결과에 대한 해석은 주제들의 더 큰 개념적 의미를 찾고, 그에 대한 일관성을 통해 통합성을 가질 수 있도록 한다.

이상에서 살펴본 Boyatzis의 귀납적 주제분석은 기존의 여타 질적 자료분석 방법과 큰 틀에서 차이가 없다. 그러나 기존의 다른 질적분석과 비교할 때 다음과 같은 몇 가지 특징을 엿볼 수 있다.

(1) 주제 분석의 범위를 귀납에서 연역까지 확장하고 있다

Boyatzis의 주제분석에서 가장 눈에 띄는 것은 연역적 형태의 주제분석을 정식화했다는 점이다. 일반적으로 해석적 질적 자료분석은 지식축적의 논리로 귀납을 따른다. 그러나 질적자료는 연역적 설계에도 사용될 수 있다. 우리의 궁금증들은 귀납적 질문형태를 띠기도 하지만, 연역적 질문형태를 던지는 경우도 무수히 많다. 연구세계의 이러한 현실을 고려하면, Boyatzis가 질적 자료분석을 귀납에서 연역까지 확장한 것은 질적자료를 통해 구축될 수 있는 지식의 범위를 확장한 것이다.

(2) '비교하기'가 주제분석을 관통하는 핵심 전략으로 사용되고 있다

비교하기는 모든 질적 자료분석에서 가장 핵심적인 원리이자 전략이다. Boyatzis의 귀납적 주제분석에서도 비교하기는 자료분석의 과정을 관통한다. 패턴과 주제를 발견하기 위해 각 사례들의 주제개요들을 비교하고, 하위표본들을 비교하며, 예비주제 목록이 만들어지고 나서도 다시 원자료로 돌아가 예비주제를 재검토하는 것은 역시 비교하기이다.

(3) 범주보다는 패턴과 주제라는 용어를 선호한다

Boyatzis의 주제분석 과정을 보면, 범주라는 용어보다는 주제와 패턴이라는 용어를 사용하고 있다. 이는 비교의 단위를 주제와 패턴으로 본 것이다. 흔히 해석적 질적연구는 범주로 불리는 개념적 단위를 중심으로 비교하기를 진행한다. 그러나 범주란 패턴을 인식하고 그 패턴을 분류하는 과정에서 드러나는 개념이라고 볼 때, Boyatzis의 주제분석은 이미 범주를 내포하고 있다고 볼 수 있다. 주제와 패턴을 찾아 비교하는 과정에서 범주가 출현하기 때문이다. 따라서 용어 사용의 차이가 있지만, 귀납적 질적 분석의 공통과정인 범주분석을 따르고 있다고 볼 수 있다. 그러나 전체적으로 볼 때 범주분석보다는 비교하기를 더 많이 강조하고 있는 것을 볼 수 있다. 비교하기를 통해 나온 것이 범주로 명명되든, 주제나 패턴으로 명명되든 그것이 문제가 되지 않는다.

2) Glaser와 Strauss의 근거이론 방법을 활용한 주제분석

(1) 근거이론은 주제분석에 사용될 수 있는가?

Glaser와 Strauss는 주제서술이 아닌 이론을 생성하기 위한 질적 분석방법을 제시하였다. 이들의 관심은 자료에서 패턴과 주제를 찾는 데 있기보다, 자료로부터 어떻게 이론을 생성할 수 있는지에 있었다. 이들이 제시한 지속적 비교, 이론적 표집, 개방코딩, 축코딩, 선택코딩, 이론적 코딩과 같은 새로운 용어들은 질적분석에서 가장 대중적이고 유용한 것으로 인정되고 있다. 또한 다른 어떤 방법보다 상세하고 구체적이며 체계적인 과정을 제시함으로써 질적분석에서 왕좌의 자리를 차지하고 있다.

그러나 실제에서 근거이론 방법은 이론을 생성하려는 목적의 연구에만 사용되지 않는다. 오히려, 질적연구들 중에 정작 이론을 생성하는 연구들은 적다. 그 이유는 정확히 알 수는 없지만, 연구자들의 관심이 이론 생성보다는 개념적 서술에 더 기울어져 있을 수 있고, 개념이 포화에 이를 때까지 이론적으로 표집하는 것이 시간과 비용이 많이 들기 때문일 수도 있다. 실제에서 글레이저와 스트라우스의 근거이론 방법은 오히려 자료에서 주제를 찾아 개념적으로 서술하려는 연구에 더 많이 사용되고 있다.

근거이론 창안의 한 당사자인 글레이저는 근거이론과 개념적 서술

(conceptual description)을 구별할 것을 강조하였다. 그는 근거이론은 개념적 서술이 아니라는 점을 누누이 강조한다. 그에 의하면, 근거이론은 철저히 자료로부터 출현하는 출현의 원리를 따르며, 지속적 비교와 이론적 표집의 안내에 따라 이론이 생성되어야 한다. 출현의 원리를 훼손하거나, 지속적 비교보다 다른 것이 우위에 놓이거나, 이론적 표집을 따르지 않으면 그것은 근거이론이라 말할 수 없다(김인숙, 2014). 고전적 근거이론의 원리에 충실한 글레이저의 이러한 언명에도 불구하고, 실제 연구에서는 주제 서술을 목적으로 한 많은 연구에서 근거이론의 방법들이 사용되고 있다.

그렇다면 근거이론 방법을 이론생성이 아닌 주제 서술에 사용하는 것이 잘못된 것인가? 그렇지 않다. 글레이저와 스트라우스 모두 근거이론 방법들의 일부를 사용해 서술적 연구를 할 수 있다고 하였다. 더 나아가 근거이론의 초기 코딩 과정에서 패턴과 주제를 발견하는 것이 필수적임을 언급하였다. 근거이론은 패턴과 주제 속에서 핵심범주를 발견하고 그것을 중심으로 이론적 표집을 통해 개념적 가설을 도출함으로써 개발될 수 있다.

따라서 우리는 이론을 생성하려는 목적이 아니더라도, 즉 주제를 개념적으로 서술하려는 경우에 얼마든지 근거이론의 방법들을 활용할 수 있다. 단, 근거이론의 방법적 개념들 중 일부인 개방코딩, 축코딩, 선택코딩, 이론적 코딩을 거쳤다고 하여 근거이론을 생성한 것으로 오해해서는 안 된다. 근거이론에 필수적인 것은 개념적 가설의 근간이 되는 핵심범주를 선택하는 것과 이론적 표집을 수행하는 것이다. 이 두 가지가 실행되지 않았다면 그것은 근거이론을 생성했다고 볼 수 없다.

그렇다면 근거이론을 활용해 주제분석을 하려면 어떻게 해야 하는가? 이에 대해 글레이저와 스트라우스는 구체적으로 언급하지 않았다. 그저 근거이론 방법의 초기 과정의 방법들을 토대로 주제를 서술하는 연구에도 사용될 수 있다는 점만 지적하였다. 그들의 관심이 오직 이론생성에 있었기 때문으로 보이는데, 이것이야말로 주제서술을 위해 근거이론을 사용하려는 연구자들에게 하나의 난점이다.

그리고 또 하나의 난점은 창안자인 글레이저와 스트라우스의 방법에 차이가 있다는 점이다. 글레이저는 철저히 자료부터 귀납적으로 도출되는 '출현'의 원리를 따랐고, 스트라우스는 확실히 글레이저가 강조한 출현의 원리에서 다소 벗어났다. 그러나 두 사람의 방법 모두 근거이론을 생성하는 방법임은 분명하다. 문제는 자료를 다루는 방식인데, 자료를 귀납적으로 다룬 정도, 그에 따라 방법들의 경중과 순서에서 차이가 있다.

이런 차이와 상관없이, 근거이론의 방법들이 지금보다 더 질적연구에 기여하려면, 이 두 사람의 방법을 주제 서술을 위해 어떻게 사용될 수 있는지 구체화하는 작업이 필요하다. 따라서 여기서는 글레이저와 스트라우스의 각 방법들을 주제분석에 어떻게 활용할 수 있는지 간략히 살펴보기로 한다(글레이저와 스트라우스 각각의 방법에 대한 좀 더 상세한 내용은 14장의 이론적 분석을 참조).

(2) 글레이저의 방법을 활용한 주제분석[1)]

글레이저의 방법은 가장 귀납에 충실하다. 자료로부터의 출현을 자료분석 전 과정에서 강조하고 있기 때문이다. 또한 지속적 비교를 코딩방법보다 우위에 두고 강조한다. 글레이저의 방법 중 주제분석을 위해 사용될 수 있는 부분은 그가 개방코딩으로 부른 분석과정이다.

---

1) 『근거이론 분석의 기초: 글레이저의 방법』(2014)에서 필자의 해제인 "글레이저의 근거이론방법"의 일부를 참조하였다.

글레이저의 개방코딩(open coding)은 자료에서 패턴을 찾고, 이 패턴들을 개념화하고, 패턴들 간의 관계에서 주제를 발견하고, 이어 핵심범주를 찾아내면 끝난다. 글레이저의 방법을 주제분석에 사용하기 위해 이들을 좀 더 상세히 구분하여 설명하면 다음과 같다.

① 연구문제나 연구질문을 갖고 연구현장에 들어가지 않는다.

글레이저의 방법에서는 연구참여자들이 진정으로 관심을 갖는 그들의 주된 관심사나 중심문제가 연구자의 문헌고찰을 통해 먼저 정해지지 않는다. 자료를 수집해서 개방코딩을 해 나가다 보면, 연구참여자들의 주된 관심사나 중심문제가 저절로 '출현'한다. 연구자는 분석을 진행해 가면서 자료가 말하도록 함으로써 그들이 출현되기를 기다리면 된다. 따라서 글레이저의 방법에서는 문헌고찰이 일정 시점까지 유보된다. 이는 좀 더 자료에 입각하고 귀납적으로 지식을 산출하려는 의도이다.

② 지속적으로 비교하면서 사건중심의 코딩을 한다

글레이저는 개방코딩을 하기 전에, 자료에서 말하고 있는 전체적 이야기 구조의 개요를 적어보라 했다. 근거이론 방법에서 초기코딩은 개방코딩으로 불린다. 글레이저도 이 초기코딩을 개방코딩으로 명명하였다. 글레이저는 초기코딩에서는 자료를 모든 가능한 방법으로 열어젖혀야 한다고 하였다. 즉, 연구참여자들의 주된 관심사, 중심문제가 출현할 때까지는 선입적 태도를 자제하면서 자료에 마음을 열고 자료가 말하도록 해야 한다. 자료에 마음을 열고 자료가 말하도록 하기 위해 글레이저가 가장 강조한 방법은 지속적 비교방법(constant comparative method: CCM, 좀 더 구체적인 것은 14장 참조)이다.

글레이저의 방법에서 자료를 다루는 방법은 자료를 지속적으로 비교하면서 코딩하되, 사건중심의 코딩을 하는 것이다. 글레이저는 줄 단위 중심의 코딩이 서로 연관되지 않은 무질서하고 너무 많은 코드들을 만들어낸다고 보았기 때문에, 사건 중심의 코딩을 강조하였다. 사건과 사건을 지속적으로 비교하고, 개념이 출현하면 개념과 사건을 지속적으로 비교한다. 여기에 이 사건이 가리키는 범주 혹은 범주의 속성은 무엇인가라는 질문을 던지면 범주와 속성이 출현한다. 초기에 출현하는 범주와 속성은 이후의 분석과정을 통해 더 명확화되고 정교화된다.

글레이저는 자료분석에 범주와 속성의 개념을 끌어들이는 특이성을 보인다. 이는 스트라우스도 마찬가지다. 범주와 속성은 연구자로 하여금 자료를 분류하고 위계화함으로써 흩어져 있는 자료의 조각들 간의 관계, 위치를 명확히 해준다. 범주와 속성 개념은 무정형의 자료들을 정형의 자료로 바꾸어 주는 개념적 도구인 것이다. 이런 맥락에서 글레이저는 범주와 속성이 출현하도록 지속적 비교방법을 통해 자료를 개념화하는 것이 바로 코딩이라고 하였다(글레이저, 2014).

지속적 비교를 통해 사건들에는 이름이 부여된다. 이 이름이 과연 어느 정도 개념화되어야 하느냐에 대해서는 의견이 분분하지만, 너무 이른 개념화는 맥락을 보이지 않게 하기 때문에 주의가 요청된다는 것이 중론이다. 특히 연구의 목적이 맥락을 통해 현상을 서술하려는 목적을 가진 경우에 그렇다.

③ 패턴을 찾아 개념화한다

글레이저는 초기분석인 개방코딩 과정에서 패턴을 찾아야 한다고 하였다. 패턴은 지속적 비교방법을 통해 사건들을 비교하는 과정에서 자연스럽게 드러난다. 비교하면서 반복되는 유사한 사건들에 개념이 부여되면 그것이 곧 패턴이 된다. 글레이저는 어떤 행위에 이름을 붙이고 유사한 이름들을 묶어내는 것과, 많은 사건들 속에서 하나의 패턴을 개념화하는 것은 다르다고 강조한다. 전자는 모든 범주들을 균등한 것으로 간주하는 것인데, 우리가 사는 실재세계는 그렇지 않다는 것이다.

글레이저의 방법에서 패턴은 범주와 속성을 근간으로 한다. 여기서 범주들은 오직 비교를 통해 출현하고, 속성들은 더 많은 비교를 통해 출현하기 때문에 연구자는 비교하기만 하면 된다. 패턴을 찾는 과정에서 범주들과 속성들은 계속 조정되고 재조정된다. 글레이저에게 범주나 속성들은 분석가의 선호로 발견되는 것이 아니라, 자료를 지속적으로 비교하는 데서 나와야 한다.

여기서 한 가지 주목할 것은, 패턴을 찾아 '개념화'하는 것의 중요성이다. 글레이저는 패턴에 이름을 부여하는 과정에서 개념화를 강조하였다. 그 이유는 그의 목적이 이론생성에 있었고, 이론을 도출하기 위해서는 개념이 가장 필수적이기 때문이었다. 그러나 개념화는 이론생성을 목적으로 한 경우에만 강조될 수 없다. 주제를 개념적으로 서술하려는 질적분석에서도 개념화는 중요하다. 개념화는 추상화 과정을 통해 사물들의 공통성과 본질을 끌어내주기 때문이다. 질적연구에서 개념화를 하면 더 많은 것을 얻을 수 있다는 글레이저의 말은 이론 생성만이 아니라 개념적 주제서술에도 적용된다.

그러나 Boyatzis(1998)는 주제분석에서 패턴을 찾아 명명하는 과정에서 너무 성급히 개념을 부여하는 시도를 자제해야 한다고 하였다. 왜냐하면 개념을 부여하는 과정에서 선행연구나 이론을 중심으로 코드가 개발되기 때문이다. 물론 이 단계에서 글레이저의 개념화는 선행연구들이 작동하는 개념화는 아니다. 그는 범주들이 충분히 드러났다고 여겨질 때 문헌고찰을 하라고 제안했기 때문이다. 이렇게 놓고 볼 때, 패턴을 찾아 개념화하라는 글레이저의 방법은 개념화 과정에서 연구자의 신중한 태도가 요구되며, 연구의 목적에 따라 그 완급을 조절하여 사용할 수 있다.

④ 패턴들 간의 관계, 범주들 간의 관계를 통해 주제를 발견한다

주제를 발견하기 위해서는 패턴들을 서로 비교하고, 범주와 속성에 따라 범주들 간의 관계를 비교를 통해 도출한다. 이때 주제는 개념적 서술 형태를 띤다. 글레이저에 의하면, 개념적 서술은 현상의 전 범위를 기술하는 것이다. 이것은 핵심범주에 해당하는 개념을 중심으로 이론적 표집을 통해 그에 대한 개념적 가설을 도출하는 이론 생성과 다르다. 이것은 그저 주제 도출을 통해 현상의 전 범위를 서술한다.

그런데 여기서 생각해 볼 것은, 주제분석과 핵심범주와의 관계이다. 글레이저에 의하면, 핵심범주를 찾을 때는 먼저 중심주제(main theme)를 찾고, 가능한 다른 많은 범주들 및 그 속성들과 관련될 수 있는 설명력 있는 범주를 찾을 것을 제안한다. 핵심범주는 다른 범주들을 전체로 통합시킬 수 있어야 한다. 스트라우스와는 달리 글레이저의 방법에서는 개방코딩 단계에서 핵심범주가 발견된다. 글레이저는 주제분석에서 핵심범주를 어떻게 활용하는지에 대해 언급하지 않았다.

그러나 실제에서 이루어진 주제서술 연구들을 살펴보면, 핵심범주에 해당하는 개념을 도출하고 그에 따라 연구결과를 서술하는 경우가 많다. 물론 이때 분석의 목적은 이론생성이 아니기 때문에 이론적 표집은 이루어지지 않는다. 이는 초기코딩에서 핵심범주를 도출하되, 이론적 표집을 행하지 않으면서 분석을 진행하면, 핵심범주를 주제서술에 활용할 수 있음을 시사한다. 핵심범주를 주제 서술에 사용하느냐 이론생성에 사용하느냐는 이후의 분석과정에서 이론적 표집의 시행여부 및 개념화의 정도 여하에 달려 있다고 볼 수 있다.

(2) 스트라우스와 코빈의 방법을 활용한 주제분석

앞에서 기술했듯이, 근거이론 방법을 창안한 글레이저와 스트라우스는 근거이론 생성을 위한 방법과 과정에 대해 서로 다른 방법과 제시하였다. 스트라우스가 근거이론 생성을 위해 제시한 방법 중에서 주제분석을 위해 사용될 수 있는 방법과 과정을 간략히 기술하면 다음과 같다.

① 자료를 쭉 읽고 스토리에 대해 생각한다

직접적인 코딩에 들어가기 전에 연구자는 자료 전체를 읽고 자료에서 말하고 있는 스토리와 그 구조를 그려본다. 이렇게 함으로써 직접적인 코딩을 할 때 자료 전체를 맥락으로 하여 코딩할 수 있다.

② 미시분석을 통해 자료에서 범주와 속성, 차원을 발견한다

스트라우스는 개방코딩을 자료에서 개념을 확인하고 개념들의 속성과 차원을 발견하는 것으로 정의하였다. 이를 위해서 가장 먼저 해야 할 것은 미시분석이다. 미시분석은 문장이나 문단을 떼어놓고 단어나 문단 속에 있는 각각의 사건, 아이디어에 그 현상을 나타내주는 이름을 부여하여 명명한 다음 분류하는 것을 말한다. 미시분석을 통해 자료는 해체되고 개념화가 이루어진다. 이 과정에서 필요한 것은 자료의 이면을 볼 수 있는 이론적 민감성이다. 스트라우스는 글레이저와 달리 이론적 민감성을 갖기 위해서는 질문하기, 플립플롭 기법 등 다양한 기법을 제시하였다.

스트라우스의 방법에서는 개념화를 통해 범주와 속성만이 아니라 차원까지도 발견하기를 요구한다. 그러나 이에 대해 글레이저는 차원은 자료에서 드러나는 것이며, 범주의 속성이 반드시 차원을 갖는 것은 아니기 때문에, 차원을 찾는 것은 강제적 방법이라고 보았다. 글레이저는 차원이 개방코딩에서가 아니라, 이론이 출현되는 후반에서 드러난다고 보았다.

③ 범주와 하위범주의 관계를 축코딩의 코딩 패러다임을 사용해 연결한다

축코딩(axial coding)은 축이 되는 현상을 찾고, 이를 중심으로 그 현상의 구조와 과정을 밝혀냄으로써, 범주들 사이를 연결하는 것을 말한다. 스트라우스는 이 축코딩을 돕는 도구로서 '패러다임 모형(paradigm model)'을 제시하였는데, 이는 현상의 인과, 맥락, 상호작용, 결과에 대한 민감성을 돕는 도구이다.

이러한 스트라우스의 축코딩은 근거이론 생성을 위한 방법들 중의 하나이기도 하지만, 주제 서술에 사용할 수 있는 방법이기도 하다. 개방코딩에서 나온 개념과 범주, 속성, 차원들의 관계를 패러다임 모형을 활용해 연결할 수 있기 때문이다. 이론 생성이 아닌 주제 서술을 목적으로 한 연구에서 필요한 것은, 드러난 현상의 조각들(범주와 속성)의 관계를 파악하여 그 현상의 전범위를 서술하는 것이다. 이런 점에서 스트라우스의 축코딩에서 활용하는 패러다임 모형은 도움을 준다.

그러나 패러다임 모형에 대한 평가는 엇갈린다. 패러다임 모형이 도출된 범주들 간의 관계를 포착하는 데 도움을 준다는 지적이 있는 반면, 자료를 인위적이고 강제적으로 패러다임 모형이라는 틀에 꿰어 맞추게 되어 발견을 어렵게 한다는 지적이 있다. 확실한 것은 패러다임 모형은 흩어져 있는 자료 조각들의 관계를 재구성해야 하는 초심 연구자에게 상당히 매력적이라는 점이다.

흥미로운 것은, 스트라우스의 축코딩 동안에 패턴이 발견되기는 하지만, 패턴에 대한 분석은 분석 후반에서 이루어진다는 점이다. 즉,

스트라우스도 글레이저와 마찬가지로 패턴이 이론구축에 필요하다고 보았다. 그러나 스트라우스의 패턴은 축코딩 단계에서 발견되다가 선택코딩 이후의 과정에서 보다 정교화된다. 즉, 분석의 후반에서 패턴이 발견된다. 이는 글레이저의 패턴 발견이 분석초기인 개방코딩에서 이루어지는 것과 대조적이다. 따라서 스트라우스의 방법을 주제분석을 위한 도구로 사용하는 경우, 패턴은 중요하게 여겨지지 않고 간과되기 쉽다.

④ 범주와 하위범주들의 관계를 관통하는 주제를 발견한다

스트라우스가 명시적으로 언급한 것은 아니지만, 주제는 개방코딩과 축코딩 과정에서 도출한 범주와 하위범주들을 연결함으로써 발견할 수 있다.

이처럼 글레이저와 스트라우스가 제시한 근거이론 생성을 위한 방법들은 주제서술을 위해서도 사용될 수 있다. 그들의 방법들은 다른 어느 누구보다도 체계적이고 구체적이다. 코딩의 과정을 일련의 단계로 구분했고, 각 단계에서 무엇을 해야 하는지 전략과 방법을 구체적으로 제시했으며, 그 일련의 과정에 처음으로 이름을 부여하였다. 개방코딩을 비롯하여 그들이 이름붙인 명명들은 이제 질적 자료분석을 과학적, 정치적으로 정당화해주는 데 없어서는 안 될 필수적인 것이 되었다. 그러나 이들의 분석방법들이 질적분석에 더 기여하기 위해서는 이론 생성이라는 목적이 아닌, 주제분석을 위해 어떻게 활용되고 변용될 수 있는지 상세화하는 작업이 필요하다.

3) 문화기술지와 현상학적 분석에서 주제분석

귀납적 주제분석은 앞에서 제시한 Boyatzis의 귀납적 주제분석, 글레이저와 스트라우스의 방법을 활용한 주제분석 이외에도, 문화기술지나 현상학적 연구와 같은 다양한 질적접근의 자료를 분석하는 공통된 원리로 작동한다. 자료분석의 과정을 명명하는 이름이 다르고, 인식론적 전제의 차이로 인해 자료를 다루는 방식에서 다소의 차이가 있을 뿐, 자료에서 패턴과 주제를 찾아내는 공통성을 갖는다. 여기서는 대표적으로 문화기술지적 분석 중 가장 체계적인 과정을 제시한 Spradely의 분석방법과 현상학적 분석방법들을 살펴보면서, 이들이 다른 귀납적 주제분석의 방법들과 어떤 면에서 공통성을 갖는지 살펴보기로 한다.

(1) 문화기술지의 분석에 나타난 귀납적 주제분석

문화기술지의 분석방법은 다양한 연구자들에 의해 다양한 방법들이 제시되었다. 그러나 연구자들마다 방법의 구체성이나 구조화 면에서 차이를 보인다. 여러 연구자들이 제시한 문화기술지 분석방법은 근거이론 방법에 비해 구체적이지 않다.

예를 들어, Wolcott(1994)는 기술, 분석, 해석이라는 세 가지를 문화기술지의 자료 분석 방법으로 제시하였다. 그의 분석 과정은 문화공유집단과 현장에 대해서 기술하고(기술), 기술단계에서 소개된 구체적인 자료들을 표, 차트, 다이어그램, 그림 등을 통해 결과를 보여주고(분석), 비교와 추론, 다양한 표현물을 통해 문화공유 집단에 대해 해석한다(해석). 좀 더 구체적인 분석방법을 원하는 문화기술지 연구자들은 문화기술지 자료의 분석을 위해 구체적인 방법적 절차를 제시하고 있는 근거이론 방법을 사용하기도 한다.

문화기술지 분석과 관련해 가장 구체적이고 체계적인 분석방법을 제시한 사람은 Spradely(2003)이다. 그의 질적 자료분석은 문화기술지 분석 내에서 외부자적 관점(etic)과 내부자적 관점(emic) 모두의 중요성을 강조한다. 그에 의하면, 문화기술지 서술은 "에믹관점에서 에틱하게" 두 관점의 균형을 유지해야 한다. 따라서 문화기술지적 서술은 정보제공자의 생각과 똑같은 것으로 이해되어서는 안 된다.

그러나 문화기술지적 서술은 반드시 정보제공자의 개념과 의미에서 나와야 한다. 스프래들리는 이를 위해 분석가가 정보제공자들이 사용하는 언어와 인식의 틀에 들어가야 함을 강조하였다(스프래들리, 2003: 27-30). 이를 전제로 스프래들리는 인터뷰 질문과 분석이 발전적으로 전개되는 발전식 분석방법을 제시하였다. 스프래들리가 제시한 자료분석의 과정과 방법은 영역분석, 분류분석, 성분분석, 주제분석을 거치는데 이를 간략히 소개하면 다음과 같다.

영역분석(domain analysis)은 자료에서 영역들과 각 영역을 구성하는 요소들을 찾아내는 것이다. 영역은 우선 예비영역들을 찾는 것에서 시작한다. 예비영역은 자료를 읽으면서 사물(사건)을 지칭하는 이름을 찾고, 유사성의 원리에 입각해 명명한 이름들을 총괄하는 용어를 선택함으로써 이루어진다. 이후 발견된 예비영역들에 대해 질문을 던져 영역들을 체계화한다.

이들 체계화된 영역들 간의 관계를 구조화하기 위해 Spradely가 제안한 9가지의 "보편적 의미론적 관계"[2)]를 사용할 수 있다. 연구자

---

2) Spradely가 영역을 찾는 데 사용할 수 있다고 제안한 9가지의 보편적 의미론적 관계들은 완전포함, 공간, 원인-결과, 근본이유, 행동의 장소, 기능, 수단-결과, 순서, 속성이다(박종흡 역, 2003: 135-136). 이것은 스트라우스와 코빈이 범주들 간의 관계양상을 찾는 도구로 제시한 패러다임 모형과 유사한 역할을 하는 것으로 보인다.

의 목적 여하에 따라, 발견된 영역들 간의 관계를 찾아 주제를 도출하는 데서 연구가 끝날 수도 있다. Spradely는 이 수준까지의 분석이 문화적 현상의 표면구조를 파악하게 해 준다는 점에서 표층분석이라고 불렀다.

그러나 어떤 연구는 심층분석 수준에서 이루어진다. Spradely는 영역분석에서 나아가 분류분석, 성분분석을 함으로써 심층분석이 가능하다고 하였다. 분류분석(taxnomical analysis)은 앞의 영역분석에서 도출된 영역들 중 하나 혹은 몇 개의 영역을 선택해 분석함으로써 시작된다. 이때 영역 선택은 정보제공자에게 직접 묻거나, 연구자의 이론적 관심사와 밀접한 관계가 있거나, 또는 다른 영역들을 통합하고 조직화하는 중심 영역에 대해 이루어진다. 즉, 분류분석은 분류체계 분석 기법을 사용해 선택된 영역(들)의 내부 구조가 어떻게 조직화되어 있는지, 용어들 간의 새로운 관계를 발견하는 것이다. 영역분석에서와 마찬가지로 유사성의 원리가 작동되며, 보편적 의미론적 관계에 기반해 이루어진다(스프래들리, 2003: 162-184).

성분분석(componential analysis)은 문화적 상징과 관련된 속성들을 체계적으로 탐색하는 것이다. 이때 작동되는 주된 원리는 대조의 원리이다. 영역분석과 분류분석이 유사성의 원리에 기반한다면, 성분분석은 대조의 원리에 기반한다. 성분분석에서 대조의 방법은 우선 대조될 수 있는 집합을 골라 대조의 차원을 확인하고 이를 작업표로 만든다. 이후 대조질문을 통해 자료를 수집하여, 이 작업표를 완성하면 분류분석에서 보다 용어나 영역에 대한 더 많은 정보를 얻게 된다.

이처럼 대조의 원리를 적용하면 유사성의 원리를 적용했을 때 드러나지 않는 의미들이 드러나는데, 이는 해당 용어의 구성요소, 즉 속성을 이룬다. 분류분석만 하면 하나의 의미론적 관계만 떼어내게 되지만(예를 들면, 포함관계 하나에 근거해 분류하거나, 아니면 원인-결과 관계에만 근거해 분류하는 등), 성분분석을 하면 다중적 의미론적 관계까지 포괄한다. 따라서 성분분석은 영역의 의미를 풍부히 밝히는 데 도움을 준다. 연구자는 어떤 영역을 이렇게 자세히 분석할지 결정해야 한다. 어떤 연구자는 가능한 한 많은 영역에 대하여 성분 분석을 하기도 하고, 또 다른 연구자는 한 개나 두 개의 중심 영역에 국한하고 다른 영역들은 좀 더 일반적인 용어로 기술하기도 한다(스프래들리, 2003: 207-219).

Spradely 분석의 마지막 단계는 문화적 주제를 발견하는 주제분석이다. 주제는 다양한 영역에서 반복되어 일어나는 패턴으로, 쉽게 표현되지 않기 때문에 추론을 필요로 한다. 그러나 주제는 영역들 사이의 의미론적 관계로 작용한다. 따라서 주제에 대한 탐색은 영역들 간의 관계를 발견하고, 부분과 전체의 관계를 발견하여 이루어진다. Spradely는 주제분석을 잘하기 위해서는 문화에 몰입하고, 유사성과 대조를 찾고, 성분분석을 하고, 다른 영역을 통합하고 조직화하는 영역을 파악하는 등의 전략을 사용할 것을 권하였다.

이상에서 알 수 있듯이, Spradely의 자료분석 방법은 사용하는 용어가 다르고, 절차상에 다소의 차이가 있기는 하지만, 자료에서 반복되는 패턴을 찾아내고, 범주와 속성으로 개념화하고, 주제를 찾아내는 일련의 귀납적 주제분석 과정과 동일한 과정을 거친다. Spradely의 자료분석 방법이 기존의 귀납적 분석방법들과 비교했을 때 보이는 특징은 다음과 같다.

첫째, 범주라는 용어보다는 영역을 선호한다는 점이다. 이는 정보제공자의 입장에서 문화적 의미의 영역을 파악하는 것이 분석에서 중요했기 때문이다. 그 결과, 범주화를 위한 추상화와 개념화의 원리가 덜 부각되었다. 그러나 여기서 말하는 영역은 우리가 흔히 말하는 범주와 동일하다. 영역분석 단계에서 범주는 포화되지 않은, 그리고 이후 수정될 수 있는 초기단계의 범주이다. 즉, 차용하는 용어가 다를 뿐, 범주를 찾는다는 질적분석의 원리가 작동하고 있다고 볼 수 있다.

둘째, 기존의 다른 질적분석에서와 마찬가지로, 질적분석의 전 과정에서 비교하기의 원리가 작동된다는 점이다. 유사성과 대조의 원리는 비교하기의 동전의 양면이다. 따라서 유사성과 대조의 원리가 분석의 과정에 작동하는 것은 비교하기의 원리가 분석의 핵심 전략으로 사용되고 있음을 말해준다. 단, 유사성과 대조를 구별하여 영역분석과 분류분석에서는 유사성의 원리를, 성분분석에서는 대조의 원리를 더 강조하였다.

셋째, 영역을 찾아내고, 체계적으로 분류하고, 속성을 찾아내는 분석의 과정에서 각 과정에 부합하는 질문의 형태를 다르게 제시하였다. 영역을 찾아내기 위해 서술적 질문을, 분류를 유도해내기 위해서 구조적 질문을, 그리고 속성을 탐색해내기 위해 대조 질문을 사용할 것을 제시하였다. Spradely의 방법을 발전식 연구방법으로 불리는 이유이다. 이들 질문은 동시적으로 이루어지기도 하고 순차적으로 이루어지기도 한다.

(2) 현상학적 분석에서 귀납적 주제분석

일반적으로 질적연구는 사람들이 겪는 경험 이면의 의미를 탐구한다. 문화기술지는 문화적 맥락하에서의 사람들의 경험의 의미를, 사례연구는 사례의 맥락하에서 사람들의 경험의 의미를, 근거이론은 사람들이 처한 상황 속에서 대응하는 경험의 의미를 탐구한다. 그리고 이들 연구에서 이 경험의 의미를 찾아내기 위해 사용하는 방법은 '해석'이다.

현상학적 연구도 사람들의 경험의 의미를 탐구한다. 현상학적 사고의 본질은 어떤 대상의 주관적인 의미는 대상을 인식하는 주체들만큼 많지만, 그 이면에 그 대상 속에 객관적인 의미가 있다는 관점이다. 따라서 현상학적 연구는 일상의 선입견이 배제된 "그 어떤 주관적인 의미로 채색되기 이전의 객관적인"(이남인, 2014: 66) 본질 탐구를 목적으로 한다.

크로티(2001)에 의하면, 현상학적 연구는 일상적 의미로 그대로 드러나는 경험이 아니라, '선입견이 배제된 즉각적인 경험'의 의미를 탐구한다.[3] 현상학적 연구는 일상의 선이해된 세속적 경험 그대로가 아니라, 현상에 대해 선이해되기 이전의 체험에 대한 보편적이고 객관적인 의미를 찾고자 한다. 따라서 현상학적 분석에서 중요한 관건은 바로 이 선이해되기 이전의, 주관적인 의미로 채색되기 이전의 체험의 보편적 속성을 어떻게 찾아내느냐 하는 데 있다.

현상학적 연구는 현상학적 환원의 방법들에 기반해 분석방법들을 구체화한다. 현상학적 분석방법은 단일하지 않고 다양하다. 우리에게 잘 알려진 지오르지, 반 메넌, 꼴레지, 반 캄의 연구방법들 외에도 스피겔버그나 크로티의 방법들과 같은 다양한 방법들이 있다. 현상학적 연구를 위한 하나의 방법이 아닌 다양한 방법들이 존재하는 이유는 현상학적 개념들에 대한 이해가 서로 다르기 때문이다. 예를 들어, 스피겔버그와 크로티는 지오르지, 반 메넌, 꼴레지, 반 캄과 같은 현상학적 연구자들이 전통적인 현상학에 기반하지 않으면서 마치 현상학에 기반한 것처럼 오도되고 있다고 비판한다(크로티, 2001).

상기의 현상학적 방법론자들이 제시하는 현상학적 분석방법들은

---

3) 그러나 이남인(2014: 142)은 크로티가 '직접적이고 원초적인 경험'을 현상학적 연구가 해명해야 할 사태로 본 것에 대하여, 그것은 현상학적 연구가 해명해야 할 무수히 다양한 사태 가운데 하나에 불과할 뿐, 결코 유일한 사태가 아니라고 반박한다.

구체적 방법에서 서로 다르다. 그러나 이들 방법에는 일정의 공통성이 작동한다. 현상학적 연구를 하려는 연구자들은 이들 현상학적 방법론자들의 방법들 중 하나의 특정 방법을 선택할 수도 있고, 여러 방법들을 혼용할 수도 있으며, 공통성에 기반해 분석을 해 나갈 수도 있다. 현상학적 분석방법들에 공통으로 들어 있는 방법들은 다음과 같다.

① 현상학적 환원의 방법인 판단중지와 자유변경의 방법을 사용한다

현상학적 연구를 다른 질적연구 접근과 구별하는 핵심은, 판단중지와 본질직관을 포함한 현상학적 환원 방법을 사용하는 것이다. 판단중지는 연구참여자들이 살아 있는 즉각적 경험에 접촉하도록 돕고, 연구자들이 가진 현상에 대한 선이해를 괄호치기 함으로써 이루어진다. 본질직관은 직관의 한 방법인 자유변경(free variation)을 사용한다. 자유변경은 보편자로서의 어떤 본질을 파악하고자 할 때, 그 사물의 구성요소들을 상상속에서 자유롭게 임의로 변경해 보는 것이다. 이런 임의 변경을 통해 사물의 본질적인 요소를 확인하면서 해당 사물의 본질을 파악한다(이남인, 2014: 77, 81).[4)]

지오르지, 꼴라지, 반 매넌을 비롯한 다수의 현상학적 연구자들은 현상학으로부터 이러한 방법들을 빌려와 사용한다. 그러나 연구과정에서 이들 방법들을 얼마나 충실히 반영하는가는 현상학적 연구자들에 따라 다르다. 어떤 연구자의 방법에는 본질직관이 빠져 있기도 하고, 또 어떤 연구자의 방법에는 추론보다는 직관에 더 몰입하고, 주제분석보다는 기술과 해석을 강조하기도 한다(크로티, 2001).

---

4) 팰리와 크로티는 기존의 현상학적 연구자들이 사용하는 판단중지와 본질직관은 현상학에서 말하는 그것이 아니라고 한다. 판단중지란 철학으로서의 현상학적 탐구를 위한 작업으로 자연적 태도를 무효화시키기 위한 것이지, 사회과학 연구에서처럼 자연적 태도에서 사용될 수 있는 방법이 아니라는 것이다(이남인, 2014: 77).

② 귀납적 추론이 작동한다

후설의 현상학에서 현상의 본질을 파악하는 주된 방법은 판단중지와 본질직관이다. 여기서 본질직관은 본질에 대한 직관작용으로서, 한편에서는 본질직관이 “그 어떤 추론과정, 추론과 유사한 활동”도 들어 있지 않다고 본다.[5] 그러나 다른 한편에서는, 후설의 본질직관은 본질을 아무런 노력 없이 단숨에 파악하는 작용이 아니라 자유변경 속에서 드러난 다양한 대상들의 차이점을 배제하고 공통점을 파악하는 과정을 포함하며, 따라서 거기에는 나름대로 ‘추론과 유사한 과정’이 들어 있다고 본다(이남인, 2014: 196).

따라서 현상학적 연구자들이 사용하는 본질직관은 현상학에서 말하는 직접적인 직관의 과정이 아니라, 의미단위들을 묶고 분류하는 추론의 과정을 포함한다고 볼 수 있다(이남인, 2014: 82). 전자 관점을 견지하는 팰리는, 현상학적 연구자들은 선입견에 대한 판단중지를 의미하는 그들 나름의 현상학적 환원을 통해 개별적인 체험에 대해서만 연구할 수 있을 뿐, 후설의 현상학이 목표로 하는 보편자로서의 본질을 파악할 수 없다고 보았다. 그러나 후자 입장의 이남인(2014)은 기술적 직관만으로는 불충분하며, 직관 이외의 여타의 방법 예를 들면 현상학적 해석의 방법이 필요하다고 보았다(이남인, 2014: 82, 138-139).

스피겔버그나 크로티는 이러한 기존의 현상학적 연구에 대한 비판을 토대로 보다 전통적 현상학에 충실한 분석방법을 제안하였다.[6] 그

---

5) 물론 혹자는 현상학적 연구의 핵심이 추론보다는 직관에 있다고 보고, 기존의 현상학적 방법들을 참고만 할 뿐, 스스로 직관하기 방법을 연구의 핵심방법으로 사용하기도 하였다. 예를 들어, 황순찬(2005)은 정신분열을 가진 사람에 대한 현상학적 연구를 위해 그들의 인터뷰 내용을 분석하기보다는 연구참여자들의 이야기에 연구자가 깊이 잠기고 빠지는 오랜 과정을 통해 연구자가 정신분열을 경험하는 깊은 공감의 상태에 이르기도 하였다.

6) **스피겔버그의 7단계**: 1) 개별적인 현상을 탐구하는 단계: 직접적이고 근원적인 경험으로 돌아가서 거기서 주어지는 현상들을 직관하고 분석하고 기술한다. 2) 일반

러나 이들의 방법에는 유사성에 주목하여 본질을 찾아내고 본질들 간의 관계를 파악하는데, 이는 분석의 과정에서 불가피하게 일정 정도 추론이 개입될 수밖에 없음을 보여준다.

③ 분석이 주제분석의 형태로 전개된다

현상학적 연구자들이 자료를 분석하는 절차에는 주제를 파악하는 것이 공통으로 들어 있다. 예를 들어, 꼴레지는 자료분석 과정에서 유의미한 진술을 토대로 의미를 발견하여 이들을 '주제묶음'으로 정리하고, 주제의 기본구조를 진술할 것을 요구한다. 반 매넌은 체험의 본질을 파악하기 위해서는 자료분석 과정에서 의미단위, 의미구조를 파악해야 하는데, 바로 이 의미단위를 주제로 불렀다. 이처럼 우리에

적 본질을 탐구하는 단계: 개별적 현상들을 직관한 후 그것을 토대로 그들 사이의 유사성에 주목하면서 개별적인 것을 관통해 흐르는 본질을 파악한다. 3) 본질관계를 파악하는 단계: 하나의 본질 안에 존재하거나 또는 여러 본질 사이에 존재하는 관계를 파악한다. 4) 현출양상에 주목하는 단계: 대상이 경험을 통해서 어떤 방식으로 현출하는지 주목한다. 5) 의식속에서 현상이 구성되는 과정을 해명하는 단계: 어떻게 현상이 의식속에서 자리를 잡아가면서 자신의 모습을 갖추어나가는지 해명한다. 6) 존재믿음을 배제하는 단계: 현상의 본질구조를 파악하기 위해 현상의 존재에 대한 믿음을 배제한다. 7) 감추어진 의미를 해석하는 단계: 하이데거, 메를로퐁티, 사르트르, 리쾨르 등의 해석학적 현상학에서 사용되는 방법으로 연구자가 그에게 직접 주어진 것을 넘어서 그 의미를 해석한다(이남인, 2014: 83-84).

크로티의 5단계: 1) 우리가 초점을 두고 연구할 현상을 가능한 정확하게 확정한 후 질문을 제기한다. 2) 연구하고자 하는 현상을 엄밀하게 현상으로 고려한다. 이를 위해서 우선 일상적으로 이 현상을 대할 경우 갖게 되는 다양한 생각, 판단, 감정, 전체, 함축 등을 초월론적 현상학적 판단중지 및 환원을 통해 가능한 철저하게 배제한 후 이 현상이 원초적이고 직접적인 경험의 대상으로 드러날 수 있도록 우리 자신을 현상을 향해 열어 놓아야 한다. 이때 반드시 "자연적 태도를 넘어섬"이라는 절차를 거쳐야 한다. 3) 원초적인 근원적인 경험 속에서 우리에게 드러나는 현상을 기술한다. 4) 이러한 기술이 현상학적 성격을 지닐 수 있도록 노력한다. 앞에서 이루어진 현상학적 기술이 진정한 의미에서 현상학적 기술인지 확인하는 단계이다. 5) 이러한 기술을 토대로 그 현상의 본질, 다시 말해 그 현상을 그 현상이게 만드는 요소를 확정한다. 이 작업을 위해 그 현상을 구성한다고 생각되는 여러 요소들 가운데 어떤 것들이 본질적인 요소인지 확정한다(이남인, 2014: 85-86).

게 잘 알려진 현상학적 연구자들의 자료분석 과정은 본질에 대한 주제분석의 형태로 전개되고 있다.7)

이처럼 현상학적 분석방법을 두고 이런 저런 논란이 제기되고 있기는 하지만, 기존의 현상학적 연구방법들의 분석과정을 보면, 거기에는 귀납적 추론이 이루어지고, 주제분석이 행해지는 것은 여타의 질적분석과 다를 바 없다. 이들은 모든 질적분석의 공통요소이다. 그렇다면 현상학적 분석과 여타의 다른 질적분석을 구별해 주는 가장 중요한 기준은 무엇인가? 그것은 '현상학적 환원'이다. 어떤 연구가 현상학적 연구가 되려면 분석과정에서 판단중지, 괄호치기, 자유변경과 같은 '현상학적 환원'을 작동시켜야만 한다. 현상학적 환원은 어떤 연구를 현상학적 연구가 될 수 있도록 해주는 요소이다(이남인, 2014: 145).

이상에서 우리는 질적분석의 다양한 방법들은 그 근저에 귀납적으로 주제를 찾아내는 주제분석이라는 공통의 요소를 가지고 있음을 알 수 있었다. 여기서 제시하지 않은 또 다른 질적분석 방법들도 그 기본 구조를 찾아보면 거기에는 주제를 찾는 일련의 과정이 포함되어 있다. 이론이나 개념적 가설과 같은 좀 더 진전된 형태의 지식산출도 주제 찾기의 과정을 빼고 이루어질 수 없다. 주제분석은 질적분석의 가장 기본적이고 핵심적인 요소이다. 가장 많은 수의 질적연구들이 사실상 주제분석의 수준에서 이루어진다.

---

7) 그러나 스피겔버그와 크로티가 제안한 것처럼, 추론보다는 직관에 더 몰입하고, 주제분석보다는 기술과 해석을 강조하는 분석절차도 있다. 이들 방법은 전통적 현상학에 입각한 방법으로 평가되고 있다.

제11장 주제분석의 방법: 코딩

이 장에서는 주제분석을 포함하여 모든 해석적 질적분석에서 사용되는 코딩에 대해 살펴본다. 코딩은 질적분석의 가장 기본적인 방법으로서, 대부분의 연구자들이 사용한다. 분석가로서 코딩이라는 것을 어떻게 이해해야 하는지, 코딩의 타당성을 촉진하는 방법들에는 어떤 것이 있는지 살펴봄으로써, 앞으로 귀납적 주제분석은 물론 연역적 주제분석, 이론적 분석을 위한 기초적 토대를 다지기로 한다.

1. 코딩

1) 코딩을 위한 하나의 올바른 방법은 없다

질적자료에서 패턴과 주제를 찾기 위한 자료 분석의 대표적 방법은 코딩(coding)이다. 코딩은 말 그대로 부호화하는 것을 말한다. 코딩은 자료를 여러 조각들로 쪼개고 해체하여 그 조각들에 부호를 부여함으로써 이루어진다. 자료를 코딩하면 그로부터 코드들(codes)이 나오며, 질적 자료분석은 이 코드들을 사고하고 처리하는 일련의 과정이다.[1)]

그러나 코딩은 자료를 일반적이고 공통적인 것으로 단순화하고 환원하는 것만이 아니라, 다양한 분석 가능성을 열어두고 자료를 확장하는 것까지를 말한다. 즉, 코딩은 단순히 자료를 해체하고 쪼개서 좀 더 단순한 일반적 범주로 만들고 거기에 이름을 붙이는 것만이 아니라, 새로운 해석과 해석 수준을 위해 자료를 확장한다. 이를 위해 자료에 좀 더 심도 있는 질문을 던지고, 나아가 자료의 다른 측면들을 찾고 숙고하기 위해 자료를 열어젖힌다(Coffey & Atkinson, 1996: 30).

우리에게 가장 널리 알려진 코딩 방법은 근거이론의 개방코딩, 축코딩, 선택코딩, 이론적 코딩과 같은 것이다. 그러나 코딩방법은 다양하다. 근거이론의 코딩 방법들처럼 코딩방법에 이름이 붙여지지는 않았으나 사용되는 것들도 있고, 근거이론의 코딩방법들과 유사하지만 다른 이름을 붙인 것들도 있다. 이들 코딩 방법들은 자료와 아이디어를 연결하는 방식과 기법 상에 차이가 있다. 자료를 쪼개는 기준은 물론이고 분류하고 연결하는 방식, 그리고 코딩을 통해 나온 코드의 표현 형태에 이르기까지 코딩방법은 다양하다.

어떤 분석가는 서술적 코드를 선호하지만 다른 분석가는 개념적 코드를 선호하는 등 일반성과 구체성의 수준에서 차이가 있을 수 있다. 코딩은 또한 자료의 인덱스를 찾아내는 것에서부터 패턴과 주제를 찾아내는 것에 이르기까지 다양한 수준에서 이루어진다. 그러나 모든 코딩은 자료를 추상화하고 사고하는 것을 돕는다. 코딩을 하려면 자료를 쪼개고, 해체할 뿐만 아니라, 분류하고 연결해야 한다. 즉, 코딩은 일반적으로 자료를 쪼개고, 분류하고, 연결하는 과정을 통해

---

1) 코딩은 자료에서만이 아니라 이론적 틀이나 개념적 틀에서도 시작할 수 있다(Richard & Morse, 2013). 귀납적 자료분석은 자료로부터 코딩이 시작되지만, 연역적 자료분석은 개념이나 이론적 틀로부터 코딩을 시작할 수 있다(연역적 주제분석에 대해서는 13장을 참조).

생성되는 범주와 개념을 반복적, 계속적으로 조정하여 이들을 세련되게 다듬는 과정이다.

따라서 코딩을 할 때는 올바른 코드를 찾지 말고, 코드가 무엇인지를 아는 것이 중요하다(Richard & Morse, 2013). 질적 자료분석 시간에 학생들이 가장 혼란을 느끼는 경우는 자신이 올바른 코딩을 하고 있지 못하다고 생각하는 것이다. 이런 생각은 분석가로 하여금 코딩 중에 자신이 무엇인가를 놓칠지 모른다는 강박에 빠지게 한다. 즉, 올바른 코딩이 있다고 생각하여 코딩이 '사고하는 것(thinking)'임을 견지하지 못하는 것이다. 질적연구방법론 수업시간에 하나의 올바른 코드가 없다는 사실을 인지한 순간 학생들은 해방감을 토로하기도 하였다.

코딩과 마찬가지로 코딩을 통해 나온 코드들을 표현하는 데도 하나의 올바른 방식은 없다. 명사나 동명사 형태로도(예: 관료화, 관료화되기), 대조적 형태로도(예: 관료 대 시민), 서술적 형태로도(예: 관료들이 시민을 방해하다), 서사적 형태로도(예: 관료화-사회복지사들의 잘못된 전략) 혹은 연구참여자 코드(invivo code) 형태(예: 소통을 문서로만 해요) 등 다양한 형태를 사용하고 변용할 수 있다. 여기서 연구참여자 코드에 지나치게 의존하는 것은 개념과 이론으로 나아가는 것을 방해할 수도 있기 때문에, 연구자 코드와 적절히 혼합해 사용해야 한다(샐다나, 2012).

2) 코딩은 자료를 사고하기 위한 하나의 수단이다

오늘날 코딩은 질적 자료분석에서 반드시 거쳐야 하는 것으로 이해되고 있다. 좋은 질적연구는 코딩을 필요로 하며, 그 효과 또한 높다는 것이 널리 퍼져 있다. 그러나 한편에서는 지나친 코딩숭배를 비판하기도 하며 코딩을 혐오하기도 한다. 이들에 의하면, 질적연구자들이 코딩을 지나치게 규정된 방식으로 기계적으로 활용하거나, 필요

이상으로 과잉 코딩한다. 그 결과 코딩을 자료에 대해 사고하기 위한 수단으로 보는 것이 아니라, 코딩 그 자체를 목적으로 한다(샐다나, 2012: 84).

분명히, 코딩은 그 자체가 목적이 아니다. 코딩은 자료에 대해 사고하기 위한 하나의 수단이다. Seidel and Kelle(1995: 58)은 "코딩과정은 원자료에 대해 숙고하고 분석하며, 패턴구조를 찾아내기 위해 비교에 근거해 이루어지는 준비과정 이상 이하도 아니다"라고 하였다(Coffey & Atkinson, 1996: 29에서 재인용). 사실, 연구자는 코딩 없이도 자료에 대해 사고하고 분석할 수 있다. 또한 코딩이 아닌 다른 방법, 예를 들어 연구자의 직관이나 감으로도 자료에서 패턴과 주제를 찾아낼 수 있다.

코딩을 자료에 대해 사고하는 하나의 수단으로 보아야 한다는 말은, 코딩 자체를 숭배하여 과잉 코드를 생산해내고 그 코드들을 기계적으로 다루지 말라는 것이다. 코딩이 사고의 대체물이 아님을 명심하면, 과도한 코딩과 코딩에 대한 권태를 막을 수 있다(Richard & Morse, 2013). 질적 자료분석에서 코딩은 매우 유용하고 유효한 분석의 도구이지만, 언제든지 원자료의 맥락으로 돌아가서 사고하기 위한 수단으로 여겨야 한다.

질적연구 논문에서 흔히 볼 수 있는 광경 중의 하나는, 논문에 상당량의 비중으로 코딩의 내용을 도표화하여 제시하는 것이다. 이것은 마치 분석의 결과보다는 코딩의 과정과 절차를 보여주는 것이 논문의 목적인 것처럼 보이게 한다. 코딩과정과 코드 개발 내용을 논문의 본문에 포함하는 것은 독자에게 지루함을 준다. 그것은 식사를 대접하고자 손님을 집에 초대해 놓고 부엌에서 요리하는 모습을 지켜보게 하는 것과 마찬가지다(샐다나, 2012: 56). 질적연구자는 코딩을 사고하기 위한 '수단'으로 여겨야 한다.

3) 코딩은 해석적 행위이다

코딩의 목적은 자료를 압축하고 요약하여 코드를 만들어내고, 이 코드들을 통해 자료 속에 존재하는 패턴들을 찾아내는 데 있다. 패턴을 찾는다는 것은 자료에서 어떤 일이 반복적, 규칙적, 공통적으로 일어나는 것만이 아니라, 자료에서 어떤 일이 다른 방식으로 또는 어떤 순서를 가지고 혹은 다른 활동들과 연관되어 일어나는지를 찾아내는 것이다(샐다나, 2012: 24). 이들 패턴은 자료에서 범주, 개념을 만들어내어 자료의 크기를 분석가능한 단위로 압축한다. 결국, 코딩의 목적은 자료에서 개념을 만들어내는 데 있다(Coffey & Atkinson, 1996).

코딩은 코드를 산출한다. 코드를 산출하기 위해 자료는 쪼개지고 해체되며, 분류되거나 연결된다. 코드란 코딩을 통해 자료 조각들에 부여된 이름이다. 코드란 라벨(label), 즉 이름이다. 그런데 이 라벨은 단순한 이름이 아니라 연구자의 해석을 통해 붙여진 이름이다. 다시 말해, 코딩은 해석적 행위이다. 코딩은 자료에 해석적 구조를 부여하는 것이다(스트라우스·코빈, 2001).

여기서 코딩 절차를 떠받치는 가장 핵심적인 것은 연결(link)이다. 코딩은 자료 안에 있는 서로 다른 자료조각들을 연결하고, 자료조각들과 범주를 연결하고, 범주와 주제를 연결시킨다. 이처럼 코딩은 모든 자료 조각들을 특정 아이디어나 개념으로 연결한다. 따라서 코딩에서 중요한 것은, 코딩이라는 실제적 과정이 아니라 이러한 연결들을 설정하고 사고하는 것이며, 컴퓨터 프로그램을 사용하는 것이 아니라 코드와 개념들을 어떻게 사용하느냐 하는 것이다(Coffey & Atkinson, 1996: 27).

자료를 코딩할 때 해석이 개입되는 것은 연구자가 도구이기 때문이다. 연구자가 코딩을 통해 코드를 산출하려면 일단 자료가 연구자의 의식을 통과해야 한다. 연구자의 의식에는 연구자의 경험은 물론이고 학문적 배경, 인식론적 존재론적 지향, 선호하는 이론적 개념 등 무수히 많은 요소들이 작동한다. 코드는 연구자의 의식 속에 있는 이들 무수한 요소들의 작동을 통해 선택되는데, 이 과정에 연구자의 해석이 개입한다.

우리는 연구자들이 동일한 자료에 대해서도 서로 다른 코드를 부여하는 경우를 흔히 본다. 여기에는 크게 두 가지 이유가 있다. 첫째, 서로 다른 코드가 나오는 가장 대표적인 경우는 맥락을 서로 다르게 고려했기 때문이다. 예를 들어, 두 사람이 동일한 자료에 대해 코드를 부여하였는데, 한 사람은 "강한 규율 거부"로, 다른 사람은 "느슨한 생활규칙 선호"였다. 이 두 코드는 얼핏 보면 비슷한 의미로 보인다. 그러나 꼼꼼히 생각해 보면 강한 규율을 거부하는 것과, 느슨한 생활규칙을 선호하는 것은 행위의 본질상 서로 다른 것이다. 해석이란 맥락을 고려해 의미를 찾아내는 것인데, 이런 점에서 두 연구자는 코딩과정에서 맥락을 다르게 고려했음을 짐작할 수 있다.

둘째, 동일한 자료에 대해 서로 다른 코드를 선택하는 또 다른 경우는, 연구자의 경험과 관심사의 차이 때문이다. 자료에 대해 어떤 코드를 선택하느냐는 연구자의 경험과 관심사에 영향받는다. 질적연구 수업시간에 학생들의 코딩 연습 과정에서 벌어진 일이다. 바우처를 다루는 사회복지사에 대한 동일한 인터뷰 자료를 갖고 코딩을 하게 하였다. 동일한 자료에 대한 학생들의 코드는 그들의 관심사와 경험에 따라 판이하게 달랐다.

예를 들어, 바우처 사업을 실제로 운영한 경험이 있는 학생은 급여를 마련해야 한다는 압박을 심하게 경험했는데, 해당 자료를 "급여로 인한 몸부림"으로 코딩하였다. 반면 의료 현장에서 일하는 사회복지사였던 다른 학생은 동일한 자료에 대해 "대상자 확보 경쟁"으로 코딩하였다. 그리고 또 다른 자료에 대한 코딩에서, 관료들의 막강한 힘을 부정적으로 경험한 학생은 "관료적 통제"로 코딩한 반면, 바우처의 시장적 논리로 인해 클라이언트에게 피해가 돌아간 사례를 목격한 경험이 있는 학생은 해당 자료를 "시장화의 폐해"로 코딩하였다.

그런데 질적 자료의 분석에서 해석적 코딩이 일어나는 층위는 단일하지 않고 다양하다. 해석은 분석의 초기단계에서 자료를 압축하고 환원하기 위해 자료를 기술할 때 이루어지기도 하지만, 자료에서 출현하는 개념적 현상을 개념화하는 과정에서 작동하기도 한다. 또한 해석은 주제에 대한 이해나 설명에 도달하기 위해 원자료에 제한받지 않으면서, 자료에서 무슨 일이 벌어지는지를 이해할 때도 작동한다 (Coffey & Atkinson, 1996).

이처럼 코딩에서 해석적 개입은 다양한 층위에서 불가피하게 일어난다. 그러나 코딩의 궁극적 지향점은 추상화를 통해 현상의 본질로 나아가는 데 있다. 앞에서 언급한, 학생들의 서로 다른 코드들은, 비록 언어상의 표현은 다를지라도, 이후의 추상화 과정을 거치면서 현상의 본질에 다다르게 될 것이다. 이런 관점에서 코딩이란 연구자로 하여금 경험적 본질을 넘어서게 하고, 겉으로 보기에 공통점이 없는 현상의 자료들을 추상적 관점에서 보도록 하는 것이다(Glaser, 1978).

4) 연구자마다 코드 선택이 다른 것이 문제는 아니다

코딩의 해석 행위는 연구자가 일관성을 갖고 코딩하는 것이 중요하다. 또한 너무 이르게 개념화하지 말고, 맥락을 빠뜨리지 말고, 다른 연구자들의 의견을 들으면서 자신의 코딩을 반성적으로 검토하는 것이 중요하다. 이렇게 코딩을 해나가면서 연구자는 추상화를 통해 패턴과 주제를 찾을 수 있다. 모든 분석 결과가 똑같이 나올 수도 있지만, 그렇지 않을 수도 있다. 그렇지 않은 분석결과는 우리에게 그 현상에 대한 새로운 시각을 제공해 주기도 한다.

이처럼 코딩은 기본적으로 해석적 행위이다. 그렇기 때문에 동일한 자료에 대해서도 연구자에 따라 코드가 다를 수밖에 없다. 물론 연구자는 자신이 선택한 코드가 타당한지를 끊임없이 검토하고 유의하면서 코딩을 해야 한다. 그럼에도 이렇게 다른 해석은 불가피하다. 양적연구에서 코드는 동일한 자료에 동일한 코드가 부여되지만, 질적연구에서 코드는 코딩을 하는 연구자에 따라 다를 수 있다.

그러나 동일한 자료에 대해 연구자마다 서로 다르게 코딩하는 것이 문제가 되지는 않는다. 그 이유는 두 가지로 생각할 수 있다. 첫째, 자료가 추상화되는 과정에서 코드들이 현상의 본질을 향하기 때문이다. 일반적으로 자료는 코딩이 진전되면서 더욱 추상화되어 간다. 즉, 코딩의 초기과정에서 서술적 형태로 명명되었던 코드들은 이후 점차 추상화를 거쳐 범주와 개념을 생성하게 된다. 이렇게 추상화 작업을 거치면 현상의 공통적 속성이 밝혀지면서 자료에서 말하고 있는 사태의 본질이 드러난다. 따라서 코딩의 일관성과 타당성을 유지하고 편협한 해석을 방어하기 위한 방법들을 견지할 수 있다면, 연구자들 사이의 서로 다른 코딩은 문제되지 않는다.

예를 들어, 질적연구 수업시간에 학생들은 성매매 청소년의 자활과정 연구를 위한 6명에 대한 인터뷰 자료를 3개 팀을 구성해 분석해 나갔다. 각 팀들은 초기 코딩에서 동일한 코드를 찾아보기 힘들 정도로 서로 다르게 코딩했다. 그러나 코딩이 진전되고 추상화되면서 코드의 형태는 다르더라도 의미상 유사성이 있는 코드들이 늘어갔다. 최종적으로 각 팀은 성매매 청소년의 자활의 과정을 서로 다른 언어로 표현하였다.

첫 번째 팀은 “배제로부터 사회적 규범으로의 동화: 예속된 주체”

였고, 두 번째 팀은 "사회적 시선의 낙인화로부터 제한된 주체화", 세 번째 팀은 "구조 속 타자에서 구조 속 행위자로의 편입"이었다. 즉, 세 팀은 자활 프로그램에 진입하기 이전의 상태를 배제, 사회적 시선에 의한 낙인, 타자라는 서로 다른 언어로 표현하였고, 자활 프로그램을 통해 예속이나 제한과 같은 한계를 지닌 행위자, 주체자로 나아가는 것으로 분석하였다. 서로 다른 코딩으로 시작된 분석결과는 미세한 뉘앙스상에 차이가 있고 서로 다른 언어로 표현되었지만, 성매매 청소년들의 자활 과정의 본질에서 유사성을 보여주었다.

연구자마다 코드 선택이 다른 것이 문제되지 않는 두 번째 이유는 해석의 다양성이야말로 새로운 진리를 보여주는 또 다른 창이 될 수 있기 때문이다. 앞서 언급한 추상화 작업이 현상의 본질로 나아갈 수 있게 추동하는 힘이기는 하지만, 연구자의 해석 능력 여하에 따라서 전혀 다른 결과를 도출할 수 있다. 해석은 연구자의 통찰이나 직관, 사회과학적 개념 혹은 개인적 관점에 근거해 이루어지기 때문이다. 뛰어난 통찰과 추론에 기반한 새로운 해석은, 숨겨져 있어 보이지 않았던 현상의 새로운 면면을 드러내 보여준다. 이것은 우리에게 하나의 현상에 하나의 설명만이 옳다는 사고에서 벗어나, 하나의 현상을 다양한 각도에서 설명하고 이해하는 계기를 선사한다.

5) 코딩에는 위험이 따른다

코딩은 엄청난 이점도 있지만 위험도 있다. 코드는 자료를 전체로 볼 때 새로운 초점과 비교를 할 수 있게 해준다. 그러나 코드는 자료 조각들을 맥락에서 나와 억지 해석하게 하며, 연구자를 원자료에서 멀어지게 한다. 이념이나 이론적 정향이 강한 연구자일수록 자신의 가치나 사건에 대한 개념화를 원자료에 더 많이 투사한다. 유용한 투사가 되기 위해서는 적절한 수준의 친숙함, 일관성을 유지하는 것, 여러 사람이 함께 코딩하는 것, 주제나 코드개발 시 원자료에 밀착하는 것이 필요하다. 이 외에도 주제를 감지하고 해석할 때 개방적 태도를 견지하는 것이 도움이 된다. 그러나 무엇보다 중요한 것은 주제분석과 코드개발을 해보고, 또 해보고, 또 해보는 것이며, 판단의 일관성을 견지하는 것이다(Boyatzis, 1998: 13-14). 이러한 판단의 일관성은 질적 자료분석의 신뢰성을 확보해 준다.

또한 코딩해야 한다는 강박 때문에 코딩이 연구시간의 대부분을 차지하고, 이로 인해 자료에 대한 사고를 방해할 수 있다. 특히 코딩을 컴퓨터가 모두 해준다고 착각하여 컴퓨터를 통해 기계적으로 코딩하는 것이 질적연구자를 위험에 처하게 한다. 이렇게 되면 자칫 코드되지 않으면 사고할 수 없다는 강박적 코딩에 빠지게 된다. 연구자는 코딩이 결코 사고와 해석의 대체물이 아님을 알아야 한다. 이것이야말로 연구자가 코딩의 위험으로부터 피할 수 있는 가장 좋은 길이다(Richard & Morse, 2013).

질적연구는 주관적이라서 자료수집, 처리, 분석의 질만이 아니라 해석을 할 때 연구자에게 혼란을 가져온다. 원자료나 개념에 대한 피곤함, 과부하, 좌절감 또는 분석단위와 코딩단위에 대한 혼란이 주제를 감지하고 코드를 개발하는 것을 방해한다. 분명하고 명확한 답을 원하는 인지 스타일보다는, 모호함을 견디고 즐기는 인지 스타일이 질적분석에 더 바람직하다(Boyatzis, 1998: 15).

2. 코딩의 타당성을 촉진하는 방법들

귀납적 주제분석을 포함하여 모든 형태의 질적분석에서 첫 번째로 가장 중요한 과업은 자료로부터 개념을 찾는 것이다. 분석가는 그가 가진 아이디어와 문헌에 근거해 자료에서 개념을 찾는다. 이때 연구자는 자신이 가진 편견으로 자료를 바라보거나, 특정 개념적 틀로 강제해서는 안 된다. 연구자는 개념을 찾아내기 위해 우선, 자료 전부를 신중히 읽고, 그 속에서 패턴이나 기존의 발견들과는 다른 흥미 있는 것들을 감지한다. 이때 연구자에게 떠오르는 개념은 한정적 개념(definitive concept)이 아닌, '감지적 개념(sensitizing concept)'(아래 참조)으로 보아야 한다(Hammersely, 1995). 이 감지적 개념은 분석이 진전되면서 좀 더 명확해지고 정교화된다. 여기서 '비교하기', '질문하기'와 같은 기법들은 개념을 보다 자료에 밀착되고, 타당성 있고, 적합하게 만든다. 즉, 개념을 감지적 개념으로 바라보고, 비교하고, 질문하는 기법, 그리고 체계적인 자료관리는 코딩의 타당성을 확보해 주는 데 있어 매우 중요하다. 여기서는 이들에 대해 좀 더 구체적으로 살펴보자.

1) 비교하기

(1) 질적분석에서 비교하기의 중요성

비교하기는 모든 질적 분석의 가장 지배적 원리이다. 질적분석의 제왕적 자리에 있는 근거이론에서도 이론 생성의 핵심 전략으로 비교분석(comparative analysis)을 사용한다. 근거이론에서 사용하는 비교의 원리는 "지속적 비교방법(constant comparative method)"이다. 많은 사람들에 의해 많은 비교방법들이 얘기되지만, 질적분석에서 지속적 비교방법만큼 널리 사용되는 것은 없다(Boeije, 2002: 391). 글레이저는 지속적 비교를 "지속적 비교 코딩"으로 부를 정도로 자료분석의 필수적 요소로 여겼다.

자료코딩 방법으로 가장 많이 사용되는 방법인 지속적 비교는, 코딩을 하다가 중심주제가 나타나면(귀납적 단계) 이 중심주제와 일치하는 방식으로 코딩되었는지 자료를 재검토하는(연역적 단계) 작업을 계속적으로 하는 것이다. 새로운 코드나 범주가 발견되면 녹취를 처음부터 다시 살펴보면서 새로운 코드나 범주가 존재했는지 검토해야 한다(패짓, 2001). 그런데 자료들을 지속적으로 비교하는 것은 자연적으로 일어나는 기계적 행위가 아니다. 비교하기는 사고가 수반되는 의도적인 지적활동이다(Boeije, 2002: 392).

비교하기란 범주들과 속성들을 개발하고, 포화시키고, 통합시키기 위해 자료와 자료를 비교하고, 자료와 개념들을 비교하는 것이다. Glaser(1992)의 말을 빌리자면, 비교의 대상은 자료 속에 있는 사건들을 비교하고, 자료에서 출현한 개념과 사건을 비교하고, 출현한 개념과 개념을 비교한다. 이러한 일련의 비교 과정에서 개념적으로 유사한 것을 발견하게 되고, 서로 구별되는 범주들이 설명력을 갖게 되며, 패턴을 발견하게 된다. 비교하기를 적용하면 자료를 강제하지 않으면서 범주와 속성을 발견할 수 있다. 그 결과 비교하기는 질적 분석의 내외적 타당성을 높여준다.

한 가지 문제는, 지속적 비교의 구체적 방법과 절차가 아직도 구체적으로 정식화되지 않았다는 점이다. 비교의 대상은 무엇인지, 비교가 일어나는 국면은 어디인지, 비교를 왜 해야 하는지, 비교를 하면 어떤 결과가 나오는지 등에 대해서는 명확하지 않으며, 정해진 절차도 없다(Boeije, 2002: 391-392). 따라서 근거이론 연구를 포함한 많은 질적연구에서 지속적 비교방법을 사용했다는 진술이 많지만, 과연 의도적으로 지속적 비교를 사용했는지, 어떤 방법으로 비교했는지, 어떤 결과가 도출되었지 언급한 논문은 드물다.

글레이저도 사건과 사건, 사건과 개념을 비교하라고 했지, 과연 '사건(incidents)'의 범위와 기준이 무엇인지, 그 절차가 어떠해야 하는지 제시하지 않았다. 이런 상황 때문에 사건과의 비교를 에피소드와 에피소드의 비교로 보기도 하고, 자료의 조각을 다른 조각과 비교하는 것으로 보는 등 지속적 비교의 구체적 방법과 절차를 둘러싸고 다소의 변이들이 존재한다.

비교하기 방법이 가진 이러한 한계에도 불구하고, 지속적 비교 방법은 자료에 대한 실체적, 이론적 민감성을 촉진해 주며, 초심자에게 자료를 체계적으로 조직화하고 환원할 수 있는 능력을 개발시킨다. 자료 안의 사건들을 연결하게 도와주고, 이는 에믹 관점을 유지하게 해준다. 또한 분석의 과정에서 흔히 일어나는 과도한 해석이나 발화 수준의 코딩을 막아줌으로써 자료에 밀착하게 한다. 범주들이 억지로 끼워 맞춰지는 것이 아니라 퍼즐처럼 저절로 끼워 맞춰지며, 자료에 몰입하여 자료를 보다 입체적으로 이해하게 됨으로써 분석의 타당성을 확보하게 해준다(김인숙, 2014). 비교하기의 효과를 기존 문헌과 질적연구방법 수업의 경험으로부터 정리해 보면 다음과 같다.

(2) 질적분석에서 비교하기의 효과

① 비교하기는 연구자가 자료에 밀착하고, 자료를 존중하도록 돕는다

수강생들의 경험들 중에는 자료가 연구자에게 말을 걸어온다는 느낌을 가졌다는 경우가 많았다. 즉, 비교하기를 의도적으로 하면 자료를 입체적으로 대면하는 경험을 하게 된다. 비교하기를 계속하다 보면 어느 순간 자료가 살아 움직인다는 느낌이 들고, 그러면서 마음속에서 자료 마음대로 가보라는 생각까지 든다. 더 나아가 자료를 함부로 못하겠다는 생각까지 들게 된다.

학생들은 질적분석에서 자료를 지속적으로 비교해 봄으로써, 경험세계를 탐구할 때 가져야 할 불루머의 언명을 체험하였다. 즉, 그들은 끊임없는 비교하기를 통해, 경험세계를 존중하고 그것과 씨름하라, 경험세계를 가까이서 접하고, 마음껏 자유롭게 탐색하고, 깊이 파헤쳐라, 그러면 경험세계에서 일어나는 것을 모호하게 하거나 가리고 있는 장막을 벗겨낼 수 있음을(불루머, 1990: 58-59) 체험하였다. 그들의 이러한 경험은 질적 자료분석의 타당성을 촉진한다.

② 비교하기는 범주들 간의 관계, 위상을 저절로 위치지어 준다

비교하기를 의식적으로 하면, 이렇게 저렇게 묶일 거라고 예상한 패턴들이 다르게 묶인다. 그 결과 패턴들이 촘촘해지고, 패턴들 간의 위상이나 위치가 저절로 드러난다. 예를 들어, 어떤 패턴은 다른 패턴을 포함하는 관계에 있었고, 또 어떤 패턴은 다른 패턴의 한 속성임이 저절로 드러났다. 많은 연구자들이 패턴이나 범주들의 위상과 관계를 찾기 위해 패러다임 모형과 같은 인위적 장치를 사용한다. 그러나 비교하기를 의식적으로 시도하면, 이러한 것들이 자연스럽게 출현한다. 비교하기는 억지로 꿰어 맞춘다는 느낌을 줄여준다.

③ 비교하기는 명명에 대한 민감성을 촉진한다

자료를 지속적으로 비교하면, 자료 안에 있는 단어와 용어에 대해 민감해진다. 비교하기는 비교해야 할 것들을 찾는 과정에서 맥락이나 감정, 정서 등을 상상하면서 비교하게 되고, 유사한 것으로 묶여지는 것들을 비교하면서 차이점을 찾아내는데, 이 과정에서 단어선택에 좀 더 민감해진다. 예를 들어, 응답자의 감정이나 정서의 디테일을 감지하게 되어 명명할 때 이를 반영하게 되거나, 다양한 단어나 용어를 연상하게 함으로써 적절한 단어를 선택하게 해 주는 것이다. 게다가 명명한 것을 다시 비교하면 명명이 다시 수정되기도 하고, 사고가 진전되기도 한다. 이렇게 비교하기는 명명에 대한 민감성을 촉진하여 모호했던 명명을 보다 명료하게 한다.

④ 비교하기는 연구자의 편견과 선입견을 막아준다

질적분석의 초기과정에서 연구참여자의 관점인 에믹(emic)을 견지하는 것은 중요하다. 질적분석은 연구참여자의 에믹에 대한 연구자의 에틱적(etic) 해석이기 때문이다. 에믹을 유지하기 위해서는 연구자의 편견이나 선입견이 가능한 방지되어야 한다. 비교하기는 초기 분석과정에서 에믹을 유지하게 해 줌으로써, 연구자의 편견과 선입견을 막아준다. 따라서 비교하기는 연구자의 편견과 선입견으로 자료를 덮어씌우지 않게 함으로써, 자료를 귀납적 사고로 진전시켜 간다. 만일 연구자가 비교하기에 소홀하면, 연구자의 편견이 작동하여 연구자 자신의 구미에 맞게 자료를 끌어갈 가능성이 크다.

⑤ 코딩과정에서 맥락을 더 많이 고려하고 사고하게 한다

비교하기는 자료 내 존재하는 내용들을 지속적으로 비교함으로써 연구자로 하여금 자료를 상세하게 인식하고 감지하게 해준다. 이 과정에서 연구자는 응답자의 사회적 행위만이 아니라, 그 사회적 행위가 이루어지는 맥락에 대해서도 자연스럽게 인식하게 된다. 흔히 질적분석의 과정에서 간과되는 것이 다양한 맥락에 대한 분석이다. 그러나 맥락은 질적연구가 행위와 구조, 미시와 거시를 연결하고자 할 때 고려해야 하는 중요한 부분이다.

항간에 질적방법으로 연구된 논문들이 재미없고 뻔하다고 이야기 하는 이유 중의 하나는, 현상의 저변에 작동하는 맥락과 구조를 행위와 연결하여 설명하지 못하기 때문이다. 비교하기를 의식적으로 하고, 이른 개념화를 하지 않으면서 다양한 수준의 맥락들을 놓치지 않으면, 재미있고 뻔하지 않은 연구결과를 도출할 수 있다. 맥락과 현상, 행위와 구조의 연결이 농밀할수록 연구결과는 더 설득력 있게 읽힐 수 있다.

2) 질문하기

(1) 질적분석에서 질문하기의 중요성

질적 자료분석에서 '질문하기'는 '비교하기'와 함께 자료에 대한 개념적 민감성을 촉진하는 대표적 기법이다. 질적 자료분석가는 자료에 대해 계속적으로 질문을 던지고 비교하기를 수행해야 한다. 그러나 질문하기는 비교하기와 달리 논쟁적 영역이다. 자료에 어떤 형태의 질문을 던져야 하는지에 대해 이견이 있기 때문이다. 다소의 논쟁이 있는 게 사실이지만, 부인할 수 없는 것은 질문하기는 비교하기와 함께 자료에 대한 개념적 민감성을 촉진함으로써, 코딩의 타당성을 돕는 질적 자료분석의 양대 기법이라는 점이다.

가장 대표적으로, 글레이저와 스트라우스 모두 질적분석에서 질문하기의 중요성을 강조하였다. 스트라우스는 누가, 언제, 어디서, 왜, 어떻게, 무엇을 등과 같은 질문이나, "관련된 조건들, 결과들, 전략들은 무엇인가?"와 같은 질문을 던질 것을 요구하였다. 그러나 글레이저는 선입적이지 않은 보다 중립적 질문을 자료에 던져야 함을 강조하였다. 그래야 연구참여자가 말하고자 하는 바를 좀 더 정확히 알 수 있다는 것이다.

글레이저에 의하면, 자료에 선입적인 질문을 던지면 찾고자 하는 것을 잘 버무려 서술을 하게 된다. 이런 일이 벌어지는 것은, 분석가가 선입적 질문을 던짐으로써 인내하지 못하고 발견해야 할 것을 미리 알게 되기 때문이다. 글레이저가 제안한 중립적 질문들은 "여기서 무슨 일이 일어나고 있는가?", "이 자료가 내게 말하는 것은 무엇인가?", "이 사건이 가리키는 범주와 속성은 무엇인가?", "중심문제가 움직여나가는 사회심리적, 사회구조적 과정은 무엇인가?"와 같은 것이다. 물론 이 외에도, 자료에 근거한 다양한 질문들이 여러 시점에서, 자료 또는 분석으로부터 나온다(글레이저, 2014: 169-174).

(2) 질적분석에서 질문하기의 효과

① 거리를 두고 자료를 보게 되어, 자료에 관통하는 현상의 구조를 볼 수 있다

자료에 상기와 같은 질문을 던지면 거리를 두고 자료를 보게 된다. 이렇게 거리를 두고 자료를 보게 되면, 자료에 나타나고 관통하는 현상의 구조가 보다 더 잘 보인다. 즉, 자료에 질문을 던짐으로써 중심현상 또는 스토리의 구조를 좀 더 용이하게 포착할 수 있다.

② 사건, 패턴, 범주들의 위치가 조정되면서 명료화된다

질문하기를 통해 스토리의 구조가 가시화되면, 분석을 통해 나타난 사건, 패턴, 범주들의 위치가 서로 조정된다. 이 조정의 과정을 거쳐 이들 사건, 패턴, 범주들의 모호했던 위계적 관계들이 좀 더 명료하게 가시화된다.

③ 미시적 현상에서 나아가 거시적 맥락과 조건이 가시화된다

분석가가 자료에 질문을 던지면, 스토리의 구조가 좀 더 명료화되는데, 이 과정에서 연구참여자의 사회적 행위와 같은 미시적 현상만이 아니라 거시적 맥락과 조건들도 가시화된다. 이때 분석가는 거시적 맥락과 조건을 염두에 두고 자료를 바라보고, 자료에 질문을 던져야 한다.

④ 자료의 맨 처음으로 돌아가게 되어 선이해를 유보하게 된다

앞서 언급했듯이, 질문하기는 자료에 들어 있는 중심현상 또는 스토리의 구조를 볼 수 있게 도와준다. 그런데 이는 분석가를 다시 자료의 처음으로 돌아가 새롭게 자료를 검토하게 만든다. 스토리의 구조를 좀 더 이해하고 명료화하기 위해 맨 처음으로 다시 돌아가게 되는 것이다. 이렇게 되면 분석가는 자신이 바로 이전까지 가지고 있던 선이해를 가능한 유보하게 되어, 보다 타당성 있는 분석을 하게 된다.

⑤ 질문하기는 비교하기와 병행되어야 하고, 적절히 균형 잡혀야 한다

질문하기와 비교하기는 병행되어야 한다. 질적분석은 코딩된 코드들의 타당성과 추상성을 확보하는 문제만이 아니라, 코드들의 관계를 통해 스토리의 구조(중심현상)를 포착하는 두 가지가 모두 요구되기 때문이다. 비교하기가 사건과 패턴들에 대한 적절한 분류를 통해 코드들의 추상성과 타당성을 확보하는 중요한 기법이라면, 질문하기는 중심현상의 구조를 명료화하고 가시화하는 기법이다. 한가지 유의할 점은, 만일 비교하기보다 질문하기에 과도하게 의존하거나, 중립적이지 않은 질문을 던지는 경우 연구자의 선이해에 자료를 끼워 맞추려는 경향을 띠게 된다는 점이다.

실제로 질적연구방법론 수강생들의 경험을 보면, 질문하기를 하지 않고 비교하기만 적용한 경우 현상의 전체 구조에 대한 감 없이 혹은 선이해를 중심으로 분류가 이루어지거나 끼워 맞추는 경우가 많았다. 그들은 질문하기와 비교하기를 병행하지 않고 비교하기만을 적용했을 경우, 분석의 경험이 고되고 힘든 과정처럼 느껴짐을 토로하였다.

3) 감지적 개념: 개념을 감지적으로 사용하기

경험적 연구의 가치는 경험세계에 밀착하여 그 세계를 얼마나 충실히 보여 주느냐에 따라 결정된다. 여기서 경험적 연구와 경험세계를 연결해 주는 것은 개념이다. 개념은 이 둘을 연결하는 유일한 수단이자 경험세계로 들어가는 관문이다. 문제는 이 개념이 늘 불명료하다는 점이다(불루머, 1990: 176-177). 예를 들어, '정체성'이라는 개념 안에 무엇이 포함되고 무엇이 포함되지 않는지가 늘 명료한가?

양적연구는 이 문제를 변수분석의 방식으로 해결하려 한다. 인간의 삶을 변수들의 관계로 환원하여 고정되고 제한된 한정적 개념(definitive concepts)을 통해 경험세계를 이해하려 한다. 그러나 질적연구는 불루머가 제안한 다른 대안을 수용한다. 불루머는 개념은 경험세계를 '한정'하는 도구가 아니라, 경험세계를 '감지'하는 도구로 사용되어야 한다고 말한다. 그 이유는 경험세계의 본질 때문인데, 그것은 경험세계의 경험과 그 경험의 맥락이 모두 독특성과 고유성을 갖고 있기 때문이다. 개념에는 경험세계의 독특성과 고유성이 반영되고 받아들여져야 한다는 것이다. 불루머는 이를 '한정적 개념'에 대비해 '감지적 개념(sensitizing concepts)'으로 불렀다(불루머, 1990: 178-185).

감지적 개념은 주로 사회과학이론과 관련 연구문헌에서 나온다. 흔히 질적 분석가는 문헌으로부터 다양한 개념들을 접하고 숙지한 상태에 있다. 그는 자료 속에서 그 개념들의 흔적을 감지하게 되는데, 이때 성급한 분석가는 자료에 그 개념을 덮어 씌운다. 자료 속 경험들의 고유성과 독특성을 개념으로 한정해 버리는 것이다. 그러나 귀납적 분석에서 분석가의 개념이 분석을 주도해서는 안 된다. 개념은 독자가 연구참여자들의 세계를 이해하도록 돕는 방향에서 사용되어야 한다(Patton, 1990).

이처럼 귀납적 질적분석에서 개념은 한정적인 것이 아니라, 감지적인 것이어야 한다. 특히, 분석 초기에 자료를 전체적으로 읽는 단계에서 개념은 감지적으로 사용되어야 한다. 예를 들어, 자료를 전체적으로 읽는 과정에서 '관료화'라는 개념이 떠올랐다면, 일단 멈춰 서서 그 용어의 적용을 유보하고, 더 많은 사례에 대한 자료분석을 통해 자료에 적합한 개념이 나올 것이라는 기대를 갖고, 자료 속 경험세계에 몰두하는 것이다. 자료를 보면서 머릿속에 떠오른 '관료화' 개념을 자료를 지속적으로 비교하면서 자료에 조응시켜 본다.

관료화 개념을 이런 방식으로 사용하는 것은 '관료화' 개념을 한정적 개념이 아니라 감지적 개념으로 접근한 것이다. 그리고 이렇게 해서 도출되는 감지적 개념은 이후의 경험적 사례들을 분석해 나감에 있어 일반적 의미의 준거 틀과 지침을 제공한다. 이처럼 감지적 개념은 복잡한 사회현실을 고정된 생각에 붙들어 매려는 것이 아니라, 그런 현실과 밀착된 관계를 갖도록 해준다. 감지적 개념은 분석과정을 거치면서 더 정교화되고 현실세계와 유리되지 않도록 해야 한다(브리만, 1992: 97).

감지적 개념은 보아야 할 것을 한정하기보다는 바라볼 방향을 제시한다. 감지적 개념은 경험적 예증에 접근하는 데 있어 준거와 지침에 대한 일반적 감각을 줄 뿐, 규정성은 갖고 있지 않다(Farm, 2013: 6에서 재인용). 그러나 감지적 개념은 방향만 제시하는 데서 그치지 않고, 분석의 중요한 출발점이 되고, 분석의 근원이 되며, 이후 자료수집의 초점을 제공한다(Hammersely & Atkinson, 1995: 212). 특히, 감지적 개념은 분석의 전반적 과정보다 연구 초기에 자료에 귀납적으로 접근하게 해주고 개념적 민감성을 촉진시켜 준다.

따라서 감지적 개념은 미리 분명하게 정의 내려진 개념이 아니다. 그것은 밝히고자 하는 사실을 중심으로 포괄적이고 융통성 있게 정의 내려진 개념을 사용할 필요가 있는 경우에 사용되는 개념을 지칭한다. 질적 연구자는 개념을 감지적으로 사용함으로써 사회현상에 더욱 부합되는 개념을 개발해 낼 수 있다(브리만, 1992: 229). 질적 분석가는 양적 분석가와 달리 개념을 한정적으로 보지 말고, 감지적으로 접근함으로써 보다 타당성 있는 코딩과 개념을 도출할 수 있다. 연구자의 폭넓은 독서는 감지적 개념의 발전을 촉진한다.

감지적 개념은 정교화되면서 확증되게 되면, 한정적 개념으로 된다. 감지적 개념을 사용하는 단계에서 개념은 비교적 넓은 개념이고, 이후 구체적이 되면서 추상적이고 분석적인 개념이 나타난다. 구체적이고 분석적인 범주들을 얻고 난 다음에는, 분석에 핵심적인 개념들의 의미를 명료화하고 이들과 다른 범주들 간의 관계를 탐색하는데, 이때 비교하기 기법을 사용하면서 감지적 개념을 정교화한다.

4) 체계적인 자료관리

질적분석은 복잡하고 시간이 많이 걸리고 쉽지 않은 작업이다. 그것은 자료로부터 전반적인 인상을 찾는 저널리스트의 작업도 아니다. 체계적이고 과학적인 방법에 매달려 엄격성을 검증해야 한다. 그러기 위해서는 분석에 들어가기 전에 자료를 효과적으로 관리할 수 있는 체계를 만드는 것이 중요하다. 그리고 이러한 체계적 자료관리는 코딩의 타당성과 신뢰성을 높인다. 자료관리는 연구자 각자의 스타일에 맞는 방법을 선택할 수 있지만, 분석을 위한 자료관리의 방법에는 다음과 같은 세 가지의 원리가 포함되어 있다(Leacy & Luff, 2009: 31-32 참조).

첫째, 자료를 조직화하는 것이다. 이는 질적 자료를 인출하기 쉽게 할 수 있도록 코드를 부여하고, 날짜와 맥락을 명기하고, 익명처리를 하는 것이다.

둘째, 자료를 분류하는 것이다. 자료분류의 방법은 연구자에 따라 다양한 방법을 사용할 수 있다. 연구자는 자신이 다루기 용이한 방법을 선택하면 된다. 예를 들어, 컴퓨터 프로그램을 사용할 수도 있고, 워드 프로세서를 사용할 수도 있으며, 또는 수작업으로 할 수도 있다. 이 분류 작업에는 자료를 오리고 붙이는 것, 코드나 범주를 구별하여 분류하는 것이 포함된다.

셋째, 떠오르는 생각과 이론들을 계속 기록하고 메모하는 것이다. 여기에는 코드를 부여한 기준, 다시 코드한 이유, 나타나는 개념과 질문 등 다양하다. 기록과 메모는 보고서를 위한 분석의 준거가 되기도 하고, 연구자의 사고의 흐름을 알 수 있게 해준다.

1990년대 중반 이후 질적분석을 위한 자료관리를 지원하기 위해 다양한 컴퓨터 프로그램 패키지가 개발되었다. 이들은 자료를 조직화하고, 코드하고, 찾기 위해 컴퓨터 기술을 사용한다. 이들은 질적 분석을 위해 자료를 저장하고 관리해주고, 자료를 검색하고 찾아주며, 코딩한 것을 표기해 주며, 인용구 등을 검색해 주는 데 유용하다(Leacy & Luff, 2009: 34).

그러나 컴퓨터 프로그램 패키지는 질적연구자에게 분석을 해주지는 않는다. 사고하고, 반성하고, 분석하지 못하기 때문이다. 패키지를 이용한 분석에 쉽게 현혹될 수 있지만, 만일 자료에 깊이 잠기지 않는다면 피상적 수준의 분석이 이루어질 가능성이 크다. 자료를 읽고 또 읽고, 자료를 분류하고 범주화하고 분석하고, 이론을 구축하고 검증하기 위한 지름길은 없다. 패키지를 익히는 데 드는 많은 시간을 분석에 사용할 의사가 없고, 스크린보다는 종이로 작업하는 것이 좋은 사람에게 컴퓨터 프로그램 패키지는 큰 도움이 못된다(Leacy & Luff, 2009: 34-35).

제12장 귀납적 주제분석의 과정과 방법

질적연구를 수행하는 하나의 올바른 방식은 없다(Snape & Spencer, 2003). 귀납적 주제분석은 질적 분석에서 가장 많이 사용되는 분석방법이라 해도 과언이 아니다. 이 장에서는 다양한 주제분석의 접근방법들에 들어 있는 공통요소들과 유용한 방법들을 절충하여 연구자들이 좀 더 용이하게 사용할 수 있도록 '귀납적 주제분석'의 공통과정과 방법을 제시한다. 여기서 제시하는 귀납적 주제분석의 공통과정과 방법들은 특히, 앞에서 언급했던, '일반적 질적연구'를 선택한 연구자들이 가장 유용하게 사용할 수 있다. 즉, 질적연구의 특정 접근방법에 얽매이지 않고, 특정 접근방법의 인식론과 존재론에 구애받지 않고 연구하려는 연구자들이 유용하게 사용할 수 있다. 그 외에도, 문화기술지나 사례연구, 현상학적 연구처럼 해석적 패러다임에 속한 특정 질적 접근방법을 차용한 연구에서도 부분적 혹은 전체적으로 사용할 수 있다.

1. 귀납적 주제분석 과정의 특징

귀납적 주제분석은 개념이나 이론적 틀에서 코딩을 시작하지 않고 자료로부터 코딩하여 주제를 도출하는 귀납적 과정을 거친다. 거의 모든 질적분석은 이 과정을 거친다. 이론적 틀을 설정하는 연역적 설계의 질적분석도 자료로부터의 분석을 피해갈 수는 없다. 또한 이론을 생성하는 목적을 가진 연구에서도 자료로부터 코딩하여 주제를 도출하는 과정을 건너뛸 수는 없다. 즉 자료로부터 코딩하여 패턴과 주제를 도출하는 귀납적 주제분석은 연구수준과 상관없이 모든 질적분석이 거쳐야 하는 공통의 과정이다.

양적연구는 통계를 사용해 자료 속에 있는 패턴과 관계를 찾는다. 질적연구도 이와 마찬가지다. 질적연구는 질적 자료 안에서 패턴과 주제들 사이의 관계를 찾는다. 이를 위해 질적연구는 자료를 다루는 공통의 방식을 사용한다. 그것은 자료를 쪼개고, 비교하고, 분류하고, 개념화하고, 연결짓고, 해석하는 행위들이다.[1] 이런 요소들은 우리에

---

1) Dey(1993)는 질적자료분석의 과정을 기술하기, 분류하기, 연결하기의 서로 연관된 3개 과정으로 구분하였다. Dey에 의하면, 질적분석은 가장 먼저 철저하고 포괄적인 기술이 이루어져야 하고, 이어 의미를 부여하기 위해 자료를 분류하고 범주화하며, 마지막으로 범주화된 자료를 패턴과의 연관관계를 고려하여 분석한다. 여기서 자료를 분류한다는 것은 자료를 범주화하고, 주제와 코드에 자료를 할당하는 것을 말한다. Dey는 범주들을 연결하는 분석적 작업을 빌딩 블록 사이에 회반죽을 치는 것에 비유하였다. 또한 Wolcott(1994)는 자료분석 과정을 기술, 분석, 해석의 3가지로 구분하였다. 기술(description)이란 자료가 스스로 말해야 한다는 기본 전제하에 원자료와 밀착하여 "무엇이 일어나고 있는가?"라는 질문을 던지고, 자료의 이야기를 가능한 기술하는 것을 말한다. 분석(analysis)은 연구자가 기술적 이야기 너머로 자료를 확대하고 확장하는 자료전환의 과정이다. 여기서는 자료에서 주제와 패턴을 찾는 것이 강조된다. 해석(interpretation)은 일어나고 있는 것에 대한 해석을 하는 것으로, 분석과는 달리 자유분방하고, 관념적이고, 창의적이고, 열정적이고, 사고와 글쓰기의 출발점이 된다(Coffey & Atkinson, 1996: 8-9). 이외에도 혹자는 질적분석의 과정을 패턴에 두고 패턴인식-패턴분류-패턴해석으

게 질적자료를 분석할 때 자료를 어떻게 다룰지, 어떤 방법들을 사용할지 제시해 준다.

그러나 쪼개고, 비교하고, 분류하고, 개념화하고, 연결짓고, 해석하는 일련의 질적분석의 행위들이 만족할 만하게 구체화되어 제시된 경우는 드물다. 예를 들어, 질적분석에서 방법적으로 가장 구체적이어서 엄청난 인기를 누리는 근거이론 방법만 해도, 각 과정 안에 분석을 위한 구체적 과정을 보여주는 데는 미흡하다.

이 장에서 제시하는 귀납적 주제분석의 과정과 방법은 귀납적 주제분석에 관한 다양한 논의들을 절충적으로 재구성한 것이라 볼 수 있다. 특히, 가장 많은 토대가 된 것은 글레이저의 분석방법이다. 글레이저의 분석방법 중에서 주제발견을 위한 간략한 과정을 좀 더 알기 쉽게 상세화했고, 여기에다 기존의 다른 분석방법들을 추가하여 귀납적으로 주제를 찾을 수 있는 방법을 구성했다고 볼 수 있다. 따라서 제시하는 분석과정은 새로운 것이 아니며, 기존의 분석방법의 틀 안에 있는 것들을 분석가들의 편의를 위해 재편성했다고 보면 된다. 여기서 제시하는 귀납적 주제분석 과정과 방법의 특징은 다음의 세 가지로 구분할 수 있다.

첫째, 귀납적 주제분석 과정의 분류를 분석가의 분석 행위가 아니라, 그 행위가 목표로 하는 것을 초점으로 명명하였다. 질적분석의 방법과 기법들은 사건, 패턴, 범주, 주제를 찾기 위한 도구이다. 자료에 자신을 열어젖히고, 축을 정하고, 핵심개념을 선택하고, 자료를 기술하고, 분류하고, 연결짓는 분석가의 모든 행위들이 목표로 하는 것은 자료에서 사건, 패턴, 범주, 주제를 찾기 위해서이다. 이렇게 분석과정에서 분석가의 행위보다 분석의 목표를 부각시키면 방법과 기법

로 보기도 하였다.

을 도식적이고 기계적으로 사용하는 것을 방지할 수 있고, 수많은 코드들 속에서 길을 잃지 않게 된다.

둘째, 귀납적 주제분석의 과정은 5개 단계로 구성된다. 포괄분석, 의미단위 분석, 패턴분석, 범주분석, 주제분석이 그것이다. 물론 이 단계들은 단번에 이루어지는 직선적 과정이 아니다. 필요한 경우 이전 단계로 다시 돌아가기도 하고, 이전 단계와 이후 단계를 번갈아 왔다 갔다 하는 지그재그의 과정 또는 순환적 과정이다.

셋째, 귀납적 주제분석의 과정은 근거이론의 개방코딩과 같은 포괄적 분석과정을 해체하고, 주제분석에서 '패턴' 발견의 중요성을 고려하여 좀 더 구체적인 과정으로 재구성하였다.

귀납적 주제분석은 자료를 해체하고, 분류하고, 연결하는 과정에서 비교하고 질문하는 방법을 결합하여 패턴과 주제를 찾아낸다. 이를 위해 우선 포괄분석을 하고 이어 의미단위들에 대해 이름을 부여하는 의미단위 분석을 한다. 분석가는 명명된 의미단위들을 패턴의 관점에서 조망하고 사고한다. 이때 패턴을 잘 보일 수 있게 돕는 것은 비교하기와 질문하기이다. 비교하고 질문을 던지면 패턴들이 보인다. 즉, 패턴을 인식하게 된다. 패턴을 찾는 것은 단순히 비슷한 것끼리 묶는 것과는 다르다.

이어 분석가는 이 패턴들을 분류하여 범주와 속성을 찾아내야 하는데, 비교하고 질문을 던지면 패턴들이 어떤 것은 범주, 어떤 것은 속성, 그리고 어떤 패턴들은 다른 패턴과 결합하여 범주가 되기도 하고, 하나의 패턴이 두 개의 범주로 분리되기도 하는 등 패턴들 간의 상호관계가 움직이는 것을 볼 수 있다. 그리고 질문을 던짐으로써 이렇게 움직이는 상호관계에 관한 스토리 구조를 좀 더 쉽게 알 수 있다. 분석가는 출현한 범주들을 비교하고 질문을 던짐으로써 핵심범주와 주변범주들을 구분하거나 범주들을 연결하여 주제를 도출하게 된다. 귀납적 주제분석을 위한 다섯 가지 과정에 대해 좀 더 구체적으로 살펴보자.

2. 귀납적 주제분석의 과정과 방법

1) 포괄분석

(1) 포괄분석의 목적

포괄분석(global analysis)은 귀납적 주제분석을 포함한 모든 질적분석의 첫 번째 공통과정이다. 포괄분석이라는 용어를 직접적으로 사용한 사람은 Legewie이다(플릭, 2009). 질적분석의 최초의 과정으로서의 포괄분석은 바로 Legewie의 용어에서 빌려 왔다. 포괄분석의 목적은 자료에서 주제 개요(outline)를 얻는 것이다.

주제 개요는 자료를 해체하고 쪼개기 이전에 자료 전체의 구조나 뼈대, 개략적 스토리를 찾아봄으로써 얻을 수 있다. 주제 개요를 얻기 위해서는, 필사본 옆에 핵심용어와 핵심 아이디어를 기입하고 자료를 요약하는 것이 필요하다. 포괄분석과 같은 개괄적 분석은 범주화를 보완해주기는 하지만, 범주화를 대체하지는 못한다(플릭, 2009: 342-343).

(2) 포괄분석의 방법들

포괄분석이라는 용어는 방법론 연구자들 사이에서 널리 사용된 것은 아니지만, 자료분석의 과정에서 그 필요성을 언급한 사람들은 여

것이다. 예를 들어, 근거이론 창안자 중의 한 사람인 Glaser(1992)는 개방코딩에 들어가기 전에 자료를 듣거나 읽어보고 그 인상을 이론적 언어로 적어보거나, 몇 개의 눈에 띄는 범주를 중심으로 충분히 분석적으로 적어보는 것이 필요하다고 하면서, 이를 전체적 구조 기술하기(over-all grounding)로 불렀다.

스트라우스와 코빈(2001)도 자료를 해체하기 전에 자료를 쭉 읽어보면서 스토리에 대해 쓰지는 말고 스토리를 생각해 보라고 하였다. 그들은 이 과정에서 성급한 결론을 갖지 않는 것이 중요하다는 점을 강조하였다. Coffey & Atkinson(1996)도 자료를 쪼개어 분석하기 전에 성기고, 밋밋하며 뼈대만 보여주는 토픽 전반에 대한 코딩이 필요하다고 하였다.

포괄분석을 위해 사용할 수 있는 방법들은 다양하며, 어떤 방법을 선택하느냐 하는 것은 연구자의 선호나 스타일에 달려 있다. 연구자는 아래의 포괄분석의 방법들을 활용하면 분석에 도움을 얻을 수 있다. 그리고 포괄분석 결과에 대한 기술과 정리도 분석가 나름의 방법을 개발하는 것이 좋다.

① 자료를 듣거나 읽어보면서 눈에 띄는 범주들을 찾아 기술한다.
② 자료를 듣거나 읽어보면서 자료 안에서 핵심 용어를 찾아 기술한다.
③ 자료를 듣거나 읽어보면서 자료 안에서 핵심 개념을 찾아 기술한다.
④ 사례별 또는 사례들을 관통하여 나타나는 핵심 용어와 핵심 개념들을 중심으로 임시적 스토리를 구성해 본다.
⑤ 스토리의 구조를 염두에 두면서 개요적인 스토리를 직접 써본다. 이때 "행위의 맥락, 행위자의 의도, 사회적 행동이 체현되

는 과정 등이 포함되어야 한다"(Dey, 1993).

⑥ '여기서 무슨 일이 벌어지고 있나?'와 같은 질문을 던져봄으로써 스토리의 구조를 좀 더 분명히 이해할 수 있게 한다.

(3) 포괄분석시 유의사항

포괄분석은 자료를 본격적으로 해체하고 쪼개기 이전에 자료를 통으로 보면서, 핵심이 되는 용어와 아이디어를 중심으로 자료 전체의 개요나 구조를 감지하는 자료분석 과정의 첫 단계이다. 포괄분석은 이후의 자료분석 과정에서 원자료의 전체 맥락을 염두에 두고 코딩하는 데 도움이 된다. 그러나 포괄분석의 결과를 이후의 분석과정에 경직되게 적용하면, 원자료의 내용을 포괄분석 결과로 찍어내는 형국이 된다. 따라서 이 단계에서 유의할 점은 포괄분석의 결과를 분석의 최종 결과인 양 성급하게 결론 내려서는 안 된다는 점이다. 그리고 포괄분석은 분석의 디테일이 아니라 뼈대만 보여주기 때문에 이후 범주화의 보조로 사용되어야 한다.

질적분석의 가장 뚜렷한 특징은 원자료가 분석가의 의식과정을 통과해 해석되어 나온다는 사실이다. 때문에 분석의 전 과정에서 연구자의 개인적 경험, 선지식의 정도, 관심사와 지향 등이 영향을 미칠 수밖에 없다. 그 결과 자료에 대한 코딩과 명명의 수준이 개인마다 차이가 있다. 포괄분석에서도 이 원리는 그대로 적용된다. 동일한 자료를 놓고도 어떤 사람은 보다 서술적으로 표현하는 반면, 어떤 사람은 개념적으로 표현하고, 또 어떤 사람은 요약한다. 그러나 이 단계에서 이러한 개인차는 문제되지 않는다. 이후의 쪼개고 재구성하는 분석과정에서 추상화 작업이 진전되면서 현상의 본질, 공통성이 추론되기 때문이다.

2) 의미단위 분석

(1) 의미단위 분석의 기준과 방법

원자료에 대한 주제 개요를 포괄적으로 이해한 후, 분석자는 자료를 해체하고 쪼개는 작업에 들어간다. 자료를 해체하고 쪼개는 이유는, 표면으로 드러나는 현상 이면에 존재하는 의미를 찾아내기 위함이다. 질적분석이 목표로 하는 것은, 원자료에 나타나는 표면적 실제가 아니다. 질적분석은 표면적으로 보이는 행위들이 그 기저의 맥락들과 어떻게 연관되어 있는지, 그리고 이 연관관계를 통해 해당 행위의 숨겨진 의미가 무엇인지를 포착하고자 한다.

이를 위해 가장 좋은 방법은 원자료들을 낱낱이 해체하고 쪼개어 보는 것이다. 해체되고 쪼개진 조각들을 세심히 살펴보고, 그것이 무엇인지를 숙고함으로써 조각들의 실체를 알 수 있다고 보는 것이다. 질적 분석에서는 이 조각들을 의미 있는 단위, 즉 '의미단위(meaning unit)'로 부른다. 따라서 의미단위 분석은 원자료를 해체하고 쪼개는 자료분석의 가장 초기 과정이다.

그렇다면 의미단위 분석에서 의미단위의 기준이 되는 것은 무엇인가? 원자료를 쪼갤 때 무엇을 기준으로 쪼개어야 하는가? 질적연구 수업시간에 학생들에게 "의미단위"에 대한 기본적인 설명을 한 후 실제 연습을 시켜보면 의미단위로 끊는 기준이 의외로 다양하게 나온다. 자료의 각 줄을 의미단위로 여기기도 하지만, 어떤 학생은 반복되어 나오는 것을, 또 어떤 학생은 응답자의 행위를, 그리고 또 다른 학생은 자신이 갖고 있는 사전지식과 부합하는 것을 의미단위로 여긴다. 분석자들마다 서로 다르게 의미단위의 기준을 적용하고 있음을 알 수 있다. 의미단위에 대해 가장 잘 알려진 지침은 스트라우스와 코빈이 제안한 '미시 분석(micro analysis)'과 글레이저가 제안한 '사건단위 분석'이다.

① 미시분석: 줄 단위 분석

미시분석은 한 줄 한 줄 코딩하는 것으로 일명 '줄 단위 분석'으로도 불린다. 그러나 미시분석은 줄 단위로만 분석되는 것이 아니라 필요한 경우 문장별, 문단별 코딩이 이루어진다. 즉 미시분석에서 분석 단위는 줄, 문장, 문단이다. 이때 의미단위를 분석하는 방법은 문장이나 문단을 떼어놓고 각 문장이나 문단에 이름을 부여한다. 미시분석은 자료를 놓치지 않고 촘촘히 분석하는 장점이 있다. 그러나 이 방법은 떼어서 명명하는 것에 치중하고, 너무 많은 단어들을 선택하게 함으로써 과잉 개념화를 가져올 수 있다(Glaser, 1992). 그 결과 무수히 많은 의미단위들이 머릿속에서 둥둥 떠다니지만, 우리가 찾으려는 전체적 사건의 그림은 잘 보이지 않는 한계가 있다.

실제로 질적연구방법론 수강생들의 분석 경험은 미시분석에 대한 글레이저의 과잉 개념화 비판을 넘어서는 것도 있었다. 글레이저는 줄 단위 분석 대신 사건과 사건을 비교하는 방법을 제안하면서, 이것이 불필요한 과잉 개념화를 막아준다고 주장하였다. 수강생들의 분석 경험에 의하면, 스트라우스의 미시분석을 하다보면 자주 지루하고 힘들다고 느끼게 되는데, 그러면 자료를 건너뛰면서 엉성하게 코딩하게 된다. 이때 방식을 바꾸어 사건중심의 코딩을 하자, 엉성하고 헐거운 개념들이 촘촘히 채워지기도 하고, 밀도 있게 채워진다는 것을 경험하였다. 즉, 사건 중심 코딩은 미시분석의 과잉 개념화를 완화시키면서, 동시에 과소 개념화를 적절한 개념화로 이끌어주는 효과가 있었다.

② 사건단위 분석

의미단위 분석을 하는 또 다른 방법은 사건단위 분석(analysis by

incident unit)이다. 사건단위 분석의 분석단위는 줄이나 문장, 문단이 아니라 사건(incident)이다. 이는 의미단위의 기준을 '사건'으로 보고 자료에서 사건을 찾아 코딩하는 것이다. 사건 단위 분석을 강조한 사람은 글레이저이다.

그러나 여기서 말하는 사건이 구체적으로 무엇을 의미하는지는 아직 명확하지 않다. 글레이저조차도 사건이 무엇인지, 그 기준이 되는 것이 무엇인지에 대해 언급한 바 없다. 그래서 분석가마다 사건단위를 다르게 인식하고 적용한다. 예를 들어, 어떤 사람은 서로 구별되는 자료조각을, 또 어떤 사람은 에피소드로 또는 주어와 동사가 있는 것을 사건으로 본다. 그리고 분석가에 따라서는 하나의 사건을 두 개의 사건으로 보기도 한다. 이렇게 '사건'의 기준을 명확히 말하기는 어렵다.

주목할 것은, 사건은 오히려 연역적으로 규정되지 않고, 귀납적으로 규정된다는 점이다. 사건이 무엇인지를 먼저 정의하여 코딩하는 것이 아니라, 실제 자료분석을 통해 사건의 경계가 드러나게 하는 것이다. 여기서 사건의 경계를 드러나게 하는 핵심 원리가 있다면, 그것은 비교하기이다. 즉, 자료를 지속적으로 비교하다보면 사건들의 경계가 드러나 사건들을 인식하게 된다.

의미단위 분석에서도 비교하기는 작동되어야 한다. 의미단위로 여겨지는 사건들을 의식적으로 계속 비교하다 보면, 서로 비교되면서 사건들의 경계가 더 분명히 드러난다. 질적연구방법 수강생들은 사건단위와 비교하기를 결합하여 의미단위 분석을 시도하였을 때, 자료가 자신에게 말을 걸어오고, 자료가 살아 움직이는 듯한 느낌, 그리고 자료를 함부로 대해서는 안 되겠다는 인식과 더불어 사건의 경계가 분명해지는 경험을 토로하였다.

따라서 사건의 경계가 모호할 때는 다른 사건들과 비교한다. 그러면 사건의 경계가 더 분명히 드러나면서 사건단위가 구분된다. 즉 비교하다 보면 사건이 더 명확히 드러난다. 비교하기는 사건중심의 의미단위 분석에서만이 아니라 질적분석 전 과정을 관통하는 가장 핵심적인 전략이다. 이렇게 사건단위 명명과 지속적 비교를 결합하면 의미단위 명명의 타당성을 확보할 수 있다. 그리고 더 나아가 사건들을 비교하다 보면 자연스럽게 패턴과 범주가 드러나는데, 연구자는 이들 패턴과 범주들에 대해 숙고하면 된다(Coghlan & Filo, 2013: 125).

(2) 의미단위를 명명할 때 유의사항

코딩에서 가장 중요하면서 가장 어려운 것은, 자료를 압축하고 환원하여 이름을 부여하는 명명(labeling)이다. 의미단위에 어떤 이름을 어떤 형태로 명명하느냐에 따라 자료의 조직화가 달라질 수 있기 때문이다. 의미단위 명명에 대한 표준화된 지침은 없다. 그러나 타당한 의미단위를 명명할 때 몇 가지 유의할 점이 있다. 에믹 중심으로 하고, 지나친 일반성을 경계하며, 너무 이른 개념화를 경계하고, 끊임없이 맥락으로 돌아가며, 패턴을 생각하며 명명하는 것이다.

① 에믹 중심으로 명명한다

분석의 초기단계인 의미단위 분석에서는 에믹 관점을 유지하고 자료에 밀착되어 코딩해야 한다. 가능한 한 연구참여자의 관점을 드러냄으로써 귀납성을 확보해야 하기 때문이다. 따라서 이 단계에서 가장 견지해야 할 것은 자료에 밀착되어 의미단위에 이름을 부여하는 것이다. 자료에 밀착한다는 것은 정보제공자의 에믹 관점을 유지하면서 코딩하고 명명하는 것이다.

물론 모든 코딩과 명명에는 필연적으로 해석, 즉 연구자의 관점이 개입한다. 이는 의미단위 명명에서도 마찬가지다. 명명이 원자료를 뛰어넘을수록, 그 명명에는 연구자의 해석이 들어간다. 따라서 의미단위 명명에서 바람직한 것은, 해석을 최소화하고 이후의 코드 적용을 위해 해석을 남겨두는 것이다. 의미단위 명명은 원자료를 뛰어넘지 말고, 원자료에 밀착된 언어로 표현되어야 한다. 그렇다고 연구참여자 코드(in-vivo codes)를 지나치게 많이 사용해서는 안 된다.

② 너무 이른 개념화를 경계한다

의미단위 분석에서 유의할 것은 가급적 너무 이르게 개념화하지 말고, 사건의 요체를 기술하도록 하는 것이다. 물론 질적 자료분석에서 추상화와 개념화를 언제 해야 하는지는 논쟁적 이슈이다. 그러나 일반적으로 초기단계에서는 너무 이른 개념화를 경계해야 한다. 사건에 대해 너무 이른 개념화를 하다 보면 사건의 구체성이 개념으로 대체됨으로써 현상의 맥락이나 조건들을 놓치기 쉽다. 초기 단계에서 너무 이르게 건너뛰는 개념화를 하면 맥락이나 조건, 원인과 같은 것을 볼 수 없게 되고, 개념적 비약을 가져와 자료를 잘못된 해석으로 이끌 수 있기 때문이다. 따라서 이른 개념화를 경계하면서 지속적으로 비교하고, 의미단위를 사건 중심으로 분석하면, 사건들 중에 존재하는 맥락이나 조건들을 놓치지 않게 된다.

예를 들어, 질적연구 수업시간에 성매매 청소년의 자활과정에 관한 의미단위 분석을 연습하는 과정에서 저항, 조절, 동화, 사회적 규범과 같은 개념적 코드들이 반복적으로 나왔다. 그런데 이들 코드는 원자료의 풍부한 구체성을 건너뛰어 지나치게 이르게 개념화된 것이거나, 실체와는 달리 명명이 침소봉대된 것이다. 이렇게 되면 원자료 안에 존재하는 현상의 맥락이나 조건, 원인 등이 건너뛴 개념들로 포섭됨으로써, 이들을 보이지 않게 만든다. 상기 예에서 성매매 청소년들의 자활은 사회적 규범에 저항하고 조절하다 동화하는 과정을 거치는 스토리를 보여주지만, 정작 그러한 자활의 과정이 어떻게, 어떤 조건하에서, 무엇 때문에 변화하는지를 보여주는 의미단위 코드들을 찾아보기 어렵다면, 너무 이른 개념화의 부작용이 나타난 것이다.

또한 너무 이른 개념화를 하다 보면 원자료에 성급하게 개념적 틀을 부과하려는 경향 때문에 조야한 지성화를 가져올 수 있고, 이는 코드들을 자료중심 코드에서 멀어지게 만든다. 이 외에도 분석의 초기단계에서 너무 개념화와 추상화에 몰입하다 보면 원자료 속 사건들에 지나치게 광대한 개념을 부여하여 자료와는 동떨어지고 속이 빈 '헐거운 개념들'을 양산하게 되기도 한다. 이러한 개념들로 구성된 스토리는 맥락이 사라진 속빈 강정과 같은 것이 된다.

따라서 분석의 초기 단계인 의미단위 분석에서 너무 이르게 개념화와 추상화에 몰입하는 것은 바람직하지 않다. 그것은 맥락을 사라지게하고, 자료중심 코드에서 벗어나게 하며, 헐거운 개념들을 산출한다. 의미단위 명명에서의 이러한 부작용을 완화하기 위한 가장 좋은 방법은, 끊임없이 맥락으로 돌아가는 것이다. 그렇게 하면 맥락을 놓치지 않을 뿐만 아니라, 맥락에 부합하고 일치하는 명명을 찾을 수 있다. 또 다른 방법은 자료 속에서 드러나는 패턴을 생각하면서 의미단위 명명을 하는 것이다. 이미 포괄분석을 통해 개략적인 주제 구조를 파악한 상태이기 때문에, 많은 의미단위들에 명명을 하게 되면 자연스럽게 패턴들이 감지된다. 의미단위들은 이러한 감지된 패턴들을 생각하면서 명명될 때 더 타당성을 얻게 된다.

③ 일반적이거나 포괄적인 명명을 경계한다

의미단위 명명은 지나치게 일반적이거나 포괄적이지 않도록 해야 한다. 의미단위 명명이 지나치게 일반적이고 포괄적인 경우, 명명이

명료하지 않게 된다. 예를 들어, “엄마에 대한 이해”나 “새엄마를 이해하기 위한 노력”과 같은 명명은 초기단계의 명명으로는 너무 일반적이고 포괄적이다. 이렇게 되면 해당 명명이 무엇을 가리키고 무엇을 포함하는지 알 수 없고, 그 결과 이후의 분석에서 현상의 구체적 실제를 그려내지 못하게 된다. 우리가 사는 삶은 구체적이지만, 우리의 사고는 일반성을 향한다. 그만큼 우리는 구체성보다는 일반성에 익숙하다.

의미단위 명명이 이러한 지나친 일반성과 포괄성에서 벗어나려면, 비교하기를 의식적으로 하고 여러 사람과 팀을 이루어 코딩하는 것이 도움이 된다. 원자료의 자료조각들을 비교함으로써 원자료가 가진 구체성에 부착할 수 있고, 팀원들의 다양한 명명 속에서 보다 원자료에 밀착된 구체적인 명명을 끌어낼 수 있기 때문이다.

④ 포괄분석의 결과를 의미단위 분석에 끼워 맞추어서는 안 된다

의미단위 분석에서 유의할 또 다른 것은, 앞에서 한 포괄분석의 틀이나 개요를 의미단위 분석에 끼워 맞추지 말아야 한다는 것이다. 자료에 포함된 개략적인 내용과 골격을 알고 있는 상태에서, 이들을 이후의 분석에 끼워 맞추는 것은 아주 자연스럽게 이루어진다. 특히, 사고의 유연성이 부족하고 어떤 틀에 안정감을 느끼는 분석가일수록 이러한 경향이 있다. 포괄분석은 이후의 분석을 돕기 위한 것이지, 그 자체가 이후의 분석을 좌지우지하게 해서는 안 된다. 포괄분석의 결과가 의미단위 분석의 타당성을 확보하는 수단으로 사용되도록 해야 한다. 포괄분석의 결과를 의미단위 분석에 끼워 맞추지 않기 위해 가장 좋은 전략은 지속적으로 비교하는 것이다.

3) 패턴분석

(1) 패턴 찾기의 중요성

질적연구자들 사이에서 자료분석에 가장 많이 인용되는 것은 근거이론의 '개방코딩'이다. 개방코딩을 사용했다고 하면 그것으로 분석의 타당성을 인정받을 정도이다. 개방코딩은 원래 자료를 열어젖혀 연구자의 선입견을 억제하라는 분석에서의 태도를 강조한 용어이다. 개방코딩은 자료에 열린 태도를 갖고, 의미단위를 찾아 범주를 생성하기까지의 과정을 통칭한다. 그러나 범주생성의 과정과 방법에 대해서 창안자인 글레이저와 스트라우스 사이에 차이가 있다. 그중의 하나가 패턴 찾기의 중요성이다. 글레이저가 분석 초기에 패턴 찾기의 중요성을 강조한 반면, 스트라우스는 분석의 후반에서 잠깐 언급했을 뿐이다.

그러나 질적자료에 대한 많은 분석은 핵심 주제와 패턴을 찾는 것으로 시작한다(Coffey & Atkinson, 1996). 패턴은 다층적이다. 의미단위 분석 수준에서 찾아지는 패턴이 있고, 범주분석 수준에서 찾아지는 패턴이 있으며, 크게 보면 주제도 하나의 패턴이다. 따라서 패턴을 찾는 것은 질적 분석의 다양한 수준에서 이루어지며, 그만큼 질적분석에서 중요한 의미를 지닌다. 어떤 수준의 질적연구이든 질적분석에서 패턴 찾기는 필수적이다. 여기서 말하는 패턴분석은 의미단위 분석을 기반으로 하여 발견되는 패턴이다.

우리는 의미단위 분석에서 자료조각들을 의미 있는 단위들로 쪼개어 그것들에 이름을 부여하였다. 이들 쪼개지고 흩어진 자료조각들 속에서 우리가 찾아야 하는 것은 그 속에 존재하는 패턴이다. 패턴이란 어떤 것이 발생하고 이루어지는 반복되거나 규칙적인 방식이다. 반복적으로 발생하거나, 그로 인해 거기에 존재하는 어떤 규칙적인 것을 찾아내는 것이다. 그러나 질적분석에서 패턴을 찾는다는 것은 자료에서 어떤 일이 반복적, 규칙적, 공통적으로 일어나는 것만이 아니라, 자료에서 어떤 일이 다른 방식으로 또는 어떤 순서를 가지고 혹은 다른 활동들과 연관되어 일어나는지를 찾아내는 것이다(샐다나, 2012: 24). 예를 들어, 성매매 청소년의 자활의 과정에 관한 자료에서 분석가는 타인의 사회적 시선으로부터 주체화하려는 청소년들의 행동 패턴을 발견할 수 있다.

그런데 패턴의 발견은 질적연구에서만 중요한 것은 아니다. 패턴 찾기는 양적연구의 목표이기도 하다. 양적연구가 변수들 사이에 존재하는 일련의 규칙, 패턴을 찾아내는 것이라면, 질적연구는 연구참여자들의 이야기 속 이면에 존재하는 규칙, 패턴을 찾아내는 것이다. 양적연구가 패턴을 찾기 위해 경험들을 변수로 환원하고 통계분석에 의존하는 반면, 질적연구는 경험들을 그 무엇으로도 환원하지 않은 채 언어에 기대어 의미를 분석한다.

(2) 패턴 찾기와 비슷한 것끼리 묶는 것의 차이

많은 연구자들이 근거이론의 코딩방법, 특히 개방코딩에 기대어 자료분석을 한다. 그러나 개방코딩에는, 가장 에믹적이고 가장 토대가 되는 범주 생성의 과정이 정교하게 제시되었다고 보기 어렵다. 의미단위별로 이름을 부여하고 비슷한 것끼리 묶으라는 개략적 지침만이 널리 사용될 뿐이다. 의미단위에서 범주 생성으로 이어지는 중간과정이 정교하지 않기 때문에 많은 연구자들이 자료분석에 대한 확신 없이 심리적 불안감 속에서 자료를 분석한다.

질적연구자들이 범주를 개발하기 위해 거치는 개략적 분석과정을 보면, 근거이론의 개방코딩에 기대어 산출된 의미단위들을 유사한 것끼리 묶는다. 유사점과 차이점을 기준으로 비슷한 것끼리 묶는 작업은 한 번에 끝나지 않고, 비슷한 의미단위들을 한 번 묶고, 이어 처음 묶여진 것들을 대상으로 비슷한 것끼리 다시 한 번 더 묶는다.

예를 들어, 근거이론의 스트라우스 방법에서는 의미단위에 이름을 붙인 다음 유사점과 차이점을 중심으로 분류할 것을 권한다. 이렇게 묶여진 것은 범주와 하위범주라는 이름으로 도표화된다. 그러나 글레이저는 이름을 붙인 다음 분류하는 스트라우스의 방법은 전적으로 불필요하고, 힘겨운 작업이고, 시간 낭비라고 보았다. 그는 스트라우스의 방법이 단일 사건에 대해 '과잉 개념화'의 결과를 가져온다고 비판하였다. 자료를 개별 단어들로 분할함으로써 중요하지 않은 사소한 자료 안에서 분석의 길을 잃게 되고, 너무 많은 단어들이 선택됨으로써 혼란을 가져다주어 결국 우리가 찾으려는 것이 무엇인지 잘 모르는 경험을 하게 된다는 것이다(Glaser, 1992).

의미단위들을 유사점과 차이점을 중심으로 비슷한 것끼리 묶는 것은 패턴을 찾는 것과는 다르다(Glaser, 1992). 비슷한 것끼리 묶는다고 생각하는 것은 자료 속 단위들을 기계적으로 바라보게 하지만, 패턴을 찾는다고 생각하는 것은 자료 속 단위들을 입체적으로 인식하게 한다. 이 둘의 차이에 대해 좀 더 구체적으로 살펴보자.

첫째, 비슷한 명명들을 묶었기 때문에 비슷한 현상인 것처럼 보이지만, 맥락을 고려해 지속적으로 비교하다 보면 비슷하지 않은 경우가 종종 나타난다. 비슷하기는 한데 비슷하지 않은 것이다. 그 이유는 비슷한 것끼리 묶는 것을 기계적으로 묶을 뿐, 맥락 안에서 지속적으로 비교하면서 보지 않았기 때문이다. 경우에 따라서 패턴은 묶이지 않아도 보인다.

예를 들어, '규범에서 벗어남', '선생님에게 대듦', '또래끼리 도박'이라는 유사한 의미단위들을 '일탈'로 묶을 수 있다. 그러나 원자료로 돌아가 이들 명명의 맥락을 고려하면서 서로 비교하다 보면, 그것이 단순한 일탈로 묶여지는 것이 아니라 일탈이 자발적인 것과 타율적인 것으로 구분된다는 것을 알 수 있다. 이때 연구자는 자료에서 청소년들의 일탈이 발생하는 양상을 자발성과 타율성이라는 두 축을 중심으로 어떻게 일어나는지 다시 원자료로 돌아가 살펴보아야 한다. 그리고 원자료 속에서 자발적 일탈과 타율적 일탈 현상이 반복적·규칙적으로 일어나거나, 뚜렷한 경계를 가지고 발생하는 경우 '자발적 일탈'과 '타율적 일탈'은 패턴이 된다.

둘째, 비슷한 의미단위들을 기계적으로 묶으면, 드러나는 패턴을 입체적으로 보지 못하고 평면적으로 보게 된다. 패턴들은 균질적이지 않다. 어떤 패턴은 모든 사례를 관통하지만, 어떤 것은 부분만을 보여주고, 어떤 것은 현상의 핵심 위치에 있지만, 어떤 것은 별로 중요하지 않은 주변적 위치에 있다. 의미단위들을 기계적으로 묶으면 모든 패턴이 동일한 경중을 갖고 있는 것으로 보게 된다. 그러나 패턴들은 전체 구조 속에서 나름의 위치와 경중을 갖고 있다. 의미단위들을 원자료의 맥락 안에서 지속적으로 비교하면, 패턴의 위치와 경중이 더 선명히 드러나면서 패턴들을 입체적으로 보게 된다. 패턴들을 입체적으로 보게 되면 연구자는 패턴들을 가지고 놀게 되고, 그것은 '재미있는' 놀이가 될 수 있다.

예를 들어, 앞의 '자발적 일탈'과 '타율적 일탈'의 예에서 단순히 비슷한 것끼리만 묶었을 경우 우리는 두 패턴 사이의 위상이나 경중을 알기 어렵다. 그저 두 패턴이 비슷한 경중을 갖는 것으로 생각하기 쉽다. 그러나 원자료의 맥락을 끊임없이 오고가면서 비슷하고 차이가 나는 것을 서로 계속 비교하다 보면 전체 구조 속에서 패턴들의 위치와 경중을 가름하게 된다. 앞의 예에서 패턴들을 숙고한 결과, '타율적 일탈'이 주된 현상이고 '자발적 일탈'은 '타율적 일탈'에 부수되는 여러 현상 중의 하나로 드러날 수 있다.

셋째, 묶는다는 것에 치중하다 보면 맥락과 이면, 전체적 구조를 간과하게 된다. 따라서 비슷한 것끼리 묶는다는 것보다, 자료 안에 존재하는 패턴을 찾는다는 분석자의 의식적 노력이 필요하다. 패턴을 찾기 위한 핵심 전략은 원자료의 맥락으로 끊임없이 돌아가고, 그 맥락 안에서 의미단위들을 계속 비교하는 것이다. 이러한 전제하에 질적분석에서 패턴을 찾는 다는 것은 자료에서 반복적, 규칙적, 공통적으로 일어나는 것을 찾는 것만이 아니라, 자료에서 어떤 일이 다른 방식으로 또는 어떤 순서를 가지고 혹은 다른 활동들과 연관되어 일어나는지 찾아내는 것이다(샐다나, 2012: 24). 결국, 패턴을 찾는다는 것은 일반성 있고 규칙성 있고 연결성 있는 그 어떤 것을 찾는 것이다.

따라서 패턴을 찾기 위해서는 비슷한 명명들을 기계적으로 묶어서는 안 되고, 명명된 의미단위들을 끊임없이 서로 비교하고 맥락을 고려해 자료에서 어떤 일이 일어나고 있는지, 어떤 패턴들이 자료 속에서 움직이고 있는지 지속적으로 사고해야 한다. 패턴을 찾는다는 '의도적이고 의식적인 사고'를 통해 의미단위에서 범주 개발로 이어지는 중간과정을 좀 더 정교하게 분석할 수 있다.

그런데 이러한 패턴 찾기는 단일한 수준에서 이루어지지 않는다. 패턴 찾기가 이루어지는 수준은 다양하고 다층적이다. 패턴은 포괄분석에서도, 의미단위 분석에서도, 의미단위 분석 바로 이후에 발견되기도 하며, 범주 수준 또는 주제 수준에서 드러나기도 한다. 혹자는 이러한 다양한 수준에서의 패턴을 작은 단위 패턴, 큰 단위 패턴으로 부르기도 하였다.

그러나 여기서는 글레이저를 비롯한 여러 논자들의 언급에 기대어 의미단위 분석 이후 범주를 찾아내기 바로 전 단계에서 패턴을 고려한 분석이 중요하다고 보고, 이 과정을 패턴분석이라 명명하였다. 따라서 질적분석에서 패턴분석은 의미단위 분석이 이루어지면서 드러나는 패턴들을 감지하고, 인식하고, 깊이 숙고하는 과정이다.

(3) 패턴분석의 실행

① 패턴의 다층성과 수준

앞에서 언급했듯이, 패턴은 포괄분석에서도, 의미단위 분석에서도, 범주와 주제분석에서도 드러난다. 그러나 그때그때 드러나는 패턴의 형태와 양상은 매우 다양하다. 포괄분석에서는 주제 개요의 포괄적 형태로, 의미단위 분석에서는 선명하지 않은 어렴풋한 양상으로, 범주분석에서는 좀 더 선명한 개념의 형태로, 주제분석에서는 뚜렷한 주제구조의 형태로 드러날 수 있다. 이렇게 자료분석의 전 과정에서 드러나는 패턴들 중에서도 의미단위 분석 다음 단계에서 패턴에 대한 고려를 강조하는 것은, 이후의 범주 생성 및 주제 개발의 토대를 다지고 정교화하기 위해서이다.

분석가에 따라 차이가 있겠지만, 패턴은 의미단위 분석을 하는 중에서도 일정 부분 감지되고 드러난다. 그러나 의미단위 분석이 완료되고 이들을 지속적으로 비교하면 다양한 패턴들이 더 선명히 드러난다. 이때 드러나는 패턴들은 그 수준이나 형태에서 매우 다양하다. 어떤 패턴은 범주 수준이고 또 어떤 패턴은 범주의 속성 수준이며, 어떤 패턴은 범주 수준도 속성 수준도 아닌 한두 개의 의미단위를 모아놓은 수준인 경우도 있다. 이러한 범주의 수준 이외에도 패턴들은 다양한 범위를 갖는데, 어떤 것은 작은 범위의 패턴이고, 어떤 것은 큰 범위 패턴, 또 어떤 것은 사례 전반이 아닌 부분적인 패턴인 경우도 있다.

패턴분석은 이렇게 다양한 양상으로 드러나는 패턴들에 감응하고 인식하며, 패턴들에 대해 깊이 사고하는 단계이다. 중요한 것은 일단 한 번 찾아낸 패턴이라 해도, 그것은 확정된 것이 아니라 임시적인 것이라는 점이다. 이 패턴은 나중에 분석이 진전되면서 수정되고 변경된다. 패턴분석에서 드러나는 패턴들로 스토리를 만들어보는 것은 전체 주제구조를 사고하는 데 도움을 준다. 스토리를 구성해 볼 때는 "여기서 무슨 일이 벌이지고 있나?", "자료가 우리에게 말하고자 하는 것이 무엇일까?"(Glaser, 1992)와 같은 질문을 던진다. 물론 이때 드러나는 스토리도 임시적인 것이다. 이 스토리는 종국에는 주제의 형태로 드러날 것이기 때문에, 분석이 정교화되어 가면서 스토리는 수정되고 보완된다.

의미단위 분석에서 패턴분석으로 넘어가는 과정에서 모든 자료가 다 패턴으로 나타나지는 않는다. 어떤 것들은 패턴으로 묶여지지 않는 것들도 있다. 이런 것들은 버리지 말고 한쪽에 잘 간직해 두어야 한다. 왜냐하면 패턴으로 묶여지지 않은 것들도 자료에 밀착된 것이기 때문이다. 따라서 연구자는 패턴으로 묶여진 것들을 갖고 '사고하고 놀아야' 한다.

② 패턴분석과 컴퓨터 프로그램의 사용

그런데 '사고하고 놀아야' 하는 분석 작업은, 자칫 컴퓨터 프로그램을 활용할 때 방해받기도 한다. 최근에는 질적분석을 위한 다양한 컴퓨터 프로그램이 개발되어 널리 사용되고 있다. 또 엑셀과 같은 좀 더 접근성이 높은 도구를 사용하기도 한다. 주지하듯이, 컴퓨터 프로그램을 질적 분석에 사용하는 데는 장단점이 있다. 패턴을 찾는 패턴분석에 컴퓨터를 사용하는 것에는 다소 주의가 필요하다. 패턴을 찾는 과정이 단순히 비슷한 것을 묶는 기계적 작업이 될 수 있기 때문이다. 즉, 패턴을 찾기 위해서는 기계적 묶기가 아니라, 자료 속에서 활발히 움직이며 선명히 드러나는 패턴들에 대해 연구자의 적극적 사고가 필요하다.

질적연구방법 수강생들의 경험이 이를 말해 준다. 그들의 경험에 의하면, 패턴분석 단계에서 컴퓨터 프로그램을 사용했을 때, 패턴을 찾기보다는 기계적으로 묶기 쉬웠다. 대신 드러나는 패턴을 접착식 메모지에 적거나 다른 노트에 적어보고, 또 바뀌면 수정하는 방식이 패턴에 대한 사고를 더 촉진하였다. 글레이저도 질적분석의 초기과정에서 컴퓨터 프로그램의 사용을 자제할 것을 권하였는데, 그 이유는 분석가의 자유로운 사고를 방해할 가능성 때문이었다(Glaser, 1992). 이러한 패턴 찾기가 질적 자료분석에 주는 이점은 다음과 같다.

③ 의식적인 패턴찾기의 이점

(1) 분석의 팁을 제공한다. 패턴 찾기는 의미단위 명명에서 범주개발로 넘어갈 때, 유사한 것끼리 묶는 방법 이외의 정교화된 분석방법이 없는 상황에서 분석을 위한 팁을 제공한다. 흔히 질적 자료를 분석할 때 연구자들이 봉착하는 어려움 중 하나는 의미단위가 범주화되는 과정에서 범주에 대한 확신을 갖지 못해 불안감과 심리적 부담을 갖는 것이다. 그런데 연구자가 패턴을 감지하고, 인식하고, 깊이 사고하면 범주에 대한 확신이 생기게 되고, 그 결과 분석에 대한 불안감과 심리적 부담감을 줄일 수 있다.

(2) 사고를 통해 드러나는 다양한 패턴들 간의 체계적이고 조직화된 관계를 볼 수 있게 됨으로써, 자료 이면에 존재하는 구조, 큰 그림을 보게 된다.

(3) 패턴에 대한 깊은 인식은 이후 패턴을 분류하는 작업으로 이어지며, 이를 통해 질적분석의 가장 중요한 기초 개념인 범주 생성을 돕는다. 패턴들을 지속적으로 비교하면서 어떤 것은 범주의 위치에

놓고, 또 어떤 것은 속성의 위치에 놓으며, 그리고 또 다른 어떤 것은 일단 고려하지 않고 남겨두어야 할지에 대한 판단을 돕는다

(4) 단순히 비슷한 것끼리 묶었을 때 감지되지 않는, 자료에 대한 입체감을 느낄 수 있어 자료분석이 '재미있다'는 경험을 촉진한다.

4) 범주분석

(1) 패턴들을 분류하기

Miles & Huberman(1984)에 의하면, 질적분석을 하는 사람에게 중요한 것은 고도의 추상화로 이동하기 위해 지각된 주제들을 "무리짓는"(cluster) 능력이다. "무리짓는" 능력은 곧 자료를 분류하는 능력이다. 자료를 무리짓고 분류함으로써 자료에 의미가 부여된다. 패턴들이 어떻게 분류되어 범주와 속성이 생성되고, 의미단위들이 어떻게 재배치되는지 살펴보자.

앞의 패턴분석에서 연구자는 패턴을 인식하면서 패턴들의 다양성을 감지하였다. 어떤 패턴은 범위가 크고, 어떤 패턴은 작고, 또 어떤 패턴은 행위를 지칭하고, 어떤 패턴은 행위의 맥락을 지칭하며, 어떤 패턴은 핵심적 위치에 있고, 어떤 패턴은 주변적 위치에 있는 등 무수히 다양한 형태를 띤다. 그러나 이 단계에서는 패턴들 간의 밀접한 연관관계는 정확히 보이지 않는다. 패턴들 사이의 연관관계와 그 안에 들어 있는 의미를 파악하기 위해 연구자는 패턴들을 분류해야 한다.

의미단위 코드들 속에서 패턴을 감지하고 인식하면서 연구자의 의식은 자연스럽게 패턴들을 분류하게 된다. 자료를 분류한다는 것은 자료를 범주화하고, 주제에 자료를 할당하는 것을 말한다(Coffey & Atkinson, 1996: 8). 여기서 말하는 범주분석이란 앞 단계에서 인식한

패턴들을 분류하여 범주와 속성을 발견해내는 범주화 과정을 말한다.

질적분석에서 가장 중요한 것은 범주와 속성을 발견하는 것이다. 그러나 범주와 속성을 발견하는 구체적 방법에서는 차이가 있다. 많은 연구자들이 범주화를 이야기하지만 구체적으로 어떻게 해야 하는지에 대해서는 이야기해주지 않는다. 이런 와중에 글레이저와 스트라우스는 범주와 속성을 발견하는 방법을 가장 구체적으로 제시해 주었다. 이들은 이 분야에서 단연 독보적이다. 특히, 글레이저의 방법은 간단하고 이해하기 쉽다. 따라서 여기서는 글레이저의 방법에 입각하여 패턴분류의 과정을 제시해 보기로 한다.

글레이저에 의하면, 범주와 속성을 발견하는 방법은 간단하다. 첫째, 지속적 비교방법을 사용하고, 둘째, 중립적 질문을 던지면 된다. 범주와 속성은 비교하기와 질문하기를 사용하여 패턴들을 분류하면 되는 것이다. 여기서 중요한 것은, 비슷한 패턴들을 묶지 말고, 패턴들을 비교하고, 패턴들에 질문을 던지면서 패턴들의 상호관계를 분류해 내는 것이다. 비교하지 않고 질문을 던지지 않으면서 그저 비슷한 패턴들을 기계적으로 묶으면, 자료에 밀착되지도 않고 타당성도 없는 쓸모없는 범주들이 생성된다. 패턴들은 서로 비교되어야 그 미묘하고 정확한 의미가 파악되고, 패턴들 각각의 위치와 관계양상이 드러나고, 자료에 입각한 타당성을 확보하게 된다. 그러나 비슷한 것끼리만 묶다보면, 비교하기와 질문하기의 효과를 갖기 어렵다.

특히, 비교하기는 범주들의 위상이 저절로 드러나게 해준다. 즉, 비교하기를 열심히 하면 범주들의 위상을 알게 된다. 그리하여 자료가 꼼꼼하게 디자인되고 촘촘해진다는 느낌을 갖게 된다. 비교하기를 하면서 연구자는 자료 속에서 일어나는 사태를 명확히 볼 수 있도록 자료에 질문을 던져야 한다. 이때 던지는 질문은 선입적인 것이 아닌 중립적인 질문이어야 한다. 중립적인 질문은 자료로부터 귀납적으로 의미를 도출하게 해준다. 예를 들어, "이 자료에서 무슨 일이 일어나고 있는가?", "이 자료가 내게 말하려는 것은 무엇인가?", "이 사건이 가리키는 범주는 무엇이고, 범주의 속성들은 무엇인가?"(Glaser, 1992)와 같은 질문을 던진다.

이렇게 비교하고 질문을 던지면, 중심현상이 보이면서 이에 따라 기존의 패턴들이 새롭게 움직인다. 그동안 나왔던 패턴들이 세분화되기도, 결합되기도 하고, 패턴이 재명명되기도 하는 등 패턴들이 재조정되고 재형성된다. 그러면서 스토리의 구조가 정교화되기도 하고 변하기도 한다. 여기서 다시 패턴들을 세심히 들여다보면서 비교하기와 질문하기를 번갈아 던지면서, 패턴들 간의 관계에 대해 사고하면 범주와 속성들이 출현한다.

흥미로운 것은, 각 범주의 의미단위 배치가 인위적으로 묶이는 것이 아니라, 패턴들이 재명명되고 재조정되면서 저절로 묶이고 분화된다는 점이다. 그 결과, 어떤 패턴은 중심 범주가 되고, 어떤 패턴은 주변 범주가 되며, 또 어떤 패턴은 속성이 되고, 또 다른 패턴은 다른 패턴과 결합하여 범주나 속성을 이루기도 한다. 그리고 이러한 과정은 강제적으로가 아닌 스스로 출현하는 방식으로 나타나는데, 그것은 분석과정에 비교하기와 질문하기를 적용했기 때문이다.

범주분석은, 패턴들을 서로 비교하고 패턴들에 질문을 던지면서 범주와 범주의 속성을 찾아내는 일련의 자료분석 과정이다. 이처럼 '분류'하는 것, '무리짓는 것'은 범주화를 위해 핵심적이지만, 이 분류를 좀 더 타당성 있게 만드는 것은 비교하기와 질문하기를 통해 분류하는 것이다.

(2) 범주에 대한 명명

어느 누구도 범주 없이 사회적 상황에 접근할 수 없다. 사회적 상황에 대해 이야기하기 위해서는 범주에 이름을 붙이는 명명이 필요하다. 범주에 대한 명명은 의미단위나 패턴에 대한 명명보다 좀 더 개념화되고 추상화된다. 의미단위 수준에서 너무 이른 개념화가 문제되었다면, 범주 수준에서는 적절한 개념화가 이루어져야 한다. 물론 모든 범주가 항상 추상화되는 것은 아니다. 범주에 대한 명명을 어떻게 하느냐에 따라 분석결과는 물론 글쓰기가 달라질 수 있다.

범주에 대한 명명을 잘못하면, 자료 속에 존재하는 실재를 왜곡할 수 있다. 따라서 범주에 대한 명명은 늘 위험성을 동반한다. 현상이 가진 고유성을 모호하게 하거나, 잘못된 발견을 하게 하거나, 예외적인 것을 못 보게 하는 등 다양한 위험을 초래한다.

범주에 대한 명명은 결정하는 행위이다. 범주의 이름을 결정하는 데 있어 유의할 점은 다음과 같다.

① 어떤 명명을 부여해야 할지 신중히 결정한다

앞에서도 언급했듯이, 명명을 부여하는 것은 일종의 해석적 행위이다. 해석은 질적연구에서 늘 뜨거운 감자이다. 사람에 따라 동일한 자료를 놓고도 다른 명명을 부여하기 때문이다. 해석의 위험성은 질적분석에서만이 아니라 개인의 일상에서도 흔히 볼 수 있다. 상대의 말을 어떻게 해석하느냐에 따라 상대에 대한 판단이 확연히 달라질 수 있다. 상대가 한 말이나 행위의 배경, 기원, 사연의 과정을 숙고할 때 현재의 의미는 재구성되고 재발견된다. 따라서 해석적 행위로서의 명명의 타당성을 확보하기 위해서는 오직 비교해 보고, 맥락으로 돌아가 다시 숙고하는 방법밖에는 없다(Coffey & Atkinson, 1996: 37).

예를 들어, “민간에서 공공으로 힘의 이전”이라고 해야 할지, 아니면 "민간의 힘의 상실"이라고 해야 할지를 '결정'해야 한다. 전자가 힘이 어디에서 어디로 이전되었는지에 방점이 있다면, 후자는 어느 한쪽의 힘이 상실되었다는 것에 방점이 있다. 두 개의 명명은 얼핏 보면 동일한 내용 같지만, 엄밀히 보면 명명의 방점이 다르다. 이 차이가 어쩌면 분석 전체의 방향을 가르는 지뢰점이 될 수도 있다.

② 명명의 일반성과 구체성의 수준을 결정한다

이는 범주에 대한 명명을 어느 정도 일반적으로 표현할 것인지, 어느 정도 구체적으로 표현할 것인지를 결정하는 것이다. 예를 들어, "민간에서 공공으로 힘의 이전", "프로그램 기획과 개발에서의 배제", "프로그램 통제권의 상실"이 반복적으로 발생한다고 할 때 연구자는 이들을 통합하여 "공공으로 힘의 이동과 확대"라고 명명할 수도 있지만, 동시에 "힘의 이동"으로 명명할 수도 있다. 전자의 명명이 후자의 명명에 비해 좀 더 구체적이다. 명명의 상세 수준과 관련해 어떤 수준이 바람직하다고 말할 수는 없다. "너무 포괄적인 범주도 너무 상세한 코딩구조도 둘 다 문제이다"(Weaver & Atkinson, 1994, Coffey & Atkinson, 1996: 37에서 재인용).

③ 모든 범주가 항상 개념으로 명명되는 것은 아니다

범주에 대한 명명을 할 때 흔히 범주를 개념으로 치환한다. 그러나 모든 범주가 개념으로 되는 것은 아니다. 어떤 범주는 개념으로 발전되지 않을 수도 있다. 연구의 수준은 범주가 개념으로 발전하는 정도에 따라 달라진다. 범주가 개념으로 발전하는 정도가 낮으면 서술적 연구 형태를 띠지만, 범주가 개념으로 발전하는 정도가 높으면 개념적 연구 형태를 띤다. 이 과정에서 문헌의 이론이나 개념들을 성급히 부과하면 자료중심의 귀납적 코드에서 벗어나게 된다. 따라서 이러한 점을 방지하기 위해서는 늘 원자료로 돌아가 보는 작업을 해야 한다. 그리고 머릿속에 떠오르는 개념을 감지적으로 접근해야한다. 이처럼 범주에 대한 명명은 연구수준과 형태를 결정하는 데 핵심적이다. 범주화 과정에 대한 메모는 필수적이다

④ 범주는 실재가 충분히 반영되고 포화되어 명명되어야 한다

범주는 속성과, 이들을 구성하는 의미단위들로 구성되어 있다. 명명된 범주는 명명의 실재가 충분히 반영되어 포화되어야 한다. 이는 범주에 대한 명명은 범주를 구성하는 요소들에 적합하게 이루어져야 함을 의미한다. 즉, 맥락과 개념 간에 적합성이 있어야 한다. 예를 들어, 앞의 "공공으로 힘의 이동과 확대"라는 범주의 경우 "민간에서 공공으로 힘의 이전", "프로그램 기획과 개발에서의 배제", "프로그램 통제권의 상실"이라는 반복적 현상만으로 "공공으로 힘의 이동과 확대"라는 개념이 포화되었다고 말할 수 있는가? 만일 3개의 패턴이 공공으로의 힘의 이동의 양상들은 보여주지만, 힘의 확대를 보여주기에 부족하다면 이 범주는 실재가 포화되었다고 말할 수 없다. 범주는 실재를 충분히 반영할 만큼 설명력이 있어야 한다.

5) 주제분석

(1) 범주들을 연결짓기

주제분석은 범주들을 연결하여 주제를 찾아내는 과정이다. 일반적으로, 패턴들에서 범주가 뽑아지며, 범주들을 연계하면 주제가 나타난다. 즉, 주제란 범주들을 연결지어 범주들의 관계를 추정하는 것이다. 드러난 범주들을 아무 연관성 없이 나열하는 것은 질적분석도 아니며 완성된 질적연구라 할 수 없다.

그런데 이 연관성은 단번에 이루어지지 않는다. 그것은 연속적인 조정과정을 통해 이루어진다. 즉, 지속적인 비교하기와 질문하기를 통해 범주와 패턴들이 재명명·재구성되면서 스토리 구조가 드러나고 정교화되는, 조정의 연속적 과정으로 이루어진다. 타당성 있는 주제를 찾으려면, 범주와 범주 간의 관계를 어떻게 설정할 수 있는지, 그 타당성에 대해 끊임없이 지속적으로 의문을 던지고, 도출된 관계에 계속 회의적인 태도를 견지해야 한다. 이러한 맥락에서 주제를 찾기 위해 범주들을 연결짓는 과정에서도 범주나 하위범주에 해당하는 코드들은 고정된 것이 아님을 기억해야 한다. 코드들은 선택되기도 하지만, 어떤 것은 버려지기도, 변하기도, 재분류되기도, 재명명되기도 한다.

주의할 점은, 특정 코드를 중심으로 자료를 가로질러 볼 때, 그 특정 코드에 적합하지 않은 자료덩어리나 사건, 개인들을 무시해서는 안 된다. 예외, 부적합한 사례, 그리고 '부정적' 결과들은 쉽게 코드된 자료만큼 코딩과정에 중요한 것으로 여겨야 한다. 이들을 무시하지 않고 중요하게 여기는 것은 코딩에서 해석으로 이동하는 과정을 좀 더 깊이 있는 수준으로 이끈다(Dey, 1993, Coffey & Atkinson, 1996: 46에서 재인용). 자료에서 드러나는 패턴과 규칙성은 물론이고 대조되는 것, 모순적인 것, 불규칙적인 것에 대해서도 사고해야 한다.

주제가 확인될 수 있는 가장 낮은 수준은 두 개 이상의 범주나 패턴들을 포함할 때이다. 주제는 좀 더 일반적이고 추상적이기 때문에 하나의 범주를 하나의 주제로 사용하지 않으며, 범주들 그 자체에도 종속되지도 않는다. 이처럼 주제분석은 범주들을 연결지어 범주들 간의 관계를 도출하고, 이로부터 주제들 혹은 주제구조를 발견한다. 이러한 주제분석이 좀 더 원활하게 이루어지기 위한 몇 가지 방법을 제시하면 다음과 같다.

① 모든 분석과정에서와 마찬가지로, 주제도 도출된 범주와 속성들을 지속적으로 비교하고 질문을 던지면서 분석해 간다. 비교하고 질문을 던지면 자료를 관통하는 주제, 주제구조가 좀 더 분명해진다.

② 범주들의 성격과 위상에 대한 민감성을 높인다. 즉, 범주들은 그 내용과 위치에 따라 맥락일 수도, 결과일 수도, 원인일 수도 있는데, 연구자가 이러한 범주들의 위상에 대해 민감성을 높이는 것이 중요하다. 스트라우스와 코빈(2001)의 패러다임 모형이 이러한 민감성 향상을 촉진해 줄 수 있다.

③ 범주 간 관계에서 거시적 맥락 혹은 구조적 맥락에 대한 의식적이고 의도적 인식을 갖는다. 많은 연구들이 거시적이고 구조적인 맥락을 간과한 채, 미시적이고 표면적 행위 중심으로 분석결과를 제시한다. 그러나 우리가 살아가는 환경 속에는 늘 구조적 맥락이 존재하고, 그것은 우리의 행위에 일정 정도 영향을 미친다. Glaser(1992)는 연구자가 구조적 맥락을 못 보는 것은 구조적 과정을 전제된 것으로 보기 때문이라고 하였다. 따라서, 연구자는 범주들을 연결 짓는 과정에서 간과하기 쉬운 구조적 맥락을 의식적으로 기억하고 유념함으로써, 실재하는 현실을 좀 더 잘 그려낼 수 있다. 기존의 많은 질적연구들이 뻔하게 느껴지는 것은 그저 행위만을 혹은 현상의 표면만을 기술하기 때문이다. 사회적 행위와 이 행위들을 가능하게 한 다양한 맥락들(사회적, 시간적, 위치적 맥락들)과의 관계를 촘촘히 연결한다면 연구결과는 훨씬 그럴 듯하게 독자를 설득할 수 있을 것이다(Hammersely & Atkinson, 1995).

④ 스트라우스와 코빈이 제안한 "패러다임 모형(paradigm model)"을 활용할 수 있다. 패러다임 모형은 1978년 글레이저가 이론적

코드들을 제시하면서 가장 먼저 제시한 6C[2])를 스트라우스가 차용한 것이다. 글레이저는 패러다임 모형은 적용과정에서 연역적일 가능성이 높아 귀납적 이론 개발에는 전혀 쓸모없는 것이라고 비판하였다. 그러나 오늘날 패러다임 모형은 질적분석에서 범주들 간의 관계를 상세화하는 데 많이 사용된다. 범주들을 서로 연결짓는 과정에서 패러다임 모형을 활용할 수는 있지만, 주의할 점은 모형의 요소들을 선입적으로 자료에 대입하는 방식을 취해서는 곤란하다. 그렇게 되면 자료에서 주제를 도출하는 것이 아니라, 모형의 틀로 주제를 찍어내는 형국이 되어 귀납에서 멀어지기 때문이다.

⑤ 글레이저가 제안한 이론적 코드들(15장 이론적 분석 참조)을 사용하여 범주들을 연결 지을 수 있다. 물론 실체적 코드들은 이론적 코드 없이도 그들끼리 서로 연결될 수 있다. 그러나 실체적 코드들 사이에 이론적 관계가 존재할 수도 있는데, 이때 이론적 코드를 사용하면 범주들 간의 관계를 빠르고 정확하게 파악할 수 있다.

(2) 범주들을 해석하기

주제가 갖는 가장 뚜렷한 특성은 반복성과 추상성이다. 우선, 주제가 반복성을 갖는다 함은 주제가 패턴을 갖는다는 말이다. 주제는 패턴으로 표명되는 다양한 경험들이 반복해 일어나는 것이다. 패턴과 주제를 구분하자면, 패턴은 주제에 기여하는 반복해 일어나는 좀 더 작은 단위의 것이고, 주제는 인간행동의 다양한 측면을 설명할 수 있

2) 원인(Causes), 맥락(Contexts), 부수사건(Contingencies), 결과(Consequences), 공변이(Covariances), 조건(Conditions)을 말한다.

는 패턴들에서 나온 보다 큰 분석 단위이다. 이 반복성은 주제들을 확인할 수 있게 만들어주며, 참여자들의 에믹적 의미를 연구자의 에틱적 의미로 전환하게 만들어준다.

주제는 또한 추상성을 가진다. 패턴에 비해 주제는 일반적으로 추상적이어서 확인하기가 어렵다. 주제는 즉각 "뛰어나오지" 않고 연구자가 한걸음 물러나 생각하고 사고하면 드러난다.

범주들을 연결하여 자료를 관통하는 아이디어를 찾아내는 과정에는 연구자의 해석이 개입된다. 해석은 질적자료 분석의 운명이다. 의미단위의 요체를 압축할 때도, 패턴을 인식하고 분류하여 범주를 찾아낼 때도, 그리고 범주들을 연결하여 주제를 찾아낼 때도 영락없이 해석은 개입된다. 해석은 일반적으로 분석가의 개인적 관점, 관심사, 이론적 정향, 부분과 전체의 상호연결에 대한 통찰이나 직관에 근거해 이루어진다. 주제를 찾아낼 때 연구자의 해석이 어떻게 작동하는지 예를 들어 보자.

성매매 청소년의 자활의 과정에 관한 분석결과에서 3개의 주된 범주가 도출되었다 하자. 청소년들의 내적 상태로서의 "내적 아노미 상태", 청소년들이 도달하고자 하는 궁극적 지점으로서의 "주류사회 진입", 청소년의 자활을 가능하게 만드는 기제로서의 "사회규범에의 순응"이 그것이다. 연구자는 이 세 가지의 범주를 통합하고 연결하여 성매매 청소년의 자활의 과정의 주제를 "주류사회에의 동화 과정"이라고 할 수도 있고, "예속적 주체화 과정"이라고 할 수도 있다. 전자가 자활을 주류 사회의 규범을 수용하는 동화의 과정으로 본 것인 반면, 후자는 그 과정이 겉으로는 주체화처럼 보이지만 기실 그것은 주류사회의 규범에 예속되는 과정임을 강조한다.

전자의 연구자는 자활을 "동화"로 해석했지만, 후자의 연구자는 "예속"으로 해석했다. "동화"와 "예속"의 차이는 간단치 않다. "동화"

는 적응과 함께 유기체의 자연적 기제를 설명할 때 사용되는 심리사회적이고 중립적인 용어이지만, "예속"은 인간에게 작동하는 이데올로기의 힘, 지배질서에 순응하는 인간을 연상시키는 사회적이고 정치적인 용어이다. 두 연구자는 동일한 자료에 대한 분석을 시도했지만, 한 사람은 심리사회적이고 중립적 개념으로, 다른 사람은 정치사회적인 개념으로 주제에 대한 논지를 펼쳐나가게 되는 것이다.

이렇듯, 범주들을 연결하는 과정에는 불가피하게 해석이 개입된다. 그런데 이 해석은 연구자의 개인적 경험, 관심사, 이데올로기적 정향은 물론이고 해당 분야의 문헌에 대한 지식에 의해 영향 받는다. 예를 들어, "예적속 주체화 과정"으로 명명한 주제의 경우, 연구자가 푸코의 규율권력과 주체화 개념에 영향 받았을 수 있다. 푸코의 규율권력과 주체화는 지배의 핵심이 사회경제적 지배에 있는 것이 아니라, 지배질서에 순응하는 예속적 주체의 생산에 있다는 것이다. 연구자가 푸코의 이러한 개념을 알고 있었을 때와 모르고 있었을 때의 자료에 대한 명명과 해석은 달라졌을 것이다.

바로 이 지점에서 문헌고찰을 언제하고 얼마나 해야 하는지의 문제가 제기된다. 문헌고찰의 시점을 핵심범주나 범주가 명확해졌을 때 문헌을 읽을 것을 요구하는 경우가 있고, 이와는 달리 연구의 초기부터 문헌고찰의 필요성을 강조하는 경우가 있다. 두 경우 모두 장단점을 갖고 있다.

전자가 귀납성을 확보한다는 측면에서는 강점이 있지만, 망망대해에서 연구자 스스로 실마리를 찾아야 하는 한계가 있다. 질적 자료를 분석한 사람들의 경험을 들여다보면, 선행연구 읽기를 자제하면서 분석을 진행할 때 자료분석의 과정이 답답하게 느껴지고, 자신이 한 코딩이 무엇인가 잘못되지 않았을까 하는 의구심을 갖는다. 그러나 후자의 경우, 답답하고 아득함 속에서 일정 정도 실마리를 주지만, 자칫 선개념으로 자료를 덮어씌울 가능성이 있다. 분석가들은 해당 주제와 관련된 문헌을 읽고 코딩을 하자, 그 문헌에서 언급한 개념들로 자료를 덮어씌우려는 경향이 뚜렷함을 경험한다. 따라서, 여기서 관건은 에믹 관점을 명확히 하면서 어떻게 타당한 에틱적 해석을 도모하느냐에 있다.

만일 연구자가 정말로 귀납적 지식을 원한다면 가능한 문헌고찰의 시점을 범주 개발 이후로 자제하는 것이 좋다. 그러나 이미 선지식을 갖고 있거나 가질 수밖에 없는 경우라면, 문헌으로부터 획득한 선지식을 감지적 개념으로 사용하는 것이 좋다. 따라서 범주나 주제 해석에 영향을 주는 문헌고찰의 시점을 이분법적으로 생각하기보다는, 연구의 목적과 연구 상황을 고려하여 결정하는 것이 좋다.

이상에서 알 수 있듯이, 주제 발견에는 연구참여자의 관점에서 접근하는 내부자적 주제(emic theme)에 대한 분석과, 연구자의 관점에서 연구결과를 해석하는 외부자적 주제(etic theme)에 대한 분석이 포함된다. 물론 질적분석에서 에믹 관점, 에믹 주제가 매우 중요한 부분임은 틀림없다. 그러나 질적연구의 가장 궁극적인 가치는 연구자의 관점에서 연구결과의 의미를 해석하는 외부자적 분석을 할 수 있는지의 여부에 달려 있다(패짓, 2001).

(3) 주제의 형태

범주들을 서로 연결 지음으로써 도출되는 주제의 형태는 다양하다. 그것은 연구의 목적과 연구자의 스타일, 연구의 접근방법에 따라 다양한 형태를 띤다. 주제의 형태는 크게 두 가지로 구분할 수 있다(Glaser, 1992). 하나는, 현상의 전 범위를 보여주는 주제 형태이고, 다른 하나는 핵심범주를 중심으로 현상의 변이를 보여주는 주제형태이다.

주제의 형태를 생각해 보는 것은, 이를 통해 범주들을 연결 짓는 방식과 연구의 초점을 분명히 할 수 있기 때문이다. 연구의 초점이, 탐구하는 현상 전반에 관한 이해를 포괄적이고 체계적으로 보여주려는 데 있는 것인지, 아니면 탐구하는 현상 전반을 관통하는 핵심현상을 중심으로 그 현상이 어떤 모습을 띠고 있는지 보여주려는 데 있는 것인지를 분명히 할 수 있다. 그리고 이러한 이해는 자료를 분석하는 과정에서 분석의 구조와 초점을 명확히 하는 데 도움을 준다.

① 현상의 전 범위를 서술

글레이저에 의하면, 서술연구는 현상의 전 범위를 묘사해 주는 것이다(Glaser, 1992). 이는 주제분석을 통해 나온 주제 형태가 현상의 전반적 범위를 서술해 주는 구조를 갖는다는 것을 말해준다. 예를 들어, 바우처 도입으로 인한 사회복지사들의 정체성 변화에 관한 연구(김인숙, 2010a)는, 정체성 변화라는 현상의 전 범위를 보여주었다. 이 연구에서 도출된 주제는 "바우처 도입으로 인한 정체성 변화는 민간의 힘이 공공으로 이동하면서 복지사들의 '자율권'이 축소되면서 일어난다"는 것이었다. 만일 이 연구의 목적이 정체성 변화의 전반적 변화가 아니라, 정체성 변화의 핵심이 어떤 조건하에서 어떻게 변해가는지에 관심을 두었다면, 연구는 다르게 진행되었을 것이고 범주들 간의 연결도 다른 양상으로 일어났을 것이다. 예를 들면, 정체성 변화의 중심현상이 '자율권 축소'로 드러나면서, 이 자율권 축소가 어떤 조건하에서 어떻게 변이를 그리며 전개되는지에 관심을 두었을 것이다.

② 현상의 변이를 서술

핵심범주를 중심으로 현상의 변이를 서술하는 것은 흔히 근거이론의 이론적 형태로 알려져 있다. 그 이유는 핵심범주라는 용어와 현상의 변이를 보여준다는 점 때문이다. 그러나 핵심범주라는 용어는 근거이론의 독점어가 아니다. 근거이론이란 핵심범주를 중심으로 현상의 변이를 보여주는 것이라고 한 글레이저의 진술은 옳다(Glaser, 1992). 그러나 근거이론 생성을 목적으로 하지 않는 어떤 연구에서도 핵심현상, 핵심범주라는 용어를 적용할 수 있다. 근거이론이 되기 위해서는 핵심범주를 찾는 것 외에도 이론적 표집이 이루어져야 한다.

따라서 우리의 목적이, 이론 생성에 있지 않고 주제를 서술하는 데 있는 경우, 이론적 표집을 할 필요 없이, 핵심범주를 찾아 그것을 중심으로 현상의 변이를 주제형태로 제시할 수 있다. 만일 어떤 연구가 이론적 표집을 수행하지 않고, 선택적 표집을 통해 주제분석을 한 결과, 주변 범주들이 핵심범주를 중심으로 모종의 관계를 맺고 있다면, 우리는 이 핵심범주를 중심으로 주변 변수들을 위치시킴으로써 주제를 도출할 수 있다. 이때 주제는 현상의 전 범위를 서술하기보다는 핵심범주(중심현상)를 중심으로 현상이 어떻게 변이를 보이는지 드러내 준다.

예를 들어, 성매매 청소년의 자활의 과정에 관한 연구(김인숙, 2011)에서 주제는 청소년들의 태도가 사회적 기대와 시선에 따라 주체적으로 변해간다는 것이었다. 이 연구는 현상의 전 범위를 평면적으로 분석하기보다는 자료에 관통하는 '사회적 기대와 시선에 대한 주체화'를 핵심범주로 하여 이들의 변화양상을 사회적 기대와 시선과의 불화, 사회적 기대와 시선의 내면화, 사회적 기대와 시선의 외형화, 사회적 기대와 시선의 주체화라는 현상의 변이를 보여주었다. 이 연구의 목적은 이론에 있지 않았기 때문에, 이론적 표집이나 부정사례에 대한 계속적 검토는 하지 않았다. 이 연구의 목적은 자료 안에 존재하는 주제를 찾아내는 것이었다.

이상에서 살펴본 귀납적 주제분석의 과정과 방법들은 '일반적 질적

연구'에 가장 유용하게 사용될 수 있다. 누구든 특정의 질적 접근방법을 선택하지 않고서도 이러한 분석과정을 거쳐 질적연구를 수행할 수 있다. 그러나 특정 질적 접근방법을 선택했더라도 상기의 분석과정을 활용할 수 있다. 예를 들어, 현상학적 연구는 일상에서 작동되는 자연주의적이거나 자연적 태도를 선입견으로 간주하고, 이에 대한 판단중지를 통해 현상의 본질을 찾는 현상학적 태도를 견지한다. 따라서 상기의 공통과정을 밟아 나가면서 자료수집과 분석 과정에서 현상학적 태도를 작동시키면 된다. 문화기술지나 사례연구도 연구의 목적이 주제를 찾는 데 있다면, 상기 과정을 활용할 수 있다. 더 나아가 문화기술지나 사례연구, 근거이론이 이론을 개발하는 데 있다 해도 활용 가능하다. 주제서술이냐 이론이냐의 문제는 별개의 배타적인 것이 아니라 하나의 연속선상에 있기 때문이다.

제13장 연역적 주제분석

연역적 주제분석, 즉 주제분석에 대한 연역적 접근은 질적 연구의 고유한 접근으로 알려져 있지 않다. 그리고 실제로 연역적 접근의 질적 연구는 그것이 설계에서의 연역이건, 분석에서의 연역이건 매우 드물었다. 질적연구는 연역적 지식축적이 아닌 귀납적 지식축적을 주된 특징으로 하기 때문이다. 그러나 최근 들어 질적 연구에서 연역적 접근에 대한 관심이 높아지고 있다. 특히, 사회정책이나 공공정책 영역과 같은 응용정책 영역에서 관심과 적용이 늘어나고 있다. 이 장에서는 질적분석에서 연역의 문제와, 주제분석에 대한 연역적 접근 방법 중 틀 분석(framework analysis)과 Boyatzis의 연역적 주제분석을 소개한다.

1. 질적분석에서 연역

1) 귀납과 연역의 '연속선'

주제분석에 대한 연역적 접근을 여기서는 '연역적 주제분석'으로 명명한다. 그 이유는 귀납적 주제분석과의 차이를 분명히 하기 위해서이다. 연역적 주제분석은 귀납이 주축을 이루는 질적연구에 연역의 논리를 혼합하고 융합한 것이다. 사실 연역은 질적연구와는 거리가 있는 혹은 질적연구의 특징이 아닌 것으로 인식되었다. 질적연구는 오랫동안 귀납적으로 지식을 산출하는 것에 국한되었었다. 그 배경에는 양적연구와의 논쟁이 있다. 질적연구는 양적연구와의 논쟁에서 정당성을 확보하기 위해 양적연구와의 차별성을 부각시켰는데, 그중의 하나가 귀납적 지식축적이었다.

귀납은 관찰된 것만을 대상으로 개별적인 것으로부터 일반적, 보편적인 결론을 끌어내는 데 사용된다. 질적연구 방법은 이 귀납적 추론을 사용하는 방법론으로 인식된다. 그러나 귀납적으로 이루어지는 질적분석의 과정을 가만히 들여다보면 거기에는 연역적 추론이 동시에 작동함을 알 수 있다. 질적 자료분석에서 순수한 귀납이 이루어지는 경우는 없다. 모든 질적 자료분석에는 연역의 논리가 함께 작동한다. 연역은 주어진 전제들로부터 논리적으로 타당한 결론을 끌어내거나 혹은 보편법칙으로부터 개별 현상들에 대한 지식을 끌어낸다(다네마르크 외, 2005: 38).

어떤 질적분석도 순수한 귀납, 순수한 연역만으로 이루어지지 않는다. 모든 질적 자료분석 과정에는 귀납적 추론과 연역적 추론이 함께 작동한다.[1)] 그러나 그 양상은 다양한 형태를 띤다. 이 양상을 이해하

1) 질적 자료분석에는 귀납과 연역의 논리만 작동하는 것은 아니다. 질적연구의 형태나 목적 여하에 따라 가추와 역행추론의 논리가 작동하기도 한다. 귀납은 관찰가능한 것에서 어떻게 구조와 기제의 지식에 도달하는지 알려주지 않고 단지 경험적 일반화와 규칙성이라는 결론에 한정된다. 그래서 혹자는 사회과학에서 지나치게 귀납의 중요성이 과장되고 있는 점, 즉 경험의 규칙성만을 강조하고 있는 점을 비판한다. 이들은 과학의 대상은 일차적으로 경험적 규칙성이 아니라 구조와 기제들이어야 한다고 말한다. 따라서 귀납과 연역의 한계를 보완하기 위해 가추(abduction)와 역행추론(retroduction)이 좀 더 강조될 필요가 있고, 그렇게 함으로써 개별적인 것에서 보편적, 일반적인 것으로 추론하고 연관지을 수 있다고 본다. 가추와 역행추론은 구조와 기제에 대한 지식추구에 도움을 준다. 가추는 사회

기 위해서는 귀납과 연역을 '연속선(continuum)'의 개념으로 바라볼 필요가 있다. 질적연구에서 귀납과 연역을 연속선으로 이해한다는 것은 귀납적 연구와 연역적 연구가 이분법적으로 분리되는 것이 아니라, 어떠한 질적연구든 귀납과 연역의 연속선상 어딘가에 위치한다는 것을 의미한다.

질적연구에서 귀납과 연역의 이슈를 고려하는 첫 번째 지점은 연구문제와 연구질문을 설계할 때이다. 흔히 질적연구는 연역적 설계가 아닌 귀납적 설계 형태를 띤다고 알려져 있지만, 꼭 그런 것은 아니다. 연역적 설계 형태로 질적연구가 진행되기도 한다. 최근에는 이러한 경향이 더 증가하고 있다.

예를 들어, 설명적 사례연구로 잘 알려져 있는 알리슨과 젤리코의 "결정의 본질: 쿠바 미사일 위기에 대한 설명"은 연역적 설계를 사용하였다. 이 연구에서 저자들은 쿠바의 미사일 위기를 설명하기 위해 3개의 이론을 선택하여, 왜 소련이 쿠바에 미사일을 배치했고, 왜 미국은 미사일 개발에 반응했는가에 대한 답을 얻는다(인, 2005). 이 연구는 기존 문헌으로부터 3개의 이론을 선택하고 이들 중 어떤 이론이 쿠바의 미사일 위기를 설명할 수 있는지를 질문했다는 점에서, 연역적 설계를 채택했다고 볼 수 있다. 물론 이때의 연역은 가설의 기

과학에서 많이 사용되는 추론양식으로 관찰된 자료에 해석적 틀이나 이론을 적용해 개별 사건에서 보편적 구조를 끌어내는데, 이 과정에서 새로운 해석을 한다. 귀납처럼 직접 관찰에서 무엇을 발견하는 것이 아니라, 연관들과 관계들이 발견되며, 이미 알려진 사건을 새로운 방식으로 이해한다. 가추는 일반적 유형을 서술하는 규칙으로부터 출발한다는 점에서 귀납과 다르다. 그리고 가추는 전제 속에 논리적으로 결론이 주어져 있지 않다는 점에서 연역과 다르다. 가추는 귀납처럼 순전히 경험적 일반화도 아니고 연역처럼 논리적으로 엄격한 것도 아니다. 역행추론은 지식이 직접 주어졌다거나 관찰가능한 것으로부터만 나온다는 과학관을 거부한다. 즉, 선험적 전제조건을 탐구한다. 따라서 역행추론은 선험적 논증이 핵심이다. 역행추론을 질문의 형태로 표현하면 "무엇이 X(어떤 현상)를 가능케 하는가?"이다(다네마르크 외, 2005: 148-156 참조).

각 여부에만 관심 있는 양적연구의 가설-연역적 설계와는 다르다.

그런데 연구문제에 대한 귀납적, 연역적 설계는 귀납과 연역의 이분법으로 규정되지 않고 귀납과 연역의 연속선상에서 이루진다. 어떤 연구가 귀납-연역 연속선(inductive-deductive continuum)의 어디에 위치하느냐는 연구문제에 달려 있다. 예를 들어, 심혈관 질환 환자들은 그 질환이 시작될 때 정확한 생체의학적 이야기를 할 수 있는가라는 연구질문은 자료수집과 분석 모두에서 연역적 접근을 필요로 한다. 그러나 만약 연구질문이 "사람들은 심혈관 질환의 시작에 대해 이야기를 어떻게 구성하는가?"인 경우는 좀 더 귀납적인 접근을 필요로 한다(Gale, Health, Cameron, Rashid and Redwood, 2013).

연구문제나 연구질문 외에 귀납과 연역의 이슈가 도드라지는 또 다른 지점은 질적 자료분석이다. 질적연구는 귀납적 지식을 산출하기 위해 귀납적 분석을 사용한다. 그러나 귀납적 분석과정에서는 귀납만 작용하지 않고 연역도 작용한다. 이때의 연역은 귀납을 위한 연역이지 연역 자체를 위한 것은 아니다. 근거이론을 창안한 Glaser와 Strauss(1967)는 귀납적 분석에서 일어나는 이러한 연역을 "귀납의 하인"으로 표현하였다.

그러나 질적분석은 경우에 따라 귀납의 하인 역할을 넘어 연역을 적극 수용하기도 한다. 귀납과 연역의 연속선에서 연역 쪽으로 분석을 대폭 이동시키는 것이다. 여기서는 이러한 분석을 '연역적 분석'으로 명명하였는데, 이들은 선행연구와 이론들로부터 도출한 개념들을 분석과정에 적극 활용한다. 연역적 분석은 개념들을 감지적 차원에서 활용하는 귀납적 분석과는 달리, 기존 개념들을 분석의 준거 틀로 활용한다. 자료로부터 개념을 도출하기보다는, 문헌으로부터 혹은 문헌과 자료의 혼합으로부터 개념을 끌어내어 그것들을 분석을 위한 틀로 사용한다. 귀납적 주제분석과 연역적 주제분석의 차이는 귀납과 연역의 연속선상에서 위치의 차이이다. 질적분석 과정에서 연역이 어떻게 작동하는지 좀 더 구체적으로 살펴보면 다음과 같다.

2) 질적분석에서 연역의 형태

(1) 자료에서 드러나는 코드나 개념으로부터의 연역

이는 자료로부터 코드나 개념을 산출하는 귀납적 분석에서 작동하는 연역이다. 귀납적 분석에서조차 귀납만 작동하는 것은 아니다. 연역도 동시에 작용한다. 이때의 연역은 자료로부터 드러나는 코드와 개념을 남아 있는 자료들과 계속적으로 비교해 나가는 과정에서 이루어진다. 즉, 귀납적 분석에서는 자료에서 드러나는 코드와 개념을 준거로 나머지 자료들의 코드와 의미를 찾아내는데, 이때 연역이 작용한다.

(2) 연구 질문으로부터의 연역

우리는 일반적으로 질적 자료를 분석할 때 연구 질문을 염두에 두고 코딩한다. 이것은 모든 질적 분석에서 강조하는 중요한 지침 중 하나이다. 연구 질문으로부터의 연역은 연구자가 던진 질문이 연역의 준거가 된다는 점에서, 앞서 언급한 관찰된 자료로부터 연역하는 것과는 다른 것이다. 여기서 연구 질문을 어떻게 도출하는가가 연역의 성격을 결정짓는다. 글레이저의 방식에서처럼 연구 질문조차 자료로부터 도출되는 방식을 취할 수도 있고, 예비적 현장조사와 기존의 문헌검토를 통해 연구 질문이 도출될 수도 있으며, 혹은 기존의 문헌이나 이론을 통해 도출될 수도 있다.

(3) 선행연구들로부터 연역

질적 자료 분석 과정에서 선행연구들로부터 이루어지는 연역은 두 가지 형태를 띤다. 하나는, 자료로부터 코드와 개념을 끌어낼 때 선행연구의 결과들을 작동시키는 것이다. 이것은 엄밀히 말해, 자료에 대한 귀납적 분석을 위해 선행연구들의 결과나 개념들을 감지적으로 사용하는 것이다. 다른 하나는, 자료를 분석하기 전에 코드를 미리 선행연구들로부터 끌어내어 이를 코드 개발에 적용하는 것이다. 전자가 귀납을 위한 연역이라면, 후자는 연역의 논리를 자료분석에 직접 적용한 것이다. 전자의 연역은 귀납적 분석에서도 늘 이루어지지만, 후자의 연역은 귀납적 분석과는 다른 별도의 독립적 방식으로 이루어진다. 이 장에서 다룰 연역적 주제분석은 후자의 경우를 일컫는다.

(4) 이론적 틀이나 개념적 틀로부터의 연역

이론적 틀이나 개념적 틀로부터 이루어지는 연역은 분석 자료를 읽기 전에 이론적 틀이나 개념적 틀에 근거하여 코드목록을 만들어 분석을 시작한다. 이러한 연역은 선행연구들로부터의 연역과 동일한 방식으로 이루어진다. 다만, 선행연구 대신에 좀 더 개념화된 이론적 틀이나 개념적 틀이 연역의 준거가 된다는 점에서 차이가 있다.

(5) 가설로부터의 연역

가설로부터의 연역은 질적 자료로부터 코드나 개념을 산출하기 전에 가설을 가지고 시작한다. 가설로부터의 연역은 명제나 개념적 관계들을 검증하거나 수정하기 위한 것이지만, 자료들을 귀납적으로 범주화하는 방식을 함께 사용한다. 대표적으로 분석적 귀납(analytic induction)

(14장 참조)이 있다.

이처럼 모든 질적 자료분석은 귀납과 연역의 연속선상 어딘가에 위치해 있으면서, 귀납을 강조하거나 아니면 귀납과 연역의 혼합을 허용하거나 하는 형태를 띤다. 여기서 중요한 것은, '연역적 주제분석'에서도 코딩에서 출현하는 개념을 수용하는 귀납적 논리가 함께 이루어진다는 점이다. 따라서 연역적 주제분석이란 일반적으로는 귀납적 지식축적의 원리에 기반하지만, 연역적 설계 혹은 연역적 분석방법을 융합하는 질적분석의 한 형태로 보아야 한다. 연역적 주제분석을 위해 사용되는 분석방법으로는 틀 분석(framework analysis)과 Boyatzis의 방법, 그리고 지시적 내용분석(directed contents analysis)이 사용된다. 여기서는 틀분석과 Boyatzis의 방법을 소개한다.

2. 틀 분석

1) 틀 분석을 사용하는 경우

틀 분석(framework analysis)은 질적분석에 연역적 접근을 융합한 자료분석의 한 방법으로, Richie & Spencer(1994)에 의해 정식화되었다. 연역적 접근은 주제와 코드가 기존 문헌과 이론, 연구질문에서 미리 선택되고, 귀납적 접근의 주제는 자료로부터 나온다. 틀 분석은 주제분석의 계보 안에 있으며, 여러 개의 상호 연관된 단계들로 구성된 하나의 분석과정이다(Gale, Health, Cameron, Rashid and Redwood, 2013). 틀 분석이 제안된 것은 응용정책 연구에서였다.

응용정책 관점에서, 사람들의 삶과 조직은 무수한 제도와 정책들에 영향 받고 그것들에 얽혀 있다. 따라서 정책은 그 영향과 얽힘을 파악하여 효과를 최대화할 필요가 있는데, 이를 위해서는 정책을 주기적으로 평가하고 검토해야 한다. 예를 들어, 정책관련 당사자들의 경험과 거기에 작동하는 요소들을 파악한다든가(맥락), 정책이 만들어내는 다양한 현상들의 이유와 원인을 알아낸다든가(진단), 정책 관련 현상들의 효과성을 평가한다든가(평가), 새로운 정책이나 조처, 이론들을 확인하는(전략) 것이다(Richie & Spencer, 1994: 173-174).

틀 분석은 영국의 사회정책과 공공정책 연구를 위해 설립된 사회와 지역사회계획 연구소(SCPR: Social and Community Planning Research)의 질적연구 모임에서 시작되고 발전되었다. 당시 응용정책 연구에도 질적연구는 흘러넘쳤지만, 정책결정자들은 양적연구를 요구하였고, 주요한 정책 연구들은 양적연구로 이루어졌다. 질적연구의 강점이 널리 인식되기는 했지만, 귀납성과 자료의 포화를 강조하는 질적연구들은 이론을 기피하고 시간이 많이 소요되는 한계가 있었다(Srivastava & Thomson, 2009: 73-75).

틀 분석은 이러한 응용정책 문제들에 대한 빠르고 구체적인 정보를 제공하는 데 필요한 질적분석 방법을 고안하려는 문제의식에서 출발하였다. 틀 분석은 연역적 이슈와 연역적 분석 논리를 질적분석에 적극 끌어들였다. 응용정책 연구가 요구하는 제한된 시간 안에서 구체적 정보를 얻을 수 있도록 분석과정을 재구성하고 체계화하였다. 그리고 자료가 포화될 때까지 지나치게 긴 시간이 소요되지 않도록 하였다. 무엇보다 틀분석은 인식론적, 이론적 토대를 전제하지 않기 때문에 응용정책 연구 영역을 넘어 다양한 영역, 다양한 주제에 사용될 수 있다. 특히, 연역적 설계와 연역적 분석을 요하는 필요로 하는 질적연구에 유용하다.

2) 틀 분석의 특징

틀 분석의 특징을 몇 가지로 정리해 보면 다음과 같다.

첫째, 틀 분석은 연역적 이슈를 강조할 필요가 있는 질적연구에 적합하다(Lacey & Luff, 2009: 39). 예를 들어, 사회복지사들의 '자율권 축소'가 여러 사회복지정책들에 어떻게 상호교차되어 일어나는가라는 질문을 던질 경우, 연구자는 틀 분석을 사용할 수 있다. 이 경우, 자율권 축소라는 주제는 귀납적으로 도출된 것이 아니라, 기존의 선행연구를 통해 도출된 연역적 문제이다. 또 다른 예로, 국가와 시민사회 간 파트너십을 설명하는 3개의 서로 다른 이론적 관점들 중에서, 어떤 것이 국가와 시민사회 간 파트너십을 보다 잘 설명하는지 분석한 연구(Kim, 2009)를 들 수 있다. 이 연구에서는 분석을 위해 몇 개의 개념적 틀을 기존 문헌들로부터 연역적으로 도출하였고, 이들을 분석에 적극 적용하였다.

둘째, 틀 분석은 분석의 과정에서 귀납과 연역을 함께 사용한다. 즉, 틀 분석은 귀납적 분석에 연역적 접근을 융합한 방법이다. 틀 분석은 일반적으로 코딩에서 출현하는 개념을 수용한다는 점에서 귀납적이지만, 분석의 형태에서는 연역을 사용한다(Lacey & Luff, 2009: 13). 따라서 틀 분석은 귀납, 연역 이 둘의 결합 분석에 적당하다. 틀 분석에서는 분석 초기에 주제 틀(thematic framework)을 설정해야 하는데, 이때 최초의 틀은 대개 연역적 이슈로부터 나온다. 이 최초의 틀을 자료에 적용하면서 주제 틀이 정교화되어 간다. 이 과정에서 자료에서 출현하는 개념들이 주제 틀에 반영된다. 이처럼 틀 분석 자체는 귀납과 연역 중 어느 하나에 얽매이지 않는다.

셋째, 틀 분석은 구체적 질문을 던지는 연구, 시간이 제한된 연구에 적합하다. 근거이론을 비롯한 많은 질적분석은 자료수집을 포화

상태까지 요구한다. 그러나 틀 분석은 코딩 이후 표그리기(charting)와 그림그리기(mapping)를 통해 구체적 질문에 대한 답을 얻으면 종료된다(Lacey & Luff, 2009; Richie & Spencer, 1994).

넷째, 틀 분석은 대개의 질적분석과 많은 것을 공유한다. 특히, 틀 분석은 주제분석의 많은 공통점을 공유한다. 틀 분석으로도 이론을 생성할 수 있지만(이때의 이론은 근거이론식의 이론이 아니다), 일차적 관심사는 특정 세팅에서 일어나는 것을 서술하고 해석하는 데 관심이 있다(Srivastava & Thomson, 2009: 73). 지속적으로 비교하면서 개념화하고, 추론하고, 추상화하고, 연관짓는 등의 작업이 틀 분석에도 작동한다. 질적분석에서 핵심적인 사례 내, 사례 간에 비교하고 대조하는 것이 틀 분석에서도 동일하게 적용된다.

다섯째, 틀 분석 방법은 인식론적, 철학적, 이론적 토대가 없기 때문에 주제를 찾기 위한 유연한 도구로 사용된다. 그러면서도 분석의 과정이 고도로 체계화되고 구조화된 절차와 단계를 따른다. 원칙상으로는, 문서와 같은 텍스트 자료에도 적용되어 활용될 수 있지만, 일반적으로 반구조화된 인터뷰 중심의 주제분석에 가장 많이 사용된다(Gale, Health, Cameron, Rashid and Redwood, 2013).

3) 틀 분석의 과정

틀 분석은 5개의 단계로 구성된다(Richie & Spencer, 1994; Lacey & Luff, 2009).

(1) 자료 숙지하기

자료 숙지(familiarsation) 단계는 자료에 익숙해지는 과정이다. 자료에 익숙해지기 위해서는 자료를 저장하고 자료를 느껴야 한다. 즉, 자료를 듣고, 읽고, 요약하고, 메모하는 등 다양한 방법을 사용하여 자료에 잠겨야 한다. 이 단계 동안 분석가는 자료의 풍부성, 깊이, 다양성을 개괄하고, 추상화와 개념화의 과정을 시작한다. 이를 통해 수집된 자료를 개관하거나, 자료에서 반복해 일어나는 핵심 아이디어와 주제들은 물론 연구자가 제기한 질문에 대한 대답 등을 기록한다. 자료에 대한 숙지는 본격적인 분석에 들어가기 전에 해야 하는 필수적 단계이다. 이 단계는 귀납적 주제분석 과정의 첫 단계인 포괄분석과 유사하다.

(2) 주제 틀을 확인하기

틀 분석의 두 번째 단계는, 주제 틀(thematic framework)을 확인하는 것이다. 여기서 주제란 자료를 기술하고 설명하는 해석적 개념들과 명제들을 말한다. 일반적으로 주제분석에서 주제는 귀납적으로 드러난다. 즉, 주제는 연구참여자들이 표현한 아이디어들이 연구자에 의해 하나 혹은 여러 개의 범주로 묶여질 때 산출된다. 그러나 틀 분석에서 주제는 코딩의 초기 단계에서부터 틀 지워진다(Lacey & Luff, 2009: 23). 여기서 주제 틀을 확인한다는 것은, 초기 코딩 틀을 개발하는 것으로서 선험적 개념을 가지고 한다. 이 지점이 귀납적 주제분석과 달라지는 지점이다. 귀납적 주제분석에서는 선험적으로 주제 틀을 정하지 않는다. 그저 자료로부터 주제를 끌어낼 뿐이다.

중요한 것은, 이 주제 틀을 어떻게 개발하는가이다. 틀 분석에서 주제 틀은 순전히 연역적 이슈로부터 개발되기도 하고, 연역적 이슈와 앞의 자료 숙지 단계에서 출현하는 귀납적 이슈의 결합으로부터 개발되기도 한다. 후자의 경우, 귀납적 이슈로부터 주제 틀을 개발할 때, 이 단계에서 개방코딩이 일어난다. 즉, 가능한 많은 다른 관점에서 관련될 수 있는 것을 코딩하는 것이다. 그러나 순수하게 연역적인 연구에서, 코드들은 사전에 정의되기 때문에 개방코딩 단계가 반드시 필요하지 않고, 곧바로 인덱싱으로 갈 수 있다(Gale, Health, Cameron, Rashid and Redwood, 2013).

일반적으로, 최초의 주제 틀은 대개 연역적 이슈들에 근거해 만들어진다. 예를 들어, 사회복지사의 역할에 관한 연구에서 사회복지사의 역할이 기존의 문헌에서 중개자, 매개자, 옹호자로 나타났다면, 이들을 일단 최초의 주제 틀로 설정한다. 그러나 주제 틀은 자료 숙지 단계에서 출현한 주제들이나, 최초의 몇 개의 녹취록에 대한 분석을 통해 도출되기도 한다. 초기에 주제 틀을 잡을 때는 인터뷰와 분석을 왔다 갔다 하고, 이후의 인터뷰에서는 틀에 맞추어서 더 풍부한 자료를 수집한다.

초기의 주제 틀은 고정되지 않고 계속 변하고 조정되어 간다. 문헌에서 연역적으로 도출된 주제 틀과, 자료로부터 귀납적으로 도출된 주제 틀이 비교되고 통합되면서 주제 틀이 변화하고 조정되어 간다. 이 과정에서 '틀'이 추가되기도 빠지기도 하며, 점차 추상화되어 간다. 틀의 설정은 틀을 발견하고 틀이 변경되어 가는 과정에서 이루어진다. 이처럼 주제 틀은 문헌을 통해 한 번에 결정된다기보다는 자료분석을 해 가면서 틀이 도출된다고 생각해야 한다. 즉, 주제 틀은 연역적으로만 설정된다고 말할 수 없다. 그러나 주제 틀 생성의 기본원리는 연역이다.

이렇게 해서 도출된 주제 틀은 마지막 녹취록이 코드될 때까지는 최종적 틀이 아니다. 이때 주제 틀은 개괄적인 정도에서 머물고, 너무 지나치게 상세할 필요는 없다. 왜냐하면 이후의 분석단계에서 주제 틀에 대해 좀 더 정교한 분석이 이루어지기 때문이다. 주제 틀을 정교화하는 것은, 기계적으로 이루어지지 않고 연구자의 논리적이고 직관적인 사고, 그리고 이론적 관심사와 능력을 필요로 한다.

틀 분석을 사용한 Kim(2009)의 연구에서 초기 주제 틀은 비정치화, 관료화, 시장화였다. 이 연구는 자활 사업을 중심으로 시민사회와 국가 간 파트너십의 정치적 투쟁의 양상을 검토하는데, 시민사회와 국가 간 파트십에 대한 세 개의 관점(주류관점, 비판적 관점, 대안적 관점) 중 어느 관점이 최적의 설명을 제공하는지 확인하였다. 연구자는 자료에서 발견되는 주제들을 초기 주체 틀에 집어넣으면서 주제 틀을 보다 정교화해나갔다.

(3) 주제 틀을 자료에 적용하기

주제 틀이 확인되면 주제 틀을 모든 자료에 적용하여, 주제들과 일치하는 자료조각들을 확인한다. Richie & Spencer(1994)는 이 과정을 인덱싱(indexing)으로 불렀다. 이는 주제 틀을 구성하는 인덱스들을 자료에 적용하는 과정이라는 의미이다. 이 단계에서 자료로부터 출현하는 주제들은 주제 틀에 반영되는데, 주제 틀을 확인시켜주고 더 탐색할 수 있게 해준다. 즉, 초기의 연역적 주제 틀을 확인하고 채워나가는 것은 귀납적으로 출현하는 주제 코드들에 의해서 이루어진다. 이처럼 귀납적 주제분석에서는 모든 주제가 자료로부터 나오는 반면, 틀 분석에서는 자료에서 출현하는 주제들이 연구 초기에 연역적으로 도출한 주제 틀을 확인하고 정교화해 준다.

주제 틀이 정교화되는 과정에서 기존의 명제나 이론적 설명들과 다른 결과가 나올 수도 있다. 만약 그렇다면, 이는 기존의 이론을 반박할 수도, 새로운 이론을 도출할 수 있음을 시사하는 것이다. 또한 처음에 정해진 개념적 틀과는 다른 새로운 요소들이 추가되면서 새로운 개념적 틀을 발견할 수도 있다. 예를 들어, 정신보건 영역에서 논의되는 '회복 패러다임'에서 '회복' 이론이 틀 분석의 과정을 거쳐 기존의 '회복' 개념을 넘어서는 새로운 양상을 보여주거나 혹은 회복에 영향을 미치는 요인이 새롭게 드러날 수 있다. 이처럼 틀 분석은 정책결정자나 양적 연구자들에게 '틀'과 '틀'의 변화가 제시되기 때문에 설득력을 높일 수 있다.

(4) 도표 그리기

연구자는 주제 틀을 자료에 적용하면서 자료에 대한 개관, 즉 전체적 그림을 그릴 필요가 있다. 도표 그리기(charting)는 바로 이러한 목적을 달성하기 위해 주제 틀을 사용해 전체 자료를 관통할 수 있는 도표를 그리는 단계이다. 이때 도표는 모든 응답자를 관통하는 주제별로 할 수도 있고, 또는 응답자별로 모든 주제를 관통하여 만들 수도 있다(〈표 13-1〉, 〈표 13-2〉 참조). 주제별로 접근할 경우, 도표는 주제별로 만들어지며 이를 사례에 따라 정리한다. 주제별로 사례에 대해 도표를 그리면 사례들 간에 비교를 할 수 있다.

도표 그리기는 각 녹취록에서 나온 범주들로 자료를 요약하는 것이다. 좋은 도표를 만들기 위해서는 한편으로 자료를 환원하고, 다른 한편으로는 인터뷰이가 한 말의 원래 의미와 '느낌'을 담아내는 두 가지를 균형 있게 만들 수 있는 능력이 필요하다. 도표에는 흥미롭고 예시적인 인용(구)들이 포함되어야 한다(Gale, Health, Cameron, Rashid and Redwood, 2013). 아래의 도표들의 칸에는 해당 칸과 관련된 텍스트, 핵심어, 짧은 인용문, 또는 주제 내용에 대한 연구자의 기억이나 요약을 적어 넣는다. 그러나 칸을 채우는 구체적인 방식은 연구자의 선택과 스타일에 따라 달리할 수 있다. 자료를 조직화하는 방식은 연구자에 따라 차이가 있기 때문이다.

〈표 13-1〉 주제 도표(예시)

	사례1	사례2	사례3
주제			

자료: Lacey & Luff(2009: 14).

〈표 13-2〉 사례 도표(예시)

	주제1	주제2	주제3
사례			

자료: Lacey & Luff(2009: 14).

(5) 그림 그리기와 해석하기

이 단계는 시각적인 그림들(다이어그램, 좌표 등)의 도움을 받아 자료 속에서 패턴, 개념, 연관관계, 설명을 찾는 과정이다. 앞의 도표 그리기 단계에서도 패턴이나 연관관계 등이 드러나기는 한다. 그러나 그림 그리기(mapping)와 해석하기 단계에서는 좀 더 본격적으로 이 작업이 이루어진다. 연구자는 연구질문과 출현하는 주제들의 안내를 받아 분석의 초점을 선택한다. 일반적으로 개념을 정의하거나, 현상의 범위와 본질을 그리거나, 유형화하거나, 연관관계를 찾거나, 설명을 찾는 것 중에서 선택한다.

연구자는 이를 위해 첫째, 차트로 만들어진 자료들과 연구노트를 검토하고, 둘째, 이야기와 경험들을 비교하고 대조하며, 셋째, 다이어그램이나 좌표와 같은 그림을 사용해 자료에서 나온 아이디어를 그려본다. 이러한 작업은 해석을 발전시키고 시험하는 데 도움이 된다.

이처럼 틀 분석은 체계적 절차 때문에 따라 하기가 쉽고, 도표 그리기와 그림 그리기와 같은 실제적인 방법을 통해 자료를 간단히 가시화시켜주며, 자료 내의 패턴을 인식하도록 촉진한다. 또한 특정의 인식론적 관점이나 이론적 접근과 연결되어 있지 않아서 귀납과 연역이 둘을 결합한 연구 등 많은 연구에 사용될 수 있는 유연성이 있다. 예를 들면, 기존의 이론적 개념을 연역적으로 사용하되 귀납적 결과들을 가지고 그 이론을 수정하고자 할 때나, 혹은 자료에서 주제를 확인하는 귀납적 접근을 사용하고 그러한 주제들을 설명하기 위해 연역적으로 이론을 활용하는 경우에도 사용될 수 있다(Gale, Health, Cameron, Rashid and Redwood, 2013).

그러나 틀 분석 방법은 도표나 매트릭스의 방식에 지나치게 의존함으로써 질적 자료에 대한 깊은 이해 없이, 질적 자료를 양화하려는 유혹을 던져주는 위험이 있다. 그럼에도 틀 분석은 주제 분석을 지지하는 훌륭한 도구이다. 왜냐하면 자료를 관리하고 도표나 그림으로 보여주는 체계적 모델을 제공해 주기 때문이다. 틀 분석은 질적 자료를 종합하고 해석하는 '하나의' 접근이다. '틀'이라는 렌즈를 통해 연구자는 세계에 대한 자신의 주장이나 관점을 밝혀낼 수 있다. 그러나 틀 분석이 만병통치약은 아니다(Gale, Health, Cameron, Rashid and Redwood, 2013).

3. Boyatzis의 연역적 주제분석

1) 연역적 주제분석을 사용해야 할 경우

Boyatzis(1998)는 질적분석에서 주제를 개발하는 방법으로 3가지를 소개하였다. 첫째, 이론중심 코드개발 둘째, 선행연구 중심 코드개발 셋째, 원자료 중심 코드개발이다. 이 중 원자료 중심 코드 개발은 앞서 설명한 귀납적 주제분석에 해당한다. Boyatzis의 주제 개발 방법에서 첫째와 둘째는 연역적 주제분석으로 분류할 수 있다. 자료중심의 코드개발이 원자료에서 귀납적으로 이루어지는 반면, 이론중심과 선행연구 중심의 코드개발은 이론이나 선행연구로부터 연역적으로 이루어지기 때문이다.

이론이나 선행연구를 어떻게 다룰 것이냐의 문제는 질적연구에서 논쟁이 된다. 이론이나 선행연구의 영향을 특정 시점까지 최대한 배제해야 한다는 주장과, 이론과 선행연구를 연구 초기부터 적극적으로 끌어올 수 있다는 주장이 이를 말해준다. 후자의 견해에 의하면, 연구자가 이론과 선행연구들을 잘 알고 있는 것이 선입견적 사고를 갖게 하는 것은 아니다. 선입견적 사고가 과학적 작업에 치명적임은 사실이지만, 가려져 있던 현상의 본질이 이론과 선행연구들에 의해 드러날 수 있다.

Boyatzis의 연역적 주제분석 방법들은 자료를 분석하는 과정에서 주제 코드의 개발이 이론과 선행연구에 기반해 이루어진다. 이 경우 연구자는 이론이나 선행연구들로부터 분석적 렌즈를 선택하고, 이로부터 코드들을 도출한다. 자료를 분석할 때 기존의 이론이나 선행연구에 존재하는 기존 코드를 사용한다. 어떤 방식으로 주제코드를 개발하는가는 연구의 목적과 연구자의 자료분석 의도에 달려 있다.

Boyatzis(1998)에 의하면, 이론과 선행연구로부터 주제코드를 개발하는 연역적 방법을 사용하는 경우는 다음의 세 가지이다. 첫째, 기존 발견들을 반복하거나 확장하거나 반박하고자 할 때, 둘째, 원자료가 임상이나 역사적 문서라서 독립변수를 설정하고자 할 때, 셋째, 스스로 코드를 개발할 자신이 없어 기존 코드에 의존하고자 할 때이다(Boyatzis, 1998: 99).

Boyatzis의 이러한 진술에서 재미있는 것은, 연역적 분석의 선택이 연구목적과 연구질문과 같은 논리적인 차원에서만 이루어지지는 것이 아니라, 연구자의 능력이라는 개인적인 차원에서도 선택될 수 있다는 것이다. 즉, 연역적 분석은 연구자가 귀납적으로 자료에서 범주나 개념을 도출하기가 힘들다고 느낄 때, 기존의 문헌과 이론으로부터 방패막이 할 수 있는 수단을 찾아 그것에 기대어 자료를 분석하게 해 줌으로써, 질적 자료분석에 보다 쉽게 다가갈 수 있게 한다는 것이다.

2) 이론중심 코드개발

이론 중심의 코드개발은 연구자가 이론을 갖고 주제 코드를 자신의 이론에 일치하여 개발함으로써, 자신의 이론을 지지할 것으로 여겨지는 증거들을 찾아내는 방법이다. 따라서 연구자는 이론중심 코드개발을 위해 이론을 갖고 시작하며, 주제에 대한 표현도 이론적 스타일로부터 나온다. 이는 발견에 대한 연역적 접근으로 볼 수 있는데, 여기에는 현상에 적용될 수 있는 법칙과 원칙이 존재한다는 전제가 작동한다(Boyatzis, 1998: 30-33).

이론중심 분석을 사용하는 연구자는 자신의 관점을 입증하려 한다. 이는 귀납적 지식축적이라는 관점에서 볼 때 문제가 된다. 자신의 신념과 전제, 편견을 자료에 투사하기 때문에 "자료가 말하려는 것"을 발견하기 어렵기 때문이다. 또한 이론중심 분석은 자료의 맥락과 떨어져서 코드되기 쉽다. 그런데 이는 귀납적 분석에서 가능한 자료에 밀착하여 명명하고 범주화하라는 주장과 대조된다. 그러나 모든 연구의 목적이 우리를 둘러싼 세계를 이해하기 위한 '틀'을 만들어내기 위한 것이라는 관점에서 보면, 이론중심의 연역적 코드 개발은 긍정적 의미를 갖는다(Boyatzis, 1998: 34-35).

〈표 13-3〉 이론중심 코드 개발의 단계

단계	이론중심 코드개발
(1)	① 표집과 설계이슈 결정
(2)	② 이론에서 코드 도출 ③ 도출된 코드를 원자료에 적용하기 위해 재검토하고 재기술 ④ 신뢰성 결정
(3)	① 앞에서 나온 코드를 원자료에 적용 ② 타당도 결정 ③ 결과 해석

자료: Boyatzis(1998: 44).

(1) 표집과 설계 이슈 결정

이론중심 코드개발에서 표집과 설계는 이론에 맞춰져야 한다. 또한 분석단위도 이론과 일치되어야 한다.

(2) 주제 코드 개발

이론과 선행연구 결과를 토대로 최초의 주제 코드를 도출한다. 이어 도출된 주제 코드를 재검토하는데, 이때 원자료와 비교해 검토하는 것이 핵심이다. 이 비교 작업을 통해 최초에 산출된 주제와 틀을 다시 쓴다. 그리고 이들이 신뢰성을 갖고 있는지 검토한다.

(3) 주제 코드를 원자료에 적용하고 해석

앞 단계에서 만들어진 주제 코드를 원자료에 적용하면서 정교화하고 해석한다. 그리고 이렇게 정교화되고 해석된 결과의 타당성을 검토한다.

3) 선행연구 중심 코드개발

선행연구 중심 코드개발은 이론 중심 코드개발과 귀납적 코드개발의 중간에 위치하는 것으로, 기존의 선행연구들에 근거해 주제 코드를 개발한다. 선행연구 중심 코드개발은 문헌고찰이 주제 코드를 개발하는 데 통찰을 준다는 점에 착안한다. 따라서 선행연구 중심 코드는 이전의 연구들에 근거해 코드의 타당성을 확보한다. 그러나 선행연구를 코드개발의 기반으로 사용한다는 것은 다른 연구자의 전제, 투사, 편견을 수용한다는 의미이기 때문에 이론중심 코드개발 때와 동일한 문제가 제기된다.

그러나 Boyatzis는 이 방법은 지식개발에 기여할 수 있는 효과적인 기법으로 보았다. 그는 Strauss & Corbin의 '축코딩'이 다른 사람에 의해 확인되거나 개발된 범주들을 묶거나 재구조화한다는 점에서 선행연구 중심 코드개발과 유사하다고 하였다. 선행연구 중심 코드개발

〈표 13-4〉 선행연구 중심 코드개발

단계	선행연구 중심 코드개발
I	표집과 설계이슈 결정
II	1. 기존연구에서 코드생성 2. 생성된 코드를 원자료에 적용하기 위해 재검토하고 재기술 3. 신뢰성 결정
III	1. 생성된 코드를 원자료에 적용 2. 타당도 결정 3. 결과 해석

자료: Boyatzis(1998: 44).

의 단계는 이론중심 코드 개발 단계와 같다(Boyatzis, 1998: 37). 선행연구 중심 코드개발의 단계를 표로 제시하면 〈표 13-4〉와 같다.

이상에서 알 수 있듯이, Boyatzis의 '이론중심 코드개발'과 '선행연구 중심 코드개발'은 서로 다른 종류라기보다는 동일한 것으로 묶을 수 있다. 이론의 자리에 선행연구를 놓았을 뿐, 사실상 이 두 가지는 동일한 원리와 과정을 거치고 있다. 또한 Boyatzis의 연역적 주제분석 방법들은 틀 분석과 거의 유사하다. 틀 분석이 도표와 그림을 보다 적극 활용했고, 분석의 과정을 좀 더 구체화하여 단계로 제시했다는 측면을 제외하면 두 방법 간에 차이는 거의 없다.

이처럼 연역적 주제분석은 코드와 주제 개발에서 기존의 문헌에 나타난 이론이나 선행연구들을 기반으로 원자료에 대한 코드를 개발해 간다. 그런데 이론이나 선행연구 중심의 코드개발은 주제 코드를 이론이나 선행연구에 일치하여 개발함으로써 연구자에게 안정감을 준다(Boyatzis, 1998: 34-35).

Boyatzis의 주제분석의 세 가지 유형별 분석단계를 비교하면 〈표 13-5〉와 같다.

〈표 13-5〉 Boyatzis 주제분석의 유형별 분석과정 비교

단계	이론중심 접근	선행연구 중심 접근	자료중심 접근
I	표집과 설계이슈 결정	표집과 설계이슈 결정	1. 표집과 설계이슈결정 2. 하위표본의 선택
II	1. 이론에서 코드 생성 2. 생성된 코드를 원자료에 적용하기 위해 재검토하고 재기술 3. 신뢰성 결정	1. 기존연구에서 코드생성 2. 생성된 코드를 원자료에 적용하기 위해 재검토하고 재기술 3. 신뢰성 결정	1. 원자료 축약 2. 하위표본 내 주제확인 3. 하위표본 간 주제비교 4. 코드 생성 5. 신뢰성 결정
III	1. 생성된 코드를 원자료에 적용 2. 타당도 결정 3. 결과 해석	1. 생성된 코드를 원자료에 적용 2. 타당도 결정 3. 결과 해석	1. 원자료에 발견된 코드를 적용 2. 타당성 결정 3. 결과를 해석

자료: Boyatzis(1998: 44).

4. 사회복지 정책연구에서 연역적 주제분석의 유용성

이론과 선행연구를 기반으로 연역적 설계와 자료 분석을 사용하는 연구자는 자신의 관점이나 세계관을 입증하려 한다. 이는 귀납적 논리와 이론적 개입의 최소화를 연구의 핵심 논리로 상정하는 입장에서 볼 때 문제가 된다. 그러나 모든 연구의 목적은 우리를 둘러싼 세계를 이해하기 위해 어떤 틀을 만들어내고 제시하는 데 있다. 이러한 관점에서 본다면, 질적분석에서 연역적 접근은 얼마든지 유용하며 또 현실적으로 필요한 것이다. 한번 만들어진 이론적 틀을 확장하거나 반박하거나, 다양한 이론적 이해의 틀이 과연 현상을 설명하는 데 적합한지를 검토함으로써, 사회세계에 대한 새로운 해석은 물론 더 나아가 해방적 지식으로 나아갈 수 있기 때문이다.

질적연구에서 연역적 설계와 연역적 자료분석은 사회복지 정책과 제도들의 실행효과를 검토하고 앞으로의 대안적 전략을 구상하는 데 몇 가지 측면에서 유용하다.

첫째, 사회복지 정책결정자들을 설득하는 데 유용하다. 일반적으로 정책결정자들은 앞으로 시행할 혹은 시행된 정책들의 결과와 효과를 알고 싶어 하는데, 이때 '사실'에 입각한 자료를 요구한다. 이들은 질적연구의 대표격인 근거이론 결과를 보고 설득되지 않는다. 이로 인해 응용정책 연구의 대다수가 양적연구로 이루어진다. 질적연구에서 이론과 선행연구를 전면에 내세우는 틀 분석과 같은 연역적 분석으로 인해 이러한 경향이 변하고 있다. 질적연구는 정책결정자들에게 정책결정으로 영향받거나 정책의 수혜자들의 경험을 토대로 사회행동과 관련된 이론을 제공하게 되었다(Walker, 1985: 19, Richie & Spencer, 1994: 174에서 재인용). 연역적 설계와 분석은 이런 점에서 정책결정자들의 질적연구에 대한 회의를 해소할 수 있는 접근방법이다.

둘째, 질적연구의 연역적 주제분석은 정책이나 프로그램 평가에 대한 가설-연역적 접근보다 평가 대상에 대한 보다 풍부한 정보, 즉 어떻게와 왜에 대한 정보를 제공해 준다. 질적연구의 연역적 주제분석은 양적연구의 가설-연역적 분석과는 다르다. 가설-연역적 접근이 가설의 기각 여부에만 관심이 있는 반면, 연역적 주제분석은 설정한 명제의 수용 여부만이 아니라, 그것이 어떻게 수용되거나 거부되었는지를 설명해 준다. 이것은 연역적 주제분석이 다루는 자료가 질적 자료인 것에 기인하기도 하지만, 동시에 귀납과 연역이 혼합되어 연역적 주제분석이 이루어지기 때문이기도 하다.

셋째, 연역적 주제분석은 사회복지 현상에 대한 이론적 지식의 확장과 수정, 보완을 촉진함으로써, 사회복지 이론의 토착화에 기여할 수 있다. 질적연구 영역에서 이론의 개발에 기여한 대표적 방법은 근거이론 방법이다. 근거이론 방법은 국지적 영역에서의 이론 개발을 촉진함으로써 지식의 토착화에 기여할 수 있다. 그러나 동시에 근거이론 방법은 질적연구가 이론과 관련을 가진다면, 그것은 이론 개발에 국한된다는 인식을 널리 확산시켰다. 이는 거꾸로 근거이론으로 인해 질적연구에서 이론이 움직일 수 있는 운신의 폭을 좁혔다고도 볼 수 있다. 질적연구는 이론을 개발하는 것만이 아니라, 기존의 이론을 수정하거나 반박하거나 확증하는 데도 사용된다. 연역적 설계와 연역적 주제분석은 이러한 이론의 계발과 발전을 촉진함으로써 사회복지 이론의 토착화에 기여할 수 있다.

제14장 이론적 분석

여기서 이론적 분석은 이론개발이나 이론검증 등 이론과 관련된 결과를 산출하기 위해 사용되는 분석방법을 총칭한다. 이론개발을 위해서는 근거이론 방법이 가장 잘 알려져 있다. 그래서 어떤 연구자가 실체적 현상에 대한 이론을 개발하고자 한다면 근거이론 방법을 사용하는 것이 좋다. 그렇다고 근거이론 방법이 아니면 이론을 개발할 수 없는 것은 아니다. 이론적 분석을 위해 근거이론 접근이 반드시 다른 접근보다 더 우월한 것도 아니다. 문화기술지나 사례연구를 통해서도 얼마든지 이론을 개발하거나 검증할 수 있다(Hammersely, 2008; Yin, 2005). 근거이론의 명성 때문에 이론을 개발하는 방법으로서의 질적 연구가 널리 알려졌지만, 사실상 실제에서는 이론을 개발하거나 검증하는 연구는 주제분석에 비하면 매우 적은 편이다.

이 장에서는 이론적 분석을 위해, 이론 개발의 독보적 방법으로 알려진 근거이론 방법과, 이론 검증의 방법으로 알려진 분석적 귀납을 소개하기로 한다. 근거이론 방법은 앞서 5장에서 언급했듯이, 글레이저와 스트라우스 사이에 방법상에 차이가 있기 때문에 이 둘을 모두 소개한다. 그러나 두 방법을 각각 따로 소개하지 않고, 근거이론이라는 전체적 틀 내에서 차이를 보여주는 방식으로 기술한다. 그 이유는 두 사람의 방법은 큰 틀에서 공통성을 갖고 있고, 차이는 주로 분석 방법을 둘러싸고 벌어지기 때문이다. 이론적 분석에 관심 있는 독자는 5장의 근거이론에 대한 설명을 먼저 읽는 것이 좋다.

1. 근거이론의 개발 과정

근거이론은 실체영역에서 무엇이 일어나고 있는지를 알기 위해 자료를 개념화하고, 이 개념들을 위계화하여 이론으로 만든다. 청소년 성매매라든가 탈학교 청소년과 같은 실체 영역에 관한 이론은, 이 개념들 간의 가설적 관계를 발전시킴으로써 탄생한다. 근거이론은 개념들 간의 가설적 관계를 발견하기 위해 여러 절차와 기법을 제시한다. 그러나 근거이론은 자료분석을 위한 하나의 방법이기도 하지만, 동시에 자료에 대해 사고하는 하나의 방식이기도 하다. 근거이론에서 제안하는 절차와 기법은 이 사고를 돕기 위한 도구이다. 따라서 근거이론 연구자가 배워야 할 것은 절차와 기법에 압도되지 않으면서 자료에 대해 사고하고, 사고하는 방식에 익숙해지는 것이다.

근거이론에서 자료를 다루고 사고하는 방식은 선입적 개념을 가지지 않고 자료를 끊임없이 '비교'하면서, 자료에서 개념들이 '출현'되도록 하는 것이다. 출현되는 아이디어들은 추상화 과정을 거쳐 개념화되며, 이 개념들의 위계화를 통해 가설적 관계가 그려진다. 개념화와 개념들의 위계화를 시도하면 일견 공통점이 없어 보이는 자료 내 경험적 본질을 넘어서, 더 많은 것을 얻을 수 있다고 보는 것이다. 근거이론은 이렇게 하는 것이 실체 영역에서 무엇이 일어나고 있고, 그것을 어떻게 설명하고 해석할지를 이해하는 아주 유용한 방식이라고 본다. 그러나 근거이론 방법은 창안자인 글레이저와 스트라우스 간에 이론개발 방법을 두고 견해가 엇갈린다. 우선, 이들의 근거이론 개발 과정을 개괄해 보자.

1) Glaser의 근거이론 개발 과정

글레이저는 근거이론 개발 과정을 스트라우스처럼 이용자 친화적으로 형식화하지 않았다. 그래서 글레이저의 방법은 스트라우스와 코빈의 저작만큼 인기를 누리지고 있지는 않다. 그가 근거이론 개발 과정을 이용자 중심으로 형식화하지 않은 이유는 그렇게 할 수 없어서가 아니라, 근거이론은 연구자들 각자가 근거이론 산출을 위해 자기만의 고유한 레시피를 개발하고 가져야 한다고 생각했기 때문이다(Glaser, 1978).

여기서는 글레이저 방법의 풍부성을 지나치게 단순화하거나 왜곡할지 모른다는 위험을 무릅쓰고, 글레이저의 근거이론 개발 과정을 그림으로 간략히 구성하였다(〈그림 14-1〉 참조). 각 과정은 직선적이고 순차적인 과정이 아니라, 필요에 따라 앞뒤를 왔다 갔다 하는 순환적 과정이다. 〈그림 14-1〉을 중심으로 글레이저의 근거이론 개발 과정의 특징을 간략히 서술하면 아래와 같다.

(1) 근거이론 방법의 목적은 근거이론을 개발하는 데만 사용되지 않는다. 근거이론을 개발하는 것 외에도, 주제서술과 개념구축을 위해서도 사용된다. 근거이론을 개발하려는 연구자는 〈그림 14-1〉의 모든 과정과 방법을 사용해야 하지만, 주제서술을 위해 근거이론 방법을 사용하려는 연구자는 이들의 일부만을 사용하면 된다. 예를 들어, 개방코딩에서 연구를 끝낼 수도 있고, 선택코딩에서 끝낼 수도 있다. 그러나 근거이론은 반드시 서술이 아닌, 개념적 수준에서 이루

어지고 이론적 코딩을 통해 통합된 가설로 구성되어야 한다.

(2) 근거이론은 출현의 원리를 기반으로 지속적 비교와 이론적 표집, 그리고 다양한 코딩방법들을 사용함으로써 산출될 수 있다. 따라서 연구자는 근거이론을 개발하기 위해 개방코딩, 선택코딩, 이론적 코딩을 적용하는 과정에서 자료를 지속적으로 비교하고, 이론적 표집을 통해 자료를 포화시키고 통합하여 개념적 가설을 도출해야 한다. 글레이저의 방법에서 출현의 원리와 지속적 비교방법은 연구의 전 과정을 관통한다.

(3) 근거이론을 개발하기 위해서는 먼저 자료를 읽고 전반적 구조를 기술한다. 이어 자료에서 사건과 사건, 사건과 개념을 비교하여 범주와 속성을 발견한다. 그리고 이들 범주와 속성에서 패턴을 찾아 개념화한다. 이후 개념화된 패턴들 안에 존재하는 주제를 발견하고 이로부터 하나의 핵심범주를 선택한다. 이때 선택된 핵심범주는 확정된 것이 아니다. 선택된 하나의 핵심범주를 중심으로 이론적 표집을 해 나가면서 이 범주와 관련 범주들을 지속적으로 정교화하고, 명확히 하며, 포화시켜 나간다. 핵심범주와 관련범주가 포화되어 정교화되면 이론적 코드를 사용해 이들을 통합하고, 이로부터 하나의 개념적 가설을 도출한다. 이 개념적 가설이 바로 근거이론이 되며, 이것은 핵심범주의 변이를 설명할 수 있어야 한다.

(4) 이렇게 근거이론을 개발해가는 과정에서 각 과정에 필요한 다양한 코딩 방법을 사용한다. 글레이저의 방법에서 사용되는 코딩방법은 개방코딩, 선택코딩, 이론적 코딩이다. 글레이저는 개방코딩과 선택코딩을 이론적 코딩과 대비하여 실체적 코딩(substantive coding)으로 불렀다. 글레이저의 이러한 코딩방법은 스트라우스와 코빈의 개방코딩, 축코딩, 선택코딩과 구별된다.

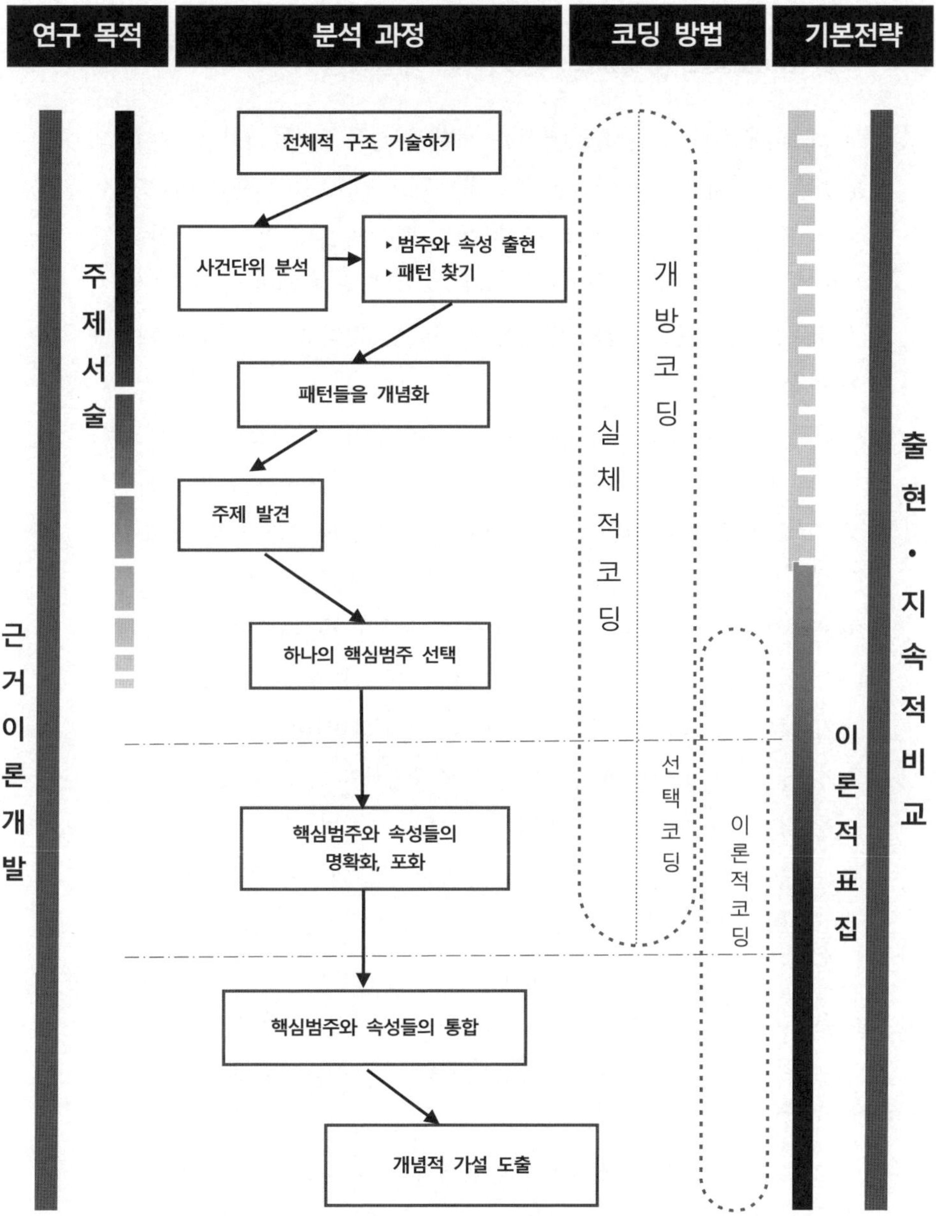

〈그림 14-1〉 Glaser의 근거이론 개발 과정

2) Strauss와 Corbin의 근거이론 개발과정

스트라우스와 코빈의 근거이론 개발 과정은 큰 틀에서 글레이저의 방법과 동일하다. 출현을 원리로 내세우고 있으며, 지속적 비교와 이론적 표집을 핵심 전략으로 하고 있고, 분석과정에 필요한 다양한 코딩방법들을 제안하고 있기 때문이다. 이렇게 근거이론 방법의 구성요소들로만 보면 두 사람의 방법상에 차이는 거의 없다고 해도 과언이 아니다.

그러나 디테일로 들어가서 각각의 방법들이 어떻게 행해지고 작동되는지에 주목하면 둘 간에 일정한 차이를 찾아볼 수 있다. 개괄적으로, 스트라우스와 코빈의 근거이론 개발과정을 그림으로 그려보면 〈그림 14-2〉와 같다(1998, 2008년 저작을 참조함). 글레이저의 과정과 마찬가지로, 각 과정은 직선적이고 순차적인 과정이 아니라, 필요에 따라 앞뒤를 왔다 갔다 하는 순환적 과정이다. 스트라우스와 코빈의 근거이론 개발 과정의 특징을 간략히 기술하면 아래와 같다.

(1) 글레이저의 근거이론 개발의 목적에서와 마찬가지로, 스트라우스와 코빈의 근거이론 방법들은 근거이론을 개발하는 것은 물론 주제를 서술하고 개념을 구축하는 연구에도 사용될 수 있다. 근거이론을 개발하려는 연구자는 〈그림 14-2〉의 모든 과정과 방법을 사용해, 반드시 서술이 아닌 개념적 수준에서 통합된 가설의 형태로 근거이론을 도출해야 한다. 반면에 주제를 서술하는 목적을 위해서는 이들의 일부 방법만 사용할 수 있다. 예를 들면, 개방코딩이나 축코딩 수준에서 연구를 끝낼 수 있다.

(2) 글레이저의 근거이론 개발에서와 같이, 스트라우스와 코빈도 근거이론의 원리를 출현에 둔다. 그러나 스트라우스와 코빈은 연구문제를 설정하고 문헌을 고찰하는 연구 과정에서는 물론이고, 분석과정

에서도 글레이저만큼 출현의 원리를 강조하지는 않았다. 가장 대표적으로, 근거이론이 출현되기 위해서는 각 과정에서 인위적으로 무엇인가 개입되는 것을 자제해야 하는데, 이를 위한 가장 좋은 방법은 지속적 비교방법을 끊임없이 사용하는 것이다. 글레이저가 분석과정에서 지속적 비교 방법을 모든 연구과정에서 끊임없이 강조한 반면, 스트라우스와 코빈은 자료에 질문을 던지거나, 패러다임 모형처럼 자료를 특정의 틀로 바라볼 여지를 남겼다. 물론 스트라우스와 코빈은 자신들이 제시한 기법과 절차를 계율처럼 지키거나 기계적으로 적용하지 말고, 취향에 따라 고르고 버리고 무시할 수 있다고 하였다(Strauss & Corbin, 1998: 3-8). 그러나 실제의 연구 현실에서 그들이 제안한 기법과 절차는 연구자들에게 금과옥조로 지켜지고 있다.

(3) 글레이저와 마찬가지로 스트라우스와 코빈도 근거이론은 지속적 비교와 이론적 표집, 그리고 다양한 코딩방법들을 함께 사용함으로써 개발될 수 있다. 따라서 연구자는 근거이론을 개발하기 위해 개방코딩, 축코딩, 선택 코딩을 적용하는 과정에서 자료를 지속적으로 비교하고, 질문을 던지고, 이론적 표집을 통해 자료를 포화시키고 통합하여 이론적 구조를 도출하고 정교화한다. 이들은 특히, 맥락과 과정에 대한 분석을 중요시 여겨 이를 위한 전략적 도구(예를 들면, 조건 매트릭스나 패러다임 모형)의 사용을 제안하였다(Strauss & Corbin, 1998; Corbin & Strauss, 2008). 글레이저는 이러한 도구들의 사용은 자료로부터의 출현을 방해하는 것으로 보았다.

(4) 근거이론을 개발하기 위해서는 먼저 자료를 읽고 전반적 스토리 구조를 생각해 본다. 이어 자료에 대한 줄단위 분석을 통해 개념들을 확인한다. 이들 개념을 대상으로 속성과 차원을 활용해 범주들을 발견한다. 여기서 속성이란 개념을 정의하고 묘사하는 특징들을 말하고, 차원이란 속성이 가진 다양한 범위들을 의미한다(Corbin &

Strauss, 2008: 159). 이어 발견된 범주들을 서로 연결한다. 이때 패러다임 모형을 사용할 수 있다. 범주들을 연결하면서 핵심범주를 찾고, 이 핵심범주를 중심으로 다른 범주들을 통합함으로써 이론적 구조를 도출한다. 근거이론은 도출된 이론적 구조를 좀 더 정교화시킴으로써 개발된다.

(5) 이렇게 근거이론을 개발해가는 과정에서 각 과정에 필요한 다양한 코딩 방법을 사용한다. 스트라우스와 코빈의 방법에서 사용되는 코딩방법은 개방코딩, 축코딩, 선택코딩이다. 이러한 코딩과정은 얼핏 글레이저의 코딩과정과 별 차이가 없어 보인다. 글레이저의 이론적 코딩, 스트라우스의 축코딩을 제외하면 개방코딩과 선택코딩이라는 용어를 동일하게 차용하고 있고, 과정도 사실상 3개 단계로 동일하다. 그러나 이 둘의 코딩과정은 시점과 그에 따른 논리적 순서에서 차이가 있다. 글레이저의 코딩은 일단 범주와 핵심범주를 발견하고, 그 핵심범주와 범주들을 명확히 하는 과정을 거치다가 이들을 통합하면서 개념적 가설을 개발한다. 이에 비해 스트라우스의 코딩은 범주들을 발견하고, 이어 그 범주들 간의 관계를 연관짓다가 핵심범주를 발견하고 다른 범주들과 통합한다. 글레이저의 방법이 핵심범주의 윤곽이 초기에 발견되면서 그것을 포화하고 분명히 하는 일련의 과정이라면, 스트라우스의 방법은 초기에 발견되는 범주들에 대한 다양한 연관짓기 작업을 통해 핵심범주를 끌어내어 통합한다.

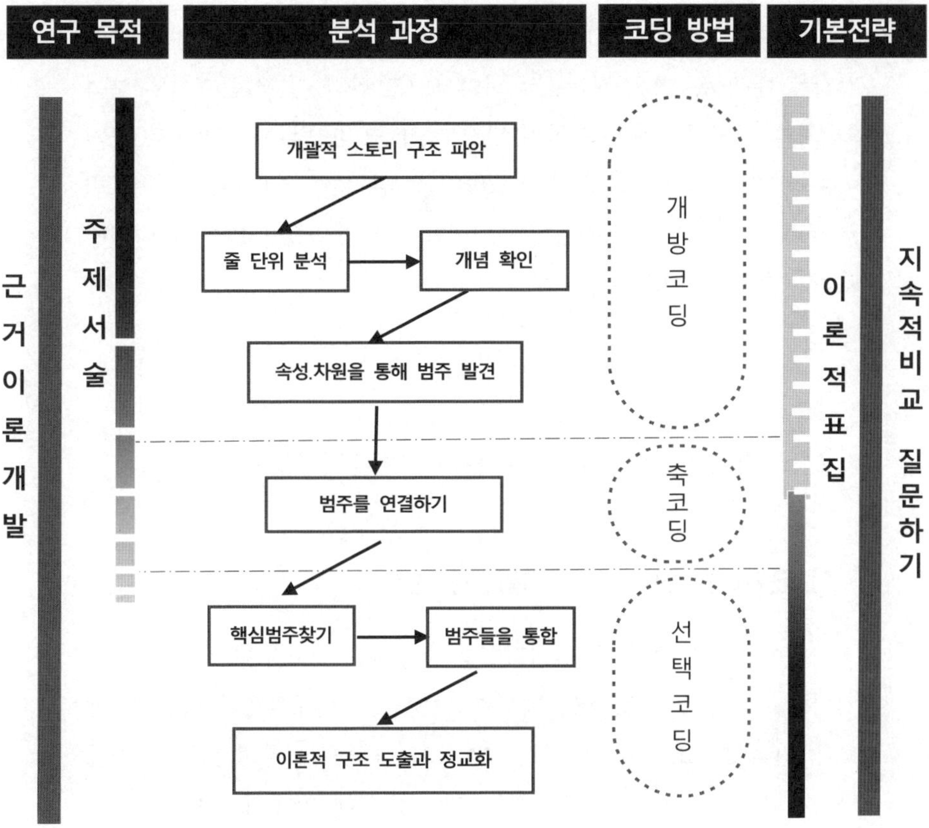

〈그림 14-2〉 Strauss와 Corbin의 근거이론 개발 과정

이상에서 알 수 있듯이, 근거이론 개발을 위한 방법적 요소와 틀은 글레이저와 스트라우스 모두 동일하다. 그러나 각 요소별로 차이가 있고, 이러한 차이 그 자체는 사소하지만, 이들 차이들이 결합되었을 때 전체적으로 나타나는 차이는 사소하지만은 않다. 두 사람의 코딩 과정은 출현과 지속비교방법이 결합되면서 큰 차이를 가져온다. 따라서 근거이론을 개발하려는 연구자는 우선 이 둘 사이에 어떤 차이가 있는지 알아야 하고, 자신의 연구목적에 좀 더 부합하는 방법을 선택해야 한다.

다음에는 근거이론 개발에서 고려하고 적용해야 할 필수적 요소 각각에 대해 좀 더 구체적으로 파악하기로 한다. 먼저 근거이론 분석의 기본 원리인 '출현'을 살펴보고, 이어 코딩방법, 마지막으로 근거이론의 기본 전략인 지속적 비교방법, 이론적 표집에 대해 살펴보기로 한다. 그리고 각각에서 글레이저와 스트라우스의 방법에서 어떤 차이가 있는지 살펴본다.

2. 근거이론 분석의 기본 원리: '발견'과 '출현'

1) 근거이론 원작에서의 '발견'과 '출현'

근거이론은 기존의 다른 질적연구와 동일한 연구과정을 거친다. 근거이론도 자료를 수집하고, 자료를 코딩하고, 범주들을 통합하고, 메모를 만들어내고, 이론을 구성한다. 그러나 근거이론의 특징은 이들 과정이 모두 '출현(emergence)'하는 이론에 의해 안내되고 통합된다는 데 있다. 근거이론은 출현의 원리에 기반하여 '발견'된다. 그것은 질적연구의 어떤 방법보다 귀납적이다.

글레이저와 스트라우스는 원작의 『근거이론의 발견』(1967)에서 '출현'이 이론 발견의 핵심이라고 말하였다. '출현'은 연구자가 인내심을 갖고 자료를 강제하지 않으면서 나타나기를 기다리는 것으로서, '귀납'의 논리로 연구를 이끌어 가는 것이다. 즉, 귀납은 자료로부터 개념과 가설이 '출현'하는 것이다. 근거이론은 이 출현의 원리가 연구과정 전반에 적용되면서 발견되어야 한다. 이렇게 근거이론은 발견과 출현을 기본 원리로 삼는다. 근거이론 방법이 탄생할 때 두 공동저자인 글레이저와 스트라우스는 모두 여기에 동의하였다.

2) Glaser와 Strauss 방법에서 '발견'과 '출현'의 차이

그러나 두 사람은 『근거이론의 발견』(1967) 이후의 각자의 저작들에서 발견과 출현에 대한 입장에 다소의 차이를 보였다. 글레이저가 '출현'의 논리를 연구과정에 적용하는 방법들을 확장하려 한 반면, 스트라우스와 코빈(1990)은 이러한 초기 입장에서 떠나 조금 다른 방식의 논리를 구성하였다(Heath and Cowley, 2004).

글레이저가 '출현'의 논리를 「근거이론의 발견」 이후의 저작들에서 명시적이고 직접적으로 표명한 반면, 스트라우스는 그러지 않았다.[1] 스트라우스와 코빈(1994)은 본래의 근거이론 개발에서 귀납적 측면이 너무 강조되고 있다고 말하면서, 오히려 출현의 논리가 제한적으로 적용될 필요성을 언급하였다(김인숙, 2011). 그는 어떤 면에서 연역이 출현을 확실히 해준다고 보았다. 스트라우스에 의하면, 모든 과학에는 귀납과 연역 간의 상호작용이 있는데 여기서 연역은 해석적 과정의 일부이다. 근거이론 방법은 검증을 위한 연역을 강조하는 게 아니라, 자료비교를 통해 타당화하고 정교화하는 연역을 말하는 것이기에 출현을 도와준다는 것이다.

이처럼 스트라우스와 코빈(1990; 1998)은 근거이론이 출현의 원리를 견지한다는 점에 동의한다. 단, 출현에 접근하는 방법에 글레이저

1) 글레이저는 스트라우스 방법 속에는 1967년 원작에서 강조한 '발견'과 '출현'의 논리가 아니라 '검증'과 '강제'의 논리가 지배한다고 비판하였다. 그는 스트라우스가 원래의 공동저작을 무시하고, 근거이론과 아무 상관없는 검증모델을 제안했으며, 이는 단연코 출현과 지속적 비교방법을 사용하는 이론개발 모델이 아니라고 반박하였다. 그의 어조는 단호하면서 결연했으며, 스트라우스에 대한 실망으로 감정이 고조되기도 하였다. 반면 스트라우스는 글레이저의 이러한 격렬한 비판에 대해 별다른 반응을 보이지 않았다.

와 차이를 보였다. 그러나 여러 연구자들은 원작의 근거이론에서 말한 '출현'의 논리와는 다른 논리가 스트라우스의 근거이론 방법의 밑바탕에 깔려 있음을 지적하였다. 그 차이는 질적연구의 여러 지점에서 확인할 수 있다.

(1) 연구문제와 연구질문의 '출현'

우선, 글레이저는 연구주제의 선정에서부터 '출현'의 논리가 적용되어야 한다고 보았다. 그에 의하면, 연구참여자가 의식하든 의식하지 않든 간에 연구주제가 타나날 때까지 기다려야 한다(Glaser, 1992; 1998). 근거이론에 접근할 때 사람들의 주된 문제를 연구자가 미리 규정짓지 말고, 즉 연구문제를 가지지 않은 채, 관심 있는 실체 영역으로 들어가 연구문제가 '출현'할 때까지 인내심을 가지고 기다리라고 한다. 연구문제의 구체적 범위는 첫 인터뷰와 관찰에 대한 개방코딩을 시작하면서 발견되고 출현하는데, 이때 연구자는 걱정할 필요가 없다. 왜냐하면 연구문제는 기대했던 것보다 너무 빨리 출현하기 때문이다(Glaser, 1992: 21).

오히려 실체영역에 들어가 보지 않고, 미리 규정된 연구문제는 확실히 손에 들어오기가 어렵다고 하였다. 연구문제가 출현하듯이, 연구문제에 관한 연구질문도 이론적 표집의 안내를 받아 출현한다. 개방코딩으로부터, 이론적 표집에 의한 자료수집으로부터, 그리고 지속적 비교방법에 의한 분석으로부터 연구의 초점이 출현한다(Glaser, 1992: 25). 글레이저의 이러한 접근은 연구자가 연구문제, 연구질문을 가진 다음 실체영역이나 해당 인구집단을 찾아나서는 기존의 사회연구 접근과는 다른 것이다.

글레이저는 연구문제를 도출한 다음 연구영역에 들어가면, 일상의 삶에서 연구참여자들이 겪고 있는 중심문제를 놓치게 된다고 보았다. 실제로 문헌검토를 통해 설정한 연구문제를 가지고 현장에 들어가서, 그 연구문제가 아닌 다른 문제가 연구참여자들에게 훨씬 더 중요하고 핵심적인 문제로 드러난 경우가 많다. 말하자면, 글레이저의 방법은 어떠한 주제와 문제를 연구할 것인가에서부터 연구자의 선입을 제한하고, 실체적 현실과 현장으로부터 출현하는 바로 그 문제에 관심을 갖자는 것이다.

이는 사전에 문헌고찰을 통해 미리 연구문제를 갖고 자료수집에 임하는 일반적 연구관행에 비하면, 비효율적이고 소모적으로 보이기도 한다. 그러나 근거이론의 근본 취지가 복잡하고 끊임없이 변화하는 사회적 현실의 모습을 이론가들의 영향에서 벗어나 온전히 현장의 자료로부터 끌어내고자 하였다는 점에서, 연구문제와 연구질문에서부터 출현의 원리를 강조한 것으로 볼 수 있다.

이렇게 연구주제와 연구문제의 설정에서 끊임없이 '출현'을 강조한 글레이저와는 달리, 스트라우스와 코빈은 연구문제를 "연구되어야 할 현상을 확인하는 하나의 진술"로 정의하면서, 연구자가 알고 싶은 현상을 구체화하는 형태를 취한다(스트라우스 · 코빈, 2001). 이는 연구문제나 연구질문이 연구참여자의 이야기로부터 '출현'하는 것을 강조하는 글레이저에 비해, 상대적으로 연구자 측의 선입적 결정 쪽으로 기울어져 있다. 어떤 면에서 스트라우스와 코빈의 방법은 글레이저의 방법보다 일반 연구자들에게 더 익숙하고 편안한 것이기도 하다.

(2) 문헌고찰 시점과 출현

귀납적으로 이론을 개발하는 과정에서 문헌고찰을 어느 시점에서 해야 하는가에 대해서는 이견이 있다. 문헌고찰을 연구 초기에 제한하는 경우, 경직되지 않게 문헌을 사용하는 경우, 그리고 문헌고찰을 이론 개발의 첫 단계로 보는 경우가 있다. 이 중 글레이저는 첫 번째 입장에, 스트라우스와 코빈은 두 번째 입장에 있다.

글레이저는 근거이론 연구를 시작할 때 문헌읽기에 대해 제한을 가한다. 그는 연구를 시작할 때 문헌읽기가 매우 중요하다는 점은 인정하지만, 자료에 대해 기존의 개념을 덮어씌우는 것을 막고 개념의 '출현'을 강조하기 위해 연구를 시작할 때는 실체영역에 대한 문헌읽기를 보류하고, 실체영역과 관련되지 않은 문헌을 읽을 것을 권고한다. 그 가장 큰 이유는 자료로부터 나오는 아이디어나 개념이 선입적으로 만들어지지 않고 출현해야 하기 때문이다.

그러나 이러한 입장은 근거이론 분석의 초기에만 적용되고, 연구과정에서 핵심범주, 범주, 범주의 속성들이 충분히 드러났다고 여겨지면 연구자는 실체이론에 관한 문헌 및 관련 문헌을 고찰해야 한다 (Glaser, 1992: 31-35). 여기서 "충분히 드러났다고 여겨지는" 시점은 다소 모호하다. 그러나 분명한 것은, 그 시점이 다를 뿐, 글레이저가 문헌고찰을 통한 사전 지식을 자료와 연관시키는 것을 중요하게 여기고 있다는 점이다. 연구자가 가진 사전지식의 적용을 통해 해석의 가능성을 열어 놓은 것이다. 그렇다고 사전 지식과의 연관이 사전 지식으로 자료를 덮어씌우라는 것은 아니다. 사전 지식은 감지적 개념으로 사용되거나, 출현하는 이론과의 관련성을 근거로 하여 사용되어야 한다.

글레이저와는 달리, 스트라우스와 코빈은 연구 초기부터 연구자 자신과 문헌이 영향을 미친다는 점을 수용하여, 경직되지 않은 범위 내에서 문헌의 사용을 장려한다(Strauss & Corbin, 1998). 이러한 스트라우스의 태도는 신참 연구자에게 새로운 것을 '발견'하기보다는 기존 지식을 확인하는 위험을 제공한다는 비판을 받기도 했다(Heath and

Cowley, 2004: 144). 그러나 연구문제 설정에서와 같이 많은 질적연구자들은 해당 주제에 관한 문헌을 연구 초기에 읽고 연구를 시작하는 것에 더 익숙해 있다. 이런 점에서 스트라우스와 코빈의 방법이 연구자들에게 더 편하고 익숙한 것으로 받아들여질 가능성이 크다.

(3) 범주와 핵심범주, 개념의 출현

근거이론 분석의 핵심은 범주와 속성, 핵심범주를 찾아내어 이들을 연결하고 최종적으로 개념적 가설 혹은 이론을 도출하는 것이다. 글레이저는 범주와 범주의 속성, 핵심범주, 이론을 발견하는 일련의 모든 과정에서도 자료를 미리 결정된 틀로 바라보아서는 안 되고, 자료에 나타나는 관심사에 의해 자료해석이 끌어내져야 한다고 주장한다. 특히 핵심범주는 충분한 코딩과 분석이 이루어지면 자동적으로 나타난다고 하였다. 자료분석 과정에서 이론적 민감성을 발전시키는 것은 자료이고, 그래서 자료들이 말하도록 내버려두어야 하고, 개념이 '출현'할 때까지 기다려야 한다는 것이 그의 논지이다.

도출된 범주와 범주의 속성, 핵심범주들을 연결하여 이론화하는 '통합'에 대해서도 글레이저는 그것은 단지 일어날 뿐이라고 하였다. 통합은 단지 이론적 코드에 근거해 범주와 속성들을 연계함으로써 '출현'하는데, 그 이유는 세계가 이미 통합되어 있고, 우리는 그 세계를 발견하려 할 뿐, 우리가 세계를 만드는 것이 아니기 때문이라는 것이다(Glaser, 1992: 63-77). 글레이저의 방법에서는 연구문제, 범주와 속성, 핵심범주, 이론적 표집, 메모 등 연구과정의 모든 것이 출현에 의해 안내된다.

이처럼 글레이저에게 근거이론 분석을 위해 자료를 다루고 사고하는 방식은, 선입적 개념을 가지지 않고 자료를 끊임없이 '비교'하면서 자료에서 개념들이 '출현'되도록 하는 것이다. 출현되는 아이디어들은 추상화 과정을 거쳐 개념화되며, 이 개념들의 위계화를 통해 가설적 관계를 그려낸다.

그러나 스트라우스와 코빈의 방법에서는 이러한 출현이 덜 강조된다. 예를 들어, 가장 대표적으로 축코딩 과정에서 자주 사용되는 패러다임 모형(아래 참조)을 들 수 있다. 축코딩 과정에서 연구자들은 자료를 패러다임 모형에 꿰어 맞추려는 경향을 보인다. 이는 자료에서 귀납적으로 출현하는 것을 기다리는 것이기보다는 특정의 틀을 자료에 강제하는 것으로 볼 수 있다.

3) '출현'의 차이를 어떻게 바라보고 분석에 임할 것인가?

이상에서 알 수 있듯이, 스트라우스에 비해 글레이저는 근거이론을 탄생시킨 원작에 충실하게 이후의 저작들에서 근거이론은 '출현'되어야 함을 일관되게 강조하였다. 그는 사람들의 일상의 삶은 사회적으로 조직화되어 있는데, 근거이론은 바로 이러한 일상 속 사람들의 관점에서 '발견'되고 '출현'되어야 한다고 보았다. 그에게 '출현'의 개념은 어떤 틀을 적용하는 것보다 연구하려는 현상을 더 정확하게 포착하게 해주는 것으로, 출현의 과정은 근거이론 산출에 필수적인 것이었다.

글레이저는 연구자들에게 "출현을 신뢰하라"는 말을 누차 반복해서 강조한다. 일반적으로, 글레이저의 방법은 스트라우스와 코빈의 방법보다 『근거이론의 발견』의 원리를 충실히 계승하고 있다. 근거이론의 '근거(grounded)'는 단순히 자료에 근거한다는 의미가 아니라, 자료에 근거하되 그 자료를 어떻게 다룰 것인가, 즉 자료를 다루는 방식을 지칭한다. 글레이저가 근거이론을 산출하기 위해 자료를 다루는 방식은 스트라우스보다 출현의 원리에 더 충실하다. 글레이저가 스트라우스보다 더 출현을 강조하고 더 귀납적 지식의 산출에 가까이 있다.

그렇다고 글레이저의 방법이 스트라우스와 코빈의 방법보다 우위에 있는 것은 결코 아니다. 오히려 현실에서는 글레이저의 방법보다는 스트라우스와 코빈의 방법이 훨씬 더 많이 사용되고 있다. 이 둘의 차이가 어느 정도인가에 대한 판단은 분분하다. 그 차이가 크다고 보건 그렇지 않건, 어쨌든 근거이론에서 '출현'은 글레이저의 방법이건 스트라우스와 코빈의 방법이건, 이론 개발을 위한 공통의 원리이다.

따라서 근거이론 방법을 통해 이론을 개발하려는 연구자는, 가장 먼저 '출현'의 원리에 대한 자신의 입장을 심사숙고할 필요가 있다. 그리고 나서 이를 연구에 어느 정도 반영할 것인지를 고민하고 결정해야 한다. 연구문제와 연구질문을 설정하는 데서부터 범주와 개념의 개발에 이르기까지 발견과 출현의 원리를 어떻게, 어느 정도 반영할 것인지에 대해 생각해 보아야 한다.

출현에 대한 연구자의 고민과 결정은 해당 연구를 통해 어떤 지식을 산출할 것인가, 누구의 접근방법을 선택할 것인가와 관련된다. 보다 더 귀납적인 지식을 산출할 것인가, 글레이저와 스트라우스의 방법 중 누구의 방법을 선택할 것인가 하는 질문을 던져 보아야 한다. 출현에 대한 연구자의 결정 여하에 따라 연구의 진행과 방법은 달라진다. 누구의 접근을 선택하느냐는 누구의 혹은 어떤 접근이 유행인지 하는 정치적인 것에 근거하기보다는, 연구 질문에 대한 최상의 접근이 무엇인지에 근거해야 한다(Kendall, 1999: 756).

3. 근거이론 분석의 코딩방법

1) Glaser의 코딩방법

근거이론에서 자료분석은 코딩과 관련된다. 글레이저에게 코딩은 분석가가 경험적 수준을 넘어 자료를 쪼개고, 개념적으로 분류해서 이론이 되게 하는 하나의 과정으로, 사건과 사건, 사건과 개념을 지속적으로 비교해 개념화하는 것이다. 글레이저는 1978년 『이론적 민감성』에서 근거이론을 산출하기 위한 코딩으로 개방코딩(open coding), 선택코딩(selective coding), 이론적 코딩(theoretical coding)을 제시하였다. 글레이저는 개방코딩 전에는 반드시 자료를 읽고 이에 대한 인상을 이론적 언어로 적어 보도록 권했다. 이때 자료를 듣거나 읽어보고 몇 개의 눈에 띄는 범주를 포착해 분석적으로 서술해 보라고 하였다. 글레이저의 코딩방법들에 대해 살펴보자.

(1) 개방코딩

① 개방코딩이란?

자료로부터 근거이론을 도출하기 위해 자료를 분류하는 첫 단계는 자료를 쪼개거나 해체하는 것이다. 글레이저는 1978년 『이론적 민감성』에서 근거이론 개발을 위한 최초의 분석단계로, 이 쪼개고 해체하는 작업을 언급하면서 이를 '개방코딩(open coding)'으로 명명하였다. 그는 개방코딩을 "자료를 모든 가능한 방법으로 열어젖히는 것"이라 하였다.

글레이저에게 '개방', '열어젖힘'은 연구자가 선입적 코드를 적용하지 않고 자료로 하여금 말하도록 하는 것이다. 연구참여자들의 중심

문제가 명확히 드러나기 전까지는 선입적 태도를 자제하면서 자료에 마음을 열고 자료가 말하도록 하라는 것이다. 어떻게 해야 자료에 마음이 열리고 자료가 말하도록 할까? 글레이저는 지속적 비교방법을 사용하면 된다고 하였다. 지속적 비교방법을 사용하면 연구자가 선입적 코드를 사용하지 않으면서 자료로부터 범주와 속성이 출현한다. 흔히 개방코딩을 할 때 연구자는 불안하고, 아무 것도 나타나지 않을 것 같은 의구심을 갖게 되는데, 지속적 비교는 범주와 속성의 출현을 가능하게 해줌으로써 그러한 의구심을 곧 사라지게 한다.

② 개방코딩의 절차

글레이저의 지속적 비교방법을 통한 개방코딩은 두 개의 기본적인 절차로 이루어진다. 하나는 사건과 사건을 비교하고, 사건과 개념을 비교하는 것이고(아래의 "지속적 비교방법" 참조), 다른 하나는 "이 사건이 가리키는 범주나 범주의 속성은 무엇인가?", "이 자료에서 무엇이 일어나고 있는가?"와 같은 중립적 질문을 던지는 것인데, 이렇게만 하면 범주와 범주의 속성이 출현한다. 여기서 알 수 있듯이, 글레이저는 개방코딩의 코딩에서 줄단위(line-by-line) 코딩보다 사건단위(incident-by-incident) 코딩을 지지한다. 줄단위 코딩은 서로 연관되지 않은 무질서하고 너무 많은 코딩을 만들어낸다고 보았기 때문이다.

글레이저는 코딩을 범주와 속성이 출현하도록 지속적 비교방법을 통해 자료를 개념화하는 것으로 정의하였다. 그리고 개방코딩이란 핵심범주와 그 속성들로 코딩범위를 제한하는, 지속적 비교방법의 최초의 단계이다. 이처럼 글레이저의 방법에서 지속적 비교방법은 코딩보다 위에 있는, 코딩을 이끌고 나가는 마차와 같다. 개방코딩에서 필요한, 자료의 이면을 볼 수 있는 이론적 민감성도 자료에 몰두하여 비교를 거듭하고 메모를 거듭하면 얻을 수 있다고 보았다(Glaser, 1992).[2]

따라서 글레이저의 개방코딩은 자료를 열어젖힌 상태에서 지속적 비교방법을 적용하고 중립적 질문을 던지면 된다. 글레이저의 개방코딩 방법은 이렇게 간단하다.

③ 개방코딩에서 찾아내야 하는 것: 패턴

글레이저의 개방코딩 과정에서 연구자가 우선 찾아내야 하는 것은 '패턴'이다. 글레이저는 개방코딩의 연구 초기부터 지속적 비교방법을 통해 패턴이 드러난다고 보았다. 이는 스트라우스가 패턴은 분석의 뒷부분에 가서야 우연히 발견된다고 본 입장과 대조된다. 패턴을 찾기 위해서는, 스트라우스 방법에서처럼 한 단락이나 한 문단을 해체해 거기에 개념적 이름을 붙이는 것이 아니라, 자료를 헤쳐가면서 사건과 사건, 사건과 개념을 비교해야 한다. 비교하면서 반복되는 유사한 사건들에 개념이 부여되면 이것이 패턴이 된다.

글레이저가 여기서 강조하는 것은 스트라우스처럼 어떤 행위에 단지 라벨을 붙이는 것과, 많은 사건들 속에서 하나의 패턴을 개념화하는 것 간의 차이이다. 어떤 행위에 라벨을 붙이고, 유사한 라벨들을 묶어내는 것은 모든 범주들을 균등하게 다루고 발전시키려는 것이다. 글레이저가 보이기에 이것은 관련성을 무시한 방법이다. 글레이저는 우리 모두는 의미와 인식의 빈 곳이 존재하는 세계에 살고 있기 때문에, 어떤 범주는 다른 범주에 비해 빈약할 수 있다. 분석이 관련성을 갖기 위해서는 빈약한 범주는 분석가의 실패가 아니라 실재 자체가 그렇기 때문에 그 자체를 자료로 여겨야 한다(Glaser, 1992). 이처럼 초기에 패턴을 찾아야 하는 이유는 실재에 '근거'한 관련성 있는 이론, 즉 근거이론을 도출하기 위해서이다.

---

2) 1992년 글레이저의 저작은 『근거이론 분석의 기초: 글레이저의 방법』(김인숙・장혜경 옮김, 2014, 학지사)으로 번역 출간되었다.

④ **패턴을 찾는 방법: 지속적 비교**

글레이저에게 자료를 해체하고 개념화한다는 것은, 자료를 철저히 보면서 사건과 사건, 개념과 개념을 비교하는 것을 의미한다. 글레이저의 방법에서 패턴의 근간이 되는 범주들은 오직 비교를 통해 출현하고, 속성들은 더 많은 비교를 통해 출현하기 때문에 비교하기만 하면 된다. 범주나 속성들은 분석가의 선호로 발견되는 것이 아니라 자료를 지속적으로 비교하는 데서 나오고, 이 지속적 비교에 의해 좌우된다.

스트라우스의 방법이 한 사건이나 한 단어에 지나치게 몰두하는 반면, 글레이저의 방법은 지속적으로 코딩하고, 패턴을 분석하며, 이들을 포화시키는 방향으로 연구가 진행된다. 글레이저(1992)는 분명하고 단호하게 말한다. 근거이론의 개발과정에서 범주를 발전시키려면 첫째, 범주의 속성을 발전시키고 둘째, 그 범주와 다른 범주 및 속성과의 관계, 핵심범주(기본적 사회적 과정을 포함)와의 관계를 이론적으로 코드하는 것, 이것이 전부이며, 또한 이렇게 간단하다고.

글레이저는 개방코딩 과정에서 한 문장이나 문단을 떼어놓고 각각의 사건이나 아이디어에 라벨을 붙이는 스트라우스 방법으로는 패턴을 찾아낼 수도 없고, 관련성을 확신할 수도 없는 너무 많은 개념들이 양산될 뿐 근거이론을 도출하기 어렵다고 하였다. 글레이저는 스트라우스의 방법이 지속적으로 코딩하고, 패턴을 분석하며, 이들을 포화시키는 방법으로 연구하지 않는다고 말한다.

그 대신 한 사건이나 한 단어에 지나치게 몰두하게 한다고 한다. 이렇게 되면 중요하지 않은 사소한 자료 안에서 분석의 길을 잃게 되고, 너무 많은 단어들이 선택됨으로써 초점을 잃게 된다. 개념적으로 쪼개는 것은 쉽지만 그것은 근거이론이 아니며, 비교하지 않고 쪼개어 명명하는 것으로는 개념들이 너무 많아지고 지루해진다는 것이다.

⑤ 개방코딩은 핵심범주를 찾아내면 끝난다

글레이저의 개방코딩은 자료에서 패턴을 찾고, 이 패턴들을 개념화하고, 패턴들 간의 관계에서 주제를 발견하고, 이어 핵심범주를 찾아내면 끝난다. 글레이저에 의하면, 근거이론의 핵심은 개념화이다. 개념화는 지속적 비교를 통해 도출된 패턴에 이름을 부여하는 것이다.

글레이저는 핵심범주를 찾을 때는 먼저 중심주제(main theme)를 찾고, 가능한 다른 많은 범주들 및 그 속성들과 관련될 수 있는 설명력 있는 범주를 찾을 것을 제안한다. 핵심범주는 다른 범주들을 전체로 통합시킬 수 있어야 한다. 이미 스트라우스 방법에 익숙한 독자들은 짐작했겠지만, 스트라우스의 방법에서 핵심범주는 분석의 초반부에서가 아니라 가장 후반부에서 나타난다. 스트라우스 방법에서 핵심범주는 개방-축-선택 코딩으로 이어지는 분석의 후반 즉 선택코딩 단계에서 나타난다. 그러나 글레이저는 개방코딩 단계에서 핵심범주가 발견된다.

핵심범주는 근거이론에 필수적 요소로서, 핵심범주가 없으면 근거이론은 불가능하다. 핵심범주는 다른 범주들과의 관계를 발견함으로써 이루어진다. 글레이저에 의하면, 핵심범주를 찾는 것은 시간과 노력이 많이 들고 신중한 태도를 요하는 것이기는 하지만, "바로 거기에 있다"처럼 그리고 마법(신비한 힘)에 의해 일어난다. 많은 근거이론 연구자들도 핵심범주는 의식적이든 무의식적이든 연구 전체를 반영하면서 직관을 통해 발견된다는 점을 인정한다.

(2) 선택코딩

① 선택코딩이란?

글레이저의 두 번째 코딩 과정은 선택코딩이다. 글레이저에게 선택코딩은 개방코딩을 멈추고 핵심범주와 연관된 범주들에 한정하여 코딩하는 것이다. 연구자가 개방코딩을 그만두고 선택코딩으로 넘어가는 시점은 이론에 대한 전망을 보면서 하나의 핵심범주로 제한하는 것이 합당하고 적합하다고 여겨질 때이다.

선택코딩은 열어젖힌 채로 달리는 자료에 전환을 주는 것으로서, 개방코딩에서 선택된 하나의 핵심범주에 대해 '선택적으로 코딩하는 것'이다. 하나의 핵심 범주에 대해 선택적으로 코딩한다는 것은 코딩을 핵심범주와 관련되는 범주들만을 중심으로 제한하는 것을 의미한다. 이때 핵심범주 주변의 다른 범주들은 가능한 핵심범주에 도움이 되는 역할로 강등된다. 반면, 스트라우스의 방법에서 선택코딩은 개방코딩과 축코딩 이후 마지막 코딩 과정이다. 스트라우스는 선택코딩을 핵심범주를 선택하는 코딩으로 정의한다. 이처럼 글레이저의 선택코딩과 스트라우스의 선택코딩은 용어는 동일하지만, 선택코딩에 대한 정의와 행해지는 시점에서 차이가 있다.

② 선택코딩의 목표: 핵심범주와 범주들을 포화시키기

따라서 글레이저의 선택코딩은 핵심범주 및 핵심범주와 관련되는 범주들을 포화시키는 것을 목표로 한다. 선택코딩에서는 핵심범주를 완전히 포화시켜야 하는데, 이러한 포화의 과정을 통해 핵심범주에 대한 확신을 얻을 수 있다.

핵심범주와 관련 범주들을 포화시키기 위해서 연구자는 이론적 표집을 통해 더 많은 자료를 수집해야 한다. 이때 핵심범주는 이론적 표집의 안내 역할을 한다. 이론적 표집은 핵심범주를 중심으로 이론적 관련성을 높여 줄 수 있는 집단을 개념적 차원에서 표집하며, 이는 범주가 포화될 때까지 이루어진다.

글레이저에게 근거이론이란 하나의 핵심범주를 중심으로 이론을 개발하는 것이다. 이론은 핵심범주를 중심으로 만들어지기 때문에 핵심범주가 없는 근거이론은 관련성과 작동성에서 멀어진다. 선택코딩 과정에서 핵심범주가 포화되면 통합이 일어나는데, 이때 핵심범주는 패턴 속의 변이를 보여주고 설명해 줄 수 있어야 한다. 글레이저는 핵심범주는 하나이고 만일 두 개인 경우는 나머지 하나를 핵심범주의 하위범주로 위치시켜야 한다고 보았다. 그는 핵심범주가 두 개 이상인 경우 이론적 기능을 상실한다고 하였다. 글레이저와는 다르게, 스트라우스는 개방코딩에 이은 이후의 코딩과정을 '축코딩(axial coding)'으로 명명하였다.

(3) 이론적 코딩

① 이론적 코딩이란?

근거이론의 목적인 이론 개발은 범주와 그 속성 등 개념적 코드들 사이의 가설적 관계를 발전시킴으로써 이루어진다. 글레이저는 근거이론 개발에 요구되는 개념적 코드를 실체적(substantive codes) 코드와 이론적 코드(theoretical codes)로 구분하였다. 실체적 코드는 연구영역의 경험적 실체를 개념화한 것으로, 주로 개방코딩과 선택코딩 과정에서 개발된다. 이론적 코드는 실체적 코드들이 어떻게 서로 이론으로 통합되는 가설로 연관될 수 있는지를 개념화하는데, 글레이저는 이를 이론적 코딩(theoretical coding)이라 불렀다. 즉, 이론적 코딩은 핵심범주와 다른 범주를 연관짓고, 범주들을 이론적 구성체로 통합하고 정련하는 과정이라 할 수 있다.

글레이저는 이 두 유형의 코딩이 동시에 이루어진다 하였다. 이는 실체적 코드들이 개발되는 과정에서도 이론적 코드에 의한 사고가 작동된다는 것을 의미한다. 예를 들어, 개방코딩에서 핵심범주를 발견하거나, 선택코딩에서 핵심범주에 대한 확신을 얻기 위해서는 핵심범주의 속성과 다른 범주들과의 관계를 이론적 코드들로 코딩해 보는 것이 필요한 것이다. 그러나 연구자가 자료 안에서 코드를 발견할 때는 실체적 코딩을 더 많이 사용하고, 이 실체적 코드들을 이론적으로 분류하고 메모에 통합할 때는 이론적 코딩을 더 많이 사용한다. 코딩 과정의 한 단계로서의 이론적 코딩은 후자의 경우에 해당된다 하겠다.

② 이론적 코딩의 방식

이론적 코딩은 핵심범주와 다른 범주들을 '연결지어' 이론적 가설로 '통합'함으로써 이루어진다. 글레이저에 의하면, 실체적 코드들을 연결짓고 통합하는 이론적 코딩의 방식은 무수히 많다. 따라서 연구자는 무수히 많은 이론적 코드들에 대해 알고 있어야 한다. 글레이저에 의하면, 핵심범주를 중심으로 다른 범주들을 연관짓고 통합하는 것은 단지 이론적 코드에 근거해 범주와 속성을 연계하면 출현하고, 이는 그리 어렵지 않게 일어난다. 그는 '통합'은 이론적 코드로 가려내면 저절로 출현한다고 보았다.

이론적 코딩에서 중요한 역할을 하는 이론적 코드는 실체적 코드들이 서로 어떻게 연관될 수 있는지 개념화한다. 실체적 코드들은 이론적 코드 없이도 서로 연관될 수 있지만, 이론적 코드들은 실체적 코드들 없이는 추상화되기 어렵다. 예를 들어, 관리주의와 자율권 축소라는 두 실체적 코드가 '정도에 근거한 원인'이라는 이론적 코드로 연관되고 통합되는 것으로 드러나면, 이론적 코딩은 "관리주의가 가속화될수록 사회복지사들의 자율권은 축소된다"로 통합된다.

이처럼 이론적 코드들은 통합의 범위와 포괄적인 그림, 자료에 대한 새로운 시각을 제공해 준다. 또한 연구자로 하여금 개념과 개념들 간의 관계에 대해 글을 쓸 때 개념적 수준을 유지시켜주는 데 도움을 준다. 글레이저는 이론적 코드들도 실체적 코드와 마찬가지로 출현한다는 점을 강조한다. 따라서 연구자가 선호하는 이론적 코드를 자료에 대입해서는 안 된다.

③ 이론적 코드들과 그 활용

글레이저는 1978년 『이론적 민감성』에서 경험적 패턴을 이론적으로 만드는 데 활용할 수 있는 18가지의 이론적 코드들을 제안하였다. 우선, 6C가 있다. 이것은 영어의 C로 시작되는 여섯 가지의 이론적 코드들로서, 원인(Causes), 맥락(Contexts), 부수사건(Contingencies), 결과(Consequences), 공변이(Covariances), 조건(Conditions)을 말한다. 이외에도 과정(process), 정도(degree), 차원(dimension), 유형(type), 전략(strategy), 상호작용(interaction), 정체성-자아(identity-self), 구분점(cutting point), 수단-목적(means-goal), 문화(cultural), 합의(consensus), 주류(mainline), 이론(theoretical), 배열 또는 정교화(ordering or elaboration), 단위(unit), 읽기(reading), 모델(model)을 이론적 코드로 제시하였다(좀더 구체적인 것은 글레이저의 1978년 저서인 『이론적 민감성』 74-82쪽을 참조). 이후 글레이저는 이 18가지 이론적 코드들에 23개의 이론적 코드 목록을 추가하였다.

글레이저가 제시한 이론적 코드들은 실체적 코드들을 이론적 코드로 전환하는 데 있어 연구자들의 민감성을 촉진할 수 있는 방법들이다. 그가 제안하는 이론적 코드들은 실체적 코드들을 이론적 코드로 전환할 수 있도록 돕는 개념적 구조와 틀만이 아니라, 실체적 코드들의 내용에 대한 민감성을 돕는 코드, 그리고 실체적 코드들을 이론적 코드로 전환하는 데 사용될 수 있는 구체적 방법에 이르기까지 다양하다.

예를 들어, 18가지의 이론적 코드들 중 6C, 과정, 정도, 차원, 유형, 전략, 상호작용, 구분점, 수단-목적 코드들은 실체적 코드들의 개념적, 구조적 관계에 대한 민감성을 촉진시켜주는 것으로 볼 수 있고, 정체성-자아, 문화, 합의, 주류 코드들은 실체적 코드들의 내용에 대한 민감성을 촉진시켜주는 것으로 볼 수 있다. 또한 이론, 배열 혹은 정교화, 단위, 읽기, 모델 코드들은 실체적 코드들을 이론적 코드로 전환하는 데 활용할 수 있는 방법들에 초점을 둔 코드들이라 할 수 있다.

글레이저에 의하면, 이 이론적 코드들은 실체적 범주들을 연결짓고 통합하는 것을 돕지만, 이들은 상호 배타적이지 않고 상당부분 중복된다. 하나의 이론적 코드가 다른 이론적 코드를 낳기도 하며, 어떤 이론적 코드는 동일한 것을 다른 방식으로 말하는 것이기도 하다.

따라서 글레이저는 자신이 제안하는 이론적 코드들에 대해 독자들이 다른 말로 생각해도 되며, 아울러 새로운 이론적 코드도 발견할 수 있다고 하였다. 근거이론 연구자는 글레이저가 제안하는 이론적 코드 목록들을 숙지하면 이론을 개발하는 데 많은 도움을 받을 것이 분명하지만, 무수히 많은 이론적 코드들 중에 자료에서 출현하는바, 바로 그 이론적 코드를 포착하는 것은 자료에 몰입하는 연구자의 통찰에 달려 있다고 할 수 있다.

2) Strauss와 Corbin의 코딩방법

스트라우스와 코빈에게 코딩은 자료분석 과정이다. 스트라우스와 코빈은 1990년과 1998년에 그들의 저서인 『질적연구의 기초』(*Basics of Qualitative research: Grounded Theory Procedures and Techniques*)[3]에서 근거

3) 1990년 저서는 『근거이론의 이해』(김수진 · 신경림 옮김)로, 1998년 저서는 『근거이론의 단계』(신경림 옮김)로 국내에서 번역되었다.

이론을 산출하기 위한 코딩 방법으로 개방코딩(open coding), 축코딩(axial coding), 선택코딩(selective coding)을 제시하였다. 스트라우스와 코빈은 글레이저와 마찬가지로 개방코딩 전에 자료를 쭉 읽어 볼 것을 권했다. 이때 어디에 무엇을 쓰지 말고 그냥 읽으면서, 읽은 것의 스토리에 대해 생각하되 스토리에 대해 성급한 결론을 내리지 말아야 한다. 스트라우스와 코빈의 코딩방법들에 대해 살펴보자.

(1) 개방코딩

① 개방코딩이란?

스트라우스와 코빈에게 개방코딩이란 "자료에서 개념을 확인하고 개념들의 속성과 차원을 발견하는 분석과정이다"(Strauss and Corbin, 1998). 다시 말해 범주를 발견하기까지의 과정을 말한다. 개방코딩에서 '개방'의 의미는 개념을 발견하고 명명하고 발전시키기 위해 텍스트를 열어 젖혀서 그 안에 포함되어 있는 생각과 사고, 의미가 드러나도록 한다는 것이다.

스트라우스와 코빈의 개방코딩에서 특징적인 것은 글레이저와 달리 범주와 속성만이 아니라 차원까지 발견할 것을 요구한다는 것이다. 여기서 차원이란 속성의 범위에 따른 변이를 말한다(Corbin & Strauss, 2008: 59). 스트라우스와 코빈은 범주들을 발견한 후, 범주들 간에 어떤 관계가 있는지 까지 발전시키기 위해서는 차원이 필요하기 때문에, 개방코딩 단계에서 범주를 속성과, 속성들의 차원으로까지 발전시켜야 한다고 하였다.

그러나 글레이저(1992)는 스트라우스의 '차원' 분석에 대해 그것은 "강제적 코딩"이라고 비판하였다. 글레저는 개방코딩 동안 '차원'에 대한 분석은 이루어질 필요가 없다고 보았다. '차원'은 자료에서 드러나는 것이지, 반드시 범주의 속성이 '차원'을 갖는 것은 아니라고 하였다. 개방코딩에서 차원을 분석하는 것에 대해서는 부정적 견해가 많다. '차원' 분석은 따라하기 어렵고, 복잡한 문제를 야기한다는 것이다(Dey, 1999; Walker and Myrick, 2006).

② 개방코딩의 절차

앞에서도 언급했듯이, 개방코딩에서 범주와 범주의 속성을 발견하기 위해서는 자료를 해체하고 개념화하는 작업이 필수적이다. 자료를 해체하고 개념화하기 위해 스트라우스와 코빈은 '미시분석(micro analysis)'을 제안하였다. 이는 단어별로 자료를 분석하여 단어나 단어집단 속에서 의미를 찾아내는 코딩으로서, 문장이나 문단을 떼어놓고 각각의 사건, 아이디어에 현상을 나타내 주는 개념적 이름을 부여하는 것이다.

미시분석은 몇 가지 점에서 비판받기도 한다. 어떤 행위나 사건에 이름을 부여하는 방법은 너무 많은 단어들이 선택됨으로써 시간이 많이 소요되고, 자료를 개별 단어들로 분할함으로써 중요하지 않은 사소한 자료 안에서 분석의 길을 잃게 된다는 것이다. 그 결과 분석의 초점을 잃게 되어 우리가 찾으려는 것이 무엇인지 잘 모르는 경험을 할 수 있다(Allen, 2003). 이 방법은 거듭되는 비교를 통해 자료 속 많은 사건들 안에 존재하는 패턴을 찾아 개념화하는 글레이저의 방식과는 다르다.

스트라우스와 코빈(2001)은 개방코딩을 위해 우선 줄단위나 문장 혹은 문단 단위로 자료에 나타나는 의미를 맥락을 고려하여 이름을 부여한다. 여기서 부여된 이름은 임시적인 것으로 나중에 변화될 수 있다. 이어 비교하기와 질문하기 등의 기법을 사용해 자료를 심층적으로 파고 들어간다. 이를 통해 유사한 단위들을 분류하여 범주화한다. 여기서 범주란 현상을 나타내는 개념으로서, "여기서 무엇이 일어나고 있는가?"와 같은 질문을 던지거나, 속성과 차원을 사용해 같은 속성을 가진 것끼리 묶으면 범주가 발견된다. 그리고 일단 범주가 발견되면, 그 범주화된 개념의 속성과 차원이 무엇인지 생각하면서 하위범주로 분해한다. 여기서 하위범주로 분해한다는 것은 범주들 안에 존재하기 마련인 언제, 어디서, 무엇을, 어떻게, 왜 등에 대해 설명하는 것이다.

③ 개방코딩을 촉진하는 기법

개방코딩의 과정에서 필요한 능력은 자료 표면의 이면을 볼 수 있는 이론적 능력인데, 글레이저와 스트라우스 모두는 이를 '이론적 민감성(theoretical sensitivity)'이라 부르고 분석에서 이의 중요성을 강조하였다. 그러나 이론적 민감성을 성취하는 방법은 서로 달랐다.

스트라우스와 코빈은 특정한 분석도구들, 예를 들면 질문하기(누가, 어디서, 어떤, 어떻게, 왜, 얼마나 등), 플리플롭 기법[4], 체계적 비교[5], 붉은 깃발 흔들기[6]와 같은 각종 기법들을 사용함으로써 이론적 민감성을 획득할 수 있다고 보았다(스트라우스 · 코빈, 2001). 그러나 스트라우스와 코빈이 개방코딩과 관련해 제안한 분석기술과 질문은 간혹 인위적이어서 자연스럽지 못하다는 평가를 받기도 한다(Walker and Myrick, 2006). 반면, 글레이저는 이론적 민감성이 자료에 몰두하여, 비교를

---

4) 비교기법의 하나로서, 질적 자료에 나타나 사건이나 사물, 상호작용/작용에 대한 다른 관점을 얻기 위해 개념을 '안에서 밖으로' 뒤집거나 '위에서 아래로 뒤바꾸는' 것이다. 즉, 의미 있는 속성을 끄집어내기 위해 반대편이나 극단의 경우와 비교해 보는 것이다.

5) 비교기법의 하나로서, 질적 자료 안의 한 가지 사건을 경험에서 회상된 것이나 문헌에 있는 것과 비교하는 것이다. 이때 비교하는 것은 사례가 아닌 개념이어야 하고, 비교의 대상은 유사한 것 혹은 극단적인 것이 될 수도 있다.

6) 이 기법은 연구자가 가진 편견이나 믿음, 전제 등이 분석과정에 끼어들지 않도록 하기 위해 자신이 가진 부정적, 긍정적 편견이나 믿음, 전제 등을 깨닫기 위해 질문을 던지는 등의 붉은 깃발을 흔드는 것이다.

거듭하고, 메모와 코드를 거듭하면 얻어질 수 있다고 하였다(Glaser, 1992).

④ 개방코딩에서 찾아내야 하는 것: 범주

스트라우스와 코빈의 개방코딩을 통해 찾아내야 하는 것은 범주이다. 이들에게 범주는 속성과 차원으로 구성된다. 속성은 개념을 정의하고 구성하는 특징들을 말하고, 차원은 속성의 범위에 따른 변이를 가리킨다. 따라서 범주는 속성들로 구성된 높은 수준의 개념이다(Corbin & Strauss, 2008: 159). 개방코딩 과정에서 찾아낸 범주들은 이후의 축코딩 과정에서 범주들 간의 관계가 어떠한지 탐색된다. 그러나 앞에서도 언급했듯이, 스트라우스와 코빈의 이러한 개방코딩은 절차에서만이 아니라, 목표에서 글레이저의 방법과 다르다. 글레이저의 개방코딩은 자료를 열어 젖혀 출현하는 범주들과 속성들 속에서 패턴들을 찾아내고, 이들 패턴들 속에서 하나의 핵심범주를 발견하는 것까지를 포함한다.

(2) 축코딩

① 축코딩이란?

스트라우스와 코빈의 두 번째 코딩 과정은 축코딩이다. 축코딩의 목적은 자료를 쪼개서 다시 새로운 방식으로 모으는 것으로서, 범주와 하위범주를 연관지음으로써 이루어진다. 즉, 축코딩이란 범주들을 속성과 차원의 선에 따라서 그 하위범주들과 연결시키는 행위이다. 그러나 축코딩은 개방코딩에 이은 순차적 분석단계는 아니다. 개방코딩에서도 범주들이 어떻게 연결되는지, '축'이 되는 범주가 어떤 것인지에 대한 감이 생기기도 하기 때문이다. 글레이저의 코딩 과정에 축코딩은 없다. 축코딩은 근거이론 논쟁의 가장 핵심에 있다.

② 축코딩의 방법: 구조를 위한 코딩

개방코딩 과정에서 도출된 범주, 속성, 차원들은 축코딩 과정을 거치면서 서로 연결된다. 이때 연결의 목표는 축이 되는 범주를 중심으로 현상의 구조와 과정을 발견하는 것이다. 스트라우스와 코빈은 현상을 제대로 설명하려면 구조와 과정이 통합되어야 한다고 보았다. 즉, 축코딩은 현상이 일어나는 구조와, 이것이 시간의 흐름에 따라 어떻게 발전하는지(과정)를 찾아내는 것이라 볼 수 있다. 여기서 구조란 무대에 해당되는 것으로서, 어떤 현상이 왜 일어났는지를 설명해 주는 것이고, 과정은 하나의 현상과 관련된 것들이 시간의 흐름에 따라 발전하는 작용/상호작용의 순차적 과정으로서 현상이 어떻게 일어났는지를 설명해 준다.

우선, 스트라우스와 코빈은 현상의 구조를 발견하기 위해 '패러다임 모형(paradigm model)'이라는 도구를 사용할 수 있다고 하였다. 이를 보통 "코딩 패러다임(coding paradigm)"이라고 부른다. 코딩 패러다임은 현상의 3가지 측면, 좀 더 구체적으로는 6가지 측면[7)]으로 구성되어 있다. 첫째는, 현상이 일어나는 조건이나 상황이다. 여기에는 '인과적 조건', '맥락적 조건', '중재적 조건'이 포함된다. 둘째는 그러

---

7) ① 현상: 여기서 무엇이 진행되고 있는가를 보여주는 것으로, 일련의 작용/상호작용 전략에 의해 조절되는 중심생각이나 사건, ② 인과적 조건: 어떤 현상이 발생하거나 발전하도록 이끄는 사건이나 일, ③ 맥락적 조건: 어떤 현상에 영향을 미치는 상황이나 문제를 만들어내는 특수한 조건들로, 작용/상호작용 전략을 다루고 조절하고 수행하는, 어떤 특정한 현상에 대응하기 위해 취해지는 구체적 조건, ④ 중재적 조건: 어떤 현상에 속하는 보다 광범위한 구조적 상황으로, 주어진 상황에서 취해진 작용/상호작용 전략을 조정하거나 강요하는 조건, ⑤ 작용/상호작용: 현상에 대처하거나 다루기 위해 취해지는 의도적이고 고의적인 행위, ⑥ 결과: 어떤 현상에 대처하거나 그 현상을 다루기 위해 취해진 작용/상호작용 전략에 따라 나타나는 것(스트라우스 · 코빈, 2001).

한 조건이나 상황 속에서 일어나는 것에 반응하는 사람들의 '행동/상호작용', 그리고 이러한 상호작용에 의해 다루어지거나 조절되는 '현상'이다. 셋째는 행동/상호작용의 '결과'가 그것이다(스트라우스 · 코빈, 2001; Walker and Myrick, 2006). 즉, 축코딩은 우선 이 패러다임 모형의 6가지 요소들을 활용하여 현상의 구조를 파악한다.

여기서 코딩 패러다임을 활용한다는 것은 개방코딩에 나온 범주들을 6가지 패러다임 요소들에 할당하거나 배치하라는 것이 아니라, 개방코딩의 범주들이 어떤 연관관계 속에 있는지를 이해하기 위한 '하나의' 관점으로 활용하라는 의미이다. 이런 맥락에서 스트라우스와 코빈은 근거이론을 개발하려는 연구자들에게 현상을 이해하기 위해 패러다임 모형을 사용하는 것이지, 조건이나 상호작용, 결과와 같은 용어를 위해 사용하는 것이 아니라고 하였다. 또한 패러다임 모형을 경직되게 사용하지 말아야 하며, 만일 경직되게 사용한다면 오히려 현상의 본질을 파악하는 데 방해가 될 수 있음을 지적하였다.

그러나 불행하게도 실제의 많은 연구들에서 패러다임 모형을 기계적이고 교조적으로 사용함으로써, 원저자들의 취지를 살리지 못하고 있다. 결국 스트라우스와 코빈의 코딩 패러다임은 지속적 비교를 핵심으로 하는 출현 모델이 아니라 근거이론과 아무 상관없는 검증모델에 불과하다는 비판에 직면한다(Glaser, 1992). 코딩 패러다임이 근거이론에서 갖는 위상을 고려할 때 그것은 근거이론이 강조하는 '출현'과 '발견'과 모순된다는 것이다(Dey, 1999). 실제로 글레이저 방식과 스트라우스 방식 모두로 연구를 해본 경험이 있는 연구자 중에는 패러다임 모형을 사용하는 것은 너무 쉽고 너무 매력적이며, 특히 초심자나 분석에 적은 시간을 보내고 싶은 사람에게 그렇다고 하였다(Kendall, 1999).

이에 대해 스트라우스와 코빈(1990)은 패러다임 모형 사용의 유용성을 역설하였다. 그들에 의하면, 패러다임 모형은 대부분의 사람들이 현상이 왜 어떻게 일어나는지를 설명하기 위해 의존하는 인과적 사고방식과 유사하다. 근거이론 개발을 위해 패러다임 모형을 사용하는 것은 대부분의 사람들에게 자연스런 사고과정을 거치도록 해 줌으로써 연구자가 실재세계의 복잡성과 움직임을 포착할 수있게 도와준다. 또한 코딩 패러다임은 현상의 구조와 과정이 통합되는 방식으로 자료를 체계적으로 수집하고 자료가 질서를 갖도록 돕는 또 다른 분석적 입장이라 하였다(스트라우스 · 코빈, 2001).

③ 축코딩의 방법: 과정을 위한 코딩

글레이저와 스트라우스 모두 '과정(process)'을 근거이론의 중요한 요소로 지적한다. 그러나 과정이 무엇이며, 그것을 어떻게 분석할 수 있는지에 대해서는 견해를 달리한다. 스트라우스와 코빈(1998)에 의하면, 과정은 "시간의 흐름과 공간에 따라서, 상황이나 맥락에 따라 변화하거나, 때로는 그 상태로 남아 있게 되는 작용/상호작용이 이루어지는 순차적 순서"를 의미한다.

스트라우스와 코빈에 의하면, 과정이 없는 이론은 작용과 상호작용이 어떻게 전개되는지를 포착할 수 없다고 말함으로써 '과정'이 이론 구성에서 핵심적임을 얘기하였다(스트라우스 · 코빈, 2001: 179). 이들에게 '과정'과 '단계(phase, stage)'는 다르다. "모든 과정이 단계로 환원될 수 없고 그래서도 안 된다"고 본다(스트라우스 · 코빈, 2001). 따라서 과정은 단계로 나타나는 점진적 움직임과, '단계'로 나타나지 않는 비점진적 움직임을 포함한다(Glaser, 1992: 90-91). 글레이저는 스트라우스와 달리, 단계가 없으면 그것은 과정이 아니라고 보았다. 단계가 없다면, 그것은 어쩌면 사회구조적 조건일 수도 있다. 글레이저에게 과정은 핵심범주의 한 유형에 불과하다(Glaser, 1978). 핵심범주는 항상 근거이론에서 나타나지만 '과정'(기본적 사회적 과정: BSP)은 그렇지 않다(Glaser, 1978: 96-99).

스트라우스와 코빈의 '과정'을 위한 코딩은 축코딩의 일부로서, 속성과 차원, 개념 간 관계를 코딩하는 것과 동시에 일어난다. 여기서 '과정'에 대한 분석은 '작용/상호작용'의 움직임과 변화, 그리고 맥락과 상황의 변화에 초점을 둔다. 즉, 연구자는 목적을 가지고 작용/상호작용을 살펴보고, 그 움직임과 순서의 변화 그리고 맥락과 상황의 변화에 대해 그것이 변화하는지 아니면 그대로 남아 있는지에 주시한다(스트라우스 · 코빈, 2001).

이렇게 하여 연구자가 변화를 발견하게 되면 과정이 드러나는데, 이는 일반적으로 여러 개의 하위 과정으로 구성된다. 여기서 각 하위 과정은 속성들, 작용/상호작용 전략, 결과를 중심으로 구성된다. 이처럼 스트라우스와 코빈의 과정을 위한 코딩은 앞에서 언급한 현상의 '구조'와 연결되어 이루어진다. 과정은 개인적이고 미시적인 차원에 초점을 맞출 수도 있지만, 보다 큰 거시적 차원에 초점을 맞출 수도 있다. 스트라우스와 코빈에 의하면, 과정이 없는 이론은 이론의 필수적 부분을 결여한 것이다. 이러한 과정 분석은 차후에 있을 통합과 패턴을 찾을 수 있도록 돕는다.

그러나 글레이저의 '과정' 분석은 이와 다르다. 그는 근거이론에서 과정은 하나의 범주라는 점을 강조한다. 따라서 '과정'도 범주들, 범주의 속성들과 연관되어 개념화되며, 이론적 코드에 의해 이론으로 통합된다고 하였다(Glaser, 1992). 즉, 글레이저의 '과정' 분석은 자료에 대해 "이 사건을 지칭하는 범주는 무엇이며, 범주의 속성은 무엇인가?"라는 질문을 던지면서 코딩하고, 비교하고, 분석하고, 메모해가면서 범주를 산출하는 일반적 코딩 과정의 연속선상에 있다. 글레이저가 과정 분석에서 강조한 것은 환경의 맥락적 특징들이 어떻게 과정(기본적 사회적 과정)의 방향과 형태에 영향을 미치는가 하는 것이었다(Benoliel, 1996).

④ 축코딩에 대한 평가

축코딩은 글레이저 저작에는 없는 스트라우스 버전의 핵심이다. 축코딩에 대한 논란은 많다. 가장 대표적으로 글레이저의 입장을 들 수 있다. 글레이저는 축코딩을 지지하지도 인정하지도 않는다. 그는 오히려 스트라우스의 축코딩이 근거이론 방법을 훼손하고 혼란에 빠뜨리며, 개념적으로 강제된 서술을 산출하기 때문에 근거이론이 아니라고 비판한다. 그에 의하면, 근거이론은 범주와 속성의 관계가 인과조건, 현상, 맥락조건, 중재조건, 작용/상호작용, 결과로 나타나거나 연결되지 않는다. 이것은 극도로 선입적이고 자료에 대한 이론적 코딩을 강제하는 것이다(Glaser, 1992).

글레이저에 의하면, 근거이론가는 단순히 범주와 속성을 코딩하고, 어떠한 이론적 코드든 그것이 출현되도록 놔두어야 한다. 그는 축코딩은 근거이론에서 불필요하며, 근거이론에 위험하다고 말한다. 글레이저는 스트라우스가 현실의 복잡성 때문에 축코딩과 같은 절차가 필요하다고 하나, 1967년의 『근거이론의 발견』에서 말한 그것, 즉 범주와 속성을 코딩하고 이들을 이론적 코드와 연결하는 것을 그냥 행하면 되는 것이라고 반박한다(Glaser, 1992).

이 외에도, Kendall(1999: 755-756)은 축코딩이 서술의 깊이를 더해주었으나, 근거이론에서 요구되는 높은 수준의 추상적 사고에 관여하는 것을 방해하였다고 한다. 특히, 패러다임 모형을 매개로한 축코딩은 유용하고 농밀한 이론을 산출하는 데는 적합하지 않다고 하였다. Robrecht(1995)도 스트라우스와 코빈의 근거이론 방법은 이론개발보다는 조작적 단계에 더 초점이 맞추어져 있고, 따라서 빈약한 이론적 설명의 산출물을 만들어낸다고 보았다. Walker and Myrick(2006)도 스트라우스와 코빈이 자료분석의 전체 과정을 좀 더 용이하게 만들었지만, 실질적 절차에서는 훨씬 더 복잡하게 만들었다고 평가하였다.

(3) 선택코딩

① 선택코딩이란?

스트라우스와 코빈은 축코딩을 선택코딩과 연계시킨다. 그들에게 선택코딩의 중심은 축코딩의 코딩 패러다임을 검토하면서 핵심범주를 선택하는 것이다. 스트라우스와 코빈의 선택코딩에서 가장 중요한 것은 핵심범주의 선택이다. 이는 선택코딩을 핵심범주를 선택하는 과정이라고 정의한 것에서도 알 수 있다. 스트라우스와 코빈은 선택코딩을 핵심범주를 선택하여 이를 이론에 통합시키고 정교화시키는 과정으로 보았다(스트라우스 · 코빈, 2001).

이를 위해 선택코딩에서는 핵심범주와 다른 범주를 연관짓고, 범주들을 이론적 구성체로 통합하고 정련한다. 이 과정에서 패턴이 발견된다. 이때 패턴은 유형이나 단계, 국면 등으로 표현된다(Corbin & Strauss, 2008). 이처럼 스트라우스와 코빈에게 패턴은 근거이론 개발의 마지막 단계에서 발견된다. 이때 발견되는 패턴은 글레이저의 이론적 코딩에서 발견되는 것과 유사하다. 글레이저가 패턴을 분석의 초기에 찾아낸다면, 스트라우스와 코빈은 후반에 찾는다. 글레이저의 초기 패턴이 좀 더 작은 단위의 패턴이라면, 스트라우스와 코빈의 후기 패턴은 좀 더 광범위하고 전체적인 패턴이라고 할 수 있다. 즉, 스트라우스와 코빈에게 선택코딩은 핵심범주를 찾아 이를 이론에 통합시키는 과정을 통해 패턴을 발견하는 것이라고 할 수 있다.

② 선택코딩의 방법: 핵심범주 선택과 통합

'핵심범주(core category)'는 근거이론 창출에 필수적 요소이다. 핵심범주가 없으면 이론도 불가능하다(Glaser, 1992).[8] 근거이론은 핵심범주를 중심으로 만들어지기 때문이다. 핵심범주는 행동패턴에 대한 대부분의 변이를 설명하며, 다른 대부분의 범주들과 이 범주의 속성들이 핵심범주와 관련된다. 핵심범주는 이론을 통합시키고, 이론을 밀도 있고 포화 있게 만드는 기능을 한다(Glaser, 1978). 글레이저와 스트라우스 모두 근거이론 형성에서 '핵심범주'의 중요성을 인정한다. 그러나 핵심범주를 찾고, 이를 이론으로 통합하는 방법에 대해서는 견해를 달리했다.

스트라우스와 코빈(1990; 1998)은 핵심범주는 출현하기 전에 축코딩과 같은 일련의 과정을 거치는 것으로 기술했다. 그리고 선택코딩은 핵심범주를 선택하는 데서부터 출발한다. 핵심범주가 되기 위해서는 유사한 현상을 통합적으로 설명할 수 있는 통합성이 있어야 한다(스트라우스·코빈, 2001). 스트라우스와 코빈은 통합은 이론개발을 위한 마지막 단계로서, 축코딩과 다르지 않으며, 고도의 추상화 수준을 요한다고 말했다. 그는 글레이저와는 달리 핵심범주를 선택하고 이론에 통합하는 과정은 매우 어렵기 때문에, 이를 찾아내기 위해서는 여러 기법과 과정을 거쳐야 한다고 했다.

스트라우스와 코빈은 통합을 위해 스토리의 윤곽을 적어보고, 다이어그램을 사용하고, 메모를 분류하고 재검토하는 방법을 제안했다(Corbin & Strauss, 2008: 115). 그러나 핵심범주가 몇 개여야 하는지에

8) 핵심범주가 없으면 근거이론이라고 말할 수 없다. 그러나 서술적 연구로서의 가치는 있다. 따라서 핵심범주가 없는 경우에는 근거이론이라기보다는 근거이론 접근법을 이용한 탐색적, 서술적 연구로 봐야 한다(Hutchinson, 1986, 최귀순, 2005: 87에서 재인용).

대해서는 명확한 언급이 없다. 단지, 초심자의 경우 핵심범주 하나를 택해 다른 범주와 연결해 보라는 지침을 언급하였다(스트라우스 · 코빈, 2001).

글레이저가 핵심범주를 선택하는 방법은 스트라우스와 코빈과 다르다. 글레이저는 핵심범주는 먼저 "주제"를 찾고, 가능한 다른 많은 범주들과 그들의 속성들과 관련될 수 있는 설명력 있는 범주를 찾아야 하며, 다른 범주들을 전체로 통합시킬 수 있어야 한다고 하였다.

③ 선택코딩의 목표: 이론적 패턴 찾기

선택코딩이 목표로 하는 것은 패턴 찾기, 좀 더 정확히 말하면 이론적 패턴 찾기라고 할 수 있다. 이론적 패턴은 앞서 언급했던 통합, 즉 하나의 핵심범주 주변으로 범주들을 연결하고 정교화함으로써 도출된다. 스트라우스와 코빈에 의하면, 이론적 패턴에서 반드시 설명되어야 할 부분은 현상의 맥락과 과정이다. 맥락과 과정에 대한 분석은 근거이론 분석이 아니라도 중요하지만, 특히 근거이론에서는 어떤 현상을 설명하는 데 반드시 연결되어야 하고, 설명의 부분이 되어야 한다(Corbin & Strauss, 2008: 114-115).

과정은 이미 축코딩에서 어느 정도 그림이 그려졌다. 스트라우스와 코빈은 맥락을 위한 분석전략으로 조건/결과모형(conditional/consequential martix)을 제안한다. 조건/결과모형이란 맥락에 들어갈 수 있는 조건, 결과의 범위를 거시적 차원(집단, 조직, 제도, 지역사회, 국가, 국제사회)까지 고려하는 데 사용되는 분석장치로서(Corbin & Strauss, 2008: 114-115), 사건의 역동적이고 지속적인 상호작용을 보여준다(조건/결과 모형 그림은 Corbin & Strauss, 2008: 94의 그림 5.1 참조). 이 조건/결과모형은 최종으로 모든 범주를 통하여 설명하는 데 사용된다. 그러나 이 모형이 과정과 맥락, 패턴을 포함한 근거이론 분석결과를 포괄하기에 경직되고 불필요하다는 비판이 제기되었다(Glaser, 1992).

앞에서 언급했듯이, 범주들을 통합하기 위해서는 과정과 맥락을 고려하면서 스토리 라인을 적어보고, 다이어그램을 사용하고, 메모를 분류하고 재검토한다. 이렇게 하여 일단 이론적 구조가 그려지면, 그 다음에는 이론을 정교화해야 한다. 과도한 범주들을 손질하고, 빈약한 범주들을 채우면서 정교화가 이루어진다. 빈약한 범주들은 이론적 표집을 통해 포화되도록 해야 한다(Corbin & Strauss, 2008: 114-115).

해석주의에 속한 대부분의 질적 분석방법들은 현상을 '범주들'로 떼어내어 명명하고, 이 범주들을 상호 연결짓는 방법을 제시한다. 근거이론 방법도 여기서 예외가 아니다. 근거이론 방법은 자료를 범주들로 해체하여 재구성하는 과정에서 일련의 코딩단계들과 전략들(지속적 비교방법, 질문하기, 이론적 표집, 메모)을 제시한다. 글레이저와 스트라우스 둘 다 이론 개발을 위해 코딩단계와 전략에 대해 이야기한다.

글레이저는 근거이론은 지속적으로 코딩하고, 비교하고, 분석하고, 메모하면서 중립적 질문을 던지면 된다고 할 정도로 간단하다. 그에 의하면, 코딩은 범주와 속성이 출현하도록 지속적 비교방법을 통해 자료를 개념화하는 것이다. 범주와 속성은 지속적 비교방법을 사용하고 질문을 던지면 출현한다. 근거이론은 이 지속적 비교와 질문하기를 통해 핵심범주를 도출하고, 이 핵심범주를 중심으로 이론적 표집을 시행하여 범주들을 포화시켜 나가면서, 출현하는 범주들 간의 관계를 이론적 코드들로 코딩하면 출현한다.

이에 비해, 스트라우스와 코빈의 방법은 '차원'을 찾아야 한다거나, 패러다임 모형이나, 조건/결과모형, 각종 비교기법들을 사용할 것을 요구한다. 그리고 이런 것들이 어떻게 통합되고 조합되어 이론적 패턴을 도출하게 되는지 복잡하다. 초심자를 위해 많은 분석전략과 도구를 제시한 것은 좋지만, 그것들이 오히려 분석을 방해할 수도 있다.

앞에서 살펴보았듯이, 글레이저의 방법은 스트라우스의 방법보다 자연스럽고 간단하다.

4. 근거이론 분석의 핵심 전략: 지속적 비교와 이론적 표집

1) 지속적 비교방법

(1) 의도적 지적 활동으로서의 지속적 비교

비교한다는 것은 우리의 삶에서 너무 자연스럽고 일상화되어 있고 공기와 같아서 그것의 의식작용을 의식하기가 쉽지 않다. '비교'는 질적 분석의 핵심적 전략이자 원리이다. 자료들을 비교하지 않고는 질적 분석이 이루어질 수 없고, 분석의 타당성을 확보하기도 어렵다. 질적 분석에서 이러한 비교의 중요성을 가장 분명히 보여준 것은 근거이론 방법에서이다. 글레이저와 스트라우스는 『근거이론의 발견』(1967)에서 이론 개발의 핵심 전략으로 비교분석(comparative analysis)을 중요하게 다루었다.

근거이론에서 사용하는 비교의 원리는 "지속적 비교방법(constant comparative method)"으로 불린다. 지속적 비교방법은 질적분석에서 가장 널리 사용된다. 지속적 비교방법은 근거이론을 개발하는 데 반드시 사용되지만, 근거이론 안에만 국한되지 않는다. 그것은 근거이론을 넘어, 근거이론 밖에서 질적 자료분석의 핵심 전략으로 사용되며, 그 활용의 범위는 점차 확장되어 가고 있다.

지속적 비교방법은 범주들과 속성들을 개발하고, 포화시키고, 통합시키기 위해 자료와 자료를 비교하고, 자료와 개념들을 비교하는 것이다. 이것은 우리의 일상생활에서 '자연스럽게' 일어나는 단순한 비교 그 이상의 활동이다. 질적 분석에서 지속적 비교는 '의도적'으로 행해지는 쉽지 않은 지적 활동이다. 근거이론에서 지속적 비교방법은 분석을 위한 기계적 활동이 아니라, 근거이론의 개발을 가능하게 하는 지적활동이다. 그러나 지속적 비교방법의 원리는 간단하다.

(2) 근거이론에서 지속적 비교의 위상

그런데 글레이저와 스트라우스는 이 지속적 비교방법에 대해 서로 다른 견해를 제시하였다. 우선 글레이저는 스트라우스보다 근거이론 개발에서 지속적 비교방법이 갖는 중요도와 위상을 훨씬 더 강조한다. 글레이저에게 지속적 비교방법은 근거이론 분석의 전 과정에서 지배적 원리로 작동한다.

예를 들어, 그는 지속적 비교방법은 개방코딩에서 자료에 대한 이론적 민감성을 높이기 위한 유일한 기법으로 보았다(Glaser, 1992). 글레이저는 코딩방법들은 물론이고 이론적 표집도 지속적 비교방법의 일부로 간주할 정도로, 분석과정에서 지속적 비교방법의 우위를 분명히 하였다. 그러나 스트라우스는 지속적 비교방법보다는 코딩방법을 지속적 비교 방법의 위에 위치시켰다(Walker & Myrick, 2006).

글레이저가 근거이론에서 지속적 비교방법을 이론 개발의 가장 중요한 전략으로 위치 짓는 이유는, 이 방법이 자료를 강제하지 않으면서 범주와 속성이 출현할 수 있도록 하는 가장 좋은 방법이기 때문이다. 출현과 귀납에 의한 근거이론을 개발하기 위해서는 반드시 지속적 비교방법을 필요로 한다. 글레이저는 지속적 비교방법의 이러한 측면을 강조하여 근거이론 분석의 가장 우위에 두었다. 지속적 비교는 초기에 선지식의 적용을 자제하면서 자료 안에서 지속적으로 상호

비교함으로써 분석의 타당성을 높여준다.

(3) 지속적 비교의 방법

앞에서 언급했듯이, 지속적 비교방법은 근거이론 분석의 전 과정에서 이루어진다. 개방코딩-축코딩-선택코딩(스트라우스와 코빈), 혹은 개방코딩-선택코딩-이론적 코딩(글레이저)의 전 과정에서 지속적 비교가 이루어진다. 따라서 근거이론 연구자가 가장 명심해야 할 것은 분석의 전 과정에서 지속적 비교라는 방법을 잊지 않고 항시 유념하여 자료에 적용시키는 것이다. 그런데 문제는 지속적 비교의 구체적 방법과 절차가 명확하지 않다는 점이다. 많은 논문에서 지속적 비교를 사용했다는 말만 있을 뿐, 구체적 방법과 절차를 명기한 경우는 찾아보기 힘들다.

① 글레이저의 지속적 비교방법

지속적 비교에 관해서는 스트라우스와 코빈보다 글레이저가 더 중요하게, 좀 더 명확하게 이야기하였다. 우선, 글레이저는 근거이론을 개발하는 전 과정에서 사건(incidents)과 사건, 사건과 개념, 개념과 개념을 비교하라고 했다. 그에 의하면, 지속적 비교는 자료 속에 있는 '사건'들을 비교하고, 자료에서 출현한 개념과 사건을 비교하고, 출현한 개념과 개념을 비교하는 것이다. 글레이저는 개방코딩을 지속적 비교방법의 최초 단계로, 이론적 표집을 지속적 비교방법의 일부로 본다. 범주와 속성은 지속적 비교방법을 사용하고 질문을 던지면 출현한다.

글레이저에 의하면, 근거이론은 이 지속적 비교와 질문하기를 통해 핵심범주를 도출하고, 이 핵심범주를 중심으로 이론적 표집을 시행하여 범주들을 포화시켜 나가면서, 출현하는 범주들 간의 관계를 이론적 코드들로 코딩하면 출현한다. 글레이저에게 지속적 비교는 여타의 근거이론 방법들보다 우위에 있고 그들을 이끈다. 따라서 근거이론 연구자는 자료와 자료를 비교하고, 자료와 출현하는 개념을 비교하는 간단한 작업만 하면 된다. 이렇게 지속적 비교방법을 사용하면, 힘을 가진 개념을 빠르고 쉽고 즐겁게 얻을 수 있다. 이 과정에서 범주들은 비교를 통해 나타나고, 속성들은 더 많은 비교를 통해 출현한다.

특히, 근거이론 개발에서 지속적 비교는 초기의 문헌고찰과 연관된다. 사건과 사건, 사건과 개념을 비교하라고 하지만, 이 과정에서 문헌 속의 개념들이 비교과정에서 자연스럽게 작동하기 때문이다. 글레이저는 지속적 비교를 할 때 초기에 문헌과의 비교를 가능한 자제할 것을 요구한다. '범주들이 충분이 드러났다고 생각되면' 그때 문헌과의 비교를 권한다. 글레이저의 이러한 권고는 그의 근거이론 방법이 출현과 귀납에 근거하고 있기 때문이다. 그러나 스트라우스와 코빈은 초기 분석과정에서 문헌과의 비교를 허용하는데, 문헌고찰이 자료분석의 렌즈를 촉진한다고 보았다. 글레이저의 지속적 비교는 스트라우스와 코빈의 지속적 비교보다 에믹(emic)을 더 강하게 견지한다.

글레이저의 지속적 비교가 에믹 관점을 강조한다 하여, 지속적 비교 과정에서 해석 행위가 사라지는 것은 아니다. 오히려 지속적 비교는 지속적인 해석 행위이다. 연구자는 지속적 비교를 통해 라벨을 부여하는데, 라벨을 부여하는 것이 곧 해석이다. 이처럼 '의도적' 지속적 비교는 해석과 함께 이루어지며 복잡한 사회적 현상을 좀 더 간단한 명제로 해석하게 만들어준다. 또한 글레이저가 초기에 문헌고찰을 반대한다 하여 개인적 경험에 근거한 자연적이고 상식적인 수준의 해석 행위까지 부인하는 것은 아니다. 그가 말하고자 하는 것은, 문헌고찰을 통해 얻는 이론이나 선지식이, 실재하는 사회적 세계를 먼저 규정지어서는 안 된다는 것이다.

② 스트라우스와 코빈의 지속적 비교방법

스트라우스와 코빈도 근거이론의 기본 작업으로 비교하기와 질문하기를 제안한다. 그러나 글레이저와 비교하면, 비교하기는 덜 강조되고 질문하기는 더 강조된다. 특히, 비교하기의 방법에서 차이가 있다. 스트라우스와 코빈은 글레이저가 사용한 단순하고 자연스런 비교 외에 여러 다양한 비교방법을 사용한다.

가장 대표적으로, 스트라우스와 코빈의 비교하기는 단순한 사건 대 사건을 비교하여 범주와 속성을 찾아내는 것을 넘어, 속성과 차원까지 찾아내야 한다. 이미 앞에서 언급했듯이, 스트라우스와 코빈의 코딩에서는 범주의 속성만이 아니라 차원까지 고려되기 때문이다. 그리고 이들 속성과 차원으로 사건을 분류하거나 정의할 수 없을 때 "이론적 비교"(theoretical comparisons)라는 것을 사용한다.

이론적 비교는 어떤 현상을 속성과 차원 수준에서 바라봄으로써 그 현상을 이해하는 도구이다. 만약 자료 속에서 속성이 자명하게 드러나면 이론적 비교를 할 필요가 없다. 이론적 비교는 자료 내 사건의 의미가 무엇인지 벽에 부딪칠 때나, 사건에 대해 다른 방식으로 생각하고 싶을 때 사용한다. 이론적 비교의 기제는 간단하다. 우리의 경험이나 문헌에서 우리가 연구하는 어떤 사건과 유사한 사건을 대상으로 그 속성과 차원에 관해 생각해 보는 것이다. 이렇게 함으로써 혼란스럽고 모호했던 사건의 속성과 차원을 찾아낼 수 있다. 이론적 비교에 사용하는 사건들은 자료 안의 사건과 유사할 수도, 다를 수도 있다. 즉, 이론적 비교의 대상이 사회복지사와 정신과의사처럼 유사할 수도 있지만, 정신과 의사와 성매매자를 비교하는 것처럼 극단적 비교가 이루어질 수도 있다(스트라우스·코빈, 2001; Corbin & Strauss,

2008).

예를 들어, 어떤 사회복지 전담공무원과의 인터뷰에서 “제가 만나는 수급자들은 온순하기도 하고 공격적이기도 해요”라는 말의 의미를 이해하기 위해서 우리는 “온순한”과 “공격적”을 비교해 볼 수 있다. 비교를 통해 속성이 드러나면 이론적 비교를 할 필요가 없다. 그러나 지속적 비교를 해도 속성이 드러나지 않을 때, 이론적 비교를 한다. 연구자는 자신의 경험과 문헌을 근거로 하여 비교의 대상을 찾는다. 연구자는 공격적인 알코올중독자를 선택할 수도 또는 극단적 비교를 위해 공격적인 성직자를 선택할 수도 있다. 연구자는 알코올중독자와 성직자의 “공격적” 특성을 검토하면서 그 속성들을 찾아낼 수 있다. 그리고 여기서 찾은 속성들을 자료를 검토하는 데 사용한다.

이처럼 스트라우스와 코빈의 지속적 비교는 속성만이 아니라 차원까지도 분석하며, 자료 내에서의 비교를 넘어 연구자의 경험과 문헌들 속에서 비교의 실마리를 찾아낸다. 이는 글레이저가, 범주가 명확히 드러나기 전까지는 자료 내에서 지속적 비교를 통해 범주와 속성을 출현하게 하는 것과 다르다. 스트라우스의 지속적 비교 방법은 한편으로 속성과 차원을 찾아내도록 촉진하는 다양한 방법을 강구한다는 측면이 있지만, 동시에 자료로부터 출현하는 이론을 도출한다는 근거이론 원작의 핵심 원리의 궤도를 벗어날 가능성도 함께 갖고 있다.

그렇다고 스트라우스와 코빈의 방법에 의한 근거이론이 근거이론이 아니라고 말하기는 어렵다. 그들이 자료를 바라보고 자료에 접근하는 방법이 글레이저와 다르지만, 그것을 근거이론이 아니라고 말하는 것은 근거이론을 너무 협소하게 바라본 것이다. 다만, 근거이론을 개발하려는 연구자는 자료를 사고하고 자료에 접근하는 방법상의 차이를 이해하고, 그 차이를 자신의 연구와 연관지어 생각해 보고, 누구의 접근방법을 선택할지 결정해야 한다.

(4) 지속적 비교방법의 효과

일상의 삶에서 비교가 이루어지지 않으면 사람들은 무엇이 무엇인지 가늠할 수 없다. 비교를 통해 유사한 것을 묶어보는 유형화가 없다면 일상의 삶은 불가능 하다. 지속적 비교방법은 일상의 삶에서 이루어지는 자연스런 비교를 보다 의도적이고 의식적인 비교로 전환하여 질적 자료분석에 적용한다. 물론 지속적 비교가 자료의 "근거"를 보장하지는 않는다. 그러나 지속적 비교는 자료들이 다른 모든 자료와 체계적으로 비교되어야 함을 확인해 준다(Farm, 2013: 2). 지속적 비교방법을 자료분석에 적극적이고 의도적으로 사용할 때 다음과 같은 효과가 나타난다.

첫째, 질적 분석에서 가장 중요한 자료에 대한 민감성을 촉진해 준다. 자료를 의도적으로 비교해 봄으로써, 어떤 사건이나 개념의 구체적 실체가 더 선명히 드러난다. 비교를 하면 유사점과 차이점이 드러나며, 유사한 것을 묶어봄으로써 사물의 고유한 위치를 알게 된다. 범주와 속성의 위치를 쉽게 알 수 있게 되어, 자료 속에 내재한 스토리의 구조를 보다 쉽게 파악할 수 있다.

둘째, 자료들이 어떻게 조직화되어 있는지, 무엇이 어떻게 연결되어 있는지를 보게 해 줌으로써, 질서 없이 산만하게 흩어져 있는 자료 조각들이 어디에 위치하고 어떤 의미를 갖는지를 알게 해 준다.

셋째, 지속적으로 비교함으로써 사건의 표면만이 아니라 사건의 이면을 볼 수 있게 함으로써, 잘못된 해석이나 의미로 나아가는 것을 막아준다. 이는 결국 지속적 비교를 하면 연구자가 자료에 밀착하고 몰입하게 하여, 자료를 보다 입체적으로 이해함으로써 자료가 말하려는 진정한 의미, 즉 자료의 이면을 좀 더 잘 알게 해 준다.

넷째, 분석 초기에 연구자가 가진 선입견과 편견이 자료에 작동하는 것을 막아준다. 비교를 의도적으로 하다 보면, 자료들 간의 비교가 중심이 되면서 자료 조각들 각각의 위치가 저절로 배치되기 때문에 연구자의 선입견이 개입할 여지를 줄여주게 된다. 따라서 지속적 비교를 통한 분석은 에믹적 연구결과, 즉 연구참여자가 말한 바로 그것을 포착하게 해주는 힘이 있다.

다섯째, 연구자로 하여금 사회적 행위가 이루어지는 맥락에 민감하도록 함으로써, 다양한 수준의 맥락들을 포착할 수 있게 해준다. 다수의 질적연구에서 행위자의 행위만 중시되고 그 행위가 이루어지는 맥락이 간과되고 있다. 맥락이 빠져버리거나 맥락의 짜임새 있는 작용을 포착하지 못하면, 그 연구는 설득력을 상실한다. 연구자는 지속적으로 비교함으로써 자료에 대한 민감성을 향상하고, 그로 인해 자료 안에 산만하게 흩어져 있는 맥락의 형체들을 알아차릴 수 있게 된다.

이처럼 지속적 비교하기는 근거이론을 개발하는 경우만이 아니라 질적연구 전반에서 연구자로 하여금 자료에 밀착하고 자료를 존중하게 하는 경지로 인도한다. 아마도 질적분석에서 지속적 비교하기의 중요성을 가장 강조한 사람은 글레이저일 것이다. 그는 코딩 방법에 경도되었던 근거이론 분석을 지속적 비교방법으로 이동시켰다.

지속적 비교는 오늘날 근거이론이라는 질적접근의 한 범위에 머무르지 않고, 다양한 형태의 질적연구로 확장되고 있다. 현재로서, 지속적 비교방법의 진화 양상은 두 가지 측면에서 고찰할 수 있다. 하나는, 지속적 비교방법이 근거이론 밖에서도 사용가능하며, 다른 분석방법과 함께 사용될 수 있다는 것이다. 그리고 다른 하나는, 지속적 비교는 이제 근거이론을 개발하기 위한 하나의 기법에 불과하지 않고, 오히려 거꾸로 지속적 비교방법을 어떻게 수용하고 사용하는가가 방법론을 결정할 수 있다는 것이다. 즉, 지속적 비교방법과 이론적 개념을 혼합하여 사용하는 정도나 방식 여하에 따라, 해당 분석이 연역적이고 이론을 검증할지 아니면 귀납적이고 특정 맥락을 위한 이론을 개발할지가 결정된다는 것이다. 지속적 비교에 대한 이러한 동향은 지속적 비교가 질적연구 설계와 분석을 비롯한 전반에서 매우 중요한 위치를 점하고 있음을 말해주는 것이다.

2) 이론적 표집

(1) 이론 개발에서 이론적 표집의 중요성

근거이론을 산출하기 위해 사용되는 주요 방법들은 지속적 비교, 이론적 표집(theoretical sampling), 코딩방법, 메모이다. 이들 방법은 자료분석의 전 과정에 작동하면서 근거이론의 개발을 돕는다. 글레이저와 스트라우스(1967)는 이론적 표집에 대해 "이론창출을 위한 자료수집의 과정으로, 이론 개발을 위해 자료를 수집하고 코딩하고 분석해서 그 다음에 어떤 자료를 수집할지, 어디서 자료를 찾을지를 결정하는 것"이라 하였다. 이 정의만 놓고 보면 이론적 표집은 질적연구에서 행해지는 여타의 표집과 별 차이가 없어 보인다. 그러나 이론적 표집은 질적연구에서 사용되는 관례적인 자료수집 방법과는 뚜렷이 구별된다.

이론적 표집과 관련해 가장 주요하게 제기되는 문제는 이론적 표집을 사용했다고 진술하고 있지만 사실은 이론적 표집이 아닌 선택적 표집(selective sampling)을 사용하고 있는 경우가 아주 많다는 것이다. 글레이저에 의하면, 이론적 표집을 사용하지 않은 이론은 근거이론이라 할 수 없다. 이론적 표집은 사전에 계획되고 정해진 일련의 연구참여자를 선택하는 선택적 표집과 달리 출현하는 범주나 이론에 따라 통제되는, 사전에 계획되지 않고 필요에 따라 자료를 표집한다.

중요한 것은 근거이론 연구에서 이론적 표집이 아닌 선택적 표집을 사용하면 이론 개발이 방해받는다는 점이다. 즉, 이론적 표집을 사용하지 않고 선택적 표집을 사용하면 개념의 간명성과 추상성, 일반성이 떨어져 이론이 아닌 서술 혹은 개념적 서술 연구를 산출하게 된다. 글레이저는 '서술'을 현상의 전 범위를 설명하는 것으로, 근거이론은 핵심범주를 중심으로 현상의 '변이'를 설명해 주는 것으로 구분하였다. 이렇게 이론적 표집을 충분히 추출하지 않게 되면 그 연구는 간명성, 추상성, 일반성이 낮은 서술에 머물게 된다. 그러므로 연구자가 서술이나 개념적 서술이 아닌 이론, 특히 근거이론을 창출하기 원한다면 이론적 표집은 필수적이다.

(2) 이론적 표집의 절차

① 이론적 표집의 특징

이론적 표집은 해당 연구가 근거이론임을 보증해주는 중요한 기준점이다. 그러나 문제는 이론적 표집이 어떻게 이루어져야 하는지에 대한 구체적 지침이 없다는 점이다. 이론적 표집을 최초로 언급한 것은 1967년『근거이론의 발견』에서이다. 여기서 글레이저와 스트라우스는 이론적 표집의 기준과 원리적 수준의 개략적 과정에 대해 기술하였다. 이후 이론적 표집의 실행에 관한 방법상의 변이들이 제시되고 있기는 하지만, 근본적으로 1967년 원작의 논의 수준을 넘어서지 못하고 있다.

이론적 표집이 다른 관례적 표집방법들과 가장 구별되는 지점은 이론적 표집의 자료수집 과정이 출현하는 개념이나 이론에 근거해 이루어진다는 점이다. 즉 이론적 표집은 출현하는 이론의 범주와 속성을 정교화하고 포화시키기 위해 지속적으로 비교분석해 가는 과정에서 다음에 어떤 자료를 수집해야 할지 알려주는 방향키이다. 이처럼 이론적 표집의 기준은 인구집단이 아니라 출현하는 개념이라는 점에서 특이성을 갖는다. 따라서 이론적 표집은 출현하는 개념에 의해 통제되며, 자료와 개념을 왔다 갔다 하면서 이루어진다.

② 글레이저의 이론적 표집

글레이저에 의하면, 이론적 표집은 지속적 비교분석이 없으면 불가능하며, 지속적 비교분석 없이 이론적 표집 또한 불가능하다. 따라서 이론적 표집은 근거이론 개발을 위한 자료수집 방법이기는 하지만 동시에 자료분석의 방법이기도 하다고 할 정도로 근거이론에서 분석과정(코딩과정)과 밀접히 연결되어 있다. 그 이유는 이론적 표집 자체가 출현하는 코드, 개념에 근거해 이루어지기 때문이다. 글레이저는 근거이론 개발에서 코딩방법보다 지속적 비교방법과 이론적 표집의 중요성을 더 강조했다. 글레이저의 이론적 표집은 1967 원작(근거이론의 발견)의 방법을 계승하고 있다.

글레이저의 이론적 표집의 일반적 절차는 우선, 지속적 비교방법을 통해 초기 원자료에서 코드를 끌어낸다. 주요 범주가 빠른 속도로 나타나는 초기 개방코딩에서는 관련성 있다고 보이는 모든 방향에서 표집이 이루어진다.[9] 그 다음, 연구자는 실체이론에 관한 문헌 및 초기 원자료에서 나온 핵심적 코드를 초점으로 이후의 자료수집의 방향을

---

9) 이는 이론적 표집의 시작점이 개방코딩 이후임을 시사한다. 그렇다고 글레이저가 선택코딩부터 이론적 표집이 이루어진다고 명확히 말하지는 않았다. 그는 "범주나 범주의 속성들이 충분히 근거하고 있다고 여겨지면"이라든가, "핵심범주가 기준이 된다"고만 말하였다. 따라서 글레이저가 말하는 이론적 표집의 시작점을 범주와 속성들이 충분히 드러날 때 시작한다고 이해하면 될 것으로 생각된다. 또한 근거이론 연구자 중에는 근거이론에서 부정적 사례를 표집해야 한다고 주장하기도 하나, 글레이저는 자료 안에는 늘 변이가 있기 때문에 그것이 긍정적 사례든 부정적 사례이든 무관하며, 만일 부정적 사례를 찾아 분석하면 근거이론 개발을 방해한다고 보았다.

정하고, 코드들의 속성과 연관관계가 이론적으로 발전될 때까지 비교집단을 표집한다. 이론적 표집의 기준은 도출된 아이디어 혹은 그 아이디어로부터 연역된 아이디어들이다.

이론적 표집의 초기결정은 선입적인 개념적 틀이 아니라, 출현하는 이론에 의해 이루어진다. 출현한 코드들을 근거로 하여 다음에 어떤 비교집단 혹은 하위집단을 찾아 나선다. 이론적 표집 과정에서 처음에는 차이를 최소화하는 비교집단을 선택해 기본적 범주와 속성을 확실히 하고, 그 다음에는 차이를 최대화하는 비교집단을 선택하여 범주들의 속성을 명확히 한다. 근거이론의 범위는 이 차이를 얼마나 최대화하여 집단을 선택하느냐에 달려 있다.

글레이저에 의하면, 이론적 문헌은 이론적 표집을 자극하지만, 자료와의 관련성을 해칠 위험이 있으므로 자료에서 발견된 개념적 틀이 안정화될 때까지는 이론적 문헌읽기를 조심할 필요가 있다. 이론적 표집은 코드들이 포화되고, 정교화되고, 출현하는 이론에 통합될 때 끝난다. 이처럼 이론적 표집의 관점에서 근거이론 방법은 코드를 발견하고, 발견된 코드에 근거해 비교집단을 찾아 그 코드들을 포화시키는 과정이다.

③ 스트라우스와 코빈의 이론적 표집

스트라우스와 코빈에게도 이론적 표집은 연구 시작 전에 미리 결정하지 않고, 발견되는 개념에 근거해 표본을 추출하는 것이다. 그러나 이들에게 이론적 표집의 목표는 개념의 속성을 변화시키는 차원이나 조건을 탐색하는 것이다. 즉, 이론적 표집은 속성과 차원의 측면에서 범주가 어떻게 변화하는지 결정하기 위해 사건을 비교하는 기회를 최대화하기 위한 것이다. 예를 들어, 사회복지사의 "자율권"(범주)이 복지기관의 특성에 따라 다르다는 사실이 나타나면, 연구자는 종합복지관과 단종복지관별로 구분하여 표집하여 자료를 수집한다.

스트라우스와 코빈의 이론적 표집은 글레이저와 달리 코딩의 단계별로 특징적 표집이 이루어진다. 개방코딩 단계에서는 개방 표집(open sampling), 축코딩에서는 관계적, 변이적 표집(relational and variational sampling), 선택코딩에서는 차별적 표집(discrisampling)이 이루어진다. 그리고 이들 모두를 이론적 표집의 절차에 포함시킨다(스트라우스 · 코빈, 2001).

이론적 표집은 연구가 진행되면서 더 구체화된다. 처음에는 다양하고 많은 범주를 만들어내야 하므로 다양하고 넓은 영역에서 자료를 수집한다. 이때는 범주를 발견하기 위해 최대의 기회를 제공해 줄 수 있는 사람이나 장소, 상황을 표집한다. 범주를 발전시키는 자료를 체계적으로 수집하고, 자료수집이 개방되어 흘러가도록 한다(스트라우스 · 코빈, 2001). 이것이 개방표집이다. 스트라우스와 코빈은 개방표집을 이론적 표집의 절차에 포함시키고 있다.

그러나 개방표집은 개념에 근거해 표집한다는 이론적 표집의 정의에 비추어 볼 때, 이론적 표집의 이전 단계에서 이루어지는 선택적 표집으로 볼 수 있다. 개방표집에서 수집된 자료는 곧 분석해야 한다. 그렇지 않으면 출현하는 개념에 기초해 자료를 수집할 기회를 놓칠 수 있기 때문이다.

이어 연구자는 패러다임 구성요소들 간의 관계를 발견하고 그 근거를 확실히 하기 위해, 그리고 조건-상호작용-결과 내의 차이점과 변화(과정)를 발견하기 위해 표집한다. 이때 이론적으로 관련성이 있는 개념들을 근거로 표집한다. 이것이 '관계적, 변이적 표집'이다. 이론적 표집의 마지막 과정인 '차별적 표집'은 선택코딩에서 이루어지는 스토리 윤곽과 그 요소들 사이의 관계에 대한 입증을 최대화하고, 부족하게 발전된 범주를 채우는 것을 최대화할 수 있는 사람, 장소를 표집한다. 이때 부정적 사례(negative cases)를 통해 자료와 상반되는 가정을 비교하고 수정한다. 그리고 각 범주가 이론적으로 포화될 때까지 표집한다(스트라우스 · 코빈, 2001).

글레이저는 이러한 스트라우스와 코빈의 이론적 표집 방법을 비판하였다. 그는 스트라우스와 코빈의 방법은 전개되는 개념들과의 관련성을 찾고자 표집이 이루어지는 것이 아니라, 연구자가 찾고 있는 것을 입증하기 위해 표집이 이루어지는 것이라고 보았다. 즉, 출현이 이루어지도록 표집하는 것이 아니라, 선호하는 코드를 발견하기 위해 표집이 이루어진다는 것이다. 그러나 동시에 글레이저의 방법에 대해서 지나치게 '출현'에 갇혀 있다는 비판도 제기되고 있다(Farm, 2013).

근거이론은 주로 연구설계를 고려하지 않은 채 분석절차로 훨씬 더 많이 사용되고 있다. 국내외에서 근거이론 방법을 표방한 연구들 중에 근거이론을 찾아보기 어렵다는 평가는 바로 이러한 이유 때문이다. 이러한 정황 때문에 순수한 근거이론을 사용한 연구는 드문 실정이다. 그래서 혹자는 근거이론은 그 진가 이상으로 말로만 사용되고 있고, 질적연구의 그럴듯함을 알리는 홍보물로 받아들여지고 있다고 비판한다.

5. 분석적 귀납: 이론 검증

1) 분석적 귀납의 출발점

질적연구에서 이론개발은 귀납적으로 이루어지지만, 이론검증은 연역적으로 이루어진다. 즉, 이론적 분석은 귀납적으로 이론을 개발하는 것만이 아니라, 연역적으로 이론을 검증하는 것을 포함한다. 물론 질적연구에서 이론을 검증하는 경우는 흔치 않다. 그러나 정책학을 비롯한 응용학문 분야에서 연역적 주제분석을 활용하는 것과 마찬가지로, 이론이나 가설을 검증하는 것에 대한 관심이 늘어가고 있다.

분석적 귀납(Analytic Induction: AI)은 질적연구에서 이론을 검증하는 데 사용되는 대표적 방법 중의 하나로 알려져 있다. 근거이론이 이론 개발을 목표로 한다면 분석적 귀납은 이론 검증을 목표로 한다. 일반적으로 질적연구에서는 가설이나 명제, 이론을 검증하는 것을 꺼려한다. 양적연구의 인과성처럼 그 타당성을 확보하기 어렵다고 생각하기 때문이다(Hammersely, 2008). 그러나 분석적 귀납을 이론 검증만이 아니라 이론 생성의 목적에도 사용할 수 있다고 보기도 한다(플릭, 2009).

분석적 귀납의 출발은 양적연구의 변수중심의 인과관계에 대한 거부감이다. 분석적 귀납을 처음으로 제안한 사람은 사회탐구에 대한 통계적 방법, 즉 확률적 설명을 반대한 즈나니에츠키(Znaniecki)였다. 그는 사회탐구의 핵심이 통계적 일반화가 아닌 보편적 일반화에 있다고 보았다. 따라서 이론과 설명은 확률적인 것이 아니라 보편적인 것에 있었다. 그는 이 보편적 설명은 소수의 사례를 가지고도 설명할 수 있다고 했다(Hammersely & Atkinson, 1995).

그러나 분석적 귀납을 공식화한 사람은 린드스미스(Lindsmith)이다. 린드스미스에 의하면, 통계방법은 인과관계를 확인하기보다 주어진 사실들의 복잡한 표면만 그린다. 그는 "원인은 단순히 사건의 연속에서 선행되는 것을 가리키지 않는다. 원인이란 일련의 상호작용적 과정으로서 단계를 만들어내어 결과가 된다"고 하였다. 원인과 결과는 특정 단계 혹은 측면이라는 것, 즉 '인과과정'에 대한 설명이 필요하다는 것이다(Hammersely, 2008). 인과성을 인과과정으로 보면, 모든 결과는 여러 원인을 갖고, 모든 원인은 여러 결과를 갖는다는 지적 혼돈에서 벗어날 수 있다. 분석적 귀납에서 이론 검증은 변수 중심의 인과관계가 아니라 '인과과정'에 관심이 있다. 분석적 귀납을 주장한 사람들은 사회과학의 핵심이 통계적, 확률적 일반화가 아닌 보편적 일반화(사회의 보편법칙을 찾는 것)에 있다고 보았다.

2) 분석적 귀납의 절차

분석적 귀납의 절차는 분석적 귀납을 주창한 사람에 따라 다소의 차이가 있다. 여기서는 이들 절차의 공통적 부분을 중심으로 분석적 귀납의 절차를 소개하면 다음과 같다(Hammersely, 1995; Phil, 1998; 플릭, 2009 참조).

(1) 설명하고자 하는 현성에 대한 대강의 정의를 내린다.
(2) 이 현상을 보여주는 사례들을 수집한다.
(3) 수집된 사례에 대한 자료를 분석하고, 이들로부터 나온 공통된 요인에서 확인한 것을 토대로 있을 법한 가설적 설명을 개발한다.
(4) (3)에서 설정한 가설적 설명을 검증할 하나의 사례들을 찾아 검토하고, 그 가설이 관찰된 사실과 부합하는지 검토한다.
(5) 만일 이 가설적 설명이 새로운 사례로부터 나온 사실과 부합되지 않을 때는, 가설을 재형성하던가 설명된 현상을 재정의하는 등 가설을 수정한다.
(6) 수정된 가설을 다음 사례에 적용한다. 여러 사례를 분석하다 보면 확실성에 대한 감이 오지만, 부정적 사례가 나타나 가설적 설명을 반박할 수 있다.
(7) 상기 사례가 수정된 가설과 부합하지 않을 때는 부정적 사례를 선택해 새로운 측면을 발견한다. 이 과정은 보편적 관계가 설정

될 때까지 계속한다.

(8) 최종 가설을 결정하기 위해 해당 정의 영역 밖의 사례들을 검토한다.

분석적 귀납에서 부정적 사례는 가설적 설명의 재정의와 재형성을 위해 필요하다. 분석적 귀납은 이처럼 부정적 사례를 분석하거나 통합하여 이론을 검토할 때 사용된다. 따라서 분석적 귀납은 "부정적 사례분석"이라고도 불려진다(플릭, 2009).

3) 분석적 귀납의 문제

분석적 귀납의 문제는 크게 세 가지로 구분하여 생각할 수 있다. 첫째, '분석적 귀납'에서 '귀납'이라는 말의 의미에 대해 명확히 얘기하는 사람이 거의 없다는 점이다(Hammersely, 2008). Phil(1998)에 의하면, 분석적 귀납에서 '귀납'이란 관찰자가 사회현상에 대한 자신들의 경험을 반성해서 '설명'을 형성하는 것이다. 여기서 설명이란 어떤 현상에 대한 추상적 규칙이나 원리를 말한다. 이런 맥락에서 볼 때, 귀납적 분석은 경험세계에 대한 관찰에 근거하여 이론을 보다 체계적으로 만들어내는 방법적 절차이다. 이와 반대로, 관찰 이전에 개념적, 이론적 구조를 형성하는 절차는 연역적 절차이다.

둘째는, 기존의 일반적이고 전통적인 질적연구와 조화를 이루지 못한다는 점이다. 전통적 질적연구들이 현상에 대한 이해와 해석을 목적으로 한다면, 분석적 귀납은 보편적 법칙의 이론을 산출하여 검증하는 것을 목표로 하기 때문이다. 분석적 귀납의 가장 중요한 특징은 통계분석에는 없는 '설명되는 현상에 대한 개념화'라는 점이다. 그리고 이 개념화 과정은 기존의 질적연구의 개념화보다 논리적이다(Hammersely,

2008).

셋째, 가장 결정적으로 분석적 귀납 방법을 사용하는 질적연구가 거의 없다는 점이다. 분석적 귀납은 관찰을 통해 가설을 형성하고, 이를 검증하는 과정을 거쳐야 하기 때문에 많은 노력과 시간이 소요된다. 이런 이유로 분석적 귀납은 연구 현실에서 비용효과성이 떨어진다고 볼 수 있다. 또한 질적연구의 주된 과학적 특성이 정당화의 맥락보다는 발견의 맥락에 있는 이유도 한 요인으로 작용한다. 사람들은 시간과 노력을 최소화하면서도 과학적 타당성을 갖춘 연구를 선호한다. 이런 점에서 분석적 귀납은 논리적으로는 다른 여타의 질적 연구 방법보다 우월하지만, 현실적으로는 그렇지 못하다고 볼 수 있다. 논리적으로 우월한 것이 현실에서도 우월한 것은 아니다.

제15장 시퀀스 분석

질적 자료분석은 크게 범주분석(categorical analysis)과 시퀀스 분석(sequential analysis)[1)]의 두 가지로 구분할 수 있다. 앞에서 언급한 귀납적 주제분석, 연역적 분석, 이론적 분석은 모두 범주분석을 핵심 전략으로 한다. 범주분석의 목적은 주로 현상 이면에 작동하는 '의미'를 찾아내는 데 있다. 그러나 연구자에 따라서는 현상의 의미에는 관심이 없고, 그 현상이 일어나는 '질서'와 '구조'에 관심을 가질 수 있다. 시퀀스 분석은 바로 이러한 관심사를 가진 연구자에 필요한 분석 전략이다. 현상이 일어나는 시퀀스를 분석함으로써 그 질서와 구조를 찾아내는 것이다. 이 장에서는 시퀀스 분석에 대한 일반적 개요를 살펴보고, 시퀀스 분석의 일환이면서 휴먼 서비스와 같은 제도적 세팅 연구에 많이 활용되는 제도적 문화기술지(institutional ethnography)에서의 자료분석에 대해 좀 더 상세하게 살펴보기로 한다.

---

1) 국내에서는 sequential analysis를 '연속체적 분석'(플릭, 2009, 임은미 외 역)으로 번역하였으나, 분석의 특징을 전달하기 어렵다고 생각되어 sequence라는 용어를 그대로 살려 '시퀀스 분석'으로 명명하였다.

1. 시퀀스 분석: 범주분석과의 차이

시퀀스 분석(sequential analysis)은 어느 하나의 특정 분석방법을 지칭하는 것이 아니다. 시퀀스 분석은 현상의 '시퀀스(sequences)'를 보여줌으로써, 사회적 행동과 상호작용들이 무엇을 의미하는지 파악하는 것을 목적으로 하는, 일련의 질적분석 방법들을 범주분석과 구별하여 명명한 용어이다. 시퀀스 분석은 어떤 현상과 사물을 이해하기 위해 '주제'와 '이론'을 찾는 대신, '시퀀스'를 찾는다.

기존의 대부분의 질적연구들은 주제와 이론을 찾기 위해 범주분석(categorical analysis)을 사용한다. 범주분석은 어떤 현상이나 사물을 이해하기 위해 텍스트를 '범주'로 떼어내는 전략을 취한다. 이렇게 텍스트에서 범주들을 떼어내는 이유는, 추상화를 통해 자료에 들어 있는 공통적 의미를 알기 위해서이다. 범주분석을 사용하는 연구자는 사회적 행위나 현상의 의미를 알기 위해 추상화하는 과정에서 불가피하게 해석적 개입을 하게 된다. 예를 들어, 공통적으로 보이는 여러 행위들을 묶어서 나온 하나의 범주에 대해 '억압'이라고 명명하였다면, 그 순간 연구자는 자료를 해석한 것이 된다.

그런데 연구자의 이러한 분석전략의 선택 뒤에는 인간과 사회의 관계에 관한 존재론과 인식론이 작용한다. 자료분석의 전략이나 방법은 단순한 기술이나 기법 이상이다. 그것은 인간과 사회의 관계에 대한 존재론과 인식론에 영향 받는다. 범주분석은 인간의 행동과 사회는 해석적 과정을 거쳐 의미를 산출하는 지속적 과정을 통해 존재한다는 전제가 깔려 있다. 이 입장에서는 모든 사회적 행위들이 일어나는 곳에는 '의미'와 '해석'이 작동한다. 앞에서 언급한 주제 분석과 이론적 분석은 모두 범주분석을 사용한다.

그러나 이와는 달리, 모든 사회적 행위와 상호작용들이 일어나고 전개되는 곳에 '질서'와 '구조'가 있다는 존재론적 입장이 있다. 어떤 연구자는 사회적 행위의 내용이나 의미에 관심을 가지지만, 다른 연구자는 그러한 사회적 행위를 일어나게 만드는 질서와 구조에 관심을 갖는다. 전자와 후자의 연구자의 관심의 차이는, 사실상 인간과 사회의 관계에 대한 존재론적, 인식론적 차이와 연관되어 있다. 전자와 같은 질문에 관심을 가진 연구자는 범주분석을 사용하면 되지만, 만일 후자의 질문에 관심을 가진 연구자는 어떻게 질서와 구조를 자료로부터 찾아낼 수 있을까?

예를 들어, 사례관리자들이 실질적인 사례관리에 실패하는 현상을 목도한 연구자는 사례관리가 왜 실패하게 되는지에 관심을 갖고 연구할 수 있다. 그는 사례관리자들을 인터뷰하거나 관찰하여 그로부터 나온 자료에 대해 범주분석을 시도한다. 연구자는 사례관리자들이 이야기한 경험들을 범주화하여 재구성한다. 연구자는 사례관리의 실패가 사례관리자 개인의 의지나 가치 때문이 아니라, 사례관리의 사회적 토대인 지역사회 자원의 부족과 서비스 제공 기관들 사이의 연계 부족, 그리고 의료적 패러다임의 지배로 인해 발생한다는 것을 보여줄 수 있다.

그러나 범주화를 통한 이러한 분석은 사례관리가 시행되는 구체적인 절차와 구조, 그 안의 상세한 행위들을 보여주지는 못한다. 만일 연구자가 사례관리가 어떻게 실패에 이르게 되는지 그 절차적 과정과 질서에 대한 사실적이고 실제적인 분석을 통해 답을 얻고자 한다면 (하지선, 2016), 범주분석으로는 한계가 있다. 범주분석으로는 단지, 사례관리의 실패를 가져오는 공통의 요소들을 발견하고, 그 요소들이 어떻게 연결되어 하나의 스토리로 이야기될 수 있다는 것을 보여줄 뿐이다. 즉, 연구자에 의해 해석된 실재를 보여주게 된다.

왜냐하면, 범주분석을 하는 과정에서 사례관리의 절차와 과정에서 이루어지는 상세한 행위들이 추상화를 통해 개념 혹은 범주로 환원되기 때문이다. 이렇게 되면 사람들의 상세하고 구체적인 행위들은 추상적인 개념으로 바뀌고, 그 개념 속으로 사라지게 된다. 따라서 범주화 방법으로는 사람들의 상호작용과 사회적 행위들 속에 들어 있는 질서나 구조를 파악하는 데 한계가 있다.

시퀀스 분석은 바로 이러한 한계를 극복하기 위한 전략적 방법이라고 할 수 있다. 범주분석과는 달리, 시퀀스 분석은 분석자료를 시퀀스로 구성(혹은 재구성)한다. 분석자료를 범주로 재배치하는 범주분석은 자료의 전체적인 형태구조(gestalt)를 보여주지 못한다. 그러나 시퀀스는 맥락에 주의하여 범주만으로는 보이지 않는 현상의 질서, 형태구조를 보여준다. 시퀀스 분석은 상호적 행위들이 전개되는 가운데 재생산되는 '사회적 질서(social order)'의 존재를 전제한다(플릭, 2009: 348).

따라서 시퀀스 분석을 사용하는 연구자는 연구문제도 이에 맞게 사회적 현실의 의미가 아닌 사회적 현실을 구성하는 형식적 절차에 초점을 둔다. 예를 들어, 앞의 사례관리에서 연구자는 사례관리가 이루어지는 사회적 질서에 관심을 갖고, 사례관리자들이 사례관리 과정에서 그들의 일을 어떻게 조정해 나가는가와 같은 질문을 던진다. 연구자는 사례관리가 이루어지는 과정에 초점을 두고 사례관리자들이 어떻게 행위하고 움직이는지를 사실적이고 상세하게 묘사할 수 있다. 이렇게 되면 범주분석을 사용할 때보다 훨씬 더 상세하게 사례관리가 이루어지는 시퀀스들을 볼 수 있고, 그 시퀀스들이 어떻게 연결되고 움직이는지를 사실적으로 볼 수 있다.

2. 시퀀스 분석의 종류

1) 시퀀스의 조직화

앞서 언급했듯이, 시퀀스 분석은 상호작용의 수행 그 자체를 만들어내는 사회적 질서에 관심을 가진다. 그리고 이 질서를 그려내기 위해 '시퀀스'에 주목한다. 여기서 시퀀스란 일반적으로 서사를 구성하는 필수적 단위이다. 서사는 시퀀스의 연쇄적 연결로 구성된다. 시퀀스 분석은 시퀀스, 즉 현상을 이루는 사건들의 연속성을 파악함으로써 그 현상 자체를 만들어내는 '질서'나 '구조'를 파악한다.

그런데 시퀀스는 시간의 흐름에 따라 다양한 방식으로 발전한다. 가장 단순하게 시퀀스는 연대기적으로 발전된다. 연대기적 시퀀스는 시간의 흐름에 따라 시퀀스들이 선형적으로 발전한다. 그러나 서사에서 시퀀스들은 인과적으로 연결되기도 한다(리스먼, 2005). 예를 들어, '복지공무원의 가정방문이 있었고, 클라이언트는 수급자 자격을 얻었다'에서 복지공무원의 방문이 있었기 때문에 클라이언트가 수급자 자격을 얻었다고 볼 수 있다. 복지공무원의 방문과 수급자격 획득은 연속적으로 일어났고, 이 연속에서 각 시퀀스들은 서로 인과적으로 연결된 것이다. 텍스트 속에는 이러한 인과적 연속성 이외에도, 무수히 많은 시퀀스들의 연쇄 방식이 존재한다.

이처럼 시퀀스 분석은 단일한 시퀀스 자체에 대한 분석이 아니라, 시퀀스 조직화(sequential organization)에 대한 분석이라고 할 수 있다. 시퀀스 조직화는 실제로 행해지는 말이나 행동들이 시퀀스상의 어느 위치(sequential position)에 있다고 전제한다(Have, 2007: 6). 사회현실에서 시퀀스의 조직화는 단순히 연대기적으로 구성되지 않고, 다양한 방식의 계기들이 얽혀 복잡하게 구성된다. 그러나 이 복잡한 구성에는 모종의 질서가 있다. 시퀀스 분석을 하는 연구자는 바로 이러한 질서 잡힌 복잡한 모습을 그려내야 한다. 분석의 대상을 범주에 두지 않고 '시퀀스', 좀 더 엄밀히 말하면 시퀀스의 조직화에 두는 시퀀스 분석의 가장 대표주자는 대화분석과 제도적 문화기술지 분석이다.[2)]

2) 대화분석

대화분석(conversation analysis: CA)은 그것이 어떤 장이건 간에, 상호작용하면서 하는 말의 질서(order)를 연구하는 것이다(Have, 2007: 4). 즉, 사회적 행위와 자연스럽게 발생하는 상호작용적 현상에 대해, 그 현상이 어떻게 조직화되는지 그 질서를 기술하고 분석하는 것이다(파타스, 2005: 60). 따라서 대화분석은 질서를 발견하고, 발견된 질서를 기술하고 분석한다. 복지공무원과 수급자와의 전화 대화라든가, 진료실에서 의사와 환자 사이의 대화, 또는 가족치료사와 내담자와의 치료적 대화 등이 그 예이다.

대화분석의 기본적 가정은 어떤 중요한 활동도 말없이는 행해질 수 없기 때문에, 상호작용하면서 하는 말은 그것이 일상적 관심사이건 사회적 수준의 관심사이건 모두 중요하다는 것이다. 대화분석가는 "만사에는 질서가 있다"고 가정하기 때문에, 개념화된 범주로 현상에 질서를 부과하는 것이 아니라, 이미 존재하는 바로 그 질서를 발견하고자 한다(파타스, 2005: 8). 이처럼 대화분석의 목적은 상호작용적 대화 속에서 계속적으로 만들어지는 질서를 그려내는 것이다. 이를 위해 시퀀스에 주목한다. 시퀀스는 연속적으로 조직되어 있고, 상호작용하는 특정 맥락에 맞춰서 이루어진다. 대화분석의 일반적 목적은

2) 플릭(2009)은 시퀀스 분석의 예로 내러티브 분석, 대화분석, 담론분석, 객관적 해석학을 들었다.

시퀀스 분석이다(Have, 2007: 6).

따라서 이들은 추상화된 개념이나 이론을 사용하지 않는다. 풍부한 개념화 대신 현상을 묘사하는 것을 추구한다. 그럼으로써 현상의 구조와 질서에 보다 밀접하게 다가가고 표현할 수 있다고 본다. 자연스러운 사회적 행위의 조직화를 발견하고 분석하기 위해 추상적인 개념화와 이론적 공식화를 기피한다. 따라서 연구결과를 이론적이거나 추상적인 용어로 제시하는 태도를 거부한다(파타스, 2005: 7-8, 83).

대화분석은 흔히 상호작용하는 사람들의 대화에 초점을 두기 때문에, 연구하는 현상들이 대화의 미시적인 시퀀스만을 보여줄 뿐이어서 거시적인 사회구조나 과정을 이해하지 못하는 것으로 오해한다. 왜냐하면 대화분석의 초기 논문들이 언어학, 인류학 저널에 실리면서 대화분석이 언어사용과 말로 하는 의사소통 연구에 기여하는 것으로 인식되었기 때문이다(Have, 2007: 9).

그러나 대화분석의 출발은 사회학이었다. 가핑클의 민속방법론과 고프만의 상호작용 질서에 대한 개념적 연구들은 대화분석의 토대이다. 오늘날 대화분석은 상호작용적 대화가 어떻게 채택되고, 조합 또는 배열되어 사회적 구조를 반영적으로 생산하고 재생산하게 되는지를 밝힌다. 이러한 관점에서, 대화분석의 상호작용적 대화는 사회구조가 어떻게 생산되는가를 이해하는 통로가 된다(파타스, 2005: 23, 68).

오늘날 대화분석은 두 종류이다. 하나는 '순수 대화분석(pure CA)'으로, 대화분석이 발전하던 초기에 대화자들의 상호작용 질서와 구조에 관심을 두었다. 이들은 대화 과정의 토대이면서 대화 과정에 스며들어 있는 제도적인 것에 대한 관심보다는, 상호작용 대화 그 자체에 대한 분석을 주로 한다. 다른 하나는 '응용 대화분석(applied CA)'으로, 제도에 기반을 둔 자료에 관심을 갖고, 사람들의 상호작용적 대화 속에 들어 있는 사회적이고 제도적인 질서, 조직화를 연구한다. 응용

대화분석의 가능성은 아주 다양하다. 건강보호나 사회복지, 심리치료, 재판, 경찰조사, 정치 등과 같은 무수히 많은 제도적 세팅에서 클라이언트와 작업하는 현상에 적용할 수 있다(Have, 2007: 7-11)(대화분석의 구체적 분석방법에 대해서는 Have(2007)의 저서를 참조).

3) 제도적 문화기술지 분석

5장에서 언급한 바와 같이, 제도적 문화기술지(institutional ethnography)는 질적연구방법의 하나이다. 그러나 그것은 해석적 질적연구방법에 속하지 않는다. 또한 제도적 문화기술지는 문화기술지의 아류도 아니다. 오히려 제도적 문화기술지는 기존의 문화기술지와는 정 반대에 있거나 혹은 다른 패러다임의 질적연구방법이다.[3)]

제도적 문화기술지는 제도적 세팅에서 제도와 사람들 사이에 일어나는 현상들이 어떻게 조직화(organization)되는지 그 실제적이고 사실적인 양상을 그려내는 것을 목표로 한다. 즉, 제도적 문화기술지는 어떤 사회적 현상을 의미와 해석을 하는 행위자의 능력이 아니라, 이들 행위자를 관리하고 질서 짓는 조직화 양상을 통해 이해하려 한다. 좀 더 구체적으로, 제도적 세팅에서 발생하는 문제나 현상을 행위자의 성격이나 능력에서 찾지 않고, 제도적 세팅 내 사람들을 관리하고 질서 짓는 '지식'(예를 들면, 텍스트, 일 지식, 제도적 담론 등)을 통해 보려 한다. 그리고 이 질서는 보다 더 큰 상위의 질서나 담론과 연결되어 있다고 본다.

예를 들어, 복지공무원의 자살을 그 공무원이 수급자와 행정조직으로부터의 압박을 견디지 못한 결과로 이해하는 것이 아니라, 그 압박

---

3) 제도적 문화기술지에 관해서는 『제도적 문화기술지: 사람을 위한 사회학』(김인숙 외 옮김, 2014, 나남출판)이 국내에 번역되어 있다.

을 가능케 만든 제도적 질서, 조직화 양상을 상세히 묘사함으로써 이해하려 한다. 복지공무원을 자살로 이끈 제도적 질서가 있고, 이 질서는 보다 더 큰 질서와 연결되어 있다고 본다. 이를 위해 연구자는 복지공무원이 일하는 제도적 세팅에서 사용되는 텍스트들, 그들의 일 지식, 찾아가는 복지와 같은 제도적 담론이 어떻게 상호작용하여 자살로 이끄는지를 상세히 보여주어야 한다.

일례로, 복지공무원들의 수많은 일들은 사회복지통합전산망이라는 전자 텍스트를 거쳐야 하는데, 이것이 어떻게 복지공무원들의 일을 만들어내고 그 일들이 어떻게 연쇄적으로 작용하여 복지공무원의 특정 행동을 발생시키는지 파악해야 한다. 시퀀스는 이러한 상호작용의 분석과정에서 주요하게 사용되는 개념적 도구이다. 즉, 연구자는 복지공무원을 자살로 이끄는 제도적 시퀀스들이 무엇이고, 그러한 시퀀스들이 어떻게 조지화되는지를 염두에 두고 분석해야 한다.

따라서 제도적 문화기술지는 기존의 해석적 질적연구처럼 어떤 현상의 의미를 탐구하지 않으며, 그에 따른 범주 분석을 사용하지 않는다. 그보다는 사회적 행위와 현상의 시퀀스를 찾아내어 그러한 시퀀스가 어떻게 조직화되는지를 그려낸다. 이러한 시퀀스의 조직화를 통해 우리는 제도적 세팅에서 사람들이 겪는 다양한 경험들을 그러한 경험으로 만든 제도적 질서를 보게 된다. 제도적 문화기술지는 우리들의 삶이 제도적인 것에 얼마나 얽혀 있는지를 보여주는 방법론으로서, 범주분석이 아닌 시퀀스 분석을 핵심 도구로 삼는다.

다음에는 제도적 문화기술지 연구의 실행과정과 그 과정에서 사용되는 방법들에 대해 좀 더 구체적으로 살펴본다. 제도적 문화기술지는 사회복지와 같은 휴먼서비스의 제도적 세팅에 관한 연구에 매우 유용하기 때문이다. 제도적 문화기술지의 자료분석은 자료수집과 별개로 이루어지지 않고, 자료수집과 동시에 이루어진다. 그래서 제도적 문화기술지에서 자료수집은 자료분석의 첫 단계이다. 제도적 문화기술지의 강점은 대화분석과 달리, 제도적 질서 내 시퀀스의 조직화를 분석할 수 있는 방법론적 장치들(입장, 문제틀, 일지식, 텍스트, 담론 등)을 가지고 있다는 점이다. 제도적 문화기술지의 자료분석은 이들 개념적 장치들을 적극 활용하여 이루어진다.

3. 제도적 문화기술지 연구의 실행과정과 분석방법

제도적 문화기술지 연구를 수행하는 단 하나의 길은 없다. 연구자에 따라 여러 가지 방법을 사용한다. 또한 제도적 문화기술지 연구는 연구를 수행하는 방법을 설명하기 어렵다. 연구자들은 단계별로 무엇인가를 찾아낼 수 있기를 기대하지만, 제도적 문화기술지 연구를 실행하기 위한 과정은 패키지로 깔끔하게 묶여지지 않는다(DeVault & McCoy, 2006; Campbell & Gregor, 2004).

제도적 문화기술지는 일상의 구체적인 경험을 확인하고, 그 경험을 모양새 짓는 제도적 과정을 확인하며, 이 제도적 과정이 그 경험의 근거로 어떻게 작동하는지를 분석한다. 이를 위해 제도적 문화기술지는 구체적인 개인의 경험에서 시작하여, 제도적 문화기술지의 주요 개념에 입각해 자료를 수집하고, 자료를 분석하는 과정을 거친다. 그러나 이 과정은 순차적이지 않다. 제도적 문화기술지의 연구과정은 초반부와 후반부가 서로 얽혀 있고, 연결되어 있다. 이것이 많은 연구자들이 제도적 문화기술지의 실행과정을 설명하기 어렵다고 한 이유이다.

1) 누군가의 혹은 연구자 자신의 일상적 경험에서 시작한다

제도적 문화기술지는 개인들의 구체적인 경험, 즉 누군가의 혹은 연구자 자신의 일상적 경험에서 시작된다. 그러나 어떤 연구가 제도적 문화기술지 연구가 되는 것은 개인들의 구체적인 경험에서 시작한다는 것만으로는 안 된다. 제도적 문화기술지 연구가 되기 위해서는 연구자가 개인들의 구체적 경험을 '문제틀(the problematic)'로 바라보면서, 제도적 질서 안의 누군가의 '입장(standpoint)'을 선택해야 한다. 개인들의 경험을 '문제틀'로 바라보고, '입장'을 세우기 위해서 연구자는 어떻게 해야 하는지, 이에 대해 좀 더 구체적으로 살펴보자.

(1) 제도적 문화기술지의 목표를 분명히 인식한다

① 기존 질적연구와 제도적 문화기술지의 목표의 차이를 분명히 인식한다

제도적 문화기술지 연구를 수행하기 위해서는 반드시 제도적 문화기술지의 존재론적, 이론적 개념들에 대해 숙지해야 한다. 그리고 제도적 문화기술지 연구가 기존의 질적연구 접근과 어떤 차이가 있는지를 알아야 한다. 제도적 문화기술지는 구체적인 개인의 경험에서 시작한다. 즉, 제도적 문화기술지의 출발점은 제도적 관계에 말려들고, 제도적 관계를 구성하는 특정 개인의 일상 활동 경험이다(DeVault & McCoy, 2006: 18).

연구자는 일상의 삶에서 이루어지는 누군가의 경험과 맞닥뜨린다. 누군가는 연구자 자신일 수도 있고, 타인인 어떤 개인일 수도 있다. 이 경험이 연구의 출발이 된다. 예를 들면, 사례관리자들이 사례관리 과정에서 좌절하고 실패하는 경험, 복지공무원의 자살 경험, 가출 청

소년들이 복지서비스의 망을 벗어나 이탈되는 경험, 부모의 학대로 사망한 10세 아동의 경험, 수학여행 중 선박전복으로 사망한 학생들의 형제자매들의 경험 등 우리의 삶에서 만날 수 있는 무수히 많은 경험들이 제도적 문화기술지 연구의 출발점이다.

이러한 출발점은 기존의 다른 질적연구 접근(해석적 질적연구 접근들을 말함)에서와 다르지 않다. 기존의 여러 질적 접근에서도 개인들의 경험에서 시작되기 때문이다. 그러나 제도적 문화기술지 연구는 기존의 질적연구와 다르다. 기존의 질적연구와 제도적 문화기술지의 목표가 다르기 때문이다. 기존의 질적연구 접근이 경험의 의미를 찾고 해석하는 데 목표를 두고 경험의 공통성과 패턴을 찾아내려 하는 반면, 제도적 문화기술지는 경험의 조직화, 즉 그 경험이 어떻게 그러한 경험이 되었는지를 묘사적으로 그려내고자(mapping) 한다. 제도적 문화기술지의 목표는 사람들의 일상의 삶이 제도에 의해 어떻게 말려들고 조직화되는지를 탐구하는 데 있다.

이처럼 제도적 문화기술지는 개인의 경험을 자료로 삼고 그 경험으로부터 출발하지만, 기존 질적연구 접근에서처럼 개인의 경험을 연구하지 않는다. 그렇다고 제도적 문화기술지가 제도를 연구하는 것도 아니다(스미스, 2014). 제도적 문화기술지는 사람들의 일상의 경험이 어떻게 그렇게 일어나게 된 것인지를, 그들의 삶 속에 실제로 존재하지만 관찰되지 않은 조직화 양상을 연구한다. 즉, 제도적 문화기술지는 일상 경험에 내재한 사회적 조직화(social organization)를 탐구한다(Smith, 2006).

'사회적 조직화'는 사람들의 행동이 그들의 동기나 의도 너머에 있는 그 어떤 것에 의해 조정된다는 것을 알게 해 주는 개념이다(Campbell, M & Gregor, 2004: 30). 여기서 사회적 조직화를 탐구한다는 것은 일상의 경험에서 제도를 찾아내는 것이 아니다. 그것은 오히려 기존 질적연구의 접근이다. 예를 들어, 기존 질적연구는, 기초수급자들의 일상적 경험을 인터뷰한 자료 속에서 국민기초생활보장법은 물론 빈곤정책과 관련된 제도들의 흔적을 발견할 수 있다. 그리고 이렇게 발견된 제도들의 흔적을 사용하여 개인들의 경험을 설명한다.

그러나 제도적 문화기술지는 개인의 경험을 설명하기 위한 수단으로 경험 속에서 제도들을 찾아내는 것이 아니다. 제도적 문화기술지에서 '조직화'는 일상의 경험이 일어나는 세팅만이 아니라, 그 세팅을 넘어 보다 광범위하게 조직화된다. 예를 들어, 복지공무원들의 좌절과 소진은 행정자치부의 총액인건비 제도, 정부의 사회보장위원회의 결정들과 복잡하게 연결되어 있다. 그들의 소진이 이러한 제도나 위원회 때문에 발생한다고 단순하게 설명하는 것은 제도적 문화기술지 연구가 아니다. 제도적 문화기술지 연구가 되려면 복지공무원들의 좌절이 총액인건비제도나 사회보장위원회와 '어떻게' 연결되어 있는지 그 구체적인 모습을 보여주어야 한다. 제도적 문화기술지는 이 연결을 설명하는 것이 아니라, 연결의 모습을 디테일하게 묘사한다. 악마는 디테일에 있다는 볼테르의 말이 어쩌면 제도적 문화기술지의 일면을 잘 설명해 줄 수 있다.

제도적 문화기술지에서는 이 연결에 '텍스트(text)'가 작용한다고 보고, 이 텍스트의 조정 행위에 초점을 둔다. 그리고 이렇게 해서 조직화된 것을 '초지역적 관계(translocal relation)' 혹은 '지배관계(ruling relation)'라고 부른다. 제도적 문화기술지에서 '제도적(institutional)'이라는 말은 바로 초지역적이고 지배관계 양상으로 조직화되어 가는 상태를 말한다. 제도적 문화기술지는 이 '제도적인 것'을 찾아 묘사하는 것이다. 이처럼 일상의 경험에서 제도를 찾아내는 것과, 일상의 경험에서 초지역적인 것을 발견하는 것은 다르다(Diamond, 2006: 54). 제도적 문화기술지는 개인의 일상 경험에서 초지역적인 조직화를 발견하는 것이다.

② 기존 질적연구의 연구문제와 제도적 문화기술지의 연구문제는 다르다

따라서, 제도적 문화기술지의 초심자들은 기존의 질적연구 접근에서 하던 것과는 다르게 연구주제를 바라보는 방법을 배워야 한다 (Campbell, M & Gregor, 2004: 11). 기존의 질적연구가 경험들 이면에 흐르는 의미와 본질에 관심을 갖고 연구문제를 형성한다면, 제도적 문화기술지는 그 경험들이 어떻게 그렇게 일어나는지 그 시퀀스들의 조직화를 염두에 두고 연구문제를 형성한다.

예를 들어, 바우처 도입으로 인한 사회복지사들의 정체성 변화라는 주제에 대해 기존의 질적연구는 그들의 경험을 통해 정체성 변화의 핵심이 무엇이며, 그 변화의 기저에 작동하는 기제(관료화, 시장화 등)가 무엇인지를 묻는다. 그러나 제도적 문화기술지는 복지사들의 정체성 변화와 관련된 경험들이 어떠한 시퀀스들의 조직화를 통해 그렇게 이루어지는지 알기 위해, 바우처 실천을 하는 복지사들의 일 과정이 어떤지, 그들의 일이 어떻게 조정되는지와 같은 연구질문을 던진다. 이처럼 제도적 문화기술지는 기존의 질적연구 접근으로는 탐구될 수 없는 연구문제에 대한 답을 주는 방법론이다.

한 가지 주목할 것은, 제도적 문화기술지의 연구문제는 연구가 진행되어 가면서 구체화된다는 것이다. 즉, 제도적 문화기술지의 연구문제는 문헌이나 이론 검토를 통해 구성되지 않는다. 그것은 개인의 경험을 '문제틀'로 바라보면서, 문제틀의 양상과 범위를 확장해 가면서 서서히 명료해진다. 이는 제도적 문화기술지가 다른 어떤 접근방법보다 귀납적이고, 발견을 지향하고 있음을 말해준다. 이런 점에서 제도적 문화기술지는 근거이론의 글레이저 방법을 닮았다. 글레이저

의 방법에서 연구문제는 선행연구의 검토를 통해 미리 결정되지 않고 자료를 수집하고 분석을 해 나가면서 저절로 출현한다.

(2) 개인들의 경험을 '문제틀'로 바라보고, 문제틀을 발견한다

앞의 5장에서도 언급했듯이, '문제틀'은 사람들이 말하는 문제도 아니고, 연구자가 답을 찾으려고 던지는 질문도 아니다. '문제틀'은 일상이 복잡하게 얽혀 있다는 것, 이 복잡한 관계가 조직화되어 나타난다는 점을 말해주는 제도적 문화기술지의 핵심 개념이다. 제도적 문화기술지 연구는 일상의 행위나 경험을 '문제틀'로 바라보고, 동시에 이를 통해 '문제틀'을 발견한다.

'문제틀'은 제도적 문화기술지의 연구과정을 통해 발견되어야 하는 영역이다. 연구과정에서 '문제틀'을 적용하면 일상의 행위들이 어떻게 더 큰 조직이나 제도에 엮여 있는지를 알게 된다. 즉, 작은 몸짓 너머에 내포되어 있는 보다 큰 관계를 찾게 된다(Diamond, 2006: 50). 그런데 '문제틀'의 어려움은 그것이 우리 눈에 쉽게 보이지 않고 숨겨져 있다는 점이다(스미스, 2014).

그러면 제도적 문화기술지 연구자는 연구 시작점에서 맞닥뜨리는 개인들의 경험을 어떻게 다루고 생각해야 할까? 어떤 연구가 제도적 문화기술지로 방향을 틀 것인지 여부는 바로 일상 속 개인들의 경험을 '문제틀'로 바라보느냐에 달려 있다. 제도적 문화기술지 연구는 문제틀에서 시작한다. 그렇다면 개인들의 경험을 '문제틀'로 바라보고, 문제틀을 발견하기 위해서는 어떻게 해야 하는가?

① 동일한 제도적 과정에 참여하는 사람들과 인터뷰하고 참여관찰을 한다

사람들의 일상의 경험은 문제틀의 강력한 토대이다. 따라서 문제틀을 발견하기 위해서는 이들의 실제 경험으로 돌아가야 한다. 경험으로 돌아간다는 것은, 인터뷰나 참여관찰과 같은 방법을 사용해 관련된 개인들의 경험을 접하고 더 깊이 들어가는 것이다. 제도적 문화기술지에서 문제틀을 발전시키기 위해서는 표본이 아니라, 동일한 제도적 과정에 참여하는 몇몇 사람들과 인터뷰를 하거나 참여관찰을 한다.

사례관리자의 좌절이라는 경험을 접한 제도적 문화기술지 연구자는, 그들의 경험을 문제틀로 바라보기 위해 또 다른 사례관리자를 인터뷰하거나, 사례관리가 이루어지는 세팅을 참여관찰 해야 한다. 경우에 따라서는, 참여관찰을 너머 위장취업을 할 수도 있다. 연구자는 현장에서 직접 듣는 이야기를 통해 사회적 조직화의 실마리를 얻을 수도 있다. 인터뷰나 참여관찰만이 아니라 문서를 통해서도 문제틀의 근거를 확인할 수 있다.

② 개인들의 경험을 제도적 질서 내에 위치시켜 본다

제도적 문화기술지는 누군가의 경험에서 시작하지만, 연구자가 여기에만 머물러 초지역적인 조직화 과정을 놓쳐서는 안 된다. 연구자가 개인들의 일상 경험에만 머물러서는 제도적 문화기술지 연구라 할 수 없다. 일상 경험을 넘어, 이 경험을 그 경험이 되게 하는 조직화 양상을 그려내야 한다. 그러자면 인터뷰나 관찰에서 발견한 개인들의 경험을 제도적 질서 내에 위치시켜 보는 것이 좋다. 왜냐하면 누구의 경험이든 개인들의 경험은 제도적 질서 내에서 특정 위치(location)를 갖기 때문이다. 이렇게 하면 개인들의 일상적 경험에만 머무르는 연구에서 떠나, 개인의 일상생활에 배태된 일반화된 조직화 관계를 탐구할 수 있다. 도로시 스미스는 이를 "제도적 질서에 개방되어 간다"고 표현하였다(Smith, 2002:25). 예를 들어, 초등학교 교육에 대한 수급자 엄마들의 소외 경험을 학교조직이라는 제도 내에 위치시켜 보는 것이다.

③ 인터뷰나 참여관찰을 통해 문제틀의 기반이 되는 스토리를 찾아낸다

연구자는 참여관찰이나 인터뷰의 자료로부터 문제틀의 기반이 되는 어떤 '스토리'를 찾아낸다. 예를 들어, "그녀의 모피 코트의 여정이 사회정책의 여정이었다"(Diamond, 2006)라든가, 복지공무원의 좌절은 총액인건비 제도와 이어져 있다든가 하는 것이다. 그러나 현장조사 없이도, 연구자가 이미 연구영역에 대한 충분한 경험을 갖고 있을 수 있다. 제도적 문화기술지는 연구자 자신의 경험에서 연구가 시작되는 경우가 많다.

이처럼 문제틀은 이론적으로 발전되지 않고, 예비 인터뷰나 자신의 경험 혹은 참여관찰에서 나온다(스미스, 2014). 연구 초기에 예비 인터뷰를 통해 발견되는 문제틀은 개괄적이고 명확하지 않다. 문제틀이 정교화되고 확장되기 위해서는, 연구가 진행되면서 다양한 위치에 있는 더 많은 사람들과의 인터뷰, 더 많은 장소에 대한 참여관찰이 필요하다. 그리고 무엇보다 중요한 것은, 문제틀은 제도적 문화기술지의 개념들을 사용할 때만이 나타난다는 점이다. 따라서 문제틀은 개인들의 경험에 의해서만 발견되는 것이 아니라, 텍스트와 같은 제도적 문화기술지의 개념적 장치에 의해서 발견된다(Smith, 2006: 7). 즉, 문제틀을 발견하기 위해서는 사람들의 행위와 경험 속에서 텍스트와 일을 찾아내고, 이들이 어떻게 활성화되고 조정되는지를 주의 깊게 보아야 한다.

④ 인터뷰나 참여관찰에서 나온 문제틀의 스토리를 글로 써본다

인터뷰나 참여관찰에서 나온 이야기를 글로 써보는 것이 문제틀을 발견하는 데 도움이 된다. 자료 속에 들어 있는 문제틀의 틀과 요소들을 읽고, 생각하고, 의문을 던지고, 글로 써보는 것이 좋다. 문제틀을 발견하기 위해 이렇게 문제틀의 이야기를 써보는 것은 이후 분석에도 활용된다. 제도적 문화기술지에서 분석은 써보는 것으로 이루어진다고 할 만큼 중요하다. 초기 자료를 검토할 때 제도적 문화기술지 연구자에게 무엇인가 보이는 것이 있는데, 이것을 스토리로 써가면 점차 명확해진다(Campbell, M & Gregor, 2004).

⑤ '문제틀'의 영역을 발견하고 확장한다

문제틀은 연구가 진행되면서 계속 발전한다. 문제틀의 영역이 더 확장되기도 하고, 문제틀이 더 정교화되기도 한다. 이처럼 문제틀은 일상세계가 조직화되는 방식을 알기 위한 것으로서, 사태가 어떻게 조직화되는지 질문을 던지면서 확장된다. 이 문제틀의 경계를 어느 영역까지 확장시키느냐는 연구자의 관심에 달려 있고, 그에 따라 연구의 성격이 달라진다.

예를 들어, 자녀를 초등학교에 보내는 수급자 엄마의 소외 경험에서 시작하는 제도적 문화기술지 연구가 있다고 하자. 이때 어떤 연구자든 문제틀로 엄마들의 경험을 바라보아야 한다. 그러나 연구자에 따라 문제틀의 영역이 다를 수 있다. 어떤 연구자는 엄마들의 소외 경험이 교실, 학교의 관료제도로 이어지는 조직화를 연구하지만, 또 다른 연구자는 문제틀의 영역을 더 확장하여 국가의 교육 이데올로기까지 포함하는 조직화 양상을 연구할 수 있다. 따라서 제도적 문화기술지에서 문제틀을 결정하는 순간은 연구의 관심을 틀 지우는 데 결정적으로 중요하다(Campbell, M & Gregor, 2004).

제도적 문화기술지에서 '문제틀'은 연구문제를 명확히 해주는 역할을 하는 것만이 아니라, 자료수집과 자료분석에서도 핵심적 역할을 한다. 즉, '문제틀'은 연구의 출발 지점에서만 요구되는 것이 아니다. 연구시작, 문헌고찰, 자료수집, 자료분석을 포함한 제도적 문화기술지의 전 연구과정을 통해 발견되고 확장된다. 따라서 '문제틀'은 제도적 문화기술지로 연구하려는 사람에게 반드시 필요한 방법적 개념이다. 제도적 문화기술지 연구자는 연구 과정 내내 '문제틀'을 잊어서는 안 된다. 연구문제가 구체화되는 것도, 적절한 자료수집을 하는 것도, 훌륭한 자료분석을 하는 것에도 '문제틀'을 작동시켜야 한다.

(3) '문제틀'을 발견해 가면서 '입장'을 세운다

이처럼 제도적 문화기술지 연구는 개인들의 일상 경험에서 시작하여 '문제틀'을 발견해 간다. 연구자는 '문제틀'을 발견해 가면서 개인들의 경험이 제도적 질서에 개방되고, 그 경험이 제도적 질서 내에서 어느 위치에 있는가를 알게 된다. 예를 들어, 자녀를 초등학교에 보내는 수급자 엄마가 경험하는 소외는, 학교의 빈곤층에 대한 관료적이고 권위적인 조직문화 안에 위치하고 있음을 알게 된다. 그러나 연구초기에 연구자가 문제틀을 발견하기 위해 자료를 숙고하는 과정에서, 수급자 엄마 이외에 교사나 교장과 같은 사람들이 등장할 수 있고, 그들의 경험적 이야기가 수급자 엄마들의 소외 경험이 어떻게 조직화되는지를 밝히는 데 설득력 있게 보일 수도 있다.

이렇게 제도적 문화기술지 연구자는 '문제틀'을 발견해 가는 과정에서, 해당 제도적 과정 안에 있는 다양한 주체들의 경험을 만나게 된다. 이때 연구자는 제도적 질서 안에 있는 여러 주체들 중 누구의 '입장'(standpoint)을 취해 연구를 진행해 갈지 결정해야 한다. 제도적 문화기술지에서 '입장'은 특정 사회적 지위에 있는 누군가의 주관적 관점이나 구체적 세계관을 의미하지 않는다.

제도적 문화기술지에서 '입장'은 해당 제도적 질서 내의 특정 위치(location)에 있는 사람의 입장을 취하는 것이다. 이것은 마치 우리가 여행을 할 때 지도를 가지고 다니면서 전체 지형도에서 자신이 서 있는 위치를 파악하는 상황과 유사하다. 여행가는 자신이 가진 주관적 관점에 의해서가 아니라, 지도상 어느 위치에 서 있는가에 따라 경치가 전혀 다르게 보인다. 수급자 엄마의 위치, 교사의 위치, 교장의 위치에 따라 보이는 경관이 다를 것이다.

이처럼 문제틀을 발견하려는 노력 없이 '입장'을 세울 수는 없다. '문제틀' 개념은 제도적 문화기술지 연구자로 하여금 자신의 '입장'을 확인하고 세우도록 돕는다(Campbell, M & Gregor, 2004). 문제틀과 입장은 자웅동체처럼 서로 떨어질 수 없으며, '문제틀'을 도입함으로써 비로소 입장이 실현된다. 문제틀과 입장의 결합이야말로 다른 질적연구 접근들과 구별되는 제도적 문화기술지의 가장 중요한 특징이다.

따라서 '입장'은 제도적 문화기술지에서 없어서는 안 되는 필수적인 요소이자 제도적 문화기술지가 취하는 방법론적 장치이다. 현상학적 태도 없는 현상학적 연구가 불가능하듯이, 문제틀과 입장이 없는 제도적 문화기술지도 불가능하다.[4] 제도적 문화기술지는 비록 개인들의 실제 경험에서 시작하지만, '입장'을 취함으로써 개인적 일상을 뛰어넘어 보다 큰 사회관계, 조직화에 관한 지도를 그려줄 수 있게 된다.

이렇게 연구자가 '입장'을 세우면 연구자는 사라지고 그 주체가 살아난다. 물론 여기서 주체는 누구나 될 수 있다. 우리 모두가 주체이

4) 문제틀과 입장을 현상학적 태도에 비견하여 '제도적 문화기술지 태도'라고 부를 수 있다고 생각된다

다(스미스, 2014). 만일 연구자가 수급자 엄마의 입장을 취해 연구를 진행하기로 했다면, 연구자는 수급자 엄마의 위치에 서야 한다. 연구자는 연구자라는 위치를 버리고, 수급자 엄마의 위치에 서서, 그곳으로부터 보이는 경관(이를테면, 조직화)을 그려내야 한다. 이것은 마치 연구자가 수급자 엄마의 위치로 빙의되는 것에 비유될 수 있다. 따라서 '입장'을 취한다는 것은 연구참여자들의 이야기를 재구성하여 통역해 주는 다른 질적연구 접근들과는 다르다(Grahame, 1998).

이처럼 제도적 문화기술지는 개인들의 경험에서 시작하지만, 연구자가 문제틀을 발견해가면서 '입장'을 취함으로써 본격적인 제도적 문화기술지 연구로 진입하게 된다. 즉, 입장은 제도적 문화기술지 연구로의 진입 지점이라 할 수 있다. 그러나 '입장'은 단순한 진입 지점만은 아니다. 그것은 어떤 사회적 위치(social location)에 있는 개인들의 경험이 어떻게 그 경험으로 발생되었는지, 지배관계와 조직화 양상으로 들어가는 결정적 지점을 발견한 것이다(Grahame, 1998). 이런 의미에서 제도적 문화기술지 연구의 진정한 시작은, 연구자가 제도적 질서 내에서 '입장'을 취하면서부터 이루어진다. 제도적 문화기술지는 제도적 질서 내에서 입장을 찾음으로써 시작한다(Smith, 2002: 24).

2) 제도적 문화기술지의 주요 개념들에 입각해 계속 자료를 수집한다

제도적 문화기술지의 관심은 사람들이 말하고 경험하는 것들이 어떻게 그런 특정 방식으로 일어나는지를 이해하는 데 있다. 제도적 문화기술지는 세팅에서 실제로 일어나는 것과, 그러한 행동이나 사건을 일으키게 만드는 것 간의 연관성을 자료를 사용해 발견하는 것이다. 이는 사람들의 얘기를 주제나 변수로 부호화하는 데 사용되는 자료와는 다르다. 제도적 문화기술지에서 자료수집은 분석과정의 한 단계로 설계한다(Grass, 2010: 40). 아울러 제도적 문화기술지의 자료수집은 제도적 문화기술지의 존재론과 주요 개념들에 대한 이해를 바탕으로 이루어진다(Campbell, M & Gregor, 2004: 69-70, 59). 이를 토대로 제도적 문화기술지의 자료수집에 도움이 될 수 있는 몇 가지 사항을 제시하면 다음과 같다.

(1) '입장'을 세운 이후의 자료수집은 이전의 자료수집과 동일하게 계속된다

앞에서 살펴보았듯이, 제도적 문화기술지는 문제틀을 발견하고 입장을 세움으로써 시작한다. 그런데 문제틀을 발견하고 입장을 세우기 위해 우리는 이미 자료를 수집하고 자료에 대해 숙고하거나 분석했다. '입장'을 세운 이후의 자료수집은, 그 이전의 자료수집과 마찬가지로 동일하게 이루어진다. 차이가 있다면, 이 단계에서의 자료수집은 선택된 '입장'에서 조직화 양상을 그려내기 위해 이루어진다는 점이다. 따라서 제도적 문화기술지의 자료수집은 연구 시작과 함께 이루어진다고 볼 수 있다.

(2) 자료수집을 위해 인구집단이 아닌 제도적 과정을 표집한다

제도적 문화기술지의 자료수집과 분석은 반복적이고 동시적으로 이루어진다. 자료수집이 반복적으로 이루어진다는 것은, 현장에서 수집된 자료에서 '무엇이 일어나고 있는지' 초기분석을 하고, 그 분석결과를 사용해 그 다음의 자료수집을 안내받는 방법을 말한다. 이 방법은 질적연구에서 이상적인 분석절차로 알려져 있다(Grass, 2010: 49).

이처럼 제도적 문화기술지에서 자료수집은 자료분석의 첫 단계이다.

제도적 문화기술지는 자료수집을 위해 인구집단을 표집하지 않고, 제도적 과정을 표집한다. 이는 제도적 표집(institutional sampling)으로 불린다(Smith, 2002: 26). 제도적 과정을 표집한다는 것은, 연령이나 소득과 같은 정보제공자의 특징을 표집 기준으로 하는 것이 아니라, 문제틀의 발견과 확장을 통해 드러나는 제도적 질서의 양상을 표집 기준으로 삼는다는 것이다. 이것은 마치 근거이론 접근에서 출현하는 개념이나 이론을 준거로 표집하는 이론적 표집과 유사하다. 이론적 표집이 출현하는 개념과 이론을 표집의 준거로 삼는 반면, 제도적 문화기술지의 표집은 드러나는 제도적 질서 내 제도적 과정을 표집의 준거로 삼는다.

예를 들어, 초등학생 자녀를 둔 수급자 엄마의 소외 경험이 학교의 조직문화와 연결되어 있는 등 문제틀을 발견했다면, 연구자는 수급자 엄마의 경험이 어떻게 학교의 조직문화와 연결되어 있는지를 좀 더 상세하게 파악하기 위해, 담임교사나 교장을 정보제공자로 선택하여 자료를 수집한다. 제도적 문화기술지에서는 이처럼 동일한 제도적 질서 내에 있는 서로 다른 정보제공자들로부터 자료를 수집하는데, 그 이유는 경험의 공통성이 아니라 경험의 차이를 통해 조직화를 그려내야 하기 때문이다. 제도적 질서 내 서로 다른 위치에 있는 개인들의 경험의 차이들이 퍼즐처럼 맞춰지면서 조직화가 그려진다.

(3) 자료는 두 수준에서 수집한다

제도적 문화기술지 연구자는 개인의 일상 경험에서 시작해서 그에 관한 자료를 수집한다. 그러나 연구자는 여기에 머무르지 않고 일상 경험을 넘어서는 문제틀을 발전시켜 나간다. 제도적 문화기술지 연구를 위해 연구자는 두 수준의 자료를 수집해야 한다. 하나는 일상의 경험을 기술하기 위한 자료수집이고, 다른 하나는 그 경험이 어떻게 일어났는지를 알기 위한 자료수집이다. 전자를 제1수준의 자료(entry-level data)라 하고, 후자를 제2수준의 자료(level-two data)라 한다(Campbell & Gregor, 2004: 59).

제1수준의 자료는 개인들의 일상 경험이 일어나는 세팅에서 상호작용하는 사람들과 그들의 경험에 관한 자료이다. 자료를 수집하다 흥미 있는 질문이 나오면 연구자는 동일한 세팅에 있는 다른 사람을 인터뷰한다. 이들은 각각 저마다의 스토리를 갖고 있다. 연구자는 이 서로 다른 스토리들이 서로 연관되어 있을 것이라고 생각해야 한다. 즉, 그들이 유사한 방식으로 조직화된 현상 속에 있다는 점을 인식해야 한다(Campbell & Gregor, 2004: 60).

예를 들어, 어떤 연구자가 복지공무원의 우울의 경험에서 제도적 문화기술지 연구를 시작했다고 하자. 연구자는 동주민센터 내 복지공무원들을 인터뷰한다. 이들 인터뷰 속에는 동일한 혹은 유사한 제도적 세팅의 다른 위치에 있는 다른 사람이 등장할 것이다. 예를 들면, 행정직 공무원, 동장이 그 예이다. 연구자는 복지공무원 외에 행정직 공무원과 동장을 인터뷰할 수 있다. 이들의 스토리는 복지공무원들의 스토리와 다를 수 있다. 이때 연구자는 이들의 서로 다른 경험과 스토리가 별개의 것이 아니라, 조직화된 현상의 일면으로 보고 그 연결에 대해 고민할 필요가 있다. 이렇게 해서 '문제틀'이 발견되고 확장된다. 연구자는 자료수집 과정에서 '문제틀'을 염두에 두고 자료를 수집한다.

제2수준의 자료는 앞에서 발견된 문제틀을 설명할 자료를 말한다. 연구자가 제2수준의 자료를 수집하기 위해서는 개인의 경험이 일어나는 그 세팅이 어떻게 조직화되는지에 대한 질문을 던지고 이에 관한 자료를 찾아야 한다. 제2수준의 자료는 제1수준에서 인터뷰했던 사람들이 아닌, 제1수준의 자료에서 빠졌던 사람들이나 문서기록, 혹은 현장연구를 통해 얻을 수 있다. 제2수준의 자료는 제1수준의 자료와 연결되어 있으며, 조직화의 디테일을 보여줄 수 있어야 한다(Campbell & Gregor, 2004: 60).

예를 들어, 복지공무원 연구에서 구청의 복지공무원이나 공무원 노조 간부에 대한 인터뷰, 복지공무원의 일과 관련한 각종 정책문서, 사회보장위원회의 회의자료 등을 들 수 있다. 이러한 자료들은 복지공무원의 우울 경험이 어떻게 제도적 질서 안에서 조직화되어 일어나는지 보여줄 것이다. 제도적 문화기술지 연구자는 경험의 공통성 보다 경험의 다양성, 차이를 염두에 두는 것이 필요하다. 제도적 문화기술지는 이들 경험들의 '차이'로부터 그 경험이 어떻게 사회적 혹은 제도적으로 조직화되는지를 설명하기 때문이다(DeVault & McCoy, 2006).

따라서 제도적 문화기술지는 앞에서 언급했듯이, 개인들의 경험을 설명하는 것도, 제도 그 자체를 설명하는 것도 아니다. 제도적 문화기술지는 일상생활의 장면들은 그 장면 내에서는 충분히 이해될 수 없고, 사회적 조직화의 형태들에 의해 모양 지워진다고 본다. 이는 기존 질적연구가 경험들의 패턴을 찾아내고, 맥락을 들어 경험을 설명하는 것과는 다른 것이다(스미스, 2014).

(4) 모호하고 추상적이며 관념적인 자료 대신 '실제'를 보여주는 자료를 수집한다

사실 질적연구의 모든 자료는 모호하고 추상적이고 관념적이어서는 소용이 없다. 제도적 문화기술지도 여기서 예외가 아니다. 그러나 제도적 문화기술지의 자료는 그 존재론적 기반을 '실제(the actual)'에 두기 때문에 더더욱 그러하다. 제도적 문화기술지의 존재론은 우리들의 일상생활은 특정한 방식으로 조정되는 사람들의 행위들에 의해 구성된다는 것이다. 따라서 제도적 문화기술지의 자료수집은 이들 행위들에 대한 상세한 이야기를 포착해야 한다(Campbell & Gregor, 2004: 69).

개인들의 이야기는 제도적 문화기술지의 풍부한 자료이다. 그 속에는 그들이 실제로 행한 것, 그 행위의 조건과 맥락들, 그들의 주관적 느낌 등이 들어 있다. 개인적 이야기 속에는 그들이 아는 모든 것이 들어 있는데, 이 모든 것이 바로 제도적 문화기술지의 자료이다. 제도적 문화기술지 연구자는 개인들이 아는 모든 것을 배우는 자세로, 그 이야기의 '실제' 모습을 끌어내야 한다. 그렇지 않으면 자칫 이 풍부한 자원이 소용없게 될 수 있다.

예를 들어, "바우처는 복지의 시장화를 촉진해요"라는 말은 너무 크고 모호하고 추상적이어서 그 '실제'를 알기 어렵다. 이러한 자료는 제도적 문화기술지에서 소용이 없다. 제도적 문화기술지에서 필요한 자료는 "시장화"라는 개념이 아니라, 시장화가 구체적으로 어떻게 일어나고 진행되는지 그 실제적 모습을 상세하게 묘사하는 것이어야 한다.

제도적 문화기술지에서는 우리가 살아가는 일상의 '실제들'을 포착할 수 있게 해주는 개념적 장치들을 갖고 있다. 그것은 '일 지식(work knowledge)'과 '텍스트(text)'이다. 연구자가 이 두 개념을 사용하면 정보제공자의 모호하고 추상적인 이야기를 실제적이고 구체적인 이야기로 전환할 수 있고, 연구자가 특정 담론에 갇히지 않고 일상생활에 초점을 맞추면서 자료를 수집하게 된다.

'일 지식'은 질적연구의 자료인 사람들의 '경험'을 보다 '실제적'으로 접근하기 위해 사용된 비유적 표현이다. 정보제공자가 자신이 한 것들을 '일'의 형태로 생각하든 생각하지 않든, 그리고 연구자가 인터뷰할 때 '일'이라는 용어를 사용하든 사용하지 않든, '일' 개념을 염두에 둔 연구자는 '실제'에 부합하는 자료를 더 많이 수집할 수 있다.

'텍스트' 또한 마찬가지다. 제도적 문화기술지는 현대사회는 텍스트에 기반한 지식과 담론이 조직화되면서 이루어진다고 본다. 제도적 문화기술지에서 텍스트는 '문제틀'을 설명하기 위해서 아주 유용한 자료 출처이다. 텍스트는 사실적 정보의 출처이기도 하지만, 조직화된 관계를 볼 수 있는 매개체다. 텍스트가 사람들의 일 과정에서 무엇을 발생시키고 일을 어떻게 조정하는가라는 질문을 염두에 두면, 연구자는 '실제'에 부합하는 자료만이 아니라, 더 큰 제도적 질서를 볼 수 있다.

이와 관련해 특히, 제도적 문화기술지 연구자가 자료수집 과정에서 유념해야 할 것은, 제도적·전문적 담론에 말려들지 않아야 한다는 것이다. 흔히 정보제공자들은 자신들이 하는 것들을 얼버무려 숨기기도 하고, 해당 정책이나 규율과 관련된 용어로 말한다(Campbell & Gregor, 2004). 예를 들어, 동주민센터의 복지공무원이 "찾아가는 복지는 허구이고 정치적 수사에 불과해요"라는 진단은 멋지게 보일지 몰라도, 이러한 자료는 제도적 문화기술지에 거의 쓸모가 없다. 왜냐하면, 무엇이 실제로 일어났는지를 빠뜨리기 때문이다.

많은 전문가들이 이념적이고 관념적인 언어로 그들의 일, 일터, 클라이언트에 대해 유창하게 말한다. 자부심을 갖고 그렇게 말하는 정보제공자의 이야기를 끊고, 무엇이 실제로 일어났는지로 방향을 트는 것은 쉽지 않다. 사람들은 실제적이고 구체적인 이야기보다는 추상적이고 관념적인 이야기에 더 익숙해져 있기 때문이다. 이를 위해서 연구자는 자신이 연구하는 영역의 제도적, 전문적 담론에 훈련되어 있어야 한다(Campbell & Gregor, 2004).

(5) 기존 질적연구에서 사용하는 자료수집 방법을 사용한다

제도적 문화기술지의 출발점인 일상 삶에서 이루어지는 누군가의 경험을 묘사하기 위해서는 인터뷰, 포커스 그룹, 참여관찰, 자신의 경험을 연구에 반영하는 등의 기법을 사용한다. 이렇게 해서 드러나는 누군가의 경험은 연구의 출발이 되고, 문제틀을 확인하게 해준다. 많은 제도문화기술지 연구자가 개별면접과 집단면접을 사용한다. 누군가의 경험이 아니라 자신의 경험에서 시작하는 연구자도 있는데, 이 경우는 문제틀이 명확해 있는 상태이다(DeVault & McCoy, 2006). 여기서는 제도적 문화기술지를 위한 인터뷰와 참여관찰의 방법에 대해 소개하기로 한다.

〈1〉 인터뷰

제도적 문화기술지에서 인터뷰는 사람들의 주관적 경험을 알려는 데 있지 않고, 서로 다른 제도적 세팅에서 일하는 개인들 사이의 연결점, 상호연관된 행위들의 시퀀스를 추적하는 데 있다. 또한 제도문화기술지 인터뷰는 인터뷰한 사람들에 대한 일반화를 하는 데 목적이 있지 않고, 일반화 효과를 지닌 제도적 과정을 묘사하는 데 목적이 있다.

따라서 제도적 문화기술지에서 인터뷰를 위한 정보제공자 선택은 연구초기에 한 번에 이루어지지 않고, 연구가 진행되면서 사회관계와 사회적 조직화에 대해 알아가면서 선택된다. 즉, 연구자의 제도적 과정에 대한 지식이 발전되어 가면서 정보제공자 선택이 이루어진다. 이처럼 제도문화기술지에서는 인터뷰를 정보제공자의 지명 수단으로 사용한다(DeVault & McCoy, 2006: 19-24). 기존 질적 연구에서처럼 이념적이고 일반화된 언어를 사용하는 사람보다는 구체적이고 묘사를 즐겨하는 사람을 응답자로 하는 것이 좋다.

① '일'에 대한 인터뷰

제도적 문화기술지 인터뷰는 주로 '일(work)'과 '텍스트'를 중심으로 이루어진다. '일'과 '텍스트'는 인터뷰를 안내하는 개념적 틀이다. 훌륭한 문화기술지 인터뷰는 '일'과 '텍스트'의 실천에 대한 상세한 묘사를 끌어낸다(McCoy, 2006: 111). 이러한 상세한 묘사는 말하는 사람의 살아 있는 경험뿐만 아니라 제도적 연결고리와 흔적들을 가시화해준다. 제도적 문화기술지에서 '일'에 대한 인터뷰는 몇 가지 경우로 구분해 생각해 볼 수 있다.

첫째, 일상생활에서 이루어지는 '일'을 인터뷰할 때이다. 이때 연구자는 정보제공자가 일상에서 실제로 무엇을 하는지 배우려고 해야 한다. 연구자는 질문을 하기보다는 무엇무엇에 대해 듣고 싶다고 말한다. 그러면 정보제공자도 이러한 질문에 훈련된다. 정보제공자는 자신이 행한 것들을 '일'로 생각하지 못할 수 있는데, 이때는 '일' 개념에 대해 설명을 해 줄 수도 있으나 '일'이라는 말을 고집할 필요는 없다. 오히려 '일' 개념을 사용했을 때 역효과가 나는 경우도 있다(DeVault & McCoy, 2006: 25-27).

둘째는, 제도 내 일선 전문가들이 하는 '일'을 인터뷰할 때이다. 제도적 문화기술지는 흔히 일선 전문가들(사회복지사, 교사, 간호사, 공무원 등)을 인터뷰한다. 그런데 이들은 제도적 담론에 포획될 수가 있기 때문에, 그들이 사용하는 제도적 언어 뒤에 무엇이 실제로 일어났는지를 파악해야 한다. 연구자는 이를 위해 인터뷰를 할 때 정보제공자가 말하는 스토리를 잘 듣고, 시퀀스의 과정에 관심을 갖으며, 한 지점에서 다른 지점으로 이동이 어떻게 일어나는지 질문하는 것이 좋다. 이처럼 제도적 문화기술지 인터뷰에서 중요한 것 중 하나는 제도적 언어 뒤에 존재하는 실제적 행위들을 파악하는 것이다(DeVault & McCoy, 2006: 27-28; Smith, 2005).

셋째, 지배적 위치에 있는 정보제공자의 '일'을 인터뷰할 때이다. 제도적 문화기술지 연구자는 항상 일상생활을 조직화하는 거시 제도적 정책을 추적한다. 이를 위해 연구자는 일선 세팅에서의 상호작용과 변화를 넘어서는 것에 관심을 가진다. 이 경우 인터뷰는 정책을 결정하는 관리자와 행정가를 상대로 인터뷰하게 된다. 이들에 대한 인터뷰는 일반적으로 연구의 후반부에서 이루어지기 때문에 클라이언트와 일선 전문가로부터 얻은 정보를 사용하여 이루어진다(DeVault & McCoy, 2006: 29-30).

이렇게 '일', '일 지식'의 개념을 중심으로 인터뷰를 하면 여러 가지 이점이 있다. 우선, 정보제공자가 바라보는 체계(예를 들면, 서로 다른 위치에 있는 복지공무원, 행정직 공무원, 공무원 노조 간부, 보건복지부 관료)에 대한 전체적인 시퀀스가 보인다. 또한 제도적 담론이 끼어들지 못하게 함으로써, 숨겨졌던 활동 영역들을 볼 수 있다. 즉, 담론 때문에 숨겨져 보이지 않았던 행동들이 드러난다. 그리고 일의 의도성과, 일에 대한 사고방식과 상호작용 방식을 볼 수 있다. 특히 포커스 그룹 인터뷰는 규범적 담론이 가시화되는 장을 보여줌으로써 정보제공자들이 가진 담론을 포착할 수 있는 기회를 주기도 한다(Mykhalovskty & McCoy, 2002).

이러한 '일'에 대한 인터뷰를 통해 '조정'의 양상이 드러난다. 여기서 조정은 연구자만 발견하는 것이 아니라, 정보제공자와 연구자가 함께 발견한다. 즉, 제도적 문화기술지의 인터뷰는 정보제공자와 연구자의 '대화'이다. 기존의 질적연구가 해석된 분석결과의 진위를 정보제공자에게 물어보아야 하는 반면, 제도적 문화기술지의 '일 지식'을 가지고 들어가 인터뷰하면 실제로 행해지고 있는 것을 듣기 때문에 연구자의 부담이 덜하다.

② '텍스트'에 대한 인터뷰

제도문화기술지 연구자들에게 텍스트란 종이, 컴퓨터 스크린, 컴퓨터 파일 형태의 문서이다. 제도적 문화기술지는 텍스트적 실천, 즉 텍스트가 제도적 질서 내에서 어떻게 작용하는지에 깊은 관심을 기울인다. 인터뷰는 이 점에서 텍스트가 무엇을 어떻게 행하는지 알고자 할 때 중요한 전략이다. 그러나 모든 텍스트가 연구의 자료가 되는 것은 아니다. 많은 제도적 문화기술지 연구자들은 전문적, 관료적 세팅에서의 표준화된 텍스트들에 초점을 두고 연구한다(DeVault & McCoy, 2006: 34). 예를 들면, 사회복지기관에서 사용하는 인테이크 양식이나, 평가양식, 사회복지통합전산망 등이다. 연구자가 텍스트에 대해 인터뷰할 때는 정보제공자로부터 텍스트에 대해 듣고, 텍스트에 대해 질문한다.

연구의 초기 단계에서 연구자는 제도적 과정에 대해 배우기 시작하는데, 이때 텍스트와 텍스트가 매개하는 과정에 대한 정보제공자의 준거를 파악하는 데 주의를 기울인다. 이때 정보제공자가 구체적인 양식이나 문서를 갖고 이야기하면 텍스트의 과정이 쉽게 파악된다. 어떤 연구자는 연구 초기단계에서 텍스트 과정을 그리고 싶어 하는데, 이 경우 "지도를 그린다(mapping)"라는 비유적 틀을 사용하면 초기 인터뷰에서 텍스트의 과정을 그릴 수도 있다(DeVault & McCoy, 2006: 34-35).

제도적 문화기술지 연구자는 텍스트의 과정을 그리기 위해, 보다 적극적으로 정보제공자와 함께 앉아서 양식이나 보고서와 같은 텍스트를 놓고 이에 대해 구체적으로 질문하는 게 좋다. 텍스트 속에 어떤 내용이 들어 있으며, 정보제공자가 어떻게 그 텍스트와 일하는지에 대해 구체적으로 질문한다. 여기서 만일 문서가 표준화된 형태일 경우, 어떤 연구자는 빈 양식 대신 채워진 양식을 가지고 이야기하기도 한다. 연구자는 보고서나 메모를 가지고 질문할 수도 있다(DeVault & McCoy, 2006: 36-37).

그러나 어떤 경우에는 텍스트 과정이 정보제공자의 묘사 뒤에 숨겨져 있을 수도 있다. 특히, 제도적 언어를 사용하는 정보제공자의 경우가 그러하다. 인터뷰에서 제도적 언어를 사용해 자신의 일을 설명하는 일은 매우 흔하다. 이때 연구자는 정보제공자가 언제 제도적 언어를 사용하는지 알아야 한다. 또한 제도적 언어는 텍스트가 무엇을 행하는지 숨기기 때문에, 연구자는 제도적 언어로 드러나지 않는 '일 과정(work process)'에 대한 실제적 묘사를 하도록 유도해야 한다(DeVault & McCoy, 2006: 33-37).

예를 들어, 복지공무원이 "수급자들은 사실 찾아가는 복지를 그렇게 반가워하는 것은 아니에요"라는 묘사가 있다고 할 때, '찾아가는 복지'라는 용어는 제도적 담론으로서 그것이 구체적으로 무엇을 지칭하는지 알 수 없다. 이때 연구자는 그가 말하는 '찾아가는 복지'의 구체적인 예와 절차를 물어야 한다.

제도적 문화기술지는 제도적 일 과정을 그리는 것 외에도, 그러한 일 과정이 어떻게 텍스트에 들어 있는 개념이나 담론, 이념에 의해 조직화되는지를 파악하는 데 강한 관심을 기울인다. 이를 위해 연구자는 텍스트의 이동은 물론이고 서로 다른 텍스트들 간에 어떤 위계적 관계가 있는지, 텍스트들을 조직화하는 개념적 틀은 무엇인지를 파악해야 한다. 정보제공자와 텍스트를 두고 인터뷰하는 것은 이러한 제도적 문화기술지의 관심사를 파악하는 중요한 방법이다.

앞에서도 언급했듯이, 이 과정에서 가장 유의할 것은 연구자가 제도적 담론에 포획되지 말아야 하는 것이다. 전문가들은 흔히 자신의 일을 묘사하면서 매일매일의 일 과정을 묘사하기보다는 제도적 언어를 사용하는 것을 좋아한다. 따라서 제도적 언어를 만나는 제도적 문화기술지 연구자는 두 가지 목표를 가져야 한다. 하나는 제도적 언어 속에서는 드러나지 않지만 그 언어 속에 전제되어 있는 '실제'를 묘사하는 것이고, 다른 하나는 제도적 언어와 담론들이 제도적 세팅에서 어떻게 작동하는지를 파악하는 것이다(DeVault & McCoy, 2006: 37-38).

제도적 문화기술지 연구자는 사람들이 행하고, 말하고, 이해하는 모든 것들이 조직화된 과정을 통해 형성됨을 믿는다. 그는 실제로 일어나는 것이 어떻게 그렇게 일어나는지를 탐구한다. 그들이 수집하는 자료는 일상 세팅의 경계 내와 경계를 넘어 그러한 연계를 발견하고 조망하는 데 사용된다. 제도적 문화기술지는 이러한 과정에서 텍스트가 결정적 역할을 한다고 본다.

연구자가 텍스트의 활성화 흐름을 쫓아가다 보면 텍스트의 시퀀스를 보게 되고, 이 시퀀스들이 조직화와 지배관계에 닿아 있음을 알게 된다. 이때의 조직화와 지배관계는 일상과 무관한 추상화된 것이 아니라, 실제의 시공간에 존재하는 '실제적인 것(the actual)'이다. 제도적 문화기술지에서 문화기술지, 즉 묘사가 필요한 것은 바로 이 때문이다. 추상화와 범주화로는 텍스트가 움직이는 실제적인 모습을 보여줄 수 없다(Campbell & Gregor, 2004).

③ 인터뷰 질문

제도적 문화기술지에서 인터뷰의 목적은 다양한 장에서의 행위들의 조정이 어떻게 일어나는지 이해하는 데 있다. 그러므로 인터뷰 질문은 표준화될 필요가 없다. 인터뷰 각각은 조직화된 관계 고리의 한 조각이기 때문이다. 이 조각들을 이어 맞추면 조직화와 조정과정에 대한 그림이 발견되고 발전된다. 따라서 정보제공자와의 인터뷰는 확장된 조직화 과정의 모습을 한 조각씩 이어 맞추기 위한 방법이다. 그렇기 때문에 표준화된 질문보다 이전 인터뷰에서 배웠던 것에 근거해 인터뷰를 구성하는 것이 좋다(DeVault & McCoy, 2006: 23-24).

제도적 문화기술지의 자료수집 과정은 깔때기 방식으로 이루어지도록 하는 것이 좋다. 깔때기 방식은 자료수집을 개인의 일상세계를 묘사하듯이 폭넓게 시작해서, 점차 새로운 변이가 일상세계에 나타나지 않을 때까지 좁히는 것이다. 그러나 자료수집을 끝낼 절대적 지점은 없다. 제도적 문화기술지에서 자료수집은 일상생활이 실제적으로 제도적 틀 안에서 어떻게 작동하는지 충분히 기록될 때까지 수집된다(Grass, 2010: 40).

〈2〉 참여관찰

① 관찰의 주요 영역

제도적 문화기술지에서 참여관찰은 인터뷰와 함께 자료를 수집하는 주요 방법이다. 제도적 문화기술지에서 참여관찰은 인터뷰와 마찬가지로 사람들의 경험이 어떻게 제도적 관계와 얽혀 있는지 '문제틀'을 발견하고 설정하는 데 사용된다. 참여관찰은 인터뷰와 달리 '문제틀'의 육체성, 즉 개인들의 경험이 일어나고 조직화되는 '장소'를 보고 만나게 한다. 여기서 참여관찰은 공개 혹은 비공개로 이루어진다(Diamond, 2006: 58-60; Campbell & Gregor, 2004: 75-76).

예를 들어, 복지공무원의 좌절을 연구하기 위해 동주민센터를 참여관찰하는 경우, 연구자는 사회복지통합전산망(이하 사통망)에 입력하는 과정에서 벌어지는 행정직 공무원과의 구체적 갈등, 진상 민원인에게 폭언을 듣는 복지공무원의 표정, 제도적 한계 때문에 수급신청자를 돌려보내면서 보이는 복지공무원의 눈물 고인 눈을 볼 수 있다. 연구자는 이러한 관찰을 통해 복지공무원의 좌절이 관료조직과 복지제도의 기준제한과 연결되어 있음을 알아차릴 수 있다. 이렇게 하여 제도적 문화기술지의 '문제틀'이 발견되기 시작한다.

또한 제도적 문화기술지에서 참여관찰은 사람들의 행위를 제도적인 것과 연결하는 텍스트를 관찰할 수 있게 해준다. 관찰자는 텍스트가 어떻게 일 과정을 조정하며, 개인들의 일상이 텍스트를 통해 어떻게 그 일상을 넘어 조직화되는지 관찰해야 한다. 왜냐하면 텍스트는 이들을 보여주는 데 필수적인 것이기 때문이다. 그러려면 텍스트가 활성화된다는 것, 텍스트의 시퀀스를 따라간다는 개념을 가지고 관찰에 임해야 한다. 그리고 참여관찰자는 관찰 장소에 들어가 관찰된 것들 속에서 그것들을 넘어서는 것을 볼 수 있어야 한다. 제도적 문화기술지는 바로 이 지점에서 발전하며 확장된 사회관계에 대한 이야기를 끌어낼 수 있다(Diamond, 2006: 60-62).

예를 들어, 동주민센터에서의 참여관찰은 중복 수급자를 가려내기 위한 복지공무원들의 업무를 줄여 줄 목적으로 도입한 사회복지통합전산망이라는 텍스트가 복지공무원들의 행동을 어떻게 조정하는지 목격할 수 있게 해준다. 사회복지통합전산망 텍스트는 복지공무원들이 주민센터의 여기저기를 왔다 갔다 하면서 모든 것을 입력하도록 만듦으로써, 수급자나 복지서비스가 필요한 사람들을 전혀 찾아갈 수 없게 만든다. 그리고 찾아가지 못하는 대면접촉의 결여로 인해 복지공무원들의 열의와 보람은 사라지고 좌절의 경험을 하게 된다. 즉, 사회복지통합전산망이라는 텍스트는 복지공무원들의 행동을 통제함으로써 그들을 좌절로 이끌고 우울을 경험하게 한다.

② 관찰한 것을 기록하기

기존의 질적연구에서 관찰은 보통 무슨 일이 일어났는지를 기록한다. 제도적 문화기술지의 참여관찰도 이와 다르지 않다. 그러나 제도적 문화기술지에서 관찰한 것을 기록하는 것은 기존의 질적연구와 다른 점이 있다. 그것은 제도적 문화기술지가 물질주의적 방법이라는 데 있다. 즉, 참여관찰을 통해 본 물질들 안에 내포된 사회관계, 조직화를 보고 이를 기록하는 것이다. 앞에서 언급했듯이, 요양원에 거주하는 어느 여성 노인의 모피코트에서 사회복지정책의 여정을 보는 것이 그 예이다(Diamond, 2006). 그리고 복지공무원이 신은 운동화(복지공무원 중에는 진상 민원으로부터의 폭행에 대처하기 위해 운동화를 신고 일하는 경우가 있다)에서 찾아가는 복지의 역설을 발견하는 것이 그 예이다.

제도적 문화기술지의 참여관찰을 기록할 때는 연구자가 관찰할 때 느꼈던 느낌과 생각 등 관찰 때 보고 들었던 것을 기록한다. 예를 들어, 주민센터에서 일어나는 진상 민원인을 보면서 느꼈던 슬픔, 기초수급 제도의 제도적 억압 등을 기록한다. 이러한 기록들은 나중에 분석을 통해 최종 글을 쓰는 과정에서 인용문으로 활용할 수 있다(Smith, 2006).

3) '문제틀'과 '사회관계'를 염두에 두고 자료를 분석한다

제도적 문화기술지의 목표는 개인들의 경험을 그 경험이 되도록 만들어내는 '실제'의 '조직화' 양상을 그려내는 데 있다. 제도적 문화기술지의 자료는 '일 지식'으로 표현되는 사람들의 경험이다. 제도적 문화기술지가 밝혀내려는 조직화 양상은 사람들의 경험적 이야기들 속에 늘 존재하지만 우리 눈에 잘 보이지는 않는다. 따라서 제도적 문화기술지의 자료분석을 위해서는 보이지 않는 조직화 양상을 우리 눈에 보이도록 하는 전략과 방법이 필요하다.

제도적 문화기술지의 자료분석은 자료수집에서와 마찬가지로 제도적 문화기술지에 대한 이해에서 출발한다. 특히, 조직화 양상을 그려내는 데 가장 핵심적인 '문제틀'과 '사회관계' 개념을 염두에 두는 것이 중요하다. 제도적 문화기술지에서는 자료를 수집하고 분석할 때 일상생활에서 작동하는 사회관계를 발견하는 것이 중요하다. 제도적 문화기술지는 자료를 그 세팅의 사회관계로 들어가는 입구로 여긴다(Campbell, 2006). 여기서는 제도적 문화기술지 자료분석에서 사용될 수 있는 몇 가지 전략과 방법에 대해 기술한다.

〈1〉 자료분석을 위한 전략

(1) 자료를 범주화하지 마라

제도적 문화기술지 연구는 기본적으로 분석적 작업을 필요로 한다. 그러나 기존의 질적연구에서 하는 것처럼, 자료를 쪼개고 분류하는 것은 제도적 문화기술지 분석에 도움이 되지 않는다. 제도적 문화기술지 분석은 기존의 질적연구에서 사용하는 해석적 코딩, 범주화를 분석 전략으로 사용하지 않는다(DeVault & McCoy, 2006: 39). 자료를 범주화하면 조직화 양상이나 사회관계를 왜곡하거나 모호하게 만들기 때문이다(Campbell & Gregor, 2004: 85).

제도적 문화기술지 분석은 주제를 확인하거나 자료를 이론화하는 것과는 다르다. 따라서 기존의 질적연구에서 사용하는 분석을 위한 컴퓨터 프로그램의 사용에 대해서도 부정적 견해가 많다. 주제를 범주화함으로써 질적자료를 다루는 컴퓨터 프로그램은 제도적 문화기술지 분석에 도움을 주기보다 문제를 가져다 줄 수 있다. 그러나 어떤 연구자는 이러한 컴퓨터 프로그램이 일정 부분 분석에 도움이 되기도 한다고 말한다. 그러나 그것은 범주화를 위해서가 아니라 자료를 단순히 분류해 보는 차원에서 그렇다.

(2) '문제틀'과 '사회관계'를 분석의 개념적 틀로 사용하라

제도적 문화기술지가 탐구하는 질문은 사태나 행위들이 어떻게 사회적으로 조직화되었는지 혹은 어떻게 그들이 일어나게 되었는지이다. 따라서 제도적 문화기술지의 분석 목적은 정보제공자의 경험이라는 경계를 넘어 확장되어 있는 '사회관계'를 찾아내고 추적하고 묘사하는 것이다. 이를 위해 연구자가 가장 조심할 것은, 분석이 제도적 질서는 놓치면서 정보제공자에 대한 분석이 되는 경우이다. 그리고 연구자가 제도적 담론에 사로잡혀 정보제공자의 경험적 이야기를 제도적 담론으로 전환하는 경우이다. 이런 경우 연구는 사회적 조직화를 그려내는 것에서 비껴가게 된다(Campbell & Gregor, 2004: 89-90; McCoy, 2006: 109-110).

따라서 제도적 문화기술지의 분석을 위해서는 개인들의 경험과 사회적 조직화 간의 연결점을 찾아 이해하는 것이 필수적이다. 이때 연구자는 '사회관계(social relation)'라는 제도적 문화기술지의 방법적 개념을 이용해야 한다. 제도적 문화기술지에서 '사회관계'란 선생과 학생, 부모와 자녀 같은 사회적 관계가 아니다. 사회관계는 사회적으로 조직화되어 실제적으로 이루어지는 모든 행동과 실천들을 말한다(스미스, 2014).

예를 들어, 학교 식당에서 식권을 보이고 음식을 가지러가는 행위는 하나의 실제적 행동이다. 그러나 이 행동은 사회관계의 한 조각에 불과하다. 우리 눈에 직접 보이지는 않지만, 학교 식당에서 식권을 보이는 행동이 가능해지는 것은 학교당국과 식당업체와의 계약, 학생회 조직으로부터의 요구, 학교당국의 입주 기업에 대한 정책들이 복잡하게 연결된 망 내에서 일어나는 하나의 행동에 불과하다.

'사회관계'는 제도적 문화기술지 분석을 위한 방법적 절차이다. 분석에서 '사회관계'라는 개념을 사용하면 조정된 행동에 대한 이해를 한 단계 앞으로 나아갈 수 있다. 제도적 문화기술지 연구자는 행위자가 행하고 있는 것이 확장된 '사회관계'의 일부라는 것을 알고 있다. '사회관계' 개념은 사람들의 일상 행동을 일상 너머로 확장시키게 돕는다. 따라서 '사회관계' 개념은 제도적 문화기술지 분석의 방법론적 절차이다. 무슨 일이 일어났는지 알려면 연구자는 '사회관계'의 빠진 조각들을 찾아내어 그림을 맞춰야 한다(Campbell & Gregor, 2004: 31-44).

사회관계를 보기 위해서는 먼저 녹취된 자료들을 '문제틀'로 보는 것이 도움이 된다. 연구자는 여러 가지 각도에서 문제틀이 되는 세팅을 좀 더 깊이 파고들어야 한다. 제도적 문화기술지에서는 분석에 필요한 고정된 기법이 없다. 자료의 요소들에 대해 읽고, 생각하고, 의문을 던지고, 써보아야 한다. 즉, 문제틀을 중심으로 자료에 대해 사고하고 써보는 것이다. 제도적 문화기술지에서 분석은 이렇게 써보는 것으로 이루어질 수 있다(Campbell & Gregor, 2004: 86; Campbell, 2006: 98).

사회관계를 개념적 틀로 사용하기 위해서는 '이 경험들을 조정하는 사회관계는 무엇인가?'와 같은 질문을 던져보는 것이 도움이 된다. 앞의 예에서, 학교식당에서 식권을 내고 음식을 먹는 경험을 조정하는 사회관계는 무엇인가라는 질문을 던지는 것이다. 그러면 그 경험을 조정하는 다양한 문제틀과 사회관계가 연구자의 머릿속에서 형체를 갖추고 결합되어 나타난다.

(3) 특정한 것에 대한 분석에서 일반적인 것에 대한 분석으로 이동하라

제도적 문화기술지는 일상생활의 퍼즐을 탐구하기 위해 일상생활이 사회적으로 조직화된 특징을 갖는다는 점을 이용한다. 이를 위해 제도적 문화기술지 연구는 앞에서 언급한 두 수준의 서로 다른 자료를 연결한다. 따라서 분석적으로 볼 때 제도적 문화기술지는 두 가지에 관심을 갖는다. 하나는 사람들이 살고 경험하는 일상의 장이고, 다른 하나는 일상생활 경험의 경계 밖에 있는 장이다(Campbell & Gregor, 2004: 29). 전자가 일상생활 경험에 대한 특정의 것을 분석하는 것이라면, 후자는 일상 경험과 그 너머를 연결하는 보다 일반적인 것에 대한 분석이다.

제도적 문화기술지 분석은 이 특정한 것에 대한 분석에서 일반적인 것에 대한 분석으로 이동함으로써 이루어진다(DeVault, 2006). 그런데 후자를 파악하기 위해서는 특별한 절차가 필요하다. 도로시 스미스에 의하면, 이것은 "텍스트로 매개되는 사회적 조직화"이다.

제도적 문화기술지는 사람들의 삶이 어떻게 그들 외부의 힘에 의해 지배되고 조형되는지 분석하는 데 일상의 경험들을 끌어들인다. 그리고 이 일상의 경험 속에서 사람들의 행동을 조정하는 텍스트의 관여를 분석한다. 텍스트의 관여를 분석함으로써 조직화 양상을 그려낼 수 있다. 현대사회에서 모든 종류의 텍스트는 사회적 조직화가 이루어지는 어느 곳에서나 이루어진다. 특히, 휴먼 서비스 전문직에서는 주로 양식, 지침, 보고서를 가지고 일기 때문에 이런 텍스트를 작동시키는 과정에서 정책과 정책의 전제들이 실행되고 조직적인 파워가 행사된다(Campbell & Gregor, 2004: 29-33).

(4) 자료분석을 위해 다양한 기법들을 사용하라

① 모든 것을 글로 쓰라

제도적 문화기술지 연구자는 분석에 대한 불안을 가질 수 있다. 어디에서도 제도적 문화기술지의 분석에 대해 일목요연하게 기술되어 있지 않기 때문이다. 제도적 문화기술지 연구의 분석을 위해 가장 유용한 기법은 모든 것을 글로 써보는 것이다. Campbell & Gregor (2004)는 이를 "분석적 글쓰기(analytic writing)"라 불렀다.

예를 들어, 문제틀을 발견할 때도, 텍스트의 작용을 분석할 때도, 조직화 양상을 그려볼 때도 써보는 것이 가장 좋다. 써봄으로써 자료에 대한 무언가를 만들 수 있고, 그 다음 분석으로 나아갈 수 있다. 쓰고 또 써보아라. 써본 조각들이 분석을 구성하는 방법이다. 청자에게 "스토리를 말하고", 말한 스토리를 써보라. 쓰여진 스토리에서 분석의 핵심을 만들어낼 수 있다. 작은 조각의 글들을 써봄으로써 자료에 대해 무언가 말할 수 있고, 그들을 분석적으로 사용할 수 있다 (Campbell & Gregor, 2004: 84-86).

분석한 것을 써본다는 것은 쉬운 일이 아니다. 우선 초기 자료를 검토할 때는 연구자에게 보이는 것을 스토리로 쓰는데, 이 스토리는 써 가면서 점차 명확해진다. 발견된 문제틀과 조직화에 대한 일종의 스케치를 하는 것이다. 이어 구체적인 자료 조각들에 대해 스토리를 쓴다. 더 많은 자료 조각들이 분석되고 쓰여지면서 초기의 생각들이 발전되고 명확해진다. 최종적으로는, 사람들의 행위가 어떻게 조정되고 조직화되는지를 글로 써본다(Campbell & Gregor, 2004: 99).

② 질문을 던지고 비교하라

기존의 질적연구와 마찬가지로, 제도적 문화기술지 분석 과정에서 빈번하게 사용되는 기법 중 하나는 질문을 던져보는 것이다(Campbell

& Gregor, 2004: 84). 연구자는 인터뷰 자료에 질문을 던짐으로써 자신의 이해를 좀 더 분명히 할 수 있다. 예를 들어, 이 경험의 문제틀은 어떠한가? 이 사건은 어떻게 일어나는가? 여기서 텍스트는 어떻게 사람들의 행위를 조정하는가?와 같은 다양한 질문들을 던질 수 있다. 연구자는 질문에 대한 답을 위해 정치, 경제, 사회적 맥락으로 돌아가기도 하고, 말해진 것과 그것을 산출한 맥락들을 왔다 갔다 하기도 한다.

그리고 자료를 비교하고, 던진 질문에 대한 답을 얻는 과정에서 지속적으로 비교한다. 물론 여기서의 비교는 기존 질적연구에서 하는 범주와 속성을 찾아내기 위한 비교는 아니다. 제도적 문화기술지에서 비교는 제도적 문화기술지가 목표로 하는 개인적 경험의 사회적 조직화를 좀 더 분명히 하기 위해 사용된다.

③ '지도 그리기'와 '퍼즐 맞추기'라는 비유를 사용하라

제도적 문화기술지의 분석 작업에는 지도 그리기(mapping), 퍼즐 맞추기라는 비유가 사용된다. 이것은 제도적 문화기술지가 범주화를 통해 주제를 찾아내려 하지 않는다는 의미이다. 또한 누군가의 입장에서 그려지는 조직화 양상이, 마치 자신이 서 있는 위치에서 지도를 그리는 것과 같고, 서로 다른 퍼즐 조각들을 이어 맞추는 것과 같다는 의미이다. 따라서 제도적 문화기술지에서는 인터뷰 전체를 사용할 필요가 없고, 선택해서 사용한다. 왜냐하면 연구자가 제도적 과정의 모든 측면에 관심이 있는 것은 아니기 때문이다.

예를 들어, 연구자는 일 지식을 이어 맞추면서 조직화 양상을 그려나갈 수 있다. 그는 서로 다른 퍼즐 조각에서 맞는 조각을 찾아 선택하듯이, 다른 일 지식들 중에서 그에 맞는 일지식의 양상을 선별해 낼 수 있다. 이는 마치 직소퍼즐처럼 조각을 하나씩 맞추면 원래의

그림이 드러나는 것과 같다. Ellen Pence(2001)는 가정학대 사례를 구성하는 제도적 행위의 시퀀스를 쫓는다. 경찰은 체포하고, 이를 보고서로 작성하는 것은 보호관찰관이다. 이때 연구자와 경찰, 연구자와 보호관찰관 사이에서 산출되는 일 지식은 분석 시 재해석되지 않았다. 오히려, 그들은 서로 짜 맞추어져 시퀀스의 조직화를 그려냈다 (스미스, 2014).

④ 나눌 수 있는 누군가를 찾아라

제도적 문화기술지 분석에 도움이 되는 기법 중 하나는 자료에 관해 배운 것을 서로 얘기 나눌 수 있는 누군가를 찾으라는 것이다. 연구자는 그에게 자신이 보고 알게 된 것을 설명하고, 질문을 듣고, 그 질문에 답해본다. 이렇게 누군가에게 말을 하게 되면 엄청난 양의 자료에서 스토리를 조망할 수 있다. 만일 누군가의 질문에 답을 할 수 없을 때는 주의를 기울여야 한다. 이런 방식으로 스토리를 이야기해보는 것은 '분석적 글쓰기'에 포함되어야 할 자료의 요소를 결정하는데 도움을 준다. 자료에서 말할 수 있는 것이 무엇이고, 말할 수 없는 것이 무엇인지를 아는 것이야말로 분석에서 진정한 진전이다 (Campbell & Gregor, 2004: 92).

〈2〉 자료분석의 과정

제도적 문화기술지에서 분석은 최종적으로 연구에서 밝히고자 하는 것에 대한 시퀀스를 그리고(map) 그 궤적을 보여주어야 한다. 특히, 이 과정에서 텍스트의 매개적 역할을 보여주어야 한다. 왜냐하면 제도적 과정은 반드시 텍스트에 의해 그리고 텍스트에 기반해 매개되기 때문이다(Smith, 2006: 3-6). 그러나 모든 제도적 문화기술지 연구가 동일한 분석 목표를 갖는 것은 아니다. 어떤 연구자는 복잡한 제도의 연속행동을 그려내고, 다른 연구자는 텍스트에 기반한 지식형태의 기제를 기술하고, 또 다른 연구자는 지배담론의 개념적 구조를 정교화 한다(DeVault & McCoy, 2006: 39). 아래에 제시하는 과정은 이러한 제도적 문화기술지의 목적을 달성하기 위한 방법들이다.

(1) 각 자료들의 스토리를 쓰면서 '문제틀'을 스케치한다

연구 초기에 연구자는 인터뷰나 참여관찰을 통해 개인들의 경험을 수집하고 분석한다. 개인들의 경험 속에는 동일한 제도적 과정에 있는 여러 다른 사람과 그들의 경험이 등장한다. 이때 연구자는 수집된 여러 개인들의 경험을 연결하는 하나의 스토리를 찾아내어 글로 써본다. 이는 연구자 자신의 경험에서 출발하는 연구의 경우도 마찬가지다. 연구자가 스토리를 쓸 때는 제도적 문화기술지의 가장 중요한 개념적 장치인 '문제틀'을 염두에 두고 한다. 왜냐하면 문제틀의 영역을 발견하고 확장해가면서 개인들의 경험의 사회적 조직화를 밝혀내는 것이 제도적 문화기술지 연구의 목표이기 때문이다. 결국, 각 자료들의 스토리를 쓴다는 것은 문제틀을 스케치하는 것이다.

예를 들어, Campbell(2006)은 장기요양 병원의 서비스 질 관리 전략이 요양보호사와 클라이언트에 어떤 영향을 가져왔는지에 대한 제도적 문화기술지 연구에서, 수개월 동안 했던 현장조사를 통해 다음과 같은 스토리를 찾아내었다. "민주적임을 표방한 질 관리 전략은 표방한 것과는 달리, 돌봄에 대한 병원의 이데올로기를 바꾸었고, 이는 돌봄제공자의 정신과 마음을 시장적 가치(경쟁, 생산성, 비용효과)로 식민화하였다"(Campbell, 2006: 93). 이 스토리 속에는 시장화된 돌봄제공자의 정신과 마음이, 병원의 서비스 질 관리 전략과 병원의 이데올로기라는 문제틀의 조직화로 인해 발생했을 것이라는 임시 주제가 담겨 있다.

이것은 마치 기존의 해석적 질적연구에서 상세분석에 들어가기 전에 자료를 포괄적으로 읽고 거기서 드러나는 주제 개요를 써보는 포괄분석과 유사하다. 단, 제도적 문화기술지는 단순히 개인적 경험들의 공통된 주제를 찾아내려는 데 목적이 있는 것이 아니고, 그 경험들이 어떻게 조직화된 것인지를 누군가의 '입장'에서 포착해야 하기 때문에, 이러한 관점을 적용해 자료를 읽고 조망하여 쓴다는 점에서 차이가 있다.

(2) 제도적 질서 내의 '일 과정'과, 그 제도적 영역을 추적한다

'문제틀'을 스케치한 다음, 연구자는 '일'이 동일 제도 내 다른 형태의 '일'과 어떻게 연결되는지를 추적한다(Grass, 2010: 50). 이를 위해 연구자는 인터뷰 녹취에서 '일'에 관한 이야기가 있는 발췌문을 모아, '일 과정'을 상세히 묘사한다. 연구자는 '문제틀'을 작동시키면서 정보제공자들의 일 지식을 지도 그리듯 하면서 일 과정을 그려나간다.

그러나 제도적 문화기술지의 목표는 정보제공자들의 일 지식 자체를 묘사하는 데 있지 않다. 제도적 문화기술지는 제도적 과정에 참여하는 사람들의 활동의 조정과 연관을 통해 그들의 행위의 시퀀스를 찾아내 이를 '일 과정'으로 그려내야 한다. 따라서 연구자는 제도적 질서 내 '일 과정'을 추적함에 있어 '사회관계', '사회적 조직화' 개념을 염두에 두고 녹취록 분석에 임해야 한다. 그렇게 함으로써 일 지식을 해석하지 않고 서로 짜맞춤으로써 조직화 양상을 그려낼 수 있다(Campbell & Gregor, 2004; 스미스, 2014).

또한 제도적 과정 안의 서로 다른 위치에 있는 행위자들의 일 지식의 '차이'를 모아 제도적 과정과 조직화를 그리도록 해야 한다. 정보제공자 각각의 일 지식은 사회적 조직화의 '조각'에 기여하기 때문이다. 연구자는 '모으기', '지도 그리기', '이어 맞추기'라는 은유를 사용해 '일 과정'을 그려나간다. 사회적 조직화는 일 지식을 이어 맞추는 과정에서 발견된 것을 설명한 것이다.

일 과정을 추적할 때 자료에 질문을 던지면 개인과 제도 간 접점과 조직화 양상을 보다 잘 볼 수 있다. 예를 들어, 정보제공자들이 묘사하는 일은 무엇인가, 일은 무엇을 포함하는가, 다른 사람의 일과 어떻게 연계되는가, 일을 발생시키는 것은 무엇인가, 일은 어떻게 제도적 과정과 제도적 질서로 연결되는가와 같은 질문을 던지는 것이 도움이 된다. 이런 질문들은 개인의 동기에 관한 질문이 아니라 제도적 맥락에 관한 질문이다(McCoy, 2006: 112, 115).

이어 연구자는 '일'이 왜 그런 형태를 띠게 되었는지를 검토한다. 이는 사람들의 이야기 속에서 제도적 흔적을 뽑아내고, 그들의 일이 제도적 접점에서 어떻게 모양새 지워 지는지 아는 것이다. 예를 들면, 환자는 약물치료를 받기 위해 의사를 찾아 상담하고 매월 예약하는데, 이 '일'은 환자의 경험과 건강보호 서비스의 일 과정 사이의 접점에 있다(McCoy, 2006: 112).

이처럼 연구자는 일 경험에 관한 자료에서 개인과 제도 사이의 접점을 찾아 제도적 영역을 보는 것이 필요하다. 일 개념을 사용해 수집한 자료는 개인과 제도적 관계의 접점을 보여준다. 분석에서 연구자가 일 개념을 사용하면, 개인의 경험과 제도적인 것의 연결고리, 일의 조직화가 눈에 들어오게 된다. 연구자는 일 과정이 어떻게 조직화되는지 상세한 묘사를 발전시킨다. 여기서 제도적 과정의 어떤 부분은 이후 단계에서 좀 더 자세한 분석을 통해 파악된다(McCoy, 2006: 113, 115).

또한 분석에서 '일' 개념은 개인들에게 무엇이 일어났고, 무엇을 하고 있고, 그것을 어떻게 느끼는지와 같은 개인적 경험을 이해할 수 있게 해준다. 동시에 '일' 개념은 이 개인들의 이야기와 스토리를 제도적 영역에 놓고 볼 수 있게 해준다. 이처럼 '일' 개념은 제도적 문화기술지의 자료를 분석할 때 유용하다(McCoy, 2006: 117).

이 과정에서 연구자가 유의할 점은, 기존 질적 연구에서처럼 분류나 유형화하는 작업을 하면 안 된다는 것이다. 그러면 제도적 문화기술지가 목표로 하는 조직화가 보이지 않고, 개인의 경험만 보이면서 연구가 개인에 대한 분석이 되어 버린다.

예를 들어, 쉼터에 입소한 성매매 청소년들 중 어떤 청소년은 적응을 잘하고, 또 어떤 청소년은 적응을 잘 못해 지원시설 여기저기를 전전한다. 이때 기존의 질적연구자는 흔히 이들의 생활습관, 또래관계를 들어 이들의 적응 여부를 설명한다. 성매매 청소년들에 대한 서비스 전달체계의 조직화가 그 청소년들의 삶에 개입하는 것에는 관심이 없다. 제도적 문화기술지는 쉼터에 거주하는 청소년들의 '일' 경험 속에서 청소년 서비스 전달체계의 조직화라는 제도적인 것에 초점을 두고 그들의 경험을 설명한다.

(3) 텍스트가 '일 과정'을 어떻게 조정하는지 추적한다

다음으로 제도적 문화기술지 분석을 위해 연구자는 텍스트가 일 과정을 어떻게 조정하는지 추적해야 한다. 제도적 문화기술지에서 텍스트는 무엇인가를 발생시키고 일으키는 것으로 본다. 이는 텍스트가 행동의 시퀀스에 들어와 그 다음 단계에 개입하는 것이다. 제도적 문화기술지에서 텍스트는 사람들의 활동 안으로 진입하고, 사람들의 활동을 조정한다. 텍스트 자체를 사람들의 행위로 본다(스미스, 2014).

제도적 문화기술지 연구에서는 행동이나 일의 시퀀스 과정에 개입하여 사람들의 행동과 일을 변화시키는 텍스트의 작동기제에 주목한다. 그것은 연구자가 '일-텍스트-일(act-text-act) 혹은 텍스트-일-텍스트(text-act-text)의 시퀀스라는 개념을 사용해 텍스트가 어떻게 작용하는지를 분석하는 것이다. 그래야 텍스트의 활동을 관찰할 수 있고, 일과 텍스트의 시퀀스를 볼 수 있으며, '문제틀'을 발견하고, '조직화' 양상을 볼 수 있다. 제도적 문화기술지 연구자는 이를 통해 일 과정에서 텍스트가 어떻게 사람들의 일과 행동을 조정하는지(coordinate) 분석할 수 있다. 만일 연구자가 텍스트와 일의 연속적 결합이라는 개념적 도구를 사용하지 않으면, 정보제공자들의 경험만 따라가게 된다. 또한 정보제공자들의 공통점에만 관심을 갖게 된다.

따라서 연구자는 분석과정에서 텍스트를 사실적 정보를 주는 것으로보다는 구체화된 '사회관계'로 여겨야 한다. 도로시 스미스는 텍스트를 '사회관계'의 구성요소로 보는 것이 텍스트를 이해하는 데 가장 유용하다고 하였다. 텍스트는 보이지 않게 연결하는 기능을 한다. 텍스트는 조직화의 형태를 규정짓는 핵심이다. 즉, 텍스트는 사람들이 특정 방식으로 행동하도록 조정하게 만드는 힘을 가지고 있다. 더 나아가, 텍스트의 상세하고 실제적인 조정과정을 살피다 보면 맥락과 지배관계가 드러난다. 이러한 맥락에서 볼 때, 제도적 문화기술지 연구자가 텍스트의 활동을 분석할 때는 텍스트를 추상화해서는 안 된다 (Smith, 2006: 67-68; Campbell & Gregor, 2004: 33).

(4) 텍스트들 간의 위계와 힘의 작용을 추적한다

앞의 분석과정에서 연구자는 텍스트와 일은 결합되어 있고, 이 일련의 시퀀스에서 텍스트가 어떻게 작동하는지를 분석했다. 이번에는 텍스트들 간에 위계가 있고, 규제적 위계에 있는 텍스트가 어떻게 작동하는가를 분석하는 것이다. 텍스트는 사람들의 일을 조정하지만, 동시에 다른 텍스트를 통제하면서 제도적 활동의 조정자 역할을 하기도 한다. 여기서 중요한 것은 규제적 역할을 하는 텍스트이다. 규제적 역할을 하는 텍스트는 상위 텍스트로서, 이들은 하위의 텍스트들을 통제하고 표준화한다(Smith, 2006: 79).

텍스트는 사람들의 일을 통제하고, 텍스트가 승인한 행위주체는 일을 조정하고 동원함으로써 파워를 만들어낸다(스미스, 2014). 그러나 텍스트는 그 자체만으로 규제능력을 갖지는 않는다. 다른 텍스트들과의 관계 속에서 텍스트에 권위가 부여되면서 규제능력을 갖게 된다(Smith, 2006: 79).

예를 들어, 동주민센터 복지공무원의 업무규정 텍스트는 보건복지부의 복지업무 지침 텍스트의 규제를 받는다. 저소득층 주거 임대사업은 지자체의 건설교통부서에서 처리할 수도 있지만, 중앙부처의 업무를 분담하는 과정에서 보건복지부가 저소득층 임대사업을 저소득층을 상대로 한다는 이유로 복지업무로 받아 업무지침에 넣게 되면, 동주민센터 복지공무원은 주거 임대사업을 맡아 처리해야 한다.

이처럼 보건복지부 업무지침이라는 상위 텍스트에 특정의 권한이 부여됨으로써 특정의 일 과정이 만들어진다. 이렇게 텍스트들 간의 위계와 그 사이에서 만들어지는 힘의 역동은 동주민센터 복지공무원들의 업무를 늘리고, 그 결과 그들을 좌절과 우울로 이끈다. 복지공무원들의 업무 분담은 정부와 지방자치단체의 텍스트들 사이의 복잡한 위계 내에 종속된다. 여기서 텍스트들 사이의 위계는 순환되는데, 이것은 지배관계가 조직화되는 것에 필수적이다. 이처럼 텍스트는 지배관계의 핵심 조정자이다(Smith, 2006).

이상에서 알 수 있듯이, 제도적 문화기술지 연구자는 개인들의 경험에서 시작하여, 그들의 일 과정을 추적하고, 일 과정에 작용하는 텍스트의 작동을 추적한다. 이 과정에서 텍스트의 조정 역할을 단순히 분석하는 것에서 더 나아가, 텍스트들 간의 위계와 그 위계의 작동으로부터 나오는 힘의 작용을 분석해야 한다. 그럼으로써 비로소 일상에서 겪는 개인들의 경험이 어떻게 조직화된 지배관계로부터 나오는 것인지를 알 수 있게 된다. 제도적 문화기술지 연구는 이 조직화된 지배관계를 보여줌으로써 개인들의 경험을 설명한다.

(5) 제도적 과정의 이념적 성격을 검토한다

우리는 지금까지 일 지식과 텍스트, 텍스트의 위계성과 같은 개념을 자료분석에 도입하면 개인들의 일상의 경험이 조직화된 지배관계의 결과임을 알 수 있었다. 그런데 여기서 텍스트를 좀 더 깊이 생각하면, 또 다른 스토리의 분석이 가능하다. 텍스트에 담긴 내용, 혹은 텍스트로 매개되는 의사결정은 기본적으로 해당 조직의 이해관계를 반영하며, 그러한 이해관계는 지배적 위치에 있는 사람들의 이해관계라는 사실이다(Campbell & Gregor, 2004: 38).

예를 들어, 기초수급자 신청에 필요한 다양한 텍스트 문서 중에는 노동능력 없음을 증명하기 위해 의사의 진단서를 첨부해야 한다. 그러나 수급 신청자 중에는 질병은 없지만 노동능력이 없는 사람도 많다. 질병이 없으면 모두 근로능력이 있다는 전제와 담론이 공적부조 정책의 근간을 이루고 있는 것이다. 즉, 텍스트 자체, 그 텍스트를 매개로 이루어지는 다양한 결정들을 좌지우지하는 제도적 담론이 존재하는 것이다.

이 담론은 텍스트에 반영되어 있고, 텍스트들은 담론의 담지자이다. 사회적 조직화는 담론과 텍스트에 의해 형성된다. 결국, 담론은 사회적 조직화의 조직자인 셈이다. 앞의 예에서, 제도적 담론은 의사의 진단서를 받지 못해 수급자가 될 수 없었고 그래서 삶이 황폐해진 누군가의 경험을 설명해 준다. 도로시 스미스는 이러한 텍스트들의 구성이 사회적으로 조직화됨으로 인해 발생한 것으로 보고, 이를 '이념적(ideological)'이라 불렀다(Campbell & Gregor, 2004: 38).

제도적 문화기술지 연구자는 제도적 담론이 어떻게 사람들의 삶 속에서 작동하는지, 무엇이 사람들을 제도적 담론에 참여하게 하거나 참여하지 않게 만드는지에 관심을 두어야 한다. 기존의 질적 연구에서처럼 제도적 담론에 대해서도 정보제공자를 유형화하거나 평가해서는 안 된다. 제도적 문화기술지 분석을 하는 연구자는 제도적 담론이 제도적 일 과정에 관여하면서 어떻게 움직이는지에 초점을 두어야 한다.

제도적 텍스트에는 제도적 담론이 들어 있다. 제도적 담론은 설계되며, 이 과정은 본질적으로 정치적이다. 연구자는 제도적 텍스트에 들어 있는 제도적 담론을 파악하고, 이것이 누구에 의해 틀지워지고 설계되었는지 파악해야 한다. 최종적으로, 제도적 문화기술지 연구자는 제도적 세팅 내 광범위한 '사회관계'를 그려 줄 수 있어야 한다.

제16장 타당하고 신뢰할 만한 분석을 위한 방법들

어떤 연구가 사람들의 인정을 받기 위해서는 크게 두 가지 조건이 필요하다. 하나는, 그 연구가 과연 현실에 존재하는바, 실재를 재현한 것이냐 하는 것이고, 다른 하나는 실재의 재현을 위해 안정적이고 믿을 만한 논리적 절차와 과정을 거쳤느냐 하는 것이다. 전자가 타당성의 문제라면, 후자는 신뢰성의 문제이다. 양적연구건 질적연구건 모든 연구는 이러한 두 조건을 충족시켜야 과학적 지식으로의 지위를 인정받는다.

그런데 질적 자료분석은 양적연구에서와 달리, 분석과 분석 결과의 질에 대해 의심 받는다. 연구결과의 질은 자료분석을 얼마나 신뢰할 만하고 타당하게 했느냐와 연관된다. 질적연구가 연구의 질에 대해 의심을 받는 것은, 양적연구처럼 신뢰성과 타당성의 정도를 수치로 표현하기 어렵기 때문이다. 크론바하 값 하나면 연구의 질을 인정받는 양적연구와 달리, 질적연구는 인정받기 위해 구구하게 이것저것 설명해야 한다. 사실, 앞에서 설명했던 자료분석의 방법들을 연구자가 일관성 있게 따라가고, 진실하고 윤리적인 태도를 견지한다면 신뢰할 만하고 타당한 분석의 근거가 된다.

신뢰성과 타당성은 질적 자료분석의 엄격성을 확보하기 위한 중요한 기준이다. 질적연구에서 엄격성은 반드시 추구되어야 한다. 여기서는 질적연구의 엄격성 확보를 위해, 질적 분석의 타당성과 신뢰성에 대해 검토한다. 이를 위해 누구의 눈으로 분석할 것인가의 문제, 내적 타당성과 외적 타당성 및 신뢰성 확보의 문제, 그리고 분석에서 맥락을 어떻게 고려할 것인가에 관해 살펴본다.

1. 누구의 눈으로 분석할 것인가?

우리는 어떤 현상에 대해서든 그 현상 자체 혹은 그 현상과 관련하여 선이해를 갖고 있다. 그리고 이러한 선이해는 질적 자료를 분석하는 데 필연적으로 작동한다. 이때 선이해는 연구자의 경험일 수도, 관심사의 방향일 수도, 그동안 축적한 학문적 지식이나 개념일 수도 있다. 여기서 우리가 맞닥뜨리는 의문은 연구자가 질적연구를 통해 드러내 보이는 것이 과연 연구참여자의 눈으로 본 현실인지 연구자의 눈으로 본 현실인지 하는 것이다.

일반적으로 질적연구는 연구자의 눈이 아니라 연구참여자의 눈으로 현실을 바라보고, 그 모습을 드러내 준다고 알려져 있다. 양적연구가 연구자의 눈으로 세계를 본 것이라면, 질적연구는 연구참여자의 눈으로 본 세계를 드러내 보여준다는 것이다. 이 점은 가끔 질적연구자들이 스스로를 방어하고, 심지어 양적연구자들을 공격하는 무기로 사용되기도 한다.

그러나 질적연구는 연구참여자의 이야기에 대한 연구자의 해석이다. 질적연구는 연구참여자의 이야기에 대한 에믹적 분석과 이를 연구자가 해석한 에틱적 분석의 결합이다. 사실 어떤 연구도 완전히 순수하게 에믹적이거나 에틱적이지 않다. 어떤 연구든 에믹적 분석과 에틱적 분석의 어느 연속선상에 있다. 질적연구자들 간에 이 연장선 내 위치를 놓고 다소 이견이 있기는 하다.

예를 들어, 패짓(2001)은 질적분석에서 연구참여자의 관점이 매우 중요한 부분임에는 틀림없을 것이라고 신중히 말하면서도, 아마도 질적연구의 가장 궁극적인 가치는 연구자의 관점에서 연구결과의 의미를 해석하는 것을 할 수 있는지의 여부에 달려 있다고 보았다. 그러나 질적분석은 연구참여자의 개념(indigenous concepts)과 연구자의 개념 간의 균형과 조화가 중요하다. 이 균형과 조화의 기울임은 연구자의 선택이다. 질적연구의 어떤 분석이든, 이 양자의 연속선상 어딘가에 있기 때문이다(Patton, 1990).

예를 들어, 양적연구가 연구자의 개념으로 연구참여자의 이야기를 선입적으로 분석하는 것이라면, 질적연구는 연구참여자의 이야기와 연구자의 개념이 동시적으로 상호작용한다. 이것은 귀납적 주제분석에서도 마찬가지다. 자료로부터 연구참여자들의 개념을 충실히 끌어낸다는 점에서 귀납적이지만, 이렇게 끌어낸 연구참여자의 이야기는 연구자의 개념에 의해 해석된다. 이 둘 간의 균형과 조화가 어떤 모양새를 띠느냐에 따라 글의 성격과 형태는 달라진다.

그러므로 질적분석에서 중요한 것은 어떻게 연구자의 편견과 선입견을 가능한 배제하고서 연구참여자의 개념을 도출하느냐 하는 것과, 이 연구참여자의 개념에 대한 연구자의 해석의 타당성을 어떻게 확보하느냐에 달려 있다. 연구참여자의 에믹적 주제를 도출하기 위해 사용될 수 있는 방법들에는 다음과 같은 여러 가지가 있다.

(1) 비교하기와 질문하기(11장 참조).

(2) 감지적 개념: 개념을 감지적으로 사용하기(11장 참조).

(3) 연구참여자 코드(in vivo code)를 사용하기: 코딩을 할 때 연구참

여자 코드를 얼마만큼 사용하는 것이 좋은지에 대해서는 논란이 있다. 한편에서는 10%를 넘지 말아야 한다고 주장하나, 또 다른 한편에서는 제한을 둘 필요가 없다고 말한다. 코드는 학문적 개념과 연구참여자 코드(in vivo code)로 구분할 수 있는데, 학문적 개념이 많으면 분석이 수사적이고, 인위적이고, 젠체하고, 장황하게 보이게 만든다. 반면, 연구참여자의 말로 쓴 코드들은 독자로 하여금 분석의 아이디어에 친숙하게 느끼게 한다(Glaser, 1978). 일반적으로 연구참여자 코드는 초기 이후 추상화 과정을 거쳐 개념으로 되는데, 이 과정에서 연구자의 해석이 작동한다.

(4) 자료를 반복해서 읽기: 자료를 반복해서 읽는 것은 원자료에 더 밀착하게 해 줌으로써 에믹적 주제 도출을 돕는다.

(5) 팀 접근: 팀을 이루어 분석결과를 서로 나누고 토론하는 것 또한 주제를 연구참여자의 관점에 근접하도록 돕는다.

(6) 선행연구: 대부분의 질적연구는 연구 시작 단계에서부터 선행연구들을 읽는다. 그러나 질적연구에서 선행연구를 언제 읽어야 하느냐는 논쟁적 사안이다(4장 참조). 일반적으로 연구참여자의 개념을 도출하기 위해서 범주들이 충분히 출현할 때까지 가능한 선행연구 읽기를 늦출 것을 요구한다. 읽은 선행연구 결과들이 자료에 대한 코딩에 영향을 주기 때문이다.

(7) 괄호치기: 괄호치기는 어떤 현상에 대한 경험의 본질을 포착하기 위해 현상학에서 사용되는 방법이다. 연구자는 자신이 가진 선지식은 물론이고 경험과 관심사 등등을 괄호치기한다. 연구참여자의 개념을 도출하기 위해 선행연구 읽기를 일정 정도까지 늦추었다 해도 또 다른 문제가 남는데, 그것은 연구자의 개인적 경험, 이념적 방향, 관심사 등등의 요인들이 에믹적 주제 도출을 방해할 수 있다는 점이다. 따라서 연구자는 자신의 개인적 경험들과 관심사, 이념적 방향

등에 주의를 기울이고 이를 괄호치기 할 필요가 있다.

질적연구는 이러한 에믹적 분석과 함께 에틱적 분석이 함께 이루어진다. 에틱적 분석은 연구자의 관점에서 연구결과를 해석하는 것이다(패짓, 2001). 그런데 이 해석은 자료 내 해석과 자료 밖 해석으로 구분해 볼 수 있다. 자료 내 해석은 자료로부터 개념을 도출하는 코딩과정에서 연구자의 해석이 작동하는 것이고, 자료 밖 해석은 이렇게 자료로부터 도출된 개념들을 연결짓고 그 결과를 해석하는 과정에 작동하는 연구자의 해석을 말한다. 연구자의 해석들이 얼마나 타당성 있는가를 평가하기는 매우 어려운 일이지만, 팀 접근이나 해당 분야에 대한 폭넓고 깊이 있는 독서 등의 방법이 도움이 된다.

2. 수집된 자료 속 '실재'가 연구결과로 정확히 표현되었는가?

1) 질적 자료분석에서 '내적 타당성'이란?

질적연구는 타당성과 신뢰성에 대해 양적연구와 다른 개념을 사용한다. 왜냐하면, 질적연구는 실재(reality)에 대한 다른 가정들, 다른 세계관, 다른 패러다임에 기초하고 있기 때문이다. 질적연구에서 내적 타당성은 진실 가치(truth value)로 표현되며, 연구가 발견한 것이 얼마나 실재와 맞아 떨어지는가 하는 것이다(허미화, 1994: 229).

이를 좀 더 구체화하면, "수집된 자료 속 실재가 연구결과로 정확히 표현되었는가?"로 말할 수 있다. 이 질문에 답을 하려면 연구질문까지 거슬러 올라가야 한다. 연구질문에 답하기 위해서는 연구방법을 선택하고, 그 방법의 일환으로 자료를 수집하기 때문이다. 따라서 우선, 자료분석의 내적 타당성을 말하려면, 연구질문과 연구방법 그리고 자료수집방법으로 이어지는 일련의 논리적 과정이 설득력을 가져야 한다. 즉, 이 자료가 어떻게 그리고 왜 연구질문을 풀어가는 데 도움이 되는지가 설명되어야 한다.

그리고 나서 연구결과의 진술이 과연 수집된 자료를 정확히 표현해 주는지 설명해야 한다. 이처럼 질적연구에서 내적 타당성은 연구결과의 진술이 수집된 자료를 정확히 표현해 주는가의 정도로 판단한다. 그러면 질적연구에서 이러한 내적 타당성을 확보하기 위해서는 어떻게 해야 할까? 인식론적 입장에 따라 여러 다양한 논의가 제시되고 있지만, 여기서는 가장 일반적으로 사용되는 방법들을 간략히 제기하기로 한다.

2) 질적 자료분석에서 내적 타당성을 확보하는 방법들

(1) 삼각측정을 사용한다

삼각측정(triangulation)이란 다양한 관점에서 자료를 수집하고 분석하게 함으로써 실재의 모습을 재현하려 하는 방법이다. 따라서 삼각측정은 타당성을 확보하는 강력한 방법이다. 삼각측정에는 여러 가지가 있다. 인터뷰나 관찰처럼 다양한 자료를 수집하는 자료 삼각측정(data triangulation), 여러 연구자에 의해 자료를 분석하는 연구자 삼각측정(investigator triangulation), 다양한 이론적 관점을 분석에 적용하는 이론 삼각측정(theory triangulation)이다. 삼각측정의 가장 큰 장점은 연구 상황의 복잡성과 다른 관점들을 포괄해 주는 데 있다. 그러나 삼각측정은 명확한 한계가 있다. 예를 들어, 연구자 삼각측정은 함께

하는 연구자들의 평균치를 선택할 가능성이 있기 때문에 통찰력이 뛰어난 사람의 견해가 묻힐 수도 있다(Lacey & Luff, 2009: 27). 따라서 연구자는 삼각측정을 타당성 증명을 위한 손쉬운 방편으로만 생각해서는 안 된다(메이슨, 2010: 277).

(2) 연구자의 관점을 명확히 한다

연구의 타당성을 보여주려면 연구자의 관점을 명확히 할 필요가 있다. 이것은 연구결과가 연구자의 관점으로 무작정 덮어씌운 것이 아니라, 자신이 어떠한 관점을 가진 사람임을 분명히 인식하면서 연구했다는 것을 보여주어야 하기 때문이다. 질적분석은 해석과정이기 때문에, 연구자의 선입견, 전제, 세계관이 분석과정에 영향을 미칠 수 있다. 따라서 연구가 타당성을 확보하려면 분석할 때 연구자의 관점을 분명히 하고, 이를 가시화할 필요가 있다.

예를 들어, 자신이 해당 연구를 하게 된 생애사적 과정이라든가, 해당 연구와 관련된 어떤 조직에서 일한 경험을 통해 갖게 된 생각 등을 밝히는 것이다. 질적연구에서는 이를 반영성(reflexivity)이라고 부른다. 반영성을 반영한 반성적 이야기는 연구자의 연구일지를 포함한 연구 전체에 걸쳐 이루어진 개념적 여정(conceptual journey)을 표명함으로써 가능하다(Lacey & Luff, 2009: 28).

(3) 응답자로부터 피드백을 받는다

연구결과에 대한 진술은 응답자로부터 나온 것이다. 응답자로부터 피드백을 받는 것은 "응답자 타당화"로 불린다. 피드백은 그 범위가 다양한데 녹취록에서부터 해석에 대한 코멘트, 초고 보여주기 등이다. 응답자 타당화는 연구자와 연구참여자가 보는 관점이 다른 경우 문제가 되지만, 연구자는 이들 다른 해석을 정당화해야 한다. 또한 응답자 타당화는 연구자와 참여자 간 힘의 불균형을 고칠 수 있는 방법이기도 하다. 따라서 응답자 피드백은 새로운 자료를 생성하는 것으로 보아야 하며, 분석이나 최종보고서에 어떻게 담을 것인가를 고민해야 한다. 응답자의 피드백에 대해서는 연구자와 참여자 간에 상호 토론이 필요하다. 연구자는 연구시작 전에 어떤 종류의 피드백을 받을 것인지, 그것을 어떻게 처리할지에 대해 생각해야 한다. 흔히, 참여자들에게 연구를 어떻게 제시할지에 대해 말하는 것이 좋다(Lacey & Luff, 2009: 28-30).

그러나 응답자 타당화의 유용성에도 불구하고, 유념할 것은 응답자 타당화로 연구의 해석적 타당성을 간단히 해결할 수 있을 것으로 기대해서는 안 된다. 연구자와 응답자 간의 차이가 자칫 연구자를 체념하게 하여 연구에 대한 장악력을 상실하게 할 수 있고, 응답자가 연구결과와 분석을 통제할 수 있기 때문이다(메이슨, 2010: 281).

(4) 경쟁적 해석과 설명을 사용한다

질적 자료분석에서 경쟁적 해석과 설명을 사용하는 것은 연구자의 선입견이나 편견을 막고, 자료 속에 존재하는 실재를 끌어내고, 질적 연구의 질을 향상시키기 위한 방법이다. 이것은 질적연구에서 가장 문제가 되는 연구자의 해석의 타당성의 문제와 연관된다. 이 방법은 분석의 질을 향상시키기 위해서 자료에 대한 해석이 특정 관점을 표명해 줄 때에도 분석을 끝내지 않고 '경쟁적 해석들(rival interpretations)'을 시험하는 것이다.

이는 해당 자료에 대해 다른 논리적 가능성을 생각하고, 이 가능성이 자료에 의해 지지되는지를 확인하는 것이다. 연구자가 내린 해석에 대해 일단 유보하고 다른 경쟁적 해석들을 생각해 보는 것이다. 이처럼 경쟁적 해석과 설명을 시험하는 것은 분석의 질을 향상시키는 데 중요한 기술이다. 왜냐하면 제시되는 자료에 대한 대안적 설명이나 반대 설명에 대한 강력한 근거를 찾을 수 없는 것이야말로, 분석가가 만들어낸 원래의 설명에 대한 확신을 증가시켜주기 때문이다(Kim, 2009).

(5) 공통부분을 포함해 연구와 관련된 모든 견해를 제시한다

연구자가 자료분석을 하다 보면 공통된 부분만 만나지 않는다. 공통된 부분 이외에 공통 영역에서 벗어나 있는 자료들을 만나게 된다. 이때 연구자는 공통된 것만 취하고 벗어나 있는 것들을 버려서는 안 된다. 벗어나 있는 것들이 그 연구에서 어떤 위치에 있는지 얼마나 중요한지를 검토하고 시험하는 시간을 가져야 한다. 또한 자료분석 과정에서 어떤 사실을 발견하면 그 반대쪽에 있는 사례가 있는지를 확인하기 위해 자료를 검토한다. 연구자는 벗어나 있는 자신의 분석 결과나 해석을 시험하기 위해 부정적 사례들(negative cases)을 검토하는 것이 좋다. 질적연구에서 부정적 사례는 보통 확신을 얻기 위해 사용한다. 물론 부정적 사례가 있다 하여 연구결과를 절대적으로 부정할 필요는 없다. 다른 것이 영향을 미쳤을 수도 있기 때문이다(패짓, 2001).

(6) 독자가 연구자의 해석에 설득되도록 연구결과를 체계적으로 제시한다

질적연구는 아무리 분석을 잘 했더라도, 그 결과를 글로 옮기지 못하면 독자를 설득하지 못한다. 물론 분석이 촘촘히 이루어졌으면 연구결과에 관한 글도 독자의 설득력을 얻을 가능성이 크다. 어떤 연구가 내적 타당성, 즉 정말로 현실에 존재하는바, 바로 그것을 표현해 주었느냐의 문제는 최종적으로 연구결과를 어떻게 독자에게 보여 주느냐와 관련되어 있다. 이를 위해 연구자는 독자로 하여금 연구결과가 수집된 자료와 관련된다고 믿을 수 있도록 원자료를 적절하고 체계적으로 제시해야 한다. 연구자의 내러티브를 설득력 있게 끌어가고, 그를 입증할 인용문을 적절히 사용하며, 연구참여자 중 특정인을 지나치게 많이 인용하지 않는 등 다양한 방법을 강구해야 한다.

3. 연구결과가 일반화될 수 있는 가능성은 어떠한가?

질적연구에서 외적 타당성은 일반적으로 연구결과가 다른 상황에 전이될 수 있는 전이가능성(tranferability)으로 정의된다. 따라서 외적 타당성이란 연구에서 발견한 것이 다른 상황에도 적용될 수 있는가, 즉 일반화할 만한 것인가의 문제이다. 그러나 질적연구에서 일반화는 양적연구의 일반화와 다르다.

양적연구에서 말하는 일반화는 표본을 통해 나온 결과를 모집단에 적용하는 통계적 일반화이다. 그러나 질적연구자는 시간과 공간을 초월한 일반화, 통계적 추론에 입각한 일반화에 회의적이다. 이런 일반화는 맥락이 배제된 일반화이고, 표본 수가 커도 진정한 일반화라고 말할 수 없는 경우가 허다하기 때문이다. 따라서 통계적 일반화는 질적연구에 적용될 필요도 없고 적용되어서도 안 된다(플릭, 2009).

질적연구에서 일반화는 통계적 일반화가 아니라 분석적 일반화(analytical generalization)와 맥락적 일반화(contextual generalization)로 판단한다. 분석적 일반화는 질적 연구결과를 기존의 이론에 접목시켜보아 일관성이 있는지를 확인하는 것이고, 맥락적 일반화는 연구결과를 다양한 맥락에 적용해보아 설득력 있고 적용가능성이 있는지를 확인하는 것이다(Patton, 1990).

질적연구에서 외적 타당도를 높일 수 있는 방법 혹은 논리는, 양적연구에서 사용하는 통계적 일반화가 연구의 유용성을 결정하는 유일한 기준이 아니며, 따라서 일반화의 의미를 재해석하여 찾아야 한다고 본다. 외적 타당성을 높일 수 있는 방법 및 논리로는 첫째, 일반화라는 말 대신 작업 가설(working hypotheses)이라는 개념을 사용하는 것이다. 연구결과를 잠정적인 가설로 보자는 것이다. 둘째, 특수성 안에 보편성이 들어 있다는 것이다. 보편적인 것은 반드시 특수한 것 속에 내재되어 있으며, 특수한 상황으로부터 배우는 것은 실로 그 후에 만나는 상황들로 전이될 수 있다는 것이다(허미화, 1994).

4. 일관성 있는 절차를 거쳤는가?

1) 질적 자료분석에서 '신뢰성'이란?

양적연구에서 '신뢰성'은 동일한 방법을 적용해 동일한 결과를 산출하는 것을 말한다. 즉, 양적연구에서의 신뢰성은 반복가능성의 개념이다. 그러나 질적연구는 양적연구의 이러한 신뢰성의 개념을 그대로 수용하지 않는다. 왜냐하면 질적연구의 패러다임은 실증주의와는 달리 해석주의에 의거하는데, 여기서는 고정된 하나의 실재를 가정하지 않으며, 세상에 대한 다양한 해석과 이해를 지향하기 때문이다. 질적연구가 전제하는 세계는 실재는 다양하고 그것은 시간의 변화에 따라 끊임없이 변화한다고 본다. 따라서 질적연구에서 신뢰성은 양적연구에서 말하는 반복가능성이 아니다.

질적 자료분석에서 신뢰성은 일관성 있는 절차를 거쳤는가로 판단한다. 이는 질적연구 과정에서 해야 하는 판단의 일관성(consistency)을 말한다. 좀 더 구체적으로, 질적분석에서 신뢰성은 관찰, 명명, 해석의 일관성이다. 질적 자료에 대한 판단의 일관성은 두 가지 형태로 드러난다. 하나는, 관찰자 간 일관성으로서, 여러 관찰자 사이의 판단의 일관성이다. 이것은 여러 사람이 동일한 자료에서 동일한 주제를 보는 것을 의미한다. 관찰자 간 일관성은 원자료를 여러 사람이 코딩함으로써 이루어진다. 연구자는 여러 번 듣고 보며, 동료에게 말하고, 코딩에 대해 논의한다. 다른 하나는, 시간과 사건을 넘어서는 일관성이다. 이것은 서로 다른 시기와 세팅에 대해 한 사람이 동일한 관찰을 하는 것이다(Boyatzis, 1998: 147).

2) 질적 자료분석에서 신뢰성을 확보하는 방법들

따라서 질적 분석의 신뢰성이란 연구자가 사용한 방법이 생산적이고 일관성 있음을 보여주어야 한다. 그리고 이 일관성을 감사 가능하도록 해야 한다. 신뢰성 확보를 위해 고려해야 할 것은 다음과 같다.

(1) 질적 분석에 대한 접근과 그 절차를 상세하게 기술한다

질적분석의 과정에 대한 상세한 기술이 필수적이다. 자료수집이나 범주 도출, 연구과정상의 결정들에 대해 상세히 서술한다. 이렇게 함으로써 연구자의 판단의 일관성을 가름할 수 있다. 따라서 질적연구자는 자신이 한 연구과정을 세세히 기록하고 그 기록을 기반으로 가능한 상세하게 연구 전체 및 분석 절차에 대해 기술해야 한다(Lacey & Luff, 2009: 26).

(2) 자료에서 주제, 개념, 이론을 생성하는 과정을 명확하게 기록해 놓는다

질적 자료분석 과정은 표준화되기 어렵다. 분석의 공통과정이 있기는 하지만, 그 상세한 과정은 연구자의 스타일에 따라 다르다. 연구자가 자신의 연구의 신뢰성을 확보하기 위해서는 질적 자료에서 주제, 개념, 이론을 산출하는 구체적인 과정을 기록으로 남겨놓을 필요가 있다. 그래야 분석결과를 다시 검토할 필요가 있을 때 감사 가능하도록 해야 한다(Lacey & Luff, 2009: 26).

(3) 연구자의 위치와 편견을 서술한다

신뢰성을 확보하기 위한 또 다른 방법은 연구집단에 대한 조사자의 위치, 정보제공자를 선택할 때의 편견에 대해 서술하는 것이다. 또한 자료가 나온 사회적 맥락을 설명함으로써 연구자의 판단의 일관성을 확보한다(허미화, 1994).

(4) 단체연구와 반복연구시 컴퓨터 프로그램 사용이 신뢰성을 높일 수 있다

최근에는 질적자료 분석을 위해 컴퓨터 프로그램을 많이 사용한다. 질적 연구를 위한 컴퓨터 프로그램에는 단순히 문서편집 프로그램이나 원문 편집 프로그램과 같이 자료를 기계적으로 조작하는, 즉 가위, 타자기, 묶음철, 색인카드에 대한 대용품인 프로그램이 있고, 자료 자체를 범주화해주는 자료기반 프로그램이 있다(Phil, 1998).

그러나 컴퓨터 프로그램 사용에 대해서는 찬반이 있다. 오늘날 컴퓨터는 질적 자료를 기록, 부호화, 분류하고 자료에 앞뒤참조를 달아주며 검색하는 작업을 수행한다. 이러한 컴퓨터의 사용은 여러 사람이 같이하는 단체연구와 반복연구에 매우 유용하다. 질적자료의 분석에서 컴퓨터 프로그램을 사용하면 모든 부호화된 코드들이 분석을 위해 동시에 제시되기 때문에 연구의 신뢰도를 향상시킨다.

그러나 컴퓨터 프로그램의 사용은 그 부작용도 만만치 않다. 가장 큰 문제로 자료를 관리하기 위한 도구 이상을 넘어 자료에 대해 사고까지 해주는 것으로 인식하는 것이다. 외국에서 개발된 많은 컴퓨터 프로그램이 있지만, 이들은 비용도 만만치 않고 매뉴얼을 익히는 데 지나치게 많은 시간이 소요된다. 또한 분석과정에서 통찰을 저해할 수 있고, 계량화로 인해 질적 연구의 풍부성이 손실될 수도 있다. 아울러 조기 서류철화로 인해 범주구성이나 이론구축이 미숙하게 종결될 수도 있다(Phil, 1998).

5. 분석에서 맥락을 어떻게 고려할 것인가?

질적연구는 사람들의 표면적인 행위 이면에 존재하는 의미를 찾아내는 데 있다. 이면의 의미를 찾아내기 위해서는 행위와 맥락을 연결하여 분석하는 것이 중요하다. 일반적으로 질적분석에는 거시든 미시든 맥락이 존재한다. 부르디외에 의하면, 경험은 구조와 행위가 응결된 지점이기 때문에 구조에 대한 이해를 가능하게 한다(Layder, 1993). 이 말은 사람들의 경험을 잘 분석하면 거기에 사람들의 행위는 물론, 그 행위를 가능하게 한 구조를 볼 수 있다는 의미이다. 또한 거꾸로, 우리의 경험을 통해 구조 속에 있는 일상의 행위를 볼 수 있다는 의미이기도 하다.

질적 분석에서 맥락이 중요한 것은 이처럼 우리의 경험들은 미시와 거시, 행위와 구조, 사건과 이념이 연결되어 있기 때문이다. 즉, 사회의 제도적, 구조적 측면은 행위와 밀접히 연관되어 있다. 예를 들어, "신분세탁"이라는 범주 혹은 현상을 설명하려면, 신분세탁의 행위들만이 아니라, 그 신분세탁이 일어나게끔 저변에서 작동하는 맥락에 해당되는 범주와 패턴을 찾아야 한다. 맥락을 자료에서 잘 찾으려면, 연구자가 맥락을 염두에 두고 분석을 해야 한다. 사회구조가 행동과 섞여 짜여져 있다는 이해방식은 질적연구에서 매우 중요하며, 연구자들이 상호작용을 넘어서 사회구조를 탐색하게 하는 데 요구되는 것이다(Layder, 1993: 56).

그러나 질적연구들 중에는 독자들을 설득시키지 못하고 독자들로부터 신뢰성과 타당성을 의심받는 경우가 있다. 왜 질적연구들이 설득력을 상실하고 뻔히 다 아는 연구처럼 보이는가? 여기에는 두 가지 원인이 있는데, 그중의 하나가 맥락에 대한 분석이 결여되었기 때문이다.

질적연구가 사람들의 행위의 저변에 작동하는 맥락과 구조를 행위와 연결하여 설명하지 못할 때 흥미를 느끼지 못하고 뻔하다고 생각하기 쉽다. 질적 연구들이 뻔하게 보이는 것은 그저 행위만을 혹은 행위의 표피만을 설명하기 때문이다. Glaser(1992)는 사람들이 이렇게 구조를 보여주지 못하고 행위 혹은 행위의 표피만을 그려내는 것은, 연구자들이 구조적 과정을 전제된 것으로 생각하기 때문이라고 하였다. 맥락과 현상, 행위와 구조의 연결이 농밀할수록 연구결과는 촘촘하고 재미있게 읽힐 수 있다.

질적연구자는 자신들이 관찰하고 기록하는 행동과 상호작용의 구조적 측면의 영향을 탐구해야 한다. 질적 연구자는 제도와 행동은 밀접히 연결되어 있고, 구조적 측면이 중요함을 인식해야 한다. 즉, 질적연구자는 대면적 상호작용의 미시세계의 중요성을 경시하지 않지만, 또한 거시분석을 평가절하하지 말아야 한다. 질적연구가 만들어내는 지식은 맥락의존적 지식이기 때문이다.

| 참고문헌 |

국내문헌

강지나(2016), "빈곤대물림 가족 청소년의 대응기제", 가톨릭대학교대학원 박사학위논문.

강정한(2013), "생물학적 전환", 강정한 · 김문조 · 김종길 · 김홍중 · 유승호, 『현대사회학 이론: 패러다임적 구조와 전환』, 다산출판사, 209-230쪽.

김미혜 · 권금주(2008), "며느리에 의한 노인학대 과정에 관한 연구", 『한국노년학』 28(3): 403-424.

김수영(2012), "사회복지와 노동시장 연계가 초래한 근로연계복지의 딜레마—자활사업의 사례를 중심으로—, 『한국사회복지학』, 64(3): 203-229.

김인숙(2009), "시설 거주 10대 성매매 피해여성의 자활 과정", 『한국 아동복지학』 30: 133-157.

김인숙(2010a), "바우처 도입에 따른 사회복지전문직 정체성의 변화와 그 의미", 『한국사회복지학』 62(4): 33-58.

김인숙(2010b), "교육복지투자 우선지역지원사업 학교 부적응 청소년의 생애경험과 대안 연구(연구보고서)", 경기도부천교육청 · 부천남중학교.

김인숙(2011), "근거이론의 분기: Glaser와 Strauss의 차이를 중심으로", 『사회복지연구』 42(2): 351-380.

김인숙(2012), "근거이론 담론과 사회복지 지식형성: 그 지형과 의미", 『비판사회정책』 34: 77-128.

김인숙(2013), "제도적 문화기술지: 왜 또 다른 연구방법인가?", 『한국사회복지학』 65(1): 299-324.

김인숙(2014), "해제: 글레이저의 근거이론 방법", 글레이저(1992), 『근거이론 분석의 기초: 글레이저의 방법』, 학지사, 13-81쪽.

김정현(2012), "가난한 이혼여성의 사회적 배제 경험과 기제", 가톨릭대학교 박사학위논문.

김진미 · 서정화(2006), “거리 노숙인의 유대형성에 관한 문화기술지 연구”, 『한국사회복지학』 58(3).
박성희(1996), “상담학 연구방법론의 패러다임과 분석방법”, 『한국심리학회지: 상담 및 심리치료』 8(1): 201-235.
박재환(1994), 『일상생활의 사회학』, 한울.
박찬종(2012), “사회학에서 인과성의 문제: ‘분석사회학’과 ‘비판적 실재론’”, 『경제와 사회』 94: 177-208.
양난주(2009), “노인돌보미 바우처 정책집행분석–선택과 경쟁은 실현되는가?”, 『한국사회복지학』 61(3): 77-101.
양성욱(2015), “사회서비스의 공공성 실현에 관한 연구: 사회서비스 바우처 제공기관에서의 공공가치 실현”, 가톨릭대학교 박사학위논문.
왕재선 · 김선희(2013), “정책 이슈 확산의 다이나믹스: 무상급식 논쟁 사례를 중심으로”, 『한국정책학회보』 22(1): 389-421.
유병화(1998), “열린 교육에서 열림의 의미에 관한 연구-해체주의와 맥락주의의 관점에서-”, 『교육철학』 20권, 65-83.
유영준(2006), “사회복지사의 반성적 실천에 관한 연구”, 가톨릭대학교 박사학위논문.
유철인(1998), “생애사 연구방법: 자료의 수집과 텍스트의 해석”, 『간호학탐구』 7(1): 186-195.
이기홍(2006), “사회과학에서 몇가지 이분법에 대한 검토”, 『사회과학연구』 45.
이남인(2014), 『현상학과 질적연구: 응용현상학의 지평』, 한길사.
이현정(2011), “헤게모니경합의 장인 정신보건: 중국 개혁시기 여성주의 NGO와 의료전문가의 자살예방접근방식에 관한 민족지적 연구”, 『현대중국연구』 12(2): 41-82.
이희영(2005), “사회학 방법론으로서의 생애사 재구성: 행위이론의 관점에서 본 이론적 의의와 방법론적 원칙”, 『한국사회학』 39(3): 120-149.
장혜경(2006), “현상학적 태도로 조망한 정신분열 현상: 나와 세계의 모양새짓기”, 가톨릭대학교 박사학위논문.
좌현숙(2010), “청소년 내재화 문제의 발달궤적에 영향을 미치는 위험요인

과 보호요인: 발달-맥락주의 관점을 적용하여", 『청소년학연구』 17: 105-133.

최귀순(2005), "Strauss와 Glaser의 근거이론방법론 비교", 『정신간호학회지』 14(1): 82-90.

하지선(2016), "정신보건센터 사례관리 실천의 조직화에 관한 제도적 문화기술지", 가톨릭대학교 박사학위논문.

황순찬(2005), "정신장애인의 체험에 담긴 발견적 의미—현상학에 기초하여—", 성공회대학교 석사학위논문.

번역문헌

글레이저, 바니(2015), 『근거이론 분석의 기초: 글레이저의 방법』, 김인숙 · 장혜경 옮김, 학지사(Glaser, B., *Basics of Grounded Theory Analysis: Emergence Vs. Forcing*, Sociology Press, 1992).

버거, 피터 · 켈네르, 한스프라이드 · 켈네르, 한스프라이드(1991), 『사회학의 사명과 방법』, 임현진 · 김문조 옮김, 한울아카데미(Berger, P., Kellner, H., and Kellne, H., *Sociology Reinterpreted: An Essay on Method and Vocation*).

다네마르크, 베르트 · 액스트롬, 매츠 · 야곱센, 리젤로트 · 카를손, 얀(2005), 『새로운 사회과학 방법론』, 이기홍 옮김, 한울아카데미(Danermark, B., Ekstrom, M., Jakobsen, L., and Karlsson, J.C, *Explaining Society: Critical Realism in the Social Sciences*, Sweden: Studentteratur, 1997).

루이스, 오스카(2013), 『산체스네 아이들』, 박현수 옮김, 이매진(Lewis, O., *The Chilrens of Sanchez*, Harold Ober Association Incoperated, 1961).

리스먼, 캐더린(2005), 『내러티브 분석』, 김원옥 · 강현숙 · 조결자 · 은영 옮김, 군자출판사(Riessman, C. K., *Narrative Analysis*, Sage, 1993).

린, 리차드 · 모스, 자니스(2007), 『질적연구방법: 초보자를 위한 길잡이(2판)』, 신경림 · 고성희 · 조명옥 · 이영희 · 정승은 옮김, 현문사, 2007.

맥도날드, 마조리에(2003), 『근거이론의 비판적 견해』, 신경림·김미영, 현문사(Schreiber, R. S and Stern, P. N. Eds. *Using Grounded Theory in Nursing,* 2003).

맥스웰, 조셉(2004), 『질적연구 설계: 상호작용적 접근』, 이명선·김춘미·고문희 옮김, 군자출판사(Maxwell, J., *Qualitative Research Design: An Interactive Approach*, Sage, 1996).

모스, 자니스(2003), "질적탐구에서의 근거이론의 위치", 신경림·김미영 옮김, 『근거이론 연구방법론』, 현문사(Schreiber, R. S and Stern, P. N. Eds. *Using Grounded Theory in Nursing,* 2001).

미리암, 샤란(1994), 『질적 사례연구법』, 허미화 옮김, 양서원(Mirriam, S. B(1988), *Case Study Research in Education: A Qualitative Approach*).

메이슨, 제니퍼(1999). 『질적연구방법론』, 김두섭 옮김, 나남출판(Mason, J, *Qualitative Researching*, London: Sage, 1996).

바스카, 로이(2007), 『비판적 실재론과 해방의 사회과학』, 후마니타스(Bhaskar, R, *Reclaiming Reality: A Critical Introduction to Contemporary Philosophy*, 1988).

베커, 하워드(2005), 『학계의 술책』, 이성용 옮김, 함께읽는책(Becker, H. S, *Tricks of the Trade*, Chicago: The University Chicago Press, 1998).

부르디외, 피에르(2000), 『세계의 비참』, 동문선(Bourdieu, P., *LA MISERE DU MONDE*, Paris, 1993).

블루머, 허버트(1990), 『사회과학의 상징적 교섭론』, 박영신 옮김, 민영사(Blumer, H, *Symbolic Interactionism*, Englewood Cliffs, N.J: Prentice-Hall, 1969).

브리만, 앨런(1992), 『사회연구에 있어서 양적방법과 질적방법』, 홍동식·조정문·고승한 옮김, 전문출판사(Bryman, A., *Quantity and Quality in Social Researc,* London: Unwin, 1988).

사타스, 조지(2005), 『대화분석: 상호작용 내 대화 연구』, 고문희·김춘미·문진하·이명선 옮김, 군자출판사(Psathas, G., *Conversational Analysis: The Study of Talk-in-Interaction*, Sage, 1993).

샐다나, 조니(2012), 『질적연구자를 위한 부호화 지침서』, 박종원 · 오영림, 신정(Saldana, J., *The Coding Manual for Qualitative Researchers*, Los Angeles, London, New Delhi, Singapore, Washington DC: Sage, 2009).

쉬레이버, 리타(2001), "근거이론 "방법"", 『근거이론 연구방법론』, 신경림 · 김미경 옮김, 현문사(Schreiber, R. S., "Grounded Theory "Method"", In: *Using Grounded Theory in Nursing*).

스미스, 도로시(2014), 『제도적 문화기술지: 사람을 위한 사회학』, 김인숙 · 강지나 · 조혜련 · 우아영 · 하지선 · 한상미 옮김, 나남출판(Smith, D. E., *Institutional Ethnography: A Sociology for people*. Lanham, MD: AltaMira Press, 2005).

스턴, 필리스(2011), "글레이져 학파의 근거이론", 신경림 · 김미영 · 신수진 · 강지숙 옮김, 『근거이론의 발전: 제 2세대』, 하누리(Stern, P. N., "Glaserian Grounded Theory", In: *Developing Grounded Theory: The Second Generation*, 2009.

스테이크, 로버트(2000), 『질적 사례연구』, 홍용희 · 노경주 · 심종희 옮김, 창지사(Stake, R. E., *The Art of Case Study Research*, Sage, 1995).

스튜어트, 알렉스(2009), 『문화기술자의 방법』(질적연구방법 총서 9), 이명선, 김덕희, 이영애 옮김, 군자출판사(Stewart, A., *The Ethnographer's Method*, Sage, 1998).

스트라우스, 안젤름 · 코빈, 줄리엣(1996), 『근거이론의 이해』, 김수지 · 신경림 옮김, 한울아카데미(Strauss, A., & Corbin, J., *Basics of Qualitative Research: Grounded Theory Procedures and Techniques*. 1990.

스트라우스, 안젤름 · 코빈, 줄리엣(2001), 『근거이론의 단계』, 신경림 옮김, 현문사(Strauss, A., Corbin, J., *Basics of Qualitative Research: Grounded Theory Procedures and Techniques*. 2nd. Newbury Park, London: Sage, 1998.

스프래들리, 제임스(1988), 『문화탐구를 위한 참여관찰 방법』, 이희봉 옮김, 대한교과서주식회사(Spradely, J. P., *Participant Observation*,

1980).

스프래들리, 제임스(2003), 『문화기술적 면접법』, 박종흡 옮김, 시그마프레스(Spradley, J. P., *The Ethnographic Interview*, New York: Holt, Rinehart and Winston, 1979).

시드먼, 어빙(2009), 『질적연구방법으로서의 면담』, 박혜준 · 이승연 옮김, 학지사(Seidman, I., *Interviewing as Qualitative Research: A Guide for Researchers in Education and the Social Science*, Teachers College Press, 2006).

아우드웨이트, 윌리암(1984), 『이해사회학 서설』, 문학과사회연구소 옮김, 청하(Outhwate, W, *Understanding Social Life: The Method Called Verstehen*, Georgr Allen & Unwin Ltd).

엘리아스, 노르베르트 · 스콧슨, 존(2005), 『기득권자와 아웃사이더』, 박미애 옮김, 한길사(Elias, N., and Scotson, J, *Etablierte und AuBenseiter*, 1965).

월러스틴, 이매뉴얼(2007), 『지식의 불확실성』, 유희석 옮김, 창비(Wallerstein, I, *The Uncertainties of Knowledge*. Philadelphia: Temple University Press, 2004).

인, 로버트(2005), 『사례연구방법』, 신경식 · 서아영 옮김, 한경사(Yin, R. K., *Case Study Research: Design and Methods*(3ed.), Thousand Oaks: Sage, 2003).

윌리스, 폴(2004), 『학교와 계급 재생산: 반학교 문화, 일상, 저항』, 김찬호 · 김영훈 옮김, 이매진(Willis, P., Learning to Labour, Ashgate Publishing Ltd, 1978).

쿤, 토마스(2013), 『과학혁명의 구조』, 김명자 · 홍성욱 옮김, 까치(Kuhn, T, *The Structure of Scientific Revolution*, Chicago: University of Chicago Press, 1962).

크래스웰, 존(2005), 『질적연구방법론: 다섯가지 전통』, 조흥식 · 정선욱 · 김진숙 · 권지성 옮김, 학지사(Creswell, J. W, *Qualitative Inquiry and Research Design: Choosing Among Five Traditions*, Sage, 1998).

크로티, 미쉘(2001), 『현상학적 연구』, 신경림 · 공병혜 옮김, 현문사(Crotty,

M, *Phenomenology and Nursing Research*, Melbourne: Churchill Livingstone, 1996).

크바일, 스테이너(1998), 『인터뷰: 내면을 보는 눈』, 신경림 옮김, 하나의학사(Kvale, S., *Interviews: An Introduction to Qualitative Research Interviewing,* Sweden: Studentlitteratur, 1997).

패짓, 데보라(2001), 『사회복지 질적연구방법론』, 유태균 옮김, 나남출판(Padegett, D. K.(1998), *Qualitative Methods in Social Work Research: Challenges and Rewards*).

폴킹혼, 도날드(2001), 『사회과학 방법론』, 김승현・이경숙・심미선・황치성 옮김, 일신사(Polkinghorne, D,. *Methodology for the Human Sciences: Systems of Inquiry*. New York: State University of New York, 1983).

플릭, 우베(2009), 『질적연구방법』, 임은미・최금진・최인호・허문경・홍경화 옮김, 한울아카데미(Flick, U., *Qualitative Sozialforschung*, Hamburg: Rowohalt Taschenbuch Verlag, 2002).

해치, 아모스(2008), 『교육상황에서 질적연구 수행하기』, 학지사(Hatch, J, A., *Doing Qualitative Research in Education Settings*, State University of New York Press, 2002).

해외문헌

Allen, G. (2003), A Critique of Using Grounded Theory as a Research Method. *Electronic Journal of Business Research Metho,.* 2(1), 1-10.

Anderson, P., and Kragh, H(2010), "Sense and Sensibility: Two Approaches for Using Existing Theory in Theory-Building Qualitative Research", Industrial Marketing Management 39 (2010) 49-55.

Atkinson, P., Coffey, A., Delamount, S., Lofland, J., and Lofland, L(2007), Handbook of Ethnography, Eds. London, Thousand Oak, New Delhi, Singapore: Sage.

Alvesson, M(2009), "At-Home Ethnography: Struggling with Closeness and Closure" in Ybema, S, Yanow, D, Wels, H & Kamsteeg, F., Eds. Organizational Ethnography-Studying the Complexities of

Everyday Life. London: SAGE.
Boeije, H(2002), "A Purposeful Approach to the Constant Comparative Method in the Analysis of Qualitative Interview", Quality and Quantity 36: 391-409.
Boyatzis, R(1998), Transforming Qualitative Information: Thematic Analysis and Code Development, Thousand Oaks, London, New Delhi: Sage.
Boyle, J. S.(1994), "Style of Ethnography" in J. M. Morse(Ed.), Critical Issues in Qualitative Research Methods. Thousand Oaks, CA: Sage. pp. 159-185.
Bradbury-Jone, Taylor and Herber(2014), How Theory is Used and Articulated in Qualitative Research: Development of New Typology. Social Science & Medicine 120 (2014) 135-141.
Bransford, C. L(2004), The practice of authority—personal, professional, and organizational—by social workers in a managed mental health care organization: A critical ethnography. Columbia University, Ph.D.
Bransford, C, L(2004), The Practice of Authority-Personal, Professional, and Organizational by Social Workers in a Managed Mental Health Care Organization: A Critical Ethnography, Ph.D., Columbia University.
Bryman, A., and Burgess, R. G(Eds)(1994), Analyzing Qualitztive Data, London: Routledge.
Campbell, M.(2003), "Dorothy Smith and knowing the world we live in", *Journal of Sociology and Social Welfare,* 30(1): 3-22.
Campbell, M.(2006), "Institutional ethnography and experience as data", 91-107, in *Institutional Ethnography as Practice,* edited by Smith, D., Lanham: Rowman & Littlefield Publishers, Inc.
Campbell, M., and Gregor, F.(2004), *Mapping Social Relations: A Primer in Doing Institutional Ethnography,* Toronto: Garamond.
Charmaz, K.(2000), Grounded Theory: Objectivist and Constructivist Methods. In Denzin, N.K., Lincoln, Y, S. (2nd Eds.), *Handbook of Qualitative Research.* Thousand Oak: Sage. 509-536.
Charmaz, K. (2006), Constructing Grounded Theory. London: Sage(근거이론의 구성, 박현선 · 이상균 · 이채원 옮김, 2013, 학지사).
Clark, A. M.(1998), "The Qualitative-Quantitative Debate: Moving from Positivism and to Post-Positivism and Reconciliation".

Journal of Advanced Nursing, Vol. 27: 1242-1249.
Coffey, A & Atkinson, P(1996), Making Sense of Qualitative Data, Thousand Oaks, London, New Delhi: SAGE Pub.
Coghlan, A & Filo, K(2013), "Using Constant Comparison method and Qualitative Data to Understand Participants' Experiences at the Nexus of Tourism, Sport and Charity Events", Tourism Management 35: 122-131.
Corbin, J., and Strauss, A(2008), Basics of Qualitative Research(3e), Los Angels, London, New Delhi, Singapore: Sage.
Dellgran, P., & Hojer, S.(2001), "Mainstream is Contextual: Swedish Social Work Research Dissertation and Theses", *Social Work Research*, v.25.
Denzin, N. and Lincoln, Y. S.(1994), *Handbook of Qualitative Research*. Thousand Oaks, London: Sage.
DeSantis, L & Ugarriz, D. N(2000), "The Concept of Theme as Used in Qualitative Nursing Research", Western Journal of Nursing Research, 2000, 22(3): 351-372.
DeVault, M. L., and McCoy, L.(2006), "Institutional Ethnography: Using Interviews to Investigate Ruling Relations", 15-44, In *Institutional Ethnography as Practice,* edited by Smith, D., Lanham: Rowman & Littlefield Publishers, Inc.
Dey, I(1993), Qualitative Data Analysis: A User-Frienderly Guide for Social Scientist, New York: Routledge.
Diamond, T. ""Where Did You Get the Fur Coat, Fern?" Participant Observation in Institutional Ethnography" In: Dorothy E. Smith(ed.), Institutional Ethnography As Practice, Lanham: Rowman & Littlefield Pub, Inc, 2006.
Farm, S. M(2013), "The Constant Comparative Analysis Method Outside of Grounded Theory", The Qualitative Report 18, 1-25.
Gale, N., Heath, G., Cameron, E., Rashid, S., and Redwood, S(2013), "Using the Framework Method for the Analysis of Qualitative Data in Multi-Discipliny Health Research", BMC Medical Research Methodology, 13: 117-124.
Gibbs, A.(2001), "The Changing Nature and Context of Social Work Research". *British Journal of Social Work,* Vol. 31: 687-704.
Glaser, B. and Strauss, A.(1967), The Discovery of Grounded Theory: Strategies for Qualitative Research. New York: Aldine.

Glaser, G. B.(1978), *Theoretical Sensitivity: Advances in the Methodology of Grounded Theory*. Mill Valley, CA: Sociology Press.

Glaser, B. G.(1992), *Basics of Grounded Theory Analysis*. Mill Valley, CA: Sociology Press(근거이론 분석의 기초, 김인숙·장혜경 옮김, 학지사).

Glaser, B.(1998), *Doing Grounded Theory: Issues and Discussion*. Mill Valley, CA: Sociology Press.

Glaser, B. G.(2002), Constructivist Grounded Theory? Forum: Qualitative Social Research 3(3), Art 12 FQR http://www.qualitative-research.net/fqs/

Gobo, G.(2004), "Sampling, Representativeness and Generalizability", In Qualitative Research Practice. Seale, C., Gobo, C., Gubrium, J. F., Silverman, D(Eds). Sage, pp. 434-456.

Gobo, G.(2005), "The Renaissance of Qualitative Methods", Forum: Qualitative Social Research 6(3), Art 42.

Grahame, P. R.(1998), "Ethnography, institution and the problematic of the everyday world", *Human Studies,* 21(4): 347-360.

Grass, C. D.(2010), Slow Decline: The Social Organization of Mental Health in a Prison-Hospital, Ph.D., Queens University.

Greckhamer, T., Koro-Ljungberg, M.(2005), "The Erosion of a Method: Examples from Grounded Theory", *International Journal of Qualitative Studies in Education* 18(6), 729-750.

Guba, E. G.(1990), "The Alternative Paradigm Dialog", In E. G. Guba(Ed.). *The Paradigm Dialog*(pp. 17-30), Newbury Park, CA: Sage.

Gubrium, J. F., Holstein, J. A.(2001), "From the Individual Interview to the Interview Society", In: Handbook of Interview Research: Context and Method, Eds., London, Thousand Oak, New Delhi: Sage, pp. 3-32.

Goudling, C.(1998), Grounded Theory: the Missing Methodology on the Interpretivist Agenda. Qualitative Market Research: An International Journal v.1(1), 50-57.

Hammersley, M. and Atkinson, P.(1995), *Ethnography: Principles in Practice*. London and New York: Routledge.

Hammersley, M.(1995), "Theory and Evidence in Qualitative Research", Quality and Quantity 29: 55-66.

Hammersley, M.(2008), *Questioning Qualitative Inquiry: Critical Essays*.

LosAngeles, London, New Delhi, Singapore: Sage Pub.
Have, P. T.(2007), Doing Conversation Analysis(2nd), LosAngeles, London, New Delhi, Singapore: Sage.
Hill, K. M.(2004), Getting jobs and making progress: The social world of a skid row employment program. University of California, Los Angeles, Ph.D.
Heath, H & Cowley, S(2004), "Developing a Grounded Theory Approach: a Comparison of Glaser and Strauss", *International Journal of Nursing Studies,* 41: 141-150.
Kelly, M(2010), "The Role of Theory in Qualitative Health Research", Family Practice 27:285-290, 2010.
Kendall, J.(1999), "Axial Coding and the Grounded Theory Controversy", *Western Journal of Nursing Research,* 21(6):743-757.
Kim, Young Chun & Cho, Jeasik(2005), "Now and Forever: Portraits of Qualitative Research in Korea". *International Journal of Qualitative Studies in Education* v.18(3).
Kim, Suyoung(2009), The Politics of Struggle in a State-Civil Society Partnership: A Case Study of a South Korean Workfare Partnership Programme, Ph.D, London School of Economics and Political Science.
King, G., Keohane, R.O., and Verba, S.(1994), Designing Social Inquiry: Scientific Inference in Qualitative Research. New Jersey: Princeton University Press.
King, B. I.(1992), The Process of Achieving Independence for Women on Welfare. University of Washington, Ph.D.
Krueger, R. A(1994), Focus Groups: A Practical Guide for Applied Research, Thousand Oak, London, New Delhi: Sage.
Layder, D(1993), New Strategies in Social Research: An Introduction and Guide, Cambridge: Polity Press.
Leacey, A & Luff, D(2009), Qualitative Data Analysis, NIHR RDS EM/YH.
Nichols, N. E.(2008), "Gimme shelter! Investigating the social service interface from the standpoint of youth", *Journal of Youth Studie*, 11(6): 685-699.
Lomborg, K and Kirkevold, M.(2003), Truth and Validity in Grounded Theory- A Reconsidered Realist Interpretation of the Criteria: Fit, Work, Relenance and Modifiability. Nursing Philosophy 4,

189-200.

Lawrence, L. A(2003), Collinvill: An Ethnographic Instrumental Case Study of Social Capital, Ph.D, The University of Alabama.

Lyons, K and Manion, K.(2003). "Social Work Doctoral Studies: Researching Research". *British Journal of Social Work*, Vol. 33: 1115-1121.

MacFarlane & O'Reilly-de Brun(2012), "Using a Theory-Driven Conceptual Framework in Qualitative Health Research", Qualitative Health Research 22(5): 607-618.

May, T(2002), Qualitative Research in Action, London: Sage.

McCoy, L(2006), "Keeping the Institution in View: Working with Interview Accounts of Everyday Experences", In Smith, D(ed), Institutional Ethnography as Practice, Lanham: Rowman & Littlefield Publisher Inc, pp. 109-125.

Miles, M. B., & Huberman, A. M(1994), Qualitative Data Analysis(2nd ed), Thousand Oak, CA: Sage.

Mills, J., Bonner, A, and Francis, K.(2006), Adopting a Constructivist Approach to Grounded Theory: Implications for Research Design. International Journal of Nursing Practice 12, 8-13.

Morgan, D(2001), "Focus Group Interview", QHR 2001 Pre-Workshop A, Ewha Womans University.

Mykhalovskty, E & McCoy, L(2002), Troubling ruling discourses of health: using institutional ethnography in community-based research. Critical Public Health,Vol. 12, No. 1, 2002.

Olson, J. J(2001), Professionalization and Social Justice in Social Work: Discourse in Conflict.

Patton, M. Q(1990), Qualitative Evaluation and Research Methods, Newbury Park, London, New Delhi: Sage.

Patton, M. Q(2002), Qualitative Research & Evaluation Methods, 3Ed. Thousand Oaks, New Delhi: Sage.

Pence, E(2001), "Safety for Battered Women in a Textually Mediated Legal system", Studies in Cultures, Organizations and Societies, Vol. 7. pp. 199-229.

Phil, J(1998), "Analytic Induction" in Qualitative Methods and Analysis In: Organizational Research, Symon, G & Cassell, C(Eds). London, Thousand Oaks, New Delhi: Sage Pub.

Prior, L.(2003), Using Documents in Social Research, London,

Thousand Oak, New Delhi, Singapore: Sage.
Rainford, W. C(2002), Paternalistic Regulation of the Poor: An Exploration of the Effects of Sanctions on Families who have been Identified as Non-Compliant under the California Work Opportunity and Responsibility to Kids Program, Ph.D., University of California, Berkeley.
Reamer, F.(1990), *Ethical Dilemmas in Social Service*. NY: Columbia Reason, P. & Rowan.(1981). Human Inquiry. A Sourcebook of New Paradigm Research. Chichester: Wiley. University.
Rennie, D.(1998), Grounded Theory Methodology: the Pressing Need for a Coherent Logic of Justification. *Theory and Psychology,* 8(1), 101-119.
Rennie, D.(2000), Grounded Theory Methodology as Methodical Hermeneutics Reconciling Realism and Relativism. *Theory & Psychology* 10(4), 481-502.
Ricardson, J.(1999), The Concepts of Methods of Phenomenological Research. Review of Educational Research 69(1), 53-82.
Richard, L & Morse, J. M(3Ed)(2013), README FIRST FOR A USER'S GUIDE TO Qualitative Methods, Los Angeles, London, New Delhi, Singapore, Washington DC: Sage Pub.
Richie, J & Spencer, L(1994), "Qualitative Data Analysis for Applied Policy Research", In: Bryman, A & Burgess, R(eds). Analyzing Qualitative Data. 173-194.
Ritchie, J., Lewis, J., & Elam, G,(2003), "Designing and Selecting Samples", In: Ritchie, J., Lewis, J(eds), Qualitative Research Practice: A Guide for Social Science Students and Researchers, London: Sage, pp. 1-23.
Robrecht, L.(1995), Grounded Theory: Evolving Method. *Qualitative Health Research.* 5(2), 169-177.
Schatzman, L.(1991), Dimensional Analysis: Notes on an Alternative Approach to the Grounding of theory in Qualitative Research. In D. R. Maines(Ed.), Social Organization and Social Process. New York: Aldine De Gruyter.
Seale, C.(1999), *The Quality of Qualitative Research.* London: Sage.
Smith, D. E.(2002), "Institutional Ethnography", 17-52, in *Qualitative Research in Action,* edited by May, T., London · Thousand Oaks · New Delhi: Sage Pub.

Smith, D. E., 2005, *Institutional Ethnography: A Sociology for People,* Toronto: AltaMira Press.(김인숙 · 강지나 · 조혜련 · 우아영 · 하지선 · 한상미 옮김, 제도적 문화기술지: 사람을 위한 사회학, 나남출판, 2014).

Smith, D. E(ed.), 2006, Institutional Ethnography As Practice, Lanham: Rowman & Littlefield Pub, Inc, 2006.

Snape, D., Spencer, L(2003), "The Foundation of Qualitative Research", In: Ritchie, J., Lewis, J(eds), Qualitative Research Practice: A Guide for Social Science Students and Researchers, London: Sage, pp. 1-23.

Srivastava, A, S., and Thomson, B(2009), "Framework Analysis: A Qualitative Methodology for Applied Policy Research", JOAAG Research Note, pp. 72-79.

Stebbins, R. A.(2006), Book Review: Constructing Grounded Theory: A Practical Guide through Qualitative Analysis. Health, 10(3), 378-380.

Stevens, P. A.(1989), A Critical Reconceptionalization of Environment in Nursing: Implications for Methodology. Advances in Nursin Science 11(4), 56-68.

Strauss, A.(1987), *Qualitative Analsys for Social Scientists.* New York: Cambridge University Press.

Strauss, A., & Corbin, J.(1994), Grounded Theory Methodology: an Overview. In Denzin, N.K., Lincoln, Y, S.(Eds.), *Handbook of Qualitative Research.* Newbury Park, CA: Sage, 273-285.

Tagliareni, M. E(2001), Understand the Neaning of Experences: For Urban Community College Students, Ph.D, Columbia University.

Tesch, R(1990), Qualitative Research: Analysis Types and Software Tools, London: Falmer.

Thomas, J(1993), Doing Critical Ethnography, Newbury Park, London, New Delhi: Sage.

Walker, D., and Myrick, F.(2006), Grounded Theory: An Exploration of Process and Procedur,. *Qualitative Health Research.* 16(4), 547-559.

Werner, O., and Schoefle, G. M(1987), Systematic Fieldwork: Ethnographic Analysis and Data Management, Newbury Park, CA: Sage.

West, W(2001), Beyond Grounded Theory: the Use of Heuristic Approach to Qualitative Research, *Counseling and Psychotherapy*

Research 1(2), 126-131.

Willis, J. W.(2007), *Foundations of Qualitative Research: Interpretive and Critical Approaches*. Thousand Oaks: Sage.

Wolcott, H. F.(1990), Writing up Qualitative Research, Newbury Park, CA: Sage.

Wolcott, H. F.(1994), Transforming Qualitative Data. Thousand Oaks, CA: Sage.

Wuest, J.(1995), Feminist Grounded Theory: An Exploration of the Congruency and Tension Between Two Traditions in Knowledge Discovery. Qualitative Health Research 5(1), 125-137.

Ybema, S, Yanow, D, Wels, H & Kamsteeg, F. "Studying Everyday Organizational Life", in Ybema, S, Yanow, D, Wels, H & Kamsteeg, F., Eds. 2009. Organizational Ethnography-Studying the Complexities of Everyday Life. London: SAGE.

아 | 산 | 재 | 단 | 연 | 구 | 총 | 서

1 전환기의 중국경제
김윤환 외 | 단국대 경제학과

2 폴란드 경제의 변천 개혁과 그 전망
김광수 | 숭실대 경제학과

3 재소한인
이광규 외 | 서울대 인류학과

4 소련산림과 임업
홍성천 외 | 경북대 임학과

5 아세안의 정치경제
김국진 외 | 외교안보연구원

6 태국의 사회변동과 경제발전
최석만 외 | 전남대 사회학과

7 중국의 사회경제 통계분석
신한풍 외 | 고려대 통계학과

8 중국의 정치와 경제
박두복 외 | 외교안보연구원

9 동유럽의 개혁과 시장경제의 도입
허만 외 | 부산대 사범대학

10 동유럽의 개혁운동
박영신 | 연세대 사회학과

11 현대 러시아 연구
기연수 외 | 한국외대 노어과

12 전략적 선택과 기업의 국제경쟁력
이장호 | 서강대 경영대학

13 협동사회의 정착과 정부의 역할
이종범 외 | 고려대 행정학과

14 한국 제조기업 생산성의 동적 분석
노부호 외 | 중앙대 경영대학

15 분배의 정의
변형윤 외 | 서울대 경제학과

16 도덕적 행동의 강화
이훈구 외 | 연세대 심리학과

17 관료부패와 통제
김해동 외 | 서울대 행정대학원

18 한국경제의 내실 있는 성장
정창영 외 | 연세대 경제학과

19 한국국민정신운동의 역사와 발전방향
박수명 외 | 부산대 사범대학

20 한국대학생의 가치성향과 상담효과
이영희 외 | 숙명여대 교육학과

21 가출청소년과 학교관리체제
안창규 외 | 부산대 교육학과

22 동북아 정세변화와 한 · 일관계
한승조 외 | 고려대 정치외교학과

23 언론과 부정부패
정대철 외 | 한양대 신문방송학과

24 한국의 고등학교 교육
이원호 외 | 부산대 교육학과

25 가족과 방송
김학수 외 | 서강대 신문방송학과

26 재정개혁의 전망과 재산세제의 개편과제
오연천 | 서울대 행정대학원

27 청소년을 위한 전자게임 프로그램의 규제 및 평가체계 개발
박혜원 외 | 울산대 가정관리학과

28 정신장애자 가족의 사회심리적 특성
이근후 외 | 이화여대 의과대학

29 가족의 관계역동성과 문제인식
이광규 외 | 서울대 인류학과

30 현대인과 한국전통음식
승정자 | 숙명여대 식품영양학과

31 기업의 초고속정보통신망활용
안중호 | 서울대 경영학과

32 지역발전을 위한 교육자치제의 개선방안
김남순 | 조선대 사범대학

33 전환기의 공무원 가치관
조경호 | 울산대 행정학과

34 지방자치와 사회복지의 과제
김영모 | 중앙대 사회복지학과

35 WTO체제하의 지방중소기업 지원정책
최명주 외 | 계명대 통상학부

36 현대한국의 시민운동
이효선 | 중앙대 사회학과

37 기업 세계화의 단계 및 정도의 측정
허영도 외 | 울산대 경영학과

38 가족복지를 위한 가족주치의 시범사업의 효과
이혜리 외 | 연세대 가정의학교실

39 한국대학생의 삶의 만족도
김재은 외 | 이화여대 교육심리학과

40 지역경제와 지역산업구조의 개편방향
정기화 외 | 전남대 경제학부

41 중국기업의 소유형태별 경영특성
노철화 외 | 부산대 무역학과

42 남북한의 인성 · 사상교육
한승조 외 | 고려대 정치외교학과

43 연계적 뇌기능 조언을 위한 의료용 멀티미디어 시스템의 설계
유선국 | 연세대 의용공학교실

44 다민족국가의 민족문제와 한인사회
최협 외 | 전남대 인류학과

45 저소득층지역 청소년 여가문화와 소집단 활성화
박문수 외 | 서강대 사회학과

46 삶의 질의 국제비교와 지역간 비교분석
이재기 외 | 울산대 경제학과

47 21세기 지역주민의 삶의 질
양종회 외 | 성균관대 사회학과

48 삶의 질에 대한 국가간 비교
조명한 외 | 서울대 심리학과

49 외국인 노동자의 노사관계와 사회적 적응
석현호 외 | 성균관대 사회학과

50 한국의 사법제도와 발전 모델
정종섭 | 건국대 법학과

51 고령화사회와 중상층 노인의 사회활동
조성남 외 | 이화여대 사회학과

52 한국의 서비스 시장 개방정책
한홍렬 | 한양대 경제학부

53 한국과 AFTA간의 교역증진 및 경제 협력방안
손일태 외 | 경희대 경제통상학부항

54 물류비 절감을 위한 무역업체의 정보화전략
이영수 외 | 경북대 경제통상학부

55 사회주의 체제전환과 사회정책
오정수 외 | 충남대 사회복지학과

56 남북통일 이후 농업생산체계 개편
홍성규 외 | 건국대 농업경제학과

57 국제화와 세계화
하영선 외 | 서울대 외교학과

58 IMF 개혁정책의 평가와 한국경제의 신(新) 패러다임
조동근 | 명지대 경제학과

59 구조개혁과 실업대책
박동운 | 단국대 경제무역학부

60 21세기 신노사관계
심윤종 외 | 성균관대 사회학과

61 학교에서의 집단 따돌림
이춘재 외 | 가톨릭대 심리학과

62 한국노인의 정신건강실태와 건강증진
조맹제 외 | 서울대 의과대학

63 혁명과 개혁 속의 중국 농민
김광억 | 서울대 인류학과

64 중국의 경제환경과 한국기업의 진출 전략
지용희 외 | 서강대 경영학과

65 김대중 대통령의 시스템 사고
김동환 | 중앙대 공공정책학부

66 실업과 가족해체
최일섭 외 | 서울대 사회복지학과

67 합리적 부채비율 조정방안
오상근 | 동아대 경제학과

68 한국 중산층의 생활문화
문숙재 외 | 이화여대 소비자 · 인간발달학과

69 계층간 갈등상태에서 최적소득세
김진욱 | 건국대 경상학부

70 글로벌 경쟁력 제고를 위한 기업전략과 조직구축
이만우 외 | 고려대 경영학과

71 의료보험과 국민연금의 관리효율화를 위한 통합방안
사공진 외 | 한양대 경제학부

72 정부개혁의 과제와 전략
박우서 외 | 연세대 행정학과

73 책임운영기관 제도에 관한 비교분석
김근세 | 가톨릭대 행정학과

74 새로운 패러다임하에서의 한국기업의 바람직한 지배구조
최운열 외 | 서강대 경영학과

75 현대 한국사회의 계층구조
양춘 외 | 고려대 사회학과

76 한국의 산업정책과 산업구조조정
강인수 | 숙명여대 경제학부

77 기업구조조정
김석진 | 경북대 경영학부

78 지식경영을 위한 인적자원 개발 및 관리체계
장영철 | 경희대 경영학부

79 뉴 비즈니스 모델
전성현 | 국민대 정보관리학부

80 중산층의 정체성과 소비문화
함인희 외 | 이화여대 사회학과

81 외국관광객 유치를 위한 마케팅 전략
박상규 | 강원대 경영학과

82 한국인의 세대별 문학의식
이동순 | 영남대 국문과

83 공공부문의 효율성 평가와 측정
김재홍 외 | 울산대 사회과학부

84 한국 청소년의 정치의식과 형성요인
김광웅 외 | 숙명여대 아동복지학과

85 한국 대학생의 정치의식
배한동 | 경북대 윤리교육과

86 산업의 정보화와 산업발전
이기동 | 계명대 통상학부

87 한국 제조업의 고용조정 분석
이종원 외 | 성균관대 경제학부

88 지식자산에 대한 경영전략적 평가모형 개발
배재학 외 | 울산대 컴퓨터 · 정보통신공학부

89 관광사업을 위한 한국적 이미지의 휴식복 개발
채금석 | 숙명여대 의류학과

90 한국 정치제도의 개혁
신정현 | 경희대 사회과학부

91 e비즈니스와 아웃소싱 전략
정승화 외 | 연세대 경영학과

92 집단 따돌림의 진단 및 치료방안
홍준표 | 중앙대 인간생활환경학과

93 16대 총선과 낙선운동
조기숙 | 이화여대 국제대학원

94 부동층 유권자 행태 분석
진영재 | 연세대 정치외교학과

95 사이버 공동체의 성공요인
이재관 | 숭실대 경영학부

96 온라인 소비자 행동의 이론과 실증
윤성준 | 경기대 경영학부

97 글로벌 시대 정약용 세계관의 가능성과 한계
차성환 | 한일장신대 역사사회학과

98 러시아의 체제전환 과정에서 나타난 국가의 역할과 그 전망
이상민 외 | 부산대 정치외교학과

99 남북한의 경제발전 수준과 산업구조 비교, 그리고 경제교류 협력방향
주성환 | 건국대 경제학과

100 집단따돌림과 교육해체
한준상 | 연세대 교육학과

101 공적연금제도의 효율성과 개선방안
유금록 | 군산대 행정복지학부

102 벤처기업-대기업의 성공적인 협력 모델
나중덕 | 경산대 경영학과

103 북한의 재외동포정책
조정남 외 | 고려대 정치외교학과

104 사이버 공동체 형성의 역동적 모형
장용호 | 서강대 신문방송학과

105 기업이론과 기업의 소유지배구조
김일태 외 | 전남대 경제학부

106 가축분뇨 자원화를 위한 공동이용조직에 대한 농가선호도 분석
유덕기 | 동국대 생명자원경제학과

107 개혁정책과 전문가 집단
이경원 외 | 제주대 행정학과

108 현대 한국사회의 이중가치체계
신수진 외 | 이화여대 가정관리학과

109 한국의 산업구조 변화와 기업집단 다각화 전략
김용학 외 | 연세대 사회학과

110 지식정보사회의 경제적 모형 설정 및 사례 연구
김범환 | 배제대 경영정보학부

111 변호사징계제도
오종근 | 한림대 법학부

112 인터넷 특허법
김순석 | 광주대 법학과

113 e-비즈니스 시대의 금융 및 재정정책의 새로운 패러다임
이종욱 | 서울여대 경제학과

114 청소년의 하위문화와 정체성
조성남 | 이화여대 사회학과

115 디지털금융시대의 금융구조변화와 정부규제 및 정책
이충열 | 고려대 경제학부

116 지식경영을 위한 기업의 조직설계방안
김경수 외 | 전남대 경영학과

117 전자금융의 발달과 경제정책의 새로운 패러다임
이명훈 | 명지대 경제학과

118 동아시아의 안보와 유엔체제
강성학 편저 | 고려대 정치외교학과

119 유료 치매노인 그룹홈의 개발과 관련 정책
최정신 외 | 가톨릭대 소비자·주거학과

120 소비자 지향적 문화산업 정책
홍영준 | 호남대 광고홍보학과

121 국제·국가·지방 환경규제의 연계
정준금 외 | 울산대 행정학과

122 현행 회사 합병·분할제도의 평가와 개선방안
옥무석 외 | 이화여대 법학과

123 배려지향적 도덕성과 정의지향적 도덕성
정옥분 외 | 고려대 사범대학

124 기업구조조정에 대한 채권금융기관 및 금융감독기관의 역할과 책임
이중기 | 한림대 법학과

125 실업대책으로서 한국의 법정기준근로시간 단축
박영범 | 한성대 경제학과

126 프랑스어의 비분리성 소유개념 표현
노윤채 | 연세대 언어정보연구원

127 지방채의 효율적 관리방안
강태구 | 호원대 법행정학부

128 21세기 산업구조 변화와 과학기술정책
임채성 외 | 그리스도신학대 경영정보학부

129 인터넷 쇼핑몰 이용자의 불평행동
예종석 | 한양대 경영학부

130 한국기업의 성과급제도 현황, 효과 및 개선방안
김성수 | 서울대 경영학과

131 전자상거래와 소비자보호
서민교 외 | 경일대 인터넷국제통상학과

132 평생학습 사회에서의 인적자원개발을 위한 사회적 파트너십 구축
김영화 | 홍익대 교육학과

133 한국 공교육의 새로운 구상과 전략
권대봉 외 | 고려대 교육학과

134 한국의 정부개혁
김태룡 | 상지대 행정학과

135 지방정부 생산성 측정의 이론과 실제
이은국 외 | 연세대 행정학과

136 불가 시문학론
배규범 | 경희대 학술연구 교수

137 남북경제교류의 법적 문제
제성호 | 중앙대 법학과

138 경제위기와 청소년 발달
구인회 | 서울대 사회복지학과

139 생명과학기술의 응용과 기본권보호적 한계
정상기 외 | 한남대 법학과

140 경제발전과 정치환경의 한 · 일 비교분석
정갑영 외 | 연세대 동서문제연구원

141 한국 공교육의 진단
윤정일 외 | 서울대 교육학과

142 우리나라 지방자치 발전을 위한 자치단체장의 역할
정성호 외 | 경기대 사회과학부

143 의료보험제도의 개혁방안
권순원 | 덕성여대 경제학과

144 중등 도덕교육의 현실과 문제
손동현 외 | 성균관대 철학과

145 사이버공동체 발전론
이명식 | 상명대 경영학과

146 남북경협 확대에 대비한 북한 담보제도의 정비방안
박훤일 | 경희대 법과대학

147 한국 공무원 인사제도 개혁
김판석 | 연세대 행정학과

148 교사화법 교육
임칠성 외 | 전남대 국어교육과

149 세계화의 문화정치학
임혁백 외 | 고려대 정치외교학과

150 효과적인 e-SCM을 위한 의사결정 조정 시스템 모형
이원준 | 성균관대 경영학부

151 환경거버넌스
김종순 외 | 건국대 행정학과

152 자동차산업의 인적자원관리
이덕로 | 서원대 경영학부

153 한국과 영국 간 지식기반산업 비교
이명호 | 한국외대 경영학과

154 한국 벤처기업의 기술네트워킹 및 기술마케팅 전략
장영일 | 인제대 경영학부

155 회사변호사의 윤리
오승종 | 성균관대 법과대학

156 미디어교육론
이정춘 | 중앙대 신문방송학과

157 조선시대 서원과 양반
윤희면 | 전남대 역사교육과

158 환경문제와 철학
박찬국 | 서울대 철학과

159 노인보건복지 이론과 실제
김명 외 | 이화여대 보건교육학과

160 북한의 법체계
권재열 외 | 숭실대 법학과

161 생명공학기술의 안전성 확보에 관한 법적 고찰
이재협 | 경희대 법학부

162 청소년복지학
김성이 외 | 이화여대 사회복지학과

163 변화하는 세계, 변화하는 복지국가
조영훈 | 동의대 사회복지학과

164 의리의 윤리와 한국의 유교문화
김낙진 | 진주교대 도덕교육과

165 미국의 통상정책과 통상법
윤충원 | 전북대 무역학과

166 사회복지 프로그램 평가
김학주 | 경상대 사회복지학과

167 환경주의와 지속가능한 발전
정대연 | 제주대 사회학과

168 무역과 환경
김기흥 외 | 경기대 경제학부

169 산업계 유해폐기물의 위험과 관리
김금수 | 호서대 경상학부

170 백범 김구의 지적 계발과정 탐색
문용린 | 서울대 교육학과

171 태평양전쟁 발발 이후 일제의 인적 지배와 그리스도교계의 대응
윤선자 | 전남대 사학과

172 거버넌스 상황에서 갈등관리를 위한 대체적 분쟁해결제도
서순복 | 광주대 법정학부

173 시장경제의 유형과 민주주의
최배근 | 건국대 경상학부

174 일본고전소설 총론
김현정 | 국립한국전통문화학교

175 국어 교육을 위한 국어 문법론
이관규 | 홍익대 국어교육과

176 율곡의 군주론
전세영 | 부산교대 윤리교육과

177 동북아시아 환경협력
정서용 | 명지대 법학과

178 기후변화협약과 기후정책
신의순 외 | 연세대 경제학과

179 인터넷과 국제 학술정보 네트워크-하이퍼링크 분석
박한우 | 영남대 언론정보학과

180 국내 기업복지의 활성화 방안
최수찬 | 연세대 사회복지대학원

181 세계화와 인간안보
김우상 외 | 연세대 정치외교학과

182 세계문화유산 종묘 이야기
지두환 | 국민대 국사학과

183 한국 평생교육의 사회철학적 과제
곽삼근 | 이화여대 교육학과

184 강점모델
정순둘 | 이화여대 사회복지학과

185 글로벌시대의 계약법
박영복 | 한국외대 법과대학

186 배심제와 시민의 사법참여
안경환 | 서울대 법학과

187 동북아공동체
김재한 | 한림대 정치외교학과

188 정치 참여와 탈물질주의
김욱 | 배재대 정치외교학과

189 퍼지전문가회로망을 이용한 금융기관의 사이버 기업여신결정 지원시스템의 개발
권혁대 | 목원대 경영학과

190 환경정책과 환경법
송인성 | 전남대 지역개발학과

191 포스트모던 시대의 평생교육학
한숭희 | 서울대 교육학과

192 현대 한국인의 세대경험과 문화
박길성 외 | 고려대 사회학과

193 서구의 근로연계복지
김종일 | 건국대 사회복지학과

194 사회복지운동론
현외성 | 경남대 사회복지학과

195 외국의 역모기지 사례
유선종 | 건국대 부동산학과

196 옛이야기와 어린이문학
이지호 | 진주교대 국어교육학과

197 노인사회복지관광의 정책과제와 방안
김창수 | 경기대 관광학부

198 복지서비스의 민간위탁 시스템 분석
김순양 | 영남대 행정학부

199 새로운 빈곤층의 대두와 정부의 정책과제
김진욱 | 건국대 경제학과

200 문화행정론
김정수 | 한양대 행정학과

201 스칸디나비아 노인용 코하우징의 계획과 적용
최정신 외 | 가톨릭대 생활과학부

202 북한의 자연생태계
공우석 | 경희대 지리학과

203 통계로 이해하는 러시아
전홍찬 | 부산대 정치외교학과

204 사회복지법인의 경영과 회계
이동규 | 충남대 회계학과

205 의약분업 정책과정
차흥봉 | 한림대 사회복지학과

206 지역공동체와 평생교육
오혁진 | 동의대 평생교육학부

207 아동보호서비스의 실제
한미현 | 백석대 사회복지학부

208 그린마케팅
박재기 | 충남대 경영학부

209 아동권리와 아동복지
이혜원 | 성공회대 사회복지학과

210 국제 이주와 인도인 디아스포라
김경학 | 전남대 인류학과

211 질병과 의료의 사회학
조병희 | 서울대 보건대학원

212 북한이탈주민의 사회통합을 위한 지역복지실천의 모색
이기영 | 부산대 사회복지학과

213 치매노인케어론
조유향 | 초당대 간호학과

214 노인상담입문
서혜경 외 | 한림대 대학원 사회복지학과

215 '통일 이후 통일과정'으로서의 독일 통일영화
이준서 | 이화여대 독어독문학과

216 중국의 사회보장
오정수 | 충남대 사회복지학과

217 환경자원의 경제적 가치와 환경오염의 사회적 비용
김재홍 | 울산대 사회과학부

218 사회복지프로그램의 경제적 평가방법
박창제 외 | 상주대 사회복지학과

219 자유의지와 결정론
안건훈 | 강원대 철학과

220 심리학자들이 쓴 행복한 결혼의 심리학
채규만 외 | 성신여대 심리학과

221 현대 해석학 강의
양해림 | 충남대 철학과

222 한국인의 주거 빈곤과 공공주택
하성규 | 중앙대 도시 및 지역계획학과

223 IMF 경제위기와 한국 출산력의 변화
김두섭 | 한양대 사회학과

224 동아시아의 영토분쟁과 국제법
이석우 | 인하대 법학부

225 독일 복지국가와 사회복지서비스
정재훈 | 서울여대 사회사업학과

226 사회복지사를 위한 실용 비모수통계
엄명용 | 성균관대 사회복지학과

227 피해자학 연구
이윤호 | 동국대 경찰행정학과

228 광고언어창작론
박영준 외 | 부경대 국어국문학과

229 환경규제 패러다임의 전환
한철 | 한남대 법학과

230 고령사회의 노동환경변화와 고용시스템의 문제점 및 법적 대응
고준기 | 국립군산대 법학과

231 세계화와 소득불평등
이성균 외 | 울산대 사회과학부

281 음주의 사회경제적 비용
정우진 외 | 연세대 보건대학원

282 지방정치와 동북아 도시거버넌스
박재욱 | 신라대 행정학과

283 노숙인 복지론
남기철 | 동덕여대 사회복지학과

284 유럽통합과정과 지역협력
이규영 | 서강대 국제대학원

285 사회복지재정 연구
지은구 | 계명대 사회과학대학 사회복지학과

286 지역사회 교육개혁을 위한 시민사회 조직의 참여
김영화 | 홍익대 교육학과

287 복지사회를 대비한 국민연금의 구조개혁
박영석 외 | 서강대 경영학부

288 한미 FTA 지재권 협상에 따른 의약품 분야 사회후생 변화
오근엽 | 충남대 무역학과

289 산업입지, 환경 그리고 지역경제
이기동 외 | 계명대 국제통상학과

290 감성지능 개발을 통한 삶의 질 향상
김경수 외 | 전남대 경영학부

291 교육복지론
이용교 외 | 광주대 사회복지학부

292 인간과 행복에 대한 철학적 성찰
박찬국 | 서울대 철학과

293 유럽연합의 사회통합 사례와 교훈
이무성 | 명지대 정치외교학과

294 민영화와 사회후생
이상호 | 전남대 경제학부

295 북한의 교육학 체계 연구
최영표 외 | 동신대 교육대학원

296 한국 지속가능발전의 구조와 변동
정대연 | 제주대 사회학과

297 우리나라의 공익 연계 마케팅에 관한 연구
임승희 | 전주대 경영학부

298 시각장애인복지론
김영일 | 조선대 특수교육과

299 그린에너지와 환경촉매
정석진 | 경희대 화학공학과

300 취약학교 초등학생을 위한 온라인 보건교육 프로그램
박경옥 | 이화여대 보건관리학과

301 신탁제도를 통한 고령자의 보호와 지원
최수정 | 서강대 법학전문대학원

302 사회적 약자계층에 대한 실태분석 및 정책방안
이은우 외 | 울산대 경제학과

303 한류 문화와 동북아 공동체
최혜실 | 경희대 국어국문학과

304 노동유연화와 해고보호법
권혁 | 부산대 법학전문대학원

305 사회복지 위험관리의 이해
박미은 | 한남대 사회복지학과

306 의료기관의 회계와 세무
노준화 | 충남대 경영학부

307 여성인적자원의 전문성 확보를 위한 경력개발
백지연 | 이화여대 국제사무학과

308 정신병리
강선경 | 서강대 신학대학원

309 바다의 반란 적조
윤양호 | 전남대 해양기술학부

310 한국 장애인 복지 발달사
이성규 | 서울시립대 사회복지학과

311 서양예술 속의 동양 탐색
진상범 | 전북대 독어독문학과

312 한국인의 도덕성 발달 진단
문용린 | 서울대 교육학과

313 영국정치와 국가복지
고세훈 | 고려대 공공행정학부

314 인간학적 사유를 여는 중도 · 중복장애 교육학
이숙정 | 단국대 특수교육과

315 개별화 교육과정
이소현 | 이화여대 특수교육과

316 인간의 긍정적 성품
권석만 | 서울대 심리학과

317 지방자치와 지역여성의 전망
이혜숙 | 경상대 사회학과

318 한국 현대 노년소설 연구
전흥남 | 한려대 교양학부

319 정보격차 해소를 위한 창의적 정보교육 프로그램
이영준 외 | 한국교원대 컴퓨터교육과

320 한국 가족과 젠더
손승영 | 동덕여대 교양학부

321 한국의 복지혼합
김진욱 | 서강대 신학대학원

322 사회자본과 자원봉사
김태룡 외 | 상지대 행정학과

323 농촌교육복지연구
박삼철 | 단국대 교양학부

324 사회정체성 평가 차원에 대한 국제비교조사
이명진 | 고려대 사회학과

325 캐나다 복지국가 연구
조영훈 | 동의대 사회복지학과

326 한국의 소수자운동과 인권정책
전영평 외 | 서울대 행정대학원

327 한국과 미국의 보육서비스 전달체계와 품질 비교분석
김근세 외 | 성균관대 국정관리대학원

328 한국사회의 소득불평등과 국민 의료이용
이용재 | 호서대 사회복지학과

329 정보시대의 인간안보
조화순 | 연세대 정치외교학과

330 가족의 사회경제적 특성과 아동발달
김광혁 | 전주대 사회복지학과

331 초·중·고등학생의 학업소진 진행과정 및 경로분석
이상민 | 고려대 교육학과

332 다문화사회의 사법통역
이지은 | 이화여대 통역번역대학원

333 동아시아 지역주의
유현석 | 경희대 정치외교학과

334 환경친화적 공공시설관리와 지역공동체의 삶의 질
이소영 | 중앙대 실내디자인·주거환경학과

335 의료보험의 법정책
김나경 | 성신여대 법과대학

336 양극화 시대 가족해체와 청소년의 적응에 관한 한국과 미국의 비교 연구
오승환 외 | 울산대 사회복지학과

337 기업의 사회적 책임과 지역경제사회발전 연구
허영도 외 | 울산대 경영학부

338 노인의 삶의 질 향상을 위한 온라인 소셜 네트워크 구축 방안
김진우 | 연세대 경영학과

339 청소년 생활역량
윤명희 외 | 동의대 평생교육학과

340 외국인 배우자의 다양성과 국제결혼의 안정성
김두섭 | 한양대 사회학과

341 정보인권의 규범구체화
이민영 | 가톨릭대 법학과

342 한국 사회복지실천의 고유성
최성재 외 | 서울대 사회복지학과

343 스웨덴의 환경책임 실천모형
최희경 | 경북대 행정학부

344 자율운동과 주거공동체
윤수종 | 전남대 사회학과

345 한국인의 공공봉사동기
김상묵 | 서울과학기술대 행정학과

346 한국 이혼가정 아동의 성장
김혜숙 | 경인교육대 교육학과

347 동양 사상과 노인 복지
홍승표 외 | 계명대 사회학과

348 노동과 사회보장의 연계
오문완 | 울산대 법학과

349 학습장애 위험군 아동의 조기선별을 위한 읽기검사 표준화 연구
김애화 외 | 단국대 특수교육학과

350 신·재생에너지에 기초한 녹색성장과 사회통합
김인호 | 이화여대 법학전문대학원

351 문화교류역량과 다문화 경영이 기업 경영성과에 미치는 영향
임병학 외 | 부산외대 경영학부

352 빈곤영유아의 발달과 적응
정익중 외 | 이화여대 사회복지학과

353 민사법질서와 인권
양천수 | 영남대 법학전문대학원

354 성년후견제도와 사회복지제도의 연계
신권철 | 서울시립대 법학전문대학원

355 한국 다문화사회의 이방인
김순양 | 영남대 행정학과

356 현대 시민사회와 소비자계약법
이병준 | 한국외대 법학전문대학원

357 개인의 사회적 정보보호를 위한 공공 정보서비스 개선 연구
장항배 | 상명대 경영학과

358 여성교육투자에 대한 교육경제학적 탐색
백일우 외 | 연세대 교육학부

359 사회적 기업과 지속가능한 지역발전
임업 외 | 연세대 도시공학과

360 다문화가정 구성원에 대한 투트랙 한국어 교육방안 연구
박시균 | 군산대 국어국문학과

361 아시아의 빈곤과 한국기업의 역할
한인수 | 충남대 경영학부

362 유치원·초등학교 연계 환경교육
박희숙 | 공주대 유아교육학과

363 비정규 고용과 사회정책
구인회 외 | 서울대 사회복지학과

364 사생활의 자유에 관한 비교법적 연구
이창현 | 서강대 법학전문대학원

365 다중융합 환경 기반의 미디어스킨을 활용한 문화콘텐츠 디자인 적용방안에 관한 연구
오문석 외 | 광운대 미디어영상학부

366 북한이탈주민 여성의 성인식 관련 기초조사
한인영 외 | 이화여대 사회복지학과

367 노인주택 파노라마
유선종 | 건국대 부동산학과

368 시설보호 청년의 적응
정선욱 | 덕성여대 사회복지학과

369 다수 집단과 소수 집단의 심리
김혜숙 | 아주대 심리학과

370 바이오 휴머니티
권택영 | 경희대 영어학부

371 프랑스 다문화교육의 이해
이경수 | 상명대 불어교육과

372 한·중 서비스산업의 비교분석과 교역 확대 방안
김상호 | 리츠메이칸 아시아태평양대 국제경영학부

373 현대의학에 있어서 생명의 시간과 인간의 존엄
김학태 | 한국외대 법학전문대학원

374 0~3세 영유아의 영상물 과몰입 실태조사 및 정신건강증진 프로그램 개발과 적용
이경숙 | 한신대 재활학과

375 복지국가의 조세와 정치
양재진 외 | 연세대 행정학과

376 청소년기 자살행위 실태와 관련 요인
박선희 | 경희대 간호과학대학

377 기술혁신에 따른 지역 간 정보격차
최정혜 외 | 연세대 경영대학

378 한국 사회의 이중구조와 생애주기적 불평등
안상훈 편 | 서울대 사회복지학과

379 소비자의 친환경행동에 영향을 미치는 사회적·경제적 가치에 대한 고찰
송재기 | 텍사스테크대 경영학과

380 어머니 양육행동 관련 변인들과 유아 사회정서행동 간의 구조모형 분석
심숙영 | 숙명여대 원격대학원

381 조선족 여성, 동남아시아 여성 그리고 새터민의 적응 유형 분석 및 삶의 질 향상 방안 모색
정태연 | 중앙대 심리학과

382 세계의 연금, 한국의 연금
허만형 | 중앙대 공공인재학부

383 노인요양원과 문화 변화
최재성 | 연세대 사회복지학과

384 시민사회와 국제개발협력
손혁상 | 경희대 공공대학원

385 복지국가의 변화와 빈곤정책
김윤태 | 고려대 사회학과

386 다문화가정의 미디어 이용과 사회적 자본의 관계
진창현 | 경기대 경영학과

387 사회진출 대졸 초년생의 탄력성 변화 양상
이상민 | 고려대 교육학과

388 사회자본과 경제발전 그리고 정부의 질
도수관 | 대구가톨릭대 행정학과

389 망명과 귀환이주
서장원 | 고려대 독일문화학과

390 근거기반실천과 사회복지
김유진 | 경북대 사회복지학부

391 인터넷상 정보 유통에 대한 새로운 저작권 규율 방향 모색
박준석 | 서울대 법학전문대학원

392 한국 사회의 인종차별적 담화구조
이창수 | 한국외대 통역번역대학원

393 사회복지사의 사회복지 가치 지향
김용석 | 가톨릭대 사회복지학과

394 개인정보의 국제적 유통에 따른 법적 문제와 대책
박훤일 | 경희대 법학전문대학원

395 정신장애인의 인권
서미경 | 경상대 사회복지학과

396 취약계층 비만청소년들의 체중관리를 위한 건강증진 프로그램의 효과
김영호 | 서울과학기술대학교 스포츠과학과

397 한국 전통의 돈의 문학사, 나눔의 문화사
서신혜 | 한양대 창의·융합교육원

398 와이파이 공간과 모바일 정보 격차
이건학 | 서울대 사회과학대학

399 도시정비사업의 법적 쟁점과 해설
성중탁 | 경북대 법학전문대학원

400 사회서비스 제공기관의 조직요인과 성과
신창환 | 경북대 사회복지학부

401 도시 사운드스케이프 디자인
전진용 외 | 한양대 건축공학부

402 지방의회 의원윤리연구
김택 | 중원대 경찰행정학과

403 발달장애인 자립생활 증진을 위한 역량탐색 및 주거로서의 해결과제
김라경 | 광주교육대 교육학과

404 외국인고용제도개선과 인권
김상호 외 | 경상대 법과대학

405 사회복지연구에서 질적방법과 분석
김인숙 | 가톨릭대 사회복지학과

아 | 산 | 재 | 단 | 연 | 구 | 보 | 고 | 서

1 한국인의 도덕성 연구
배해수 | 고려대 국문학과

2 산업화와 청소년 진로
이원호 | 울산대 교육학과

3 공동체의식과 시민운동
김영섭 | 한양대 행정학과

4 한국청년의 삶의 의미 충족도와 만족적 태도
안정수 | 경희대 철학과

5 중국조선족의 사회발전과 한·중관계의 위상
손장권 | 고려대 사회학과

6 해송림 "솔껍질깍지벌레"의 천적 및 주요 종의 생태
김규진 | 전남대 농생물학과

7 사회정의와 실천윤리
박종대 | 서강대 철학과

8 동구개혁의 영향
김달중 | 연세대 정치외교학과

9 한국청소년의 의식세계
김문조 | 고려대 사회학과

10 고강도 철근 콘크리트 구조의 실용화
정헌수 | 중앙대 건축학과

11 신기술의 연관형태 및 출현예측의 구조모형
권철신 | 성균관대 산업공학과

12 민간기업의 연구개발을 위한 조세정책
권영훈 | 한양대 경제학부

13 기술개발 활성화방안
송승구 | 울산대 화학공학부

14 부패의 현상과 진단
이문조 | 영남대 정치외교학부

15 연구투자의 지역적 편중화와 부산지역의 기초과학연구 활성화방안
윤웅찬 | 부산대 화학과

16 GATT의 신구 덤핑방지협정과 그 대응방안
전창원 | 동국대 무역학과

17 한국사회의 도덕성 제고를 위한 진단과 처방
황경식 | 서울대 철학과

18 새로운 노사관계 방향
이진규 외 | 고려대 경영학과

19 21세기 동북아 정세예측과 한국의 전략적 대응방안
최평길 외 | 연세대 행정학과

20 소련의 한국에 대한 정책목표분석
신승권 | 한양대 정치외교학과

21 메모리 커패시터용 $Pb(Zr_xTi_{1-x})O_3$ 강유전체 박막의 제작과 특성
장지근 외 | 단국대 전자공학과

22 러시아 국제법학의 전통
김용구 | 서울대 외교학과

23 유럽연합의 현황과 전망
김동현 외 | 성균관대 행정학과

24 중국의 정치동원
송영우 외 | 건국대 정치외교학과

25 산업적 활용을 위한 이동로보트 시스템의 개발
박민용 외 | 연세대 전자공학과

26 중국조선족의 정치사회화과정과 동화적 국민통합의 방향
전인영 외 | 이화여대 사회생활학과

27 공적부조의 이론과 실제
최일섭 외 | 서울대 사회복지학과

28 대외통상환경의 변화와 법제개편
서헌제 | 중앙대 법학과

29 기업금융의 국제화
최생림 | 한양대 경영학부

30 자동차부품공업의 노사관계
김호진 외 | 고려대 행정학과

31 산업화 과정에서의 한국가족의 실태와 전망
정창수 외 | 성균관대 사회학과

32 공무원 가치관 실태와 정립방안
배병룡 외 | 경상대 행정학과

33 해외귀국청소년의 국내적응연구
이장영 | 국민대 사회학과

34 초고속정보통신망에서 LAN서비스 제공방안
이재용 | 연세대 전자공학과

35 WTO체제의 정책적 대응
김병진 외 | 경희대 행정학과

36 유럽의 통합정치
최수경 외 | 충남대 정치외교학과

37 유기질폐기물을 이용한 고단백사료원인 조류의 생산공정
최정우 외 | 서강대 화학공학과

38 초고속정보통신망의 수용성과 정책방향
박영상 외 | 한양대 신문방송학과

39 중국의 강남사회와 한중교섭
조영록 외 | 동국대 사학과

40 세계화시대의 사회 · 문화의식
신행철 외 | 제주대 사회학과

41 국내 외국인 노동자의 문제와 대책
성규탁 외 | 연세대 사회복지학과

42 노인인력 활용정책과 프로그램
김정후 외 | 강원대 법과대학

43 한일간 학술교류 현황과 활성화방안
정홍익 외 | 서울대 행정대학원

44 계량모형에 의한 한일 경제관계의 이해
김명직 외 | 한양대 경제학부

45 직장인의 음주행태와 삶의 질
진기남 외 | 연세대 보건행정학과

46 유통정보 시스템의 구조와 설계
정용길 | 충남대 경영학과

47 남북통일 이후 사회통합을 위한 교육의 역할
안기성 외 | 고려대 교육학과

48 대중음악에 심취한 청소년들의 심리적 특성
김인경 외 | 연세대 인간행동연구소

49 멀티미디어 시스템을 활용한 교육환경의 개선방안
김한일 | 제주대 컴퓨터교육학과

50 탈냉전기 한일관계의 쟁점
최상룡 | 고려대 정치외교학과

51 자치시대 새로운 '삶의 질' 지표의 모색
김형기 외 | 경북대 경제통상학부

52 유럽통합의 역내외 협력과 갈등
이호재 외 | 고려대 정치외교학과

53 21세기를 대비한 신노사관계
김재원 | 한양대 경제학부

54 대학의 시간제학생 등록제
안규철 외 | 전남대 교육학과

55 21세기에 대비한 방송통신정책
한진만 외 | 강원대 신문방송학과

56 주민참여를 통한 혐오시설 관리운영방안
박균성 외 | 경희대 법학부

57 여성의 정치적 권리인식과 정치참여
전경옥 외 | 숙명여대 정치외교학과

58 한국인 위장질환과 식생활 · 환경요인 및 *H. pylori* 감염과의 관계
이양자 외 | 연세대 식품영양학과

59 학생과 시민의 자원봉사활동
윤정일 외 | 서울대 교육학과

60 동북아 환경문제와 지역환경협력의 모색
신연재 외 | 울산대 정치외교학과

61 노인 자원봉사활동을 통한 사회통합 프로그램 개발
김동배 | 연세대 사회복지학과

62 물류정보 시스템
김태현 | 연세대 경영학과

63 전자식 문서교환을 이용한 항공화물 운송체계
민재형 | 서강대 경영학과

64 청소년과 성
이근후 | 이화여대 의과대학

65 민족통합과 무궁화호 위성의 남북한 공동활용방안
방정배 | 성균관대 신문방송학과

66 채식주의가 20대 여성의 영양상태와 에스트로겐 대사에 미치는 영향
성미경 | 숙명여대 식품영양학과

67 가상정보공간을 통한 지역개발 활성화 전략
유재천 외 | 한림대 언론정보학부

68 조산아 관리현황 및 정책수립 방안
박상기 외 | 조선대 의과대학

69 남북한관의 의식조사와 통일교육 개선 방안
김동규 외 | 고려대 북한학과

70 동양 전통 자연사상 탐구
장동순 | 충남대 환경공학과

71 초고속정보망의 시뮬레이터 구현
한기준 | 경북대 컴퓨터공학과

72 유통원가 시스템의 유효성
정다미 | 명지대 경영학과

73 국악과 문화관광의 만남
정익준 외 | 동아대 국제관광통상학부

74 기업의 지식경영 활용사례
김창은 | 명지대 산업공학과

75 선진국과 한국의 직업교육 · 훈련제도의 특성과 한계
정주연 | 고려대 경제학과

76 제주지역 성인 여성의 자원봉사활동
이상철 외 | 제주대 사회학과

77 M&A와 문화충돌 관리
박원우 | 서울대 경영학과

78 폐금속광산 인근 주민들의 중금속 오염실태
정종학 외 | 영남대 의학과

79 북한 농촌 · 농업실태와 인력자원개발 시스템을 통한 북한 농민의 구호방안
박성열 | 건국대 교육공학과

80 중소 소매점의 경쟁력과 소매성과
채명수 외 | 한국외대 무역학과

81 고령자를 위한 쾌적한 실내온도와 착의량의 설정
정운선 | 안동대 의류학과

82 지역문화 이벤트 PR
박종민 | 경희대 언론정보학부

83 인터넷 지역정보화의 실태와 전략
유평준 외 | 연세대 행정학과

84 여성 삶의 질 향상을 위한 사회교육 활성화 방안
김양희 | 중앙대 가족복지학과

85 벤처기업과 벤처금융
강대석 외 | 충남대 무역학과

86 구조조정기에 있어서 실업대책과 사회안전망 구축
박천익 | 대구대 경제학과

87 한국 유아의 조기교육
이명조 외 | 한국외대 교육대학원

88 남북한 경제공동체 형성전략
이상만 | 중앙대 경제학과

89 지방자치회계의 투명성과 주민의 알 권리
권찬태 외 | 경북대 경영학부

90 정치지도자의 정책리더십
이해영 | 경일대 행정학과

91 경제위기와 한국인의 복지의식
신광영 외 | 중앙대 사회학과

92 북한의 노동
김강식 | 한국항공대 경영학과

93 우리나라 중소기업의 정보기술 활용 현황과 경쟁력 강화를 위한 제안
정승호 | 부산외대 정보시스템학과

94 인간배아복제의 법적·윤리적 문제점과 그 해결방안
최병규 | 한경대 법학부

95 가치변화에 따른 투표행태
조찬래 외 | 충남대 정치외교학과

96 인터넷 경매에서의 계약체결과 소비자 보호
이기수 외 | 고려대 법과대학

97 세계화시대 남북한 통합의 방향과 과제
윤민재 | 서울대 사회발전연구소

98 글로벌 시대 지방정부의 문화마케팅 전략
박흥식 | 중앙대 행정학과

99 대졸여성실업의 실태분석 및 대학-노동 시장 간 효율적 연계방안
이은우 외 | 울산대 사회과학부

100 그린 투어리즘의 분석
이응진 | 대구대 관광학부

101 지방자치단체장의 부정부패
오일환 | 한양대 아태지역연구센터

102 산업화가 유교체제하 중국여성의 지위에 미친 영향
천성림 | 배재대 사회과학연구소

103 움직이는 말하기
유혜숙 외 | 나사렛대 교양학부

104 장애학생을 위한 특수교육공학의 활용
김용욱 | 대구대 중등특수교육과

105 지식기반사회의 평생교육 이해와 평생교육 프로그램 개발
박성열 | 건국대 교육공학과

106 N세대의 미술교육
김동철 | 대구교육대 미술교육학과

107 노후계획과 투자
권택호 | 여수대 국제통상학과

108 영화산업
양영철 | 경성대 연극영화학부

109 동유럽의 변혁과 언론의 역할
정대수 | 경남대 정치언론학부

110 환율, 임금, 물가가 국제경쟁력 및 수출입산업에 미치는 영향
하인봉 | 경북대 경제통상학부

111 일본기업의 기술혁신 전략
위정현 | 중앙대 상경학부

112 노후보장정책과 역저당연금제도
조덕호 외 | 대구대 행정학과

113 유비쿼터스 라이프와 미래 사회
김석수 | 한남대 멀티미디어공학과

114 죽음과 관련된 생명윤리적 문제들
구인회 | 가톨릭의과대 인문사회과학교실

115 경제적 세계화와 빈곤문제, 그리고 국가
김준현 | 한일장신대 인문사회과학부

116 한국의 세계불교유산
김종명 | 한국학중앙연구원 한국학대학원

117 복지레저서비스론
고태규 | 한림대 국제학부

118 자생적 철학체계로서 인간중심철학
선우현 | 청주교대 윤리교육과

119 전략적 통합과 한반도 평화체제
김승채 | 고려대 정책대학원

120 환경사법론
전경운 | 경희대 법학부

121 인터넷 자료를 통해 본 한국의 이혼 문화와 사회복지
성정현 외 | 협성대 사회복지학과

122 유럽연합의 사회정책에 관한 연구
문진영 | 서강대 신학대학원 사회복지학과

123 여성건강의 통합적 관점
김혜원 | 관동대 간호학과

124 복잡계 네트워크 과학
강병남 | 서울대 물리천문학부

125 경제적인 3세대 전원주택 개발
박근준 | 호서대 건축공학과

126 사회복지와 인적자원개발
이상일 | 인제대 국제경상학부